马铃薯产业与种业创新

MALINGSHU CHANYE YU ZHONGYE CHUANGXIN

（2022）

金黎平　　吕文河　　主编

黑龙江科学技术出版社

图书在版编目(CIP)数据

马铃薯产业与种业创新.2022 / 金黎平,吕文河主编. —哈尔滨:黑龙江科学技术出版社,2022.7
ISBN 978-7-5719-1455-4

Ⅰ.①马… Ⅱ.①金…②吕… Ⅲ.①马铃薯—产业发展—中国—文集 Ⅳ.①F326.11-53

中国版本图书馆 CIP 数据核字(2022)第 099757 号

马铃薯产业与种业创新(2022)
MALINGSHU CHANYE YU ZHONGYE CHUANGXIN (2022)
金黎平 吕文河 主编

责任编辑	梁祥崇	
封面设计	佟 玉	
出 版	黑龙江科学技术出版社	
	地址:哈尔滨市南岗区公安街 70-2 号 邮编:150007	
	电话:(0451)53642106 传真:(0451)53642143	
	网址:www.lkcbs.cn	
发 行	全国新华书店	
印 刷	哈尔滨博奇印刷有限公司	
开 本	787 mm×1092 mm 1/16	
印 张	28.5	
字 数	580 千字	
版 次	2022 年 7 月第 1 版	
印 次	2022 年 7 月第 1 次印刷	
书 号	ISBN 978-7-5719-1455-4	
定 价	100.00 元	

编 委 会

序 言

"要下决心把民族种业搞上去，抓紧培育具有自主知识产权的优良品种，从源头上保障国家粮食安全。一粒种子可以改变一个世界，一项技术能够创造一个奇迹。"这是习近平总书记 2013 年 12 月在中央农村工作会议上的讲话中谈到关于种业、品种和种子重要性时的表述。七年之后的 2021 年初，中央一号文件《中共中央 国务院关于全面推进乡村振兴加快农业农村现代化的意见》指出："要打好种业翻身仗。农业现代化，种子是基础。"明确了要加强农业种质资源保护开发利用，长期稳定支持育种基础性研究，支持种业龙头企业建立健全商业化育种体系等。2022 年中央一号文件《中共中央 国务院关于做好2022 年全面推进乡村振兴重点工作的意见》再次指出："大力推进种源等农业关键核心技术攻关。全面实施种业振兴行动方案。"2022 年 4 月，习近平总书记在海南考察崖州湾种子实验室时再一次谈到种子对于中国饭碗和粮食安全的重要战略意义，强调要"十年磨一剑，久久为功，把这件大事抓好"。

马铃薯起源于南美洲安第斯高原，古印加人于近万年前在这里发现了野生马铃薯，经过漫长的驯化培育成可食用且高产的主要农作物，并创造出丰富的马铃薯种质资源，支撑起灿烂的印加古文明。马铃薯于 16 世纪离开故乡踏入欧洲大陆，在随后的 200 多年间传播到世界各地。英国著名植物遗传学家萨拉曼在论述马铃薯起源与传播时说过："哥伦布发现了新大陆，给我们带来的马铃薯是人类真正的最有价值的财富之一。马铃薯的驯化和广泛栽培，是人类征服自然最卓越的事件之一。"作为新作物，马铃薯在欧洲经过进一步驯化后落地生根，它的种植和推广经历了饥荒、战争和政府推动，最终成为支撑西方工业文明崛起的重要食物。马铃薯来到中国后，由一个新作物逐渐成为贫瘠苦寒山区"不与五谷争地、瘠卤沙岗皆可以长"的救灾救命粮，养育了迅速增长的人口，成为可广泛种植、提高复种指数和粮菜兼用保障国民营养均衡的重要粮食作物。

我国马铃薯遗传改良和品种选育起步时间比欧美国家晚约200年。20世纪30—40年代开始引进国外马铃薯品种和资源，60年代育成具有完全自主知识产权的新品种，70年代成为世界上应用四倍体马铃薯杂交实生种子(TPS)最为广泛的国家，80年代以来越来越注重抗病、高产、早熟和优质品种的选育。随着育种目标的不断调整和新品种的推广应用，我国马铃薯品种的遗传背景不断拓宽，品种类型不断丰富，在产量、抗病性、外观和品质性状上均有了较大改良。近年来随着生物科学的迅猛发展，基础研究领域取得的科研成果应用速度加快，极大促进了综合育种技术的成熟与完善，生物育种时代即将来临！

黑龙江省是我国开展马铃薯遗传育种教学与科学研究工作较早的省份，拥有多家从事马铃薯研发的高校、科研单位和国有企业，育成的马铃薯品种在生产上广泛应用，国家马铃薯种质资源库和国家马铃薯改良中心就坐落于马铃薯主产区齐齐哈尔市。第二十四届中国马铃薯大会即将在齐齐哈尔市召开，大会的主题是"马铃薯产业与种业创新"。中国马铃薯大会曾于2005年在齐举办，当时北大荒薯业集团的第一家马铃薯淀粉加工厂刚刚在克山农场建成投产；时隔17年，北大荒薯业集团已经发展成为覆盖马铃薯全产业链的农业产业化国家级重点龙头企业，又踏上"数字农业赋能薯业发展"的新征程。加快构建现代种业创新体系，实现种源自主可控，各类研发主体要携手前行，加强生物育种关键核心技术研发，合力推动生物育种产业化，马铃薯作物任重而道远！

本书是为本届大会召开而编撰出版的专业论文集，围绕会议主题汇集了近年来马铃薯全产业链的部分科技研发成果与产业发展情况，共收录论文(含大摘要)96篇，可为广大从业人员了解国内马铃薯产业科技现状提供参考。

中国作物学会马铃薯专业委员会会长　　金黎平
国家马铃薯产业技术体系首席科学家

2022年6月

目 录

产 业 开 发

研 究 进 展

遗 传 育 种

栽 培 生 理

产业开发

2021—2022 年中国马铃薯产业发展形势分析

罗其友，高文菊，吕健菲，高明杰*

（中国农业科学院农业资源与农业区划研究所，北京 100081）

摘 要：在实地调研结合价格、贸易等数据分析的基础上，从全产业链角度总结 2021 年中国马铃薯产业发展特征，主要包括种植面积和总产量均有所下降、自然灾害影响较大、生产模式和品种结构加快调整、种薯质量监控逐渐得到政府管理部门重视、市场总体不景气，原料供应受限、马铃薯贮藏量有所降低、国际贸易规模大幅增长等。统筹考量多种因素及其作用机制，做出中国马铃薯种植面积基本稳定、总产量稳中有增、马铃薯品种结构进入快速演化期、马铃薯生产社会化服务需求明显增加、部分马铃薯主产区的支持政策力度将加大等趋势预判。针对 2021 年马铃薯产业特征及将来发展趋势预判，提出加大马铃薯育种科研稳定支持力度、推进种薯监管统一行动、强化地方政府规划的引导作用、实施马铃薯绿色增效行动、优化马铃薯加工品结构、加强马铃薯市场研究与信息发布等对策建议。

关键词：马铃薯；产业；发展特征；趋势预判；对策建议

1 2021 年马铃薯产业发展特征

1.1 全国马铃薯种植面积和总产量均有所下降

根据国家马铃薯产业技术体系省级负责专家上报数据统计，2021 年全国 29 个省（直辖市、自治区）马铃薯种植面积为 545.61 万 hm^2，较 2020 年减少 14.03 万 hm^2，降幅为 2.6%；总产量 12 200 万 t，较 2020 年减少 88.4 万 t，降幅为 0.7%。北方一作区收获面积出现明显下降，吉林省面积降幅达到 30%，河北、内蒙古、黑龙江、宁夏等原北方主产省（自治区）均出现 10% 以上的降幅；南方冬作区和西南混作区收获面积均有一定增长，多数有增长的省份出现在这两个区；中原二作区收获面积下降最为明显，几乎所有省份都有所下降。总产量超过 1 000 万 t 的有贵州、甘肃、四川和云南 4 省，其中贵州和甘肃均达到了1 500 万 t 的水平，四川超过 1 400 万 t，云南接近 1 300 万 t；宁夏、吉林、黑龙江和内蒙古 4 省（自治区）产量下降明显，降幅分别达到 27.0%、24.2%、20.2% 和 16.2%。

1.2 灾害影响较大，但技术进步作用下单产略有增加

2021 年中国马铃薯生产遭受的区域性灾害比较频繁，对马铃薯的商品性和耐贮性都造成了不利影响，广东、广西等冬作马铃薯遭遇霜冻和收获期连阴雨天气，6 月中下旬华北一季区遭遇冰雹灾害，入夏以来西北地区高温少雨，北方一季区收获季节降雨较多，宁

作者简介：罗其友（1964—），男，博士，研究员，研究方向为马铃薯产业经济与农业区域发展。
基金项目：国家现代农业产业技术体系（CARS-09）。
***通信作者：**高明杰，博士，副研究员，研究方向为马铃薯产业经济、产业扶贫与农业产业布局，e-mail：gaomingjie@caas.cn。

夏、广东、广西单产出现了 10% 以上的下降，主产区中河北、甘肃、贵州、吉林单产增幅明显。技术的增产贡献与灾害不利影响对冲，产量为 1 491 kg/667 m²，较 2020 年增加 27 kg/667 m²，增幅为 1.8%。

1.3 生产模式调整持续，品种结构加快更新

马铃薯种植的规模化趋势持续，公司、家庭农场、专业合作社等新型经营主体的种植规模扩大。生产设施化比例继续扩大，为了提早上市，地膜、二膜、三膜，甚至四膜栽培方式的种植面积呈现了明显增加态势。全国栽培品种逐步向多品种方向发展，尤其是北方地区，近两年市场价格较好的品种栽培面积进一步扩大，黄皮黄肉品种持续扩大，而前两年由于产量高而深受市场欢迎的"冀张薯 12 号"由于耐贮性差，栽培面积有所降低。

1.4 种薯质量监控逐渐得到政府管理部门的重视

部分马铃薯种薯主产区政府开始对种薯生产与市场采取相应管理措施，内蒙古自治区呼伦贝尔市在内蒙古自治区种业政策的支持下，以牙克石市国家良种繁育基地为代表，呼伦贝尔市种业规范化加强，种薯生产质量和产能大幅度提升；甘肃省定西市政府已经成立农业执法大队，加强种薯市场整顿和治理，种薯企业的质量意识和产品质量逐步提升。

1.5 市场总体不景气，分化明显

总体来看，2021 年中国马铃薯价格较低，为近 3 年最差行情。产地价格有 8 个月低于 2019 年同期，9 个月低于 2020 年同期。批发市场价格有 7 个月低于 2019 年同期，9 个月低于 2020 年同期。与往年马铃薯价格 5 月之后才出现明显下滑不同，2021 年 2 月后就开始一路下跌，7 月批发市场价格才得以稳定。马铃薯价格分化明显：从区域来看，冬作区的广东、云南德宏，二作区的山东，一作区的河北坝上、西北定西和固原马铃薯价格均出现明显下降，云南等地也出现一定幅度的下跌，只有西南地区的重庆和四川以及山西、湖南长沙等地的马铃薯价格整体持平或略好；从品种来看，黄皮黄肉、薯形好的主栽品种，比白皮白肉品种市场价格平均高 0.5 元/kg；从品牌来看，推广程度对某些区域马铃薯销售及价格影响明显，2021 年在全国马铃薯市场价格低迷的情况下，"恩施土豆"还能持续保持高于全国平均价格 3 倍以上水平的营销态势，主要得益于"恩施土豆"品牌建设优势明显，"恩施土豆"产品已走进全国 20 多个省市区，成为国内销售最为火爆的"网红土豆"。

1.6 加工能力快速扩张，原料供应受限

2021 年在马铃薯淀粉加工废水处理技术、环保政策放松、新疆和黑龙江等地新建加工厂等多重因素影响下，淀粉加工产能快速扩张，导致马铃薯淀粉加工原料薯供应紧张，淀粉加工原料紧缺状况已延续 3 年，且企业所用原料薯多以小薯和残次商品薯为主。在供不应求的条件下，马铃薯淀粉加工原料薯价格坚挺，甚至出现淀粉含量比较高的专用薯价格高于商品薯情况。在国际贸易受限的情况下，冷冻薯条等产品的产能和加工量也有明显提升。但是，马铃薯加工业的综合利用率水平较低，马铃薯提取完淀粉以外的废弃物利用率并不高，导致资源浪费严重，有些企业因为缺乏技术导致产品价格低，损失严重。

1.7 马铃薯贮藏量有所降低，出库进度缓慢

2021 年 6 月，山东地膜马铃薯开始进入大量收获季节，由于价格不理想，种植户多选择入库，6 月下旬山东各地地膜货源市场需求量不大，均以入库需求为主。9 月中旬，北

方一季区马铃薯进入集中收获期，由于直接发向市场的需求不足，收获的马铃薯开始陆续入库，华北地区和东北地区10月中旬完成入库。从调研样本反馈的情况来看，东北地区入库量较2020年减少30%左右，华北地区入库量略少于2020年，西北的榆林和鄂尔多斯地区入库量略高于2020年，甘肃和宁夏产区入库量较2020年减少25%左右。总体来看，全年马铃薯总体贮藏率为20.4%，低于2020年水平的27.0%，但总体库存薯销售进度缓慢。

1.8 国际贸易规模大幅增长，顺差压缩

2021年1—12月，中国马铃薯制品进出口总额73 026.99万美元，其中进出口额分别为29 593.41万和43 433.59万美元，分别较2020年同期增加16 666.80万、10 044.31万和6 622.50万美元，增幅分别为29.6%、51.4%和18.0%。进口制品中，马铃薯淀粉增加4.9万t，7 000万美元（增加187.07%），非用醋方法制作或保藏的未冷冻马铃薯增加748.6 t，1 464.08万美元（增加116.96%）。出口制品中，马铃薯雪花粉增加36.5 t，100万美元（增加139.7%），非醋方法制作或保藏的冷冻马铃薯增加1.88万t，0.51亿美元，同比增长123.62%。贸易顺差有所减少，由1.73亿美元降低为1.38亿美元。

2 2022年发展趋势研判

2.1 种植面积基本稳定，总产量稳中有增

由于近年秋季马铃薯价格连年压低、近两年玉米价格较高、鼓励大豆及油料生产政策将出台等原因，预计2022年全国马铃薯种植面积将进一步压减；在品种等科技因素的作用下，平均单产水平稳步提升；在不出现大范围灾害影响的前提下，总产量基本稳定或略增。受市场影响，马铃薯上市结构将进一步调整，全国总体大春马铃薯种植面积将有所下降，而秋作和冬作种植面积将维持稳定或略增，尤其是在西南山区。

2.2 品种结构调整效益导向将更加明显

受市场需求变化的影响，马铃薯品种结构将进入快速演化期，将出现两种转化。一是商品性状好的鲜食菜用薯及加工薯面积将继续扩大。二是市场更加注重马铃薯品种的专用性和加工品质，淀粉加工品种种植面积呈上升趋势。加工企业为保证原料质量和数量，建立自有基地认识逐步加强，面积将不断增大。

2.3 生产模式将持续演化

随着农村主要劳动力的减少及老龄化的进一步加剧，传统小规模、分散种植的生产格局持续向农民合作组织和企业等新型经营主体种植转化，伴生的就是对机械化以及社会化服务需求的增加，优质种薯、栽培技术、销售信息以及贮存销售等技术和信息需求也会有增加的趋势。

2.4 部分马铃薯主产区的支持政策力度将加大

除区域性良种繁育基地项目和农机补贴等普惠项目外，针对马铃薯产业的国家专项政策出台的可能性极小。但区域性支持政策将对当地马铃薯产业发展产生明显推动作用，内蒙古自治区等地继续推动马铃薯主食化，鼓励研制创新、引进用于马铃薯主食化生产的工艺和机械设备，种业振兴行动将对马铃薯种薯主产区产生利好，福建等地将马铃薯作为增加粮食产量的重要选择予以支持。

3 促进中国马铃薯产业高质量发展的对策建议

3.1 加大马铃薯育种科研稳定支持

实施马铃薯种业振兴计划，建立科研单位、企业、农业合作社及种植大户为一体的马铃薯育种、繁种、推广、加工和销售一体化的现代马铃薯产业体系。支持早熟优质、多抗（抗病、抗逆）、高淀粉等资源保护与引进，设立稳定专项资助育种单位立足稳产、瞄准市场，选育适销对路的优质、稳产新品种，保持品种布局多样性。

3.2 推进种薯监管统一行动

总结推广呼伦贝尔市和定西市经验，加强脱毒种苗、种薯节本增效技术的应用与推广，解决目前脱毒种薯推广与普及率低、脱毒种薯生产成本高、种薯级别难以区分、劣质种薯冲击市场等瓶颈问题。

3.3 强化地方政府规划的引导作用

地方政府根据当地特点，充分考虑气候特点、种植水平、市场需求等多种因素，科学制定马铃薯产业发展规划，适当调整种植结构，切忌盲目种植。出台产业政策，通过对加工环节的针对性扶持，带动种植结构的优化调整。以新型经营主体为抓手，合理优化区域布局和品种结构。

3.4 实施马铃薯绿色增效行动

建议各马铃薯主产区根据自身自然生态和社会经济条件，建立马铃薯绿色生产示范基地，推广精准施肥、清洁生产技术，开展耕地轮作休耕制度和种植绿肥培肥地力试点。加快构建农膜回收体系，重点加强马铃薯地膜覆盖栽培过程中残膜回收的宣传和配套机械的推广，减轻残膜对土壤的破坏。发挥马铃薯深加工龙头企业的带动作用，实施废水入田、废渣入饲料，发展种植、加工、养殖循环经济。

3.5 优化马铃薯加工品结构

在适度发展马铃薯淀粉、全粉、薯条、三粉等传统加工品的同时，开展马铃薯半成品原料标准化加工、工业化食品再制造、干制品绿色加工等关键技术及设备的研发，加强赋予地域文化民族特色的马铃薯主食品商品化关键技术研究。

3.6 加强马铃薯市场研究与信息发布

深化马铃薯价格规律和市场供求关系等理论研究与预测分析模型的开发，充分利用"中国马铃薯产业技术信息网"，动员各主产区积极开展各地马铃薯生产、加工、销售等情况的信息发布，起到服务产业、引导产业、宣传体系的作用。

2022 年黑龙江省马铃薯生产形势分析及建议

李庆全，牛志敏，张丽娟，南相日，高云飞，王　乔，盛万民*

（黑龙江省农业科学院经济作物研究所/
黑龙江省马铃薯生物学与品质改良重点实验室，黑龙江　哈尔滨　150086）

摘　要：文章结合生产、市场、气候等因素，对 2022 年黑龙江省马铃薯生产形势进行了简要分析，对 2022 年黑龙江省马铃薯科技备春耕提出了相应的生产技术建议，以期为黑龙江省马铃薯产业持续健康发展提供科技支撑。

关键词：黑龙江；马铃薯；发展趋势；产业建议

黑龙江省是中国重要的马铃薯种薯、商品薯生产基地。马铃薯是黑龙江省五大主要农作物之一，同时马铃薯产业是省委省政府"十四五"重点支持发展的产业，具有广阔的市场前景。据相关部门统计，2021 年黑龙江省马铃薯种植面积约 10.33 万 hm^2，总产 340 万 t 左右。为保证 2022 年黑龙江省马铃薯产业有序生产，结合生产、市场、气候等因素，对 2022 年黑龙江省马铃薯生产形势进行全面分析，梳理了 2022 年黑龙江省科技备春耕生产技术建议，以期为黑龙江省马铃薯生产提供科技支撑，保障马铃薯产业持续健康发展。

1　生产因素分析

1.1　气候特点利于马铃薯生产

据气象部门预报，2022 年热量与历年相比基本正常，初霜冻总体正常，但热量少于近 2 年，初、终霜冻均略早于近几年。2022 年春季东北地区平均降水量多于常年，降水时段主要集中在后期；秋季全区平均降水量少于常年，气温高于常年，可适当早播，这种气象条件整体利于马铃薯的生产发育和秋季收获。

1.2　马铃薯病虫害发生略高于常年

根据黑龙江省植检植保站发布的《2022 年黑龙江省农作物主要病虫草鼠害长期发生趋势分析》，预计马铃薯晚疫病偏重发生，马铃薯早疫病、黑胫病、疮痂病、黑痣病、软腐病等发生呈上升趋势；马铃薯二十八星瓢虫总体轻发生，个别地块中等发生。因此，需要根据预警预报提前做好马铃薯病虫害防治方案，避免病虫害大发生而造成减产。

1.3　政策因素影响

2022 年中央一号文件明确提出"优化布局，稳口粮、稳玉米、扩大豆、扩油料"任务，增加东北地区大豆面积，完善玉米大豆生产者补贴政策，支持东北地区积极推行大豆玉米

作者简介：李庆全（1984—），男，硕士，副研究员，从事马铃薯遗传改良及生物育种研究。
基金项目：国家马铃薯产业技术体系（CARS-09）；黑龙江省属科研院所科研业务费项目（CZKYF2020B005）。
*通信作者：盛万民，博士，研究员，从事马铃薯遗传育种及种薯繁育工作，e-mail：shengwanmin@163.com。

合理轮作，积极推广大豆玉米带状复合种植，2022年黑龙江省将在2021年基础上增加大豆种植面积66.67万 hm²，这势必要对其他作物扩种形成限制。

黑龙江省已将马铃薯产业列入全省"十四五"规划的重点发展任务，重点支持种薯和原料薯的生产，有利于马铃薯生产种植结构的调整。

2 生产形势预测

基于影响马铃薯生产因素变化趋势的分析，预计2022年马铃薯种植面积与2021年相比应该基本持平或略减。并且随着新品种的推广及加工产业的需求增加，加工企业等规模化承包土地进行加工原料薯生产形式将会有所增加，预计品种结构将有所转变，早熟品种、加工型品种种植规模将有所增加，种植效益会有所增加。

3 马铃薯备春耕生产技术建议

目前黑龙江省马铃薯生产即将开始出窖困种催芽及设施整地备耕阶段，结合实际提出黑龙江省科技备春耕生产技术建议，以保障2022年黑龙江省马铃薯生产安全高效进行。

3.1 加强品种结构调整，扩大专用品种种植规模

选择通过登记并适宜黑龙江省生态条件的高产优质专用马铃薯品种种植，重点增加经济效益好的早熟优质鲜食品种、加工型品种种植规模。

3.2 严控种薯质量，强化合格种薯的使用

(1)选择具有生产资质、信誉良好的种薯企业购买种薯。

(2)种薯质量符合国家 GB 18133—2012《马铃薯种薯》[1]标准。

3.3 适时播种，确保安全生产

墒情适宜的地块，建议 10 cm 表土层温度稳定通过 7~10 ℃时播种。墒情差的地块，可采用适时早播"抢墒"、深播种浅覆土"接墒"、覆膜"保墒"等抗旱播种技术。

3.4 高效防控病草害

(1)化学除草。播种后 2~3 d 封闭除草，苗期喷施专用除草剂除草，采用低毒农药 + 助剂 + 高效喷施农具进行。

(2)晚疫病管理。结合晚疫病预测预警信息，在现雷期第 1 次喷药防晚疫病，之后每隔 7 d 喷 1 次防病药剂，每次只喷 1 种药剂进行防病，及时进行药剂轮换。采用高效低毒农药 + 助剂 + 植物生长调节剂 + 高效喷施农具进行。

3.5 科学施肥，增施有机肥

底肥以施充分腐熟农家肥和马铃薯专用肥为主，施用农家肥 1 500~2 500 kg/667 m²，马铃薯专用肥 45~60 kg/667 m²，或45%硫酸钾复合肥 40 kg/667 m²。

追肥选择适合滴灌的水溶性大量元素及微量元素肥料与灌溉同步进行。马铃薯始花期前追肥以氮肥为主，后期追肥以钾肥为主，要遵循少量多次原则。追施氮钾肥 20~30 kg/667 m²。

3.6 适期收获，做好提效减损

根据马铃薯生产目的、经济效益等因素适时收获。早熟覆膜栽培的马铃薯，一般在 7

月底 8 月初，马铃薯市场价格高时，抓紧收获。收获前 1 周进行杀秧晒田，收获时要根据天气变化，选择晴天，避免雨天收获。准备窖贮的马铃薯田，在杀秧后需要喷施一遍杀菌剂，以避免晚疫病侵染块茎，引起窖贮损失。

[参 考 文 献]

[1] 中华人民共和国国家质量监督检验检疫总局, 中华人民共和国国家标准化管理委员会. GB 18133—2012 马铃薯种薯 [S]. 北京: 中国标准出版社, 2012.

2021 年广东省马铃薯产业现状、存在问题及发展建议

曹先维[1,2]，徐鹏举[2,3]，陈　洪[2,4]，全　锋[1,2]，

陈　琳[1,2]，罗建军[1,2]，贺春喜[2,5]，张新明[1,2]*

(1. 华南农业大学，广东　广州　510642；
2. 国家马铃薯产业技术体系广州综合试验站，广东　广州　510642；
3. 东莞市农业技术推广管理办公室，广东　东莞　523000；
4. 惠州市农业农村局，广东　惠州　516003；
5. 惠东县奕达农贸有限公司，广东　惠东　516300)

摘　要：对 2021 年广东省马铃薯生产、销售、加工和贮藏等状况进行了论述，并分析了 2021 年广东省马铃薯产业中存在的主要问题和技术需求等；对 2022 年广东省马铃薯产业进行了预测，且针对广东省马铃薯产业现状提出了几点建议。

关键词：马铃薯；产业；生产；销售；问题；建议

1　2021 年广东省马铃薯产业现状

1.1　生产情况

据统计，2021 年广东省马铃薯收获面积约 4.55 万 hm^2(较 2020 年增加 10.0%)，总产 98.9 万 t，平均产量为 21.75 t/hm^2(较 2020 年降低 14.7%)；其中冬作(种)马铃薯种植面积占 90% 以上，约 4.10 万 hm^2，单产约 22.50 t/hm^2，冬作区总产约 92.4 万 t。广东冬作(种)马铃薯主栽品种为"费乌瑞它"系列品种(包括"粤引 85-38""鲁引 1 号""津引 8 号""荷兰 7 号""荷兰 15 号"等)，占冬作(种)马铃薯总面积的 90% 以上，其他如"中薯 5 号""中薯 20 号""陇薯 7 号""希森 3 号"和"大西洋"等品种，约占 10%。全省脱毒种薯应用率约 90%，其中国家马铃薯产业技术体系广州综合试验站所辐射的 5 个示范县(市、区)脱毒种薯应用率可达 95% 左右。

1.2　技术推广情况

广州综合试验站集成的冬作马铃薯高效绿色栽培实用技术(稻-稻-薯水旱三熟轮作、高垄双行、合格脱毒种薯、动态平衡施肥、黑膜覆盖、晚疫病综合防控等关键技术)在惠东、恩平、开平、阳东和电白 5 个示范县(市、区)推广应用，并辐射到上述示范县(市、区)所在地级市以及广州、中山、肇庆、云浮、汕尾、潮州等其他冬作主产市县，推广总

作者简介：曹先维(1962—)，男，硕士，研究员，主要从事马铃薯引种及栽培生理研究。
基金项目：现代农业产业技术体系专项资金(CARS-09-ES18)。
*通信作者：张新明，博士，副教授，主要从事植物养分资源管理与安全农产品的教学与研发工作，e-mail：1992876243@qq.com。

面积达 1.33 万 hm² 以上。

1.3　市场销售情况

2021 年广东春收马铃薯销售呈现 2 大特点。一是销售市场多元化：由于受到新冠疫情的影响，出口和港澳市场销售总量继续萎缩，约占总产量的 2%；国内以华南、华东市场为主，华中和华北市场销量逐步上升，省外销量约占总产量的 40%。二是主收获季价格较 2020 年大幅降低：广东冬作区自 2021 年 1 月下旬收获上市，平均地头价格持续走低，从 1 月下旬的 3.0 元/kg 下降到 4 月的 1.4 元/kg，均价较 2020 年降低 1.1 元/kg。

1.4　加工贮藏情况

广东马铃薯加工不成规模，加工产品单一，仅有几家小型油炸薯片工厂，年需原料薯不足万吨，周年向全国马铃薯各产区应季收购。由于加工型品种产量潜力不够大(最高约 37.50 t/hm²)，收购价格较低(约 2 200 元/t)，农民种植积极性不高，主要是一些农民合作社或涉农企业等新型经营主体开展订单种植，品种仅限于"大西洋"，总面积不超过 666.67 万 hm²，主要由百事食品、百宜食品、四洲食品和上好佳等公司应季收购或订单委托种植。加工的薯片主要供应广东省本地市场或华南部分大中城市，销售价格 4.6 万~5.0 万元/t。

2　2021 年广东省马铃薯产业存在的主要问题

2.1　广东冬作主产区发生较严重寒害

受 2021 年 1 月 12—13 日寒潮的影响，广东冬作区马铃薯成灾面积约 0.527 万 hm²，相应减产 25%，造成马铃薯直接经济损失约 6 000 万元；加上冻害后马铃薯地上部分的恢复营养生长造成晚收 10 d 左右，造成地头价格偏低。

2.2　品种单一

以"费乌瑞它"为代表的出口型鲜食系列品种占 90% 以上，存在抗灾能力脆弱、重大病害流行潜在风险大等问题。

2.3　种薯质量监控保障体系落实不到位

广东主要从北方种薯基地调入脱毒种薯，但由于部分产地监管不到位，调入地监管主要是核查经营合法性和检疫证，致使因种薯质量依然存在诸多问题而造成减产和经济损失的情况时有发生。

2.4　种植成本逐年攀升，价格年际波动较大

主要表现在用工成本和农资成本逐年提升，产地销售价格年际之间相差最高 1.0 元/kg 以上，部分影响了种植户、马铃薯种植新型经营主体、鲜薯购销公司的经济和心理承受能力。

2.5　马铃薯机械化水平仍落后

广东省马铃薯机械化发展起步晚，整体水平偏低。

(1)多数马铃薯种植地区仍主要以传统种植方式为主，施肥、播种、覆膜、打药、收获等环节一般都是人工操作。采用机械操作的多数在整地起垄和覆土环节，部分新型经营主体在收获阶段使用收获机一次性完成块茎的挖掘和集条铺放作业，但最终依然靠人工分

级捡拾装袋，使实际收获时间较长，收获成本升高。

（2）冬作区部分前茬土壤质地较为湿黏，收获季节又多为雨季，因此一些收获机在黏土中作业效率低，马铃薯破损率较高，适应季节性自然条件的机械仍较为缺乏。

总之，广东省马铃薯机械化发展水平滞后，影响了其马铃薯产业规模化及其智慧化的发展进程。

3 技术需求问题

（1）不同熟制/用途抗病耐寒高产优质新品种的引进。

（2）种薯质量监控体系的建立、完善及严格执行。

（3）在黑色农膜覆盖条件下，一次性基肥施用技术的缓控释肥（或商品有机肥）的筛选、适宜施肥量、施肥技术及提高肥料利用率的技术等。

（4）适应广东冬作区不同种植规模的高垄双行马铃薯施肥、播种、覆膜（或覆盖稻草）及收获农机具的研发及推广。

（5）适于广东冬作马铃薯晚疫病和近年来生产中存在的其他病虫害（含地下害虫等）综合防治的预警系统和轻简高效综合防控技术体系等。

4 2022 年广东省马铃薯产业预测

由于 2021 年广东省春季收获的马铃薯商品薯田头销售价格降幅较大，预计 2022 年马铃薯种植面积较 2021 年约减少 10%，主栽品种基本没有变化，仍以"费乌瑞它"系列品种为主。

按照中国农产品销售规律及一般运行做法，尤其是 2022 年广东冬作马铃薯种植面积减少，预测 2022 年平均田头价格较 2021 年同期会有所提升，具体各销售时段的田头价格与天气情况及收获季其他马铃薯主产区马铃薯和蔬菜上市量及上市价格等紧密相关。

5 产业发展建议

5.1 进一步加大对马铃薯加工产业的扶持

农业生产只有加工产业配合才能延长产业链，并实现加工增值，从而实现产业升级并做大做强。马铃薯产业也是一样，在当前态势下，广东必须提高对马铃薯加工的认识，宜注重扶持发展加工品种和马铃薯加工业，拓宽马铃薯销售渠道，扩大马铃薯销售的市场容量。

5.2 进一步拓展产品营销渠道

应继续培育销售龙头企业和销售大户；开拓冬作马铃薯的销售市场，特别是在进一步扩大出口渠道的同时，大力拓展国内市场。在近年来主要面向华南、华东和中原市场的同时，尽力开发长江以北的广大北方市场，实现鲜薯随收快销和高效销售。积极引进国内外马铃薯营销企业，鼓励和支持订单式马铃薯种植，保障种植者、销售企业和加工企业的共同利益，实现多赢的良好市场氛围。

5.3 进一步提升冬作马铃薯主产区的贮藏能力

在稳步扩大马铃薯种植规模的同时，要注重拓展马铃薯贮藏以调节市场供应量，延长市场供应期，尤其填补4—5月中旬市场空档期，以实现均衡上市，错峰销售，规避市场冷热销售风险，提高整体销售价格。

5.4 进一步增强马铃薯产业抵御风险的能力

建议各级政府将冬作马铃薯当作一茬来抓，将冬作马铃薯纳入粮食补贴范畴，同时，积极引导保险公司把冬作马铃薯纳入到农业保险，使种植者增强抵御自然灾害的能力和信心，推动广东冬作马铃薯规模的稳定发展和效益的进一步提高，发挥马铃薯在粮食安全方面的基本作用和农民增收中的积极效应。

5.5 进一步推进马铃薯种植区域布局调整

根据广州综合试验站多年试验结果表明，广东冬作马铃薯的适宜生育期是从当年的10月中旬至第2年3月中旬，长达5个月，因此，处于不同地理位置和气候条件的种植区，应结合市场情况合理均衡安排播种期和选择早、晚熟品种，从而可以调节收获时间和上市量，实现均衡、错峰销售。

5.6 进一步丰富品种结构

在发展鲜薯食用型品种的同时，注重多用途专化型品种的发展。一方面扩大加工型品种的发展，毕竟鲜薯食用型市场销售时间短、销售量有限，而马铃薯加工是推进马铃薯产业持续、健康和稳定发展的重要组成部分。另一方面，为适应偏冷地区(广东北部)马铃薯种植需求，需要引进、培育和推广具有抗寒特性的马铃薯新品种。

5.7 进一步加大新技术和适用性农机具的引进、研发及示范推广力度

主要是开展：

(1)在黑色农膜(或其他物料)覆盖和全程机械化条件下，一次性缓控释肥施肥量、施用技术等提高肥料利用率技术体系的研发、示范与推广。

(2)适应南方冬作区高垄双行马铃薯施肥、播种、覆膜及收获小型和中型智能化农机具的引进、研发及示范推广。

(3)适用于广东冬作马铃薯晚疫病等病虫草鼠害高效绿色防控的预警系统建立和新型喷洒绿色药剂设备的引进、研发和示范推广。

2021 年呼伦贝尔市马铃薯产业发展现状及问题分析

姜　波[1*]，王景顺[1]，王贵平[1]，李　辉[1]，于晓刚[1]，刘秩汝[1]，敖　翔[1]，

任　珂[1]，毕晓伟[1]，王晓丽[1]，汤存山[2]，陈　东[2]，梁春兰[2]

(1. 呼伦贝尔市农牧科学研究所，内蒙古　海拉尔　162650；

2. 呼伦贝尔市华晟绿色生态发展有限公司，内蒙古　大雁　021100)

摘　要：呼伦贝尔市马铃薯产业经过"十三五"重整期，出现了明显的区域化分布和功能区分离，形成了东少西多，整体中心向西偏移的趋势。岭东生产规模小，零散分布，岭西地区生产规模大、生产水平高，多种用途的种薯、商品薯、加工薯生产并存。随着牙克石国家马铃薯良种繁育基地建设项目的推进，岭西地区的种薯生产发展水平整体有较大提升，进一步加强了西种东商的格局分化。根据呼伦贝尔市马铃薯产业发展现状，分析存在的问题，提出产业发展平衡策略。

关键词：加工型马铃薯；种植面积；淀粉；种薯

1　呼伦贝尔市马铃薯产业发展现状

1.1　种植区域

2021 年岭西以牙克石和海拉尔为中心，马铃薯种植面积约占总面积的 85.6%，岭东扎兰屯、阿荣旗、莫旗马铃薯种植面积占总面积的 9.1%，其余部分旗县马铃薯种植面积约占总面积的 5.3%。马铃薯产业分布特点总体是东少西多，包括牙克石、海拉尔及周边种薯、商品薯、加工薯集中种植区，鄂伦春、阿荣旗、扎兰屯淀粉加工企业为中心小片种植区，其他县市零星保护地、露地栽培商品薯生产区。

1.2　加工业

牙克石地区具有 6 家淀粉加工企业，且主要集中在免渡河镇，年加工能力为 20 万 t 马铃薯，开工率 50%；鄂温克旗、鄂伦春旗各 1 家，年加工能力为 20 万 t 马铃薯；海拉尔区一家全粉加工厂，年加工能力为 12 万 t 马铃薯，由于企业改革现已停产，计划 2022 年继续生产；阿荣旗 4 家淀粉加工企业，年加工需求 30 万 t 马铃薯，目前由于原料薯不足，加工量较少。目前岭东大豆玉米价格上涨，粮食直补多且大豆玉米管理风险较马铃薯低，利润稳定，轮作面积加大，原有马铃薯加工业是在"十五"、"十一五"和"十二五"期间布局的，不符现在岭东马铃薯大面积减少的趋势。岭西加工企业是化解种薯企业市场风险的

作者简介：姜波(1966—)，男，研究员，主要从事马铃薯育种和高产栽培技术研究与开发推广工作。

基金项目：国家马铃薯产业技术体系专项资金(GARS-09-ES04)；内蒙古自治区马铃薯种业技术创新中心项目；呼伦贝尔市"科技兴市"行动重点专项(2021hzzx04)。

* 通信作者：姜波，e-mail：zltjiangbo@163.com。

托底保障，普遍存在原料不过关，难以实现优质高效，加工薯种植未能实现专业和规模生产。

1.3 种植结构及市场定位

全市各级种薯种植面积0.55万 hm²，其余马铃薯分为非标各级种薯和商品薯、加工薯。呼伦贝尔市种薯以外向型生产为主，总体来看种薯生产比例偏高，对外部市场依赖较强，本地商品薯加工薯种植面积占比小，不能有效消化种薯生产产能。马铃薯品种结构相对稳定，早中晚熟搭配，但加工品种相对缺乏，目前仅"兴佳2号"(兼用)规模较大、"大西洋"(加工全粉)次之，"延薯4号"面积骤减。呼伦贝尔市农牧科学研究所育成的高淀粉品种目前只有"维拉斯"和"内薯7号"处于规模应用的起始阶段，种植面积主要集中在几大淀粉加工企业，分别为呼伦贝尔市华晟农业绿色发展公司和北大荒薯业集团有限公司及内蒙古华欧淀粉工业股份有限公司。"维拉斯"和"内薯7号"作为中晚熟加工品种，最适合种植区为岭东地区，可以最大限度利用有效积温，但实际分布面积增加趋势与积温增加趋势相反，不利于发挥品种优势，严重受制于地方马铃薯产业政策和土地集约化经营状况。

1.4 种业发展规模和基础

呼伦贝尔市现有注册种薯企业15家，集中分布在岭西各旗县，具备原原种到大田用良种生产的设备设施与技术人员，组培室、温室、网棚等配置合理。其中以牙克石国家马铃薯良种繁育建设为依托，牙克石森峰薯业有限责任公司、内蒙古兴佳薯业有限责任公司、牙克石市乾程马铃薯发展有限公司作为领军企业，目前现有生产规模下设计产能可满足2022年原种田0.23万 hm²、一级种12万 hm²、商品薯0.59万 hm²用种需求，总面积13万 hm²。2021年实际产能原种田、一级种、商品薯分别为0.20万 hm²、10.43万 hm²、0.58万 hm²，总面积11.2万 hm²。按呼伦贝尔市年播种马铃薯6.67万~8.00万 hm²的发展目标，可完全实现种薯自给和部分外销，但在现有年播种面积不足4.67万 hm²的情况下则处于严重的供需失衡状态，供大于求，种薯销售压力大，转商和加工是常态，虽然种业发展基础良好，但存在严重的结构性失衡。

1.5 育种及科研

呼伦贝尔市农牧科学研究所为呼伦贝尔地区最大育种单位，累计选育21个马铃薯品种，以高淀粉品种选育为主，目前已进入规模化应用的品种为"维拉斯"和"内薯7号"，2021年应对新品种选育，改造部分温室网棚，扩大育种设施规模，以满足现代化马铃薯育种的需求；另外，牙克石森峰薯业有限责任公司也在进行马铃薯杂交育种工作。马铃薯应用研究包括国家马铃薯产业技术体系技术示范以及示范县建设，技术覆盖马铃薯生产全程。

2 呼伦贝尔市马铃薯产业发展存在的问题

2.1 产业发展总体规划难以落实

牙克石和海拉尔马铃薯生产区种薯、商品薯、加工薯生产区划不到位，混杂分布，不利于种业提升和专业化生产，直接导致种薯生产轮作倒茬困难，影响种薯生产规划，种薯生产区继续西移，影响种薯生产的稳定性。

岭西种薯岭东商品薯，全面布局不能落实，产业中心整体西移，马铃薯深加工转化率低，大量企业设备闲置。种薯区规划以及建设资金支持力度大，商品薯、加工薯生产支持力度小，种薯生产过度依赖外需，本地需求不足，无法实现加工业对种薯生产的拉动作用。对薯业领军企业的支持力度加大，部分未认证种薯企业及个体农场等生产无法纳入有效监管和总体规划，具有随机性，增加了产业发展的不确定性和市场风险。

2.2 企业及种植户"过度"追求质量，种薯"降级"销售

面对全国以及本地市场种薯企业之间的竞争，企业和种植户为了规避风险，种植微型薯(原原种)繁殖原种直接作为生产用种，高成本，低收益，形成恶性循环，极大消耗了种薯企业的资金，并且滞销的种薯直接转商或加工淀粉，虽实现了种薯企业减损，但从整个马铃薯产业链来看，优质种薯未能有效发挥其作用，造成种薯企业无效产能占比加大。究其根本原因是种薯生产供大于求。从整个农业经济发展角度，不符合低碳原则。

2.3 政策支持和资金导向偏向种业，对推广及下游产业链支持不足

呼伦贝尔市科研院所、种薯企业来自呼伦贝尔市财政、自治区财政和国家财政资金支持主要用于育种、种业发展、关键产业技术研发，对马铃薯品种育成后的后续推广工作支持较小，商品薯种植和加工薯发展不足，马铃薯加工业也受其影响，产业链无法延伸，产生结构性失调。在现有每年 4.33 万 hm^2 左右的马铃薯播种面积下，随着全国范围内马铃薯良种繁育优势区增多，外销种薯市场份额大幅度下降，产业发展步入低谷。

2.4 品种多而杂，缺乏自主知识产权品种及专用型品种

呼伦贝尔市马铃薯生产定位为外向型发展，所以品种多以适应性较广的鲜食品种为主，在全国马铃薯各产区可以周年供应马铃薯鲜薯的情况下，北方高寒区优势渐渐失去。马铃薯主粮化要求马铃薯鲜薯必须通过冷链产品以及淀粉类加工的方式延长储存期，才能充分发挥其对粮食安全的作用，而现有专用型马铃薯品种的选育、繁种、种植加工尚未形成完整稳定的产业链，加工转化比例低。

2.5 种植业盲目生产

单纯依靠市场调节导致马铃薯产能调节滞后，产能过剩时转商与加工是唯一出路，马铃薯作为大宗鲜食不宜长期储存商品，最后只能依赖加工；产能不足加工企业没有原料无法存续，最终形成马铃薯大头小尾的状况。

3 呼伦贝尔市马铃薯产业发展平衡策略

3.1 计划生产

分析国内外和区内外马铃薯产业动态和市场需求规模和结构，结合对呼伦贝尔市域内大中马铃薯生产企业进行综合竞争力分析，确定市场总体目标和分区销售指标、品种结构、种薯-商品薯-加工薯种植比例。

3.2 合理规划

根据种薯-商品薯-加工薯生产成本、运距分类确定销售半径，根据农业气象条件和耕地资源确定生产区划和规模。加工业布局与原料薯种植协同规划，形成完整的链条和功

能区。

3.3 加强监管

育种、繁种、商品薯和加工薯生产，技术指导和质量监督控制全程覆盖，做到有平台、有技术、有标准、严格执行。

3.4 加大扶持力度

相关政府部门的政策、资金、技术支持重点应转向产业链后端弱势环节。

4 呼伦贝尔市马铃薯产业发展趋势

在经历"十五"末至"十三五"全国性的马铃薯产业震荡调整后，"十四五"期间马铃薯产业表现总体规模下降，产业低位稳健运行，初步实现了从数量增长型向质量增长性的过渡，产业成熟度提高，"十四五"未来四年目标是：实现马铃薯专用品种应用、集成技术覆盖、专业化生产、深度加工转化，在国家农业政策引导和地方政策支持下，优化马铃薯产业链各环节资源配置，保证其整体协调性，增强马铃薯产业对经济发展的贡献率。

甘肃省马铃薯种业发展现状、存在问题及建议

李守强[1]，师　祎[2]，田世龙[1*]

(1. 甘肃省农业科学院农产品贮藏加工研究所，甘肃　兰州　730070；
2. 甘肃省种子总站，甘肃　兰州　730020)

摘　要：对甘肃省马铃薯种薯产业发展现状与存在问题进行了简要概述，并结合马铃薯种薯产业发展的实际需求，从完善种薯产业发展规划、强化政策支持、建设标准化基地等方面提出了发展建议，以期为甘肃省马铃薯种薯产业健康持续发展提供借鉴。

关键词：甘肃；马铃薯；种薯产业；发展；问题；建议

马铃薯适应性强，分布范围广，是中国仅次于水稻、小麦、玉米的第四大粮食作物，也是粮、菜、饲兼用的高产作物。甘肃省马铃薯主产区由于耕地资源广阔、土层深厚、土壤疏松、光热资源丰富、气候凉爽等自然优势，非常适宜于马铃薯生产和种薯繁育，已发展成为全国最具生产潜力的种薯繁育基地之一。甘肃省的马铃薯种植面积约为 66.67 万 hm^2，平均产量为 1.4 t/667 m^2，不仅是全国马铃薯生产大省，而且也是全国马铃薯茎尖脱毒繁种技术研究起步较早的省份之一，在 1981 年获得成功后进行大面积推广，全省脱毒种薯应用面积曾达到 6.67 万 hm^2。种业是农业的芯片，马铃薯种业是马铃薯生产的根基。随着甘肃省马铃薯产业的不断发展，马铃薯脱毒快繁技术不断完善，脱毒种薯的生产、应用和推广已成为推动马铃薯产业健康发展的最有效措施之一，全省马铃薯脱毒种薯扩繁、贮藏、检测、监管体系逐步健全完善，马铃薯种薯产业发展已经形成了一个完整的链条，并为甘肃省提供了很大的经济效益，而且也推动了全省马铃薯产业的发展。

1　甘肃省马铃薯种薯产业发展现状

近年来，在甘肃省委、省政府的大力支持下，经过全省农业系统及种薯界同仁的共同努力，甘肃省的马铃薯脱毒种薯扩繁体系已经形成，种薯质量检测体系逐步建立，脱毒种薯推广应用率不断提高。目前，全省马铃薯原原种产量超过 12 亿粒，种薯产量据不完全统计超过 100 万 t，马铃薯脱毒种薯生产供应能力显著提高。

1.1　脱毒种薯生产体系基本健全，对外供种能力不断提高

通过政府的大力支持，甘肃省建成了集中生产基础瓶苗—工业化繁殖原原种—企业流转土地扩繁原种—企业(马铃薯专业合作社)高山区扩繁生产用种薯的四级种薯扩繁体系。

作者简介：李守强(1979—)，男，副研究员，主要从事马铃薯贮藏保鲜技术研究。
基金项目：现代农业产业技术体系专项资金(CARS-09-P26)；国家自然科学基金(31860459)；甘肃省重点研发计划项目(GNKJ-2020-2)。
*通信作者：田世龙，研究员，主要从事农产品贮藏与加工研究，e-mail：723619635@qq.com。

截至目前，全省具有马铃薯基础种薯生产经营资质的企业 40 家，马铃薯脱毒瓶苗年生产能力达到 10 亿株以上，原原种年生产能力达 15 亿粒以上。从企业实际生产情况来看，年生产原原种 1 亿粒以上的企业有 4 家，分别是甘肃爱兰马铃薯种业有限公司、渭源渭河源马铃薯种业开发有限责任公司、甘肃田地农业科技有限责任公司和甘肃凯凯农业科技发展股份有限公司。从生产的品种来看，主要以甘肃省选育的为主，外省特别是适宜南方二作区品种较少，年生产 1 亿粒以上的品种有 5 个，分别是"大西洋""陇薯 10 号""陇薯 7 号""青薯 9 号""费乌瑞它"（"荷兰 15"）。从种薯销售方向来看，省内原原种需求约 5 亿粒左右；剩余大部分远销新疆、内蒙古、云南、贵州、四川、广东、广西、山东、河北、黑龙江等省（自治区），年向外销售原原种 8 亿粒以上，主要集中在甘肃爱兰马铃薯种业有限公司、甘肃凯凯农业科技发展股份有限公司、甘肃定西百泉马铃薯有限公司、甘肃田地农业科技有限责任公司、甘肃一航薯业科技发展有限责任公司等 10 家企业；另外，定西马铃薯研究所生产原原种主要向沙特阿拉伯、埃及、土耳其等中东国家销售，年出口原原种 1 000 万粒左右。甘肃省原原种生产企业对外供种能力不断加强。

1.2 种薯产业基地已经形成，区域布局不断优化

甘肃省河西祁连山沿山地区及中部地区海拔高，气候凉爽，非常适宜马铃薯种薯繁育，是国内最佳种薯繁育基地。通过政策引导、资金扶持、技术指导，目前，全省已经形成了山丹、民乐、永昌等祁连山沿山高海拔区，定西的安定、渭源等高寒阴湿区，平凉的庄浪等小关山冷凉区及白银的会宁县等优势种薯繁育基地，大部分基础种薯生产企业采取了"企业直接流转土地"和"公司 + 专业合作社 + 基地模式"方式建立原种生产基地，建成了一批集中连片、机械化耕作种植程度相对较高的基地，为保证种薯产量和质量奠定了坚实的基础。

1.3 种薯质量监管体系初步建成，种薯质量不断提高

近年来，按照农业农村部马铃薯种薯质量检测中心的要求和统一标准，相继建成 1 个省级、4 个市级、28 个县级马铃薯种薯质量检测中心，全省初步建成三级种薯质量检测体系。出台了《甘肃省马铃薯脱毒种薯质量管理办法》，制定了《甘肃马铃薯茎尖培养及脱毒苗繁育技术规程》《甘肃马铃薯原种及大田繁育技术规程》《甘肃省马铃薯脱毒种薯质量监管工作方案》《甘肃省马铃薯脱毒种薯质量检测体系建设及种薯质量检测工作方案》等标准和规范，实行标签真实性认定制度，开展马铃薯种薯田间检验及室内检测工作。强化马铃薯种薯质量监管，种薯质量有明显提升。

2 甘肃省马铃薯种薯产业存在的问题

2.1 对种薯病害重视不够，种薯质量有待提升

部分企业不具备开展种薯病毒检测条件，存在质量管理投入少、质量控制措施不严格、没有严格执行种薯繁育技术规程等问题，种薯田连作不同程度的存在，土传性病害呈现逐年上升的趋势，生产上不遵循统一的脱毒种薯生产操作规程和质量标准，只注重病虫害的防控，不重视感病株的清理，种薯质量与国家标准还有一定的差距。

2.2 种薯市场秩序相对混乱，监管作用发挥不明显

尽管全省建成了三级马铃薯种薯质量检测体系，均配备了马铃薯种薯质量检测的相关仪器设备，但由于县(区)马铃薯种薯质量检测中心专门从事检验检测的人员不足，在指导企业规范化生产和对种薯质量的跟踪抽检及田间管理方面的能力相对欠缺，同时由于资金不足、检测业务培训少、病毒检测技术力量薄弱，导致绝大部分县(区)未能正常开展检测工作，县级管理部门的质量管理作用不能完全发挥，种薯生产认定不能落实，种薯质量无法得到有效监控。

2.3　市场监管不到位，种薯质量无法保障

《甘肃省马铃薯脱毒种薯质量管理办法》实施10年来，仅对种薯生产企业生产的不合格种薯进行了全省通报，并未进行更严厉的行政处罚，没有起到种薯质量监管的威慑作用，没有形成严管的高压态势，使种薯企业存有侥幸心理，销售的种薯质量良莠不齐、优劣混杂，存在部分销售商受利益驱使以次充好、以商品薯代替脱毒种薯的现象。同时种薯销售方式特殊，很容易脱离监管，监管困难。

2.4　基础设施条件差，基地生产水平不高

虽然大部分种薯企业采取流转土地方式建立了原种生产基地，基础设施条件相对较好，但生产用种薯生产基地基本还是以农户或合作社社员生产为主，基础条件相对较差，地块分散、隔离条件不足、机械化程度较低，不能满足标准化生产，基地生产和防御灾害能力不高。

2.5　贮藏设施智能化水平有待提高

目前，大部分基地马铃薯种薯贮藏设施的贮藏能力可以满足种薯贮藏的需求，但由于种薯繁育主体自身经济能力所限，现有部分贮藏设施在装卸、运输、堆放、通风、温湿度调控系统等方面设计不规范，建设的贮藏设施智能化程度较低，造成一定的贮藏损失。

3　甘肃省马铃薯种薯产业发展建议

3.1　制定和完善种薯产业发展规划，合理利用甘肃省资源优势

结合各地马铃薯种薯产业发展现状，选择适宜脱毒种薯扩繁的区域进行科学规划、合理布局，以充分发挥自然资源、技术及科研优势，制定和完善全省马铃薯脱毒种薯产业发展规划，合理利用资源优势，形成全省马铃薯脱毒种薯产业发展的纲领，科学指导各地种薯基地建设工作。

3.2　积极申报国家区域性良种繁育基地认定，强化政策支持

结合国家建设100个农作物区域性良种繁育基地的总体规划，组织引导种薯生产优势区域的县区根据农业农村部的相关要求，积极申报国家马铃薯区域性良种繁育基地认定，将甘肃省种薯优势区域纳入国家区域性良种繁育基地建设范围，享受国家相关政策及项目支持，提升基地生产能力和水平。

3.3　强化重大项目整合配套，支持标准化种薯基地建设

充分利用国有建设区域性良种繁育基地的相关政策，种薯基地建设纳入高标准农田建设内容，建设成高标准农田，改善和提高基地生产设施和条件，提升基地生产和防御灾害能力。加强基础设施建设和作业机械配套，重点建设规模化、机械化、标准化、集约化和信息化"五化"种薯生产示范基地，中部以安定区、渭源县、会宁县等为重点，河西以山丹

县、民乐县等为重点，东部以庄浪县为重点，分区域建立种薯繁育基地。

3.4 加快智能化种薯贮藏设施建设，提升种薯贮藏技术水平

支持马铃薯种薯生产企业和重点生产区域，针对产业薄弱环节集中发力，加快智能化种薯贮藏设施建设，提升马铃薯种薯的贮藏能力和保鲜技术水平，延长种薯贮藏时间，降低贮藏损失，保持贮藏品质。加大对种薯贮藏保鲜技术的研发投入，研发出能够在生产中推广应用的马铃薯种薯发芽调控技术和贮藏防腐保鲜技术，并与贮藏设施配套集成示范，在全省种薯主产区进行推广应用。

3.5 加强种薯质量监管

脱毒种薯繁育体系的每个环节都必须进行严格质量控制。企业是种薯质量的责任主体，应抓好原原种、原种生产过程的质量控制，全面落实好田间检验、种薯自检等工作。各级主管部门应该加强对种薯质量进行监管和抽查力度：一是加强从源头监管脱毒种薯质量；二是对各级种薯生产和贮运环节质量开展经常性监督检查；三是加强种薯生产和贮运的技术人员政策和技术培训，提升企业管理和经营水平；四是强化种薯标签管理，按照相关规定，建立种薯溯源追溯体系；五是进一步完善种薯质量管理体系。

毕节市马铃薯产业发展现状、存在问题及对策

周　平*

（毕节市农业科学研究所，贵州　毕节　551700）

摘　要：从播种面积、栽培品种、种植模式、产品加工等方面介绍毕节市马铃薯产业发展现状，分析了存在的问题，对下一步发展建议从政策扶持、技术研发、市场销售等方面进行了概括。

关键词：马铃薯；现状；建议；对策

毕节市是贵州省最大的马铃薯主产区。马铃薯在当地被习惯叫作"洋芋"，产业地位重要性凸显，在脱贫攻坚中成为产业轮作首选替代作物，在乡村振兴中成为助推农业增效和农民增收的优势作物，在保障粮食安全高质量发展中成为区域示范点建设代表性作物。

1　毕节市马铃薯生产现状

1.1　自然条件禀赋、优势明显

毕节市位于黔西北高寒山区，属于亚热带温凉湿润季风气候，平均海拔 1 400 m、年均日照 1 231 h、年均气温 13 ℃、年均降雨量 1 100 mm，无霜期达 260 d，昼夜温差大，适合马铃薯种植生产。

1.2　面积稳定、单产略有提高

2019 年播种面积 32 万 hm²，总产 602 万 t，单产 1 254 kg/667 m²；2020 年播种面积 36.67 万 hm²，总产 759 万 t，单产 1 380 kg/667 m²；2021 年播种面积 32 万 hm²，总产 700 万 t，单产 1 458 kg/667 m²，大田基本雨养无灌溉措施。

1.3　品种多、布点广

主栽"威芋 5 号""青薯 9 号""黔芋 8 号""威芋 7 号""威芋 3 号""宣薯 2 号""会-2 号""云薯 505""川凉薯 14 号""米拉"等品种，在威宁、赫章、纳雍、织金、大方、七星关区高中低海拔的乡镇村组有不同品种种植。

1.4　种植时间长、栽培模式多

中低海拔区 11 月中旬至翌年 2 月下旬陆续覆膜播种；高海拔区主要在 3 月中下旬集中播种，约占年度播种面积 80%；前茬多为玉米、蔬菜等作物，套作首选玉米、荞类。

1.5　企业及合作社分布区域性强

从事马铃薯相关生产经营的企业及合作社 72 家，采用"公司 + 合作社 + 农户""专业

作者简介：周平（1981—），男，硕士，高级农艺师，主要从事马铃薯栽培育种及良种扩繁。

基金项目：现代农业产业技术体系建设专项资金（CARS-10-ES23）。

*通信作者：周平，e-mail：zhouping0422@163.com。

合作社＋基地＋农户""龙头企业＋村集体＋农户"等模式，威宁县57家。

1.6 加工企业少、产品趋于休闲食品

加工企业6家，产品多为马铃薯面条、薯片、馒头、饼干、面包等，年加工马铃薯鲜薯量1.2万t，年销售量6 900 t。

1.7 种薯企业少

原原种生产企业4家，根据定单需求量化生产。

1.8 品牌优势强

中国食品工业协会授予威宁县"中国南方马铃薯之乡""中国薯城"称号，威宁县被农业部认定为全国第一批马铃薯"区域性良种繁育基地"之一，"威宁洋芋"获地理标志认证；在农业公共品牌"乌蒙山宝·毕节珍好"基础上，注册了"油沙河""幺贵""威宁洋芋""南方薯宝""威雪牌""威宝牌"等系列商标。

2 存在的问题

2.1 种薯方面

一是马铃薯品种更新缓慢，主栽品种中引育品种占50%；抗晚疫病品种少，不能有效适应市场需求变化；早熟品种种植面积小，中晚熟品种9—10月集中上市，市场竞争力弱；种薯企业少、缺乏龙头企业示范带动，存在种薯市场销售秩序较乱、监督追踪服务机制不完善导致销售纠纷层出现象。二是财政资金投入不足，国家和省下达的马铃薯项目资金一部分被削减，下拨到县区大多被集中整合，地方资金匹配到位差，导致种薯企业、合作社、农户之间存在成本高不敢量化生产、销售款不能如期收缴支付等违约乱象。

2.2 种植方面

一是毕节市耕地中坡耕地比例大，耕地中山地占86.40%，中低产田占82.58%，25°以下15°以上的坡耕地占52.40%，地块破碎、农机装备利用水平较低，人工成本逐年增加，新品种新技术推广示范过程中增产不增效。二是科技支撑进展缓慢，选育品种工作在高产抗病淀粉加工综合方面创新少；缺乏抗病品种，晚疫病综合防治技术成本高，联防联控宣传不到位，农户防控意识不积极导致晚疫病每年都有发生；贮藏技术及配套设施设备落后，贮藏损失大。

2.3 加工方面

加工企业少，产品单一，仅限于休闲食品，从业人员参与马铃薯产业加工链条短，向加工转化领域发力不足。

2.4 人员支撑

乡村人才流失严重，随着城镇化推进，绝大多数有一定专长的农村人才到城镇发展就业；农业部门引进高层人才未能持续得到配套科研经费和项目经费资助，外加近几年项目申报渠道狭窄，导致人才外流；县区农技人员普遍存在"在编不在岗，在岗不在位"现象，新政策宣讲、新品种新技术示范缺乏"二传手"。

3 发展建议及对策

3.1 政策方面

因地制宜科学规划发展马铃薯多型产业，种薯和商品薯基地要相对集中，重新执行良种补贴政策；建立健全相关政策和激励措施，培育壮大市场和经纪人队伍。

3.2 技术方面

加快新品种选育及更新换代工作；在整个生育期内加大小型机械的引进示范应用比例，逐步缩减纯手工操作比例；政策引进和培育与区域经济相匹配的马铃薯产业链中加工企业，重视和鼓励小型及休闲食品加工示范点建设；注重引进和联合培养育种、栽培、病害防控领域的研发人员，提供稳定的平台让其在马铃薯产业发展上充分发挥优势。

3.3 线上线下

充分发挥区域优势、加强贮藏设施与交易市场建设，提高种薯、商品薯贮藏能力和交易能力，尤其是在沿海城市通过网络平台建立集中稳定的营销点；加强马铃薯安全监管，利用大数据加大宣传，提升改善马铃薯贮藏、包装、运输条件，对外销鲜薯进行分级分类精包装，提高市场综合竞争力。

陕西省马铃薯脱毒种薯产业现状与发展对策

方玉川[1,2*]，张春燕[1,2]，常　勇[1,3]，汪　奎[1,3]

(1. 榆林市农业科学研究院，陕西　榆林　719000；

2. 陕西省马铃薯工程技术研究中心，陕西　榆林　719000；

3. 陕西省马铃薯产业技术体系，陕西　榆林　719100)

摘　要： 文章介绍了陕西省马铃薯产业及脱毒种薯产业发展现状，分析了存在的问题，明确了产业发展思路，提出了加强组织领导、建设种薯基地、扶持龙头企业和强化质量监管等发展建议。

关键词： 马铃薯；脱毒种薯；现状；发展对策；陕西

　　马铃薯是陕西省仅次于玉米、小麦的第三大粮食作物，具有粮、菜、饲、工业原料兼用特点，在保障全省粮食安全和促进农民增收方面具有举足轻重的地位。近年来，陕西省加大马铃薯品种引进与选育力度，一大批不同用途的高产、优质新品种得到快速推广，但平均单产水平仍低于国内其他马铃薯主产地区。种薯质量是影响马铃薯产量和品质的重要因素，是提高生产水平的关键。因此，要充分认识陕西省马铃薯脱毒种薯产业发展现状，加快促进全省马铃薯产业持续发展。

1　陕西省马铃薯产业及脱毒种薯产业现状

1.1　陕西省马铃薯产业现状

　　陕西省是全国马铃薯生产大省，2020 年种植面积 30.88 万 hm^2，总产量 83.9 万 t，分别排名全国第 6 和第 8 位；平均单产 2 718 kg/hm^2，低于全国平均水平，仅排在全国第 24 位。陕西省马铃薯主要分布在陕北和陕南地区，均为当地第二大宗农作物，占到全省马铃薯总种植面积的 60.94% 和 35.75%。马铃薯具有耐旱、耐寒、耐瘠薄的特点，适应范围广，市场前景广阔，是谷类、豆类作物的良好前茬，在陕北、陕南地区农作物合理轮作中发挥着重要作用，已成为陕西省第三大粮食作物和发展现代农业促进乡村振兴的特色农业产业之一。

1.2　陕西省脱毒种薯产业现状

　　陕西省地域狭长，境内各地区气候、水文、地貌差异较大，特色鲜明，从南到北依次分为陕南、关中和陕北 3 个区域。

　　陕南和关中地区纬度较低，夏季高温时间较长，种植马铃薯病害、虫害较多，不适宜

作者简介： 方玉川(1976—)，男，正高级农艺师，主要从事马铃薯育种及栽培研究工作。

基金项目： 国家现代农业产业技术体系专项资金(CARS-09)；陕西省农业协同创新与推广联盟项目(LM202104)。

＊通信作者： 方玉川，e-mail：nksfyc@163.com。

繁殖脱毒种薯，所需大量种薯主要从辽宁、吉林、黑龙江、内蒙古、河北和陕西省陕北地区调运。陕南汉中、安康和商洛的高海拔地区有部分种薯生产企业，但规模较小，只能满足自繁自育或小范围调换留种。

陕北榆林市长城以北地区，地处北纬38°左右，平均海拔1 000 m，光照充足、昼夜温差大、隔离条件好、土壤疏松、地下水资源丰富，是陕西省主要脱毒种薯繁育基地，全省自繁的种薯90%以上由该区域生产。经过多年发展，榆林市已形成较为完备的脱毒种薯繁育体系，有规模较大种薯繁育企业5家，其中陕西大地种业(集团)有限公司为国家农业产业化重点龙头企业，定边县科发马铃薯良种有限责任公司为陕西省农业产业化重点龙头企业，榆林市农业科学研究院与北大荒薯业集团有限公司开展院企合作从事脱毒种薯生产；建设马铃薯组织培养室2万m²，防虫网室(棚)35万m²，脱毒试管苗、微型薯、原种生产能力分别达到1亿株、1.5亿粒和7万t，区域马铃薯脱毒种薯覆盖率达到40%。

2 存在的问题

2.1 品种选育工作滞后

目前，陕西省从事马铃薯育种的仅有西北农林科技大学、榆林市农业科学研究院、安康市农业科学研究院3家，选育的品种数量落后于甘肃、宁夏、青海等西北地区其他省区。育成的新品种，适应性较窄，如秦芋系列品种只在安康地区种植面积较大。陕西省内种植面积较大的"克新1号""早大白""青薯9号""冀张薯12号"等品种，均为外引品种。所以，加大品种选育力度，育成产销适路、适应性广的新品种，是陕西省马铃薯科技工作者的首要任务。

2.2 种薯质量检测体系不健全

陕西省大部分地区没有出台马铃薯脱毒种薯监督管理办法，马铃薯生产大市榆林虽然出台过《榆林市马铃薯脱毒种薯管理办法(试行)》，但从未真正按要求实施，而且试行结束后再未出台正式管理办法。由于没有形成严格的质量监管，加上一些种薯生产企业质量意识不强，生产的种薯质量参差不齐，不能满足市场需求。

2.3 脱毒种薯应用面积偏小

由于种薯繁殖成本较高，良种繁育体系不健全等原因，脱毒种薯在生产上的推广应用仍然缓慢。目前陕西省仍未形成产业化的脱毒种苗繁育体系，多数脱毒种薯繁育单位脱毒试管苗需外调。农民虽然普遍认可脱毒种薯的增产效果，使用脱毒种薯的积极性有了很大的提高，但因种薯成本过高和数量有限，加上陕西省没有固定的种薯补贴支持政策，导致全省马铃薯脱毒种薯供应率不足30%。陕北榆林市由于财政较好，政府补贴力度较大，脱毒种薯应用率可达40%，但陕南地区由于种薯购买主要靠农民自筹解决，所以脱毒种薯覆盖率不足20%，导致全省马铃薯抗逆能力差，产量较低。

2.4 土传病害发生较为严重

马铃薯微型薯生产需在苗床上重复栽培，没有办法倒茬，虽然脱毒苗栽在基质中，但连年栽培仍容易感染疮痂病等土传病害。目前，生产中采用离地苗床栽培，虽然杜绝了土传病害，但生产成本随之增加。由于脱毒种薯供应能力不足，马铃薯种薯主要从东北、内蒙古等地调入，由于缺乏监管多为农民自发行为，因调种不慎引入土传病害的例子不胜枚举，使得马铃薯土传病害日渐严重。

3 马铃薯脱毒种薯产业发展思路

3.1 指导思想

以习近平新时代中国特色社会主义思想为指导，以科技创新为先导，以市场需求为导向，以深化改革为动力，以执法管理为保障，加强政策支持和引导，深化体制改革和机制创新，突出基地建设、企业培育，强化市场监管，依法生产经营，快速提升陕西省马铃薯种业竞争能力、市场监管能力。加强对马铃薯种薯生产基地发展的政策引导、规划引导、服务引导和信息引导，以推动马铃薯种薯生产基地跨越发展为目标，加快推进马铃薯种薯产业由数量型向质量效益型转变，促进农业增产农民增收。保证种子产量，提升产品档次，着力提升供种保障能力、企业竞争能力和科技创新能力，构建以产业为主导、企业为主体、基地为依托、产学研相结合、育繁推一体化的现代马铃薯种业体系。

3.2 基本原则

3.2.1 坚持优化布局，分类推进

要根据陕西省内马铃薯主产区的自然、气候条件，合理布局马铃薯种薯繁育基地，陕南重点在海拔 1 500 m 以上地区建设基地，主要供应陕南区域生产企业和薯农需求；陕北重点在海拔 1 200 m 以上、有灌溉条件地区建设基地，除满足本地市场外，要为陕南、关中地区提供种薯。

3.2.2 坚持强化基础，提升效能

加快节水设施配套、田间道路改造步伐，推广节水、土壤改良、病虫草害绿色防控、机播机收等优质高产高效生产技术，保护基地生态环境，控制病虫害发生，实现精准生产，促进可持续发展。

3.2.3 坚持扶优扶强，培育龙头企业

加强政策扶持，鼓励省内种子企业联合攻关，协同发展。整合优势资源，重点扶持培育优势企业做大做强，充分发挥企业的规模优势和龙头带动能力。对推进种业发展力度大的县市区，优先支持建设优势区域种薯生产基地。

3.2.4 坚持企业主体，开拓市场

鼓励科研人员及育种资源向企业流动，引导企业和社会资金积极投入种薯基地建设，充分发挥企业在商业化育种、成果转化与应用等方面的主导作用，促进产学研紧密结合，加快形成具有自主知识产权的农作物种业科研成果。支持榆林市北部县市区积极开拓种子市场，扩大企业营销网络，努力提升榆林马铃薯种薯在省内外的知名度和影响力。

4 发展建议

4.1 加强组织领导

建议陕西省出台关于马铃薯良种繁育的扶持政策，各市和主产县区要建立健全马铃薯良种繁育的组织领导、技术保障和监督管理体系。由各市人民政府或农业农村局负责制定马铃薯良种繁育体系的规划与建设，出台种薯补贴政策，加大种薯推广力度，推广全省马铃薯脱毒种薯应用面积，提高马铃薯产量和品质，提升全省马铃薯产业水平。

4.2 建设种薯基地

马铃薯种薯生产需要光照充足、海拔高、气候冷凉、隔离条件好、土壤疏松、排灌方便、农田生产条件好。综合考虑陕西省现有的自然、技术、企业、社会环境，陕北定边、靖边、榆阳等长城沿线及以北风沙滩水地区，发展以自然隔离、大型喷灌、滴灌为主要灌溉手段、机械化作业的规模化脱毒生产基地；陕北南部及陕南地区隔离条件较差，要发展以防虫网隔离、严格轮作倒茬为主要措施的脱毒种薯生产基地。总之，在种薯生产中，应扬长避短，发挥优势，合理布局，以实现种薯生产的相对集中，降低生产成本，方便质量监管，提高投资效益。

4.3 扶持种薯企业

陕西省马铃薯种薯企业少，市场供给能力弱。因此，应大力扶持种薯企业。一是要加大种薯补贴力度，促进种薯企业发展；二是要对试管苗、原原种、原种企业的硬件设施建设进行扶持。试管苗生产单位，重点扶持组培设施；原原种生产单位，重点扶持防虫网棚和种薯气调库；原种生产单位，重点扶持喷灌、滴灌、机械设备、防虫网棚、贮藏库等。通过扶持，可有效提高全省马铃薯脱毒种薯供应能力，降低种薯生产成本，有利于陕西省马铃薯脱毒种薯的供应与推广。

4.4 强化质量监管

政府是马铃薯质量监管的第一责任人。因此，充分发挥政府监管的职能是保障种薯质量，促进马铃薯增产、增效的前提。一是在马铃薯主产区分别成立市级和县区级检测中心，对种苗、种薯生产过程进行不定期的实验室检测和田间抽检；二是要尽快制订马铃薯脱毒种薯质量管理办法，对马铃薯种薯生产企业实行种薯生产、经营许可证管理，实行标签真实性认定制度；三是要加强质量监管队伍建设，确定专职人员，加大培训力度，提高种薯质量监管人员素质，从而加大马铃薯脱毒种薯的市场监管力度。

2022 年吉林省马铃薯产业发展趋势及政策建议

孙　静，徐　飞，韩忠才，王中原，杨文夺，邱博妍，张胜利*

（吉林省蔬菜花卉科学研究院　吉林　长春　130000）

摘　要：文章从马铃薯生产、脱毒种薯应用、贮藏加工、销售形势、价格等方面概述了 2021 年吉林省马铃薯产业现状，总结了主栽品种、病虫害、种薯生产、化肥施用、种植模式、销售渠道、企业加工方面存在的问题，分析了 2022 年产业未来趋势，并从产业政策和技术应用等方面提出了发展建议，为吉林省马铃薯产业的健康、绿色、有序发展提供参考。

关键词：吉林省；马铃薯；发展趋势；产业建议

吉林省属于温带大陆性季风气候，雨热同季，有明显的四季之分，全年无霜期一般为 100~160 d，土壤类型丰富，土质疏松肥沃，具有优越的自然条件，是中国马铃薯适宜种植区之一，且单产水平一直居于全国前列。

1　2021 年马铃薯生产、加工及市场情况

1.1　马铃薯生产情况

1.1.1　种植面积、产量

2021 年吉林省马铃薯种植面积 7.09 万 hm^2（专家调查数据），较 2020 年减少 30%，平均产量为 2 763 kg/667 m^2，较 2020 年增产 8.34%，鲜薯总产量 293.96 万 t，较 2020 年减少 24.16%。近年来由于吉林省乃至整个东北地区玉米收购价格上升，马铃薯种植户的积极性受到影响，种植面积有所减少。马铃薯主产区主要分布在吉林省的松原、四平、长春、白城、延边地区，占全省种植面积的 77.78%。中西部的松原、四平、长春、白城地区为鲜食商品薯、加工原料薯基地[1,2]，以东部延边朝鲜族自治州敦化市为核心形成马铃薯种薯生产基地。

1.1.2　生产中运用的新生产技术和生产模式

吉林省马铃薯主产区主要采用地膜覆盖、水肥一体化的种植模式，占总种植面积的 50% 以上。近年来重点开展了以减肥、减药为代表的节本增效技术集成示范及农机农艺配套栽培技术的推广。

1.1.3　主要栽培品种

吉林省早熟马铃薯品种种植面积约占总面积的 60% 以上，品种为"尤金""费乌瑞它""吉薯 1 号""春薯 10 号""黄金薯"等。中晚熟品种占近 40%，品种为"延薯 13 号""延薯 8 号""延薯 4 号"等；高淀粉品种"东农 310""春薯 3 号"等在吉林省西部地区也有一定的种

作者简介：孙静（1984—），女，硕士，农艺师，从事马铃薯土肥栽培及综合技术推广。
基金项目：现代农业产业技术体系专项资金（CARS-09-ES07）。
＊通信作者：张胜利，研究员，主要从事马铃薯遗传育种研究，e-mail：jlpotato@163.com。

植面积[3,4]。

1.2 脱毒薯应用情况

吉林省年设计生产能力 500 万粒以上的原原种生产企业 2 家，设计生产能力 3 000 万粒左右，实际生产 500 万粒；全省脱毒种薯应用率 65% 左右；原种面积 146.7 hm²，原种产量 0.42 万 t；一二级种薯面积 1 173.3 hm²，一二级种薯产量 3.87 万 t，一二级种薯产值 5 418 万元。

1.3 贮藏、加工情况

1.3.1 贮藏情况

吉林省马铃薯贮藏量在 60 万 t 左右，主要以农民合作社、家庭农场及加工企业自建的贮藏窖和组装式冷藏库进行贮藏，农户和经销户的贮藏量占 80% 左右，加工企业贮藏量占 20% 左右[3,4]。

1.3.2 加工情况

吉林省马铃薯主要加工产品为淀粉，年加工量 8 000 t 左右，淀粉价格 6 300 元/t 左右，淀粉平均出厂价格低于 2020 年。中小型加工企业正常开工生产，但存在生产加工期原料薯缺乏的问题。吉林省鸿泰农业技术开发有限责任公司，设计年产马铃薯淀粉 10 万 t，实际生产淀粉 1 000 t 左右；吉林省东太农业发展有限公司，建设规模年产马铃薯精淀粉 3 万 t，实际生产淀粉 1 000 t；吉林省华薯农业发展有限公司生产淀粉 1 000 t；白城地区的洮北区和洮南市小型淀粉加工厂生产 2 000 t，敦化市的小型淀粉加工厂生产 800 t。

1.4 马铃薯销售情况

1.4.1 销售价格及销售量

秋季商品薯价格基本与 2020 年持平，但原料薯价格较 2020 年有所降低。吉林省内产区的早熟品种田间销售价格 1.0～1.4 元/kg，90% 左右进入市场流通，10% 库存待售；晚熟品种集中收获后价格下滑、销售不畅，田间销售价格 0.8 元/kg 左右，有贮藏条件均进入库存待售，无贮藏条件转为加工原料薯；10 月初加工原料薯价格 560 元/t，10 月中旬价格 700 元/t，高淀粉品种价格 800 元/t。

1.4.2 销售形势及主要销售品种

早熟品种"尤金""费乌瑞它""吉薯 1 号""黄金薯"于 7 月中下旬开始收获并在鲜食市场销售，中晚熟品种在 9 月中旬后收获销售，每年 9—10 月收获期为吉林省马铃薯集中销售期。

2 2021 年吉林省马铃薯产业中存在的问题

2.1 自然灾害

5 月播种后吉林省各地降水均较常年少 70%，导致中西部地区土壤缺墒，出现旱情；6 月和 8 月发生短时强降雨、雷暴大风和冰雹灾害，马铃薯晚疫病发生较重，造成一定的损失；9—10 月马铃薯集中收获期多雨少日照，吉林省平均降水量达 115.4 mm，较常年多 119.4%，块茎受积水影响，腐烂较重，直接影响种植户经济效益。近年来马铃薯收获期延后并与玉米收获期冲突出现短时用工荒，人工费用最高达 200 元/d 或以上，生产成本明显增加的现象越发严重。

2.2 生产中存在的主要问题

2.2.1 马铃薯主栽品种单一

缺乏加工专用型品种，早、晚熟品种结构亟待优化。需要商品性好的早、中、晚熟品种来改变现有品种类型单一等现象。

2.2.2 马铃薯病虫草害发生严重

近年来，马铃薯种植户的病害防控意识有所提高，早、晚疫病发生有所减轻；吉林省主产区陆续有黑胫病、黑痣病、环腐病、疮痂病、炭疽病、枯萎病等病害发生，有逐年加重趋势；种植户病害防治能力经验不足，防治投入成本增加也影响了种植者的经济效益。目前，在马铃薯种植中除草剂的使用较为普遍，存在前茬作物除草剂残留、相邻地块除草剂漂移、除草剂使用混乱不规范等问题。

2.2.3 种薯生产体系不健全

缺乏种薯生产和经营的质量监督措施，种薯质量监督控制体系有待完善。存在优质脱毒种薯推广与普及率低、脱毒种薯生产成本高、种薯级别难以区分、以次充好、劣质种薯冲击市场等问题。

2.2.4 化肥施用缺乏科学性

吉林省马铃薯主产区普遍只投入大量元素肥，不施用钙、镁等中量元素肥和硼、锰等微量元素肥，有机肥、微生物菌剂施用也较少。高量施用化肥导致土壤性状恶化、养分结构失调及土壤微生物生态失衡，也导致当前土传病害发生严重，对吉林省马铃薯产业发展造成一定危害。

2.2.5 种植模式处于转变阶段，配套农机具亟待更新

缺乏农机、农艺深度融合来满足绿色高产高效种植的需要，尚未达到马铃薯生产标准化、集约化、规模化、专业化的目标。

2.2.6 销售渠道狭窄

马铃薯种植户多为地头销售，缺少网络、电商宣传及产业信息平台的支持，售价低，农民收益少；尽管家庭农场和专业合作社的数量不少，但都没有品牌建设的意识，更缺乏订单生产模式。

2.2.7 加工企业推动能力不强

企业加工产品类型单一，附加值较低，企业推动作用不足，产业带动能力有限，加工期短、加工率低、未能形成产品市场优势。同时，马铃薯加工淀粉分离汁水提取高纯度蛋白技术和淀粉废水还田（还草）利用技术有待应用与推广。

3 2022年吉林省马铃薯产业发展趋势分析

3.1 生产情况

2022年中央一号文件明确提出，积极恢复东北地区的大豆面积，完善玉米大豆生产者补贴政策，支持东北地区积极推行大豆玉米合理轮作，积极推广大豆玉米带状复合种植[5]，预计2022年马铃薯种植面积较2021年减少。品种结构将有所转变，早熟品种、加工型品种种植规模将有所增加。加工企业等规模化承包土地进行加工原料薯生产形式将会有所增加。

3.2 市场情况

2022年春季马铃薯市场价格预计将提高,现阶段市场销售价格已达到2.4~3.0元/kg,春季销量与2021年春季相比也会有所增加。

3.3 地方政策

在目前马铃薯中、小型农机具应用水平的基础上,相应农机配套升级和大型机械配套使用的市场需求将会有增加趋势。吉林省重点推广马铃薯全程机械化作业技术模式和技术装备,也将继续实施马铃薯农机购置补贴。

4 2022年马铃薯产业发展建议

4.1 产业政策方面

(1)建议加强吉林省马铃薯种质资源保护与利用,保护好种业发展的源头,创建种质资源管理与共享平台,完善种质资源共享利用体系。

(2)建议政府给予龙头企业政策扶持提升加工设备、工艺技术水平;出台农产品加工、农业产业化的相关政策,鼓励加工企业与种植户、合作社等联合建立规模化、标准化的种植基地。

(3)发展马铃薯庭院经济、助力乡村振兴,保持庭院经济政策的延续性,农户能够得到政策补贴和市场销售的双份收入,使得农户增收,激发农户发展庭院经济的潜能,为形成"一村一品"特色种植产业提供动力[6]。

4.2 技术方面

(1)加强早熟优质、高淀粉、多抗(重点是抗病、包括土传病害)等资源引进、利用与新品种的研发。

(2)推广针对不同类型的马铃薯品种(高产、鲜食、加工型等)按需用肥、高效利用,包括水肥管理和收获期管理等相关技术。同时增加配方施肥中有机肥的比重,协调大量元素与微量元素之间的关系,提高土壤养分利用率,提升马铃薯品质。

(3)建议加强脱毒种苗、种薯节本增效技术的应用与推广。

(4)加强检疫性和危险性病虫害的监测及病虫草害防控综合技术的进一步研发与推广,提高病虫害绿色防控覆盖率。

[参 考 文 献]

[1] 张胜利,徐飞,韩忠才,等.2016年吉林省马铃薯产业发展现状、存在问题及建议[C]//屈冬玉,陈伊里.马铃薯产业与精准扶贫.哈尔滨:哈尔滨地图出版社,2017:161-163.

[2] 徐飞,张胜利,李彦军,等.2017年吉林省马铃薯产业发展现状、存在问题及建议[C]//屈冬玉,陈伊里.马铃薯产业与脱贫攻坚.哈尔滨:哈尔滨地图出版社,2018:104-106.

[3] 孙静,张胜利,徐飞,等.2020年吉林省马铃薯产业发展趋势及政策建议[C]//金黎平,吕文河.马铃薯产业与美丽乡村.哈尔滨:黑龙江科学技术出版社,2020:98-101.

[4] 孙静,徐飞,韩忠才,等.2021年吉林省马铃薯产业发展趋势及政策建议[C]//金黎平,吕文河.马铃薯产业与绿色发展.哈尔滨:黑龙江科学技术出版社,2021:45-48.

[5] 李竟涵,刘菁.稳中求进开创乡村振兴新局面[EB/OL].(2022-02-24)[2022-03-07].http://www.farmer.com.cn/2022/02/24/99889197.html.

[6] 张思源,夏龙.基于SWOT-PEST矩阵模型的吉林省顺山村庭院经济发展现状分析[J].河北农业科学,2020,24(1):14-17.

2021 年河南省马铃薯产业回顾、存在问题及发展建议

吴焕章*，陈焕丽，张晓静，周建华，方　娜

（郑州市蔬菜研究所，河南　郑州　450015）

摘　要：根据河南省马铃薯种植面积、产量、销售、贮藏加工等实际情况，概述了 2021 年河南省马铃薯产业现状，发展中存在的问题，并从品种、生产技术、产业政策等方面提出了发展建议。

关键词：河南省；马铃薯；产业回顾；问题；发展建议

1　2021 年河南省马铃薯产业回顾

1.1　马铃薯生产情况

2021 年河南省马铃薯种植面积为 8.73 万 hm^2（该数据为不完全统计。数据来源部分是当地农业部门数据，部分是当地技术人员估计），总产量为 267.86 万 t。主产区面积普遍较 2020 年小幅度减少。主要原因：一是河南省马铃薯种植效益虽然较大粮作物高，但与其他蔬菜作物相比没有优势；二是最近几年马铃薯市场价格持续低迷，导致部分农户改种其他蔬菜作物，造成马铃薯种植面积下降。但河南省其他非马铃薯主产区如小麦、玉米等主要粮食种植地区马铃薯种植面积有所扩大。

2021 年河南省马铃薯主产区平均单产 2 046 kg/667 m^2，较 2020 年 2 107 kg/667 m^2 略有减产，减产幅度 61 kg/667 m^2。减产原因主要是气候不稳定，一是春季播后乍暖还寒，出苗晚、苗不齐；二是出苗后全省遭遇低温霜冻，导致前期提苗发棵晚；三是 5 月底连续高温天气，导致薯块膨大受阻，整体春季马铃薯产量偏低（表 1）。

表 1　2021 年几个主产区生产情况

地点	面积（万 hm^2）	总产（万 t）	单产（kg/667 m^2）
商丘市	0.71	23.38	2 210
开封市	0.53	18.40	2 300
南阳市	0.43	11.57	1 780
洛阳市	0.43	10.82	2 150（一季作 1 200）
驻马店市	0.70	21.70	2 067
合计或平均	2.80	85.87	2 046

作者简介：吴焕章（1964—），男，研究员，从事马铃薯栽培与遗传育种研究。
基金项目：现代农业产业技术体系建设专项资金（CARS-09-ES13）。
*通信作者：吴焕章，e-mail：mlsh2005@126.com。

1.2 生产技术和生产模式

部分主产区推行单垄双行宽幅(80~110 cm)改为单垄单行窄幅(70~80 cm)栽培技术，水肥药一体化与化控化调技术，黑白地膜覆盖技术，生物菌剂种薯包衣技术，杂草苗前苗后综合防治技术，盐碱地改良调理马铃薯高产栽培技术，示范双减一增绿色生产增产增效技术模式攻关，增产增收均超过了11.3%，成效显著。有机肥、菌肥部分适当代替化肥，减少农药化肥使用量，提高了规模化种植水平，在一定程度上实现了马铃薯绿色高效生产的目的。栾川富硒马铃薯种植技术，2021年开展马铃薯+富硒玉米+甘蓝种植模式技术示范13.33 hm²，并进行了硒肥喷施作业，创新了富硒马铃薯品牌。

种植模式大部分为地膜覆盖，约占85%；露地栽培种植面积减少，约占10%；小部分为设施栽培(大棚+拱棚+地膜、地膜+小拱棚、地膜+中棚)，约占5%。以户为单位种植，主要以马铃薯与粮、菜、瓜等多种形式的间作套种，约占60%。种植大户、合作社等多采用单作种植为主，便于机械化操作。

1.3 主要栽培品种

"费乌瑞它"系列约占48.7%；郑薯系列以"郑薯7号"和"郑商薯10号"为主，约占37.5%；中薯系列以"中薯5号"和"中薯3号"为主，约占10.8%；其他约占3%。其中郑薯系列、中薯系列面积逐步扩大，"费乌瑞它"系列面积逐步减少。

1.4 市场销售情况

河南省马铃薯收获期相对集中，销售时期为5月中下旬至7月上旬。6月上中旬为收获盛期，也是销售集中时期。2021年销售价格5月在0.52~2.60元/kg，6月在0.80~1.30元/kg，7月在1.20~1.24元/kg；整个销售季节呈现先降低，后略有回升趋势。

2021年河南省马铃薯市场行情总体低迷，较2020年整体销售形式下降明显，尤其是春薯价格大幅低于常年同期水平，部分产区马铃薯生产出现亏损。整个销售期平均价格为1.29元/kg，较2020年(1.70元/kg)低0.41元/kg。原因为：一是2020年早春马铃薯价格上扬，全国种植积极性提高，造成供过于求，导致销售期价格较同期下降；二是2021年南方马铃薯受冻害影响，上市时间略晚，北方大量仓储薯上市，与河南省早上市马铃薯时间重叠，加上河南省春季大部分蔬菜价格暴跌，冲击了马铃薯销售初期市场(表2)。

表2 2021年几个主产区销售价格

地点	5月(元/kg)		6月(元/kg)			7月(元/kg)	平均
	中旬	下旬	上旬	中旬	下旬	上旬	(元/kg)
商丘市	2.60	2.60	1.12	1.12	1.24	1.24	1.65
开封市	—	1.70	1.20	1.20	1.20	1.20	1.30
南阳市	0.70	0.52	0.80	0.90	—	—	0.73
洛阳市	—	—	1.22	1.05	1.26	—	1.18
驻马店市	2.00	1.40	1.30	1.10	1.00	—	1.60
平均	1.77	1.56	1.13	1.07	1.19	1.22	1.29

销售市场以省内销售为主，省内销售 101.79 万 t，约占销售市场 38%；省外销售 166.07 万 t，约 62%；主要销往广东、广西、贵州、四川、北京、湖北武汉、襄阳、老河口以及陕西西安、山西、山东等地，另外有少量边贸出口。

2 产业发展中存在的问题

2.1 品种问题

(1)主栽品种少，菜用鲜食品种为主，外观和品质质量要求高，多元化程度低，极早熟、早熟、中早熟品种形不成阶梯，市场供应期短。没有加工专用品种。种植品种结构不适合东南亚边贸出口要求，出口量下降。

(2)马铃薯生产 95% 以上为脱毒薯，但种薯质量监管不严格，一级以上种薯普及率(真正意义上的脱毒种薯)为 70%～75%，且外繁种薯导致土传病害上升 10%～15%。

2.2 栽培技术问题

(1)气候不稳定，抗风险能力弱。

(2)病虫害预防、田间管理意识薄弱。连作重茬面积大、深耕面积小、耕层浅、起垄低，播种浅，生产管理粗放。

(3)有机肥、菌肥使用比例低，化肥特别是氮肥使用量大且结构不合理，土壤微生物生态失衡，盐碱化程度加重。

(4)水肥一体化面积少，养分高效精准施肥推广难。种植者对地下水缺乏问题认识不足，浇水成本低，大水漫灌面积在 90% 以上，且马铃薯关键生育期的水肥精准供应技术有待完善。

(5)全程机械化程度低。多数小型种植户，种植与收获采用租赁机械，可实现机械化，但铺滴灌带、覆膜、中耕培土等小型农业机械普及不够，全程机械化马铃薯种植潜力不能充分发挥。

2.3 市场问题

(1)种薯市场监管机制不健全，市场经营的种薯多、乱、杂，以次充好、以假乱真者多。

(2)销售市场不稳定，缺乏科学规范的市场管理，受其他地区上市时间重叠冲击，原有鲜薯收获上市的区位和时期优势逐渐消失，价格不易控制。

(3)马铃薯仓储库缺乏，更没有加工企业。

2.4 政策问题

2.4.1 政府投资少，涉农项目没有投向此产业

河南省作为小麦生产大省，对马铃薯作为第四大主粮认识不足，没有出台有关扶持马铃薯生产的政策。马铃薯产业发展缺乏"龙头"带动，带有一定的盲目性。种植面积、价格波动幅度大，完全受市场制约，阻碍了产业的形成和发展。

2.4.2 马铃薯专项科研经费严重不足

河南省从事马铃薯科研、技术推广的人员严重不足，科技投入少，造成新技术、新成果开发的数量不多。马铃薯良种良法得不到延伸，对市场开发农技人员介入更少，大多数

由蔬菜销售商操作，多数市场风险都转嫁给农户，严重影响了农户种植积极性。

3 马铃薯产业发展建议

3.1 产业政策方面

（1）建议成立省级马铃薯产业发展办事机构等政府支撑体系，加大对马铃薯种薯市场、商品薯销售市场管理，整合人、财、物，明确管理机构性质，加速马铃薯产业发展。

（2）建议建立省级马铃薯研究开发中心、科技联盟、产业技术体系等，鼓励科研单位与企业合作，加快技术创新，促进科技成果转化。以现有的马铃薯研发机构为依托，整合全省从事马铃薯研发人员，联合申报马铃薯重大科技专项，开展战略性、前瞻性的研究工作，加快产学研繁育推一体化进程，做强做大马铃薯产业。

（3）加大投入，建议将马铃薯纳入粮食补贴范围，建立良种补贴专项，提高马铃薯种植的积极性。建立公共病虫害、自然灾害预测预报体系，与薯农分享马铃薯各项生产、销售信息。

3.2 技术方面

（1）开展马铃薯联合育种和联合技术攻关，加大马铃薯优质新品种的研发与推广，应对小气候条件下优质、高产、特色马铃薯的品种技术需求。

（2）加强新时期马铃薯生产技术研究与推广，加大绿色优质、高产、高效栽培技术培训，积极推广种薯药剂处理拌种技术，药剂沟喷预防病虫草害综合防控技术，推广水肥一体化节水减肥减药技术。

3.3 生产方面

加强马铃薯脱毒种薯质量控制与溯源体系建设，加快种薯繁育、监督、销售体系建设。

山西省马铃薯种业发展现状、挑战和对策

柴生武[1]*，白小东[2]，苗耿志[1]

(1. 山西省薯类脱毒中心，山西　太原　030006；
2. 山西农业大学高寒区作物研究所，山西　大同　037000)

摘　要：对山西省马铃薯产业、品种推广、脱毒种薯应用和脱毒种薯繁育等方面的基本情况和面临的挑战进行概述，介绍了山西省推进马铃薯产业发展政策为马铃薯种业发展带来的机遇，并提出了促进马铃薯产业发展的措施建议。

关键词：山西；马铃薯；种薯；发展现状；对策

1　山西省马铃薯种业现状

1.1　马铃薯种植情况

马铃薯是山西省除玉米、小麦之外的第三大农作物，根据农业统计年鉴资料，近几年山西省马铃薯播种面积 16.7 万 hm² 左右，鲜薯总产量和单产有较大幅度的增长，2015—2020 年鲜薯总产量从 149.15 万 t 增长到 269.00 万 t，鲜薯平均产量从 595 kg/667 m² 增长到 1 116 kg/667 m²。种植区域主要集中在大同市、朔州市、忻州市、吕梁市等，太原市、临汾市、晋中市、长治市的山区也有种植，晋城市、阳泉市有零星种植，运城市很少种植。其中播种面积大于 0.67 万 hm² 的县有 4 个，播种面积在 0.33 万~0.67 万 hm² 的县（区）有 12 个，播种面积在 0.13 万~0.33 万 hm² 的县（区）有 19 个；播种面积在 0.07 万~0.13 万 hm² 的县（区）有 11 个。

1.2　品种推广应用情况

截至 2015 年全省共审（认）定马铃薯品种 49 个，其中 2011—2015 年审定 17 个品种，其中山西省育成品种 11 个，外省育成品种 3 个，引进品种 3 个；截至 2022 年 3 月，全省共登记品种 22 个；从国内外引进推广了"克新 1 号""青薯 9 号""冀张薯 8 号""冀张薯 12号""希森 3 号""希森 4 号""希森 6 号""兴佳 2 号""夏坡蒂""大西洋""麦肯 1 号"等。目前"晋薯 16 号"成为山西省旱地马铃薯主栽品种，占全省播种面积的 60% 以上；其次为"青薯 9 号""冀张薯 12 号""同薯 23 号"等；"希森 6 号""费乌瑞它""中薯 5 号"和"希森 3号"等中早熟品种的播种面积不足 3%；"夏坡蒂""大西洋""麦肯 1 号"等加工型品种在 2020 年以前种植面积很少，2021 年发展种植 0.2 万 hm²；"克新 1 号"等老品种基本退出市场。马铃薯品种更新换代步伐加快，品种结构进一步优化。

由于山西省马铃薯传统种植区多为旱坡地，种植管理比较粗放，种植品种仍以耐旱

作者简介：柴生武(1973—)，男，高级农艺师，主要从事马铃薯脱毒种薯繁育、栽培技术研究。
*通信作者：柴生武，e-mail：458312989@qq.com。

性、抗病性强的中晚熟鲜食品种为主，近几年受马铃薯市场价格波动影响，效益不稳定；需要灌溉条件和精细化管理的早熟品种种植面积逐年扩大，但是由于适应性强的优良品种比较缺乏，种植面积占比仍然较小；迎合现代加工型马铃薯需求的增长，发挥山西省发展种植加工型马铃薯的区位优势，在山西省政府出台《进一步加快马铃薯产业发展的实施意见》和"土豆革命"政策的支持下，现代加工型马铃薯种植进入较快发展时期，计划到2025年，加工型马铃薯播种面积发展到 2.00 万 ~ 3.33 万 hm^2。

1.3 脱毒种薯繁育情况

马铃薯脱毒种薯是解决马铃薯退化的有效途径，在生产中一般可提高产量30% ~ 50%，甚至翻倍，增产增收效果十分显著。目前全省马铃薯脱毒种薯繁育的三级繁育体系已初步建立。山西省薯类脱毒中心主要开展马铃薯主栽品种的茎尖脱毒、基础苗繁育等科技含量高的基础性源头性工作以及部分原原种的繁育工作，原原种繁育主体以实力较强的企事业单位为主，原种繁育主体以企业和合作社为主，一级种薯繁育企业、合作社和农户自繁情况并存。

1.4 脱毒种薯应用情况

山西省从2010年开始实施"马铃薯脱毒种薯繁育补助"政策，近10余年，有关产业发展、扶贫资金和社会资本积极投资于马铃薯脱毒种薯繁育事业，新建、扩建了马铃薯种薯繁育单位10余家，极大地改善了全省马铃薯脱毒组培苗扩繁、原原种繁育等基础条件，推动了马铃薯原原种、原种、一级种薯三级繁育体系的健全，有力地推动了脱毒种薯繁育工作，脱毒种薯覆盖率从10%左右提高到30%左右。

2 山西省马铃薯产业的挑战和机遇

2.1 优良品种缺乏

山西省气候干旱少雨，降水多集中在7—9月，降水分布不均，年际变化较大，马铃薯主产区多为旱坡地，对品种的耐旱、抗病要求较高。"晋薯16号"因其耐旱性好、抗病性强、高产稳产，迅速成为山西省主栽品种，但是由于其芽眼较深、薯形不佳，难以进入高端市场，种植效益不高。早熟、加工型品种多为国外引进品种，商品性佳，但是耐旱、抗病性较差，需大水、大肥、大药，大面积种植发展面临水分条件限制。

2.2 脱毒种薯市场化程度较低

由于山西省马铃薯传统种植区域多为贫困山区，自然条件较差，管理传统粗放，商品马铃薯以本地消费为主，商品化程度较低，而脱毒种薯成本相对较高，普通农户主动购买脱毒种薯的经济能力和意愿较低，多为政府支持或扶贫的方式为农户提供低价或免费的脱毒种薯，在这些区域内，脱毒种薯的市场化程度较低。因此全省马铃薯脱毒种薯的应用推广受政府支持政策的影响较大，与周边省区相比差距较大。早熟马铃薯和加工专用型马铃薯种植对脱毒种薯的依赖度较高，脱毒种薯的市场化程度较高，但目前播种面积占比还较低。

2.3 繁育技术能力不足

原原种是马铃薯三级种薯繁育体系的源头，对硬件条件和技术力量要求较高，近年来全省新建和扩建的马铃薯脱毒种薯繁育单位均能开展马铃薯原原种繁育，但就整体而言，规模较小，技术力量较薄弱，除山西省薯类脱毒中心外，多数原原种繁育企业仅能够开展脱毒试管苗扩繁和微型薯生产，不能开展马铃薯脱毒和核心苗培育工作以及病毒检测工作。

2.4 种薯繁育企业发展举步维艰

马铃薯脱毒种薯不能跨年保存，商品马铃薯的价格波动较大，并且山西省传统马铃薯种植区脱毒种薯市场化程度较低，种薯销量难以预测，风险难以控制，马铃薯种薯较其他作物种业面对的市场风险更大，因此多数马铃薯种薯繁育单位经营均比较艰难。由于政府支持力度不足，马铃薯产业和种业经过一段较快发展时期后，进入了瓶颈期。

2.5 山西省马铃薯产业发展机遇

为巩固拓展脱贫攻坚成果，推进乡村全面振兴，促进农业转型升级，充分发挥山西省马铃薯区域特色和传统优势，持续增加农民收入，2021年山西省人民政府先后出台了《关于加快推进马铃薯产业发展的实施意见》和《山西省土豆革命行动方案》，着力解决山西省马铃薯产业品种创新能力不强、新型技术推广不够、产业链条不长等问题，促进马铃薯产业高质量发展，实现稳粮保供，山西省马铃薯产业有望迎来高质量发展时期。马铃薯产业高质量发展必然带来马铃薯集约化生产程度的提高，提高对优质马铃薯种薯的需求，为马铃薯种业发展带来重大的发展机遇。

3 山西省马铃薯产业发展对策

3.1 加大品种创新力度

加大种质资源保护、鉴定、评价和利用力度，加强马铃薯育种基础理论研究，运用分子辅助育种、基因编辑等技术手段提高育种效率，推进马铃薯种薯企业与科研院所联合开展马铃薯商业育种，加快耐旱、抗病性强、商品性优良品种的选育，满足旱地种植的需要。加大广适性加工型品种的选育、引进力度，推动加工型马铃薯绿色种植的发展。

3.2 支持马铃薯种业高质量发展

加大对种薯繁育企业种薯繁育基地、质量检验、种薯贮藏等的支持，改善种薯繁育保障条件，支持优势企业做大做强；规划种薯繁育保护区域，实行严格的轮作倒茬制度，保护种薯繁育土壤健康，为优质健康种薯繁育提供基础保障，提高种薯繁育质量，提升山西省种薯的市场知名度和美誉度。满足山西省市场对优质种薯的需求，充分发挥山西省适宜马铃薯种薯繁育的自然地理优势，推动马铃薯种薯北繁南种，对全国马铃薯产业发展做出山西贡献。

3.3 加大公益服务力度

山西省马铃薯旱地种植区域与贫困地区高度重合，并且多为旱坡地，贫困农户购买脱毒种薯的经济能力不足，种薯市场化程度较低，种薯销量难以预测，而马铃薯种薯无法跨年度贮藏，由于风险难以控制，大型种业企业难以介入，当地种薯供应多以小微企业和合作社分散供种为主。需要政府结合基层农技服务体系改革，加强对旱作马铃薯种植区的的公益服务力度，促进当地马铃薯产业提档升级，提供脱毒种薯应用率，加大对马铃薯脱毒种薯繁育主体支持力度，保障种薯供应质量。

2021年乌兰察布市马铃薯产业发展现状、存在问题及2022年发展建议

林团荣[1]，张志成[1]，王玉凤[1]，王　伟[1]，王　真[1]，范龙秋[1]，焦欣磊[1]，王懿茜[1]，
李慧成[2]，黄文娟[1]，邢莹莹[3]，朱晓宙[4]，邢　进[1]，吴咏梅[1]，尹玉和[1*]

(1. 乌兰察布市农林科学研究所，内蒙古　乌兰察布　012000；
2. 乌兰察布市农业技术推广中心，内蒙古　乌兰察布　012000；
3. 农畜产品质量安全中心，内蒙古　乌兰察布　012000；
4. 化德县科学技术事业发展中心，内蒙古　乌兰察布　013350)

摘　要：马铃薯是乌兰察布市主要农作物之一。近年来，乌兰察布市紧紧围绕农业结构调整这一主线，以提高马铃薯质量和产量、延伸马铃薯产业链，促进农民增收为目标，以提高良种繁育能力，提升马铃薯加工转化能力为抓手，强化基地建设、完善良繁体系建设、优化品种结构、提升仓储能力、发展精深加工，打造区域品牌，强力推进马铃薯产业转型升级，产业优势进一步凸显。主要针对2021年乌兰察布市马铃薯产业发展的现状及存在问题，对2022年发展趋势进行分析，以期为马铃薯产业在乌兰察布市健康、快速发展提供新思路。

关键词：马铃薯；产业；发展现状；存在问题；发展建议

1　2021年乌兰察布市马铃薯生产及市场情况

1.1　生产情况

1.1.1　种植面积及产量

2021年乌兰察布市马铃薯种植面积20.33万 hm^2 (水地5万 hm^2，旱地15.33万 hm^2)，其中四子王旗4.55万 hm^2 、察右中旗2.48万 hm^2 、兴和县2.40万 hm^2 、察右后旗2.23万 hm^2 、商都县2.23万 hm^2 、察右前旗1.69万 hm^2 、卓资县1.60万 hm^2 、丰镇市1.27万 hm^2 、凉城县1.00万 hm^2 、化德县0.75万 hm^2 、集宁区0.13万 hm^2 。平均单产17 250 kg/ hm^2 (水地38 708 kg/ hm^2 ，旱地10 253 kg/ hm^2)，鲜薯产量351万 t(水地193.5万 t，旱地157.5万 t)，其中商品薯150万 t、加工薯101万 t、种薯50万 t、鲜食薯50万 t，占全国马铃薯产量的6%，占内蒙古自治区马铃薯产量近50%。

1.1.2　区域布局

乌兰察布市地处中温带，属大陆性季风气候，四季特征明显。因大青山横亘中部的分

作者简介：林团荣(1982—)，女，推广研究员，从事马铃薯栽培育种工作。
基金项目：现代农业产业技术体系(CARS-09-ES05)；乌兰察布市关键技术攻关项目(2021GJ203)；内蒙古自治区科技计划项目(2020GG0221，2021GG357)；内蒙古农牧业科学院青年创新基金(2020QNJJN014)。
＊**通信作者**：尹玉和，研究员，主要从事马铃薯育种、栽培工作，e-mail：wlcbsyyh@ 163.com。

隔，形成了前山地区比较温暖，雨量较多，后山地区是多风的特殊气候，年平均降水量150~450 mm，雨量多集中在每年7—9月，年平均气温一般在0~18 ℃，无霜期95~145 d，马铃薯种植区域主要分布在后山地区，种植面积占总播种面积的60.21%，种植面积较大的旗县有四子王旗、察右中旗、商都县、兴和县和察右后旗，均在2万hm²以上，形成了东起兴和西至四子王旗长250 km的马铃薯产业带。马铃薯生产较大的乡镇有四子王旗东八号乡、察右中旗铁沙盖镇、察右后旗乌兰哈达苏木、商都县小海子镇、兴和县大库联乡、化德县七号镇等。目前，乌兰察布市在前山地区重点发展优质鲜食薯、后山地区重点发展种薯和加工专用薯，实现种薯、商品薯、加工专用薯"三薯"协同并进布局。

1.1.3 品种结构

经过新品种引种与筛选，适宜乌兰察布市气候特点的品种有中加系列、希森系列、冀张薯系列、华颂系列等40多个品种，其中适宜旱地种植的品种主要有"克新1号""后旗红""青薯9号""晋薯16""蒙乌薯5号""中早35""京张薯1号"等；适宜水地种植的品种有"费乌瑞它""中加2号""华颂7号""康尼贝克""华颂11号""夏坡蒂""希森3号""希森6号""大西洋"等。"希森6号"主要在商都县、化德县、察右中旗、察右后旗、兴和县种植，种植面积1.33万hm²，收获时间为9月中旬至10月上旬，单产52.5 t/hm²，总产70万t，收购价格1.26元/kg，成本3.75万元/hm²，利润2.87万元/hm²；"中加2号"主要在四子王旗、商都县、察右中旗、察右后旗、察右前旗、兴和县种植，种植面积1.07万hm²，收获时间为9月中旬至10月上旬，单产45 t/hm²，总产48万t，收购价格1.36元/kg，成本3.75万元/hm²，利润2.37万元/hm²；"大西洋"主要在察右中旗、察右后旗、商都县、兴和县种植，种植面积2 666.67 hm²，收获时间为9月中旬至10月上旬，单产33 t/hm²，总产8.8万t，收购价格1.4元/kg，成本3.75万元/hm²，利润0.87万元/hm²，是目前薯条薯片主要的加工专用薯；"后旗红"主要在察右后旗、察右中旗、察右前旗、兴和县、商都县、化德县种植，种植面积2.13万hm²，收获时间为9月上旬至10月中旬，旱地单产12.75 t/hm²，总产27.2万t，收购价格1.6元/kg，成本1.2万元/hm²，利润0.84万元/hm²；"冀张薯12号"在全市各旗县均有种植，种植面积3.67万hm²，收获时间为9月上旬至10月中旬，旱地单产18 t/hm²，总产66万t，收购价格1.0元/kg，成本1.2万元/hm²，利润0.6万元/hm²。

1.1.4 技术推广

为减少马铃薯土传病害，实现耕地用养结合，通过进一步控肥增效、控药减害、控水降耗、控膜减污、轮作控病等方式，推进马铃薯绿色生产。全市2016—2020年马铃薯轮作倒茬面积累计4.93万hm²；全市以滴灌为主的设施马铃薯近6.67万hm²；6.67 hm²规模以上种植大户、合作社、企业有2 080户，种植面积达4.67万hm²；马铃薯播种机、大中型收获机达到1万台套以上，马铃薯机械作业率达到85%以上，规模种植全部实现机械化。

1.2 马铃薯良繁体系建设

全市现有资质种薯企业15家，组培室面积达到9.65万m²，其中建设5 000 m²以上的企业有6家。网室面积达到252.27 hm²，气雾培面积3.33 hm²，其中建设6.67 hm²以上网室的企业有3家。年生产脱毒苗2.2亿株、微型薯4.1亿粒。2019年6月，农业农村部认定乌兰察布市察右前旗、四子王旗为第二批国家区域性良种繁育基地（分3年实施），新建高标准良繁基地2.67万hm²，全市达到5.33万hm²。

1.3 加工情况

乌兰察布市现有马铃薯加工企业32家，主要生产精淀粉、全粉、薯条、粉丝等产品，年转化鲜薯能力200万t，实际转化100万t。

1.3.1 薯条加工

薯条企业4家，其中油炸薯条年设备转化鲜薯能力为10.7万t，年实际转化鲜薯7.5万t，全年加工，主要加工品种有"大西洋""夏坡蒂"等，35%的原料由本地供给，原料价格1 300~1 500元/t，主要销往北京、上海、天津、日本等地，销售价格2.5万~5.0万元/t；速冻薯条年设备转化鲜薯能力为30.5万t，年实际转化鲜薯12.1万t，全年加工，主要加工品种有"艾维""麻皮布尔斑克""英尼维特"，20%~35%的原料由本地供给，原料价格1 300~1 500元/t，主要销往北京、江苏、上海、日本等地，销售价格1.5万元/t。

1.3.2 淀粉加工

淀粉加工企业23家，加工时间每年8—11月，原料主要为小薯和杂薯，全部由本地供给，原料价格700~900元/t，年加工转化鲜薯能力为136万t，实际转化鲜薯67.5万t，产品主要销往山西大同、北京、河南等地，销售价格在6 000~6 500元/t。

1.3.3 全粉加工

全粉加工企业3家，根据订单需要生产，主要加工品种"英尼维特""布尔斑克""艾维"，20%的原料由本地供给，原料价格1 300元/t，年加工转化鲜薯能力为16.8万t，实际转化鲜薯1.8万t，产品主要销往北京、江苏、上海等地，销售价格8 000元/t。

1.3.4 马铃薯酸奶饼加工

马铃薯酸奶饼加工企业1家，全年生产，主要使用全粉加工，原料外购，原料价格8 000元/t，年加工转化鲜薯能力为0.3万t，实际转化鲜薯0.07万t，产品主要在北京和内蒙古自治区地区销售，销售价格4万元/t。

1.3.5 马铃薯无矾粉丝加工

马铃薯无矾粉丝加工企业1家，全年生产，主要使用精淀粉加工，原料全部由当地供给，原料价格6 500~8 500元/t，年加工转化鲜薯能力为3.6万t，实际转化鲜薯3万t，产品主要销往河北、四川等地，销售价格3.6万元/t。

1.4 销售情况

乌兰察布市马铃薯年销售量150万t。为错开集中上市高峰，近年乌兰察布市马铃薯播种日期逐年提前，从8月中旬收获开始销售，最晚到翌年5月销售结束。鲜薯销售形式主要以地头收购为主；地头未售完或地头价格不理想，则仓储后陆续销售；少量由电商直接发往消费者。2021年马铃薯总体销售形势良好，销售价格与2020年同期相比稳中略升。8月收获初期销售价格较高，希森、荷兰系列等优质品种1.4元/kg，最高1.5元/kg，到9月略有下降为1.2元/kg左右，主要销售地为上海、武汉。冀张薯系列价格1.0元/kg左右，主要销售地为山西、陕西、重庆、四川等地。以"大西洋""夏坡蒂"为主的薯条薯片专用品种以订单收购为主，订单价格较商品薯平均价格高，达到 1.3 元/kg 左右，主要销往本地加工企业和外地加工企业。150 g 以下小薯主要用于淀粉加工，收购价格 0.6 元/kg，最高可达 0.7 元/kg，主要销往本地淀粉厂。种薯销售价格 2.6~3.6 元/kg，1—5 月销售，以订购为主，销往本地种植户和自治区外马铃薯优势种植区。

1.5　仓储情况

全市总仓储能力 274 万 t，其中高标准智能仓储库 39 处，储量 154 万 t。高标准智能气调库和恒温库，在保鲜的基础上降低损耗，延长马铃薯销售期。同时，为马铃薯期货交易提供交割场地。

1.6　政策支持情况

2021 年乌兰察布市实施一级种薯补贴(马铃薯生产者补贴)，补贴对象为使用一级种薯以上的马铃薯种植者，补贴标准 600 元/hm²；有机旱作农业(马铃薯)补贴，补贴对象为在有机旱作农业(马铃薯)示范区内，开展有机认证的企业、合作社等新型经营主体，补贴标准 2 250 元/hm²(享受有机旱作补贴的新型经营主体不再享受生产者补贴)；马铃薯加工订单补贴，补贴对象全市加工专用薯种植者(必须与加工企业形成有效订单)，补贴标准 2 250 元/hm²，补贴品种为"大西洋""夏坡蒂""麻皮布尔斑克"等(加工企业所需品种)。同时对以上形成有效订单的加工企业给予 20 元/t 补贴(享受加工订单补贴的种植户不再享受生产者补贴)。

2　生产中存在的问题

2.1　水资源问题突出，节水、减肥、减药技术模式推广困难

乌兰察布市人均水资源低于全国及内蒙古自治区平均水平，属于水资源极度匮乏地区。2000 年以后，水地马铃薯生产以开采地下水为主，二十多年的高强度开采导致地下水位迅速下降，很多灌溉区出现水量不够或枯水现象。为此，政府及农业部门制定了地下水资源管理条例，加上黄河流域、岱海、察汗淖儿等生态环境治理政策，在部分地区实施了喷灌改滴灌、水改旱、限额灌溉等措施，对马铃薯种植模式、产量、效益、产业发展等都有很大的影响，需要在近几年有针对性的进行调整。马铃薯生产仍以高水、肥、药的投入获得高产模式为主，示范推广节水、减肥、减药绿色生产技术模式任重道远。

2.2　加工原料供应不足

乌兰察布市有多家大型马铃薯深加工企业，对原料的需求也较大，但是当地部分种植户由于种植习惯、种植技术等原因，不能生产出合格的原料，当地产能不能完全满足加工企业的需求，造成很大一部分原料仍需对外采购，既增加了企业成本，也不利于乌兰察布市马铃薯产业的发展，今后需要合理规划，让生产与加工有效衔接。

2.3　马铃薯病害种类增加，危害加重

2021 年对马铃薯生长和产量造成影响的病害种类有所增加，环腐病有增加趋势，粉痂病、疮痂病发生范围更广，气生性茎腐病大面积发生，线虫病局部出现，炭疽病和早疫病全生育期均有发生。这些新的变化对马铃薯产业造成的危害更大，防控病害难度增大，农

药防治次数和用量增加。原因是地区间种薯调运更加频繁，种植品种抗病性不强，品种选育对抗病性目标重视不够等，需要引起农业部门和种植户高度重视，运用各种措施减轻病害的传播和发生。

2.4 马铃薯销售期进一步压缩，价格不稳

受全国市场的影响，北方一季作区的销售期进一步缩短，乌兰察布市较河北、甘肃、山西、陕西等省更短，2021年存储量较大，加之疫情影响，春节前价格下跌后一直处于较低水平，销售不畅。

3 2022年马铃薯产业发展趋势分析

3.1 生产情况

2022年马铃薯种植面积会有小幅下降。品种方面，京张薯系列、"晋薯16""冀张薯12号"抗旱性强的品种比例会迅速增加。

3.2 市场情况

全国马铃薯种植总面积和不同季节上市马铃薯面积都在增加，马铃薯价格总的来看预计还是有下降的趋势。

4 发展建议

4.1 加快优良品种选育和推广力度

依托乌兰察布市农林科学研究所、乌兰察布市马铃薯首席专家工作站、内蒙古自治区马铃薯种业创新平台和自治区、乌兰察布市大中型马铃薯种薯企业，集中力量推广抗旱强、淀粉含量高、适合机械化、抗病抗逆性强的不同专用新品种。

4.2 合理布局马铃薯生产区域

根据乌兰察布市区域特点，围绕优质绿色、节本增效，依托马铃薯龙头企业、农民专业合作社等新型经营主体，因地制宜，科学规划建设一批有机旱作鲜食薯、加工专用薯、种薯生产功能区。

4.3 强化马铃薯标准化生产基地建设

依托高标准农田建设、机械化种植、旱作节水农业等项目，在全市范围内重点建设20 hm^2 以上的标准化规模种植基地，培育一批马铃薯专业乡、专业村和专业合作组织，提升马铃薯规模化经营水平。

4.4 拓宽北方地区集中上市的马铃薯营销渠道

通过品牌产品不同分级标准模式，在全国大中城市逐步建立乌兰察布马铃薯销售配套仓储设施、物流渠道、批发档口等，主动对接市场搭建线下营销网络，实现周年销售。

"一带一路"沿线国家马铃薯贸易壁垒及应对措施研究

李学洋[1,2]，李　军[3]，吕　健[1,2]，陈晓辉[1,2]，梁召坤[2]，胡柏耿[1,2]*

（1. 国家马铃薯工程技术研究中心，山东　乐陵　253600；

2. 乐陵希森马铃薯产业集团有限公司，山东　乐陵　253600；

3. 济南海关技术中心，山东　济南　250000）

摘　要：以国外马铃薯政策调查研究为主，总结出国外在马铃薯贸易过程中对中国形成的贸易壁垒，并结合对中国马铃薯产业发展现状的探索，提出防范和破解国外贸易壁垒的措施。

关键词：马铃薯；进出口；贸易壁垒；一带一路

马铃薯是仅次于小麦、稻谷和玉米的全球第四大粮食作物。2015年中国启动马铃薯主粮化战略，马铃薯已成为稻米、小麦、玉米外又一主粮。在当前粮食生产重要性日益突出的形势下，马铃薯生产以其高产、营养价值高等特点，成为保障粮食安全的重要举措。因此，马铃薯具有重要的经济价值和食用价值，在全世界都受到高度重视。世界上有很多国家将马铃薯当作主粮，如欧洲国家人均年消费量稳定在50~60 kg，俄罗斯人均消费量达到170 kg以上，种薯及商品薯加工产品已成为全球经济贸易重要组成部分。目前中国已是世界马铃薯种植面积和总产量最多的国家，同时在良种繁育、马铃薯产品加工及出口方面取得优异成绩。近年来，随着与"一带一路"沿线国家和地区贸易往来的不断增加，中国出口相关国家马铃薯种薯、商品薯都有较大幅度的增长，尤其是马铃薯消费占比较大的欧亚经济联盟、中亚、北非等国家和地区，在出口量增长的同时，仍有着较大的出口潜力。因缺乏对相关国家政策、贸易状况等进行系统的调查研究，不利于破解国际贸易中存在的贸易壁垒，在一定程度上影响了马铃薯种薯、商品薯的出口。通过对"一带一路"以欧亚经济联盟、中亚、北非为主的沿线国家和地区及中国马铃薯进出口贸易的现状进行调查、分析和研究，把中国马铃薯生产、繁育等先进技术及品种推广到"一带一路"国家，同时引进并应用国外优良马铃薯品种及技术，防范马铃薯贸易中存在的贸易壁垒，促进贸易往来，保障粮食安全供给，对进一步促进中国经济发展有着重要意义。

1　国内外同类研究现状

当前，国际上针对马铃薯栽培技术、深加工等领域已经有着成熟的研究与应用，马铃薯淀粉制取及应用、薯条加工、鲜薯消费等都已深入人们的生活。在国际贸易方面，亚

作者简介：李学洋（1992—），女，主要从事马铃薯育种及栽培生理研究工作。

*通信作者：胡柏耿，博士，高级工程师，从事马铃薯育种及新品种推广工作，e-mail：hubaigeng@163.com。

洲、欧洲及非洲是中国马铃薯产品的主要出口市场。以 2018 年为例，对亚洲国家出口 2.8 亿美元，对欧洲出口列第二位，达到 2 270 万美元，对非洲的出口呈快速上升趋势，当年出口额为 156 万美元，同比增长 2.2 倍，在各大洲中增长最快。受不同国家技术贸易措施影响与限制，以及出于防止病虫害随国际贸易交往造成传播带来的风险等原因，马铃薯国际间的贸易行为仍受到一定程度的制约。中国在实施"一带一路"战略的过程中，同"一带一路"沿线国家和地区贸易往来持续增加。在贸易过程中，针对马铃薯种薯、商品薯植物检疫等要求，各国均有特殊的规定，例如欧亚联盟国家针对进口马铃薯真菌、细菌、线虫、病毒和类病毒等病害均有明确要求，针对这一地区的马铃薯贸易也受到各国政府的高度关注。中亚、北非等地区的各个国家也都有不同的市场准入要求。中国出口上述国家的马铃薯种薯、商品薯及其他产品，都需要在出口前，针对目的地国家植物检疫、食品安全等方面的规定，搜集对方国家针对马铃薯进口方面的具体要求，有针对性的开展检测业务，避免在贸易过程中出现问题。但针对"一带一路"沿线大部分国家对进口马铃薯植物检疫等方面要求、贸易状况，尚没有进行系统的调研和总结，对各国马铃薯贸易情况和要求及贸易中存在的壁垒没有系统的掌握，不利于采取相应的应对措施以扩大马铃薯出口，影响了马铃薯贸易的进一步扩大。

2 研究内容

"一带一路"是中国全方位对外开放的新战略，也是中国联系世界的一条重要纽带，对促进中国经济持续增长意义重大。在与"一带一路"国家经贸往来过程中，农业技术交流、农产品进出口占有重要地位。近年来，中国马铃薯种苗及马铃薯产品国际贸易量逐年提升，在马铃薯进出口过程中，欧亚经济联盟、北非、西亚等"一带一路"国家占有重要位置。但由于中国马铃薯对外贸易起步晚，发展水平有待进一步提高，因此，针对以下几个方面进行调研，同时结合中国马铃薯产业发展现状和特点，寻求防范和破解国外贸易壁垒的措施，促进中国马铃薯贸易持续稳定增长。

2.1 "一带一路"沿线以欧亚经济联盟、中亚、北非国家为主的马铃薯生产现状

通过在相关数据库及文献搜索，整理了 2015—2019 年"一带一路"沿线以欧亚经济联盟、中亚、北非国家为主的马铃薯种植面积及产量情况，具体见表1。

表 1 "一带一路"沿线部分国家马铃薯种植面积及产量

国家	年份	种植面积（hm²）	单产（kg/hm²）	产量（t）
	2015	189 814	18 550.0	3 521 048
	2016	186 242	19 038.1	3 545 695
哈萨克斯坦	2017	182 895	19 416.1	3 551 114
	2018	192 326	19 794.5	3 806 992
	2019	192 328	20 340.8	3 912 103

国家	年份	种植面积（hm²）	单产（kg/hm²）	产量（t）
吉尔吉斯斯坦	2015	84 488	16 764.2	1 416 370
	2016	82 155	16 899.4	1 388 369
	2017	83 033	17 053.6	1 416 011
	2018	84 428	17 134.2	1 446 610
	2019	79 208	17 344.2	1 373 800
塔吉克斯坦	2015	39 782	22 307.0	887 418
	2016	41 577	21 601.3	898 116
	2017	40 615	19 275.9	782 892
	2018	49 643	19 431.6	964 644
	2019	51 576	19 280.9	994 433
土库曼斯坦	2015	15 803	18 552.9	293 191
	2016	16 438	18 210.9	299 350
	2017	16 894	18 062.0	305 139
	2018	17 326	17 912.3	310 349
	2019	17 749	17 762.9	315 273
乌兹别克斯坦	2015	80 600	33 460.5	2 696 914
	2016	84 555	32 990.1	2 789 476
	2017	78 251	35 701.6	2 793 689
	2018	86 443	33 686.2	2 911 933
	2019	891 95	34 639.4	3 089 658
苏丹	2015	27 006	15 322.5	413 800
	2016	31 374	13 237.1	415 300
	2017	31 625	13 237.1	418 622
	2018	33 206	13 237.2	439 554
	2019	35 199	13 236.9	465 927
埃及	2015	183 776	26 964.6	4 955 445
	2016	158 248	25 993.6	4 113 441
	2017	174 311	27 772.4	4 841 040
	2018	171 461	28 928.2	4 960 062
	2019	175 161	28 992.6	5 078 374
利比亚	2015	16 970	19 828.2	336 485
	2016	17 235	19 580.2	337 465
	2017	17 415	19 720.7	343 436
	2018	17 911	19 964.8	357 589
	2019	18 147	19 808.1	359 457

国家	年份	种植面积(hm²)	单产(kg/hm²)	产量(t)
突尼斯	2015	23 240	17 211.7	400 000
	2016	24 830	17 720.5	440 000
	2017	24 929	16 847.8	420 000
	2018	26 642	16 890.6	450 000
	2019	25 686	17 130.0	440 000
阿尔及利亚	2015	153 313	29 609.9	4 539 577
	2016	156 308	30 450.6	4 759 677
	2017	148 822	30 952.4	4 606 402
	2018	149 665	31 091.6	4 653 322
	2019	157 864	31 801.1	5 020 249
摩洛哥	2015	64 515	29 829.2	1 924 430
	2016	59 435	29 336.5	1 743 617
	2017	64 293	29 939.0	1 924 871
	2018	62 033	30 131.5	1 869 149
	2019	62 463	31 325.9	1 956 711

2.2　中国针对进出口马铃薯检验检疫要求

2.2.1　中国针对进口马铃薯种苗检验检疫要求

用作繁殖材料的进境马铃薯种苗,在办理进境通关手续的过程中,应首先取得海关《进境动植物检疫许可证》,少量以科研为目的的进境马铃薯种苗可通过特殊审批的方式取得许可。以引种为目的的马铃薯种苗进口应取得《引进种子、苗木审批单》/《引进林木种子、苗木和其它植物繁殖材料审批单》,如申报为转基因的,还需提供《农业转基因生物安全证书》,并取得输出国家或地区官方出具的《植物检疫证书》及其他单证。马铃薯种苗进口应从指定口岸入境,经过现场查验、检疫、采样、实验室检测、检疫处理等多个过程。检疫不合格的,应实施消毒、熏蒸、退运或销毁处理;检疫合格的,如果无需隔离种植的,可以办理入境手续;需隔离种植的,及时联系种植地海关,在指定的隔离种植基地或检疫隔离圃隔离检疫,接受当地农林部门和海关在隔离种植期间的监管。

2.2.2　新鲜马铃薯及马铃薯加工品进口要求

根据即将于 2022 年 1 月 1 日生效的《中华人民共和国进出口食品安全管理办法》规定,进口食品应当符合中国法律法规和食品安全国家标准,中国缔结或者参加的国际条约、协定有特殊要求的,还应当符合国际条约、协定的要求。海关依据进出口商品检验相关法律、行政法规的规定对进口食品实施合格评定。输华马铃薯出口商和包装厂须由输出国官方机构考核,确认符合输华植物检疫要求,并向中国海关总署(GACC)推荐。经 GACC 审核批准,在 GACC 网站上公布,才具备出口中国新鲜马铃薯资格。根据海关总署《准予进口粮食和植物源性饲料种类及输出国家地区名录》规定,目前在块茎类粮食中,只准许产自美国的新鲜马铃薯(*Solanum tuberosum*)进口到中国。

对经过深加工的马铃薯淀粉等部分产品，根据原国家质检总局 2003 年第 43 号公告，经过风险分析，进口前已经加工处理，其携带有害生物风险较低，因此自 2003 年 6 月 1 日起已取消马铃薯淀粉等 8 类植物产品的进境动植物检疫审批规定，有关企业在进口前不需办理进境动植物检疫许可证，但在入境时应主动向海关申报，接受检验检疫。

2.2.3　针对出口马铃薯种苗生产企业要求

出口马铃薯种苗出口企业应首先获取出境种苗花卉注册登记资质。海关对出境种苗花卉实行注册登记制度，种植场应符合的条件包括：符合中国和输入国家或地区规定的植物卫生防疫要求；近 2 年未发生重大植物疫情，未出现重大质量安全事故；建立完善的质量管理体系，建立种植档案；配备专职或者兼职植保员。海关对种植场实施日常监管，主要内容包括检查种植场内外环境卫生、生产设施、有害生物发生及控制情况等。双边协议有年度审核要求的，须在每年规定的时间内，向海关提出年度审核申请。

2.2.4　马铃薯出口种苗产品要求

海关部门针对出口马铃薯种苗开展现场检疫主要内容包括：包装材料、栽培介质检查，对种苗数量和品种进行核对，对种薯抽样检查，针对检验检疫合格，未发现输入国家关注的有害生物，并符合有关检疫规定、符合贸易合同或信用证等所订明检疫要求的，发出电子底账并签发《植物检疫证书》；经检疫发现输入国家关注的有害生物，或不符合检疫要求，或植物感染一般性病虫的，经除害处理合格的，发出电子底账并签发《植物检疫证书》。无法进行除害处理的，不准出境。需作检疫处理的，在海关的指导和监督下予以相应的杀虫、杀菌处理；栽培生长介质不合格的，须更换为经检疫合格的栽培生长介质。

2.2.5　马铃薯出口鲜薯及加工品要求

根据《中华人民共和国进出口食品安全管理办法》等法律法规规定，出口马铃薯鲜薯及其加工品生产企业应当保证其出口食品符合进口国家(地区)的标准或者合同要求；中国缔结或者参加的国际条约、协定有特殊要求的，还应当符合国际条约、协定的要求。进口国家(地区)暂无标准，合同也未作要求，且中国缔结或者参加的国际条约、协定无相关要求的，出口食品生产企业应当保证其出口食品符合中国食品安全国家标准。海关依法对出口食品实施监督管理，监督管理措施包括出口食品原料种植养殖场备案、出口食品生产企业备案、单证审核、现场查验、监督抽检、口岸抽查等。出口食品原料种植、养殖场应当向所在地海关申请备案。出口食品生产企业应当建立完善可追溯的食品安全卫生控制体系，保证食品安全卫生控制体系有效运行，确保出口食品生产、加工、贮存过程持续符合中国相关法律法规、出口食品生产企业安全卫生要求；进口国家(地区)相关法律法规和相关国际条约、协定有特殊要求的，还应当符合相关要求。出口食品生产企业应当保证出口食品包装和运输方式符合食品安全要求。出口食品经海关现场检查和监督抽检符合要求的，由海关出具证书，准予出口。出口食品经海关现场检查和监督抽检不符合要求的，由海关书面通知出口商或者其代理人。相关出口食品可以进行技术处理的，经技术处理合格后方准出口；不能进行技术处理或者经技术处理仍不合格的，不准出口。

2.3　中国近几年与"一带一路"沿线国家马铃薯技术交流与推广应用情况

为积极响应国家"一带一路"发展战略，让中国马铃薯优良品种和先进产业技术走出国门，中国在种质资源改良、品种交流、种植技术交流等方面，与"一带一路"沿线国家开展了多方面的交流与协作。以乐陵希森马铃薯产业集团有限公司为例，通过国家马铃薯工程技术研究中心研发平台，与西南大学、哈萨克斯坦赛福林农业技术大学、埃及开罗大学等开展了马铃薯合作育种，利用各自的资源和技术优势，针对"一带一路"沿线国家农业生产特点，开展了马铃薯种质资源评价、鉴定及筛选，充分利用高产、优质、抗病、抗虫、抗逆等各种性状的种质资源。通过运用现代育种技术，培育了多个适应"一带一路"国家农业生产特点的优良品种。通过调整马铃薯品种结构，开展新品种研发与示范推广，提高脱毒种薯利用率和生产管理水平，为促进"一带一路"沿线国家马铃薯产业健康发展发挥了重要作用。通过与国外开展合作项目开发，在一定程度上解决了研发经费不足、人才缺乏、资源不足和生产技术落后等问题，促进了中国马铃薯产业的发展，同时也让中国选育的新品种和研发的新技术在"一带一路"沿线国家推广应用，极大地提高中国马铃薯的国际影响力和竞争力，也为促进中国农产品出口，增加出口创汇渠道产生了深远的影响。到目前为止，已显现出良好的效果，尤其在下面几个方面有良好的表现。

(1)研究出适应"一带一路"沿线国家的脱毒种薯高效繁育技术及体系，提高脱毒种薯的质量和应用率，探索出了在"一带一路"沿线国家推广高产高效马铃薯生产新模式。

(2)建立首个中哈、中埃马铃薯产业示范基地，开启中哈、中埃马铃薯合作新篇章，让中国马铃薯优良品种和先进产业技术走出国门。

(3)通过生态适应性区域试验、高产优质新品种配套集成技术示范、高强度宣传、集中培训、现场观摩等措施，建立了一套马铃薯全程机械化高产配套技术规程，加速了"希森3号""希森6号"的快速应用，到目前为止已示范推广 0.4 万 hm^2，辐射带动周边区域 3.33 万 hm^2，平均增产 1 265.2 $kg/667 m^2$，增加效益 1 518.24 元$/667 m^2$，总增效达 85 021.44 万元。

2.4 中国在出口马铃薯方面面临的贸易壁垒

2.4.1 技术性贸易措施对马铃薯贸易产生的壁垒作用

从对哈萨克斯坦等欧亚经济联盟国家、埃及等国家针对进口马铃薯检验检疫要求的分析可以看出，各国对进口马铃薯种薯、商品薯及其加工品都有着严格的准入要求，对产品携带病虫害情况、产品品质都有着详细的规定。这些保护措施在一定程度上对输入国防止外来有害生物传入和传播，保护本国生态环境起到了一定的作用。但是对产品准入各种限制措施，不可避免的对贸易往来产生不利影响。一方面，产品输出国家必须为产品出口采取一系列相应的预防措施，从产品种植管理、采收加工，一直到产品装运前的检验检疫，在一定程度上提高了生产成本，增加了出口的难度；另一方面，一旦产品出口过程中被发现存在违反对方检验检疫准入规定的情况，将面临着产品销毁或退运的结果。因此，马铃薯出口过程中必须要及早做好应对准备工作，避免在出口过程中出现问题。

2.4.2 国外各种贸易组织的成立与运行，给其他国家贸易带来影响

欧亚经济联盟于2015年1月1日正式启动，包括亚美尼亚、白俄罗斯、哈萨克斯坦、吉尔吉斯斯坦、俄罗斯5个国家。欧亚经济联盟成立后，各联盟内部成员国之间互相交流的机会大大增加，所采取的措施对其成员国之间的农业贸易交往会产生促进作用，例如对成员国哈萨克斯坦而言，加入欧亚联盟后，本国生产的大量马铃薯以及其他瓜果逐渐打开了广阔的俄罗斯市场，也带动了哈萨克斯坦本国种植业的发展。但欧亚经济联盟对外采取的限制措施，对中国等其他国家农产品出口则会造成一定的负面影响。

2.4.3 原有针对发展中国家优惠政策的取消对贸易产生不利影响

2021 年 3 月 5 日，欧亚经济委员会作出第 17 号决议，将缩减享受欧亚经济联盟普惠制（GSP）关税优惠的发展中经济体和最不发达经济体清单。4 月 11 日，该决议正式发布，规定新清单 10 月 12 日起生效。新清单生效后，中国不再享受该联盟的免除 25% 进口关税的普惠制关税优惠，相关商品恢复适用联盟最惠国税率。联盟此次调整的依据为 2016 年 4 月 6 日第 47 号决议通过的关于享受联盟普税制关税优惠经济体标准的规定。同时，从 2021 年 12 月 1 日起，欧盟成员国、英国和加拿大等 32 个国家也取消对中国普惠制的关税优惠政策。中国海关总署日前已发布公告，自 2021 年 12 月 1 日起，对输往欧盟成员国、英国、加拿大、土耳其、乌克兰、列支敦士登等地货物，不再签发普遍优惠制度原产地证书。普惠制的取消，在一定程度上说明了中国经济发展水平的提高，但也不可避免的对中国相关产品出口造成一定程度的影响。

2.4.4 中国马铃薯种薯繁育体系尚不够健全

通过近几年的持续发展，中国在马铃薯种薯育种、繁育等方面有了很大的起色，但仍然存在脱毒种薯普及率不高，马铃薯种植规模小，种植方式各异等不足，生产者的行为也各不相同，导致马铃薯单产水平较低、品质良莠不齐。发达国家如荷兰、美国等马铃薯生产技术先进国家脱毒种薯使用率均在 90% 以上，而中国仅为 60% 左右，部分偏远地区脱毒薯推广率甚至不足 30%。另外，对马铃薯加工用品种的科研开发力度不够，加工专用品种的大面积推广工作没有展开，致使加工专用型马铃薯产品生产相对落后，影响了马铃薯加工业的发展。

2.4.5 中国马铃薯行业标准体系建设还需要进一步健全

国际马铃薯贸易大国都拥有一套相对完整的马铃薯行业标准体系，这些行业标准覆盖到了马铃薯生产的整个过程。美国根据《市场推广法案》成立了国家马铃薯委员会，主要进行贸易立法和国内外贸易纠纷的解决。几个马铃薯产量大的州还成立了马铃薯管理委员会，对种薯繁育、疫病预防、营养、储存、促销、推广和消费进行研究，根据客户需求提供服务，并为政府相关部门关于马铃薯立法提供相关建议，同时还负责监督技术标准的执行和检查。美国关于马铃薯的标准有几百项，从种薯到鲜薯，从贮存到加工，都要经过检测和认证。所有操作均以美国食品药品管理局（FDA）及美国农业部的规定为依据，每个工序需通过美国农业部的检查，而所有加工厂都需要符合 HACCP（危害分析与关键控制点）操作规范，以确保食物安全水平。通过健全法律法规和马铃薯协会推进制订的严格的检测标准，为美国马铃薯的发展夯实了基础，确保了整个马铃薯产业发展的规范和平稳。再如荷兰作为马铃薯产业大国，其拥有一套完整的马铃薯繁育体系，包括生产体系、检测体系与认证体系。荷兰农业主管部门成立农业种子与马铃薯质量检测中心，主要是对本国马铃薯质量进行检测与绿色认证，只有通过认证的马铃薯才有资格在市场流通。因此，需要在马铃薯产业发展过程中，在标准化体系建设、法律法规的完善和协会发挥作用方面作更多的努力。

3 破解国外贸易壁垒，促进中国马铃薯出口增长和产业水平提高的措施

3.1 加强对国外信息的收集、整理，及时采取应对措施

国外官方对进口马铃薯等种苗及马铃薯加工品都有着具体法律法规等要求，且对这些

法律法规等都经常进行修订。例如埃及官方每年都会对进口马铃薯检疫要求进行修订，增加新的要求，删除一些条款。欧亚经济联盟理事会第 25 号决定中，包含了俄罗斯、哈萨克斯坦等 5 个国家组成的欧亚经济联盟的要求。出口马铃薯种薯等生产企业在出口相关产品之前，必须充分了解输入国家和组织要求，从生产到后期加工全过程采取防控措施，防治这些有害生物的发生，并且在出口前采取措施保证货物不带有有害生物，避免产品中携带对方禁止进入的病虫害而导致贸易受阻。另一方面，出口产品在对方口岸通关时需要中国的海关部门出具的检验检疫证书等材料，也需要针对对方关注病虫害种类拟制证书，将对产品的检验检疫结果详细在检疫证书中列明，证书内容由对方认可后，出口产品才能在对方顺利通关。因此，马铃薯种苗及马铃薯产品在出口过程中，必须对输入国要求等信息进行详细的收集、了解，才能确保产品顺利实现出口。

3.2 利用国外贸易联盟各项准入规定，促进中国产品顺利走向国际市场

欧亚经济联盟的食品法规标准对中国食品农产品的质量安全卫生提出了更高要求，不仅使中国出口食品的难度加大，同时也增加官方监管的难度和企业成本；但从另一个方面来看，欧亚经济联盟统一的法规标准的实施对中国出口马铃薯等产品也有有利的一面，中国出口的产品只要能够满足欧亚经济联盟任何一个成员国要求并取得准入许可，就可以比较顺利进入其他成员国进场流通与销售，从而降低市场准入成本，扩大市场容量。在马铃薯国际贸易中，通过加强对 WTO/TBT 等协议研究，也可以在技贸措施等方面为中国产品出口争取主动，维护好中国出口过程中应有权益，促进贸易的正常进行。

3.3 注重技术、品种创新和进步，适应市场多元化发展需求

良种培育和新技术的采用是健全中国马铃薯种薯生产体系，增强马铃薯产品国际竞争力的重要基础和保障。通过加强品种改良，加大脱毒种薯技术推广力度和种植面积，以及其他一系列科学的栽培管理措施，可以有效提升中国马铃薯产量及品质，缩短与发达国家距离。加工原料薯市场不断扩大，也会刺激和带动种薯市场的发展，对种薯不断改良带来更多动力。

3.4 政府部门要充分发挥服务职能，提升企业管理水平和竞争力

要结合为群众办实事、为企业办实事举措，帮助马铃薯种薯生产企业、马铃薯产品加工企业建立健全安全卫生和防疫体系，不断提高种植水平、产品加工水平，提高防范国际贸易壁垒的能力和水平，确保出口产品安全。

3.5 采取更多举措，推进马铃薯种薯、马铃薯加工品贸易便利化水平

贸易便利化是"一带一路"倡议的重点内容，更高的贸易便利化水平有助于降低贸易成本，提高贸易效率，带来更加稳定的贸易环境，降低贸易壁垒对中国农产品出口的不利影响，通过优化贸易结构，将中国从马铃薯生产大国向贸易大国推进，推动双边及多边马铃薯贸易增长，促进中国马铃薯产业发展和出口创汇能力。

3.6 借鉴国外先进的马铃薯标准化生产体系，提高中国在马铃薯产业的应对能力

近年来，中国农产品贸易发展迅速，"一带一路"的战略构想又给中国农产品贸易带来难得的机遇。通过借鉴美国、荷兰对马铃薯标准化的培育经验，促进中国马铃薯产业标准化水平，创新产业化经营模式，提高马铃薯产业精细加工水平，确保马铃薯产业产品质量安全和品质改善，达到提高国际市场竞争能力，促进产业水平不断提高的目的。

恩施州马铃薯机械化发展困境与对策

杨国才，郝　苗，宋威武，杨　伟，高剑华*

（恩施土家族苗族自治州农业科学院，湖北　恩施　445000）

摘　要：随着科技的发展和城市化进程的不断加快，中国越来越注重扶持偏远山区和农村地区的发展。在中国的西南丘陵山区，马铃薯作为重要的粮食作物，种植面积大、覆盖范围广，全程机械化技术的应用，大大提升工作质量和效益。结合恩施州农业机械化实际，梳理困难，着重对山区马铃薯机械化的发展措施进行研究和分析。

关键词：恩施；山区；马铃薯；机械化

1　恩施州马铃薯产业背景

恩施州地处武陵山腹地，是全国 14 个特殊连片贫困地区之一，马铃薯栽培历史悠久，属于中国马铃薯生产的优势区域，具有得天独厚的立体气候条件和硒元素丰富的土壤条件。马铃薯作为恩施州重要的粮食作物，全州常年种植面积 11 万 hm^2 左右，总产量170 万 t 左右。恩施州人民具有长期食用马铃薯的习惯，从粮、菜到点心，传统的马铃薯食品种类十分丰富，全州农村年人均马铃薯占有量 500 kg 以上。近年来，在国家马铃薯产业发展政策的引领和支持下，恩施州委州政府决定大力发展马铃薯产业，突出特色，补齐短板，创新产品，让传统的马铃薯产业焕发现代活力，成为促进农民持续增收的新途径。然而，随着农村青壮劳动力递减，马铃薯用工成本逐年上升，恩施州人工成本高达1 600 元/667 m^2 以上。马铃薯生产人力用工成本居高不下，马铃薯机械化生产仍处于较低的发展层次。因此，要研究和推广马铃薯机械化生产技术，建设有先进装备和先进技术的马铃薯机械化种植加工示范区，改变传统的种植方式，使马铃薯种植由粗放型向集约化经营迈进，提高马铃薯综合生产水平，提高劳动生产率、降低作业成本、扩大种植面积，推动马铃薯产业化发展。

2　马铃薯机械化发展困境

2.1　地形复杂，农机下田难

恩施州以丘陵地块为主，占 90% 以上，地块小而分散，土壤质地硬、坡地多、形状不规则，导致农机调头及空转多，地块边边角角难以耕作到位，种植地块大多以家庭联产承包责任制为主，将土地进一步分割，土地经营规模小，过去在农田建设中没有规范性，未

作者简介：杨国才（1986—），男，助理研究员，主要从事马铃薯新品种引进及高产栽培技术研究。

基金项目：2021 年恩施州科技计划项目（XYJ2021000057）。

*通信作者：高剑华，高级农艺师，主要从事马铃薯脱毒、新品种选育研究与示范推广，e-mail：80538373@qq.com。

充分考虑农业机械化作业条件，农田建设中没有必要的机耕道及其他农机配套设施，大型机具难以发挥作用，直接影响了机械化作业效率，不利于农业机械化的发展。

2.2 小型动力机械增长快，农机农艺融合不理想

随着农村经济的不断发展和马铃薯支柱产业的形成，农业机械出现增长势头，特别是小型动力机械增长快、类型多。种植过程中机耕、机种、机收等适用的机具较少且农机农艺有机融合不理想，缺乏相应机械和农机手，机械化程度低，从业人员少且劳动力弱，全州马铃薯农业机械使用仅体现在机耕、打药和极少的机收方面，农机作业率不到10%。一方面配套农机具市场发展缓慢，特别是马铃薯机械化种植配套机具不仅数量少、品种单一、而且性能不稳定、调试时间长、不能满足市场需求；另一方面，往年马铃薯生产科研人员在研究高产栽培制度时很少考虑宜机化的问题，集成配套的机械化生产体系和系统解决方案不优不多，较难满足实际生产需要，农机农艺农协同配套亟待加强。

2.3 机械研发滞后，难以用于生产

马铃薯机械设备研发起始于20世纪80年代，中国起步早的农机企业多以国有企业、军事装备企业为主，经过多年发展整合，很多民营企业加入农业机械生产，目前北方及南方平原地区已具备产业化基础，形成了相对标准化的机械化种植模式，耕种收综合机械化水平在70%以上。而在以恩施州为代表的丘陵山区马铃薯机械化则刚刚起步，耕种收综合机械化水平在20%以下。目前，一方面山区机械的应用往往参照北方大型机械来改装，采用大改小，联合改分段的形式，这种改造往往以牺牲机械的功能为代价，缺乏更科学层面的运动关系学分析，且改造后的机械需要青壮劳力操作才能驾驭；另一方面适宜山区生产的机械设备大多处于理论研究阶段，大范围应用较少，品种、农艺制度、种养方式、产后加工等与机械化生产不协调等问题较为明显。

2.4 市场主体小，带动能力弱

当地市场主体大都以合作社为主，规模小、省级龙头企业缺乏、观念落后，留守的一般都是年龄较大，且多年受精耕细作种植模式的影响，对新技术接受程度较慢，导致一些先进实用的农机具无法发挥作用。技术推广比较难，导致利益无法实现最大化，对一些价格高、性能好的新型机械及技术缺乏大胆尝新及购买的勇气与能力，导致农业机械的推广及利用难度加大。

2.5 农机人才少，技术力量薄弱

当地没有专门的农机研究机构，农机研究人员少且学历不高，农机推广中心人员存在年龄偏大、知识结构老化、技术力量缺乏。在生产过程中涉及的选种及种薯处理、选地、耕整地、施肥、播种、田间管理、收获等各个环节相关的农机技术规定缺乏，难于全面实现专业化、标准化、机械化。

3 加快推进山区农业机械化的有效对策

3.1 加大投入，加强农田宜机化改造

应将农田改造作为重要的基础建设来抓，应作为民生工程重点投入。针对恩施州复杂的地貌条件，对零散、异形、坡度较大的田块进行"小并大、短变长、弯变直、陡变缓"改

造，并完善田间机耕道路及配套设施建设，改善农机作业条件，以方便农机田间转移、下地作业，提高作业效率，有效地将机耕道、农机具维修网点建设等纳入新农村建设。另外，应根据现有及改良后能够适宜当地丘陵地区作业的农机具，有针对性的配套栽培方式，统一行距、深度、垄面宽度、播种密度以及相应的田间管理、收获机具，出台适宜机械耕作的技术标准，推广连片种植方式，统一种植标准，以实现机械化管理提升马铃薯种植的经济效益。

3.2 加大政策扶植，降低机械购置成本

在实际的农业发展过程中，相关的政策扶持有助于农业机械技术在山区的推广，地方政府要给予政策上的高度重视，结合地区农业机械化发展的实际需求，制定相对较为完善的政策扶持体系，不断制定出扶持政策，促进农业机械化在山区的推广与普及。充分利用国家农机购置补贴和报废更新补贴政策，加大对山区财政方面的扶持力度，为山区对于农业机械的购买提供资金基础，加大播种机、收获机、田间管理机、轨道运输机、植保无人机等适宜当地先进农机装备的应用力度，引导使用小型化、智能化、高性能、复式作业机械，淘汰科技含量低、污染大、已无法使用的老旧农机，着力优化农机装备结构，加强与农机制造企业联合，积极开展适宜山区特色农业机械设备研发和制造。通过市场调整，改革股份制研发机制，调动社会各个方面参与到投资和研发工作中去，改进马铃薯收获设备的性能。对地方民众而言，政府部门酌情加大购置补贴力度，降低民众采购成本，便于收获机械的大面积推广应用。

3.3 健全组织，强化服务功能

应充分发挥基层农技服务的中心作用，以农业机械化推广、机械化培训工作、农业机械维修等体系为支撑，积极开展相关的技术培训工作，农业机械化信息服务咨询工作等，积极推进农业机械化的市场化发展，逐渐形成系统化、产业化发展路线，进而有效推进农业机械在山区的应用与发展。另外，应培育壮大农机专业合作社等新型服务组织，推进农机社会化服务向农业生产全过程、全产业延伸。服务主体通过跨区作业、订单作业、农业生产托管服务等多种形式，开展高效便捷的农机作业服务，保证收益，引导鼓励农机服务组织自主开展农田规模经营，积极探索同农业企业、种养合作社、家庭农场、大户集约发展，实现机具共享、互利共赢，加强农机作业服务配套设施和维修网点建设，切实解决农机维修难、存放难的问题。

3.4 引进人才，加强专业人才队伍建设

一是积极培养、发现、引进创新型、应用型、复合型及领军型农业机械类专业技术人才；二是同地方高校及科研机构紧密合作，加强职业类继续教育培训力度，增设农机操作手培训机构，改善培训机构基础条件，完善培训制度，提高培训能力；三是通过购买服务、项目支持等方式，支持农机产销企业、科研院所、社会化服务主体开展操作维修及农机安全检测等实用技能培训；四是从现有的种植大户、专业合作社及马铃薯生产企业中遴选一批农机操作"土专家"，弘扬工匠精神，充分发挥基层实用人才在机械化生产中的重要作用，打造一线农机操作人才队伍。

3.5 做好宣传，动员全社会参与

充分调动社会各界支持农业机械化、关心农业机械化发展的积极性和主动性，搭建社

会广泛参与平台，构建政府、社会、市场协同推进的工作格局。因地制宜、分类指导，及时总结推广各地推动农业机械化转型升级的好经验、好做法，发挥好典型引领作用。主动加强与新闻媒体的沟通合作，多渠道、多形式开展宣传报道活动，切实加大对农业机械化宣传的力度、广度和深度，讲好农业机械化故事，营造全社会广泛关注和支持的良好氛围。

　　总之，丘陵山区农业机械化的发展是实现山区农业变革的希望，是实现山区农民节本增收的一条必然之路。壮大丘陵山区农业应因地制宜，加大农业机械的投入，通过资金、技术多个层面的扶持和示范，满足丘陵山区农机化的发展需要。只有这样，才能改变丘陵山区落后面貌，实现中国农业现代化，也实现乡村振兴。

研 究 进 展

马铃薯冠层—块茎生长协变关系及氮素高效利用机制

刘建刚，卞春松，金黎平*

（中国农业科学院蔬菜花卉研究所/
农业农村部薯类作物生物学与遗传育种重点实验室，北京 100081）

摘　要： 作物地上-地下部生长对环境响应的精准调控是栽培学科的热点和难点，马铃薯冠层生长和块茎发育存在依赖和竞争关系，而氮素是调控冠层与块茎协变关系的重要因素，定量化评价不同马铃薯群体冠层和块茎生长发育过程中协变关系及氮素高效利用机制，可以为马铃薯产量预测和高产高效栽培提供理论依据。为推动马铃薯绿色智慧高效栽培发展，基于 Web of Science 和中国知网数据库，揭示了马铃薯冠层-块茎生长发育的协变动态及氮素高效利用机制的研究现状，提出了综合利用遥感、作物生理生态模型、高通量三维成像等现代农业信息技术和大田试验相结合促进马铃薯精准高效栽培研究的思路。文章将有助于拓展马铃薯高产高效栽培的研究思路，为促进马铃薯绿色智慧高效栽培提供有效的理论和技术支撑。

关键词： 马铃薯；冠层；块茎；生长协变关系；高通量表型

　　马铃薯为茄科块茎类的浅根系作物，与禾谷类作物不同，其收获的地下部块茎为营养器官而非生殖器官。中国马铃薯种植面积约占全世界 30%，尽管马铃薯产量连续多年增长，但受到生态环境和资源条件两个"紧箍咒"的双重约束，氮素当季利用效率不足 40%，品种改良与养分精准管理是提高马铃薯产量及养分利用效率的有效途径。由于冠层和块茎生长存在依赖和竞争关系，而冠层和块茎氮素分配的相对平衡影响植株冠层生长动态、光合生产及产量形成[1]。因此，定量化评价马铃薯群体冠层生长和块茎发育的协变关系及氮素高效利用机制，对马铃薯氮肥精准管理和产量预测具有重要的科学意义和应用价值。

1　冠层生长动态及光合特性对氮素的响应

　　马铃薯冠层生长与光合生产能力密切相关，其对氮素的响应规律可以通过冠层结构、光合有效辐射截获和辐射利用效率等参数的变化来研究。目前研究认为冠层覆盖度、叶面积指数和株高等冠层参数对氮素响应敏感[2]，而辐射利用效率对氮素响应的敏感性存在争议[3,4]，这可能与气候、品种、氮素形态、施氮量、供氮时期等因素有关。马铃薯对氮素的吸收分配与光合作用有着相互促进的关系，增施氮肥可以促进茎叶生长，提高叶面积指数和冠层覆盖度，缩短冠层形态建成时间，延长最大冠层覆盖时间，延缓叶片衰老，增加光合有效辐射截获[5]。在氮素胁迫时，马铃薯光合同化物生产减少，这可能与光合有效辐

作者简介：刘建刚（1988—），男，博士，副研究员，从事马铃薯表型组学及精准栽培研究。

基金项目：国家重点研发计划（2020YFD1000804-3）；宁夏农业特色优势产业新品种选育专项（2019NYYZ01-4）；现代农业产业技术体系专项资金（CARS-09-P12）。

*通信作者：金黎平，博士，研究员，主要从事马铃薯育种研究，e-mail：jinliping@caas.cn。

射截获量减少或冠层辐射利用效率降低有关，或与两者共同作用有关[13]。植株通过减小叶片大小和分枝数来调整总叶面积以维持单位叶面积的光合生产力，从而使其冠层生长适应氮素胁迫[6]。

改善氮素在冠层叶片内的垂直分布是提高作物生产力的有效途径。近年来，随着对氮素生理研究的深入，冠层叶片氮素垂直分布对其光合生产的影响机制成为研究热点。研究指出冠层氮素垂向异质性能够提高 CO_2 羧化速率 23%~48%，但目前冠层氮素垂直分布对作物光合生产影响的研究多采用模拟手段，而光能利用率机理模型主要通过光量子利用效率和光化学光谱指数建模，多属于大叶模型[7]，较少考虑作物农学生理特征参数，目前氮高效马铃薯冠层氮素垂直分布对光合生产的影响作用尚不清楚。

高通量获取作物群体田间表型信息能够提高冠层生长变化特征的研究效率。表征冠层水平和垂直方向上生长变化特征的常用参数包括冠层覆盖度、叶面积指数和株高等[8]，冠层参数的传统获取方式多采用叶面积指数仪、冠层分析仪等便携式手持仪器测定，而株高、冠层覆盖度则使用尺子、网格板、手持相机等方法人工测定，效率低，且空间覆盖不全[9]。近年来，无人机搭载数码、多光谱、高光谱、热红外等传感器，成为田间作物表型信息高通量获取的重要手段[10]，通过图像特征分析、机器学习和遥感定量反演等方法，目前已实现马铃薯株高、冠层覆盖度、叶面积指数、生物量、产量等重要农学性状的监测[11]，但其难以对冠层时序动态进行监测和预测。近年来随着面向生长过程的机理性模型应用，通过分析冠层覆盖度、冠层伸展速率、冠层持续时间、冠层衰减速率、生育期等参数，可较好的量化冠层生长动态[2,12]。通过模型优化改进提高表型参数预测精度可以辅助理解作物生长发育过程、环境效应和遗传控制之间的复杂相互作用，如基于生理参数解释作物产量潜力差异，同时也可用于作物生长优化管理决策[13]。基于改进模型结构和输入参数的思路开发作物生理生态生长模型 GECROS，可用于模拟马铃薯基因型与环境交互作用及生理反馈机制，如分析全生育期冠层覆盖和块茎膨大变化动态、不同基因型马铃薯生物量分配等[14]。

2 块茎产量形成与冠层生长协变关系

光合同化产物积累与分配是制约马铃薯产量的关键因素。在马铃薯冠层形态建成期，冠层生长与块茎膨大并进，二者存在着同化产物的竞争。研究指出块茎形成时间是影响冠层生长及产量形成的重要因素，块茎开始膨大导致光合同化产物向块茎优先分配，导致叶片和根系生长速率降低，光合同化能力减弱，从而影响块茎产量[15]。茎叶和块茎生长达到平衡期的时间与产量密切相关，过早过迟都会使地上地下部生长失调，造成减产[16]。块茎产量与叶面积指数显著正相关，块茎增长期的叶面积指数对产量贡献大[12]，超高产、高产和中产马铃薯品种的叶面积指数从幼苗期到块茎淀粉积累期分别增长了 86.26%、40.60%和22.63%[17]。氮素吸收分配是影响马铃薯冠层持续性和块茎产量的重要因素。施氮可显著提高细胞渗透调节能力和硝酸还原酶活性，从而促进马铃薯对氮素的吸收和利用[18]。冠层和块茎中氮素分配的相对平衡影响植株光合同化物生产，氮向块茎的再分配比例越高，冠层衰老越快[5,19]。不同氮素水平及施氮方式可能是通过影响马铃薯叶中的碳氮代谢协调程度来影响植株冠层光合同化物生产和分配,适量施氮增加产量主要是因为增加了光合同化产物的积累,而非增加同化产物向块茎的分配[20,21]。

地下器官生长动态是作物科学研究的难点,尽管整体上块茎生物量的增长速度相对稳定,但单个块茎的生长速度存在显著差异,可能遵循近似 Logistic 曲线,也可能呈线性发展。前人提出碳水化合物的分配根据一个未知的机制从一个块茎切换到另一个块茎,轮流生长。然而,个体块茎的竞争优势和生长动态远比以前想象的复杂[22],连续测定单个块茎的生长动态,有助于阐明块茎产量形成机制。前人在研究块茎生长速率时采用了多种方法,如基于块茎为椭球形假设进行体积估算,测定捆在块茎上尼龙环的延伸长度进行估算,使用块茎容量计进行估算,以及使用激光测微系统。然而,上述方法都需要从基质中移除块茎和改变块茎的空间分布,而这将对植物内的源-库关系产生未知的影响。20 世纪90 年代以来,随着新探测系统的出现及图像处理方法效率的提升,CT 技术已用于分析和解释地下器官(如块茎、贮藏根和结节等)细微体积变化,如利用 CT 解析块茎膨大速率[23],根系和土壤之间的相互作用[24],块茎生长昼夜节律[22],以及根系胁迫响应[25]。

3 氮素高效利用的生理机制研究

利用氮高效品种固有的生物学特性,挖掘植物对氮素高效利用潜力已成为研究热点。由于研究侧重点和目标不同,学者们对氮效率的评价指标和理解观点不一,氮效率评价指标包括氮素吸收效率、氮素利用效率、氮素表观回收率、氮转运效率、氮肥生理利用效率、氮肥农学效率和根际分泌物或微生物活性等[26]。已有研究表明,不同氮素水平下,马铃薯吸收利用氮素的机制不一。低氮条件下马铃薯对氮素的吸收取决于土壤矿质氮的有效性和分布,以及根系在土壤剖面上的分布,而在最佳或高氮供应下,氮素吸收更多取决于维持生长速率的需氮量[27]。^{15}N 同位素标记表明植株生长早期的氮素主要积累于茎、叶、根中,随着马铃薯块茎形成,80% ^{15}N 转移至块茎中[26]。马铃薯氮素吸收效率差异与其根系形态特征密切相关,较高的根系干生物量、根体积、根总长和根表面积是氮高效品种氮素吸收效率高的主要原因[28]。氮高效马铃薯根系最大氮素吸收速率及硝酸根离子亲和力等氮素吸收动力学参数均高于氮低效品种,且在低氮供应条件下氮素吸收能力更强[29],有研究指出 StNRT1. 2、StNRT1. 5、StNRT2. 1 等基因表达水平与硝态氮吸收率和积累量密切相关[30]。氮素利用效率差异主要与光合同化产物积累有关,较高的叶面积指数、叶绿素含量及净光合速率是氮素利用效率高的主要原因[31,32]。氮素利用效率是受多基因控制的数量性状,目前定位在 5 号染色体区域的控制基因位点与熟性基因位点有着较多重合,而且与氮素利用效率相关的基因尚未明确[14]。

马铃薯对氮素吸收利用受氮素供应形态和供应时期影响,氮素形态不仅影响植株对离子吸收及细胞 pH 值调节,还影响氮素转运和同化等通路,从而导致基因表达差异。大多数研究表明,相较于单一形态氮素,硝态氮和铵态氮混合施用能够提高叶片气孔导度、叶肉导度、蒸腾速率、胞间 CO_2 浓度、PSII 光化学效率,从而促进植株生长和产量提高[33],然而针对单独施用硝态氮和铵态氮对马铃薯生长和产量影响的研究结果却有所差异,主要有以下 3 种观点:一是铵态氮能促进光合同化产物积累,影响其向块茎分配,从而提高块茎产量，因此其为马铃薯生长最有效氮源[34]；二是施用硝态氮能促进植株光合同化产物积累和氮素吸收，优先促进地上部茎叶生长，而施用铵态氮有利于根系生长[35]；三是氮素形态对光合同化产物在马铃薯块茎中的分配比例无显著影响[36]。由此可见，受研究区域、栽培模式、品种等因素的影响，氮素形态对促进植株不同器官优先发育和调节光合同化产物分配比例的影响作用尚未形成共识。

4 结论与展望

协调冠层-块茎生长协变关系是提高马铃薯产量及氮素利用效率的有效手段。马铃薯生长过程中对 NO_3^- 和 CO_2 吸收比例的相对差异影响碳氮代谢平衡，使其地上部和地下部生长既相互依赖又相互制约。大量研究明确了氮素形态及供应时期调控马铃薯冠层生长及块茎形成发育的生理机制，并深入探究了氮素形态对离子吸收、氮素转运、同化等通路的影响机制，为指导氮素精准高效管理提供了重要的理论支撑。

高通量表型平台是加快作物科学研究的重要工具。采用田间取样或手持仪器测定关键时间节点表型信息的方法耗时耗力、效率低，且难以获取时序动态特征。随着现代农业信息技术的发展，利用自动、半自动和人工高通量平台搭载单个或多个传感器可快速、无损的获取大量作物表型，显著加快作物科学研究效率，结合作物生理生态模型实现了作物生长发育过程动态连续监测的技术问题逐渐解决，为定量化评价马铃薯地上-地下部生长发育动态规律提供了技术支撑。

[参 考 文 献]

[1] Schum A, Meise P, Jansen G, et al. Evaluation of nitrogen efficiency associated traits of starch potato cultivars under *in vitro* conditions [J]. Plant Cell, Tissue and Organ Culture, 2017, 130(3): 651−665.

[2] Minda T T, van der Molen M K, Struik P C, et al. The combined effect of elevation and meteorology on potato crop dynamics: a 10-year study in the Gamo Highlands, Ethiopia [J]. Agricultural and Forest Meteorology, 2018, 262: 166−177.

[3] Oliveira J S, Brown H E, Gash A, et al. An explanation of yield differences in three potato cultivars [J]. Agronomy Journal, 2016, 108(4): 1 434−1 446.

[4] Zhou Z, Andersen M N, Plauborg F. Radiation interception and radiation use efficiency of potato affected by different N fertigation and irrigation regimes [J]. European Journal of Agronomy, 2016, 81: 129−137.

[5] Vos J. Nitrogen responses and nitrogen management in potato [J]. Potato Research, 2009, 52(4): 305−317.

[6] Ospina C A, Lammerts van Bueren E T, Allefs J, et al. Diversity of crop development traits and nitrogen use efficiency among potato cultivars grown under contrasting nitrogen regimes [J]. Euphytica, 2014, 199(1-2): 13−29.

[7] 王自奎, 吴普特, 赵西宁, 等. 作物间套作群体光能截获和利用机理研究进展 [J]. 自然资源学报, 2015, 30(6): 1 057−1 066.

[8] Niinemets Ü, Anten N P R. Packing the photosynthetic machinery: from leaf to canopy [M]//Laisk A, Nedbal L, Govindjee. Photosynthesis in Silico. Dordrecht: Springer, 2009: 363−399.

[9] Tiwari J K, Sapna D, Buckseth T, et al. Precision phenotyping of contrasting potato (*Solanum tuberosum* L.) varieties in a novel aeroponics system for improving nitrogen use efficiency: in search of key traits and genes [J]. Journal of Integrative Agriculture, 2020, 19(1): 51−61.

[10] 刘建刚, 赵春江, 杨贵军, 等. 无人机遥感解析田间作物表型信息研究进展 [J]. 农业工程学报, 2016, 32(24): 98−106.

[11] Li B, Xu X, Han J, et al. The estimation of crop emergence in potatoes by UAV RGB imagery [J]. Plant Methods, 2019, 15 (1): 1−13.

[12] Khan M S, Struik P C, van der Putten P E L, et al. A model−based approach to analyse genetic variation in potato using standard cultivars and a segregating population. I. Canopy cover dynamics [J]. Field Crops Research, 2019, 242: 107 581.

[13] Araus J L, Cairns J E. Field high−throughput phenotyping: the new crop breeding frontier [J]. Trends in Plant Science, 2014, 19(1): 52−61.

[14] Nieto C A O. Nitrogen use efficiency in potato: an integrated agronomic, physiological and genetic approach [D]. Wageningen: Wageningen University, 2016.

[15] Tiwari J K, Plett D, Garnett T, et al. Integrated genomics, physiology and breeding approaches for improving nitrogen use efficiency in potato: translating knowledge from other crops [J]. Functional Plant Biology, 2018, 45(6): 587−605.

[16] Navarro C, Abelenda J A, Cruz−Oró E, et al. Control of flowering and storage organ formation in potato by FLOWERING LOCUS T [J]. Nature, 2011, 478(7367): 119−122.

[17] 周晓洁. 马铃薯植株表型数据分析和株型研究 [D]. 兰州: 甘肃农业大学, 2016.

[18] M'hamdi M, Abid G, Chikh−Rouhou H, et al. Effect of genotype and growing season on nitrate accumulation and expression patterns of nitrate transporter genes in potato (*Solanum tuberosum* L.) [J]. Archives of Agronomy and Soil Science, 2016, 62 (11): 1 508−1 520.

[19] Rens L R, Zotarelli L, Rowland D L, et al. Optimizing nitrogen fertilizer rates and time of application for potatoes under seepage irrigation [J]. Field Crops Research, 2018, 215: 49−58.

[20] Zhou Z, Plauborg F, Liu F, et al. Yield and crop growth of table potato affected by different split−N fertigation regimes in sandy soil [J]. European Journal of Agronomy, 2018, 92: 41−50.

[21] Li W, Xiong B, Wang S, et al. Regulation effects of water and nitrogen on the source−sink relationship in potato during the tuber bulking stage [J]. Plos One, 2016, 11(1): E0146877.

[22] Pérez−Torres E, Kirchgessner N, Pfeifer J, et al. Assessing potato tuber diel growth by means of X−ray computed tomography [J]. Plant, Cell and Environment, 2015, 38(11): 2 318−2 326.

[23] Ferreira S J, Senning M, Sonnewald S, et al. Comparative transcriptome analysis coupled to X−ray CT reveals sucrose supply and growth velocity as major determinants of potato tuber starch biosynthesis [J]. BMC genomics, 2010, 11(1): 1−17.

[24] Mooney S J, Pridmore T P, Helliwell J, et al. Developing X−ray computed tomography to non−invasively image 3−D root systems architecture in soil [J]. Plant and Soil, 2012, 352(1): 1−22.

[25] Douarre C, Schielein R, Frindel C, et al. Transfer learning from synthetic data applied to soil−root segmentation in x−ray tomography images [J]. Journal of Imaging, 2018, 4(5): 65.

[26] Koch M, Naumann M, Pawelzik E, et al. The importance of nutrient management for potato production Part I: Plant nutrition and yield [J]. Potato Research, 2020, 63(1): 97−119.

[27] Gastal F, Lemaire G. N uptake and distribution in crops: an agronomical and ecophysiological perspective [J]. Journal of Experimental Botany, 2002, 53(370): 789−799.

[28] 董宛麟, 于洋, 张立祯, 等. 向日葵和马铃薯间作条件下氮素的吸收和利用 [J]. 农业工程学报, 2013, 29(7): 98−108.

[29] Zebarth B J, Tai G, Tarn R, et al. Nitrogen use efficiency characteristics of commercial potato cultivars [J]. Canadian Journal of Plant Science, 2004, 84(2): 589−598.

[30] Gálvez J H, Tai H H, Lagüe M, et al. The nitrogen responsive transcriptome in potato (*Solanum tuberosum* L.) reveals significant gene regulatory motifs [J]. Scientific Reports, 2016, 6(1): 1−15.

[31] Hailu G, Nigussie D, Ali M, et al. Nitrogen and phosphorus use efficiency in improved potato (*Solanum tuberosum* L.) cultivars in southern Ethiopia [J]. American Journal of Potato Research, 2017, 94(6): 617−631.

[32] Zhou Z, Plauborg F, Kristensen K, et al. Dry matter production, radiation interception and radiation use efficiency of potato in response to temperature and nitrogen application regimes [J]. Agricultural and Forest Meteorology, 2017, 232: 595−605.

[33] Souza E F C, Soratto R P, Fernandes A M, et al. Nitrogen source and rate effects on irrigated potato in tropical sandy

soils [J]. Agronomy Journal, 2019, 111(1): 378–389.

[34] 焦峰, 王鹏, 翟瑞常. 氮素形态对马铃薯氮素积累与分配的影响 [J]. 中国土壤与肥料, 2012, 20(2): 39–44.

[35] Zebarth B J, Tai H, Luo S, et al. Effect of nitrogen form on gene expression in leaf tissue of greenhouse grown potatoes during three stages of growth [J]. American Journal of Potato Research, 2012, 89(4): 315–327.

[36] 苏亚拉其其格, 秦永林, 贾立国, 等. 氮素形态及供应时期对马铃薯生长发育与产量的影响 [J]. 作物学报, 2016, 42 (4): 619–623.

2021年马铃薯遗传育种研究进展

何　铭，徐建飞，金黎平*

（中国农业科学院蔬菜花卉研究所/
农业农村部薯类作物生物学与遗传育种重点实验室，北京　100081）

摘　要：马铃薯适应性强、产量高、营养全面，是重要的块茎类粮食作物。2021年国内外马铃薯遗传育种研究领域取得了丰硕的成果，文章重点对马铃薯优异资源鉴定和评价、优良品种筛选和利用、基因组和功能基因组学研究、重要性状遗传机制解析、育种技术创新方面进行了综述和展望。

关键词：马铃薯；资源鉴定；品种筛选；遗传机制解析；育种技术

马铃薯是世界上继水稻、小麦之后的第三大粮食作物，富含人体必需的淀粉、蛋白质、糖、矿物质、维生素等营养物质，鲜薯广泛应用于功能食品、医药、饲料等领域。马铃薯在中国各地广泛种植，尤其是西部贫困地区和边远山区，对于保障国家粮食安全和巩固拓展脱贫攻坚成果有重要作用。通过进行资源鉴定和评价可以为优异资源挖掘和利用奠定基础，解析重要性状的遗传机制可以为遗传育种提供理论基础，开发和完善育种技术可以推动马铃薯遗传育种进程。现将2021年国内外在相关研究领域取得的部分重要成果进行总结。

1　优异资源鉴定和评价

种质资源是现代种业发展的基础，对马铃薯优异资源进行鉴定和评价，可以为马铃薯遗传育种、发掘优异种质和优良等位基因奠定基础。在抗病方面，娄树宝等[1]对晚疫病抗性材料"388676.1"和"克新23"的F_1代杂交分离群体进行研究，筛选出2个优异品系和2对SSR特异引物；Duan等[2]对189个晚疫病抗性品种进行了抗病性评价，鉴定出10个广谱抗性资源和127个 *Phytophthora infestans* 抗性资源，利用SSR进行群体划分和遗传多样性分析，揭示了野生资源丰富的遗传多样性；Asano等[3]利用改良版抗苍白球病菌的DNA Marker对1 000余份资源的抗病性进行筛选，确定了3个有效的DNA Marker和可用于育种改良的抗性材料。在品质方面，李佳奇等[4]以四倍体高淀粉野生种YSP-4和低淀粉栽培种MIN-021及其杂交分离群体为研究对象，基于混池测序的方式开发了2个与淀粉含量相关的SSR分子标记；李靓等[5]、李景伟等[6]利用压片法、SSR分子标记和SRAP分析方法，分析了多个马铃薯杂交组合和品系的花粉育性、染色体配对构型和DNA水平差异，

作者简介：何铭（1990—），女，博士，助理研究员，主要从事马铃薯重要性状的遗传机制解析。
基金项目：国家现代农业产业技术体系建设专项（CARS-09）。
*通信作者：金黎平，博士，研究员，主要从事马铃薯遗传育种研究，e-mail：jinliping@caas.cn。

为加工专用型和彩色马铃薯新品种选育提供了遗传学依据。Lee 等[7]利用 24 对 SSR 引物将 RDA-基因库中 482 份世界范围内的马铃薯资源分成野生种和栽培种 2 大群体,为马铃薯遗传改良提供了重要信息。根据当前马铃薯育种和生产需求,对现有品种进行精准鉴定,准确判断材料的可用性,在一定程度上可以缓解国内马铃薯种质资源丰富但育种亲本匮乏的矛盾。

2 优良品种筛选和利用

中国并非马铃薯原产国,目前保存的 5 000 余份马铃薯种质资源中以国内育成品种或品系为主,野生资源偏少。对现有资源进行优异种质的挖掘和创新,是新品种选育的必要条件。广西马铃薯栽培品种主要为"费乌瑞它",品种单一且退化严重。针对这一问题,何文等[8]在崇左龙州对 22 份引进的马铃薯资源进行了综合评价,筛选出 7 份适合当地推广应用的优良种质,"DNJ 大红心""DNJ 小红心""D15-5(4)-1.4""桂农薯 1 号""桂彩薯 1 号""D18-15(3)-2""D3-25(39)-1"。为了培育适宜冬作区种植的新品种,罗文彬等[9]对"闽薯 2 号"和"中龙薯 1 号"的杂交后代进行了性状评价,挖掘了 12 份候选材料。吴琪滢等[10]对 159 份北方一作区宁夏、甘肃自主选育和引进品种的产量和营养品质进行了综合分析与评价,筛选出适宜当地的高产鲜食型品种和油炸加工型品种。颉炜清等[11]筛选到"希森 6 号""荷兰 15 号""冀张薯 12 号"可作为天水市川水地区大面积示范种植推广的中早熟优质品种。张玲等[12]比较分析了承德 10 个主栽品种和从荷兰引进的 3 个新品种,发现与"冀张薯 12 号"相比,"V10""806""F"抗病性好产量增加,新引进品种"Challenger"抗病性优良可在当地继续试验示范,"Tauras"抗病性表现优异,可作为抗病育种的优势亲本材料。王乾等[13]对引进的 15 份南方品种在山东省不同地区进行种植和评价,发现"云薯 502"和"云薯 902"产量较高适合在山东种植,丰富了山东省马铃薯品种结构。朱展鹏等[14]发现"华薯 5 号""华薯 11 号"对疮痂病具有较好的抗性,"CH524-8""M6"对疮痂病具有较高的抗性。许国春等[15]分析了 24 份不同地理来源种质的光合效率相关指标,筛选到"闽薯 4 号""闽薯 7 号""云薯 108""云薯 109""天薯 10 号""陇薯 7 号""N210"和"龙薯 9 号"8 份高光效种质,为光合作用机制研究及高光效育种提供了材料。

国外关于马铃薯优异资源挖掘的相关报道主要集中在抗病方面,Gastelo 等[16]对秘鲁地区晚疫病抗性品种进行了多年多点性状评价,筛选出抗病且产量高的品种"CIP308488.92""CIP308495.227"和"CIP308478.59";Zimnoch-Guzowska 和 Flis[17]系统总结并分析了波兰近 50 年马铃薯育种所用亲本的性状变化,发现这些品种对晚疫病和 PVY 病毒具有较好抗性;Lindqvist-Kreuze 等[18]分析了 380 份来自秘鲁、中国和埃塞俄比亚的四倍体抗晚疫病品种,挖掘到抗病相关的 QTL,并发现秘鲁的抗晚疫病品种在中国和埃塞俄比亚仍具有较高的抗病性。

3 基因组和功能基因组学研究

栽培马铃薯为同源四倍体,基因组杂合度较高。目前,研究中常用的马铃薯参考基因组主要来自一个双单倍体材料 DM1-3516R44 和一个杂合二倍体 RH89-039-16,限制了四倍体马铃薯的基因组学和基础生物学研究。Sun 等[19]采用 PacBio 3.1 HiFi 与单细胞测序技术结合，HiC 技术辅助组装的方式，获得了四倍体品种 Otava 3.1 Gb 的四套单体型基因组，注释到 152 855 个基因，并发现 54% 的注释基因在四套单体型基因组中同时存在，50% 的基因组序列在一套或者多套基因组中存在同源区段，给四倍体马铃薯研究提供了重要的参考。Yan 等[20]对现代栽培种的二倍体祖先种 Solanum stenotomum 进行了基因组测序，组装得到 852.85 Mb 大小的基因组，注释到 41 914 个蛋白编码基因，分析了进化基因家族及其相关功能，为研究分析马铃薯基因组变异提供了基础。

Pandey 等[21]对美国马铃薯育种近 40 年的 214 份代表性品种进行了重测序分析，发现这些品种可以根据市场等级分为 3 个群体，并挖掘到与薯皮颜色、生育期、块茎形成等重要性状的调控基因。在马铃薯重要农艺性状的遗传分析方面，Schumacher 等[22]利用抗旱、产量的 QTL 与混池测序 BSA 分析相结合的方式，挖掘到马铃薯干旱响应的候选基因；Sharma 等[23]也采用 QTL 与 BSA 分析结合的方式缩短了块茎休眠和芽伸长相关的 QTL 区间；Park 等[24]以"Rio Grande Russet""Premier Russet"及其 F₁ 杂交后代为研究对象，挖掘到块茎形状和干物质含量相关 QTL；Díaz 等[25]通过 GWAS 分析，定位到 9 个干旱胁迫下相关的区间和 3 个候选基因。在抗病方面，Wang 等[26]利用 284 份四倍体马铃薯进行 GWAS 分析，定位到 44 个晚疫病相关的候选基因；Pereira 等[27]利用"Atlantic"和"B1829-5"的杂交分离群体，定位到一个主效的疮痂病 QTL。蒋伟等[28]利用 288 份国际马铃薯中心筛选的晚疫病抗性群体对晚疫病抗性进行了全基因组关联分析，筛选到 54 个候选基因。这些研究为后续深入研究马铃薯抗病、抗逆、产量等重要性状的遗传解析、品种选育奠定了基础。

4 重要性状遗传机制解析

马铃薯块茎发育与产量密切相关，激素和外界环境共同调节块茎的发育过程。Begum 等[29]发现过表达茉莉酸信号途径中的转录抑制因子 StJAZ1，可以抑制匍匐茎顶端块茎的起始和膨大，造成产量降低；DREB 转录因子家族与植物响应非生物胁迫密切相关，Chiab 等[30]的研究发现 StDREB1 过表达并不影响马铃薯生长发育，但可以提高马铃薯的产量，影响块茎中干物质含量、淀粉含量和还原糖含量；Yu 等[31]发现过表达 RNA 去甲基化酶 FTO 可以促进块茎膨大，提高生物量。块茎在机械收获过程中发生破损会导致病原菌入侵和木栓化，Wahrenburg 等[32]发现 StMYB102 与 StMYB74 可以调控块茎伤口皮下积液的积累影响伤口附近木栓化。短日照型马铃薯在长日照条件下不结薯限制了其对环境的适应性，Ai 等[33]发现 DNA 甲基化可以影响光周期和赤霉素信号途径中关键成员的表达水平，从而调控短日照基因型结薯。高温会导致马铃薯在块茎收获前发芽，Zhang 等[34]通过对 18 个栽培马铃薯进行比较转录组分析，发现高温胁迫诱导赤霉素合成途径相关基因表达，并发现高温胁迫下休眠相关基因 StDOG1 和 StSLP 表达水平降低。Lehretz 等[35]发现 StSP6A 过表达可以促进根生长并促进同化物质向块茎运输。龙葵素是马铃薯植株体内的毒性物质，块茎中的龙葵素含量是马铃薯育种过程中关注的重要品质性状之一，Akiyama 等[36]发现双加氧酶 DPS 可以催化螺旋甾碱烷 C-16 进行羟化反应促进龙葵素含量积累。花青素是彩色马铃薯中重要的活性成分之一，Zhang 等[37]发现转录因子 StWRKY13 可以调控花青素合成相关基因 *StCHS*，*StF3H*，*StDFR* 和 *StANS* 的表达，促进花青素含量积累。低温贮藏导致块茎中还原性糖积累，严重影响加工品质和消费，抗低温糖化是加工品质育种关注的重要性状之一，Shi 等[38]发现转录因子 StRAP2.3 可以激活转化酶抑制子 *Stlnvlnh2* 表达，正调控马铃薯低温糖化抗性从而改善加工品质。

晚疫病是马铃薯第一大病害，有效控制马铃薯病害的发生对保障中国和世界范围内的粮食安全具有重要意义。Du 等[39]、Chen 等[40]利用晚疫病 RXLR 效应蛋白 AVRblb2 的毒性变异蛋白 PITG2030 为诱饵，筛选到其在马铃薯体内的靶蛋白 StMKK1，发现 StMKK1 能够抑制马铃薯病原响应基因和水杨酸响应基因的表达，从而降低植株对致病疫霉菌和青枯菌的抗性提高对灰霉菌的抗性。StMKK1 又可以通过磷酸化 StMPK7 发生 MAPK 级联反应，激活水杨酸信号通路，增强植株对致病疫霉菌和寄生疫霉菌的抗性[41]。

自然界中大约 70% 的马铃薯种质资源为二倍体，具有丰富的遗传多样性，但绝大部分二倍体马铃薯具有自交不亲和的特征。20 世纪 90 年代，日本和美国科学家报道了一个自交亲和的野生二倍体材料，并提出单位点调控马铃薯自交亲和的性状，命名为 Sli。但是由于马铃薯自交亲和性状容易受到外界环境的干扰，因此调控基因一直没有被克隆。Ma 等[42]发现自交亲和的二倍体马铃薯 RH89-039-16 与自交不亲和系杂交后可以有效的诱导自交不亲和向自交亲和转变，并在遗传群体的花粉中克隆了 *Sli* 基因，发现仅含有 *Sli* 位点的花粉才能够进行受精，所以杂合个体自交产生的后代全部为自交亲和型。同时，Eggers 等[43]通过图位克隆的方式也鉴定到了 *Sli* 基因，并证明 *Sli* 仅在自交亲和植株花粉中特异表达。

5 育种技术创新

在解决了二倍体马铃薯自交不亲和问题后，Zhang 等[44]利用基因组设计育种培育了二倍体杂交马铃薯"优薯 1 号"。基本原理是，基于测序手段选择基因组杂合度低和有害突变数目少的起始材料，然后结合群基因组偏分离和性状评价，分析起始材料自交后代中有害等位基因和优良等位基因在基因组中的分布，打破大效应有害突变和优良等位基因的连锁，并淘汰大效应有害突变、聚合优良等位基因，选择基因组互补性好的自交系进行杂交，获得性状优势显著的杂交种。此外，Amundson 等[45]对 919 个双单倍体和 134 个马铃薯单倍体诱导系和四倍体品系杂交获得的杂交种进行了重测序，发现 8.27% 的初级双单倍体为非整倍体，有 8 个初级双单倍体具有 1~3 条来自单倍体诱导系的附加染色体，其中一些染色体由于基因组不稳定导致不完整，表明单倍体化和基因组不稳定性之间存在关联，且这种不稳定性依赖于倍性。这一研究证明了，单倍体诱导系能在双单倍体产生过程中传递全部或部分染色体信息，表明单倍体诱导系配子的倍性在马铃薯单倍体诱导中起重要作用。Zhao 等[46]通过秋水仙素处理二倍体马铃薯，发现嵌合体植株长势和产量显著优于二倍体和四倍体。Busse 等[47]将马铃薯枝条离体培养在蒸馏水中，然后把储存好的双单倍体诱导系 IVP 101 花粉涂抹到尚未开花的花苞柱头上，继续培养至收获种子，筛选出双单倍体种子，形成了一种高通量产生双单倍体的方法。Selga 等[48]利用 GEBVs（Genomic estimated breeding values）预测了不同育种过程中的 669 份四倍体材料在遗传改良过程中的选择，发现对于某些性状而言来自育种选择后期个体的信息不能用于在早期阶段的选择，在同胞家系中产生的预测准确率与跨代的预测准确率相似，GEBVs 适合在同胞家系中进行预测。Yamakawa 等[49]更新了同源多倍体的 QTL 定位方法，主要针对利用 SNP index 筛选亲本中特异的 SNP 和分析遗传不均的 SNP 簇，以定位位于多条染色体上的等位基因。基于此方法定位到了马铃薯胞囊线虫抗性 H1 基因和块茎中花青素积累相关的 SNP 簇。

6 展　望

中国并非马铃薯原产国，育种过程中涉及的种质资源遗传基础狭窄，充分挖掘和利用现有优异种质资源以培育突破性新品种将是一项长期的艰巨任务。当前世界范围内的马铃薯品种选育主要基于传统育种技术，育种年限较长。随着二代和三代测序技术的普及和应用，将极大推动马铃薯基因组选择育种、分子标记辅助育种等育种技术发展进程，也将推动马铃薯块茎形成与发育、抗病、抗旱、耐盐碱等重要性状的遗传机制研究，以辅助马铃薯遗传育种和新品种选育。

[参 考 文 献]

[1] 娄树宝, 李凤云, 田国奎, 等. 马铃薯杂种后代性状评价及 SSR 指纹分析 [J]. 黑龙江农业科学, 2021(2): 13-16, 22.

[2] Duan Y, Duan S, Xu J, et al. Late blight resistance evaluation and genome-wide assessment of genetic diversity in wild and cultivated potato species [J]. Frontiers in Plant Science, 2021, 12: 710 468.

[3] Asano K, Shimosaka E, Yamashita Y, et al. Improvement of diagnostic markers for resistance to *Globodera pallida* and application for selection of resistant germplasms in potato breeding [J]. Breeding Science, 2021, 71(3): 354-364.

[4] 李佳奇, 于卓, 张胜, 等. 四倍体马铃薯淀粉含量性状相关 SSR 标记的开发与验证 [J]. 农业生物技术学报, 2021, 29(8): 1 630-1 639.

[5] 李靓, 于卓, 于肖夏, 等. 6 个马铃薯新品系的细胞学及 SSR 分析 [J]. 华北农学报, 2021, 36(2): 74-80.

[6] 李景伟, 于卓, 于肖夏, 等. 马铃薯优良杂种株系细胞遗传学特性及 SRAP 分析 [J]. 东北师范大学学报: 自然科学版, 2021, 53(2): 86-93.

[7] Lee K J, Sebastin R, Cho G T, et al. Genetic diversity and population structure of potato germplasm in RDA-Genebank: utilization for breeding and conservation [J]. Plants, 2021, 10(4): 752-765.

[8] 何文, 张秀芬, 郭素云, 等. 基于主成分分析和聚类分析对 22 份马铃薯种质的综合评价 [J]. 种子, 2021, 40(3): 80-86.

[9] 罗文彬, 李华伟, 许国春, 等. 冬作马铃薯后代品系营养品质评价 [J]. 福建农业学报, 2021, 36(7): 742-749.

[10] 吴琪滢, 李德明, 郭志乾, 等. 西北地区不同马铃薯种质资源产量和营养品质综合分析与评价 [J]. 中国马铃薯, 2021, 35(6): 489-499.

[11] 颉炜清, 孙小花, 方彦杰, 等. 马铃薯抗病增产优质中早熟新品种筛选试验 [J]. 中国马铃薯, 2021, 35(5): 397-405.

[12] 张玲, 张婷, 林柏松, 等. 冀北冷凉区春茬马铃薯品种引进及比较试验 [J]. 中国马铃薯, 2021, 35(4): 315-320.

[13] 王乾, 崔长磊, 孙莎莎, 等. 南方马铃薯品种引种适应性评价 [J]. 中国马铃薯, 2021, 35(2): 106-117.

[14] 朱展鹏, 蒋建霞, 傅欣雨, 等. 马铃薯疮痂病抗病资源鉴定和药剂筛选 [J]. 中国马铃薯, 2021, 35(2): 170-175.

[15] 许国春, 罗文彬, 李华伟, 等. 马铃薯叶片光合效率遗传变异分析及高光效种质筛选 [J]. 园艺学报, 2021, 48(11): 2 239-2 250.

[16] Gastelo M, Burgos G, Bastos C, et al. Identification of elite potato clones with resistance to late blight through participatory

varietal selection in Peru [J]. Potato Research, 2021, 64(4): 611－634.

[17] Zimnoch－Guzowska E, Flis B. Over 50 years of potato parental line breeding programme at the plant breeding and acclimatization institute in Poland [J]. Potato Research, 2021, 64(4): 743－760.

[18] Lindqvist－Kreuze H, De Boeck B, Unger P, et al. Global multi－environment resistance QTL for foliar late blight resistance in tetraploid potato with tropical adaptation [J]. G3: Genes Genomes Genetics, 2021, 11(11): jkab251.

[19] Sun H, Jiao W B, Krause K, et al. Chromosome－scale and haplotype－resolved genome assembly of a tetraploid potato cultivar [J]. Nature Genetics, 2022, 54(3): 1－7.

[20] Yan L, Zhang Y, Cai G, et al. Genome assembly of primitive cultivated potato *Solanum stenotomum* provides insights into potato evolution [J]. G3: Genes Genomes Genetics, 2021, 11(10): jkab262.

[21] Pandey J, Scheuring D C, Koym J W, et al. Genetic diversity and population structure of advanced clones selected over forty years by a potato breeding program in the USA [J]. Scientific Reports, 2021, 11(1): 1－18.

[22] Schumacher C, Thümecke S, Schilling F, et al. Genome－wide approach to identify quantitative trait loci for drought tolerance in tetraploid potato (*Solanum tuberosum* L.) [J]. International Journal of Molecular Sciences, 2021, 22(11): 6 123－6 151.

[23] Sharma S K, McLean K, Colgan R J, et al. Combining conventional QTL analysis and whole－exome capture－based bulk－segregant analysis provides new genetic insights into tuber sprout elongation and dormancy release in a diploid potato population [J]. Heredity, 2021, 127(3): 253－265.

[24] Park J, Massa A N, Douches D, et al. Linkage and QTL mapping for tuber shape and specific gravity in a tetraploid mapping population of potato representing the russet market class [J]. BMC Plant Biology, 2021, 21(1): 507.

[25] Díaz P, Sarmiento F, Mathew B, et al. Genomic regions associated with physiological, biochemical and yield－related responses under water deficit in diploid potato at the tuber initiation stage revealed by GWAS [J]. PLoS One, 2021, 16(11): e0259690.

[26] Wang F, Zou M, Zhao L, et al. Genome－wide association mapping of late blight tolerance trait in potato (*Solanum tuberosum* L.) [J]. Frontiers Genetics, 2021, 12: 714 575.

[27] Pereira G, Mollinari M, Qu X, et al. Quantitative trait locus mapping for common scab resistance in a tetraploid potato full－sib population [J]. Plant Disease, 2021, 105(10): 3 048－3 054.

[28] 蒋伟, 潘哲超, 包丽仙, 等. 马铃薯资源晚疫病抗性的全基因组关联分析 [J]. 作物学报, 2021, 47(2): 245－261.

[29] BegumS, Jing S, Yu L, et al. Modulation of JA signalling reveals the influence of StJAZ1－like on tuber initiation and tuber bulking in potato [J]. The Plant Journal, 2022, 109(4): 952－964.

[30] Chiab N, Kammoun M, Charfeddine S, et al. Impact of the overexpression of the *StDREB1* transcription factor on growth parameters, yields, and chemical composition of tubers from greenhouse and field grown potato plants [J]. Journal of Plant Research, 2021, 134(2): 249－259.

[31] Yu Q, Liu S, Yu L, et al. RNA demethylation increases the yield and biomass of rice and potato plants in field trials [J]. Nature Biotechnology, 2021, 39(12): 1 581－1 588.

[32] Wahrenburg Z, Benesch E, Lowe C, et al. Transcriptional regulation of wound suberin deposition in potato cultivars with differential wound healing capacity [J]. The Plant Journal, 2021, 107(1): 77－99.

[33] Ai Y, Jing S, Cheng Z, et al. DNA methylation affects photoperiodic tuberization in potato (*Solanum tuberosum* L.) by mediating the expression of genes related to the photoperiod and GA pathways [J]. Horticulture Research, 2021, 8(1): 2708－2720.

[34] Zhang G, Tang R, Niu S, et al. Heat－stress－induced sprouting and differential gene expression in growing potato tubers: comparative transcriptomics with that induced by postharvest sprouting [J]. Horticulture Research, 2021, 8(1): 3089－3106.

[35] Lehretz G G, Sonnewald S, Sonnewald U. Assimilate highway to sink organs － physiological consequences of *SP6A* overexpression in transgenic potato (*Solanum tuberosum* L.) [J]. Journal of Plant Physiology, 2021, 266: 153 530.

[36] Akiyama R, Watanabe B, Nakayasu M, et al. The biosynthetic pathway of potato solanidanes diverged from that of spirosolanes due to evolution of a dioxygenase [J]. Nature Communications, 2021, 12(1): 1－10.

[37] Zhang H, Zhang Z, Zhao Y, et al. StWRKY13 promotes anthocyanin biosynthesis in potato (*Solanum tuberosum*) tubers [J].

Functional Plant Biology, 2021, 49(1): 102-114.

[38] Shi W, Song Y, Liu T, et al. StRAP2.3, an ERF-VII transcription factor, directly activates *StInvInh2* to enhance cold-induced sweetening resistance in potato [J]. Horticulture Research, 2021, 8(1): 82.

[39] Du Y, Chen X, Guo Y, et al. *Phytophthora infestans* RXLR effector PITG20303 targets a potato MKK1 protein to suppress plant immunity [J]. New Phytologist, 2021, 229(1): 501-515.

[40] Chen X, Wang W, Cai P, et al. The role of the MAP kinase-kinase protein StMKK1 in potato immunity to different pathogens [J]. Horticulture Research, 2021, 8(1): 117.

[41] Zhang H, Li F, Li Z, et al. Potato StMPK7 is a downstream component of StMKK1 and promotes resistance to the oomycete pathogen *Phytophthora infestans* [J]. Molecular Plant Pathology, 2021, 22(6): 644-657.

[42] Ma L, Zhang C, Zhang B, et al. A non S-locus F-box gene breaks self-incompatibility in diploid potatoes [J]. Nature Communications, 2021, 12(1): 1-8.

[43] Eggers E J, van der Burgt A, van Heusden S A W, et al. Neofunctionalisation of the *Sli* gene leads to self-compatibility and facilitates precision breeding in potato [J]. Nature Communications, 2021, 12(1): 4 141.

[44] Zhang C, Yang Z, Tang D, et al. Genome design of hybrid potato [J]. Cell, 2021, 184(15): 3 873-3 883.

[45] Amundson K R, Ordoñez B, Santayana M, et al. Rare instances of haploid inducer DNA in potato dihaploids and ploidy-dependent genome instability [J]. Plant Cell, 2021, 33(7): 2 149-2 163.

[46] Zhao K, Jin N, Madadi M, et al. Incomplete genome doubling enables to consistently enhance plant growth for maximum biomass production by altering multiple transcript co-expression networks in potato [J]. Theoretical and Applied Genetics, 2022, 135(2): 461-472.

[47] Busse J, Jansky S, Agha H, et al. A high throughput method for generating dihaploids from tetraploid potato [J]. American Journal of Potato Research, 2021, 98(4): 304-314.

[48] Selga C, Reslow F, Pérez-Rodríguez P, et al. The power of genomic estimated breeding values for selection when using a finite population size in genetic improvement of tetraploid potato [J]. G3: Genes Genomes Genetics, 2022, 12(1): jkab362.

[49] Yamakawa H, Haque E, Tanaka M, et al. Polyploid QTL-seq towards rapid development of tightly linked DNA markers for potato and sweetpotato breeding through whole-genome resequencing [J]. Plant Biotechnology Journal, 2021, 19(10): 2 040-2 051.

2021 年马铃薯草害防控研究进展

王　甄[1,2,3]，肖春芳[1,2,3]，张等宏[1,2,3]，高剑华[1,2,3]，张远学[1,2,3]，闫　雷[1,2,3]，
邹　莹[1,2,3]，吴承金[1,2,3]，叶兴枝[1,2,3]，沈艳芬[1,2,3]*

(1. 湖北恩施中国南方马铃薯研究中心，湖北　恩施　445000；
2. 恩施土家族苗族自治州农业科学院，湖北　恩施　445000；
3. 湖北省农业科技创新中心鄂西综合试验站，湖北　恩施　445000)

摘　要：文章详细概括了 2021 年马铃薯草害防控国内外研究进展。主要包括草害发生情况、杂草生物学分析、化学防控研究、除草剂相关研究以及杂草绿色防控技术研究等，为科学除草提供理论依据，同时也为马铃薯产业的健康发展提供技术支撑。

关键词：马铃薯；杂草；除草剂；研究进展

马铃薯是全球第四大粮食作物，栽培趋势呈现规模化，集中化，而杂草问题是制约马铃薯产业发展的一大障碍。杂草发生量大、生长期长，严重危害苗期马铃薯的生长，严重的可导致大幅减产，科学防控杂草是保证马铃薯生产安全的关键之一。

目前主要采用化学除草剂进行防控，而除草剂的长期大量使用导致杂草产生了抗药性，大量的使用除草剂也给马铃薯安全生产带来了威胁。充分了解马铃薯田间杂草种类、杂草生物学特性、杂草发生规律、除草剂使用情况、除草剂抗性机理以及开发新型环境友好型除草剂等研究进展，为科学除草提供理论依据，同时也为马铃薯产业的健康发展提供技术支撑。

1　草害发生

对马铃薯田培土前后杂草出现频率、草害指数进行了调查，培土前后杂草物种丰富度无显著差异，但培土前杂草群落的丰富度比培土后低，培土前出现危害的杂草和优势杂草比培土后种类多且广[1]。观察牛膝菊种子随牛畜粪便的传播过程，单位重量牛粪中牛膝菊株数 9 月最多，达到了 30.89 株/kg；8 月采集的最少，为 11.70 株/kg[2]。研究了风媒介导下马铃薯田杂草种子的传播途径，牛膝菊、稗、马唐、小飞蓬、反枝苋种子成熟后可以随风媒进行传播[3]。分析了 2020 年全国马铃薯主产区田间杂草分布及除草剂使用情况，识别的杂草包括 27 科 79 属 113 种，除草剂有乙草胺、精异丙甲草胺、二甲戊灵、精喹禾灵等 45 种除草剂[4]。探讨了刺萼龙葵入侵及植被恢复后根际细菌群落和功能[5]。黄顶菊

作者简介：王甄(1988—)，女，硕士，助理研究员，主要从事马铃薯病虫害防治与遗传育种研究。

基金项目：财政部和农业农村部：国家现代农业产业技术体系(CARS-09)；农业部华中薯类观测试验站；湖北省农业科技创新中心创新团队(2016-620-000-001-061)；恩施州农科院青年创新基金(2021-001)。

*通信作者：沈艳芬，研究员，从事马铃薯遗传育种及病虫害防治研究，e-mail：13872728746@163.com。

入侵对土壤微生物功能的影响随时间变化的一般规律，进一步研究其入侵机理[6]。水盐分布格局是影响该区域芦苇植被群落的主要驱动因子，土壤养分含量变化对芦苇植被群落的生态特征有显著影响[7]。苜蓿、马唐和无芒雀麦 3 种植物与入侵植物少花蒺藜草的竞争效应[8]。对入侵植物意大利苍耳和苍耳种间竞争能力进行了比较[9]。马铃薯甲虫可以寄生在杂草龙葵上[10]。旱地植物群落组成与弃耕年限相关，弃耕时间短的植物群落以一年生植物为丰富，垂直分布不明显；弃耕时间长的以多年生草本为优势，垂直分布呈现多年生丛生草本植物为顶层，底层为苔藓植物和一年生阴生植物成为旱地演替的优势植物[11]。

2 杂草生物学分析

从苋属植物根内胚芽形成内生细菌的分离、鉴定及其对植物生长的促进和抑制感病苋属植物叶枯病的作用[12]。研究了出苗时间对反枝苋生长和繁殖的影响，早期进行除草有利于杂草的控制[13]。盐度胁迫影响马齿苋的光合作用、丙二醛形成和脯氨酸含量[14]。评价温度、光照、盐度、pH 值、水分胁迫和种子埋藏深度等不同环境因子以及苗前除草剂对马齿苋杂草萌发和幼苗早期生长的影响[15]。研究不同盐胁迫对苋菜种子发芽及幼苗生长的影响[16]。不同苋属植物种间鉴别时，可将叶表皮细胞显微结构特征和叶脉导管特征作为参考依据[17]。分析了包含苞藜属的苋科 32 属 48 个物种的核基因片段和叶绿体基因片段，构建了其分子系统发育树，探讨了苞藜属的生物系统学关系[18]。

研究了狗尾草等植株大小、花期物候对产出的影响[19]。研究了低温与变温对纳罗克非洲狗尾草种子发芽特性的影响[20]。研究了不同浓度浓度盐溶液处理对狗尾草等种子萌发及幼苗影响[21]。消落带稗草、狗尾草等淹水后 TOC、TN 和 TP 的释放特征及影响因素进行了研究[22]。

后熟消除了牛筋草种子颖果对 Karrikin 1 的敏感性，降低了对脱落酸的敏感性[23]。紫鸭跖草、花叶水竹草、吊竹梅、绿叶水竹草 4 种鸭跖草科植物对不同光环境的适应能力，具有较强的光适应性，可以通过调整植株形态、叶片解剖结构、光合色素含量、气孔开度和导度的方式在弱光环境中进行正常的生命活动[24]。可变近交衰退可能解释了普通牵牛花中交配系统与除草剂抗性之间的关系[25]。重建了田旋花叶绿体全基因组[26]。研究了 NaCl 胁迫对阿拉伯婆婆纳种子萌发及叶片生理特性的影响[27]。空心莲子草处理的无脊椎动物丰富度和丰度、微藻丰度和微生物呼吸均高出 1 倍以上，入侵植物通过影响无脊椎动物群落来间接调节本地植物的分解[28]。异叶假繁缕根际土壤中细菌和酵母菌的种类和密度很可能与其生长状况和种群密度相关，土壤生境会影响其根际土壤细菌和酵母菌的种类和密度[29]。采用次氯酸钠溶液浸种法能够快速破除播娘蒿种子休眠[30]。受 Cd 浓度的影响，两种龙葵光合作用的降低是气孔限制和非气孔限制综合作用的结果，Cd 胁迫在少花龙葵的生长和光合方面表现出更显著的抑制作用[31]。从入侵植物刺萼龙葵及其近缘非入侵植物少花龙葵体内分离内生菌，结果表明不同内生菌在两类植物体内根、茎、叶不同部位分布具有一定的差异性[32]。IAA/ABA、GA$_3$/ABA、ZT/ABA 的比值随龙葵种子萌发时间增加，对解除种子休眠和促使种子萌发起到积极的促进作用[33]。多孢木霉 HZ-31 菌株与野燕麦互作过程中功能基因表达分析的内参基因的选择及其侵染机制[34]。苍耳提取物对大豆蚜的毒杀活性研究，田间防治效果药后 7 d 防效也达到 72.54%[35]。研究了多孢木霉 HZ-31 菌株对藜的生理生化特性的影响[36]。

3 杂草化学防控

研究了甘氨酸和 21 种常见 α-氨基酸对三色苋和稗的对应选择性和协同除草活性[37]。研究了除草剂唑草酮、嗪草酮、恶草酮、乙氧氟草醚和环磺酮对入侵杂草黄花刺茄的防治效果[38]。研究了 6 种芽前除草剂对马铃薯安全性、田间杂草防治及增产效果[39]。探索新型除草剂氟咯草酮在青海高原马铃薯田的安全应用技术[40]。以天然产物阿魏酸为先导设计合成具有较强除草活性的衍生物，其中 8f 和 8k 具有较强的除草活性[41]。以异噁唑胺为先导，引入苯并咪唑基团有利于提高化合物的除草活性，且 5c 和 5f 有潜力作为除草剂候选化合物，对马唐和反枝苋的根茎抑制率达到 90%~96%[42]。含呋喃环膦酸酯衍生化合物 Ⅱ-1 和 Ⅱ-2 在 150 g ai/hm² 剂量下对部分杂草如反枝苋具有显著的抑制活性，与对照药剂草甘膦相当[43]。柠檬酸、柠檬酸-1-乙酯和对称二乙酯柠檬酸具有衍化开发除草剂的潜力[44]。唑芳酰基硫脲类衍生物化合物 4-2 和 4-5 表现出了相对较好的除草活性[45]。

先施用合成生长素，再施用除草剂(烯草酮、草甘膦、百草敌等)，可以达到更好的除草效果[46]。草甘膦和 2,4-D 预混剂配方通过减少除草剂用量可降低除草剂对草甘膦抗性/耐性杂草的环境影响[47]。明确 35% 精异丙甲草胺·嗪草酮乳油对马铃薯田间杂草防除效果及对马铃薯生长发育的安全性[48]。确定了 17% 烯草酮·乙羧氟草醚乳油的最佳配方，且对大豆田狗尾草、马齿苋、铁苋菜和马唐等一年生杂草防效明显优于单剂[49]。羊脂酸和 3 种除草剂(精喹禾灵、二甲四氯钠和敌草快)多靶标协同作用，对禾本科、阔叶杂草等农田杂草具有较好的防除效果[50]。烯效唑和二甲戊灵复配对马铃薯种薯具有明显的抑芽作用[51]。研究了喷施乙草胺、地乐胺和二甲戊灵 3 种除草剂对单子叶杂草、双子叶杂草的防除反应以及对蔬菜生长发育的影响[52]。马铃薯和杂草灰菜、反枝苋幼苗对嘧磺隆的吸收代谢、敏感性存在差异[53]。安融乐对草甘膦异丙胺盐水剂有一定的增效作用，混用后可加速野芥菜 EPSPS 失活，增加莽草酸积累量，有效提高药剂作用速度，提高对靶标杂草的防除效果[54]。

利用一种智能喷洒系统网络，通过检测和针对性地选择杂草，可用于马铃薯田农药定点施用的喷洒系统自动化[55]。选用电动喷雾器双圆锥雾喷头对灭草松及其药液添加喷雾助剂可降低用药量、提高药效[56]。机械除草和施用选择性除草剂对入侵杂草戟叶鹅绒藤 (Cynanchum acutum L.) 的除草差异的比较，选择性除草剂对入侵性杂草具有更好防效[57]。研究了不同温度下黑麦草对草铵膦铵盐活性的响应[58]。新型 PPO 抑制剂 Y11049 在防除非耕地阔叶杂草方面具有较好的应用前景，宜晴天均匀喷施于杂草表面[59]。

4 除草剂研究

探究了高效氟吡甲禾灵对土壤生态系统的毒理效应[60]。提出了一种用于检测和区分草甘膦和草铵膦的高灵敏度电化学传感器系统[61]。以牛筋草为对象研究杂草对除草剂的抗性机理[62]。设计合成的草甘膦酯类衍生物具有良好除草活性[63]。采用高级氧化工艺系统分析了嗪草酮在水溶液中的降解[64]。建立了 GC-ECD 法测定土壤中二甲戊乙酰乳酸合成酶(ALS)中的氨基酸替代(Gly-654-Tyr)对 ALS 抑制除草剂具有广谱抗性[65]。建立一种对 25%嗪草酮·高效氟吡甲禾灵·砜嘧磺隆可分散油悬浮剂进行分离和测定的高效液相色谱分析方法[66]。验证了 3 种复配增效剂对灭草松、草铵膦、高效氟吡甲禾灵的增效作用，并筛选出表现较好的增效剂[67]。研究探讨了一种采用气相色谱法测定农药乙氧氟草醚生产过程中的副产品 2-氯-4-(三氟甲基)苯酚的含量[68]。研究制备了 Fe-酚改性生物炭，在碱性条件下利用高铁酸盐强化阿特拉津降解，并对其性质、机理和转化途径进行了广泛的研究[69]。分别研究了预载和溶液中 Fe(Ⅲ)和 Cu(Ⅱ)对黏土矿物吸附莠去津和扑草净的影响[70]。开发了一种新的区分阿特拉津氧化产物 Fe(Ⅳ)与·OH 的敏感诊断工具[71]。生物质炭对阿特拉津在土壤中消解的影响及生物化学机制[72]。设计并合成了 2 个 TPE 衍生物作为 AIE 分子荧光探针，分别探究其对农药百草枯和莠去津的识别与检测功能，并探究其检测限与选择性[73]。研究了阿特拉津间接光化学反应[74]。采用气相色谱法建立了 70%异丙甲草胺·异噁松·2，4-滴异辛酯乳油含量测定方法[75]。建立了丙炔氟草胺·乙草胺乳油的高效液相色谱分析方法[76]。HPLC 法检测 5%丙草胺·噁草酮·乙氧氟草醚颗粒剂[77]。基于生物素标记的 IgG 修饰金纳米粒子探针，提出了一种检测氯乙酰胺类除草剂的双模态免疫传感器[78]。利用荧光探针对草甘膦的特异性检测[79]。制备了可再生磁性 AL/Fe$_3$O$_4$/La(OH)$_3$ 吸附剂对磷酸盐和草甘膦去除的潜力[80]。建立了 40.5% 2 甲·草甘膦异丙胺盐可溶液剂有效成分的分析方法[81]。对甘氨酸法制备除草剂草甘膦的酸解工艺进行了优化[82]。利用 LC-MS/MS 法测草甘膦及其代谢物实验条件进行研究[83]。建立了一种非衍生化高效液相色谱-串联质谱快速检测生物体液中草甘膦、草铵膦及其代谢物等 8 种极性农药的方法[84]。红壤不同粒径团聚体影响草甘膦降解速率[85]。采用电位滴定仪建立了灭草松原药的定量分析测定方法[86]。建立了一种对 30%氯氟吡氧乙酸异辛酯·灭草松·2甲 4 氯微乳剂进行分离和测定的高效液相色谱分析方法[87]。

研究了草甘膦的分子抗性机制，细菌通过 EPSP(抗草甘膦基因)合成酶基因的突变产生草甘膦抗性，使编码的酶对除草剂的敏感性降低[88]。草甘膦的重复施用可导致假单胞菌丰度的降低和群落结构的改变[89]。采用培养法、钙荧光白染法和变性梯度凝胶电泳等方法，研究了草甘膦对土壤真菌群落的影响[90]。研究了羊粪在阿特拉津降解性能、代谢产物和细菌群落结构中的作用[91]。从受阿特拉津污染土壤中分离出 3 株高效降解菌[92]。富集分离到 1 株降解丁草胺的厌氧细菌嗜蛋白质菌属 BAD-20[93]。发现 1 株 HMH 菌株对二硝基苯胺除草剂初始生物转化的新途径[94]。施用有机肥，特别是在沙质土壤中使用可促进 S-甲草胺的固定和/或降解[95]。草甘膦对非目标植物影响小于其他除草剂，对农业微生物具有不利影响[96]。从农杆菌 CP4 菌株中获得的 *EPSPS* 基因被用于作物对广谱除草剂草甘膦的耐受性[97]。筛选并鉴定阿特拉津降解菌 ATR3 的分离鉴定与土壤修复[98]。结合阿特拉津降解菌分离与鉴定，揭示不同类型土壤中阿特拉津降解机制[99]。烟嘧磺隆通过抑制节杆菌属 DNS10 抑制莠去津生物降解[100]。农田土壤中分离得到 1 株草甘膦高效降解菌 *Ensifer* sp. BRY，可用于降解草甘膦[101]。

5 除草剂抗药性研究

研究了反枝苋对氟磺胺草醚产生抗性的靶位和抗性机制研究[102]。研究了中国牛筋草种群对草甘膦和ACCase抑制剂精喹禾灵产生多重抗性以及抗性机理[103]。明确了辽宁地区大部分鸭跖草种群对莠去津产生了严重的抗药性[104]。探讨了土壤环境浓度下3种常用除草剂(草甘膦、草丁膦和敌畏)对抗生素抗性的影响[105]。在草甘膦存在环境下,用1株对草甘膦具有抗性的镰刀菌基因表达进行鉴定和筛选抗性候选基因[106]。草甘膦在抗除草剂植物中外排的膜转运蛋白的亚细胞定位和定量分析[107]。RNA-Seq转录组分析马铃薯不同品种对除草剂灭草松的差异耐受性,并筛选出耐受性基因[108]。

6 杂草绿色防控

利用高CO_2和土壤水分对反枝苋生长的影响以及辐射热对其种子萌发的影响,可用来阻止该杂草的进一步蔓延[109]。对野生燕麦和不育燕麦的种子寿命和出苗进行了研究,强调了提前进行杂草防治的必要性,如耕作、施用除草剂和覆盖作物[110]。发现1种链格孢菌的代谢产物对田旋花、苦苣苔和苍耳等杂草有一定防控效果[111]。银杉针叶水提取物水溶液对加拿大一枝黄花等杂草具有防治作用[112]。研究了鼠尾草对野燕麦等杂草的化感作用[113]。藜提取物对番茄种子萌发具有化感效应,可抑制其种子萌发[114]。研究青藏高原地区马铃薯主栽品种"青薯9号"和"青薯175号"不同器官的化感抑草作用[115]。地膜和稻秸覆盖有助于提高马铃薯产量,采用黑膜覆盖还有利于改善块茎品质,而且具有明显的抑草效果[116]。高海拔地区应用双色地膜覆盖栽培马铃薯,既能保持普通地膜条件下的土壤保温性,还能显著抑制膜下杂草数量,提高马铃薯产量[117]。新改良马铃薯中耕机在驱动方面比传统马铃薯耕地设备提升了3.3%,除草率比传统马铃薯耕地设备提升了4%,降低了1.6%的伤苗率[118]。细茎胡枝子的提取物对空心莲子草具有化感作用,为潜在控制空心莲子草入侵提供了新的方法[119]。高浓度木醋喷施对稗草植株的生长产生了明显的抑制作用,使细胞膜受到损伤,其有作为生物源除草剂的开发潜力[120]。牛筋草炭疽菌菌株NJC-16有开发成为生物除草剂的潜力[121]。南方菟丝子寄生可显著抑制苍耳属3种杂草的生长发育,其具有防治杂草的潜力[122]。对分离自青海患病刺儿菜中具有除草活性的植物内生真菌HL-1菌株产孢发酵条件研究[123]。评估了小蓬草的提取物对莴笋等植物具有化感作用[124]。从杂草中分离出的内生真菌E68在无机盐培养基和土壤中可有效降解二甲四氯,具有修复环境中二甲四氯污染的应用潜力[125]。

[参 考 文 献]

[1] 侯璐,魏有海,郭良芝,等.青海省东部地区马铃薯田培土前后杂草群落组成的比较分析[J].青海大学学报,2021,39(5):23-28.

[2] 张等宏,肖春芳,王甄,等.马铃薯田杂草—牛膝菊种子随牛畜粪便的传播途径[C]//金黎平,吕文河.马铃薯产业与绿色发展.哈尔滨:黑龙江科学技术出版社,2021:485-486.

[3] 张等宏,肖春芳,高剑华,等.风媒介导下马铃薯田杂草种子的传播途径[C]//金黎平,吕文河.马铃薯产业与绿色发

展.哈尔滨:黑龙江科学技术出版社,2021:487-489.

[4] 闫雷,张远学,邹莹,等.2020年全国马铃薯主产区田间杂草分布及除草剂使用调研分析 [C]//金黎平,吕文河.马铃薯产业与绿色发展.哈尔滨:黑龙江科学技术出版社,2021:490-491.

[5] 张瑞海,宋振,付卫东,等.植被恢复对刺萼龙葵根际土壤细菌群落结构与功能的影响 [J].环境科学,2021,42(1):433-442.

[6] 王妍,杜鄂魏,蒙彦良,等.黄顶菊入侵不同时间对土壤微生物功能的影响 [J].河北大学学报:自然科学版,2021,41(2):180-187.

[7] 田晓燕,高楠,陆冠茹,等.黄河三角洲两种水盐生境下芦苇植被根系特征差异研究 [J].生态科学,2021,40(2):1-8.

[8] 王坤芳.三种植物与入侵植物少花蒺藜草的竞争效应 [J].湖北民族大学学报:自然科学版,2021,39(2):134-138.

[9] 陈斌,马淼,王鹏鹏.入侵植物意大利苍耳和苍耳种间竞争能力的比较 [J].石河子大学学报:自然科学版,2021,39(4):481-487.

[10] 周晓静,黄未末,李超,等.两种野生寄主对马铃薯甲虫繁殖策略及后代生长发育的影响 [J].环境昆虫学报,2021,43(1):114-121.

[11] 黄红英,阮锦祥,钟文聪,等.重金属污染弃耕农田次生演替植物群落组成特征 [J].韶关学院学报,2017,38(3):72-76.

[12] Yashaswini M S, Nysanth N S, Anith K N. Endospore-forming bacterial endophytes from *Amaranthus* spp. improve plant growth and suppress leaf blight (*Rhizoctonia solani* Kühn) disease of *Amaranthus* tricolor L. [J]. Rhizosphere, 2021, 19: 100 387.

[13] Khan A M, Mobli A, Werth J A, et al. Effect of emergence time on growth and fecundity of redroot pigweed (*Amaranthus retroflexus*) and slender amaranth (*Amaranthus viridis*): emerging problem weeds in Australian summer crops [J]. Weed Science, 2021, 69(3): 333-340.

[14] Hnilickova H, Kraus K, Vachova P, et al. Salinity stress affects photosynthesis, malondialdehyde formation, and proline content in *Portulaca oleracea* L. [J]. Plants, 2021, 10(5): 845-818.

[15] Kaur H, Kaur N, Bhullar M S. Germination ecology and management of *Portulaca oleracea* L. - a weed of summer vegetable crops in Punjab [J]. Agricultural Research Journal, 2021, 58(1): 51-59.

[16] 王廷芹,甘秋霞,李倩茹.盐胁迫对苋菜种子的发芽及幼苗生长的影响 [J].贵州大学学报:自然科学版,2021,38(1):10-15,32.

[17] 童晟宇,郝建华,李盼畔,等.六种苋属外来植物幼苗的显微结构特征比较 [J].常熟理工学院学报,2021,35(5):88-92.

[18] 李波卡,冯虎元,潘建斌.中国特有属苞藜属的系统学研究 [J].西北植物学报,2021,41(7):1 137-1 147.

[19] 程莉,刘新平,何玉惠,等.狗尾草(*Setarria viridis*)和大果虫实(*Corispermum macrocarpum*)植株大小、花期对生殖产出的影响 [J].中国沙漠,2021,41(3):195-202.

[20] 刘金海,王琰,徐翠,等.低温与变温对纳罗克非洲狗尾草种子发芽特性的影响 [J].种子,2021,40(1):23-27.

[21] 霍媛乐,柴生海,李涛,等.盐碱胁迫对三种西藏牧草种子萌发及幼苗影响 [J].西藏科技,2016(8):69-71.

[22] 杜立刚,方芳,郭劲松,等.三峡库区消落带草本植物碳氮磷释放及影响因素 [J].环境科学研究,2014,27(9):1 024-1 031.

[23] Kpczyński J, Wójcik A, Dziurka M. *Avena fatua* caryopsis dormancy release is associated with changes in KAR$_1$ and ABA sensitivity as well as with ABA reduction in coleorhiza and radicle [J]. Planta, 2021, 253(2): 1-11.

[24] 陈斌,刘筱玮,贾琳,等.光强对4种鸭跖草科植物生长和光合特性的影响 [J].生态学报,2022(4):1-12.

[25] Etten M V, Soble A, Baucom R S. Variable inbreeding depression may explain associations between the mating system and herbicide resistance in the common morning glory [J]. Molecular Ecology, 2021, 30(21): 5 422-5 437.

[26] Wang Z, Song H, Jiang D. Complete chloroplast genome sequence of *Convolvulus arvensis* [J]. Mitochondrial DNA Part B, 2021, 6(7): 1 814-1 815.

[27] 黄萍, 李庆伟, 孙龙飞, 等. NaCl 胁迫对阿拉伯婆婆纳种子萌发及叶片生理特性的影响 [J]. 信阳师范学院学报: 自然科学版, 2021, 34(2): 195-200.

[28] Chen S, Ding S, Tang K, et al. Invasive plant indirectly regulates native plant decomposition by affecting invertebrate communities [J]. Limnologica, 2022, 92: 125 939.

[29] 周肖霄, 翟丽华, 赵骥民, 等. 土壤生境对异叶假繁缕根际微生物的影响 [J]. 长春师范大学学报, 2021, 40(10): 78-85.

[30] 耿亚玲, 浑之英, 王华, 等. 次氯酸钠破除播娘蒿种子休眠方法探究 [J]. 河北农业科学, 2021, 25(5): 55-58.

[31] 周蛟, 韩盼盼, 潘远智, 等. Cd 胁迫对两种龙葵光合生理及叶绿素荧光特性的影响 [J]. 农业环境科学学报, 2021, 40(1): 26-34.

[32] 张喜苇, 张伊凡, 张玉瑶, 等. 刺萼龙葵与少花龙葵植物内生菌比较研究 [J]. 农业科技与装备, 2021(1): 27-29.

[33] 陈媛媛, 刘秀岩, 刘福顺, 等. 龙葵种子萌发过程中生理生化变化研究 [J]. 时珍国医国药, 2021, 32(4): 952-956.

[34] 朱海霞, 马永强, 咸文荣. 多孢木霉 HZ-31 菌株侵染对野燕麦生理机制的影响 [J]. 浙江农业学报, 2021, 33(3): 490-496.

[35] 王宇, 王春, 王克勤, 等. 苍耳提取物对大豆蚜的毒杀活性研究 [J]. 黑龙江农业科学, 2021(1): 55-59.

[36] 蔺泽荣, 朱海霞. 多孢木霉 HZ-31 菌株对藜的生理生化特性的影响 [J]. 甘肃农业大学学报, 2021, 56(4): 120-125.

[37] Chotsaeng N, Laosinwattana C, Charoenying P. Enantioselective and synergistic herbicidal activities of common amino acids against amaranthus tricolor and echinochloa crus-galli [J]. Molecules, 2021, 26(7): 2 071-2 086.

[38] Abu-Nassar J, Matzrafi M. Effect of herbicides on the management of the invasive weed *Solanum rostratum* Dunal (Solanaceae) [J]. Plants, 2021, 10(2): 284.

[39] 方治国, 杨伟, 宿秀丽, 等. 马铃薯芽前除草剂的筛选 [J]. 中国马铃薯, 2021, 35(2): 141-147.

[40] 李玮. 新型除草剂氟咯草酮在青海高原马铃薯田的应用及安全性 [J]. 中国农学通报, 2021, 37(9): 149-154.

[41] 靳丽宇, 王明思, 田赐, 等. 阿魏酸衍生物的设计、合成及除草活性 [J]. 农药, 2021, 60(3): 166-171.

[42] 王彦恩, 刘晓凤, 王红雨. 新型异噁唑胺类除草活性分子的设计、合成及活性研究 [J]. 河北农业大学学报, 2021, 44(1): 102-106, 119.

[43] 王威, 贺红武, 黄晓瑛, 等. 含呋喃环膦酸酯衍生物的合成及除草活性 [J]. 化学研究与应用, 2021, 33(9): 1 737-1 743.

[44] 宋玉婕, 杨从军. 塔宾曲霉 L-27 菌株代谢产物柠檬酸及其酯类的分离与抑制植物幼苗生长活性 [J]. 农药, 2021, 60(7): 489-492.

[45] 任达, 王佳颖, 李晓天, 等. 吡唑芳酰基硫脲类衍生物的合成及除草活性评价 [J]. 河北农业大学学报, 2021, 44(5): 79-84.

[46] Merritt L H, Brown-Johnson A E, Meredith A N, et al. Comparison of efficacy and detection of clethodim and glyphosate applied with dicamba and 2, 4-D through tank mixture and sequential applications [J]. Journal of Agricultural and Food Chemistry, 2021, 69(1): 101-111.

[47] Palma-Bautista C, Cruz-Hipolito H E, Cruz A, et al. Comparison of premix glyphosate and 2, 4-D formulation and direct tank mixture for control of *Conyza canadensis* and *Epilobium ciliatum* [J]. Environmental Pollution, 2021, 281: 117 013.

[48] 李娅, 封云涛, 郭晓君, 等. 35% 精异丙甲草胺·嗪草酮乳油防除马铃薯田间杂草试验 [J]. 农药, 2021, 60(4): 310-312.

[49] 李彦飞, 张小军. 17% 烯草酮·乙羧氟草醚乳油配方与田间药效研究 [J]. 现代农药, 2021, 20(3): 26-29.

[50] 柏浩东, 罗丁峰, 倪弦之, 等. 植物源羊脂酸与 3 种商用除草剂多靶标协同除草 [J]. 江西农业学报, 2021, 33(10): 15-21.

[51] 徐翔, 孙劲. 烯效唑和二甲戊灵复配对马铃薯种薯发芽的影响 [J]. 西南农业学报, 2021, 34(8): 1 643-1 648.

[52] 张惠敏, 刘彦承, 张治平, 等. 三种常见叶菜类除草剂的筛选 [J]. 黑龙江农业科学, 2021(3): 46-49.

[53] Alebrahim M T, Majd R, Abdollahi F, et al. Absorption and metabolism of foliar-applied rimsulfuron in potato (*Solanum tuberosum* L.), common lambsquarters (*Chenopodium album* L.) and redroot pigweed (*Amaranthus retroflexus* L.) [J]. Potato Research, 2021, 64(4): 635-648.

[54] 相世刚, 刘琪, 强胜, 等. 助剂安融乐对草甘膦异丙胺盐增效作用及其机理 [J]. 杂草学报, 2021, 39(1): 75-81.

[55] Hussain N, Farooque A A, Schumann A W, et al. Application of deep learning to detect Lamb's quarters (*Chenopodium album* L.) in potato fields of Atlantic Canada [J]. Computers and Electronics in Agriculture, 2021, 182(12): 106 040.

[56] 王玉灵, 王爱华, 胡冠芳, 等. 喷雾助剂对灭草松防除马铃薯田阔叶杂草藜的增强作用 [J]. 中国马铃薯, 2021, 35(3): 250-261.

[57] Meighani F, Karaminejad M R, Farrokhi Z. Invasive weed swallow-wort (*Cynanchum acutum* L.) response to chemical and mechanical practices [J]. Weed Biology and Management, 2021, 21(2): 124-132.

[58] Mucheri T, Pieterse P J, Reinhardt C F, et al. Physiological response of ryegrass (spp.) grown at different temperatures to glufosinate ammonium application [J]. South African Journal of Plant and Soil, 2021, 38(1): 52-59.

[59] 林方锐, 黄晓慧, 常慧, 等. 新型原卟啉原氧化酶抑制剂 Y11049 的作用特性 [J]. 农药学学报, 2021, 23(5): 886-892.

[60] 程亚南, 王振东, 任秀娟, 等. 高效氟吡甲禾灵对潮土微生物呼吸及酶活性的影响 [J]. 农业环境科学学报, 2021, 40(5): 1 026-1 033.

[61] Dhamu V N, Poudyal D C, Muthukumar S, et al. A highly sensitive electrochemical sensor system to detect and distinguish between glyphosate and glufosinate [J]. Journal of The Electrochemical Society, 2021, 168(5): 57 531-57 537.

[62] Guadalupe J, Cruz R, Rojano-Delgado A M, et al. Multiple herbicide resistance evolution: the case of *Eleusine indica* in Brazil [J]. Journal of Agricultural and Food Chemistry, 2021, 69(4): 1 197-1 205.

[63] Gill J P K, Singh S, Sethi N, et al. Efficient synthesis and characterization of non-toxic glyphosate derivatives as eco-friendly herbicides [J]. Current Research in Green and Sustainable Chemistry, 2021, 4(3): 100 100.

[64] Kadam S R, Jadhav N L, Pandit A B, et al. Degradation kinetics and mechanism of hazardous metribuzin herbicide using advanced oxidation processes (HC & HC+H_2O_2) [J]. Chemical Engineering and Processing-Process Intensification, 2021, 166(4): 108 486.

[65] Cao Y, Zhou X, Huang Z. Amino acid substitution (Gly-654-Tyr) in acetolactate synthase (ALS) confers broad spectrum resistance to ALS-inhibiting herbicides [J]. Pest Management Science, 2022, 79(2): 541-549.

[66] 肖萌, 殷勇. 25%嗪草酮·高效氟吡甲禾灵·砜嘧磺隆可分散油悬浮剂高效液相色谱分析 [J]. 农药, 2021, 60(3): 185-188.

[67] 曾梦蝶, 孟令涛, 曹洪玉, 等. 三种复配增效剂对除草剂的增效作用 [J/OL]. 农药学学报: 1-12[2022-04-04]. DOI: 10.16801/J.ISSN.1008-7303.2021.0152.

[68] 周剑平. 气相色谱法测定 2-氯-4-(三氟甲基)苯酚含量 [J]. 黄山学院学报, 2021, 23(5): 51-53.

[69] Cao Y, Jiang S, Kang X, et al. Enhancing degradation of atrazine by Fe-phenol modified biochar/ferrate(VI) under alkaline conditions: analysis of the mechanism and intermediate products [J]. Chemosphere, 2021, 285: 131 399.

[70] Wu J, Zhang W, Li C, et al. Effects of Fe(III) and Cu(II) on the sorption of s-triazine herbicides on clay minerals [J]. Journal of Hazardous Materials, 2021, 418: 126 232.

[71] Dong Z, Jiang C, Guo Q, et al. A novel diagnostic method for distinguishing between Fe(IV) and ·OH by using atrazine as a probe: clarifying the nature of reactive intermediates formed by nitrilotriacetic acid assisted Fenton-like reaction [J]. Journal of Hazardous Materials, 2021, 417: 126 030.

[72] 黄河. 生物质炭对阿特拉津在土壤中消解的影响及生物化学机制 [D]. 南宁: 广西大学, 2021.

[73] 杨娇. 基于四苯乙烯衍生物荧光探针的合成及对百草枯和莠去津的检测应用 [D]. 杨凌: 西北农林科技大学, 2021.

[74] Wu B, Arnold W A, Ma L. Photolysis of atrazine: role of triplet dissolved organic matter and limitations of sensitizers and quenchers [J]. Water Research, 2021, 190: 116 659.

[75] 阚晓丽, 张茜, 曹磊, 等. 70%异丙甲草胺·异噁草松·2,4-滴异辛酯乳油中有效成分含量测定 [J]. 生物化工, 2021, 7(1): 107-110.

[76] 李世忠. 73%丙炔氟草胺·乙草胺乳油的高效液相色谱分析方法 [J]. 辽宁化工, 2021, 50(8): 1 267-1 269.

[77] 徐勇存, 金鑫雷, 霍春梅, 等. HPLC 法检测 5%丙草胺·噁草酮·乙氧氟草醚颗粒剂 [J]. 化工管理, 2021(13): 55-57.

[78] Zha Y, Lu S, Hu P, et al. Dual-modal immunosensor with functionalized gold nanoparticles for ultrasensitive detection of *Chloroacetamide herbicides* [J]. ACS Applied Materials and Interfaces, 2021, 13(5): 6 091-6 098.

[79] 吴绵园, 喻艳超, 刘洋, 等. 一种连续识别 CU~(²⁺) 和草甘膦荧光探针的合成及应用研究 [J/OL]. 有机化学: 1-12 [2022-04-04]. http://kns. cnki. net/kcms/detail/31. 1321. o6. 20211124. 1302. 002. html.

[80] Li C, Li Y, Li Q, et al. Regenerable magnetic aminated lignin/Fe_3O_4/La(OH)$_3$ adsorbents for the effective removal of phosphate and glyphosate [J]. Science of the Total Environment, 2021, 788: 147 812.

[81] 许宏彩, 高翀, 庞怀林. 40.5% 2甲·草甘膦异丙胺盐可溶液剂分析方法研究 [J]. 世界农药, 2021, 43(7): 30-37.

[82] 韩晓丹, 王慧宾, 付建平, 等. 甘氨酸法制备除草剂草甘膦的酸解工艺优化 [J]. 化学世界, 2021, 62(7): 434-438.

[83] 聂荣荣. LC-MS/MS 法测草甘膦及其代谢物实验条件研究 [J]. 现代食品, 2021(8): 183-185.

[84] 张云峰, 赵森, 常靖, 等. 非衍生化高效液相色谱-串联质谱法快速检测生物体液中草甘膦、草铵膦及代谢物 [J]. 分析测试学报, 2021, 40(4): 571-576.

[85] 辛龙川, 吴文雪, 薛蓬, 等. 红壤不同粒径团聚体对草甘膦农药降解动力学的影响 [J]. 中国生态农业学报: 中英文, 2021, 29(5): 910-921.

[86] 刘志勇, 刘彦平, 吴莹, 等. 灭草松原药的非水滴定法定量分析研究 [J]. 世界农药, 2021, 43(7): 43-45.

[87] 肖萌, 殷勇. 30%氯氟吡·灭·2甲微乳剂高效液相色谱分析 [J]. 精细石油化工, 2021, 38(2): 76-80.

[88] Hertel R, Gibhardt J, Martienssen M, et al. Molecular mechanisms underlying glyphosate resistance in bacteria [J]. Environmental Microbiology, 2021, 23(6): 2 891-2 905.

[89] Lorch M, Agaras B C, García-Parisi P, et al. Repeated annual application of glyphosate reduces the abundance and alters the community structure of soil culturable pseudomonads in a temperate grassland [J]. Agriculture, Ecosystems and Environment, 2021, 319: 107 503.

[90] Vázquez M B, Moreno M V, Amodeo M R, et al. Effects of glyphosate on soil fungal communities: a field study [J]. Revista Argentina de Microbiología, 2021, 53(4): 349-358.

[91] Luo S, Zhen Z, Zhu X, et al. Accelerated atrazine degradation and altered metabolic pathways in goat manure assisted soil bioremediation [J]. Ecotoxicology and Environmental Safety, 2021, 221: 112 432.

[92] 刘丹丹, 孙宛玉, 王鹤. 三株降解阿特拉津菌株的特性与固定载体分析 [J]. 浙江农业学报, 2021, 33(6): 1 078-1 087.

[93] 刘军委, 张璇, 鲍艺萱, 等. 厌氧丁草胺降解菌 BAD-20 的分离鉴定及降解特性研究 [J]. 微生物学报, 2021, 61(4): 1 002-1 015.

[94] Ghatge S, Yang Y, Moon S, et al. A novel pathway for initial biotransformation of dinitroaniline herbicide butralin from a newly isolated bacterium *Sphingopyxis* sp. strain HMH [J]. Journal of Hazardous Materials, 2021, 402: 123 510.

[95] Marín-Benito J M, Herrero-Hernández E, Ordax J M, et al. The role of two organic amendments to modify the environmental fate of S-metolachlor in agricultural soils [J]. Environmental Research, 2021, 195: 110 871.

[96] Duke S O. Glyphosate: uses other than in glyphosate-resistant crops, mode of action, degradation in plants, and effects on non-target plants and agricultural microbes [J]. Reviews of Environmental Contamination and Toxicology, 2021, 255: 1-65.

[97] Griffin S L, Chekan J R, Lira J M, et al. Characterization of a glyphosate-tolerant enzyme from *Streptomyces svecius*: a distinct class of 5-enolpyruvylshikimate-3-phosphate synthases [J]. Journal of Agricultural and Food Chemistry, 2021, 69(17): 5 096-5 104.

[98] 杨立杰, 施德志, 彭湃, 等. 阿特拉津降解菌 ATR3 的分离鉴定与土壤修复 [J]. 微生物学杂志, 2021, 41(5): 37-42.

[99] 陈世宇. 不同土壤中阿特拉津降解特征、降解基因分布及细菌群落演替规律 [D]. 杭州: 浙江大学, 2021.

[100] Jiang Z, Deng S, Wang L, et al. Nicosulfuron inhibits atrazine biodegradation by *Arthrobacter* sp. DNS10: influencing mechanisms insight from bacteria viability, gene transcription and reactive oxygen species production [J]. Environmental Pollution, 2021, 273: 116 517.

[101] 王天廊, 温玉娟, 杨悦锁, 等. 一株草甘膦高效降解菌的筛选和表征研究 [J]. 农业环境科学学报, 2021, 40(3): 591-599.

[102] Du L, Li X, Jiang X, et al. Target-site basis for fomesafen resistance in redroot pigweed (*Amaranthus retroflexus*) from China [J]. Weed Science, 2021, 69(3): 290-299.

[103] Chen J, Wei S, Huang H, et al. Characterization of glyphosate and quizalofop-p-ethyl multiple resistance in *Eleusine indica* [J]. Pesticide Biochemistry and Physiology, 2021, 176: 104 862.

[104]孙玉龙, 杜颖, 梁亚杰, 等.辽宁地区鸭跖草对莠去津抗性水平检测 [J].农药, 2021, 60(5): 386-389.

[105]Li X, Liao H P, Cui P, et al. Effects of three commonly used herbicides on bacterial antibiotic resistance [J]. Huan Jing Ke Xue, 2021, 42(5): 2 550-2 557.

[106]Guo J, Song X, Zheng C, et al. Transcriptome analysis and identification of candidate genes involved in glyphosate resistance in the fungus *Fusarium verticillioides* [J]. Journal of Environmental Science and Health, Part B, Pesticides, Food Contaminants, and Agricultural Wastes, 2021, 56(7): 11-12.

[107]Pan L, Yu Q, Wang J, et al. An ABCC-type transporter endowing glyphosate resistance in plants [J]. Proceedings of the National Academy of Sciences of the United States of America, 2021, 118(16): 1-11.

[108]Guo J, Song X, Sun S, et al. RNA-seq transcriptome analysis of potato with differential tolerance to Bentazone herbicide [J]. Agronomy, 2021, 11(5): 897.

[109]Weller S, Florentine S, Javaid M M, et al. *Amaranthus retroflexus* L. (Redroot Pigweed): effects of elevated CO_2 and soil moisture on growth and biomass and the effect of radiant heat on seed germination [J]. Agronomy, 2021, 11(4): 728.

[110]Mahajan G, Chauhan B S. Seed longevity and seedling emergence behavior of wild oat (*Avena fatua*) and sterile oat (*Avena sterilis* ssp. *ludoviciana*) in response to burial depth in eastern Australia [J]. Weed Science, 2021, 69(3): 362-371.

[111]Abdessemed N, Staropoli A, Zermane N, et al. Metabolic profile and mycoherbicidal activity of three *Alternaria alternata* isolates for the control of *Convolvulus arvensis*, *Sonchus oleraceus*, and *Xanthium strumarium* [J]. Pathogens, 2021, 10(11): 1 448.

[112]Ugolini F, Crisci A, Albanese L, et al. Effects of silver fir (*Abiesalba mill.*) needle extract produced via hydrodynamic cavitation on seed germination [J]. Plants, 2021, 10(7): 1 399.

[113]Anwar T, Qureshi H, Mahnashi M H, et al. Bioherbicidal ability and weed management of allelopathic methyl esters from *Lantana camara* [J]. Saudi Journal of Biological Sciences, 2021, 28(8): 4 365-4 374.

[114]Bektić S, Huseinović S, Husanović J, et al. Allelopathic effects of *extract Robinia pseudoacacia* L. and *Chenopodium album* L. on germination of tomato (*Solanum lycopersicum* L.) [J]. Current Journal of Applied Science and Technology, 2021: 11-18.

[115]沈硕.青藏高原地区马铃薯主栽品种水浸提液的化感抑草作用 [J].江西农业大学学报, 2021, 43(3): 511-521.

[116]许国春, 罗文彬, 李华伟, 等.地膜与稻秸覆盖对冬作马铃薯产量和品质的影响及其抑草效应 [J].中国农学通报, 2021, 37(4): 13-18.

[117]王开芳, 赵永德, 施生炳, 等.高海拔地区马铃薯双色地膜覆盖栽培效果 [J].中国农技推广, 2021, 37(5): 62-65.

[118]王莉, 李庭贵.基于三点悬挂的驱动式马铃薯中耕机设计与试验 [J].农机化研究, 2021, 43(12): 138-142.

[119]Wang L, Liu Y, Zhu X, et al. Identify potential allelochemicals from *Humulus scandens* (Lour.) Merr. root extracts that induce allelopathy on *Alternanthera philoxeroides* (Mart.) Griseb [J]. Scientific Reports, 2021, 11(1): 7 068.

[120]申健, 刘德江, 丛慧颖, 等.木醋喷施对稗草植株生长及细胞膜透性的影响 [J].安徽农业科学, 2021, 49(10): 131-133, 137.

[121]顾琼楠, 欧翔, 褚世海, 等.牛筋草生防菌 NJC-16 的分离鉴定及生物学特性研究 [J].中国生物防治学报, 2021, 37(4): 817-825.

[122]阿马努拉·依明尼亚孜, 阿地力·沙塔尔, 何健霄, 等.南方菟丝子寄生对苍耳属三种杂草生长发育的影响 [J].干旱区资源与环境, 2021, 35(6): 170-175.

[123]高汉峰, 刘雨芹, 程亮, 等.除草活性菌株 HL-1 产孢发酵条件研究 [J].浙江农业学报, 2021, 33(6): 1 042-1 048.

[124]Cheng H, Wu B, Yu Y, et al. The allelopathy of horseweed with different invasion degrees in three provinces along the Yangtze River in China [J]. Physiology and Molecular Biology of Plants, 2021, 27(3): 483-495.

[125]封国君, 杜良伟, 龙迪, 等.二甲四氯植物内生降解菌的筛选、鉴定及降解特性研究 [J].南方农业学报, 2021, 52(5): 1 263-1 272.

马铃薯黑痣病研究进展

李树生，李文岗，张龙梅，郝文胜，孙宇燕，

张素青，慕安琪，梁东超*，王明生

（内蒙古自治区农牧业技术推广中心，内蒙古　呼和浩特　010051）

摘　要：马铃薯在中国国民经济发展中具有重要地位，黑痣病在马铃薯产区发生越来越严重，综合防治措施虽然有效但不能从根本上解决问题。目前常规育种对马铃薯立枯丝核菌抗性的改良难度较大，通过抗病蛋白在马铃薯中单基因或复合表达有望解决这一问题。

关键词：马铃薯；黑痣病；防治；基因工程；核糖体失活蛋白

马铃薯(*Solanum tuberosum* L.)是茄科茄属一年生草本块茎作物。其是一种用途广泛、产量高、增产潜力大、经济效益高、营养价值高、适应性强、分布广、茬口好以及适于与其他作物间套作的主要农作物[1]。中国马铃薯的播种面积和总产量均居世界第一，是世界上马铃薯生产大国。近年来，中国从事马铃薯新品种选育、脱毒种薯生产、繁育体系建设、高产栽培技术等方面工作的广大科技人员均付出了艰辛的努力，使中国马铃薯单产水平与世界马铃薯平均单产越来越接近，如2008年中国马铃薯单产较世界平均水平低9.7%[2]，2018年这个差距缩小为5.79%[3]。尽管如此，单产低仍是制约中国马铃薯发展的瓶颈[4,5]。

单产低的主要限制因素包括非生物的环境影响和有害生物的影响，当然，资金和技术的低投入也不容忽视[6]。在能够对马铃薯产量造成影响的病害中，马铃薯黑痣病(马铃薯丝核菌病)是一种土传病害，也可通过种薯传播，一旦在土壤中定殖就很难根除，随着马铃薯栽培面积的不断扩大，由于马铃薯连作和带菌种薯的种植，使得这种过去在马铃薯上并不严重的病害逐渐严重发生，特别是北方地区[7,8]。对这一病害而言，由于任何单项措施都不能够彻底有效地解决问题，在进行防治时首先需要对该病害的各阶段有较为详尽的了解，在防治方法上则提倡综合防治[9]。鉴于这种情况，首先对马铃薯黑痣病做简单介绍，而后对该病防治方面的研究进展做一综述，同时提出一些解决问题的思路。

1　马铃薯黑痣病的危害

现在，世界上凡是种植马铃薯的地方，都有这个病害发生。同样，其在中国的分布也相当普遍。据不完全统计，迄今有过报道的省份有：甘肃[8,10,11]、内蒙古[8,12,13]、福建[14]、河北[8,15,16]、江西[17]、黑龙江[7,8,13,18]、辽宁[7]、吉林[7]、山西[13]、山东[8]、青海[8]和

作者简介：李树生(1973—)，男，副研究员，主要从事马铃薯育种研究。

基金项目：内蒙古自治区科技计划项目(2021GG0411)；内蒙古自治区自然科学基金项目(2010MS0523)。

＊**通信作者：**梁东超，副研究员，主要从事马铃薯病害研究，e-mail：958450100@ qq.com。

陕西[13]。

黑痣病的病原菌立枯丝核菌（*Rhizoctonia solani* Kühn）可寄生于 66 科、263 种植物[12,19]，这些植物包括一系列农作物、园艺作物和杂草[1]，如接种豌豆后引起茎基腐，接种甜菜后引起根腐[10]。

该病害的无性和有性阶段均造成产量降低[20]。在加拿大，马铃薯由立枯丝核菌造成的平均损失达 15%，个别年份甚至全田毁灭[1]。在中国北方地区特别是东北三省和河北的某些地区，一般发病株率 4%~6%，重者达 20% 左右[7]；而在内蒙古自治区西部马铃薯产区，一般田块黑痣病发病株率在 5%~10%，重症田块可达到 70%~80%[21]。

2 马铃薯黑痣病的病原菌

病原菌为立枯丝核菌 *Rhizoctonia solani* [有性型是 *Thanatephorus cucumeris*（Frank）Donk]，属半知菌亚门丝核菌属[22]。

这种真菌的分类是以其分离物与已明确了融合群（Anastomosis Groups，AGs）的标准菌株之间两性菌丝融合能力为依据的。当前，根据其融合行为，*R. solani* 分离物被分成 14 个群，分别命名为融合群-1（AG-1）到融合群-13（AG-13）以及分离物融合群-BI（AG-BI）[23]。有些融合群异质性非常强，且包含基于生态型、DNA 同源性和酶谱带型的亚群。AG-3 作为马铃薯立枯丝核菌病的主要病因，相对专性寄生于马铃薯[24]，偶尔有报道称他攻击其他作物，比如甜菜[20]、烟草[20,25]、番茄[25]和茄子[25]。AG-3 能引起马铃薯黑痣病、茎溃疡和匍匐茎溃疡[25]。其他融合群（包括 AG-1，AG-2，AG-4，AG-5，AG-8，AG-9）可能在某些温度下使马铃薯感病[24]，如 AG-4 也能引起马铃薯的立枯（Damping off）和茎溃疡，AG-5 也能引起马铃薯块茎的黑痣症状[25]，但造成的损失较小[24]。在中国，AG-2-1 是具有代表性、强致病性的主要群也是优势群[26]。

R. solani 的初生菌丝是多核的且倾向于在远基端横隔附近分枝。菌丝较大（直径 8~10 μm），有带陷孔的横隔，并且在菌丝产生分枝的部位缢缩。

3 马铃薯黑痣病的症状

从出苗到收获，立枯丝核菌都可影响马铃薯的发育。马铃薯被侵染后，因受害部位不同而有多种表型。也正是依据表型马铃薯丝核菌病又有黑痣病、黑色粗皮病和茎溃疡之称。

3.1 出苗前芽上的症状

健康种薯播种在前作有黑痣病发生的土壤内或者带菌种薯（或其切块）播种后，遇到土壤潮湿冷凉的情况，菌核萌发产生菌丝，病害开始发生。正在发育的芽被侵染而形成淡红褐色以及褪色的病斑。芽被严重侵染时生长点坏死，遇到这种情况，就有另外的芽形成直至有一个芽出土，然而这一过程的再三重复耗尽了母薯中储备的用于将来生长的营养，大田的表现就是出苗晚（以至最终植株成熟的推迟）、出土的植株生长不良甚至不出苗造成缺苗断垄。

3.2 出苗后症状

在苗期主要感染地下茎，形成淡红褐色凹陷梭形病斑（即所谓的"茎溃疡"），严重时病斑绕茎一周，因伤及导管系统而导致茎的坏死，植株死亡。溃疡同样可能会在匍匐茎和根系(幼根及根毛)形成。

因溃疡的形成，植株的生产力降低；而且由于水和营养物质在植株体内的移动被限制，新生块茎的质量差、数量减少。在很多情况下，带溃疡的植株看起来健康，但地上部会有一些症状，如形成气生块茎、叶片变成淡紫色，这种情况在植株被严重侵染或受到胁迫(或二者兼而有之)时尤甚。

在随后的生长季节如遇冷凉、湿润的天气或生育中期在浓密的叶冠层下，该病原菌进入有性世代的担子阶段，产生担子和担孢子，宏观上的表现是在马铃薯茎上形成白色粉末状霉层，这些霉层延伸到刚刚露出地表以上。在这个阶段被侵染的马铃薯植株的特征是缺乏活力，原因是在出苗前母薯的许多营养被用于产生二级和三级芽，甚至被严重侵染的种薯不能建成植株的地上部，而是产生带着几个小块茎的1条匍匐茎。这种症状就是所谓的"无顶"。

匍匐茎和根像芽一样也能被病原体杀死。当出现这种情况时根系减少。当根和匍匐茎被攻击时，新形成的块茎数量、形状和大小也会受到影响。

3.3 块茎上的症状

块茎上观察到的主要症状是表皮上黑色、扁平的菌核，也就是"黑痣病"这一名称的由来。这些菌核不容易用水洗掉，其对块茎的影响，主要是有损商品价值，但不影响块茎的内部也不会导致块茎的腐烂。

如果病菌从表皮通过皮孔侵入块茎，会在块茎的罹病之处同健康部分之间，形成木栓组织。气候干燥时，死亡组织干枯、脱落，致使块茎表皮发生大小不同、形状互异的赤褐色的凹陷，颇像由细菌引起的另一种马铃薯病害——疮痂病的斑痕。这种症状又称为黑色粗皮病。

其他块茎症状包括芽尖的坏死、块茎畸形(破裂、多瘤)和整齐度差。

4 马铃薯黑痣病的鉴定与评价方法

4.1 马铃薯黑痣病的鉴定

4.1.1 分离培养

对病原菌进行鉴定时，需将病薯或病株按常规分离方法以 PDA 培养基在 25 ℃下进行分离和纯化[11]。

4.1.2 病原菌无性阶段的形态特征鉴定

据李乾坤等[10]的报道，立枯丝核菌无性阶段的形态特征鉴定可采取如下方法进行：将已分离纯化的菌株接种到 PDA 平板(每菌株 3 个培养皿)上，其中 1 皿以无菌小盖片环绕法培养，用蒸馏水作浮载剂制片后用显微镜观察，根据上文已提及的初生菌丝特征确定其是否为立枯丝核菌，并观测菌丝发育过程。另外 2 皿接种后不放小盖片，在相同培养条件下培养，观察其形态特征及菌核形成过程。

4.1.3 病原菌有性阶段诱发

采用 Tu 和 Kimbrough[27]的土壤培养法，陈延熙等[28]详述了立枯丝核菌有性世代诱发的步骤。

4.2 马铃薯黑痣病的评价方法

近 10 年内较为系统的马铃薯黑痣病评价方法见于"欧洲和地中海植物保护组织"（European and Mediterranean Plant Protection Organization）2013 年发布的杀菌剂的药效评价标准《PP 1/32（3）*Rhizoctonia solani* on potato》[29]，该标准及其参考文献中对于"黑痣"及"茎溃疡"的评价模式、症状的衡量、记载乃至结果与分析给出了具体指标，具有重要参考价值。对于"黑痣"症状的田间评价，Zhang 等[26]在其报道中给出了基于病原体麦麸培养物法的病级评价标准及病情指数计算方法。对于品种（品系）抗性鉴定，除田间表型评价方法外，2014 年 Zhang 等[26]首次报道了以病原体菌饼[Pathogen discs，马铃薯蔗糖琼脂（Potato sucrose agar，PSA）平板上培的菌苔]接种到无菌块茎切片上鉴定无性系抗性的方法。他们的研究结果证实这一室内鉴定方法与田间鉴定结果呈正相关。2021 年 Zhang 等[30]在其报道中对"茎溃疡"症状田间鉴定的病级定级标准和病情指数计算等亦进行了详细描述。他们创新出一种将由致病 *R. solani* 分泌的 RS 毒素（*R. solani* toxin，RS toxin）加入培养基中鉴定品种/品系茎溃疡抗性的方法。他们的研究亦证实了基于毒素的评价方法与接种病原体培养物田间鉴定数据呈正相关。

5 马铃薯黑痣病的防治

针对马铃薯黑痣病，国内外科技工作者提出了指导性很强的综合防治措施，贯穿于自播种前耕作制度的确定直至收获后田间操作。

5.1 预防性措施

预防性措施主要是农艺措施。主要包括：一是马铃薯与 *R. solani* 不能寄生的其他作物间隔 3~5 年轮作[1,31]；二是在前一条无法实现的情况下，前作收获时不能将大量 *R. solani* 可寄生的其他作物和植物（如牧草、药用植物等）的残留物留在土壤中[20]；三是挑选健康无黑痣种薯做播种材料[12]；四是适时播种、适度浅播[12]；五是出苗前的灌溉尽量保持到最低[20]；六是所谓"趁绿收获"，即机械收获未成熟马铃薯并把块茎重新放回土壤里以完成后熟，在 2~4 周后收获块茎[32]，类似的做法还有"未成熟收获"，即人工拔秧后手工收集块茎[33]；七是马铃薯收获时，将一切带菌的残烂叶清出田外[1]，为后作创造良好基础。

5.2 物理防治

关于该病害物理防治的报道不多，霍茂林[12]提到，通过"浴光催芽"促进健康芽迅速伸长可防止萌芽时感染。蒋继志等[15]的试验表明，35 ℃处理块茎 4 h、紫外线（λ = 230~260 μm）垂直高度 30 cm 照射块茎 15 min、48 h 连续黑暗均可增强马铃薯对 *R. solani* 的抵抗能力。

5.3 化学防治

鉴于马铃薯黑痣病既是土传病害，又是种传病害，因此化学防治主要是土壤处理[1,17,33]和种薯处理[10,12,34-36]；另外就是通过块茎拌种结合苗期喷施[36]防治。化学防治所使用化学制剂也不局限于杀菌剂，如蒋继志等[15]报道以 100 mg/kg 氯化钾处理种薯 120 min 可增强块茎对 *R. solani* 的抵抗能力。以杀菌剂进行种薯处理的方法则可以选择拌种[12]或浸种[10,12,34,35]或喷淋[12]，药剂拌种时种薯切块和整薯处理均可减轻病害发生[37]。

5.4 生物防治

近 10 多年来，马铃薯黑痣病生物防治方面陆续有报道。2011 年 Demirci 等[38]对从马铃薯块茎上的菌核中分离出的真菌在离体条件下对 *R. solani* 的拮抗作用或寄生现象进行鉴定，结果表明，来自支顶孢属(*Acremonium*)等 6 个属的 13 种真菌均在 *R. solani* 菌落前产生不同程度的抑菌圈，但仅哈茨木霉(*Trichoderma harzianum*)分离株能够在 *R. solani* 菌丝体上过度生长。最近的报道是木霉菌(*Trichoderma* spp.)和枯草芽孢杆菌(*Bacillus subtilis*)经田间试验证实最有前途[39]。

6 品种抗性改良进展及策略

6.1 常规育种改良马铃薯品种对 *R. solani* 抗性的可行性分析

各项防治措施总的来说都是通过外因的调整来使该病害的发生降至最低限度，但终归未从根本上解决问题。

在改善内因也就是马铃薯自身抗性的手段方面，科技工作者自然会首先考虑到常规杂交育种方法。但由于立枯丝核菌有异核共存现象，因此个体选择育成具有田间抗性的品种和以显性基因为基础的垂直抗性品种，都不大容易[12]。早在 1988 年，霍茂林[12]就预言，对本菌多寄主来说，不仅现在没有实用的抗性品种，今后这种可能性也不大。事隔近 20 年后，El Bakali 和 Martín[20]的调查也表明，马铃薯不同品种对 *Rhizoctonia* 的敏感性不尽一致，当时尚无有效的抗性品种。到调查时为止，虽然有些品种对块茎上菌核的形成有不同程度的抗性，但还未发现对"芽顶端坏死"和茎部病变具有免疫性的品种。其后，多有报道称其测试的无性系对 *R. solani* 均不具有彻底抗性[30,40]，高抗的也几乎没有[26]。综上所述，通过常规育种来改良马铃薯品种对该病原菌抗性难度较大。

6.2 马铃薯对 *R. solani* 抗性的基因工程改良

6.2.1 利用几丁质酶基因改良马铃薯对 *R. solani* 的抗性

在应用基因工程改良马铃薯对 *R. solani* 抗性方面，Lorito 等[41]最早报道将几丁质酶基因导入马铃薯，转基因植株不同组织中均呈现高水平的几丁质酶表达，对 *R. solani* 也具有一定抗性。

6.2.2 利用核糖体失活蛋白基因改良马铃薯对立枯丝核菌的抗性

核糖体失活蛋白(Ribosome inactivating proteins，RIPs)是一类从很多高等植物、少数几种真菌和细菌中分离获得的、作用于真核细胞中核糖体和裸露原核的核糖体 RNA(rRNA)、抑制蛋白质合成的细胞毒性蛋白质。根据 RIPs 的物理特性，可以将核糖体失活蛋白分为 3 类[42]，他们的共同特性是具有 RNA N-糖苷酶活性。M'hamdi 等[43]、郝文胜等[44]分别以源自大麦和玉米的 RIPs 基因转化马铃薯并改善了受体对 *R. solani* 的抗性。Gonzales-Salazar 等[45]以源自商陆属植物 *Phytolacca heterotepala* 的 RIP 基因转化马铃薯亦得到类似结果。

6.2.3 利用抗病蛋白基因组合表达提高马铃薯对 *R. solani* 的抗性

M'hamdi 等[46]将来自大麦的 RIP 基因 *rip30* 和源自粘质沙雷氏菌(*Serratia marcescens*)的几丁质酶基因 *chiA* 在马铃薯中联合表达，显著改善了受体对 *R. solani* 抗性。

— 86 —

总的来说，通过基因工程手段来解决日趋严重的马铃薯丝核菌病问题是大有可为的。

[参 考 文 献]

[1] 黑龙江省农业科学院马铃薯研究所. 中国马铃薯栽培学 [M]. 北京: 中国农业出版社, 1994: 1-5, 309-310.

[2] 尹江, 张希近, 冯琰. 加快种薯产业法制建设, 确保质量提高及有效控制 [C]//陈伊里, 屈冬玉. 马铃薯产业与粮食安全. 哈尔滨: 哈尔滨工程大学出版社, 2009: 25-29.

[3] 罗其友, 高明杰, 张烁, 等. 中国马铃薯产业国际比较分析 [J]. 中国农业资源与区划, 2021, 42(7): 1-8.

[4] 孙慧生, 刘文涛. 标准化、规模化、产业化繁育脱毒种薯, 为中国马铃薯产业发展做贡献 [C]//陈伊里, 屈冬玉. 马铃薯产业——更快、更高、更强. 哈尔滨: 哈尔滨工程大学出版社, 2008: 290-291.

[5] 谢开云, 屈冬玉, 金黎平, 等. 中国马铃薯生产与世界先进国家的比较 [C]//陈伊里, 屈冬玉. 马铃薯产业——更快、更高、更强. 哈尔滨: 哈尔滨工程大学出版社, 2008: 2-3.

[6] 崔永伟, 杜聪慧, 李树君. 中国马铃薯种薯产业发展分析与展望 [J]. 农业展望, 2020, 16(1): 71-76.

[7] 朱杰华, 杨志辉. 中国北方马铃薯主产区病害发生趋势及防控对策 [C]//陈伊里, 屈冬玉. 马铃薯产业与粮食安全. 哈尔滨: 哈尔滨工程大学出版社, 2009: 367-370.

[8] 李晓妮, 徐娜娜, 于金凤. 中国北方马铃薯黑痣病立枯丝核菌的融合群鉴定 [J]. 菌物学报, 2014, 33(3): 584-593.

[9] Banville G J, Carling D E, Otrysko B E. *Rhizoctonia* disease on potato [M]//Sneh B, Jabaji-Hare S, Neate S, et al. *Rhizoctonia* species: taxonomy, molecular biology, ecology, pathology and disease control. Dordrecht: Kluwer Academic Publishes, 1996: 321-330.

[10] 李乾坤, 孙顺娣, 李敏权. 马铃薯立枯丝核菌病的研究 [J]. 中国马铃薯, 1988, 2(2): 79-85.

[11] 孙彦萍. 榆中县马铃薯病虫害发生现状及综合防治措施探讨 [J]. 甘肃科技, 2008(5): 141-143.

[12] 霍茂林. 要注意防治马铃薯丝核菌病 [J]. 现代农业, 1988(4): 26-27.

[13] 田晓燕, 蒙美莲, 张笑宇, 等. 马铃薯黑痣病菌菌丝融合群的鉴定 [J]. 中国马铃薯, 2011, 25(5): 298-301.

[14] 蔡煌. 防治马铃薯黑痣病 [J]. 植保技术与推广, 1996(1): 45.

[15] 蒋继志, 吴素玉, 赵丽坤. 非生物因子诱导马铃薯块茎对立枯丝核菌的抗性 [J]. 河北大学学报: 自然科学版, 2005, 25(2): 167-172.

[16] 彭学文, 朱杰华. 河北省马铃薯真菌病害种类及分布 [J]. 中国马铃薯, 2008, 22(1): 31-33.

[17] 吴宝荣, 林国兴, 彭小凤. 江西省马铃薯病虫害发生动态及防治技术初探 [J]. 江西植保, 2006(3): 128-129.

[18] 张明会, 张雨竹, 孙冬梅. 马铃薯立枯丝核菌融合群的确定及其对马铃薯侵染的观察 [J]. 黑龙江农业科学, 2016(3): 51-54.

[19] 张天晓. *Rhizoctonia solani* 菌丝融合群的研究 [J]. 湖南师范学院学报: 自然科学版, 1984(2): 69-72.

[20] EL Bakali A M, Martín M P. Black scurf of potato [J]. Mycologist, 2006, 20(4): 130-132.

[21] 曹春梅, 张建平, 张庆平, 等. 马铃薯黑痣病药剂防治试验 [C]//陈伊里, 屈冬玉. 马铃薯产业与粮食安全. 哈尔滨: 哈尔滨工程大学出版社, 2009: 354-358.

[22] 谭宗九, 郝淑芝. 马铃薯丝核菌溃疡病及其防治 [J]. 中国马铃薯, 2007, 21(2): 108-109.

[23] Carling D E, Baird R E, Gitaitis R D, et al. Characterization of AG-13, a newly reported anastomosis group of *Rhizoctonia solani* [J]. Phytopathology, 2002, 92(8): 893-899.

[24] Stevenson W R, Loria R, Franc G D, et al. Compendium of potato diseases [M]. 2nd ed. Minnesota: The American Phytopathological, 2001: 36-37.

[25] Sneh. Host range of *Rhizoctonia solani* and *Rhizoctonia* diseases arranged by anastomosis groups [DB/OL]. [2009-10-11]. http://www.cals.ncsu.edu/course/pp728/Rhizoctonia/Hostrange.html.

[26] Zhang X, Yu X, Yu Z, et al. A simple method based on laboratory inoculum and field inoculum for evaluating potato resistance to black scurf caused by *Rhizoctonia solani* [J]. Breeding Science, 2014, 64(2): 156-163.

[27] Tu C C, Kimbrough J W. Morphology development and cytochemistry of the hyphae and sclerotia of species in the *Rhizoctonia* complex [J]. Canadian Journal of Botany, 1975, 53(20): 2 282-2 296.

[28] 陈延熙, 张敦华, 段霞. 关于 *Rhizoctonia solani* 菌丝融合分类和有性世代的研究 [J]. 植物病理学报, 1985, 15(3): 140.

[29] None. European and mediterranean plant protection organization. Pp 1/32 (3) *Rhizoctonia solani* on potato [J]. Bulletin OEPP/EPPO Bulletin, 2013, 43(3): 380-382.

[30] Zhang X, Li D, Huo H, et al. Improving evaluation of potato resistance to *Rhizoctonia solani* infection by optimizing inoculum-based method combined with toxin-based assay [J]. Crop Protection, 2021, 144: 105 544.

[31] Larkin R P, Tavantzis S. Use of biocontrol organisms and compost amendments for improved control of soilborne diseases and increased potato production [J]. American Journal of Potato Research, 2013, 90(3): 261-270.

[32] Mulder A, Turkensteen L J, Bouman A. Perspectives of green-crop-harvesting to control soil-borne and storage diseases of seed potatoes [J]. Netherlands Journal of Plant Pathology, 1992, 98(s2): 103-114.

[33] Lootsma M, Scholte K. Effects of soil disinfection and potato harvesting methods on stem infection by *Rhizoctonia solani* Kühn in the following year [J]. Potato Research, 1996, 39(1): 15-22.

[34] Somani A K. 利用无害化需制剂控制马铃薯丝核菌病 [J]. 忻亦芬, 译. Farm Chemicals, 1986(3): 41-47.

[35] 柳听海, 张永杰, 李永胜, 等. 马铃薯病害的综合防治技术 [J]. 安徽农业, 2001(3): 24.

[36] 曹春梅, 李文刚, 张建平, 等. 马铃薯黑痣病的研究现状 [J]. 中国马铃薯, 2009, 23(3): 171-173.

[37] Duellman K M, Price W J, Lent M A, et al. Fungicide seed treatment improves performance of single-drop whole and cut seed potatoes [J]. American Journal of Potato Research, 2021, 98(4): 315-327.

[38] Demirci E, Dane E, Eken C. *In vitro* antagonistic activity of fungi isolated from sclerotia on potato tubers against *Rhizoctonia solani* [J]. Turkish Journal of Biology, 2011, 35(4): 457-462.

[39] Betancourth Carlos A, Sañudo Benjamín A, Flórez Carlos A, et al. Efficacy of biofungicides on managing potato black scurf (*Rhizoctonia solani* Kühn) in Nariño, Colombia [J]. Información Tecnológica, 2022, 33(1): 279-288.

[40] Djebali N, Belhassen T. Field study of the relative susceptibility of eleven potato (*Solanum tuberosum* L.) varieties and the efficacy of two fungicides against *Rhizoctonia solani* attack [J]. Crop Protection, 2010, 29(9): 998-1 002.

[41] Lorito M, Woo S L, Fernandez I G, et al. Genes from mycoparasitic fungi as a source for improving plant resistance to fungal pathogens [J]. Proceedings of the National Academy of Sciences, 1998, 95(14): 7 860-7 865.

[42] Nielsen K, Boston R S. Ribosome-inactivating proteins: a plant perspective [J]. Annual Review of Plant Physiology and Plant Molecular Biology, 2001, 52: 785-816.

[43] M'hamdi M, Chikh-Rouhou H, Boughalleb N, et al. Ribosome inactivating protein of barley enhanced resistance to *Rhizoctonia solani* in transgenic potato cultivar 'Desiree' in greenhouse conditions [J]. Biotechnologie Agronomie Societe et Environnement, 2013, 17(1): 20-26.

[44] 郝文胜, 赵永秀, 张永丰, 等. 应用玉米核糖体失活蛋白基因改善马铃薯对立枯丝核菌抗性 [J]. 分子植物育种, 2017, 15(6): 2 200-2 206.

[45] Gonzales-Salazar R, Cecere B, Ruocco M, et al. A comparison between constitutive and inducible transgenic expression of the *PhRIP I* gene for broad-spectrum resistance against phytopathogens in potato [J]. Biotechnology Letters, 2017, 39(7): 1 049-1 058.

[46] M'hamdi M, Chikh-Rouhou H, Boughalleb N, et al. Enhanced resistance to *Rhizoctonia solani* by combined expression of chitinase and ribosome inactivating protein in transgenic potatoes (*Solanum tuberosum* L.) [J]. Spanish Journal of Agricultural Research, 2012, 10(3): 778-785.

环境胁迫对马铃薯糖苷生物碱合成的影响

方小婷[1]，马海艳[1]，刘娟娟[1]，刘瑞麟[1]，秦嘉浩[1]，

黄文森[1]，李　杨[1]，胡婷园[1]，郑顺林[1,2*]

(1. 四川农业大学作物生理生态及栽培四川省重点实验室，四川　成都　611130；

2. 农业部薯类作物遗传育种重点实验室/成都久森农业科技有限公司，四川　成都　610500)

摘　要：马铃薯糖苷生物碱又称龙葵素，是一种有毒的次生代谢物质。马铃薯在受到各种环境胁迫的情况下，如光照、温度、病虫害，通过调控龙葵素合成关键酶的活性来间接调节组织含量，加速自身合成龙葵素。其对病虫害的抵御作用已在抗性育种中得到应用，但各种环境胁迫对该种生物碱合成的调控途径仍不清晰。文章从马铃薯糖苷生物碱在植株遭受环境胁迫后的合成表现，分析其作为抗胁迫调节因子的可能，并对其在分子免疫学、逆境生理、育种应用和可视检测方面的研究进行展望。

关键词：马铃薯；糖苷生物碱；环境胁迫；展望

马铃薯(*Solanum tuberosum* L.)作为一年生草本植物，是茄科植物重要一员。在野生和栽培马铃薯品种中，普遍存在一类天然次生代谢物质，即糖苷生物碱(Steroidal glycoalkaloids，SGAs)，又被认为是抗营养因子；马铃薯糖苷生物碱又称龙葵素，是一种含氮甾体糖苷[1]。自科学家1843年观察到"Solanine"(龙葵素)，现今至少发现有90个结构不同的甾体生物碱，超300数量的生物碱在植株被分离[2]。通常情况下马铃薯中的龙葵素含量较低，100 g鲜薯含7~10 mg龙葵素，食用后不会引起中毒，当马铃薯发芽或者变质时，就会产生大量的龙葵素，食用后危及人畜安全。当马铃薯中龙葵素含量达到10~15 mg/100 g时食用有明显的苦味，超过20 mg/100 g即可引起龙葵素中毒[3]。在研究马铃薯对病虫害防御的表现时，发现龙葵素的产生与积累可能是马铃薯适应环境胁迫的一种表现[4,5]，对马铃薯龙葵素合成的研究从食品安全扩展到了植物抗逆领域。

1　马铃薯糖苷生物碱的合成与分布

SGAs在马铃薯全株均有分布，主要成分为α-茄碱和α-卡茄碱，占总糖苷生物碱的95%以上，其次还有β-茄碱、卡茄碱和γ-茄碱、卡茄碱等。SGAs的合成主要在细胞高度增殖的部位，如根、茎、花[6]，通过使用细胞周期抑制剂发现，SGAs的合成可以与植物生长解偶联[7]。在块茎，主要分布在芽眼周围，薯皮含量最高；在薯皮中以α-卡茄碱为

作者简介：方小婷(1998—)，女，硕士研究生，研究方向为马铃薯栽培生理。

基金项目：主要粮油作物新品种关键栽培技术创新与应用(21ZDYF2178，2021-2025)；突破性薯类育种材料和方法创新及新品种选育(2021YFYZ0019)；国家现代农业产业技术体系四川薯类创新团队项目(sccxtd-2021-09)。

＊通信作者：郑顺林，博士生导师，研究方向为马铃薯优质高产栽培，e-mail：248977311@qq.com。

主，占总糖苷生物碱的 65% ~ 71%[8]。马铃薯 SGAs 的初始水平是由遗传决定的，品种间差异很大，随着植株的生长发育，马铃薯茎、叶中的含量逐渐增加，贮藏温度与光照也会影响其含量[9,10]，但 SGAs 合成活跃的部分还是集中在生长活力高的部位，在新生组织可以检测到 SGT1 与 SGT2 基因的表达，但是在其成熟后其转录的表达减少[11]。

SGAs 的生物合成主要分为 3 个部分：第 1 步在胞浆中的萜类合成，首先乙酰辅酶 A 缩合成甲羟戊酸再磷酸化为鲨烯，这一步骤是甲羟戊酸/类异戊二烯途径主要代谢的一部分；第 2 部分是甾醇类合成，在初级代谢结束时，环阿屯醇合成酶（CAS）将 2,3-氧化鲨烯转化为环阿屯醇，环阿屯醇能产生多种植物甾醇，包括胆固醇、谷甾醇、豆甾醇和油菜素内酯，其中胆固醇是糖类生物碱形成的广泛接受的前体[12-14]；第 3 部分为茄啶的合成，属于次生代谢，在胞浆中胆固醇通过羟基化和转氨等系列步骤合成茄啶，茄啶由系列糖基转移酶催化合成最终的 α-茄碱和 α-卡茄碱[15,16]（图 1）。

2 马铃薯糖苷生物碱对环境胁迫的响应

2.1 生物胁迫

马铃薯易受多种病虫害侵染，常见的病原体有疫病、腐病和病毒病等，还会遭受多种农田害虫取食，在侵染后植株会产生各种免疫动作以抵抗。研究发现抗晚疫病马铃薯品种中超氧化物歧化酶（SOD）、过氧化氢酶（CAT）和抗坏血酸过氧化物酶（APX）活性均高于感病品种[17]，而 SGAs 的产生似乎有提高晚疫病抗性的作用[18]，可能是由于代谢产生的能量增加促进了 SGAs 的合成。早期研究发现 SGAs 对多种真菌生长都有抑制作用[19]，但一直存在争议，Dahlin 等[20]通过将 SGAs 与疫霉共培，发现 α-茄碱和 α-卡茄碱对致病疫霉没有直接抑制作用，但是去糖基化的 SGAs 却具有强烈的抑制作用，由于甾体部分在 SGAs 毒性中起重要作用，所以不具有分离 SGAs 糖单元的真菌不表现抑制作用。在应对虫害方面，低密度蚜虫定居下，该范围马铃薯叶片中 SGAs 迅速增加，并诱导了马铃薯防御性化感反应，且去除蚜虫后，SGAs 又回归正常水平[21]。Dinkins 等[22]也发现马铃薯增加块茎表皮 SGAs 含量是其应对科罗拉多甲虫的重要手段。

2.2 物理胁迫

光照使块茎变绿而不宜食用已为常识，随着研究的深入，叶绿素产生和块茎生物碱合成的关系有了进一步认识。Percival[23]发现暴露在地上部的块茎会含有更高的 SGAs，且随着光照时间增加稳定增加，在 15 d 以后 α-茄碱的增加速率高于 α-卡茄碱。Okamoto 等[24]发现在远红光照射下 α-茄碱和 α-卡茄碱都没有显著增加，叶绿素生物合成中的关键基因（HEMA1，hemA，GSA，CHLH 和 GUN4）和糖生物碱合成所需的 6 个基因（HMG1，SQS，CAS1，SSR2，SGT1 和 SGT2）能在白光，蓝光和红光下诱导，但在黑暗或远红光下不诱导；而沉默叶绿素合成关键基因 CHLL 和 CHLH 可以激活 SGAs 合成基因 GAME6、12 的表达[25]，这表明 SGAs 的合成可能受隐花色素和光敏色素的调节。而在敲除 α-茄碱合成酶关键基因 SGT1 后，光照对于其合成几乎不造成影响[26]，光照调节 SGAs 合成位点可能早在胆固醇加工之前的甲羟戊酸途径。块茎在受到机械损伤时，在伤口部位大量的 SGAs 合成，且切伤后 α-茄碱的积累速率高于 α-卡茄碱[27]。同样在块茎萌发时，芽眼处也可以检测到高浓

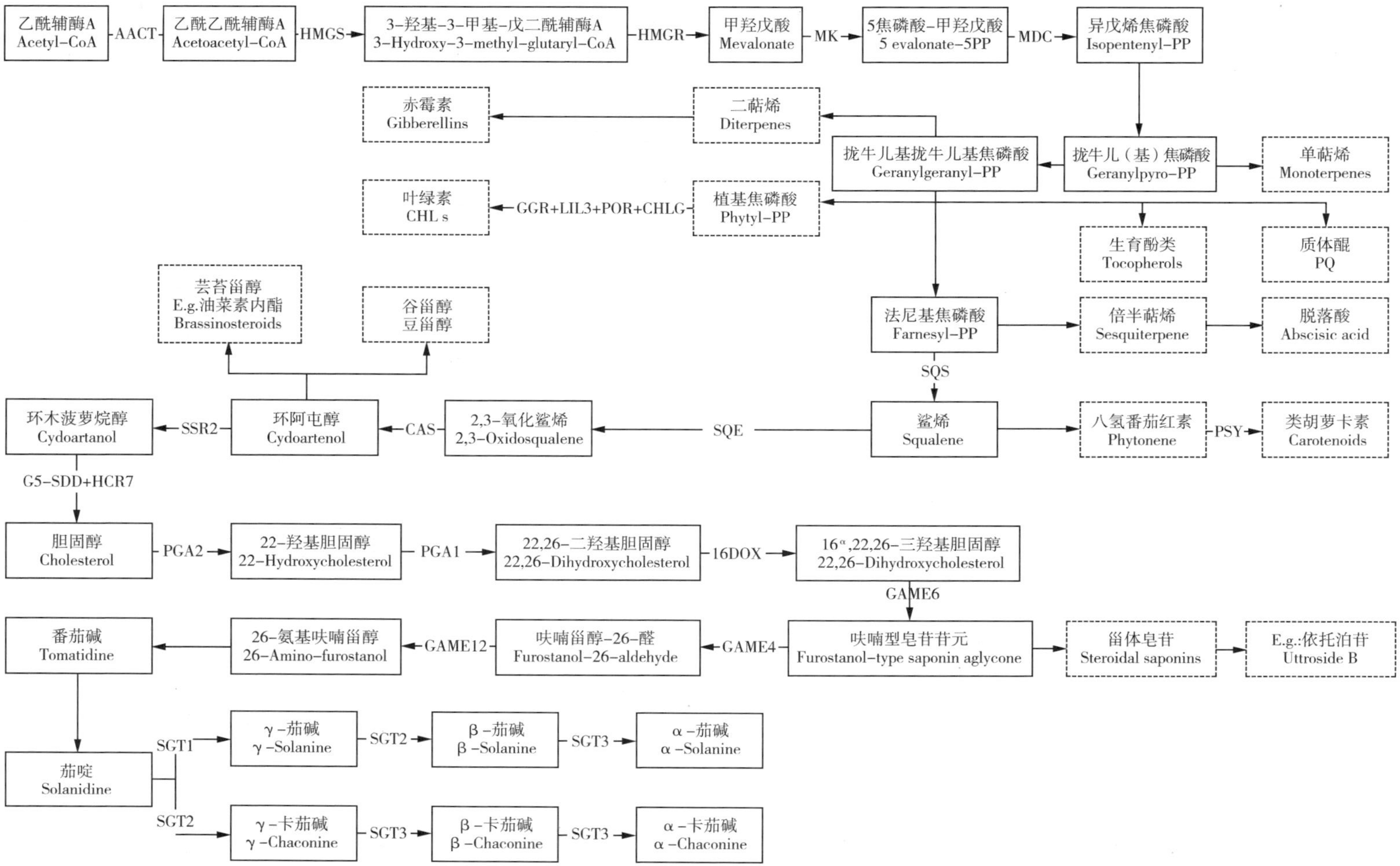

图1 马铃薯糖苷生物碱体内合成代谢路径

注：实线框为茄碱合成途径，虚线框为交叉途径。

度的 SGAs[28]，通过沉默生物碱合成关键调节酶细胞色素单加氧酶 P450(*GAME4*)编码基因后，块茎营养生长和产量不受影响，但植株表现不育且块茎不能正常发芽[29]。淹水和干旱也会提高块茎 SGAs 含量，而低温影响不大[30]；在热胁迫下，通过靶向代谢组学显示 SGAs 浓度降低[31]。故有学者提出马铃薯 SGAs 合成在不同逆境胁迫下合成的调节位点不同[32]。

2.3　化学与其他胁迫

研究发现在氮胁迫下，收获时块茎中 SGAs 显著提高[33]，且马铃薯合成含氮的甾体生物碱主要利用的是植物生长前期所吸收的氮素[21]。在茄子中，施钾整体降低果实中茄碱含量，但是对茄碱在果实中的积累和分配有增加趋势[34]。马铃薯种植中适当施用镁肥可以减少贮藏期间块茎 SGAs 的积累[35]。

3　马铃薯糖苷生物碱的研究展望

3.1　植物分子免疫学

植物分子免疫学注重研究植物与病原物的相互作用，结合病原物致病性、植物对病原物识别和免疫反应的分子基础与调控机制，从而阐述植物抗病性发生规律[36]。马铃薯中 SGAs 表现出对多种病原物的毒性，从植物到动物都有一定研究。早在 1993 年生物碱已被证明主要影响真菌的孢子萌发和菌丝伸长[37]，但植株对疫霉菌的反应不同于离体试验，育种家针对马铃薯 SGAs 含量和后代对晚疫病抗性水平的测量，发现 SGAs 与植株抗病没有显著的相关性[18]。最近研究发现，茉莉酸可以对 SGAs 的合成进行调控[38]，通过多组分分析发现茉莉酸间接调控了合成途径中的关键酶合成基因(*SSR2*，*16 - DOX*，*GAME6*，*SGTs*)[39]，且茉莉酸可以减缓胁迫引起的 SGAs 增加[40]。茉莉酸信号作为植物后天免疫信号传递通路中重要一员，表现出与 SGAs 生物代谢的相关性，这表示 SGAs 可能参与了植物体内免疫反应的相关途径，为马铃薯生物碱的分子免疫研究提供了思路。

3.2　植物抗逆生理

近年来发现，马铃薯中 SGAs 的合成与一些植物防御信号分子之间存在联系。在光诱导 SGAs 积累过程中，非生物胁迫和生物胁迫相关基因的表达均明显增加[4]，不同光质还可以调节 G 蛋白和 CaM 的积累[41]。Nahar 等[42]通过块茎对光照和机械损伤的基因差异表达分析，发现在含 SGAs 的植物(如马铃薯、番茄、茄子)作物中，含有不同调控类型的 *DWF1-L*(环阿屯醇还原酶)基因，*DWF1*(甾醇△²⁴-还原酶)/*DWF1-L* 的重复出现可以将植物自身合成 SGAs 与胁迫诱导合成的甾醇前体区分开，而 DWF1 本身并不限制 SGAs 的生物合成。这说明除了主要的 SGAs 合成途径的调控，其他因素(如：光照、氮胁迫)的间接调控，是植物对生物和非生物胁迫反应的结果[43]。SGAs 参与植物抗逆生理调节，研究主要集中在合成中关键调节酶的表达分析，但不同胁迫诱导与调节 SGAs 合成的位点还不清晰。也有学者认为 SGAs 可能是马铃薯中潜在的一种化感物质，但相关研究较少。

3.3　马铃薯品种选育与应用

野生马铃薯的驯化长期以去除块茎中有毒的类固醇生物碱为目标，但随着对 SGAs 的研究深入，在其有毒方面之外，还发现了其有利的方面。研究发现马铃薯 SGAs 对于延缓番茄腐烂有显著效果[44]；在医药领域，低剂量的马铃薯SGAs对抑制癌细胞转移与增殖[45]和抗炎因子扩散[46]有显著作用。马铃薯皮中丰富的生物活性物质有巨大的工业潜力，故在对于马铃薯品种选育中，不能只局限于低SGAs含量的目标。

3.4 细胞生物学视踪与质谱检测

马铃薯中SGAs的合成部位主要集中在生长旺盛的地方，由于合成途径中酶存在的部位不同，而关于合成中参与的细胞器和特异细胞类型的作用研究较少，Yamamoto等[47]利用活体单细胞质谱(Single-cell MS)和空间分辨率成像质谱(Imagine MS)揭示了长春花碱合成前体的细胞特异性定位与积累，并与叶片生长动态可视化联系。MSI的无标记方法是对组学整体方法的补充，组学分析通常从时间和空间两个维度对均质组织进行分析，而采用基质辅助功能可以更加直观地观察到代谢物合成中的空间分配、功能化隔室和传输机制等[48]。早期通过番茄与马铃薯嫁接试验，只是宏观的检测SGAs在韧皮部长距离运输可能性较小，但不否认生物碱在亚细胞中的合成转运[49]，而借助现代可视化分析技术，可以加快对次生代谢物质合成和运输的研究。同时，在食品安全方面，LC/ESI质谱分析还可以快速检测蔬菜中是否含有有毒的糖苷生物碱[50]。

[参 考 文 献]

[1] Eltayeb E A, Al-Sinani S S, Khan I A. Determination of the glycoalkaloids α-solanine and α-chaconine levels in 18 varieties of potato(*Solarium tuberosum* L.) grown in Oman [J]. Potato Research, 2003, 46(1-2): 57-66.

[2] Al Sinani S S S, Eltayeb E A. The steroidal glycoalkaloids solamargine and solasonine in *Solanum* plants [J]. South African Journal of Botany, 2017, 112: 253-269.

[3] Friedman M. Potato glycoalkaloids and metabolites: roles in the plant and in the diet [J]. Journal of Agricultural and Food Chemistry, 2006, 54(23): 8 655-8 681.

[4] Zhang W, Zuo C, Chen Z, et al. RNA sequencing reveals that both abiotic and biotic stress-responsive genes are induced during expression of steroidal glycoalkaloid in potato tuber subjected to light exposure [J]. Genes, 2019, 10(11): 920.

[5] 张喜春, 韩振海, ЛТ X, 等. 植物体内甾醇的合成和生理作用 [J]. 植物生理学通讯, 2001, 37(5): 452-457.

[6] Slanina P. Solanine (glycoalkaloids) in potatoes: toxicological evaluation [J]. Food and Chemical Toxicology, 1990, 28(11): 759-761.

[7] Mak Y, Doran P M. Effect of cell-cycle inhibition on synthesis of steroidal alkaloids by *Solanum* aviculare plant cells [J]. Biotechnology Letters, 1993, 15(10): 1 031-1 034.

[8] Sotelo A, Serrano B. High-performance liquid chromatographic determination of the glycoalkaloids alpha-solanine and alpha-chaconine in 12 commercial varieties of Mexican potato [J]. Journal of Agricultural and Food Chemistry, 2000, 48(6): 2 472-2 475.

[9] 李玉珠, 郭华春, 王琼. 马铃薯不同品种各器官糖苷生物碱累积规律研究 [J]. 食品工业科技, 2020, 41(22): 1-7, 13.

[10] 张薇, 邱成, 高荣, 等. 不同贮藏条件下马铃薯块茎皮中龙葵素含量的变化 [J]. 中国马铃薯, 2013, 27(3): 144-147.

[11] Mweetwa A M, Hunter D, Poe R, et al. Steroidal glycoalkaloids in *Solanum* chacoense [J]. Phytochemistry, 2012, 75: 32-40.

[12] Nema P K, Ramayya N, Duncan E, et al. Potato glycoalkaloids: formation and strategies for mitigation [J]. Journal of the Science of Food and Agriculture, 2008, 88(11): 1 869-1 881.

[13] Nakayasu M, Umemoto N, Ohyama K, et al. A dioxygenase catalyzes steroid 16 α-hydroxylation in steroidal glycoalkaloid biosynthesis [J]. Plant Physiology, 2017, 175(1): 120-133.

[14] Baur S, Frank O, Hausladen H, et al. Biosynthesis of α-solanine and α-chaconine in potato leaves (*Solanum tuberosum* L.)-

a $^{13}CO_2$ study [J]. Food Chemistry, 2021, 365: 130 461.

[15] McCue K F, Allen P V, Shepherd L V T, et al. The primary *in vivo* steroidal alkaloid glucosyltransferase from potato [J]. Phytochemistry, 2006, 67(15): 1 590−1 597.

[16] McCue K F, Allen P V, Shepherd L V T, et al. Potato glycosterol rhamnosyltransferase, the terminal step in triose side−chain biosynthesis [J]. Phytochemistry, 2007, 68(3): 327−334.

[17] Li G, Zhang X, Zhang S. The relationship between active oxygen metabolism and resistance to late blight in potato [J]. Potato Research, 2018, 61(4): 365−373.

[18] Andrivon D, Corbière R, Lucas J M, et al. Resistance to late blight and soft rot in six potato progenies and glycoalkaloid contents in the tubers [J]. American Journal of Potato Research, 2003, 80(2): 125−134.

[19] Cipollini M L, Levey D J. Antifungal activity of *Solanum* fruit glycoalkaloids: implications for frugivory and seed dispersal [J]. Ecology, 1997, 78(3): 799−809.

[20] Dahlin P, Müller M C, Ekengren S K, et al. The impact of steroidal glycoalkaloids on the physiology of *Phytophthora infestans*, the causative agent of potato late blight [J]. Molecular Plant−Microbe Interactions, 2017, 30(7): 531−542.

[21] Fragoyiannis D A, Mckinlay R G, D'mello J P F. Interactions of aphid herbivory and nitrogen availability on the total foliar glycoalkaloid content of potato plants [J]. Journal of Chemical Ecology, 2001, 27(9): 1 749−1 762.

[22] Dinkins C L P, Peterson R K D, Gibson J E, et al. Glycoalkaloid responses of potato to Colorado potato beetle defoliation [J]. Food and Chemical Toxicology, 2008, 46(8): 2 832−2 836.

[23] Percival G. Light−induced glycoalkaloid accumulation of potato tubers (*Solanum tuberosum* L.) [J]. Journal of the Science of Food and Agriculture, 1999, 79(10): 1 305−1 310.

[24] Okamoto H, Ducreux L J M, Allwood J W, et al. Light regulation of chlorophyll and glycoalkaloid biosynthesis during tuber greening of potato *S. tuberosum* [J]. Frontiers in Plant Science, 2020, 11: 753−771.

[25] Wang C, Sulli M, Fu D. The role of phytochromes in regulating biosynthesis of sterol glycoalkaloid in eggplant leaves [J]. PLoS One, 2017, 12(12): 1−13.

[26] Shepherd L V, Hackett C A, Alexander C J, et al. Impact of light−exposure on the metabolite balance of transgenic potato tubers with modified glycoalkaloid biosynthesis [J]. Food Chemistry, 2016, 200: 263−273.

[27] Eltayeb E A, Al−Sinani S S, Khan I A. Effect of mechanical injury and low temperature storage on the accumulation of glycoalkaloids in the tubers of 7 varieties of potato (*Solanum tuberosum* L.) grown in Oman [J]. Sultan Qaboos University Journal for Science, 2003, 8(2): 83−95.

[28] 曾凡逑, 周添红, 康宪学, 等. HPLC 法测定马铃薯块茎中糖苷生物碱的含量 [J]. 中国马铃薯, 2015, 29(5): 263−268.

[29] Umemoto N, Nakayasu M, Ohyama K, et al. Two cytochrome P450 monooxygenases catalyze early hydroxylation steps in the potato steroid glycoalkaloid biosynthetic pathway [J]. Plant Physiology, 2016, 171(4): 2 458−2 467.

[30] Papathanasiou F, Mitchell S H, Watson S, et al. Effect of environmental stress during tuber development on accumulation of glycoalkaloids in potato (*Solanum tuberosum* L.) [J]. Journal of the Science of Food and Agriculture, 1999, 79(9): 1 183−1 189.

[31] Fogelman E, Oren−Shamir M, Hirschberg J, et al. Nutritional value of potato (*Solanum tuberosum*) in hot climates: anthocyanins, carotenoids, and steroidal glycoalkaloids [J]. Planta, 2019, 249(4): 1 143−1 155.

[32] Villano C, D'Amelia V, Esposito S, et al. Genome−wide HMG family investigation and its role in glycoalkaloid accumulation in wild tuber−bearing *Solanum commersonii* [J]. Life, 2020, 10(4): 37−47.

[33] Love S L, Herrman T J, Thompsonjohns A, et al. Effect and interaction of crop management factors on the glycoalkaloid concentration of potato tubers [J]. Potato Research, 1994, 37(1): 77−85.

[34] 王菲, 李银科, 叶学见, 等. 不同钾水平对茄子茄碱含量和分配的影响 [J]. 中国蔬菜, 2015(10): 47−52.

[35] Wszelaczyńska E, Poberezny J, Kozera W, et al. Effect of magnesium supply and storage time on anti−nutritive compounds in potato tubers [J]. Agronomy, 2020, 10(3): 339−354.

[36] 董汉松, 陈蕾, 邹珅珅. 植物分子免疫学 [M]. 北京: 科学出版社, 2020.

[37] Fewell A M, Roddick J G. Interactive antifungal activity of the glycoalkaloids α－solanine and α－chaconine [J]. Phytochemistry, 1993, 33(2): 323－328.

[38] Montero-Vargas J M, Casarrubias-Castillo K, Martínez-Gallardo N, et al. Modulation of steroidal glycoalkaloid biosynthesis in tomato (*Solanum lycopersicum*) by jasmonic acid [J]. Plant Science, 2018, 277: 155－165.

[39] Shen D D, Hua Y P, Huang J Y, et al. Multiomic analysis reveals core regulatory mechanisms underlying steroidal glycoalkaloid metabolism in potato tubers [J]. Journal of Agricultural and Food Chemistry, 2021, 70(1): 415－426.

[40] 山雨思, 辛正琦, 何潇, 等. 外源茉莉酸甲酯对 UV-B 胁迫下颠茄生物碱积累及 TAs 代谢途径调控的机制探究 [J]. 作物学报, 2020, 46(12): 1 894－1 904.

[41] Wang W T, Zhang J W, Wang D, et al. Relation between light qualities and accumulation of steroidal glycoalkaloids as well as signal molecule in cell in potato tubers [J]. Acta Agronomica Sinica, 2010, 36(4): 629－635.

[42] Nahar N, Westerberg E, Arif U, et al. Transcript profiling of two potato cultivars during glycoalkaloid-inducing treatments shows differential expression of genes in sterol and glycoalkaloid metabolism [J]. Scientific Reports, 2017, 7: 43 268.

[43] Szajko K, Ciekot J, Wasilewicz-Flis I, et al. Transcriptional and proteomic insights into phytotoxic activity of interspecific potato hybrids with low glycoalkaloid contents [J]. BMC Plant Biology, 2021, 21(1): 1－13.

[44] 曹博文. 马铃薯糖苷生物碱及与其它防治手段结合对樱桃番茄保鲜效果的影响 [D]. 呼和浩特: 内蒙古农业大学, 2014.

[45] Lin L T, Choong C Y, Tai C J. Solanine attenuated hepatocarcinoma migration and invasion induced by acetylcholine [J]. Integrative Cancer Therapies, 2020, 19: 1－8.

[46] 苏锟, 刘永琦, 颜春鲁, 等. 马铃薯糖苷生物碱对化疗性静脉炎家兔促炎细胞因子表达的影响 [J]. 甘肃农业大学学报, 2018, 53(6): 19－23, 33.

[47] Yamamoto K, Takahashi K, Caputi L, et al. The complexity of intercellular localisation of alkaloids revealed by single-cell metabolomics [J]. New Phytologist, 2019, 224(2): 848－859.

[48] Bednarz H, Roloff N, Niehaus K. Mass spectrometry imaging of the spatial and temporal localization of alkaloids in nightshades [J]. Journal of Agricultural and Food Chemistry, 2019, 67(49): 13 470－13 477.

[49] Mill J G. Distribution of steroidal glycoalkaloids in reciprocal grafts of *Solanum tuberosum* L. and *Lycopersion esculentum* Mill [J]. Experientia, 1982, 38(4): 460－462.

[50] Yuan B, Byrnes D, Giurleo D, et al. Rapid screening of toxic glycoalkaloids and micronutrients in edible nightshades (*Solanum* spp.) [J]. Journal of Food and Drug Analysis, 2018, 26(2): 751－760.

水分诊断技术的发展及其在马铃薯生产中的应用前景

刘　鹏，樊明寿，贾立国*

（内蒙古农业大学农学院，内蒙古　呼和浩特　010019）

摘　要：利用水分诊断技术，及时准确的监测作物水分状况，科学合理的指导作物生产中的灌溉策略，可大幅度提高作物水分利用效率，降低环境污染风险。基于土壤及植株的2大方面，对作物水分诊断进行了综述，分析其原理、优缺点及其应用现状，并阐述了在马铃薯生产中进行水分诊断的意义及前景，为马铃薯节水和水分高效利用提供理论参考。

关键词：水分；诊断技术；马铃薯

　　水分是马铃薯植株体内含量最高的组分，在参与光合作用以及维持植株正常生理活动中发挥着重要作用[1]。中国马铃薯主要分布在干旱和半干旱的山地丘陵地区，多数地区没有足够的灌溉条件，即便是在有灌溉条件的种植区，也由于水资源缺乏或水利设施不完善等出现短期干旱的现象，从而影响到马铃薯的正常生长发育[2]。尽管当前也有一些节水灌溉技术，但大部分种植者仍然选择把地"浇透"，不但起不到增产效果，而且造成水资源的极大浪费。造成上述情况的主要原因是种植者无法准确及时获知马铃薯是否缺水？应何时灌溉？只能通过经验盲目的灌溉，无法使有限的灌溉水分得到合理的使用，使得马铃薯水分利用率低下。因此，及时准确监测并诊断马铃薯植株的水分状况，对提高马铃薯水分管理水平和水分利用效率具有重要的理论和实践意义。

　　水分诊断是通过对土壤或者作物进行水分状况的直接或间接评价，籍此确定作物体系是否需要补充灌溉以及补灌量，是实现灌溉水分高效利用的重要途径。作物的水分诊断推荐灌溉包括两个方面，一是基于土壤湿度的灌溉量推荐方法，另一种是基于作物本身的灌溉量推荐方法。本文从这2个方面分别总结了水分诊断技术的原理、特点及其发展，重点分析了水分诊断技术在马铃薯生产中的应用意义以及需要解决的研究问题，旨在为马铃薯的水分高效利用提供理论参考。

1　水分诊断方法的原理与应用

1.1　基于土壤指标的作物水分诊断方法

　　对土壤水分状况的判断最初是通过触摸、观察、烘干称重等方式进行[3]，指标主要包括土壤含水量以及土壤水势。通过田间试验确定不同时期作物的最佳灌水量，根据土壤实际含水量与最佳灌水量的差值补充灌水，从而实现对作物的精量灌溉[4]。随着科学技术的进步，通过土壤指标的诊断方法从最初的经验判断发展到目前的中子仪法[5]、时间范畴时

作者简介：刘鹏（1998—），男，硕士研究生，主要从事马铃薯水分管理技术工作。

基金项目：内蒙古重大专项（2020ZD0005，2021ZD0005）；国家自然科学基金（32160511）。

*通信作者：贾立国，副教授，主要从事马铃薯水分及营养生理研究，e-mail：nndjialiguo@163.com。

域反射法[6]、频域反射法(又称 FDR 法)、基于驻波率原理的测量方法(SWR 法)、张力测定法、土壤水分含量遥测法等。虽然目前测量的手段和方法众多,但由于田间土壤结构、质地和容重的变异性以及周围气候环境影响的原因,使得任何一种方法在测定土壤含水量时都还存在一定的误差。

1.2 基于植株指标的水分诊断方法

1.2.1 植株表型诊断法

植物生长过程对水分非常敏感,水分胁迫会造成植物生长缓慢或停止,通过形态变化来判断水分状况是常用的诊断方法。作物缺水的表型主要表现为叶片形态变化,包括叶片萎蔫、叶片方位改变、叶色变化等。干旱胁迫条件下,叶片卷曲是叶片内部水势状况的外部形态表现,能直观地反映作物对土壤水分胁迫的程度[7]。通过植株形态指标可以直观反映植株的水分状态,但是时效性差,无法进行定量化,难以指导精准灌溉。此外,不同作物对水分胁迫的敏感性不同,不同的观察者之间会产生判断的差异,并且单靠经验判断易与其他缺素症状混淆。

1.2.2 植株生理指标诊断法

当植株遭遇水分胁迫时,整个植株中最为敏感的部位是叶片,水分胁迫会导致叶片(相对)含水量降低,叶片水势下降,气孔开度减小甚至关闭,内源激素含量发生变化。因此,净光合速率,气孔导度,蒸腾速率等生理指标的测定,是常用的准确度较高的作物水分监测方法[8]。姚春霞等[9]研究表明水分胁迫使玉米叶水势降低,下降幅度随水分胁迫程度的增加而增大。王纪华等[10]发现当小麦叶片含水量从 75% 下降到 70% 时,小麦叶片光合生理活性发生变化,可为植物水分亏缺诊断提供参考。蔡倩等[11]研究显示玉米生育中期水分胁迫不同程度降低了叶片叶绿素含量、净光合速率、蒸腾速率(Transpiration rate,Tr)、气孔导度,增加了胞间 CO_2 浓度,且下降或增加幅度随着胁迫程度的增加而增大。陈家宙等[12]研究了土壤水分对作物叶片气孔导度(Stomatal conductance,Gs)与蒸腾速率(Tr)的影响,提出将 Gs 和 Gs/Tr 变化相结合作为衡量作物遭遇水分胁迫程度的一个参考指标。金建新等[13]研究脱落酸对马铃薯气孔的调节作用发现,叶片脱落酸(Abscisic acid ABA)在抑制马铃薯蒸腾方面具有直接作用,土壤水分不足时,马铃薯通过机体自适应反馈体系产生 ABA,降低叶片的蒸腾强度,减少了水分流失。基于植株相关指标的作物水分监测方法许多时候需要破坏植株样品,尤其是叶片和植株含水量的测定要采集大量的样本、然后进行烘干和称重等处理,耗时、耗力且时效性差,不利于生产上推广。表 1 是不同作物生理指标的水分监测方法的优缺点比较[14]。

表 1 作物生理指标水分监测方法

监测内容	方法	优点	缺点
叶水势	小液流法	操作简便,无需精密设备	测定结果不精确,测定效率低,处理样品要求较高
	压力室法	试验数据获取快速简便	试验过程繁琐,测量样品外形硬度要求较多
	热电偶湿度计法	测定结果较为准确	试验耗时较长,不适合大范围测量

监测内容	方法	优点	缺点
叶片（相对）含水量	烘干称重法	使用范围广，数据精确	耗时长，操作繁琐
细胞汁液浓度	对比法	原理简单，现象明显	样本多，时效性差，破坏植株结构，难以大范围连续性测定
	折射仪法	使用简便	受环境因素影响大，结果差异性大，无法连续检测
茎秆直径	线性变化传感器	器材简单，操作方便	测试结果具有滞后性，试验准确性较差
	激光直径传感器	精确度高，可连续监测	试验成本高，受外界影响较大，不能进行大范围测量
茎流速率	热脉冲法	原理简单	操作复杂，误差较大，只适用于木本植物
	热比率法	测量低速茎流时准确性较高	测试时间快，伤口恢复影响试验结果并且产生误差
	热平衡法	对测试样本无损害，可连续测定	检测环境要求较高
蒸腾速率	稳态气孔法	监测环境不受人为因素干扰，可连续测定，稳定性较高	试验器材昂贵，只能小范围检测，同时受到外界环境影响较大
	快速称重法	测试操作简便，测试周期短	造成植物结构性破坏，无法连续检测
	半叶称重法	操作简便，无需精密设备，可直接用于大田测定	造成植株破坏，时效性差
光合速率	氧电极法	灵敏度高，操作简单，可连续测定	只能测定离体组织，无法反应自然环境中实际光合速率
	光合仪测定法	测定简单，可进行活体检测	受到植物叶室限制
脱落酸含量	化学检测方法	试验数据具有说服力	操作复杂，且试验准确性低

1.2.3 无损监测技术

基于茎秆指标的水分诊断：作物茎秆直径变化是由其植株本身生长和茎秆内水分状况决定，而短期茎秆直径变化主要是植物蒸腾作用消耗的水分与土壤吸收水分的不平衡所造成的[15]。薛俊华等[16]通过试验发现随着土壤含水量的降低番茄茎直径日变率呈现上升趋势，茎直径变化量能灵敏地反映出植株体内的水分状况。Katerji 等[17]提出利用茎直径最大值 MXSD（Maximum stem diameter）随时间的变化来诊断作物水分状况，当茎直径出现负增长（某一天的茎直径最大值小于前一天的最大值），这一天即为水分胁迫的开始。另有学者认为，可以依据蒸腾作用在植株中造成的上升液流，即茎流来判断水分状况，茎流与蒸腾作用之间存在着密切的关系，当蒸腾速率大于茎液流速时，植株受到不同程度的水分胁迫，可通过测定该指标明确作物的水分状况[18]。通过茎秆直径的变化，可以准确反映出植株含水状况，而且不会对植株组织造成伤害，适合长期自动监测，但是作为一个判别指标，仍缺乏较多的理论支撑以及适宜测定的设备。

基于声发射信号的水分诊断：水分在植物体内主要通过木质部的导管进行运输，目前普遍认为水分运输的内聚力-张力学说可以解释水分向上传输的机理。一般情况下，水在土壤-植株-大气的连续体中运输时处在一定的负压或张力下，当遭遇水分胁迫时，导管水势降低，张力就会增加，当张力超过极限值时，会在导管内形成空穴，这就是植物木质部的空穴现象[19]。木质部出现空穴现象时，会伴有声发射信号产生，该信号可以作为植物水分胁迫的指示指标。但目前该方法的研究基础较为薄弱，且受环境因素影响较大，探射仪器也未臻完善。

基于气象因子估算蒸散量的水分诊断：将影响作物生长的空气温湿度、风速、光照等气象因素作为变量，计算时段内的蒸发量，达到一定阈值时即认为作物缺水[20]。国内外关于估算作物蒸散量的模型与方法很多，如水量平衡法、彭曼综合法[21]、互补相关法[22]、经验公式法、遥感法等。通过这些模型与方法可以得到较准确的作物日蒸散量，但其存在的问题是需要测量和计算的参数较多，模型与方法也比较复杂。并且由于绝大多数公式是计算为长时段、大范围平均蒸发散而设计，难以得到各种下垫面不同水分能量状态供应的计算公式和结果。

基于光谱的作物水分监测技术：每一种物质对不同波长的电磁波的吸收和反射都不同，物质的这种对不同波段光谱的响应特性叫光谱特性[23]。当作物遭遇水分胁迫时，叶片的内部结构(气孔、细胞结构和叶绿素超微结构)、生化组分(叶绿素、水分、氮素、蛋白质和淀粉)和外部形态(叶片颜色、面积、厚度和形态)等会发生一系列变化，从而使得其对应的反射光谱曲线在不同波段呈现出不同的形态和特征[24]。植物水分的光谱诊断便是基于植物的光谱特性来进行的。与传统水分诊断相比，该方法信息获取量更大且更为快速，省时省力。为了明确水分的敏感光谱，中国许多研究者对大豆[25]、棉花[26]、水稻[27]等作物进行了研究，发现水分胁迫时近红外波段冠层反射率降低。国内外的许多研究证明，基于光谱估测作物水分状况是可行的，但是基于光谱的监测方法对天气的要求非常严格，并且设备笨重，价格昂贵，且基于多光谱和高光谱研究的结论不尽一致。

基于温度的作物水分监测技术：冠层温度是农田作物活动层与周围环境进行能量交换的结果，其作为一项重要参数，可用于研究土壤、作物及大气之间的水热交换，并且与水分状况密切相关，是反映作物水分盈亏的有效指标[28]。因此，可以将作物冠层温度数据转化为植株水分信息，利用温度定量分析作物水分胁迫指数，以此评价作物水分情况。该指标能够在作物出现肉眼可视症状前察觉到作物的胁迫，无接触、无损的获取数据，及时、准确、简便的监测植株水分状况[29]。

2 马铃薯生产中水分诊断技术的应用前景

2.1 开展水分诊断的意义

在未来 20 年内，随着中国人口的迅速增长和社会的高速发展，粮食总产量至少需要增加当前的 35% 才能够满足未来人口的基本需要，这个增量中至少有 50% 依靠马铃薯产量的增加[30]，而马铃薯植株生长发育以及获得高产优质块茎的必要前提是合理的水分供应，但中国马铃薯主栽区大都水资源比较短缺，水分是马铃薯高产优质的主要限制因素。因此，提高水分利用效率是目前发展马铃薯产业的必要前提。

在水稻[31]、小麦[32]上的研究表明，通过水分诊断可及时的监测并诊断作物的水分状况，增加灌溉水分与植株需水的匹配程度，大幅度提高水分利用效率。但是关于马铃薯水分诊断的研究相对较少，因此，根据马铃薯植株水分需求以及缺水时的反应，建立起适合马铃薯水分诊断的指标体系，为提高马铃薯水分管理水平奠定基础。

2.2 马铃薯水分诊断亟待解决的问题

2.2.1 诊断方式的选择

诊断方式的选择需要综合考虑可行性、时效性、准确性等多方面要求。传统的诊断方式，受到人力、物力以及环境因素等影响，使作物的水分状况缺乏时效性以及代表性，无法适应现代化农业的发展。针对中国农业发展趋势，选择的诊断方式需要快速准确的反映大面积农田的水分特征。综合分析上述方式，基于冠层温度诊断有望作为马铃薯水分诊断的方法。

2.2.2 冠层温度诊断马铃薯水分状况的可行性分析

基于红外测温技术反映植株水分状况已在多种禾本科和豆科作物上进行研究，且均取得较好的进展[33,34]。而利用冠层温度诊断马铃薯植株水分状况的研究还未见报道。采用冠层温度诊断作物缺水状况的主要原理是：作物会将吸收的太阳辐射转化成热能，使得叶片的温度升高。而作物的蒸腾作用会消耗热量，使叶片的温度降低。当作物处于充足供水水平下，蒸腾量较大散失的热量较多，体温相对较低[35]。但是红外测温计的读数能否与马铃薯植株水分状况相关，必须经过试验检验。虽然在小麦[36]、玉米[37]、大豆等作物表明，冠层温度可以作为监测水分状况的一个指标，但马铃薯的叶片结构与其他作物并不相同，而且生长特性和发育特点也完全不同。因此其他作物上研究结果无法直接在马铃薯上应用。基于上述情况，应利用红外测温计，对不同的土壤供水情况下的马铃薯进行观测与分析，结合植株和土壤的水分含量，研究马铃薯植株水分与冠层温度的关系，将是马铃薯水分诊断亟待解决的问题。

[参 考 文 献]

[1] 门福义，陈尚达.马铃薯对水分的要求 [J].宁夏农业科技，1986(2)：50-51.

[2] 赵鸿，任丽雯，赵福年，等.马铃薯对土壤水分胁迫响应的研究进展 [J].干旱气象，2018,36(4)：537-543.

[3] 吴涛，张荣标，冯友兵.土壤水分含量测定方法研究 [J].农机化研究，2007(12)：213-217.

[4] 贾立国，陈玉珍，苏亚拉其其格，等.灌溉马铃薯水分高效利用途径及其机理 [J].土壤通报，2018,49(1)：226-231.

[5] 王赛宵，李清河，徐军，等.干旱半干旱地区土壤水分测定研究概述 [J].山西农业科学，2010,38(9)：89-92.

[6] 周凌云，陈志雄，李卫民.DTR 法测定土壤含水量的标定研究 [J].土壤学报，2003,40(1)：59-64.

[7] Jongdee B, Fukai S, Cooper M. Leaf water potential and osmotic adjustment as physiological traits to improve drought tolerance in rice [J]. Field Crops Research, 2002,76(2-3)：153-163.

[8] 尹娟，张海军，王顺，等.不同水氮处理对马铃薯光合特性和产量的影响 [J].节水灌溉，2020(6)：8-13.

[9] 姚春霞，张岁岐，燕晓娟.干旱及复水对玉米叶片光合特性的影响 [J].水土保持研究，2012,19(3)：278-283.

[10] 王纪华，赵春江，郭晓维，等.用光谱反射率诊断小麦叶片水分状况的研究 [J].中国农业科学，2001,34(1)：104-107.

[11] 蔡倩，白伟，郑家明，等.水分胁迫对春玉米光合特性及水分利用效率的影响 [J].辽宁农业科学，2021(5)：1-6.

[12] 陈家宙，吕国安，何圆球.土壤水分状况对花生和早稻叶片气体交换的影响 [J].应用生态学报，2005(1)：105-110.

[13] 金建新，李株丹，桂林国.不同滴灌量下马铃薯脱落酸产生及对气孔活动的调节作用 [J/OL].中国农村水利水电：1-6. [2021-06-04]. http://kns.cnki.net/kcms/detail/42.1419.tv.20210603.1043.093.html.

[14] 陆元洲，江朝晖，李想，等.植物水分含量检测综述 [J].中国农学通报，2015,31(9)：168-177.

[15] Namken L N, Bartholic J F, Runkles J R. Monitoring cotton plant stem radius as indication of water stress [J]. Agronomy Journal, 1969,61(6)：891-893.

[16] 薛俊华，罗新兰，李天来，等.温室番茄茎秆直径微变化与土壤含水量的关系 [J].江苏农业科学，2008(2)：119-121.

[17] Katerji N, Tardieu F, Bethenod O. Behavior of maize stem diameter during drying cycles: comparison of two methods for detecting water stress [J]. Crop Science, 1994, 34(1): 165−169.

[18] 仇群伊, 郭向红, 孙西欢, 等. 热技术茎流计测定植物蒸腾耗水的应用 [J]. 节水灌溉, 2013(12): 70−73, 78.

[19] 樊大勇, 谢宗强. 木质部导管空穴化研究中的几个热点问题 [J]. 植物生态学报, 2004(1): 126−132.

[20] 俞嘉庆, 韩霄. 基于水量平衡法测算灌区单位面积灌溉净用水量 [J]. 浙江农业科学, 2020, 61(6): 1 044−1 045, 1 053.

[21] 李波, 王溥泽, 迟道才, 等. 彭曼模型在给定土壤含水率条件下预测玉米腾发量研究 [J]. 沈阳农业大学学报, 2014, 45(6): 719−725.

[22] 刘钰, 彭致功. 区域蒸散发监测与估算方法研究综述 [J]. 中国水利水电科学研究院学报, 2009, 7(2): 256−264.

[23] 薛利红, 罗卫红, 曹卫星, 等. 作物水分和氮素光谱诊断研究进展 [J]. 遥感学报, 2003(1): 73−80.

[24] 王纪华, 李存军, 刘良云, 等. 作物品质遥感监测预报研究进展 [J]. 中国农业科学, 2008(9): 2 633−2 640.

[25] 赵旭婷, 张淑娟, 李斌, 等. 太赫兹光谱技术用于干旱胁迫下大豆冠层含水量检测研究 [J]. 光谱学与光谱分析, 2018, 38(8): 2 350−2 354.

[26] 刘馨月, 王登伟, 黄春燕, 等. 基于荧光参数的棉花盛铃期水分状况高光谱监测 [J]. 新疆农业科学, 2018, 55(7): 1 177−1 185.

[27] 李睿, 宗晨, 娄运生, 等. 不同水分管理和遮阴下水稻株高及成熟期高光谱估算 [J]. 江苏农业科学, 2021, 49(3): 82−90.

[28] Shi C L, Guo J X, Mei X R, et al. Analysis of the factors influencing surface temperature in summer maize field [J]. Scientia Agricultura Sinica, 2006, 39(1): 48−56.

[29] 刘又夫, 周志艳, 田麓弘, 等. 红外热成像技术在农业中的应用 [J]. 农业工程, 2019, 9(11): 102−110.

[30] 贾立国, 石晓华, 秦永林, 等. 内蒙古阴山北麓地区马铃薯产量潜力的估算 [J]. 作物杂志, 2015(1): 109−113.

[31] 彭世彰, 徐俊增, 丁加丽, 等. 节水灌溉条件下水稻叶气温差变化规律与水分亏缺诊断试验研究 [J]. 水利学报, 2006(12): 1 503−1 508.

[32] 史博, 马祖凯, 刘小军, 等. 小麦植株水分状况遥感监测研究进展与展望 [J/OL]. 麦类作物学报: 1−9. [2021−11−24]. http://kns.cnki.net/kcms/detail/61. 1359. S. 20211123. 1131. 020. html.

[33] 黄晓林, 李妍, 李国强. 冠层温度与作物水分状况关系研究进展 [J]. 安徽农业科学, 2009, 37(4): 1 511−1 512, 1 515.

[34] 李永平, 王长发, 赵丽, 等. 不同基因型大豆冠层冷温现象的研究 [J]. 西北农林科技大学学报: 自然科学版, 2007(11): 80−83, 89.

[35] Idso S B, Jackson R D, Pinter P J Jr, et al. Normalizing the stress degree day for environmental variability [J]. Agricultural Meteorology, 1981, 24(1): 45−55.

[36] 王云奇, 高福莉, 李傲, 等. 小麦花后穗部温度变化规律其与产量的关系 [J/OL]. 作物学报: 1−9. [2021−12−20]. http://kns.cnki.net/kcms/detail/11. 1809. S. 20211220. 1404. 004. html.

[37] 张智韬, 于广多, 吴天奎, 等. 基于无人机遥感影像的玉米冠层温度提取及作物水分胁迫监测 [J]. 农业工程学报, 2021, 37(23): 82−89.

马铃薯在土壤重金属污染修复利用中的展望

刘瑞麟[1]，方小婷[1]，马海艳[1]，刘娟娟[1]，郑顺林[1,2]*

(1. 四川农业大学作物生理生态及栽培四川省重点实验室，四川　成都　611130；
2. 农业部薯类作物遗传育种重点实验室/成都久森农业科技有限公司，四川　成都　610500)

摘　要：土壤重金属污染是中国农业发展急需解决的问题，土壤修复的方法包括物理化学、生物修复等，其中植物修复因其成本低且对环境破坏小，在实际生产中常被采用。马铃薯具重金属富集系数高、生长周期短、块茎重金属含量少等特点，现有研究证明马铃薯具有成为修复植物的潜力。文章总结了近几年来马铃薯修复土壤重金属相关进展，提出了将马铃薯用于土壤修复的可行性建议，以期为土壤重金属的修复提供参考意见。

关键词：土壤污染；马铃薯；重金属修复；观光农业；间套作；加工

土壤是地表一层由各种颗粒状矿物质、有机物质、水分、空气、微生物组成的一种极其重要的不可再生资源。目前中国逐渐从经济建设为主转移为高质量发展，土壤的污染不仅影响粮食的产量和质量，作物生长中逐渐积累的有害物质也会从食物链传导到人体内，引发更大的社会安全问题。保护土壤安全是提高中国农业竞争力和农业可持续发展的必然之路。

1　中国土壤污染现状

农田土壤污染关系到农产品安全和农田生态系统的健康[1]。在环保部2005—2013年的调查中显示中国土壤污染的总超标率为16.1%，其中无机污染物占全部超标位点的82.8%[2]；在2020年全国土壤的污染调查表明中国土壤重金属超标率已达到20.1%[3]。污染超标的土地急需采取适当的措施，如土壤修复[4]、改种作物[5]或合适的栽培措施[6]等才能继续进行生产活动。目前进行土壤修复的方法主要分为物理化学法和生物修复法，其各有优缺点，生物修复方法中的植物修复有着成本低、生态环境负担小、大众接受度高等优点[7]，是一种可行性强的土壤修复方法。

2　马铃薯作为修复植物的可行性研究

植物修复指直接利用植物把受污染土地或地下水中的污染物(重金属、有机物等)移除、分解或围堵的过程。随着土壤污染问题逐渐突出，近年来涌现出大量有关马铃薯和土

作者简介：刘瑞麟(1999—)，男，硕士研究生，研究方向为马铃薯大田栽培，重金属。
基金项目：四川省育种攻关配套项目(21ZDYF2178，2021-2025)；四川省育种攻关项目(2021YFYZ0019)；国家现代农业产业技术体系四川薯类创新团队项目(sccxtd-2021-09)。
*　**通信作者**：郑顺林，博士生导师，研究方向为马铃薯优质高产栽培，e-mail：248977311@qq.com。

壤重金属污染治理相关文章。武倩倩[8]通过添加 Pb 和 Cd 来模拟红薯和马铃薯受污染的生长环境，发现马铃薯各组织对 Pb 和 Cd 的吸收能力均随重金属含量的升高而不断增加，在其后续的试验中表明马铃薯具有一定的土壤修复效果，且块茎受污染的程度低，具有较高的经济价值。张瑞瑞等[9]对不同土壤类型马铃薯对 Cd 的富集转运差异研究中也发现在其胁迫下，马铃薯植株较块茎(可食部分)有相对较强的富集和转运能力，块茎中的重金属含量显著少于植株其他部位。赵亚玲[10]的试验证明了马铃薯较芹菜、芥菜、白菜等可食用部分的铅镉富集能力弱，马铃薯的可食用部分相对较安全。张洁等[11]通过体外试验模拟人体器官对马铃薯的吸收和消化，即使部分试验土壤和马铃薯块茎中 Cd 的含量超出国家标准，但在人体健康风险评价中成人和儿童的 HQ 均小于 1.0，证明试验中马铃薯可食部分中 Cd 对人体健康风险较小。

重金属修复植物通常还有以下几个要素：对重金属的忍耐性高、地上部积累高浓度的有害重金属、植株的生长速度快、具有较高的生物量，另外还有发达的根系。马铃薯的适应能力强，对生产要求不高[12]，其生育期较其他粮食作物的生育期短，根系为须根系，能够较大的作用到土壤的耕作层。鄢铮和彭琼[13]试验中，通过对 11 个马铃薯品种进行重金属富集能力差异的测定，发现 Cd 在马铃薯的根茎叶中的富集系数均大于 1，表示其具有较强的富集作用。黄芳等[14]通过在污染地块中种植不同品种马铃薯来观察其对 Cd、Pb 的吸收差异，在 pH 值 5.04 ~ 5.36，土壤 Cd 和 Pb 全量分别为 2.87 ~ 3.57，130.53 ~ 144.57 mg/kg 的背景下进行试验，结果表明其茎叶中的 Cd 含量达到 4.55 ~ 16.58 mg/kg。沈佳怡等[15]在 Cd 污染河道底泥修复植物优选的试验中，在 pH 值 7.02，Cd 含量 1.77 mg/kg 的河道底泥中筛选出的龙葵，其地上部 Cd 含量达到了 6.73 mg/kg，其值小于黄芳等[14]试验中筛选出的部分马铃薯品种。虽然两个试验的基础土壤条件有一些差异，但也能说明马铃薯地上部分重金属的含量能达到一定的标准。

3 建议与展望

3.1 马铃薯重金属修复品种的选育

目前马铃薯重金属相关品种主要是依据各部位重金属含量以及富集系数来筛选，薯肉中富集系数和转移系数低即代表为低吸收、低积累品种[13]。但造成马铃薯重金属含量高最主要的原因是土壤污染，仅栽种块茎低吸收、低积累的品种仍不能解决土壤重金属污染的问题。因此在受污染地区种植马铃薯时除了要考虑品种薯肉对重金属的低吸收、低积累外，还应选择非食器官高富集重金属的品种[16]，再综合考虑生物量来达到最佳修复效果。

3.2 马铃薯重金属修复与观光农业相结合

马铃薯在地上部生物量上较其他修复植物有较大的差距，一是因为试验中为了保证马铃薯块茎的产量必须控制地上部的生长，地上部生长过旺会导致产量的下降。二是在栽培过程中会控制马铃薯的种植密度来保证块茎的产量。崔夏倩[17]试验中得出，用超富集植物治理土壤中轻度重金属污染时，栽培密度越高，单位面积截取的重金属含量越高。马铃薯传播之初是作为观赏植物[18]，随着乡村旅游的发展也出现了将马铃薯作为观赏植物的需求，作为观赏植物时马铃薯栽培对密度的要求较小，能有较大的生物量。不仅如此，周爽[19]试验还表明在一定 Cd 处理下会促进马铃薯的开花。

在一般情况下，污染严重的田地附近的居民难以继续从事农业劳动，将马铃薯作为修复植物与观光农业相结合不仅能充分利用土地，修复土壤重金属污染，还让其蕴涵教育意义，缓解当地的就业压力并促进经济发展。但在选用品种时还要注意除了要具有高富集系数外，还需花期较长、对温度不敏感、有花色等。

3.3　马铃薯与其他重金属修复植物的间套作

单种重金属修复植物只能针对特定的几种重金属进行吸收[20]，但重金属污染通常是复合污染，因此将马铃薯和其他重金属富集植物间套作不仅能提高重金属污染土地的修复效果，还能有较大的生物量，块茎还能有一定的经济价值。目前马铃薯和其他修复植物间作的研究较少，但在其他作物中已有应用，如玉米、小麦[21]。闫仁俊[22]研究中发现玉米和龙葵的间作模式不仅可以保证玉米稳产，还能显著提高修复效率，实现边生产边修复的目的。

将马铃薯作为修复植物种植时还有其他效果。马铃薯种植时一般会起垄处理，起垄时的翻耕可以将深层重金属污染物翻到土壤表层植物根系分布较密集的区域，这样既有利于根系的生长发育又能改变重金属的空间分布，促进植物与重金属的接触，提高修复效果[6]。目前针对重金属修复植物的后处理一般都是收割植株的地上部分，但收获马铃薯块茎时通常会将土壤翻挖，地下部分的根系等也会被带出，这些根系的消除可能也会提高修复的效率。

3.4　土壤修复中马铃薯块茎的处理

中国马铃薯消费结构以食用为主，马铃薯消费按其用途可以具体分为食用、饲用、种用、加工、损耗和其他用途。作为食用方面对重金属含量的要求比较高，马铃薯块茎据食品安全国家标准 Pb 的含量需低于 2.0 mg/kg，Cd 的含量需低于 0.1 mg/kg，但作为饲用时如粗饲料 Pb 的含量只需低于 30 mg/kg，Cd 的含量需低于 1 mg/kg。进行土壤修复时如超出国家安全标准的块茎虽不能作为鲜食产品，但能作为饲料进行处理，但此方法仍然将重金属流入了食物链，需要根据标准严格控制，保证食品安全。

在加工方面，马铃薯淀粉化学改性易发生醚化、酯化、交联、氨基化等反应，对重金属的吸附效果卓越、选择性灵敏且可重复利用[23]，马铃薯块茎进行加工处理后能用于附近地区重金属废水修复，减少环境中重金属的污染，从多种途径修复土壤污染。目前国外也有用马铃薯皮制成的吸附微珠[24]或活性炭[25]等来修复重金属，国内还鲜有研究，以此也可以促进污染地区物质和经济的循环，加速土壤的修复。

[参 考 文 献]

[1]　陈卫平, 杨阳, 谢天, 等. 中国农田土壤重金属污染防治挑战与对策 [J]. 土壤学报, 2018, 55(2): 261-272.

[2]　吴燕飞, 田翠翠, 王梦涵. 土壤重金属污染特征及修复技术评价 [J]. 现代农业科技, 2019(12): 156-157, 162.

[3]　姜娜. 我国土壤重金属污染现状监测及其防治浅析 [J]. 皮革制作与环保科技, 2021, 2(23): 169-171.

[4]　王兴利, 王晨野, 吴晓晨, 等. 重金属污染土壤修复技术研究进展 [J]. 化学与生物工程, 2019, 36(2): 1-7.

[5] 罗志先.常见土壤污染的外部来源及防治途径 [J].河南农业, 2011(11): 17.

[6] 冯子龙, 卢信, 张娜, 等.农艺强化措施用于植物修复重金属污染土壤的研究进展 [J].江苏农业科学, 2017, 45(2): 14−20.

[7] Zhao X, Joo J C, Lee J K, et al. Mathematical estimation of heavy metal accumulations in *Helianthus annuus* L. with a sigmoid heavy metal uptake model [J]. Chemosphere, 2019, 220: 965−973.

[8] 武倩倩.块根、块茎类植物修复土壤铅、镉污染的试验研究 [D].徐州: 中国矿业大学, 2014.

[9] 张瑞瑞, 刘鸿雁, 刘克, 等.不同土壤类型马铃薯对镉的富集转运差异研究 [J].中国马铃薯, 2021, 35(2): 156−163.

[10] 赵亚玲.土壤蔬菜中铅镉污染评价与富集特征研究 [J].蔬菜, 2018(12): 60−64.

[11] 张洁, 刘克, 何雪, 等.不同土壤镉污染下马铃薯的生物可给性及其对人体的健康风险评价 [J].中国马铃薯, 2021, 35(6): 544−553.

[12] 乔冰洁, 杨小华, 吴静, 等.马铃薯−玉米间作模式研究进展 [J].中国马铃薯, 2021, 35(5): 463−468.

[13] 鄢铮, 彭琼.马铃薯对土壤中4种重金属富集能力的差异 [J].中国农学通报, 2020, 36(2): 10−17.

[14] 黄芳, 辜娇峰, 周航, 等.不同马铃薯品种对 Cd、Pb 吸收累积的差异 [J].水土保持学报, 2019, 33(6): 370−376.

[15] 沈佳怡, 藏学轲, 章长松, 等.镉污染河道底泥修复植物优选 [J/OL].上海大学学报: 自然科学版: 1−8. [2022−03−23]. http://kns.cnki.net/kcms/detail/31.1718.N.20211110.1743.002.html.

[16] 林燕.不同马铃薯品种对镉的富集特性研究 [J].福建农业科技, 2017(6): 8−10.

[17] 崔夏倩.几种超富集植物对农田土壤中主要重金属污染去除的技术优化研究 [D].上海: 上海交通大学, 2016.

[18] 刘雪.马铃薯在城市园林绿化中的应用前景 [J].南方农业, 2018, 12(15): 70−71.

[19] 周爽.重金属 Cd 及施肥对马铃薯生长发育的影响 [D].呼和浩特: 内蒙古农业大学, 2012.

[20] 吴勇, 蒋万, 宋勇.土壤镉污染对薯类作物影响的研究进展 [J].中国园艺文摘, 2016, 32(10): 1−6.

[21] Zou J, Song F, Lu Y, et al. Phytoremediation potential of wheat intercropped with different densities of *Sedum plumbizincicola* in soil contaminated with cadmium and zinc [J]. Chemosphere, 2021, 276: 130 223.

[22] 闫仁俊.玉米与超富集植物间作条件下 Cd 富集效应及其机理 [D].北京: 中国农业科学院, 2020.

[23] 张生芳, 刘荣, 高玉清, 等.马铃薯改性淀粉重金属捕集剂 [J].山西化工, 2020, 40(1): 26−27.

[24] Nathan R J, Martin C E, Barr D, et al. Simultaneous removal of heavy metals from drinking water by banana, orange and potato peel beads: a study of biosorption kinetics [J]. Applied Water Science, 2021, 11(7): 1−15.

[25] Osman A I, Blewitt J, Abu−Dahrieh J K, et al. Production and characterisation of activated carbon and carbon nanotubes from potato peel waste and their application in heavy metal removal [J]. Environmental Science and Pollution Research, 2019, 26(36): 37 228−37 241.

碳氮代谢对马铃薯生长发育的影响

刘娟娟[1]，马海艳[1]，秦嘉浩[1]，方小婷[1]，刘瑞麟[1]，郑顺林[1,2]*

(1. 四川农业大学作物生理生态及栽培四川省重点实验室，四川　成都　611130；
2. 农业部薯类作物遗传育种重点实验室/成都久森农业科技有限公司，四川　成都　610500)

摘　要：碳氮代谢是马铃薯生长发育过程中重要的代谢模式，随着中国马铃薯种植面积的逐渐增加，为达到马铃薯稳产、高产的目标，在实际生产中对氮肥的施用量越来越多，导致氮肥利用率降低及环境污染。已有研究表明碳能够促进植物对氮的吸收利用，文章对碳氮代谢的相互关系、对植物生长影响及在马铃薯中的研究和应用进行总结，以期在生产实践中通过碳氮代谢的调节来调控马铃薯生长发育并促进光合作用，同时为提高氮肥利用率、增加产量等提供研究思路。

关键词：碳氮代谢；马铃薯；光合作用；氮肥利用率

随着马铃薯主粮化战略的开展，马铃薯成为中国四大主粮作物之一[1]。马铃薯的产量与氮素营养密切相关[2]，其合理供给及高效利用是马铃薯高产、稳产的重要保障[3]，但中国氮肥利用效率只有30%~35%[4]。有学者提出碳氮比与马铃薯块茎的形成可能有关，其观点从营养角度解释了诱导块茎的形成，但未有明确研究。探究碳氮代谢对马铃薯生长的影响，对提高氮肥利用率，减少化肥的使用有重要意义。

1　碳氮代谢的相互关系

碳氮(CN)代谢是作物正常生长发育和高产的物质基础[5]，与植物生长发育密切相关。碳的代谢过程包括光合作用碳同化、蔗糖和淀粉代谢、碳水化合物的运输和利用。植物生产力很大程度由光合作用的速率和效率共同决定[6]。碳(C)通过光合作用固定在叶片，或以糖的形式转移，或以糖、淀粉、果聚糖的形式暂时储存起来，后在黑暗条件下被重新合成并转移[7,8]；氮(N)代谢包括氮的吸收、运输和同化[9]。N被认为是限制植物生长的重要因素之一[10]，是蛋白质、叶绿素(Chl)、核苷酸和其他物质的重要组成成分，主要以NH_4^+、NO_3^-的无机离子形式被植物吸收[11]，在硝酸还原酶和谷氨酰胺合成酶的作用下合成谷氨酰胺和谷氨酸等氮化物[12]。

C在代谢中主要以蔗糖(Suc)的形式进行，C代谢为N代谢提供碳和能量，还参与启动防御相关基因上调和光合基因表达下调的信号通路[13,14]，N代谢为C代谢提供酶和光合

作者简介：刘娟娟(1997—)，女，硕士研究生，研究方向为马铃薯高产优质高效栽培理论与技术。

基金项目：四川省育种攻关配套项目(21ZDYF2178，2021-2025)；四川省育种攻关项目(2021YFYZ0019)；国家现代农业产业技术体系四川薯类创新团队项目(sccxtd-2021-09)。

*通信作者：郑顺林，博士生导师，研究方向为马铃薯优质高产栽培，e-mail：248977311@qq.com。

色素。三羧酸(TCA)循环将 CN 代谢联系起来：糖酵解产生的有机酸被氧化并以 2-氧戊二酸酯(2-Oxg)的形式输出，这是 NH_4^+ 所必需的同化及氨基酸合成的主要碳骨架，NAD-GDH 触发葡萄糖(Glu)氧化为 2-Oxg，可能进入 TCA 循环；当 2-Oxg 数量有限时，在碳骨架传递中发挥作用[15,16]。2-Oxg 是 TCA 循环的重要酮酸，在氨基酸形成和氮转运中起核心作用[17]。除 2-Oxg 的产生，NADP、ICDH 被认为向细胞质提供 NADPH，是减少 NO_3^- 或其他生物合成途径所必需的[18]。

2 碳氮代谢与植物生长的关系

CN 代谢与干旱、盐胁迫下植物的生长紧密相关，在其胁迫下次生代谢产物发生显著变化，Suc 和 N 可能影响了次生代谢物的总水平[6]，通过改变叶片形态、降低气孔导度[19]、降低叶绿素(Chl)含量、核酮糖-1,5-二磷酸羧化酶/加氧酶(Rubisco)活性等抑制光合作用。气孔导度的下降是光合作用降低的主要原因；叶绿素(Chl)、类胡萝卜素是植物获取光能的关键[20]；Rubisco 是光合作用重要蛋白质。

研究发现 Suc 可以稳定蛋白质，在干旱胁迫下通过形成细胞内玻璃保护细胞，防止细胞破坏，干旱胁迫下植物叶片通过调节更高的蔗糖磷酸盐合酶提高 Suc 浓度[21]。盐胁迫通过降低光合中的 Rubisco 活性诱导光合抑制[19]。在大多数植物中，脯氨酸等氨基酸和 Suc 等可溶性还原糖含量的增加能够提高次生代谢物含量。在 Na^+ 处理下，碳水化合物含量增加，主要是由于 Suc、葡萄糖(Glu)的增加[22]，不仅提供碳和能量、参与启动防御相关基因上调和光合基因表达下调的信号[13]，且允许主动渗透调节[23]来适应胁迫。高 Na^+ 水平还通过干扰氮同化影响植物氮代谢，增加 Glu 代谢酶的活性，降低植物中的氮含量[24]。因此，Suc 和 N 化物影响次生代谢产物，对环境胁迫起调节作用，同时表明 Suc 是一种优势糖，是介导植物逆境生理的关键分子[25]。

有研究发现植物根系 CN 信号传导的 NO_3^- 的吸收代谢受到了氧化磷酸戊糖途径(OPPP)响应碳信号的调节，氧化还原反应参与碳氮信号的传递[26]，表明氧化还原状态在CN 代谢中起着重要作用。调节 NO_3^- 的吸收与通过叶片光合作用产生的糖有关，C 的增加促进了 NO_3^- 的吸收[27]，均强调了 C/N 对 N 代谢的调节有重要意义。

3 碳氮代谢在马铃薯生长发育中相关研究

3.1 碳氮代谢对马铃薯光合作用的影响

Liang 等[28]研究在水稻分离出的黄绿叶突变体净光合速率增加、N 吸收速率降低时，C 代谢产生的能量和物质会以光呼吸的形式补充 N 代谢来保证其正常生长发育。有表明研究低 N 处理下可以通过调节根系和叶片中 CN 代谢的平衡增强作物的光合作用抵抗 N 胁迫[29]，也有研究表明增加 N 会导致对 PS II 的破坏和 CN 同化的降低[30]，高 NO_3^- 的供应增加了大量氨基酸的产生，植物中 1-氨基环丙烷-1-羧酸(可能还有其产物乙烯)的浓度也升高，导致叶片扩张减少，减少了生长组织对光同化物的需求，并导致糖在植物体内积累，进一步导致 2-酮戊二酸水平的降低和叶绿素浓度降低，降低了植物的光合速率[31]；Liang等[32]通过调控 C 代谢、Chl 合成的相关基因，响应光信号提高了叶片净光合速率，促进了碳水化合物的积累。赵竞宇[33]通过增加 CO_2 增加 C/N，随着生育期和 CO_2 浓度的增加，马铃薯净光合速率均显著增加，但气孔导度是在移苗 45 d 后达到最大。

3.2 碳氮代谢对马铃薯养分积累的影响

CN 代谢通过调节体内物质和能量代谢及其分配，在生长发育和抵抗逆境之间保持最佳平衡，显著影响重要农艺性状，如产量、品质、活性成分[34]。研究表明在 N 限制时，叶面代谢物条件有利于大部分 C 同化物进入 Suc 和淀粉，在某些白天时有正常水平的 C 同化物通过回补途径用于氨基酸和蛋白质的合成[35]。耿素祥等[36]表明 N 素的施用影响了烤烟 CN 代谢的协调程度以及元素积累。Ritz 等[37]研究表明只有当土壤中 C 的数量、质量和掺入速度合适时，马铃薯的生物量才会受到影响；王贺东等[38]研究发现生物质炭施显著提高了土壤有机碳和速效钾含量，增加了土壤中的 C/N；赵竞宇[33]试验中还表明随着生育期和 CO_2 浓度的增加，马铃薯株高、叶面积、物质积累等生长特征均有增加。

3.3 碳氮代谢对马铃薯产量的影响

赵竞宇[33]研究表明增加 C/N 能够促进马铃薯块茎的提前形成，提高结薯的数量和产量；王贺东等[38]试验在低剂量生物质炭施用(20 t/hm^2)显著提高马铃薯总产量，较 CK 增加 41.08%，表明生物炭施用通过改善土壤增加块茎的产量；敖孟奇等[39]研究表明，在 $18 \sim 50 \text{ mg/kg}$ 土壤最小 N 含量(Nmin)条件下形成薯块，在 19.94 mg/kg 能提前结薯，而超过范围抑制薯块形成，降低产量，土壤 Nmin 影响土壤 C/N 进而影响马铃薯生长结薯。王迎男[40]研究表明氮的施用量并未改变马铃薯植株体内的 C 含量，且碳含量保持在 40%左右，C/N 与马铃薯块茎的数量、重量均呈显著正相关关系，C/N 的增加会推迟块茎的形成。Davies 等[41]研究表明，C/N 增加，马铃薯块茎更易形成。韩德俊等[42]表明蔗糖影响脱毒薯的膨大率，并且表明 C 影响块茎膨大中贮藏蛋白的积累。

4 小 结

国外研究碳氮代谢对作物生长胁迫的影响较多，表明合适的 C/N 有利于作物抵抗环境胁迫，提高光合作用，实现增产；有研究表明外源改变作物中的 C/N、降低氮肥的使用能够改善土壤环境，增加土壤养分，增加土壤 C/N，提高净光合速率达到增产稳产的目的，但 C/N 对马铃薯生长发育过程中的系统研究较少，CN 代谢对马铃薯的影响具体机制还不清楚，宏观的了解到 C/N 是通过改善光合作用提高马铃薯产量，但在马铃薯实际生产应用、研究中较少，生产中仅靠施用氮肥来实现增产的目的。研究 C/N 是降低无机 N 肥使用，提高马铃薯产量的一个重要突破口，有利于实现产量与土壤环境的双赢，应加大 C/N 对马铃薯的生长发育深入系统的研究，为提高氮肥利用率、实现稳产增产提供理论依据。

[参 考 文 献]

[1] 关明阳.世界马铃薯的生产现状及展望 [J].中国马铃薯,1993,7(2):126-128.

[2] 冯厚平,阳显斌,陈代荣,等.氮肥及不同形态氮对烤烟的影响综述 [J].黑龙江农业科学,2017(3):135-137.

[3] 韦冬萍, 韦剑锋, 熊建文, 等. 马铃薯氮素营养研究进展 [J]. 广东农业科学, 2011, 38(22): 56-60.

[4] 孙传范, 曹卫星, 戴廷波. 土壤—作物系统中氮肥利用率的研究进展 [J]. 土壤, 2001(2): 64-69.

[5] 薛利红, 杨林章, 范小晖. 基于碳氮代谢的水稻氮含量及碳氮比光谱估测 [J]. 作物学报, 2006, 32(3): 430-435.

[6] Cui G, Zhang Y, Zhang W, et al. Response of carbon and nitrogen metabolism and secondary metabolites to drought stress and salt stress in plants [J]. Journal of Plant Biology, 2019, 62(6): 387-399.

[7] McDowell N G, Sevanto S. The mechanisms of carbon starvation: how, when, or does it even occur at all [J]. New Phytologist, 2010, 186(2): 264-266.

[8] Sala A, Piper F, Hoch G. Physiological mechanisms of drought-induced tree mortality are far from being resolved [J]. New Phytologist, 2010, 186(2): 274-281.

[9] Kusano M, Fukushima A, Redestig H, et al. Metabolomic approaches toward understanding nitrogen metabolism in plants [J]. Journal of Experimental Botany, 2011, 62(4): 1 439-1 453.

[10] Percey W J, Mc Minn A, Bose J, et al. Salinity effects on chloroplast PSII performance in glycophytes and halophytes [J]. Functional Plant Biology, 2016, 43(11): 1 003-1 015.

[11] Dai J, Duan L, Dong H. Comparative effect of nitrogen forms on nitrogen uptake and cotton growth under salinity stress [J]. Journal of Plant Nutrition, 2015, 38(10): 1 530-1 543.

[12] Nathawat N S, Kuhad M S, Goswami C L, et al. Nitrogen-metabolizing enzymes: effect of nitrogen sources and saline irrigation [J]. Journal of Plant Nutrition, 2005, 28(6): 1 089-1 101.

[13] Gibson S I. Plant sugar-response pathways. Part of a complex regulatory web [J]. Plant Physiology, 2000, 124(4): 1 532-1 539.

[14] Mhamdi A, Mauve C, Gouia H, et al. Cytosolic NADP-dependent isocitrate dehydrogenase contributes to redox homeostasis and the regulation of pathogen responses in *Arabidopsis* leaves [J]. Plant Cell and Environment, 2010, 33(7): 1 112-1 123.

[15] Nunes-Nesi A, Araujo W L, Obata T, et al. Regulation of the mitochondrial tricarboxylic acid cycle [J]. Current Opinion in Plant Biology, 2013, 16(3): 335-343.

[16] Liu Y, von Wirén N. Ammonium as a signal for physiological and morphological responses in plants [J]. Journal of Experimental Botany, 2017, 68(10): 2 581-2 592.

[17] Zhang D, Liang N, Shi Z, et al. Enhancement of α-ketoglutarate production in *Torulopsis glabrata*: redistribution of carbon flux from pyruvate to α-ketoglutarate [J]. Biotechnology and Bioprocess Engineering, 2009, 14(2): 134-139.

[18] Hodges M. Enzyme redundancy and the importance of 2-oxoglutarate in plant ammonium assimilation [J]. Journal of Experimental Botany, 2002, 53(370): 905-916.

[19] Mittal S, Kumari N, Sharma V. Differential response of salt stress on *Brassica juncea*: photosynthetic performance, pigment, proline, D1 and antioxidant enzymes [J]. Plant Physiology Biochemistry, 2012, 54: 17-26.

[20] Grotewold E. The genetics and biochemistry of floral pigments [J]. Annual Review of Plant Biology, 2006, 57: 761-780.

[21] Zahoor R, Dong H, Abid M, et al. Potassium fertilizer improves drought stress alleviation potential in cotton by enhancing photosynthesis and carbohydrate metabolism [J]. Environmental and Experimental Botany, 2017, 137: 73-83.

[22] Singh M, Kumar J, Singh S, et al. Roles of osmoprotectants in improving salinity and drought tolerance in plants: a review [J]. Reviews in Environmental Science and Bio-technology, 2015, 14(3): 407-426.

[23] Nowicka B, Ciura J, Szymanska R, et al. Improving photosynthesis, plant productivity and abiotic stress tolerance-current trends and future perspectives [J]. Journal of Plant Physiology, 2018, 231: 415-433.

[24] Debouba M, Gouia H, Suzuki A, et al. NaCl stress effects on enzymes involved in nitrogen assimilation pathway in tomato "*Lycopersicon esculentum*" seedlings [J]. Journal of Plant Physiology, 2006, 163(12): 1 247-1 258.

[25] Nemati F, Ghanati F, Gavlighi H A, et al. Fructan dynamics and antioxidant capacity of 4-day-old seedlings of wheat (*Triticum aestivum*) cultivars during drought stress and recovery [J]. Functional Plant Biology, 2018, 45(10): 1 000-1 008.

[26] Chaput V, Martin A, Lejay L. Redox metabolism: the hidden player in carbon and nitrogen signaling? [J]. Journal of Experimental Botany, 2020, 71(13): 3 816-3 826.

[27] Lejay L, Tillard P, Lepetit M, et al. Molecular and functional regulation of two NO_3^- uptake systems by N^- and C^- status of *Arabidopsis* plants [J]. The Plant Journal, 2010, 18(5): 509−519.

[28] Liang Y, Wang J, Zeng F, et al. Photorespiration regulates carbon−nitrogen metabolism by magnesium chelatase D subunit in rice [J]. Journal of Agricultural and Food Chemistry, 2021, 69(1): 112−125.

[29] Wen S, Liu B, Long S, et al. Low nitrogen level improves low−light tolerance in tall fescue by regulating carbon and nitrogen metabolism [J]. Environmental and Experimental Botany, 2022, 194: 104 749.

[30] Liu B, Lei C, Liu W. Nitrogen addition exacerbates the negative effects of low temperature stress on carbon and nitrogen metabolism in moss [J]. Frontiers in Plant Science, 2017, 8: 1 328−1 342.

[31] Saiz−Fernández I, De Diego N, Brzobohat B, et al. The imbalance between C and N metabolism during high nitrate supply inhibits photosynthesis and overall growth in maize (*Zea mays* L.) [J]. Plant Physiology and Biochemistry, 2017, 120: 213−222.

[32] Liang J, Zhang S, Yu W, et al. *PpSnRK1α* overexpression alters the response to light and affects photosynthesis and carbon metabolism in tomato [J]. Physiologia Plantarum, 2021, 173(4): 1 808−1 823.

[33] 赵竞宇. 不同供碳水平对马铃薯植株生长发育和块茎形成的影响 [D]. 呼和浩特: 内蒙古农业大学, 2017.

[34] 佚名. 植物碳氮代谢与性状改良 [J]. 中国科学院院刊, 2016, 31(s1): 41−42.

[35] Robinson J M. Leaflet photosynthesis rate and carbon metabolite accumulation patterns in nitrogen−limited, vegetative soybean plants [J]. Photosynthesis Research, 1996, 50(2): 133−148.

[36] 耿素祥, 王树会, 刘卫群. 不同施氮条件对烤烟打顶前后代谢及物质积累的影响 [J]. 中国生态农业学报, 2011, 19(6): 1 250−1 254.

[37] Ritz K, Griffiths B S, Wheatley R E. Soil microbial biomass and activity under a potato crop fertilised with N with and without C [J]. Biology and Fertility of Soils, 1992, 12(4): 265−271.

[38] 王贺东, 吕泽先, 刘成, 等. 生物质炭施用对马铃薯产量和品质的影响 [J]. 土壤, 2017, 49(5): 888−892.

[39] 敖孟奇, 秦永林, 陈杨, 等. 农田土壤 Nmin 对马铃薯块茎形成的影响 [J]. 中国马铃薯, 2013, 27(5): 302−305.

[40] 王迎男. 不同氮素供应水平对马铃薯植株碳氮比及块茎形成的影响 [D]. 呼和浩特: 内蒙古农业大学, 2017.

[41] Davies G, Kiflawi I, Sittas G, et al. The effects of carbon and nitrogen isotopes on the 'N3' optical transition in diamond [J]. Journal of Physics Condensed Matter, 1997, 9(19): 3 871−3 879.

[42] 韩德俊, 陈耀锋, 王亚娟, 等. 水杨酸和不同糖浓度对马铃薯试管微薯形成与生长的影响研究 [J]. 西北植物学报, 1999(6): 92−96.

脱毒马铃薯原原种网棚生产研究进展

武新娟*，唐　贵，张　磊，张冬雪，隋冬华，

高佳缘，张莉莉，马　骁，宋鹏慧，张　鹍

（黑龙江省农业科学院乡村振兴科技研究所，黑龙江　哈尔滨　150023）

摘　要：通过网棚种植脱毒苗获得原原种是马铃薯种薯生产的主要途径之一。文章阐述了中国防虫网棚脱毒马铃薯的生产现状，总结搭建防虫网棚的基本要求，对栽培基质、扦插密度、水肥管理和病虫害防治4个农艺栽培措施的研究进行汇总，并提出存在问题及建议，为从事马铃薯脱毒原原种的科研及生产工作者提供理论参考。

关键词：原原种；网棚；生产；建议

马铃薯既是中国主要粮食作物，又是重要的饲料和工业原料作物，具有较高的经济效益。但由于马铃薯品种退化、病害严重和单产不高，导致马铃薯产业发展受限[1]。近年来通过培育脱毒种薯，建立良种繁育体系，有效地减缓了马铃薯产业发展的制约因素。黑龙江省气候冷凉、昼夜温差大和大风天气多，缩短了蚜虫迁飞期，降低了植株病毒感染率，且降雨适中、土壤肥沃、有效积温及日照时数均非常适宜马铃薯的生长发育，所以成为全国马铃薯重要种薯和商品薯生产基地[2]。

马铃薯原原种是用脱毒苗在容器内生产的试管薯和在防虫网、温室条件下生产的符合质量标准的微型薯[3]。1973年黑龙江省农业科学院马铃薯研究所率先在全国开展了通过茎尖组织培养脱除马铃薯病毒和脱毒种薯生产技术的研究工作，从此拉开了黑龙江省马铃薯脱毒种薯生产的序幕，并为全国各地培育了大量的脱毒种薯生产的技术人才[4]。

1　防虫网棚脱毒马铃薯生产现状

利用防虫网棚生产微型薯一直是马铃薯原原种生产的主要途径之一。防虫网是脱毒马铃薯生产中一项非常有效的物理防治技术[5]，防虫网棚可以有效的预防病虫害，特别是蚜虫，切断了许多病害的虫媒传播；可以起到控温控湿作用，一层白色或黑色网纱可以调节大棚内的气温和土温，并在雨天阻挡部分雨水的落入，晴天降低水分的蒸发；可以遮挡阳光，夏季阳光照射强度大，棚面上的黑色遮阳网可以避免阳光强烈的直射，降低光强[6]。

中国马铃薯脱毒种薯的利用率较欧美等发达国家低，原因有很多，如种薯质量监管不到位、农户执行意识不强、脱毒种薯品种单一、脱毒种薯生产与需求信息衔接差等，其中

作者简介：武新娟（1981—），女，硕士，助理研究员，主要从事马铃薯育种与栽培技术研究工作。

基金项目：黑龙江省农业科学院"农业科技创新跨越工程"专项（HNK2019CX07）。

*通信作者：武新娟，e-mail：wuxinjuan01@sina.com。

脱毒种薯供应不足是一个重要原因，所以提高脱毒种薯配套栽培技术的应用，选择适宜的农艺栽培措施，提高种薯单位面积合格薯产量是中国脱毒马铃薯生产过程中的核心问题。目前，中国马铃薯脱毒种薯的生产方式主要有3种：基质栽培、网棚大田起垄栽培和气雾栽培，网棚大田起垄栽培方式主要在黑龙江、内蒙古等高纬度、高海拔地区应用[7]。

2 防虫网棚的建设

一般防虫网棚主体采用钢筋骨架设计，面积 667 m² 左右，需要充足空间和稳定的结构，并配备网纱、遮阳网、喷淋系统、电机井或者储水设备等生产必需品。李彩霞[8]报道突出强调，防虫网棚的建设需要满足机械化或半机械化操作和生产，对风压、雪压、跨度、棚长、中高、肩高、网棚形状以及网纱网孔的大小都有一定要求；许娟妮等[9]在脱毒马铃薯原种网棚栽培技术初探中提到，防虫网要选择 40~60 目的优质网，无裂口、破洞，进出口位置设双层网防护并加缝防锈拉链。另外防虫网的搭建需要在播种前 1~2 个月进行，棚面拉紧，保持平整，四周要用土密封固定[10-12]。

3 农艺措施的相关研究

3.1 栽培基质

用于脱毒马铃薯原原种生产的基质主要有珍珠岩、蛭石、草炭土、椰糠、牛粪、羊粪、碎木屑、灰渣、松针土、菌渣、谷壳等。在实际的生产中由于生产条件限制或经济效益影响，一般会选择 1 种、2 种或多种基质混合使用。目前，国内不同栽培基质对脱毒马铃薯生长发育及产量效益方面的研究很多，如阳新月等[13]采用盆栽试验研究特制有机基质、玉米秸秆、椰糠 3 种不同基质改良黏性紫色土对马铃薯产量和经济效益的影响，结果表明采用紫色土中掺入 60% 的玉米秸秆处理最佳；王雪洁等[14]采用 13 种不同配比的基质进行原原种繁育对比试验，结果表明椰糠：蛭石：河沙体积比为 2：1：1 配制的基质最适合脱毒马铃薯原原种繁育；江应红等[15]选用 6 种不同配比基质进行脱毒马铃薯试管苗扦插生长试验，结果表明黄沙与牛粪体积比 2：1 处理的马铃薯生长表现均优于其他处理；李爽等[16]研究玉米秸秆、蛭石、草炭不同基质配比对马铃薯脱毒种薯生产的影响，结果表明玉米秸秆：草炭：蛭石 = 25：25：50（体积比）的基质配比效果较好。栽培基质种类不仅影响微型薯产量，还对病害防治有一定的作用，如赵萍等[17]研究发现糠醛渣可有效抑制马铃薯疮痂病的发生。

3.2 扦插密度

扦插密度是脱毒原原种高产高效栽培技术体系中的一个关键环节。合理的扦插密度有利于马铃薯生长资源更好的分配，不同密度对植株生长压力影响不同，密度合理能够提高光能、空间利用率，充分利用生产力，促进单株发展良好，可以协调单株产量和基础产量。王朝海等[18]通过不同密度对比试验后，建议在网棚内生产微型薯，采用密度 6 cm × 5 cm 进行扦插；谭体琼等[19]研究结论为网棚繁育微型种薯的最佳扦插密度为 5 cm × 5 cm；王越等[20]研究"希森 6 号"脱毒微型薯生产的最佳扦插株行距为 5 cm × 6 cm；董玲等[21]研究"费乌瑞它"脱毒微型薯生产的最佳扦插株行距为 5 cm × 7 cm。

3.3 水肥管理

网棚脱毒马铃薯生产中需根据天气情况适量浇水，一般在现蕾期、盛花期和终花期各浇水一次，且收获前 20 d 左右停止浇水。另外生产中对于养分要求也很严苛，网棚微型薯的种植中，基质中容易缺乏马铃薯生长的必需营养元素，必须加以补充，才能满足其正常生长需求[22]。氮磷钾是马铃薯生长周期中必需且非常重要的大量营养元素，尤其钾肥，应适当增施，生育前期增施钾肥，可以提高抗逆性、保持植株活力、增强光合能力；生育中期增施钾肥，可促进块茎膨大、光合产物运输、淀粉合成等[23]。

3.4 病虫害防治

防虫网棚繁育微型薯本身就可以有效预防病虫害，特别是蚜虫。生产中可以利用黄色粘虫板法预防马铃薯害虫，如石玉侠[24]利用粘虫板对粉虱、蚜虫等成虫进行诱杀，取得较好效果；栋文琴等[25]在蚜虫、潜叶蝇成虫发生期，田间插黄色粘虫板诱杀有翅蚜、潜叶蝇等成虫。因大多数网棚基质考虑经济效益会选择大田土与特殊基质混合使用，这样棚内原土便成为疮痂病病害的主要来源，所以对基质进行消毒处理可以有效预防疮痂病。邹盘龙等[26]研究发现 0.2% 甲醛水溶液消毒处理感染疮痂病病原菌的基质，对马铃薯原原种扩繁中疮痂病病害的防治效果最佳；梁宏杰等[27]通过药效试验明确 98% 棉隆可以作为马铃薯原原种生产土壤或基质消毒剂使用，可有效防除马铃薯疮痂病，推荐使用剂量为 45 g/m^2；龙国等[28]通过对连作的松针土基质进行熏蒸消毒试验，结果表明用敌克松 25 g + 杀毒矾 25 g + 多菌灵 25 g + 辛硫磷 37 g，再加上 60 g 硫磺粉进行熏蒸消毒可有效预防网棚原原种生产中的疮痂病发生。

脱毒马铃薯原原种网棚生产中的主要病害为早疫病和晚疫病，防治方法有化学药剂、农业管理模式、生物防治等，其中化学药剂防治为常规手段。防治药剂主要有铜制剂、波尔多液、代森锰锌、百菌清等保护性杀菌剂和吗啉类、啶酰菌胺、戊唑醇、苯醚甲环唑、嘧菌酯等内吸性杀菌剂。诸多研究已用实践验证了药剂的防治效果，如徐小虎[29]进行了几种杀菌剂对马铃薯早疫病的田间防效试验，结果为 20% 烯肟菌胺·戊唑醇悬浮剂防效最好；白鑫等[30]在防虫网棚内进行药剂防治晚疫病效果试验，结果表明 50% 烯酰吗啉的防治效果最好，其次是 75% 代森锰锌；王云龙等[31]的研究发现晚疫病害发展后期，可选择双炔酰菌胺、氰霜唑和霜霉威 + 氟吡菌胺进行防治，效果较好。

4 存在的问题及建议

马铃薯原原种质量的好坏，直接影响着生产用脱毒种薯的质量。将脱毒苗在网棚定植，严格控制病毒再侵染的栽培管理，生产出高质量的脱毒原原种的过程，是由繁苗阶段转入繁薯阶段的重要环节，也是马铃薯脱毒种薯繁育体系的一个关键性技术环节[32]。

当前中国网棚生产脱毒原原种技术已经基本成熟，但仍然存在问题，在今后网棚脱毒马铃薯原原种的生产研究中，应更加细化深入，重视不同品种配套栽培技术的研究，不同基质类型水肥管理的研究，不同地区病虫害针对性防治研究。针对于网棚起垄栽培技术和基质高密度生产技术中土壤无法轮作、生产成本过高、种薯规格偏小的问题，探讨解决办法，以期达到马铃薯原原种成本大幅降低和产量大幅增高的目的，从而加快中国马铃薯脱毒种薯产业化进程。

参 考 文 献

[1] 和习琼, 王菊英, 和光宇, 等. 马铃薯脱毒试管苗不同种植密度生产原原种试验 [C]//屈冬玉, 陈伊里. 马铃薯产业与中国式主食. 哈尔滨: 哈尔滨地图出版社, 2016: 288-291.

[2] 张莹莹. 黑龙江省马铃薯脱毒种薯繁育发展中存在的问题和原因及对策 [J]. 农业科技通讯, 2017(6): 4-5, 9.

[3] 马静, 孙慧, 杨茹薇, 等. 脱毒马铃薯原原种网室高产栽培技术 [J]. 农村科技, 2016(11): 11-12.

[4] 刘卫平. 黑龙江省马铃薯脱毒种薯繁育发展现状与对策研究 [D]. 北京: 中国农业科学院, 2013.

[5] 白凤虎. 防虫网在设施蔬菜生产中的应用技术要点 [J]. 河北农业, 2021(2): 56.

[6] 阎卫红. 防虫网在蔬菜生产上的应用 [J]. 现代园艺, 2019(15): 189-190.

[7] 张丽莉, 甘珊, 王堡槐, 等. 黑龙江省马铃薯脱毒种薯生产现状、存在问题及对策 [C]//金黎平, 吕文河. 马铃薯产业与绿色发展. 哈尔滨: 黑龙江科学技术出版社, 2021: 77-80.

[8] 李彩霞. 庄浪县马铃薯脱毒种薯网棚芽栽繁殖技术 [J]. 农业开发与装备, 2014(5): 113-114.

[9] 许娟妮, 刘正玉, 斯年, 等. 西藏脱毒马铃薯原种网棚栽培技术初探 [J]. 西藏农业科技, 2012, 34(2): 22-23.

[10] 伏艳春. 早熟马铃薯脱毒微型薯网棚扩繁原种高产栽培技术 [J]. 中国种业, 2017(6): 81-83.

[11] 方子山, 张国志. 脱毒马铃薯原种网棚扩繁栽培技术 [J]. 杂粮作物, 2009, 29(6): 395-396.

[12] 苏小龙. 脱毒马铃薯原种网棚繁育技术 [J]. 甘肃农业科技, 2010(9): 47-48.

[13] 阳新月, 杨毅, 林茜, 等. 不同栽培基质对马铃薯产量的影响 [J]. 中国马铃薯, 2021, 35(6): 529-537.

[14] 王雪洁, 郝永丽, 胡海波, 等. 不同基质配比对脱毒马铃薯原原种繁育的影响 [J]. 耕作与栽培, 2021, 41(1): 38-40.

[15] 江应红, 冯怀章, 孙慧, 等. 不同基质对马铃薯原原种生长发育及产量的影响 [J]. 农村科技, 2018(4): 9-10.

[16] 李爽, 张婧颖, 侯杰, 等. 不同基质配比对马铃薯微型薯产量的影响 [J]. 长江蔬菜, 2015(10): 24-26.

[17] 赵萍, 岳新丽, 康胜. 采用不同基质防治马铃薯微型薯疮痂病的试验 [J]. 中国马铃薯, 2012, 26(1): 43-45.

[18] 王朝海, 王朝贵, 周平. 喀斯特温和气候区马铃薯脱毒苗不同扦插密度研究 [J]. 安徽农业科学, 2012, 40(4): 2 020-2 021.

[19] 谭体琼, 唐虹, 赵佐敏, 等. 马铃薯脱毒试管苗扦插方式对生产微型薯的影响 [J]. 中国园艺文摘, 2013, 29(11): 17-18, 99.

[20] 王越, 张晓萌, 张志凯, 等. 基质类型、扦插密度及日期对"希森 6 号"微型薯生产的影响[C]//金黎平, 吕文河. 马铃薯产业与绿色发展. 哈尔滨: 黑龙江科学技术出版社, 2021: 232-236.

[21] 董玲, 廖华俊, 陈静娴, 等. 脱毒马铃薯微型薯产量影响因素的研究 [J]. 安徽农业科学, 2002(6): 839-846.

[22] 袁安明, 张小静. 氮磷钾配比对马铃薯脱毒微型薯生长和产量的影响 [J]. 中国马铃薯, 2012, 26(4): 225-227.

[23] 桑婷婷, 潘丹, 郭志平. 钾肥对脱毒马铃薯产量及相关生理指标的贡献 [J]. 丽水学院学报, 2011, 33(5): 27-30.

[24] 石玉侠. 冀北坝上冷凉地区马铃薯病虫害绿色防控技术 [J]. 现代农业科技, 2015(12): 140, 143.

[25] 栋文琴, 字雨欣, 邢海波, 等. 冬马铃薯主要病虫害绿色防控措施 [J]. 云南农业, 2017(1): 39-41.

[26] 邹盘龙, 黄永, 柳福刁, 等. 基质消毒对马铃薯原种繁育中疮痂病的防治研究 [J]. 农村实用技术, 2019(8): 22-23, 25.

[27] 梁宏杰, 吕和平, 高彦萍. 98%棉隆在马铃薯原原种生产中对疮痂病的防治效果 [J]. 农药, 2021, 60(2): 150-153.

[28] 龙国, 张绍荣, 曹曦, 等. 基质消毒对脱毒马铃薯原原种生产中疮痂病的防效 [J]. 贵州农业科学, 2010, 38(11): 137-139.

[29] 徐小虎. 几种杀菌剂对马铃薯早疫病的田间防效 [C]//屈冬玉, 金黎平, 陈伊里. 马铃薯产业与健康消费. 哈尔滨: 黑龙江科学技术出版社, 2019: 399-402.

[30] 白鑫, 何小明, 田志强. 天水市脱毒马铃薯繁育基地晚疫病防治试验 [J]. 中国马铃薯, 2014, 28(5): 306-310.

[31] 王云龙, 闵凡祥, 高云飞, 等. 10种药剂处理对马铃薯晚疫病的防治效果分析 [J]. 中国马铃薯, 2014, 28(2): 94-99.

[32] 李文英. 网棚马铃薯脱毒原原种生产技术 [J]. 内蒙古农业科技, 2007(1): 102-103.

遗 传 育 种

马铃薯优质多抗种质资源的收集鉴定与评价

刘红霞，徐珊珊，郑德春，王世范*

（吉林市农业科学院，吉林　吉林　132101）

摘　要：为拓宽吉林省马铃薯育种资源的遗传背景，丰富育种亲本材料的遗传多样性，逐步解决育种资源不足及遗传背景狭窄等问题，筛选适宜该地区种植的马铃薯品种(系)，本研究引进国内外26份马铃薯种质资源开展田间鉴定筛选评价。以田间表型鉴定为依据，结合马铃薯种质资源植物学特征和生物学特性数据表现，品质性状检测和田间抗病性鉴定结果进行综合评价。筛选出早熟材料2份，高产材料1份，高淀粉材料4份，高干物质低还原糖材料1份，抗晚疫病材料5份，高蛋白材料2份，维生素C含量相对较高的材料2份，其中几份材料同时兼有几个优良性状。

关键词：马铃薯；种质资源；优质多抗；收集；鉴定；评价

马铃薯是茄科一年生草本植物，适应性强，营养丰富，从N 71°至S 40°的绝大多数国家都有栽培[1]。为了适应不同地区马铃薯消费习惯及产业发展，要有针对性地开展马铃薯品种选育研究[2]。而种质资源是育种的初始材料，种质资源的搜集、保存和利用，对选育优质、多抗、新品种具有重要意义[3]。目前吉林省马铃薯种植品种存在遗传背景狭窄、抗病性弱、品质差，特别是高淀粉品种缺乏等问题，难以满足主粮化和市场多元化的需求[4]。因此，开展种质资源研究和新品种选育对吉林省马铃薯产业的发展有着举足轻重的作用。当前，很多发达国家已经把选育具有更高营养价值的马铃薯品种作为重要的育种目标，要想选育出具有更高营养价值的马铃薯品种，就必须对马铃薯资源进行评价鉴定[5]。本试验广泛收集引进马铃薯种质资源，有针对性的开展马铃薯遗传基础研究，对拓宽育种资源的遗传背景，缓解资源不足有一定促进作用。

1　材料与方法

1.1　试验材料与地点

供试材料26份，从中国南方马铃薯研究中心(湖北恩施州农业科学院)、定西市农业科学研究院、黑龙江省农业科学院、天津市农作物研究所、延边朝鲜族自治州农业科学院、吉林省蔬菜花卉科学研究院、吉林省雁鸣湖种业有限责任公司等研究单位引进。于2020年在吉林市农业科学院试验地开展。

1.2　试验田间设计

随机区组排列，3次重复；小区面积15.6 m²，行长6 m，垄距65 cm，株距30 cm，4

作者简介：刘红霞(1972—)，女，高级农艺师，研究方向为马铃薯育种与栽培。

基金项目：吉林市科技创新发展计划项目(20200104091)。

*通信作者：王世范，研究员，研究方向为马铃薯育种与栽培，e-mail：Chinawaf@163.com。

行区，每小区播种 80 株；区组内小区间不留作业道，重复间留 80 cm 作业道，试验地周边保护行 2 行。

1.3 田间管理

播前催芽处理，按当地生态条件、栽培条件，选择晴天，适时播种；施复合肥(N：P：K = 12：15：18)60 kg/667 m² 作基肥，出苗后及时中耕除草，保持土壤疏松，适时培土、灌溉、施肥、防治虫害，不防治病害。栽培管理措施必须一致，且同一管理措施在同1 d 内完成，以控制试验误差。

1.4 测定记载项目及方法

在生育期对各项指标进行调查，收获时对其产量性状进行测定，收获后对品质性状指标进行测定。物候期包括出苗期、现蕾期、开花期、成熟期、收获期、生育期。植株性状包括株高、茎粗、主茎数、茎色、叶色、花冠色、花冠大小、花繁茂性、花粉量、结实性；块茎性状包括薯形、薯皮类型、芽眼深浅、薯皮色、薯肉色。经济性状包括单株薯数、单株薯质量、单株大薯数、单株大薯质量、产量、大小薯率(商品薯率)。块茎用电子秤称量。淀粉含量测定依据 NY/T11—1985[6]，干物质含量依据 GB 5009.3—2016[7]，还原糖含量测定仪及测定依据 GB 5009.7—2016[8]，蛋白质依据 GB 5009.5—2016[9] 和考马斯亮蓝法、维生素 C 依据 GB 5009.86—2016[10]，采用 2,6-二氯靛酚滴定法。

2 结果与分析

2.1 物候期

由表 1 可以看出 26 份马铃薯品种(系)的物候期。其中早熟种质资源 2 份，分别为"龙薯 16 号"和"富金"，生育期分别为 74 和 75 d，出苗时间 29~30 d，现蕾在 6 月 20 日，开花期在 6 月 27 和 30 日。中熟到中晚熟品种 24 份。

表 1 参试品种物候期

序号	品种	播种期 (D/M)	出苗期 (D/M)	现蕾期 (D/M)	开花期 (D/M)	成熟期 (D/M)	收获期 (D/M)	生育期 (d)
1	龙薯 3 号	04/05	31/05	21/06	30/06	29/08	20/09	90
2	龙薯 8 号	04/05	30/05	18/06	25/06	25/08	20/09	87
3	龙薯 16 号	04/05	02/06	20/06	27/06	15/08	20/09	74
4	克新 13 号	04/05	31/05	23/06	29/06	22/08	20/09	83
5	克新 19 号	04/05	31/05	20/06	02/07	20/08	20/09	81
6	克新 32 号	04/05	03/06	20/06	27/06	20/08	20/09	78
7	东农 312	04/05	30/05	22/06	30/06	31/08	20/09	93
8	东农 316	04/05	31/05	22/06	29/06	30/08	20/09	91
9	冀张薯 10 号	04/05	31/05	25/06	05/07	30/08	20/09	91
10	冀张薯 12 号	04/05	31/05	19/06	27/06	28/08	20/09	89
11	白俄罗斯 8 号	04/05	02/06	25/06	04/07	26/08	20/09	85

续表 1

序号	品种	播种期 （D/M）	出苗期 （D/M）	现蕾期 （D/M）	开花期 （D/M）	成熟期 （D/M）	收获期 （D/M）	生育期 （d）
12	白俄罗斯 14 号	04/05	01/06	23/06	30/06	08/09	20/09	99
13	富金	04/05	03/06	20/06	30/06	18/08	20/09	75
14	早大白	04/05	31/05	11/06	24/06	23/08	20/09	84
15	乌 7	04/05	30/05	15/06	27/06	28/08	20/09	90
16	春薯 12 号	04/05	31/05	21/06	01/07	05/09	20/09	98
17	春薯 11 号	04/05	30/05	22/06	03/07	04/09	20/09	97
18	延薯 13 号	04/05	30/05	20/06	28/06	26/08	20/09	87
19	延薯 14 号	04/05	31/05	25/06	02/07	28/08	20/09	90
20	希森 6 号	04/05	31/05	27/06	04/07	29/08	20/09	91
21	V7	04/05	30/05	20/06	28/06	31/08	20/09	93
22	冀张薯 8 号	04/05	31/05	20/06	28/06	05/09	20/09	95
23	冀张薯 22 号	04/05	02/06	20/06	27/06	04/09	20/09	94
24	雪川 1 号	04/05	30/05	18/06	25/06	02/09	20/09	95
25	陇薯 7 号	04/05	02/06	20/06	27/06	05/09	20/09	95
26	陇薯 11 号	04/05	31/05	21/06	30/06	03/09	20/09	94

2.2 田间植株形态表现

由表 2 可见，本试验中引进的资源的植株均为直立型，茎色大多数为绿色，其中有 2 份材料绿带褐色分别为"龙薯 3 号"和"龙薯 8 号"。叶色多数为绿色，其中 3 份材料为深绿，分别为"龙薯 16 号""富金""V7"，7 份材料为浅绿分别为"龙薯 3 号""克新 19 号""克新 32 号""春薯 11 号""延薯 13 号""延薯 14 号""希森 6 号"。

表 2　参试品种植株形态特征

序号	品种	株型	茎色	叶色	花冠色	花粉量	花繁茂性
1	龙薯 3 号	直立	绿带褐	浅绿	紫	中	中
2	龙薯 8 号	直立	绿带褐	绿	浅紫	中	繁茂
3	龙薯 16 号	直立	绿	深绿	紫	中	中
4	克新 13 号	直立	绿	绿	白	中	繁茂
5	克新 19 号	直立	绿	浅绿	紫	中	少
6	克新 32 号	直立	绿	浅绿	紫	中	繁茂
7	东农 312	直立	绿	绿	白	中	少
8	东农 316	直立	绿	绿	白	中	繁茂
9	冀张薯 10 号	直立	绿	绿	白	中	少
10	冀张薯 12 号	直立	绿	绿	紫	中	繁茂

序号	品种	株型	茎色	叶色	花冠色	花粉量	花繁茂性
11	白俄罗斯 8 号	直立	绿	绿	白	中	少
12	白俄罗斯 14 号	直立	绿	绿	白	中	繁茂
13	富金	直立	绿	深绿	白	少	中
14	早大白	直立	绿	绿	白	多	繁茂
15	乌 7	直立	绿	绿	白	少	少
16	春薯 12 号	直立	绿	绿	白	少	繁茂
17	春薯 11 号	直立	绿	浅绿	白	少	繁茂
18	延薯 13 号	直立	绿	浅绿	白	少	繁茂
19	延薯 14 号	直立	绿	浅绿	白	中	繁茂
20	希森 6 号	直立	浅绿	浅绿	白	少	繁茂
21	V7	直立	绿	深绿	浅紫	中	中
22	冀张薯 8 号	直立	绿	绿	白	中	中
23	冀张薯 22 号	直立	绿	绿	白	少	中
24	雪川 1 号	直立	绿	绿	白	中	中
25	陇薯 7 号	直立	绿	绿	白	中	繁茂
26	陇薯 11 号	直立	绿	绿	白	中	中

由表 2 可知，在引进的 26 份马铃薯资源材料中花冠色为白色、紫色或浅紫色，其中紫色和浅紫色共计 7 份，其余为白色。花粉中量居多，花由少到繁茂，繁茂居多，其中花少的有 5 份，分别为"克新 19 号""乌 7""白俄罗斯 8 号""冀张薯 10 号""东农 312"。

由表 3 可知，试验引进资源花冠形状为近五边形、星形和近圆形。其中大多数为近五边形，星形 4 份，近圆形 1 份，为"龙薯 16 号"，花冠均为中到大。

由表 3 可见，在试验引进资源中多数材料在吉林省表现结实性能较弱，能结实的有 10 份材料。部分品种表现出结实性强，分别为"龙薯 8 号""克新 32 号""东农 316""早大白"。试验引进资源在吉林省表现株高集中在 44.8 ~ 87.0 cm，60.0 cm 左右居多，茎粗在 0.53 ~ 1.73 cm，主茎数在 1.2 ~ 5.2 个。

表 3　参试品种植株性状

序号	品种	花冠形状	花冠大小	株高 (cm)	茎粗 (cm)	主茎数 (个)	结实性
1	龙薯 3 号	星	中	62.0	0.90	3.2	无
2	龙薯 8 号	近五边	大	77.6	1.10	2.6	强
3	龙薯 16 号	近圆	大	71.0	1.08	2.2	无
4	克新 13 号	近五边	大	87.0	1.37	1.8	中
5	克新 19 号	近五边	中	44.8	0.87	1.2	无
6	克新 32 号	近五边	大	60.0	1.08	2.2	强

续表 3

序号	品种	花冠形状	花冠大小	株高（cm）	茎粗（cm）	主茎数（个）	结实性
7	东农 312	近五边	中	59.2	0.89	3.2	无
8	东农 316	近五边	大	57.6	0.93	3.2	强
9	冀张薯 10 号	近五边	中	72.4	1.10	4.2	无
10	冀张薯 12 号	近五边	大	84.2	1.73	2.6	无
11	白俄罗斯 8 号	近五边	中	51.0	0.72	3.4	少
12	白俄罗斯 14 号	近五边	大	62.6	1.03	4.8	无
13	富金	近五边	中	64.4	0.90	2.8	无
14	早大白	近五边	中	78.4	1.13	3.2	强
15	乌 7	近五边	中	47.2	0.81	3.0	无
16	春薯 12 号	近五边	大	68.0	0.80	3.5	少
17	春薯 11 号	近五边	大	64.0	0.80	3.5	无
18	延薯 13 号	近五边	大	64.0	1.10	1.5	无
19	延薯 14 号	近五边	大	62.0	0.80	3.4	中
20	希森 6 号	近五边	中	65.0	1.10	3.5	无
21	V7	星	中	64.0	1.20	1.5	无
22	冀张薯 8 号	近五边	大	58.0	0.63	2.3	无
23	冀张薯 22 号	近五边	中	59.0	0.53	5.2	无
24	雪川 1 号	星	大	59.0	0.62	3.0	无
25	陇薯 7 号	近五边	中	53.0	0.72	3.1	少
26	陇薯 11 号	星	大	58.0	0.61	3.2	少

2.3 田间自然发病情况

由表 4 可见，通过对马铃薯田间晚疫病抗性、早疫病抗性、病毒病抗性等性状田间鉴定，4 份材料中感早疫病，其他为中抗早疫病。抗晚疫病材料 5 份，分别为"龙薯 8 号""冀张薯 8 号""冀张薯 22 号""冀张薯 10 号""白俄罗斯 14 号"，中抗晚疫病材料 7 份，分别为"龙薯 3 号""龙薯 16 号""东农 312""春薯 12 号""春薯 11 号""延薯 13 号""延薯 14 号"，抗病毒病材料较多。同时抗晚疫病和病毒病的材料有 10 份，分别为"冀张薯 8 号""冀张薯 22 号""春薯 11 号""春薯 12 号""延薯 13 号""白俄罗斯 4 号""冀张薯 10 号""东农 312""龙薯 16 号""龙薯 8 号"。

表 4　参试品种田间自然病害情况

序号	品种	早疫病抗性	晚疫病抗性	PVX 抗性	PVY 抗性
1	龙薯 3 号	中抗	中抗	中感	中感
2	龙薯 8 号	中抗	抗	抗	抗
3	龙薯 16 号	中抗	中抗	中抗	中抗

序号	品种	早疫病抗性	晚疫病抗性	PVX 抗性	PVY 抗性
4	克新 13 号	中抗	中感	中抗	中抗
5	克新 19 号	中抗	中感	中感	中感
6	克新 32 号	中感	中感	中抗	中抗
7	东农 312	中抗	中抗	中抗	中抗
8	东农 316	中抗	中感	中抗	中抗
9	冀张薯 10 号	中抗	抗	中抗	中抗
10	冀张薯 12 号	中抗	中感	中抗	中抗
11	白俄罗斯 8 号	中抗	易感	中抗	中抗
12	白俄罗斯 14 号	中抗	抗	中抗	中抗
13	富金	中感	中感	中抗	中抗
14	早大白	中感	中感	中抗	中抗
15	乌 7	中感	易感	中抗	中抗
16	春薯 12 号	中抗	中抗	抗	抗
17	春薯 11 号	中抗	中抗	抗	抗
18	延薯 13 号	中抗	中抗	抗	抗
19	延薯 14 号	中抗	中抗	中感	中感
20	希森 6 号	中抗	中感	中抗	中抗
21	V7	中抗	中感	抗	抗
22	冀张薯 8 号	中抗	抗	抗	抗
23	冀张薯 22 号	中抗	抗	抗	抗
24	雪川 1 号	中抗	中感	中感	抗
25	陇薯 7 号	中抗	中感	中抗	中抗
26	陇薯 11 号	中抗	中感	中抗	中抗

2.4 块茎性状表现

由表 5 可见块茎性状,引进资源块茎椭圆形居多,其次圆形和扁圆形。皮色黄色、白色居多,肉色一般为白色、黄色、浅黄。薯皮类型分为光滑、麻皮和略麻,芽眼浅而少且无色的居多。

表 5　参试品种块茎性状

序号	品种	薯形	皮色	肉色	薯皮类型	芽眼深浅	芽眼多少	芽眼色
1	龙薯 3 号	椭圆	黄	黄	光滑	浅	少	无
2	龙薯 8 号	椭圆	黄	淡黄	麻	浅	少	无
3	龙薯 16 号	椭圆	淡黄	白	光滑	浅	少	无
4	克新 13 号	圆	淡黄	黄	麻	浅	少	无

序号	品种	薯形	皮色	肉色	薯皮类型	芽眼深浅	芽眼多少	芽眼色
5	克新 19 号	椭圆	白	白	光滑	浅	少	无
6	克新 32 号	椭圆	淡黄	白	光滑	浅	少	无
7	东农 312	椭圆	淡黄	黄	光+麻	浅	少	无
8	东农 316	圆	淡黄	黄	光滑	浅	少	无
9	冀张薯 10 号	扁圆	淡黄	淡黄	光滑	浅	少	无
10	冀张薯 12 号	椭圆	淡黄	白	光滑	浅	少	无
11	白俄罗斯 8 号	椭圆	淡黄	黄	光滑	浅	少	无
12	白俄罗斯 14 号	椭圆	淡黄	黄	光滑	浅	少	无
13	富金	椭圆	淡黄	黄	光滑	浅	少	无
14	早大白	扁圆	淡黄	白	光滑	浅	少	无
15	乌 7	椭圆	白	白	光滑	浅	少	无
16	春薯 12 号	椭圆	淡黄	淡黄	光滑	浅	中	无
17	春薯 11 号	扁圆	黄	淡黄	光滑	中	中	无
18	延薯 13 号	圆	黄	黄	略麻	中	中	无
19	延薯 14 号	圆	黄	白	麻	中	中	无
20	希森 6 号	椭圆	黄	黄	光滑	浅	中	无
21	V7	椭圆	黄	淡黄	光滑	中	中	无
22	冀张薯 8 号	圆	白	白	光滑	中	少	无
23	冀张薯 22 号	椭圆	白	白	光滑	浅	少	无
24	雪川 1 号	椭圆	黄	黄	光滑	浅	少	无
25	陇薯 7 号	椭圆	黄	黄	略麻	中	少	无
26	陇薯 11 号	圆	黄	黄	光滑	中	中	无

2.5 产量表现情况

由表 6 可知，单株结薯数 10 个以下的参试品种有 17 份，平均在 7.00 个左右，单株结薯数 10 个以上的有 9 份材料，平均在 13.00 个左右。单株产量在 1 kg 以上的材料有 7 份，9 份材料产量达到 3 000 kg/667 m² 以上，有 4 份材料产量达到了 4 000 kg/667 m² 以上，有 1 份材料达到了 6 000 kg/667 m² 以上，为"雪川 1 号"。

商品薯率(大薯率)相对较高的材料有 7 份，分别为"龙薯 8 号""春薯 12 号""春薯 11 号""延薯 13 号""延薯 14 号""冀张薯 8 号""雪川 1 号"。

表 6 参试品种产量表现

序号	品种	单株结薯数(个)	单株产量(kg)	产量(kg/667 m²)	大薯率(%)	小薯率(%)
1	龙薯 3 号	6.10	0.69	2 360	73.9	26.1
2	龙薯 8 号	7.80	1.07	3 670	80.9	19.1
3	龙薯 16 号	5.80	0.66	2 258	78.3	21.7

序号	品种	单株结薯数(个)	单株产量(kg)	产量(kg/667 m²)	大薯率(%)	小薯率(%)
4	克新 13 号	8.40	0.63	2 155	70.1	29.9
5	克新 19 号	13.40	0.86	2 928	60.7	39.3
6	克新 32 号	7.00	0.63	2 145	60.1	39.9
7	东农 312	20.20	1.30	4 436	52.9	47.1
8	东农 316	5.40	0.37	1 262	72.1	27.9
9	冀张薯 10 号	17.80	0.67	2 285	69.9	30.1
10	冀张薯 12 号	8.20	0.55	1 888	55.6	44.4
11	白俄罗斯 8 号	5.80	0.33	1 122	36.9	63.1
12	白俄罗斯 14 号	27.60	1.03	3 530	23.5	76.5
13	富金	14.20	0.92	3 140	56.3	43.7
14	早大白	9.40	0.95	3 256	75.4	24.6
15	乌 7	9.40	0.30	1 009	6.8	93.2
16	春薯 12 号	7.60	0.84	2 873	81.6	19.4
17	春薯 11 号	6.40	0.68	2 326	82.4	27.6
18	延薯 13 号	6.40	0.83	2 839	88.8	11.2
19	延薯 14 号	5.40	0.70	2 394	81.4	18.6
20	希森 6 号	8.00	0.74	2 531	59.3	40.7
21	V7	7.40	0.76	2 600	78.9	21.1
22	冀张薯 8 号	14.00	1.05	3 592	85.2	14.8
23	冀张薯 22 号	18.00	1.74	5 952	79.4	27.6
24	雪川 1 号	13.00	1.79	6 123	80.2	23.8
25	陇薯 7 号	7.00	0.43	1 471	68.2	31.8
26	陇薯 11 号	13.00	1.70	5 815	57.2	42.8

2.6 马铃薯资源品质性状分析

由表 7 可见，26 份资源中其中淀粉含量较高的材料 4 份，分别为"陇薯 7 号""陇薯 11 号""雪川 1 号""延薯 14 号"。蛋白含量超过 2% 的材料 2 份，分别为"龙薯 16 号""延薯 13 号"。26 份资源整体维生素 C 含量都不高，含量超过 23 mg/100 g 鲜薯以上的材料有 2 份，分别为"克新 19 号""冀张薯 22 号"。

表 7 参试品种品质性状

序号	品种	干物质含量(%)	淀粉含量(%)	还原糖含量(%)	蛋白质含量(%)	维生素 C 含量(mg/100 g FW)
1	龙薯 3 号	14.54	8.98	0.367	1.42	15.89
2	龙薯 8 号	18.20	12.42	0.198	1.83	19.21

序号	品种	干物质含量 (%)	淀粉含量 (%)	还原糖含量 (%)	蛋白质含量 (%)	维生素 C 含量 (mg/100 g FW)
3	龙薯 16 号	19.69	13.89	0.774	2.24	17.60
4	克新 13 号	18.47	12.70	0.132	1.25	12.00
5	克新 19 号	15.25	9.48	0.122	1.56	23.10
6	克新 32 号	19.81	14.04	0.071	1.28	20.50
7	东农 312	16.85	11.07	0.070	1.27	20.50
8	东农 316	16.73	10.96	0.186	1.69	21.00
9	冀张薯 10 号	17.57	11.81	0.197	1.83	19.20
10	冀张薯 12 号	17.13	11.36	0.089	0.98	17.00
11	白俄罗斯 8 号	16.89	11.13	0.072	1.48	18.50
12	白俄罗斯 14 号	14.37	8.61	0.201	1.25	12.00
13	富金	15.48	9.71	0.361	0.98	17.00
14	早大白	17.79	12.01	0.248	1.25	12.00
15	乌 7	14.81	9.04	0.157	1.98	13.25
16	春薯 12 号	19.05	14.90	0.288	1.55	22.57
17	春薯 11 号	20.18	14.39	0.158	1.58	15.51
18	延薯 13 号	18.09	12.35	0.313	2.24	12.20
19	延薯 14 号	22.13	18.21	0.393	1.80	10.86
20	希森 6 号	16.44	10.70	0.305	1.50	18.60
21	V7	18.30	12.55	1.206	1.20	19.85
22	冀张薯 8 号	15.03	10.50	0.147	1.25	12.02
23	冀张薯 22 号	17.04	12.18	0.256	1.56	23.05
24	雪川 1 号	25.33	18.69	0.342	1.27	20.54
25	陇薯 7 号	25.41	18.03	0.146	1.32	21.03
26	陇薯 11 号	26.33	18.40	0.089	1.58	19.82

3 讨 论

试验在国内引进种质资源 26 份,进行了田间鉴定筛选,以田间表型鉴定为依据,结合马铃薯种质资源植物学特征和生物学特性数据表现,品质性状检测和田间抗病性鉴定结果综合评价,筛选出不同类型具有优异特性(早熟、优质、多抗、丰产)的马铃薯种质资源 13 份,其中"龙薯 16 号"早熟、蛋白含量高,"雪川 1 号"高产、高淀粉,"冀张薯 22 号"抗晚疫病、维生素 C 含量较高。

通过比较各资源物候期差异,确定了各品种资源的熟期。筛选出早熟种质资源 2 份,"富金""龙薯 16 号",中熟到中晚熟品种 24 份。

通过测定比较平均单株产量、鲜薯平均重量和大中薯率差异,评价马铃薯种质资源产量及经济性状。筛选出高产材料"雪川 1 号"。商品薯率(大薯率)相对较高的材料有 7 份,由此可见无论是产量还是商品薯率来看大部分品种适宜吉林省种植，充分表明了马铃薯适应性较强的特点[11]。

通过对不同品种的薯形、皮肉色、淀粉含量、干物质含量、蛋白质含量、维生素C含量的测定明确其品质性状，确定了用途（鲜食型、高淀粉型、专用加工型）属性。加工型马铃薯主要用于淀粉、全粉的加工以及薯片、薯条等休闲食品的制作。杨巨良[12]研究表明，淀粉加工要求块茎淀粉含量在18%以上，其中淀粉和干物质含量较高的材料4份，为"陇薯7号""陇薯11号""延薯14号""雪川1号"，可用于淀粉加工。周晓[13]研究表明，炸片品种的最佳干物质含量为20%~24%，还原糖低于0.25%[14]。"春薯11号"适合炸片。

蛋白含量相对较高材料2份，为"龙薯16号""延薯13号"。维生素C含量超过23 mg/100 g鲜薯以上的材料有2份，为"克新19号""冀张薯22号"。维生素C含量随着贮藏时间的变化较大[15]。

通过对不同品种类型马铃薯田间晚疫病、病毒病鉴定明确资源的抗病性。抗晚疫病资源5份，分别为"龙薯8号""冀张薯8号""冀张薯22号""冀张薯10号""白俄罗斯14号"；抗病毒病材料较多。同时抗晚疫病和病毒病的材料有10份，分别为"冀张薯8号""冀张薯22号""春薯11号""春薯12号""延薯13号""白俄罗斯4号""冀张薯10号""东农312""龙薯16号""龙薯8号"。

[参 考 文 献]

[1] 魏千贺, 王晨, 范春梅, 等. 马铃薯种植灌溉方式及施肥研究进展综述 [J]. 江苏农业科学, 2018, 46(24): 20-23.

[2] 李林, 靳亚茹, 李晨阳, 等. 27份马铃薯品种(系)资源评价 [J]. 江苏农业科学, 2020, 48(22): 85-90.

[3] 陈亚兰, 张健, 李定, 等. 国外马铃薯种质资源的引进及利用 [J]. 农业科技与信息, 2013(16): 26-28.

[4] 徐珊珊, 刘红霞, 王世范. 吉林地区马铃薯施肥水平模型建立研究 [J]. 农业工程技术, 2019, 39(17): 17-18.

[5] 李山云, 孙玲, 卢丽丽, 等. 多态性信息含量法评价马铃薯品种(系)营养成分 [J]. 西南农业学报, 2015, 28(2): 519-526.

[6] 国家标准局. NY/T 11—1985 谷物籽粒粗淀粉测定法 [S]. 北京: 中国标准出版社, 1985.

[7] 中华人民共和国国家卫生和计划生育委员会. GB 5009.3—2016 食品安全国家标准 食品中水分的测定 [S]. 北京: 中国标准出版社, 2016.

[8] 中华人民共和国国家卫生和计划生育委员会. GB 5009.7—2016 食品安全国家标准 食品中还原糖的测定 [S]. 北京: 中国标准出版社, 2016.

[9] 国家食品药品监督管理总局, 国家卫生和计划生育委员会. GB 5009.5—2016 食品安全国家标准 食品中蛋白质的测定 [S]. 北京: 中国标准出版社, 2016.

[10] 国家卫生和计划生育委员会. GB 5009.86—2016 食品安全国家标准 食品中抗坏血酸的测定 [S]. 北京: 中国标准出版社, 2016.

[11] 徐珊珊, 刘红霞, 王世范, 等. 吉林地区马铃薯适宜种植品种筛选试验 [J]. 金黎平, 吕文河. 马铃薯产业与美丽乡村. 哈尔滨: 黑龙江科学技术出版社, 2020: 260-265.

[12] 杨巨良. 主粮化战略下宁夏马铃薯产业发展路径选择 [J]. 宁夏农林科技, 2017, 58(3): 41-43.

[13] 周晓. 二倍体马铃薯高世代无性系农艺性状和品质性状的分析 [D]. 哈尔滨: 东北农业大学, 2012.

[14] 孙慧生. 马铃薯育种学 [M]. 北京: 中国农业出版社, 2003.

[15] 巩慧玲, 赵萍, 杨俊峰, 等. 马铃薯块茎贮藏期间蛋白质和维生素C含量的变化 [J]. 西北农业学报, 2014, 13(1): 49-51.

马铃薯大田黑痣病抗病性鉴定与评价

张　荣[1,2]，文国宏[1,2*]，李建武[1,2]，李高峰[1,2]，王一航[1,2]，王树林[1,2]，马虹霞[1,3]

(1. 甘肃省农业科学院马铃薯研究所，甘肃　兰州　730070；

2. 国家种质资源渭源观测实验站，甘肃　渭源　748201；

3. 定西市渭源县农业技术推广服务中心，甘肃　渭源　748200)

摘　要：经多年连作和黑痣病菌菌核还田后，参试 56 份马铃薯品种(系)地下茎黑痣病发病率和病情指数存在极显著差异，发病率平均 67.68%，病情指数平均 46.36，无免疫品种(系)，感病品种(系)所占比例为 48.21%。参试各品种(系)块茎黑痣病发病率和病情指数存在极显著差异，发病率平均 71.22%，病情指数平均 27.30，最大为 52.42，无免疫品种(系)，感病品种(系)所占比例为 57.14%。"希森 8 号""陇彩 1 号""L12116-8""紫云 1 号""L1192-4"和"L1150-22"6 个品种(系)平均相对抗病指数 0.93，表现出较好的抗病性，且块茎表皮的菌核少而小，而甘肃省主栽马铃薯品种"陇薯 10 号"(发病率 100%，病情指数 52.42)表现高感。参试各马铃薯品种(系)大田地下茎黑痣抗病程度和块茎抗病程度间相关系数为 -0.042 1，相关性不显著。

关键词：马铃薯；黑痣病；抗性；评价

近年来，随着甘肃省马铃薯种薯基地生产连作和轮作倒茬不科学，种薯繁育质量控制不到位，导致马铃薯黑痣病发病率呈上升趋势，立枯丝核菌(*Rhizoctonia solani* Kühn)引起的苗期地下茎溃疡出现缺苗断垄、马铃薯表皮附着黑褐色菌核影响外观品质等问题普遍发生。针对这一突出问题，本研究开展了马铃薯大田黑痣病抗性鉴定试验，初步筛选出较耐抗马铃薯黑痣病品种(系)，为抗性育种奠定基础。

1　材料与方法

1.1　试验材料

参试 56 份品种(系)，其中自有品种 11 个，自有新品系 32 份，引进品种 13 个，自有品种所占比例 76.79%。自有品种(11 个)："陇薯 3 号""陇薯 5 号""陇薯 6 号""陇薯 7 号""陇薯 8 号""陇薯 9 号""陇薯 10 号""陇薯 11 号""陇薯 12 号""陇薯 13 号""陇薯 14 号"。引进品种(13 个)："甘农薯 9 号""庄薯 3 号""定薯 3 号""天薯 11 号""青薯 9 号""青薯 10 号""中薯 18 号""冀张薯 8 号""冀张薯 12 号""宁薯 16 号""陇彩 1 号""紫云 1

作者简介：张荣(1982—)，男，副研究员，主要从事马铃薯育种工作。

基金项目：国家现代农业产业技术体系(CARS-09-P06)；甘肃省科技重大专项(21ZD11NA002)；2021 年甘肃省种业攻关项目(GZGG-2021-4)；现代丝路寒旱农业马铃薯产业发展项目(GNKJ-2020-1)；甘肃省农业科学院生物育种专项(2020GAAS10)；国家自然科学基金(31760410)。

*通信作者：文国宏，研究员，主要从事马铃薯遗传育种工作，e-mail：wgh1966@126.com

号""希森 8 号"。自有品系(32 份),其中晚熟品系(23 份):"L1150-22""L1192-4""LZ111""F80""L1212-9""L1254-4""L1319-2""L1322-16""L1330-18""L0109-4""L0227-18""L0529-2""L0736-8""L0811-6""L08102-7""LY08104-12""L0916-4""L0916-14""L1027-10""L1036-34""L1039-6""L1149-2""L1330-38";早熟品系(9 份):"L11120-8""L11133-12""L11159-24""L12116-8""L12116-19""L12141-6""L12141-9""L13105-10""L13120-1"。

1.2 试验设计

试验于 2019 年 4—10 月在国家种质资源渭源观测实验站进行,试验地块连续第 4 年种植马铃薯,播种时将上年感病块茎表皮菌核剥离粉碎后撒在播种沟内,随机区组设计,3 次重复,每个品种(系)种植 2 行,每行种植 10 株,行长 3.3 m,行距 60 cm,株距 33 cm,小区面积 4 m²,试验占地 680 m²。

1.3 试验方法

植株地下茎鉴定:苗期将植株整株挖出,于田间鉴定植株地下黑痣病的发病情况,调查 3 个重复,每小区调查 10 株。

块茎鉴定:成熟期将植株整株挖出,把薯块带回实验室洗净晾干后观察统计。每小区调查 10 株,调查 3 个重复。

马铃薯地下茎黑痣病采用 5 级分级标准[1]。0 级:匍匐茎上无溃疡面;1 级:病部面积占整个匍匐茎面积的 5%以下(含 5%);2 级:病部面积占整个匍匐茎面积的 6%~10%;3 级:病部面积占整个匍匐茎面积的 11%~25%;4 级:病部面积占整个匍匐茎面积的 26%~50%;5 级:病部相连,占整个匍匐茎面积的 51%以上。

马铃薯块茎黑痣病分级采用 6 级分级标准。0 级:薯块上无病斑;1 级:病部面积占整个薯块面积的 5%以下(含 5%);2 级:病部面积占整个薯块面积的 6%~10%;3 级:病部面积占整个薯块面积的 11%~25%;4 级:病部面积占整个薯块面积的 26%~50%;5 级:病部面积占整个薯块面积的 51%~75%;6 级:病部相连,占整个薯块面积的 76%以上。

发病率(%)= 发病薯块数/种植总薯块数×100;病情指数 = Σ(病害级别×该级别薯块数)/(最高病级数×调查总薯块数)×100;相对抗病指数 = 1-所测品种病情指数/发病最重品种病情指数,评价标准:1 免疫(I),0.80~0.99 高抗(HR),0.50~0.79 中抗(MR),0.20~0.49 中感(MS),0~0.19 高感(HS)。

2 结果与分析

2.1 马铃薯块茎黑痣病抗病性鉴定

2019 年对 56 个马铃薯品种(系)块茎的抗病性鉴定结果表明,在多年连作和菌核还田条件下,不同材料病情指数存在极显著差异(表 1、2),感病品种所占比例为 57.14%(图 1),发病率平均 71.22%,病情指数平均 27.30,病情指数最大为 52.42,说明不同品种马铃薯抗性存在差异,因此鉴定圃菌量能够区分马铃薯材料间的抗性,在马铃薯品种间进行黑痣病抗源筛选是有效的。

表 1　多年连作马铃薯块茎病情指数方差分析

变异来源	平方和	自由度	均方	F 值	P 值
区组间	36. 45	2	18. 23	0. 10	0. 91
处理间	22 713. 21	55	412. 97	2. 18	0. 00
误差	20 829. 59	110	189. 36		
总变异	43 579. 25	167			

关于马铃薯材料的抗性情况，综合分析田间鉴定结果表明，56 份材料中没有免疫的品种，多数表现为感病。具有稳定抗性的品种比例为 10.71%，"希森 8 号""陇彩 1 号""L12116-8""紫云 1 号""L1192-4""L1150-22"6 个品种表现较好和较稳定的抗性，且块茎上的菌核少而小。在中感至高感，高感至中感之间变化的稳定感病品种的比例为 57.14%，甘肃省主栽品种"陇薯 10 号""陇薯 14 号"都表现感病。部分高抗和中抗的品种在年度间抗性表现不稳定，在高抗至中抗、中抗至高抗之间浮动，"青薯 9 号"由 2018 年的高抗变为 2019 年的中抗。

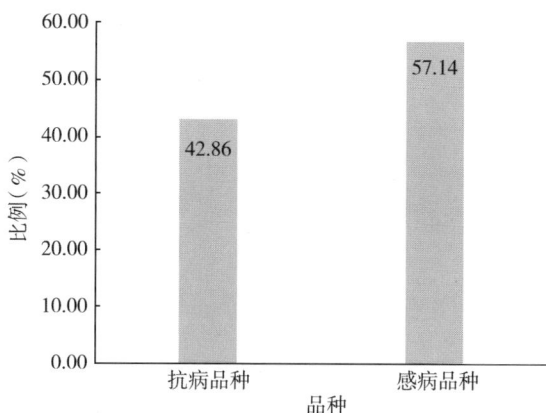

图 1　多年连作马铃薯品种块茎对黑痣病抗、感比例分析

表 2　多年连作马铃薯块茎对黑痣病的抗性表现

品种	发病率(%)	病情指数	相对抗病指数	抗性评价
希森 8 号	5. 56	0. 93	0. 98	HR
陇彩 1 号	12. 88	2. 15	0. 96	HR
L12116-8	14. 34	2. 39	0. 95	HR
紫云 1 号	23. 33	3. 89	0. 93	HR
L1192-4	40. 95	6. 82	0. 87	HR
L1150-22	31. 32	6. 89	0. 87	HR
冀张薯 8 号	50. 00	12. 96	0. 75	MR
L1330-18	41. 40	13. 16	0. 75	MR
L1254-4	45. 23	14. 54	0. 72	MR
青薯 9 号	55. 69	16. 53	0. 68	MR

品种	发病率(%)	病情指数	相对抗病指数	抗性评价
L0916-4	60.45	18.09	0.65	MR
中薯 18 号	64.21	19.58	0.63	MR
LZ111	74.07	20.80	0.60	MR
L0916-14	69.52	21.39	0.59	MR
甘农薯 9 号	58.89	21.85	0.58	MR
陇薯 11 号	67.41	22.08	0.58	MR
陇薯 12 号	66.89	22.67	0.57	MR
L11159-24	74.57	22.74	0.57	MR
L1036-34	63.84	23.34	0.55	MR
L1322-16	67.82	23.84	0.55	MR
L0811-6	65.58	24.18	0.54	MR
L0109-4	92.31	24.97	0.52	MR
定薯 3 号	73.14	25.35	0.52	MR
L12116-19	66.96	25.87	0.51	MR
L13105-10	71.45	26.57	0.49	MS
L1212-9	86.52	27.29	0.48	MS
L12141-6	83.33	27.41	0.48	MS
L0529-2	64.86	28.11	0.46	MS
L1149-2	70.07	28.12	0.46	MS
天薯 11 号	80.56	29.65	0.43	MS
陇薯 7 号	74.32	29.91	0.43	MS
陇薯 6 号	68.56	30.79	0.41	MS
陇薯 3 号	86.67	30.88	0.41	MS
宁薯 16 号	82.58	31.49	0.40	MS
冀张薯 12 号	91.67	33.04	0.37	MS
L12141-9	100	34.48	0.34	MS
LY08104-12	75.42	34.53	0.34	MS
陇薯 5 号	88.89	34.53	0.34	MS
陇薯 8 号	76.19	34.92	0.33	MS
L1027-10	80.00	34.98	0.33	MS
陇薯 9 号	83.36	35.27	0.33	MS
青薯 10 号	97.22	35.27	0.33	MS
L1319-2	82.83	35.69	0.32	MS

品种	发病率(%)	病情指数	相对抗病指数	抗性评价
L1330-38	89.08	36.01	0.31	MS
L1039-6	84.72	36.24	0.31	MS
L13120-1	94.44	36.81	0.30	MS
L08102-7	66.67	36.91	0.30	MS
陇薯 14 号	76.69	37.03	0.29	MS
庄薯 3 号	87.02	38.05	0.27	MS
F80	90.00	38.38	0.27	MS
L11120-8	83.89	39.54	0.25	MS
L0227-18	89.07	41.33	0.21	MS
陇薯 13 号	100	44.71	0.15	HS
L0736-8	95.83	45.58	0.13	HS
L11133-12	100	45.68	0.13	HS
陇薯 10 号	100	52.42	0	HS

2.2 马铃薯地下茎黑痣病抗病性鉴定

2019 年播种后 75 d,对 56 个马铃薯品种(系)地下茎的发病情况进行了调查,结果显示(表 3、4),各材料地下茎发病充分,发病率和病情指数存在极显著差异,发病率平均 67.68%,发病率最高达到 100%,病情指数平均 46.36,病情指数最大为 90.00,说明多年连作和菌核还田条件下鉴定马铃薯地下茎对黑痣病的抗病性方法可行。马铃薯地下茎抗病性鉴定结果显示,56 个品种中,没有免疫的品种,抗病品种所占比例为 51.79%,感病品种(系)所占比例为 48.21%(图 2),"陇薯 7 号""L0109-4""L08102-7""L1330-18"4 个品种表现高抗,"陇薯 8 号""L12116-8""LY08104-12""紫云 1 号""L0916-4""L0227-18""L12141-9"7 个品种表现高感。

表 3   多年连作马铃薯地下茎病情指数方差分析

变异来源	平方和	自由度	均方	F 值	P 值
区组间	347.68	1	347.68	0.67	0.42
处理间	45 571.49	55	828.57	1.60	0.04
误差	28 448.76	55	517.25		
总变异	74 367.94	111			

供试马铃薯品种地下茎发病病情指数和块茎病情指数的相关性分析结果表明,地下茎抗性趋势和块茎抗性趋势不一致,马铃薯块茎和地下茎的抗病性不具有相关性。

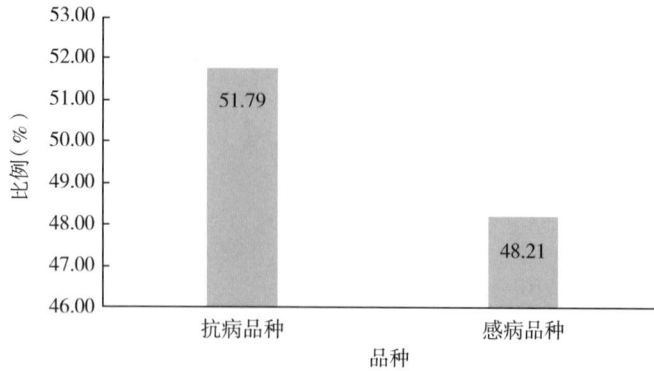

图 2 多年连作马铃薯品种地下茎对黑痣病抗、感比例分析

表 4 多年连作马铃薯地下茎对黑痣病的抗性表现

品种	发病率(%)	病情指数	相对抗病指数	抗性评价
L1330-18	20.00	4.00	0.96	HR
L0109-4	16.67	6.67	0.93	HR
L08102-7	40.00	8.00	0.91	HR
陇薯 7 号	20.00	16.00	0.82	HR
陇薯 10 号	30.00	20.00	0.78	MR
陇薯 12 号	40.00	20.00	0.78	MR
L1036-34	60.00	24.00	0.73	MR
甘农薯 9 号	40.00	24.00	0.73	MR
L0529-2	40.00	28.00	0.69	MR
L11133-12	60.00	28.00	0.69	MR
希森 8 号	40.00	28.00	0.69	MR
L13105-10	50.00	28.00	0.69	MR
天薯 11 号	40.00	30.00	0.67	MR
陇薯 5 号	50.00	32.00	0.64	MR
陇薯 13 号	60.00	34.00	0.62	MR
L1322-16	40.00	34.00	0.62	MR
L1212-9	70.00	36.00	0.60	MR
陇薯 14 号	40.00	36.00	0.60	MR
冀张薯 12 号	60.00	38.00	0.58	MR
LZ111	70.00	38.00	0.58	MR
中薯 18 号	50.00	40.00	0.56	MR
L1027-10	80.00	40.00	0.56	MR
L0736-8	70.00	42.00	0.53	MR
青薯 10 号	80.00	42.00	0.53	MR

续表 4

品种	发病率(%)	病情指数	相对抗病指数	抗性评价
L12141-6	60.00	42.00	0.53	MR
定薯 3 号	70.00	42.00	0.53	MR
庄薯 3 号	70.00	42.00	0.53	MR
L1150-22	60.00	44.00	0.51	MR
L1192-4	50.00	44.00	0.51	MR
L12116-19	70.00	46.00	0.49	MS
L11120-8	80.00	48.00	0.47	MS
L0916-14	80.00	48.00	0.47	MS
陇薯 11 号	80.00	50.00	0.44	MS
青薯 9 号	80.00	50.00	0.44	MS
L1254-4	80.00	52.00	0.42	MS
L1149-2	70.00	52.00	0.42	MS
陇彩 1 号	90.00	52.00	0.42	MS
陇薯 3 号	90.00	54.00	0.40	MS
L1039-6	70.00	54.00	0.40	MS
L13120-1	70.00	54.00	0.40	MS
宁薯 16 号	70.00	58.00	0.36	MS
冀张薯 8 号	83.33	59.33	0.34	MS
L1330-38	80.00	60.00	0.33	MS
陇薯 6 号	90.00	64.00	0.29	MS
L1319-2	80.00	66.00	0.27	MS
F80	90.00	66.00	0.27	MS
L0811-6	100	66.00	0.27	MS
陇薯 9 号	100	68.00	0.24	MS
L11159-24	90.00	68.00	0.24	MS
L12116-8	90.00	74.00	0.18	HS
LY08104-12	90.00	78.00	0.13	HS
陇薯 8 号	90.00	80.00	0.11	HS
紫云 1 号	100	80.00	0.11	HS
L0916-4	100	84.00	0.07	HS
L0227-18	100	84.00	0.07	HS
L12141-9	100	90.00	0.00	HS

3 讨 论

马铃薯黑痣病抗病性属于多基因控制的数量遗传性状[2]，抗性表达易受环境因素影响，年度间环境因素变化会造成抗性级别的变化。经田间初步鉴定的材料，需要进行多年的重复鉴定、室内接种等多种方法的验证，同时加大田间鉴定植株的群体数量，以消除群体内个体差异的影响，提高在适种区域鉴定结果的准确性。

有关马铃薯地下茎和块茎的黑痣病抗性相关性研究结论并不一致，有学者提出地下茎及发病程度和块茎发病程度不呈正相关[3]，这和本试验的结论一致，参试马铃薯材料地下茎黑痣病抗病指数与块茎抗病指数相关系数为-0.042 1，相关性未达显著水平；而 Simons 和 Gilligan[4]研究认为地下茎发病率及发病程度和块茎发病程度具有正相关性；也有学者认为二者的关系随着马铃薯各生长阶段是不断变化的[5]，这可能与参试材料的遗传因素和环境因素的互作有关系。

[参 考 文 献]

[1] 刘宝玉, 胡俊, 蒙美莲, 等. 马铃薯黑痣病病原菌分子鉴定及其生物学特性 [J]. 植物保护学报, 2011, 38(4): 379-380.

[2] Dowley L J. Varietal susceptibility of potato tubers to *Rhizoctonia solani* in Ireland [J]. Irish Journal of Agricultural Research, 1972, 11(3): 281-285.

[3] Olanya O M, Lambert D H, Reeves A F, et al. Evaluation of potato clones for resistance to stem canker and tuber black scurf in field studies following artificial inoculation with *Rhizoctonia solani* AG-3 in Maine [J]. Archives of Phytopathology and Plant Protection, 2009, 42(5): 409-418.

[4] Simons S A, Gilligan C A. Relationships between stem canker, stolon canker, black scurf (*Rhizoctonia solani*) and yield of potato (*Solanum tuberosum*) under different agronomic conditions [J]. Plant Pathology, 1997, 46(5): 651-658.

[5] Adams M J, Hide G A, Lapwood D H. Relationships between disease levels on seed tubers, on crops during growth and in stored potatoes: 1. Introduction and black scurf [J]. Potato Research, 1980, 23(2): 201-204.

希森系列高代品系材料筛选

王 越，张志凯，李学洋，胡柏耿*

（国家马铃薯工程技术研究中心，山东 乐陵 253600）

摘 要：试验以自主培育的12个马铃薯高代品系为材料，"希森3号"为对照，开展农艺性状调查、产量测定，筛选优异品系，旨在选出符合北方一作区气候条件，市场接受度较高的马铃薯新品种。结果表明，"Z1219"与对照相比，产量高，商品薯率高达89.69%，黄皮黄肉，薯形椭圆，芽眼浅，成熟期70 d左右，可作为早熟鲜食品种在北方一作区推广种植。"Z1087"折合产量2 818 kg/667 m²，高于对照品种"希森3号"，紫皮紫肉，薯形椭圆，商品薯率84.93%，可进一步测定花青素含量，可作为优异彩薯资源开发利用。"Z1075"薯形圆形，黄皮白肉，芽眼浅，干物质含量高达26.25%，淀粉含量高达20.49%，折合产量2 038 kg/667 m²，可作为淀粉加工型品种。4个品系（"Z1176""Z1178""Z195""Z324"）折合产量也在2 000 kg/667 m²以上，应进一步试种，评价其产量潜力。

关键词：马铃薯；品系；筛选鉴定；品种

马铃薯（*Solanum tuberosum* L.）属茄科草本植物，因其适应性强，高产耐贫瘠，成为继水稻、玉米、小麦之后第四大主粮作物，也是中国重要的脱贫经济作物。近年来的市场数据表明，世界马铃薯消费中心呈现由欧洲向亚洲转移趋势，但欧美国家仍居主导地位，其出口以种用、制粉和加工等高附加值产品为主，而中国则以冷冻、冷藏马铃薯等低附加值产品为主[1]。近年来中国马铃薯产业发展也呈现新态势、新面貌，体现在种植面积减少，单产提高，马铃薯加工稳步发展，但优质多抗专用型新品种缺乏，原料供应受限等问题突出[2]。面对产业发展需求，需加强育种研发，开展多元化、专用型马铃薯新品种的培育工作。

马铃薯种质资源是马铃薯育种工作的基础，对于新品种选育具有重要意义[3]。试验以自主选育的高代品系为试验材料，进行田间农艺性状和产量性状调查，旨在筛选适合北方一作区的早熟、高产、优质马铃薯新品种。

1 材料与方法

1.1 试验材料

试验所用品系为国家马铃薯工程技术研究中心近年来杂交选育的高代品系12个（"Z324""Z1075""Z719""Z1078""Z1083""Z1087""Z851""Z1176""Z1177""Z1178""Z1219""Z195"），对照品种为"希森3号"。试验地点位于内蒙古自治区乌兰察布市商都县二号地村，平均海拔1 400 m，光照资源丰富，气候适合马铃薯生长，试验地土壤为沙

作者简介：王越（1994—），男，硕士，主要从事马铃薯育种研究工作。
* 通信作者：胡柏耿，博士，高级工程师，从事马铃薯育种及新品种推广工作，e-mail：hubaigeng@163.com。

壤土，前茬作物种植玉米。

1.2 试验设计

采取随机区组设计，3次重复，小区种植，单垄单行，每小区4垄，每垄20株，每小区80株，株行距20 cm × 90 cm，每小区面积14.4 m²。播种前施用基肥（N：P：K = 12：19：16）900 kg/hm²，幼苗期追施尿素（N 46%）135 kg/hm² 3次，花期和块茎膨大期分3~5次追施硝酸钾（K₂O 46%，N 13.5%）300 kg/hm²，整个生长周期内防病虫5~7次，中耕、灌溉、溶肥等采用机械化管理方式。2021年4月26日播种，8月28日收获，生育期及试验数据调查记录严格按照《农作物种质资源鉴定技术规程 马铃薯》[4]执行。

1.3 数据采集与处理

物候期调查包括植株出苗期、现蕾期、开花期，植株形态特征调查包括茎色、叶色、花色、花繁茂性、株高、主茎数，块茎性状包括薯形、薯肉颜色、薯皮颜色、薯皮光滑程度、芽眼深浅等，所有指标的调查依据《农作物种质资源鉴定技术规程 马铃薯》（NY/T1303—2007）[4]执行。

经济性状包括小区产量、折合产量、商品薯率、单株结薯数、单株结薯重及淀粉、干物质含量。

商品薯率(%) = [商品薯(≥75 g)重量/小区总产量] × 100

淀粉和干物质含量测定采用淀粉含量测定仪（HD-W10A型，哈尔滨汉达科技开发有限公司）测定。

试验数据采用Excel 2016和SAS 9.2进行整理和统计分析。

2 结果与分析

2.1 物候期

各个品系于4月26日播种，播种后受地区低温天气影响，各品系出苗时间普遍偏晚，其中，出苗最早的是"Z195"，最晚的是"Z851"。马铃薯品种的生育期和出苗期在一定程度上决定了商品薯的产量与上市时间，但北方一作区受地域气候市场影响，出苗太早易受早春低温冻害，生育期太长的马铃薯品种，收获期亦受低温影响，故北方一作区适宜生育期在75 d左右的早熟品种，参试的12个品系生育期均在75 d左右，均适宜在北方一作区种植（表1）。

表1 各参试品系物候期

序号	品系（种）	播种期（D/M）	出苗期（D/M）	现蕾期（D/M）	开花期（D/M）	收获期（D/M）	生育期（d）
1	Z324	26/04	11/06	05/07	15/07	26/08	76
2	Z1075	26/04	11/06	30/06	09/07	26/08	76
3	Z719	26/04	15/06	05/07	16/07	26/08	72
4	Z1078	26/04	13/06	06/07	12/07	26/08	74
5	Z1083	26/04	12/06	06/07	12/07	26/08	75

序号	品系（种）	播种期（D/M）	出苗期（D/M）	现蕾期（D/M）	开花期（D/M）	收获期（D/M）	生育期（d）
6	Z1087	26/04	12/06	08/07	18/07	26/08	75
7	Z851	26/04	18/06	10/07	22/07	26/08	69
8	Z1176	26/04	12/06	10/07	18/07	26/08	75
9	Z1177	26/04	17/06	10/07	16/07	26/08	70
10	Z1178	26/04	13/06	09/07	14/07	26/08	74
11	Z1219	26/04	16/06	06/07	16/07	26/08	71
12	Z195	26/04	10/06	10/07	18/07	26/08	77
13	希森 3 号（CK）	26/04	12/06	02/07	12/07	26/08	75

2.2 植株主要形态特征

植株地上部与地下部密不可分，地上部光合作用的效率及光合产物的运输决定了地下部块茎的产量。数据结果显示，"Z195" 和 "Z1178" 植株较高，分别为 95.33 和 94.67 cm，"Z1078" 植株高度最低，为 65.33 cm。各品系主茎数在 1~3 个，马铃薯的主茎数不宜过多，也不宜过少，保持合理数量的有效主茎数才能达到较高的产量和较好的品质，"Z195" 主茎数最多为 3.1 个，结合株高分析，"Z195" 植株高，主茎数及分枝多，株形较为分散。在试验的 12 个品系中，"Z1087" 和 "Z1219" 主茎数数量适中，株高高度合理，株形较为整齐，茎色为浅绿色、绿色，叶色为绿色，综合品质较好，花色为浅紫色品系有 7 个，其余各品系花色均为白色（表 2）。

表 2　各参试品系植株特征

序号	品系（种）	主茎数（个）	株高（cm）	整齐度	茎色	叶色	花色	花繁茂性
1	Z324	1.47	76.33	+++	绿	绿	浅紫	+
2	Z1075	2.57	82.33	++	绿	绿	白	++
3	Z719	2.27	66.00	++	紫	绿	浅紫	++
4	Z1078	1.43	65.33	++	绿	绿	浅紫	++
5	Z1083	1.17	73.00	+++	绿	浅绿	浅紫	++
6	Z1087	1.31	86.14	+++	浅绿	绿	白	++
7	Z851	1.27	81.67	+++	绿	绿	浅紫	++
8	Z1176	1.23	95.33	+++	绿	深绿	白	++
9	Z1177	1.27	87.67	+	绿	绿	白	++
10	Z1178	1.37	94.67	++	绿	绿	浅紫	++
11	Z1219	2.13	76.33	++	绿	绿	白	++
12	Z195	3.10	95.33	+++	绿	绿	白	++
13	希森 3 号（CK）	1.93	79.00	++	绿	绿	浅紫	++

2.3 块茎性状

马铃薯高代品系筛选中，块茎性状表现是重要的一部分，尤其是专用型马铃薯品种。不同品系块茎形态性状各不相同，总体表现良好，在薯形方面，除"Z1075"薯形为圆形外，各品系薯形为椭圆形，以浅芽眼、薯皮光滑为主，是马铃薯销售市场认可度高的马铃薯块茎性状。其中，品系"Z195""Z1219""Z1177""Z1176""Z324"薯皮黄色、薯肉黄色、芽眼浅，为市场受欢迎度高的"黄皮黄肉"类型。此外，品系"Z1087"为紫皮紫肉的紫色马铃薯品种，彩色马铃薯富含花青素、多酚等抗氧化物质，可作为保健马铃薯或特色蔬菜等开发利用(表3)。

表3 各参试品系块茎性状

序号	品系(种)	薯形	皮色	肉色	芽眼	薯皮类型
1	Z324	椭圆	黄	黄	浅	光滑
2	Z1075	圆	黄	白	浅	麻皮
3	Z719	椭圆	紫	紫	浅	光滑
4	Z1078	椭圆	浅黄	白	浅	光滑
5	Z1083	椭圆	黄	白	浅	光滑
6	Z1087	椭圆	紫	紫	浅	光滑
7	Z851	椭圆	黄	白	浅	光滑
8	Z1176	椭圆	黄	黄	浅	光滑
9	Z1177	椭圆	黄	黄	浅	光滑
10	Z1178	椭圆	黄	白	浅	光滑
11	Z1219	椭圆	黄	黄	浅	光滑
12	Z195	椭圆	黄	黄	浅	光滑
13	希森3号(CK)	椭圆	浅黄	浅黄	中	光滑

2.4 产量及经济性状

2.4.1 块茎产量性状

产量最高的是"Z1219"，折合产量达到 2 886 kg/667 m²，相较于对照品种"希森3号"增产达 14.17%，其次是"Z1087"，折合产量达 2 818 kg/667 m²，相较于对照品种"希森3号"增产幅度为 11.49%，两者小区产量间无显著差异，与对照也无显著差异。在 12 个品系中，产量最低的是"Z1078"，平均小区产量 35.16 kg/14.4 m²，平均折合产量 1 629 kg/667 m²，相较于对照"希森3号"减产幅度最大，因产量最低不适宜大面积推广种植(表4)。

表4 各参试品系产量

序号	品系 （种）	小区产量 （kg/14.4 m²）	折合产量 （kg/667 m²）	较对照增减产 （%）	位次
1	Z324	46.49 ± 4.86 abcdeABC	2 153	−14.82	6
2	Z1075	44.00 ± 8.88 bcdeABC	2 038	−19.38	8
3	Z719	44.23 ± 11.43 bcdeABC	2 049	−18.95	7
4	Z1078	35.16 ± 6.52 eC	1 629	−35.58	12
5	Z1083	41.90 ± 12.05 cdeABC	1 941	−23.22	9
6	Z1087	60.84 ± 6.36 aA	2 818	11.49	2
7	Z851	40.31 ± 17.27 deABC	1 867	−26.14	10
8	Z1176	54.45 ± 8.33 abcdABC	2 522	−0.22	5
9	Z1177	36.82 ± 8.51 eBC	1 706	−32.52	11
10	Z1178	59.67 ± 3.84 abA	2 764	9.33	3
11	Z1219	62.31 ± 6.34 aA	2 886	14.17	1
12	Z195	58.13 ± 7.91 abcAB	2 692	6.51	4
13	希森3号（CK）	54.57 ± 14.88 abcABC	2 528	—	

2.4.2 块茎经济性状

单株结薯数、商品薯率及干物质、淀粉含量也是专用性品种的重要评价标准。12个品系中，单株结薯数最多的是"Z719"，单株结薯达到9.91个，显著高于对照品种"希森3号"，其次，"Z1178""Z1176""Z195""Z324""Z1075"5个品系单株结薯数高于对照。但马铃薯单株结薯数也不宜过多，导致单个薯块重量过低，商品薯率低，不被市场接受。"Z1219"单株薯重和商品薯率均高于其他品系，商品薯率达到89.69%，其次是"Z1087"，单株薯重和商品薯率均高于对照（商品薯率除外）及其他品系。

马铃薯块茎干物质和淀粉含量是加工型马铃薯品种基础评价指标，12个品系干物质含量均在20%左右，其中"Z1075"干物质含量最高，达到26.25%，显著高于对照品种"希森3号"，其次为"Z324"，干物质含量为22.29%。淀粉含量与干物质含量密切相关，马铃薯块茎干物质中约80%为淀粉，12个品系中，淀粉含量最高的是"Z1075"，为20.49%，其次为"Z324"，两者均高于对照品种，可作为淀粉加工型马铃薯品种（表5）。

表 5 各参试品系经济性状

序号	品系（种）	单株结薯数（个）	单株薯重（kg）	商品薯率（%）	淀粉含量（%）	干物质含量（%）
1	Z324	6.18 ± 0.92 bcBC	0.58 ± 0.06 abcdeABC	77.65 ± 7.32 bcdABC	16.52 ± 1.33 bAB	22.29 ± 1.33 bB
2	Z1075	5.57 ± 0.64 bcdBCD	0.55 ± 0.11 bcdeABC	69.54 ± 9.02 dC	20.49 ± 1.43 aA	26.25 ± 1.44 aA
3	Z719	9.91 ± 2.00 aA	0.55 ± 0.11 bcdeABC	48.13 ± 1.45 eD	14.36 ± 1.35 bcdB	20.12 ± 1.36 bcdeBCD
4	Z1078	3.52 ± 0.87 efgDE	0.44 ± 0.08 eC	75.04 ± 4.94 cdBC	12.26 ± 5.45 cdB	21.36 ± 0.99 bcBC
5	Z1083	3.57 ± 0.30 efgDE	0.52 ± 0.15 cdeABC	79.94 ± 8.71 abcdABC	14.95 ± 1.29 bcdB	20.72 ± 1.29 bcdBCD
6	Z1087	4.29 ± 0.56 defgCDE	0.76 ± 0.08 abcAB	84.93 ± 4.71 abcAB	13.82 ± 1.29 bcdB	19.59 ± 1.29 cdefBCD
7	Z851	3.02 ± 0.74 gE	0.50 ± 0.22 deABC	78.63 ± 8.39 bcdABC	13.08 ± 1.23 cdB	18.85 ± 1.23 defCD
8	Z1176	5.09 ± 0.63 bcdeBCDE	0.68 ± 0.10 abcdABC	78.42 ± 2.34 bcdABC	15.50 ± 1.73 bcB	21.26 ± 1.73 bcBC
9	Z1177	3.33 ± 0.40 fgE	0.46 ± 0.11 eC	80.18 ± 4.02 abcdABC	12.06 ± 0.62 dB	17.82 ± 0.62 fD
10	Z1178	4.63 ± 0.13 cdfeCDE	0.75 ± 0.05 abAB	84.37 ± 3.02 abcAB	12.06 ± 1.31 dB	17.83 ± 1.31 fD
11	Z1219	3.93 ± 0.09 efgDE	0.78 ± 0.08 aA	89.69 ± 3.01 aA	12.51 ± 2.17 cdB	18.04 ± 1.99 efD
12	Z195	6.75 ± 1.25 bB	0.73 ± 0.10 abcAB	69.78 ± 5.31 dC	12.56 ± 1.44 cdB	18.60 ± 1.69 defCD
13	希森 3 号（CK）	4.29 ± 1.30 defgCDE	0.68 ± 0.19 abcdABC	86.34 ± 7.35 abAB	13.13 ± 0.65 bcdB	18.89 ± 0.65 defCD

3 讨 论

马铃薯育种是一项复杂且系统的工作，选育一个好的品种需要 8~10 年的时间，在这期间，对每个品系特性的挖掘，产量的测定都至关重要。对 12 个品系进行特性鉴定和产量测定，综合产量、薯块特性、经济性状等数据，"Z1219" 薯形椭圆，黄皮黄肉，芽眼浅，薯皮光滑，折合产量 2 886 kg/667 m^2，商品薯率高达 89.69%，淀粉、干物质含量适中，可以作为早熟鲜食马铃薯新品种在北方一作区进行推广种植。"Z1087" 薯形椭圆，为紫皮紫肉的紫色彩薯，折合产量达 2 818 kg/667 m^2，商品薯率达 84.93%，可进一步测定块茎花青素含量，作为高端蔬菜或者保健食品开发的原料薯进一步开发利用。对于加工型马铃薯品种，需要根据不同的加工工艺对马铃薯品质建立不同的评价标准[5]，淀粉加工型马铃薯要求薯块芽眼浅，淀粉含量在 20% 左右[6]。"Z1075" 薯形圆形，黄皮白肉，株形整齐，干物质含量高达 26.25%，淀粉含量高达 20.49%，折合产量 2 038 kg/667 m^2，可作为淀粉加工型品种。现有研究表明植株熟性和淀粉含量是相互独立遗传[7]，此品系可作为亲本材料选育早熟高淀粉马铃薯新品种。此外，"Z1176""Z1178""Z195""Z324" 折合产量也在 2 000 kg/667 m^2 以上，可进一步试验验证产量鉴定。其余各品系产量、商品薯率等数据结果显示不适合市场推广。

[参 考 文 献]

[1] 沈辰,孙家波,吴建寨,等.世界马铃薯生产、消费与贸易格局及演化分析 [J].山东农业科学,2021,53(2):127-132,141.

[2] 罗基友,高明杰,刘子萱,等.2020 年中国马铃薯产业发展形势分析 [C]//金黎平,吕文河.马铃薯产业与绿色发展.哈尔滨:黑龙江科学技术出版社,2021:3-6.

[3] 陈亚兰,张健,李定,等.国外马铃薯种质资源的引进及利用 [J].农业科技与信息,2013(16):26-28.

[4] 中华人民共和国农业部.NY/T 1303—2007 农作物种质资源鉴定技术规程 马铃薯 [S].北京:中国标准出版社,2007.

[5] 刘娟.马铃薯种质资源加工性状评价及品种筛选 [D].兰州:甘肃农业大学,2018.

[6] 杨巨良.主粮化战略下宁夏马铃薯产业发展路径选择 [J].宁夏农林科技,2017,58(3):41-43.

[7] 李建武.马铃薯(*Solanum tuberosum* L.)块茎淀粉含量及植株熟性性状的 QTL 定位与遗传分析 [D].武汉:华中农业大学,2019.

昭通市中薯系列马铃薯新品系两年早春试验

杨健康，胡　祚，刘小红，李怀龙，李　周*

（云南省昭通市农业科学院，云南　昭通　657000）

摘　要：为筛选出适合昭通市早春种植的优质马铃薯新品种，对 7 个中薯系列马铃薯新品系进行适应性、丰产性、农艺性状及抗病性为期 2 年的比较试验。结果表明，参试品系生育日数与"希森 6 号"相比，"中薯 34""中薯 35""中薯 43""中薯 45"与对照相当，2 年平均为 81~85 d，相差 1~3 d，"中薯 36""中薯 47""中薯 39"较对照生育日数长 6~12 d，参试品系属早（中）熟品种，在昭通市早春种植能正常成熟；株高适中，薯形规整，芽眼浅；参试品种（系）均感早疫病，"希森 6 号"和"中薯 47"早（晚）疫病较重，其余品系早疫病轻到中感；试验品种（系）均表现出轻花叶或皱缩卷叶退化现象；2021 年参试品系产量表现均较 2020 年好，产量较高的品系有 3 个，依次是"中薯 39"（产量 5 356 kg/667 m^2、平均 3 702 kg/667 m^2）、"中薯 43"（产量 3 984 kg/667 m^2、平均 3 006 kg/667 m^2）、"中薯 35"（产量 3 850 kg/667 m^2、平均 2 768 kg/667 m^2），较对照增幅 20%以上。方差分析表明，"中薯 39"产量与其他品系及对照达极显著水平，"中薯 43""中薯 35"与对照达显著水平。"中薯 39"块茎长椭、白肉，还伴有生理缺陷，市场销售受限，"中薯 43""中薯 35"两品系薯形椭圆，均为黄皮黄肉，淀粉含量高于"希森 6 号"。根据试验结果，"中薯 43""中薯 35"可在昭通海拔 1 000~2 000 m 及相似区域，作为早春马铃薯品种进一步示范。

关键词：马铃薯；品系；早春；生育期；性状；产量

昭通市是西南地区马铃薯生产的主产区之一，境内海拔高差大，立体气候突出，昼夜温差大，冬无严寒夏无酷暑，形成了早春、大春、秋冬播等多季马铃薯生产模式，四季均有商品薯供应。昭通海拔 1 000~2 000 m 县区适应马铃薯早春季生产[1]。早春一般在 12 月下旬至 1 月中旬播种，5 月下旬至 6 月上旬收获，填补冬作马铃薯生产供应后的空缺，能获得较高的经济效益。据统计，2019 年昭通市早春马铃薯播种面积 1 万 hm^2，至 2021 年增加到 1.21 万 hm^2。

品种既是生产资料，又是增产的基础，对生产影响很大，很多地方都在开展马铃薯品种引试选育工作[2-5]。早春马铃薯生产，适宜的品种很关键，其要求品种极早结薯，以避开生育后期的高温，因为后期的高温，是不利于马铃薯结薯和薯块膨大的[6]。为引试筛选出适应性好、高产、抗病性强、农艺性状好的早春马铃薯新品种尤其是黄肉食味佳的品

作者简介：杨健康（1969—），男，高级农艺师，主要从事马铃薯育种、试验和示范推广工作。

基金项目：国家马铃薯产业技术体系昭通综合试验站。

*通信作者：李周，硕士，农艺师，主要从事马铃薯新品种选育、种薯生产技术研发和马铃薯科技推广工作，e-mail：lizhou131@163.com。

种，尽快用于生产，2018 年以来在成功引进早熟品种"希森 6 号"种植生产的基础上，为加快早春型品种更新，2020—2021 年借助国家马铃薯产业技术体系昭通综合试验站体系平台，从中国农业科学院引进中薯系列马铃薯新品系 7 个，在昭鲁坝区开展早春试验。通过对新品系的生育期、适应性、丰产性和抗病性的观察、分析和评价，为新品种推广利用提供数据支撑。

1 材料与方法

1.1 试验地概况及整地

试验安排在昭通市农业科学院永丰试验基地，海拔 1 950 m，N 27.248°，E 103.669°。土壤属小黄壤，pH 值 6.5 左右，肥力中等，土质疏松，具备灌溉条件。2020 年前茬作物玉米，2021 年前茬是中药材白芨。播种前 20 d 用拖拉机翻犁和耙平，除去杂物，播前 5 d 再用拖拉机旋耕 1 次。

1.2 品种（系）来源

参试马铃薯品种（系）8 个，分别是"中薯 34""中薯 35""中薯 36""中薯 39""中薯 43""中薯 45""中薯 47""希森 6 号"（CK），其中，中薯系列由中国农业科学院蔬菜研究所提供，对照"希森 6 号"由昭通市千和农业科技有限责任公司提供。2020 年试验收获后自留 2021 年试验用种。

1.3 试验设计

试验采用随机区组排列，3 次重复，小区面积 10 m²(4.55 m × 2.20 m)，4 行区，双行垄作，垄距 110 cm，大行距 75 cm，小行距 35 cm，株距 30.3 cm，每行播种 15 株，每小区播种 60 株，折合 4 000 株/667 m²。重复间走道 60 cm，区组内走道 50 cm，试验地周边设 1 m 以上保护行。试验在 1 d 内播完。

施肥：施腐熟农家肥 1.5 t/667 m²、马铃薯专用复合肥（N∶P∶K = 15∶10∶20）80 kg/667 m²，量化到小区，作基肥一次性施入。

种薯处理：选择健康无病种薯，播种时大于 100 g 的种薯先切块，再用银法利 100 mL 兑水 1 kg 喷湿全部种子，预防早疫病和晚疫病。

其他条件：点播时浇水，播种后覆膜，2020 年出苗至成熟整个生长期间采取人工浇水 3 次（效果差），2021 年采用膜下滴灌，出苗后隔 10 d 滴灌 1 次，每次 1 h。

1.4 田间管理

试验在每年的 1 月中旬末播种；出苗时及时破膜放苗；生长期间进行人工除草 3 次，膜上培土 1 次；因昭鲁坝区冬春干旱，不进行早（晚）疫病防治，以充分考察试验品种（系）的抗病性；植株中下部叶片变黄时可收获，收获时对每个品种（系）进行块茎性状记录和小区产量实测。

1.5 观察记录

播种至收获期间进行物候期、植株性状、块茎性状、抗病性记录。参照"马铃薯品种区域试验田间考察项目及记载参考标准"和"国际马铃薯中心（CIP）马铃薯晚疫病感染情况田间统计分级标准"观察记录。

1.6 数据分析

试验数据采用 Microsoft Excel 2003 和 DPS 数据分析系统(DPS16.05 高级版)软件进行统计分析,显著性分析用 Duncan's 新复极差法。

2 结果与分析

2.1 物候期

与"希森 6 号"相比,2020 年"中薯 34""中薯 35""中薯 36""中薯 47"4 个品系始苗期为 2 月 24—26 日,基本同期出苗,"中薯 43""中薯 45""中薯 39"较对照"希森 6 号"始苗期分别晚 5,6 和 9 d,"中薯 39"出苗最晚;除"中薯 36"品系外,其余品种(系)8~13 d 达出苗期,而"中薯 36"是 17 d,较对照晚 6 d;"中薯 34""中薯 35"与"希森 6 号"同期达成熟,生育日数为 87~89 d,"中薯 36""中薯 43"晚成熟 3 d,"中薯 39"和"中薯 47"较对照晚熟 12 d。2021 年的生育状况与 2020 年相似,播种期推迟 2 d,对应品种(系)的始苗期推迟 15 d 左右,各品种(系)始苗至出苗只是 3~5 d,这与膜下滴灌改变土壤墒情有很大关系;"中薯 34""中薯 35"与"希森 6 号"同期成熟,生育日数为 74~75 d,"中薯 43"和"中薯 47"同期成熟,较"希森 6 号"晚熟 8 d,"中薯 36"和"中薯 45"同期成熟,较"希森 6 号"晚熟 14 d,"中薯 39"晚熟 24 d;生育日数"中薯 39"最长,为 96 d,较对照生育日数长 22 d,其次是"中薯 36",为 86 d,较对照生育日数长 12 d,其他品系较对照生育日数长 0~9 d(表 1)。

从 2 年平均生育日数分析,"中薯 34""中薯 35""中薯 43""中薯 45"与对照相当,2 年平均为 81~85 d,相差 1~3 d,"中薯 36""中薯 47""中薯 39"较对照生育日数长 6~12 d。参照马铃薯熟期划分标准,"中薯 34""中薯 35""希森 6 号""中薯 43"为早熟品种(系),"中薯 47""中薯 45""中薯 36""中薯 39"为中熟品系,结合生育日数和产量表现,参试品种(系)在昭通市早春种植能正常成熟(表 1)。

表 1 参试品系早春试验生育状况

品种(系)	2020								2021								生育日数平均 (d)
	播种期 (D/M)	始苗期 (D/M)	出苗期 (D/M)	出苗率 (%)	开花	成熟期 (D/M)	收获期 (D/M)	生育日数 (d)	播种期 (D/M)	始苗期 (D/M)	出苗期 (D/M)	出苗率 (%)	开花	成熟期 (D/M)	收获期 (D/M)	生育日数 (d)	
中薯 34	19/01	24/02	08/03	94.4	落蕾	20/05	05/06	87	21/01	08/03	12/03	98.33	落蕾	20/05	24/06	74	81
中薯 35	19/01	26/02	04/03	96.7	落蕾	22/05	05/06	87	21/01	10/03	15/03	97.77	落蕾	23/05	24/06	75	81
中薯 36	19/01	26/02	13/03	98.3	落蕾	25/05	05/06	90	21/01	12/03	15/03	98.88	落蕾	05/06	24/06	86	88
中薯 39	19/01	04/03	17/03	98.9	落蕾	03/06	05/06	92	21/01	12/03	17/03	98.33	落蕾	15/06	24/06	96	94
希森 6 号(CK)	19/01	24/02	07/03	99.4	落蕾	22/05	05/06	89	21/01	10/03	15/03	98.88	落蕾	22/05	24/06	74	82
中薯 43	19/01	29/02	09/03	97.8	落蕾	25/05	05/06	88	21/01	15/03	20/03	97.77	落蕾	30/05	24/06	77	83

品种(系)	2020								2021								生育日数平均(d)
	播种期(D/M)	始苗期(D/M)	出苗期(D/M)	出苗率(%)	开花	成熟期(D/M)	收获期(D/M)	生育日数(d)	播种期(D/M)	始苗期(D/M)	出苗期(D/M)	出苗率(%)	开花	成熟期(D/M)	收获期(D/M)	生育日数(d)	
中薯45	19/01	01/03	09/03	97.8	落蕾	26/05	05/06	87	21/01	15/03	18/03	98.33	落蕾	05/06	24/06	83	85
中薯47	19/01	26/02	09/03	98.3	落蕾	03/06	05/06	99	21/01	10/03	15/03	97.22	落蕾	30/05	24/06	82	91

2.2 植株性状

参试品种(系)大部分出苗整齐,生长势强,只现蕾不开花(落蕾)无天然结实性。株丛形态上有"中薯36""中薯39""中薯43""中薯45""中薯47""希森6号"6个品种直立,其余2个品种半直立。植株高度从年度上看,2020年株高较矮,处于20~35 cm,2021年"中薯47"和"中薯39"两品系较高,为62.3和65.5 cm,其余品系处于40~50 cm(表2)。

2.3 病 害

在未进行早(晚)疫病防治前提下,经2年观察,"中薯47"和"希森6号"重感早疫病、轻感晚疫病,"中薯43"和"中薯36"中感早疫病,不感晚疫病,其余品系不感晚疫病、轻感早疫病。在退化方面年季间略有差异,2021年植株较明显,均不同程度表现有花叶,其中"希森6号"和"中薯47"植株叶片皱缩、卷叶更明显(表2)。

表2 参试品系早春试验植株性状

品种(系)	出苗整齐度	幼苗生长势	茎色	叶色	花冠色	天然结果习性	株高(cm)			平均茎粗(cm)	株丛形态	株丛繁茂性	退化情况	早疫病	晚疫病
							2020	2021	平均						
中薯34	中	强	绿	浅绿	无花	无	23.3	41.4	32.4	1.12	半直	中	轻花叶	轻感	0
中薯35	整齐	强	浅绿	浅绿	无花	无	20.5	44.6	32.6	1.02	半直	中	轻花叶	轻感	0
中薯36	整齐	强	绿	绿	无花	无	27.3	42.7	35.0	1.01	直立	中	轻花叶	中感	0
中薯39	中	强	绿	浅绿	无花	无	29.4	65.5	47.5	1.18	直立	强	轻花叶	轻感	0
希森6号(CK)	整齐	强	绿	浅绿	无花	无	25.2	46.8	36.0	0.94	直立	中	皱缩,花叶	重感	3级
中薯43	整齐	强	绿	浅绿	无花	无	27.0	48.2	37.6	1.14	直立	强	中卷叶	中感	0
中薯45	整齐	强	绿	绿	无花	无	26.8	40.9	33.9	0.98	直立	中	皱缩,矮化	轻感	0
中薯47	整齐	中	绿	绿	浅紫	无	34.7	62.3	48.5	1.13	直立	强	轻花叶	重感	3级

2.4 块茎性状

参试品系结薯集中;"中薯36"和"中薯45"块茎不整齐,其余品种(系)整齐,薯形规整芽眼浅,"希森6号""中薯35""中薯36""中薯47"4个品种外表皮光滑,其余4个表皮粗糙或麻皮;"中薯34""中薯35""中薯39""中薯43"4个品系大中薯率较"希森6号"高,均在90%以上,"中薯36""中薯45""中薯47"3个品系较"希森6号"低,处于82.0%~88.0%;除"中薯39"薯肉白色外,其余品种(系)薯肉为黄或淡黄;比重法淀粉含量除"中薯39"较"希森6号"低外,其余品系均较"希森6号"高("中薯36"最高为16.06%,其次是"中薯34""中薯45"为14.50%左右,其余品系与"希森6号"相差不大);"中薯39""中薯34"2个品系出现生理缺陷(表3)。

表3 参试品系块茎性状

品种 (系)	块茎整齐度	薯形	皮色	肉色	薯皮类型	芽眼深度	芽眼颜色	大中薯率(%)(2年平均)	田间烂薯率(%)	比重法淀粉含量(%)	块茎生理缺陷			
											二次生长	裂薯	空心	其他缺陷
中薯34	整齐	椭圆	黄	淡黄	麻皮	中	无	92.69	0	14.58	无	无	无	轻褐斑
中薯35	整齐	扁椭	黄	黄	光滑	浅	无	91.95	1.6	11.97	无	无	无	无
中薯36	不整齐	长椭	淡黄	淡黄	光滑	中	无	82.75	0	16.06	无	无	无	无
中薯39	整齐	长椭	白	白	粗糙	浅	无	93.44	0	10.49	无	无	空心	轻褐斑
希森6号(CK)	整齐	扁椭	黄	黄	光滑	浅	无	89.82	0	11.26	无	无	无	无
中薯43	整齐	椭圆	淡黄	淡黄	麻皮	浅	无	92.98	0	12.21	无	无	无	无
中薯45	不整齐	长	白	淡黄	粗糙	中	无	87.15	0	14.41	无	无	无	无
中薯47	中	椭圆	白	黄	光滑	浅	无	83.82	0	11.82	无	无	无	无

2.5 产 量

2年平均产量从高到低依次是,"中薯39"(3 702 kg/667 m²)>"中薯43"(3 006 kg/667 m²)>"中薯35"(2 768 kg/667 m²)>"中薯36"(2 754 kg/667 m²)>"中薯47"(2 750 kg/667 m²)>"中薯45"(2 529 kg/667 m²)>"希森6号"(2 490 kg/667 m²)>"中薯34"(2 447 kg/667 m²)。

方差分析情况,2020年参试品种(系)产量总体表现不高,"中薯36"与"中薯47""中薯39""中薯43""中薯45"品系间无显著差异,与"希森6号""中薯34""中薯35"品系差异达0.05显著水平;2021年参试品种(系)产量总体表现较好,"中薯39"产量极显著的高于"希森6号"及其他品系,除"中薯39外"其他品种(系)间无极显著差异,"中薯43""中薯35"2个品系与"希森6号""中薯34""中薯45"3个品系间差异达0.05显著水平,除此外的其他品种(系)间无显著差异(表4)。

表 4　参试品系小区产量

品种	2020							2021							2 年平均产量 (kg/667 m²)	位次
	I (kg/10 m²)	II (kg/10 m²)	III (kg/10 m²)	小区平均 (kg/10 m²)	折合产量 (kg/667 m²)	较 CK 增减 产量 (kg/667 m²)	增产 (%)	I (kg/10 m²)	II (kg/10 m²)	III (kg/10 m²)	小区平均 (kg/10 m²)	折合产量 (kg/667 m²)	较 CK 增减 产量 (kg/667 m²)	增产 (%)		
中薯 34	26.4	25.6	29.0	27.0 bc	1 800	-40.0	-2.2	48.28	45.58	45.38	46.41 cB	3 094	-46.00	-1.46	2 447	8
中薯 35	24.6	26.3	24.9	25.3 c	1 687	-156.0	-8.5	56.17	53.49	63.58	57.75 bB	3 850	710.04	22.61	2 768	3
中薯 36	30.1	34.7	32.3	32.4 a	2 160	318.0	17.3	51.90	53.47	45.32	50.23 bcB	3 349	208.68	6.64	2 754	4
中薯 39	29.2	31.9	31.0	30.7 ab	2 047	206.8	11.2	79.18	82.10	79.75	80.34 aA	5 356	2 216.11	70.57	3 702	1
希森 6 号 (CK)	26.8	28.3	27.7	27.6 bc	1 840	—	—	49.92	41.93	49.45	47.10 cB	3 140	—	—	2 490	7
中薯 43	28.3	32.8	30.1	30.4 ab	2 027	186.8	10.2	60.72	47.35	71.21	59.76 bB	3 984	844.05	26.88	3 006	2
中薯 45	28.2	27.2	34.5	30.0 ab	2 000	157.9	8.6	50.08	42.97	44.61	45.88 cB	3 059	-81.34	-2.59	2 529	6
中薯 47	33.5	31.4	27.7	30.9 ab	2 060	217.9	11.8	56.26	53.43	45.14	51.61 bcB	3 441	300.69	9.57	2 750	5

注：同列不同小写字母表示 0.05 水平差异显著。

3 讨 论

由于早春马铃薯的生长期，是前期温度低，后期温度逐渐升高，到6月中旬前后，已不适宜结薯或薯块膨大，所以，熟期晚或结薯迟的品种，不大适合作为早春马铃薯种植[6-8]。从两年产量结果看（特别是2021年），参试品种（系）在6月中下旬能成熟并获得较高产量，说明适合在昭通早春种植。以"中薯35""中薯43"品系综合性状表现较好，可在昭通海拔1 000~2 000 m范围及相似区域，作为早春马铃薯品种进一步示范。

试验显示并非越早播种，出苗就越早。1月正是昭通市气温处于最低阶段，在种薯正常打破休眠状态下，昭鲁坝区于1月中旬末播种，要到2月底3月初才开始出苗，达到出苗期将近50 d，近40 d在土中"萌发"。因此，播种期可推迟10~15 d、待气温和土温回升再播种，利于早出苗、早结薯。

试验显示参试品种（系）只现蕾不开花。原因有二，内因是一些早熟品种在现蕾期块茎已开始膨大，茎叶中的养分向块茎输送，花蕾得不到足够养分，不能正常发育而枯黄脱落；外因是温度和光照，最适合马铃薯开花的温度是18~20 ℃，适逢现蕾开花时段环境温度低或是光照不强和日照短，故枯黄脱落。这是南北引种或向低海拔区引种会出现的情况。

开展早晚疫病防治，做到稳产增收。虽然昭通市常年是冬春干旱气候，理论上不适宜早晚疫病的发病与蔓延，或是发病轻，但还是要做到把稳行事，有必要在齐苗至茎叶变黄前进行药剂绿色防控，延长块茎膨大期。

解决种薯种性退化问题。本试验种薯连用2年，2021年参试品种植株均不同程度出现花叶或皱缩、卷叶退化迹象。早熟品种要获高产最多种两季，在示范推广中应使用1~3代脱毒种薯。

另外，在马铃薯品种筛选应用中限制因素特别多。产量是一个，皮色、肉色、抗病性尤其是病毒病抗性、青枯病抗性等，休眠期、耐贮性、商品薯率都可能起到'一票否决'作用[9,10]。在今后的筛选试验中，当特别重视这些因素的考察，力争选出较好的品种用于生产。

本试验表现较好的2个品种"中薯35""中薯43"，较"希森6号"增产幅度大，同样是受市场欢迎的黄肉品种，薯形好，淀粉含量较"希森6号"略高，值得在当地深入研究，有可能从中选择出一个优良的主栽品种，其中"中薯43"值得特别关注。

[参 考 文 献]

[1] 李德雄.昭通市马铃薯产业回顾与展望[J].云南农业，2020(10)：32-35.

[2] 王乾，崔长磊，孙莎莎，等.南方马铃薯品种引种适应性评价[J].中国马铃薯，2021，35(2)：106-117.

[3] 罗照霞，吕汰，王鹏，等.天水市山旱地马铃薯新品种（系）引进及比较试验[J].中国马铃薯，2021，35(2)：134-140.

[4] 宋昌海，张利民，田文峰，等.内蒙古赤峰市马铃薯新品种引进及适应性分析[J].北方农业学报，2019，47(6)：22-27.

[5] 谢春霞，杨雄，赵彪，等.大理州马铃薯2年2点品种比较试验[J].浙江农业科学，2020，61(2)：231-235.

[6] 徐宁生.马铃薯栽培技术[M].昆明：云南科技出版社，2019：158-159.

[7] 赵明明，孙亚伟，胡新燕，等.江苏徐淮地区春播马铃薯品种（系）引进及比较试验[J].中国马铃薯，2021，35(2)：127-133.

[8] 颉炜清，孙小花，方彦杰，等.马铃薯抗病增产优质中早熟新品种筛选试验[J].中国马铃薯，2021，35(5)：397-405.

[9] 刘中良，郑建利，高俊杰，等.山东春早熟马铃薯品种比较试验[J].广西农学报，2016，31(6)：5-7.

[10] 姜艳芳，王顺妮，熊安平，等.基于周年生产的马铃薯品种比较试验[J].中国马铃薯，2021，35(4)：308-314.

河北省马铃薯品系一年多点区域适应性鉴定

罗亚婷，王 磊，祁利潘，尹 江，冯 琰*

（河北北方学院旱作农业研究中心，河北 张家口 075000）

摘 要：以 7 个马铃薯品系为研究对象，在河北省主产区开展一年多点随机区组试验，进行丰产性、稳产性、抗逆性等综合鉴定评价，为筛选出适合河北省种植的马铃薯新品系提供参考依据。结果表明，"北方 016""北方 015""北方 013"和"北方 018"4 个品系田间生长势强、产量高，分别为 3 061，2 949，2 834 和 2 700 kg/667 m^2，显著高于对照"克新 1 号""大西洋"和"夏坡蒂"，商品薯率均在 86% 以上，4 个品系在外观品质、产量、抗性等方面表现为优，适宜在河北坝上种植。

关键词：马铃薯；一年多点；适应性；品质

马铃薯是中国第四大粮食作物，具有营养丰富，高产稳定等特点[1,2]。目前马铃薯产业面临的最大问题是马铃薯品种的单一化，自中国启动马铃薯主粮化战略以来，马铃薯产业得到了越来越多的重视与发展，但缺乏不同熟期、不同用途的品种，且品种结构不合理，难以适应市场需求，尤其是随着社会经济的发展和人们对食物营养品质的提高，对马铃薯的品种选育提出了新的要求。

河北省是中国重要的马铃薯种植生产基地，主要集中在张家口和承德等地，仍存在马铃薯品种单一、主栽品种产量不高、抗逆性不强等问题[3,4]。通过一年多点马铃薯品系区域适应性鉴定试验，准确地鉴定出马铃薯新品系的环境抵抗能力、产量的增产和稳产能力等综合性状，能够甄别出品系特征特性和在生产上的利用价值，为国家马铃薯品种登记、应用推广等提供科学依据。

1 材料与方法

1.1 参试品系

参试品系"北方 013""北方 014""北方 015""北方 016""北方 017""北方 018""北方 019"和对照品种"大西洋""克新 1 号"和"夏坡蒂"，以上材料均由河北北方学院旱作农业研究中心提供。

作者简介：罗亚婷（1989—），女，助理研究员，主要从事马铃薯新品种选育与栽培技术研究。
基金项目：财政部和农业农村部：国家现代农业产业技术体系（CARS-09-P05）；张家口市重点研发计划项目（2121028C）；河北北方学院校级项目（XG2021012）。
*通信作者：冯琰，副研究员，主要从事马铃薯新品种选育与高产栽培技术研究，e-mail：fengyannm@sina.com。

1.2 试验地概况

试验设 6 个试点均分布在河北马铃薯主要产区，分别在张北县油娄沟乡喜顺沟村河北北方学院马铃薯育种基地、沽源县长梁乡长梁村、康保县原种场、尚义大青沟、围场和围场高原。地理位置 N 41.09°~42.08°，E 113.97°~117°，海拔在 960~1 536 m，最低海拔为河北围场 960 m，最高海拔为沽源县 1 536 m。土壤肥力中等，前茬主要为玉米、亚麻、豆类等。

1.3 试验设计

采用一年多点随机区组试验，小区面积 18 m²，每小区 100 株，密度 3 706 株/667 m²，3 次重复，四周种保护行。各试点均按当地主要栽培管理措施实行，田间管理均匀一致。播期在 2018 年 4 月下旬至 5 月上旬。基肥为有机肥、氮、磷、钾肥等，追肥以尿素为主。生产过程调查物候期、植株形态特征、块茎形态特征、块茎产量和抗病性等。水比重法测定干物质和淀粉含量。

1.4 数据分析

采用 Excel 2010 和 SPSS 2.0 软件对试验数据进行整理与分析。

2 结果与分析

2.1 试验精确度分析

所有参试点的 CV 值均未超过 15%（表 1），符合试验要求，数据参与汇总分析。

表 1　小区产量的试验精确度分析

试点	误差变异系数(%)
张北	7.59
康保	3.31
围场	5.99
沽源	4.23
围场高原	4.24
尚义	3.26

2.2 参试品系农艺性状分析

参试品系出苗率均在 90.0%以上，生育期在 91~96 d，其中"北方 014"生育期最长为 96 d；主茎数最高的是"北方 013"和"北方 014"，为 2.4 个，最低的是"大西洋"，为 1.7 个；各参试品系的株高差异较大，"克新 1 号"最高，为 67.5 cm，"北方 015"最低，为 54.7 cm。各参试品种干物质含量差异较大，最高的"大西洋"干物质含量为 22.71%，淀粉含量为 16.96%，"北方 014"最低干物质含量为 17.10%，淀粉含量为 11.33%（表 2）。

表 2　参试品系的重要农艺性状

品种（系）	生育期（d）	出苗率（%）	主茎数（个）	株高（cm）	比重	干物质含量（%）	淀粉含量（%）
北方 013	93	95.5	2.4	61.4	1.085 0	20.74	14.99
北方 014	96	94.9	2.4	60.1	1.067 9	17.10	11.33
北方 015	93	92.6	1.8	54.7	1.069 5	17.28	11.53
北方 016	91	96.9	2.0	65.1	1.081 4	19.98	14.22
北方 017	91	96.0	2.2	66.0	1.087 4	21.26	15.49
北方 018	91	96.3	2.0	64.3	1.086 5	21.06	15.31
北方 019	94	93.2	1.8	58.1	1.075 2	18.64	12.89
大西洋（CK_1）	91	96.7	1.7	59.6	1.094 1	22.71	16.96
克新 1 号（CK_2）	93	97.1	2.3	67.5	1.076 9	19.00	13.22
夏坡蒂（CK_3）	93	96.7	1.8	56.2	1.081 8	20.06	14.27

2.3　参试品系产量构成因子分析

参试品系间单株块茎数、单株块茎重和商品薯率差异大。其中单株块茎数"北方 014"最多为 7.2 个，"大西洋"最少为 5.0 个；"北方 016"平均单株块茎重最重，为 732.7 g，"大西洋"最低为 504.7 g；"北方 013"商品薯率最高，为 91.1%，"北方 014"最低为 72.2%，其余品系的商品薯率在 80%~90%（表 3）。

表 3　参试品系产量构成因子

品种（系）	单株块茎数（个/株）	单株块茎重（g）	商品薯率（%）
北方 013	5.4	675.0	91.1
北方 014	7.2	632.0	72.2
北方 015	6.0	669.3	86.3
北方 016	5.8	732.7	89.7
北方 017	6.3	632.5	84.1
北方 018	5.6	636.2	88.6
北方 019	6.5	574.9	85.1
大西洋（CK_1）	5.0	504.7	84.2
克新 1 号（CK_2）	5.8	541.5	87.1
夏坡蒂（CK_3）	5.1	573.7	87.0

2.4　参试品系一年多点统计分析

品种（系）间、试点间及品系与试点的互作间的差异明显，达到极显著水平（表 4）。

表 4　参试品系小区产量方差分析

变异来源	自由度	平方和	均方	F 值	概率（小于 0.01 显著）
品种	9	10 660.767	1 184.530	95.901	0.000
试点	5	3 189.828	637.966	51.651	0.000
品种 × 试点	45	3 205.423	71.232	5.767	0.000
误差	120	1 482.184	12.352		
总变异	179	18 538.202			

"北方 016"平均产量最高，较对照品种"克新 1 号"增产 24.29%，较对照品种"大西洋"增产 45.79%，较对照品种"夏坡蒂"增产 33.65%，差异均极显著。"北方 015""北方 013"和"北方 018"均较对照品种"克新 1 号""大西洋"以及"夏坡蒂"增产，差异极显著；"北方 019""北方 014"和"北方 017"较对照"大西洋""夏坡蒂"增产，差异极显著（表 5）。

表 5　参试品系产量结果多重比较

品种（系）	产量（kg/667 m²）	较 CK₂±（%）	较 CK₁±（%）	较 CK₃±（%）
北方 016	3 061 aA	24.29	45.79	33.65
北方 015	2 949 bA	19.73	40.44	28.74
北方 013	2 834 cB	15.06	34.96	23.72
北方 018	2 700 dC	9.62	28.58	17.87
北方 019	2 521 eD	2.33	20.03	10.03
北方 014	2 465 eD	0.06	17.37	7.59
克新 1 号（CK₂）	2 463 eD			
北方 017	2 433 eD	−1.23	15.86	6.21
夏坡蒂（CK₃）	2 291 fE			
大西洋（CK₁）	2 100 gF			

注：同列不同小写和大写字母分别表示 0.05 和 0.01 水平显著，采用 Duncan's 法进行多重比较。

静态稳定性由好到差依次为"北方 014""北方 019""克新 1 号""北方 017""北方 013""夏坡蒂""北方 018""北方 015""北方 016""大西洋"（表 6）。

表 6　参试品系稳定性分析

品种（系）	小区平均产量（kg/18 m²）	误差变异系数（%）
北方 014	66.51	5.87
北方 019	68.02	6.28
克新 1 号（CK₂）	66.47	6.67

品种（系）	小区平均产量（kg/18 m²）	误差变异系数（%）
北方017	65.66	8.49
北方013	76.48	9.42
夏坡蒂（CK₃）	61.82	10.73
北方018	72.86	11.16
北方015	79.59	11.37
北方016	82.62	11.56
大西洋（CK₁）	56.67	11.69

2.5 参试品系田间病害分析

参试品系均在4个试点发生晚疫病和早疫病，且病叶率和病情指数均比对照低，其中"北方019"晚疫病发病最轻，病叶率10.0%、病情指数为2.73；"北方018"早疫病发病最轻，病叶率24.7%、病情指数为5.33。除了"北方018"，其余参试品系均发生花叶病毒病，其中"克新1号"发病最轻，发病率6.7%，病情指数为2.5。除了"北方019"，其余品系均发生卷叶病毒病，其中"北方018"发病最轻，发病率2.3%，病情指数为0.60（表7）。

表7 参试品系田间病害发生情况

品种（系）	花叶病毒病			卷叶病毒病			晚疫病			早疫病		
	点数	发病率（%）	病情指数	点数	发病率（%）	病情指数	点数	病叶率（%）	病情指数	点数	病叶率（%）	病情指数
北方013	1	56.7	17.50	1	40.0	13.33	4	28.4	10.56	4	36.3	9.48
北方014	1	36.7	11.67	1	10.0	3.33	4	28.4	12.73	4	53.0	17.00
北方015	2	6.7	2.67	1	16.7	6.30	4	32.0	12.73	4	60.3	20.33
北方016	1	56.7	18.33	1	30.0	9.17	4	29.3	8.03	4	35.7	7.15
北方017	1	23.3	6.67	1	30.0	10.00	4	12.3	5.50	4	52.7	14.37
北方018	0	0	0	1	2.3	0.60	4	14.3	6.67	4	24.7	5.33
北方019	1	30.0	10.83	0	0	0	4	10.0	2.73	4	47.7	16.70
大西洋（CK₁）	1	63.3	25.00	1	46.7	16.67	4	52.7	17.26	4	100	31.78
克新1号（CK₂）	1	6.7	2.50	1	13.3	4.17	4	67.7	22.77	4	60.3	18.26
夏坡蒂（CK₃）	1	43.3	14.17	1	43.3	15.83	4	80.7	30.22	4	98.0	31.63

3 讨 论

优质马铃薯品种选育是马铃薯产业发展的物质基础，也是马铃薯产量提升的重要因素，通过一年多点区域适应性鉴定试验来选择适合本生态区域且综合性状好的优质品种，丰富本区域的品种资源，对马铃薯产业提质增效具有重大意义[5-7]。通过在河北省主产区

6 个试点进行品系适应性鉴定，发现"北方 016"平均产量最高为 3 061 kg/667 m²，较对照"克新 1 号"增产 24.29%，较对照"大西洋"增产 45.79%，较对照"夏坡蒂"增产 33.65%；其次为"北方 015"平均产量 2 949 kg/667 m²，较对照"克新 1 号"增产 19.73%，较对照"大西洋"增产 40.44%，较对照"夏坡蒂"增产 28.74%；"北方 013"平均产量 2 834 kg/667 m²，较对照"克新 1 号"增产 15.06%，较对照"大西洋"增产 34.96%，较对照"夏坡蒂"增产 23.72%；"北方 018"平均产量 2 700 kg/667 m²，较对照"克新 1 号"增产 9.62%，较对照"大西洋"增产 28.58%，较对照"夏坡蒂"增产 17.87%。

综合分析，"北方 016""北方 015""北方 013"和"北方 018"4 个品系田间生长势强，丰产性好，各试点表现稳定生产潜力大，综合表现突出，适宜河北坝上地区种植，在河北张家口、承德等地具有良好的推广应用前景。此次试验对于解决河北省马铃薯品种单一问题，提高马铃薯经济性状和适应市场需求问题具有里程碑的意义，同时也为研究工作提供了丰富的种质资源。

[参 考 文 献]

[1] 徐进, 朱杰华, 杨艳丽, 等. 中国马铃薯病虫害发生情况与农药使用现状 [J]. 中国农业科学, 2019, 52(16): 2 800-2 808.

[2] 李彦军, 张方剑, 王勇, 等. 主粮化大背景下我国马铃薯产业专利分析及创新趋势研究 [J]. 农产品加工, 2021(14): 91-96, 99.

[3] 韩黎明, 童丹, 刘大江. 定西市旱作马铃薯主粮化新品种比较试验 [J]. 中国马铃薯, 2020, 34(1): 1-8.

[4] 王哲, 刘德超, 翟宇. 河北省马铃薯产业发展研究 [J]. 河北农业大学学报: 社会科学版, 2019, 21(4): 8-13

[5] 关佳晨, 蔡海龙. 我国马铃薯生产格局变化特征及原因分析 [J]. 中国农业资源与区划, 2019, 40(3): 92-100.

[6] 王艳芝, 冯凯斌, 王东华, 等. 承德市冷凉山区春茬马铃薯品种比较试验 [J]. 现代农业科技, 2019(3): 57-58.

[7] 陈云, 岳新丽, 王春珍, 等. 十四个马铃薯新品系在晋北地区的产量表现 [J]. 中国马铃薯, 2019, 33(5): 267-272.

达州市马铃薯品种筛选试验

范香全*，赵思毅，丁大杰，赵罗琼，黄 娟，李云峰，杨锡波，陈 斌

(达州市农业科学研究院，四川 达州 635000)

摘 要：达州市马铃薯种植历史悠久，在马铃薯生产、种薯生产和加工都有较好的基础，基本实现了马铃薯全产业链条的发展，为四川省马铃薯生产布局重点区域，发展马铃薯产业区域特色优势明显。不同品种在达州市适应性差异明显，筛选出适合达州市种植的马铃薯品种意义重大。试验结合9个品种田间性状、田间抗病性、商品性状及商品薯品质综合考量，结果表明"青薯9号""宣薯4号"品种特性相对较好，适合在达州市继续扩大规模、区域进行试验后加以推广。

关键词：达州市；马铃薯；品种；筛选

达州市马铃薯种植历史悠久，是马铃薯生产大市，常年种植马铃薯10万 hm²，平均单产稳定在20 000 kg/hm²，折合粮食总产4万 t(鲜产20万 t)；达州市是四川省第二大马铃薯主产区，也是四川省马铃薯生产布局重点区域。马铃薯为达州市第三大粮食作物，大力发展马铃薯对增加粮食总量，促进广大农户增收致富、农业供给侧结构改革，促进马铃薯主粮化战略、保障国家粮食安全均具有重要作用[1-3]。试验通过马铃薯优质品种筛选，鉴定其产量、品质、抗病性等综合性状，筛选出产量较对照增产或平产、抗病性强的品种，为生产推广种植提供理论依据。

1 材料与方法

1.1 供试材料

供试品种9个，分别为"青薯9号""陇薯7号""陇薯10号""兴佳2号""中薯15号""希森6号""丽薯6号""宣薯4号"和"达芋6号"，其中"达芋6号"为对照品种。

1.2 试验地概况

试验地设在四川省达州市农业科学研究院马铃薯高山试验站，地处 N 31.53°，E 107.98°，海拔1 190 m。前茬作物为玉米，地势平坦、地面平整、肥力中等。

1.3 试验设计与方法

试验于2021年完成。采用完全随机区组设计，3次重复。小区面积13.33 m²，单垄双行，共4行，每行20株，垄距0.90 m，株距0.25 m，行距30 cm，小区间不留走道，重

作者简介：范香全(1988—)，男，硕士，助理研究员，主要从事马铃薯育种与栽培研究。

基金项目：国家现代农业产业技术体系四川薯类创新团队(川财教[2019]59号)；四川省"十四五"农作物及畜禽育种攻关项目(2021YFYZ0019)。

*通信作者：范香全，e-mail：364090417@qq.com。

复间设走道 0.5 m，四周设保护行 2 行。施农家腐熟牛粪 2 000 kg/667 m²，硫酸钾复合肥（N：P₂O₅：K₂O = 15：15：15）70 kg/667 m²，作底肥一次施入施肥沟，于两侧错窝种植。田间管理同当地管理习惯，无病害防治措施，生育期内调查不同品种物候期、主要农艺性状、抗病性。

2 结果与分析

2.1 物候期

"希森 6 号"生育期最短，为 90 d；"达芋 6 号""兴佳 2 号""希森 6 号"为中熟品种；"青薯 9 号""陇薯 7 号""陇薯 10 号""宣薯 4 号""丽薯 6 号""中薯 15 号"生育期较长，均为中晚熟品种（表 1）。

表 1 参试品种物候期

品种	播种期（D/M）	出苗期（D/M）	现蕾期（D/M）	开花期（D/M）	成熟期（D/M）	收获期（D/M）	生育期（d）
达芋 6 号(CK)	19/01	20/03	15/04	23/04	22/06	30/06	93
青薯 9 号	19/01	17/03	19/04	—	29/06	30/06	104
陇薯 7 号	19/01	18/03	17/04	20/04	29/06	30/06	103
陇薯 10 号	19/01	16/03	17/04	23/04	29/06	30/06	105
兴佳 2 号	19/01	22/03	20/04	24/04	22/06	30/06	91
中薯 15 号	19/01	20/03	21/04	26/04	24/06	30/06	95
希森 6 号	19/01	25/03	19/04	24/04	23/06	30/06	90
丽薯 6 号	19/01	20/03	25/04	30/04	29/06	30/06	100
宣薯 4 号	19/01	16/03	19/04	23/04	27/06	30/06	102

2.2 植株形态特征

各品种均能在达州市正常生长。"青薯 9 号""丽薯 6 号"茎色为绿带紫，"中薯 15 号""宣薯 4 号"茎色绿带褐，其他品种均为绿色；"青薯 9 号""陇薯 10 号""兴佳 2 号"叶色为深绿色，其余品种为绿色；"青薯 9 号"花冠为浅红色，其余品种为白色花朵；所有参试品种未见落蕾，均能正常开花，长势均强（表 2）。

表 2 不同品种植株形态特征

品种	茎色	叶色	花冠色	花繁茂性	长势
达芋 6 号(CK)	绿	绿	白	中	强
青薯 9 号	绿带紫	深绿	浅红	少	强
陇薯 7 号	绿	绿	白	中等	强
陇薯 10 号	绿	深绿	白	中等	强

品种	茎色	叶色	花冠色	花繁茂性	长势
兴佳 2 号	绿	深绿	白	中等	强
中薯 15 号	绿带褐	绿	白	中等	强
希森 6 号	绿	绿	白	少	强
丽薯 6 号	绿带紫	绿	白	中等	强
宣薯 4 号	绿带褐	绿	白	多	强

2.3 植株田间性状

所有品种出苗率都在 90% 左右；株高均在 57 cm 以上，无特殊矮小品种，"青薯 9 号"株高最高，为 97 cm；各品种主茎数在 2.2~3.2 个，"青薯 9 号"主茎数最多，为 3.2 个（表 3）。

表 3　不同品种植株田间性状

品种	出苗率（%）	株高（cm）	主茎数（个）
达芋 6 号（CK）	95	72	2.4
青薯 9 号	93	97	3.2
陇薯 7 号	98	57	2.5
陇薯 10 号	95	60	2.2
兴佳 2 号	93	70	2.5
中薯 15 号	89	58	2.8
希森 6 号	92	65	2.3
丽薯 6 号	91	68	2.4
宣薯 4 号	95	78	2.3

2.4 产量及相关性状

"达芋 6 号""陇薯 7 号""兴佳 2 号""丽薯 6 号"块茎椭圆形，"宣薯 4 号"块茎圆形，其他品种块茎均为长椭圆形；"青薯 9 号"皮色为红色，"达芋 6 号""兴佳 2 号""中薯 15 号""丽薯 6 号"皮色为浅黄色，其余品种皮色为黄色；"丽薯 6 号"肉色为白色，"兴佳 2 号""中薯 15 号"肉色为浅黄色，其他品种肉色为黄色；"陇薯 10 号"芽眼极浅，其他品种芽眼浅；"陇薯 10 号"淀粉含量最高为 14.75%，"陇薯 7 号""中薯 15 号"淀粉含量与对照相当，其他品种淀粉含量均高于对照；"青薯 9 号"产量最高为 40 532 kg/hm²，较对照增产 22.81%，"宣薯 4 号"较对照增产 11.73%，"陇薯 10 号""兴佳 2 号""丽薯 6 号"产量与对照相当，其他品种产量低于对照，较对照减产 20.18%~30.28%。"青薯 9 号""兴佳 2 号""陇薯 10 号""宣薯 4 号"商品薯率均超过 80%，其中"兴佳 2 号"最高为 87.6%，其他品种商品薯率均在 60% 左右（表 4）。

表 4　不同品种块茎性状及产量

品种	薯形	皮色	肉色	芽眼深浅	淀粉含量（%）	折合产量（kg/hm²）	增产率（%）	商品薯率（%）
达芋 6 号（CK）	椭圆	浅黄	黄	浅	12.50	33 003	—	67.7
青薯 9 号	长椭圆	红	黄	浅	13.67	40 532	22.81	85.6
陇薯 7 号	椭圆	黄	黄	浅	12.10	26 342	-20.18	60.7
陇薯 10 号	长椭圆	黄	黄	极浅	14.75	33 204	0.61	80.1
兴佳 2 号	椭圆	淡黄	淡黄	浅	13.40	34 036	3.13	87.6
中薯 15 号	长椭圆	浅黄	淡黄	浅	12.10	23 010	-30.28	60.2
希森 6 号	长椭圆	黄	黄	浅	14.10	24 347	-26.23	60.5
丽薯 6 号	椭圆	浅黄	白	浅	13.21	35 178	6.60	63.9
宣薯 4 号	圆	黄	黄	浅	14.70	36 874	11.73	82.2

2.5　田间抗性表现

根据往年达州市马铃薯病害发生情况，在种植生育期内主要调查了晚疫病；各品种在生育期内均未进行晚疫病防治。在达州市"中薯 15 号""希森 6 号"为高感晚疫病；"陇薯 7号"轻感晚疫病；"青薯 9 号""兴佳 2 号""宣薯 4 号"抗晚疫病；"陇薯 10 号""丽薯 6 号"高抗晚疫病（表 5）。

表 5　不同品种晚疫病田间抗性表现

品种	调查总株数（个）	发病株数（个）	发病率（%）	病情指数	抗性
达芋 6 号（CK）	40	15	37.50	7.25	抗
青薯 9 号	40	20	50.00	9.32	抗
陇薯 7 号	40	31	77.50	45.23	轻感
陇薯 10 号	40	12	30.00	4.50	高抗
兴佳 2 号	40	18	45.00	13.45	抗
中薯 15 号	40	34	85.00	67.12	高感
希森 6 号	40	32	80.00	75.23	高感
丽薯 6 号	40	13	32.50	4.81	高抗
宣薯 4 号	40	18	45.00	12.13	抗

3　讨　论

根据生育期、产量、品质及抗病性综合考虑，"青薯 9 号"生育期 104 d，产量最高，抗晚疫病，商品属性好；其次为"宣薯 4 号"生育期 102 d，产量高于对照、品质好，抗晚疫病，这 2 个品种可适当扩大规模、区域继续试验后加以推广。

[参 考 文 献]

[1] 张昱, 周芳, 徐小虎, 等. 辽宁地区马铃薯品种筛选试验 [C]//金黎平, 吕文河. 马铃薯产业与绿色发展. 哈尔滨: 黑龙江科学技术出版社, 2021: 211-215.

[2] 沈学善, 郑光跃, 朱炳权, 等. 四川秦巴山区马铃薯新品种引进筛选 [J]. 耕作与栽培, 2020, 40(5): 23-26.

[3] 高剑华, 郝苗, 李大春, 等. 恩施州马铃薯新品种筛选及品质研究 [C]//金黎平, 吕文河. 马铃薯产业与美丽乡村. 哈尔滨: 黑龙江科学技术出版社, 2020: 239-245.

榆林市马铃薯品种筛选试验

汪　奎[1,2]，张春燕[1,2]，吕　军[1]，高青青[1]，方玉川[1,2]*

（1. 榆林市农业科学研究院，陕西　榆林　719000；

2. 陕西省马铃薯工程技术研究中心，陕西　榆林　719000）

摘　要：从全国引进马铃薯新品种 9 个，以"陇薯 6 号"为对照，在榆林市农业科学研究院示范园开展了马铃薯新品种筛选试验。结果表明，"宁薯 19 号""云薯 506""秦薯 104""秦薯 105""云薯 502"和"L0109-4"产量分别为 4 368，3 933，3 640，3 549，3 280 和 3 113 kg/667 m²，与对照"陇薯 6 号"相比，增产率分别达到 63.91%、47.59%、36.58%、33.17%、23.08% 和 16.83%，差异达极显著水平，适宜在榆林市推广种植。

关键词：马铃薯；品种；产量；引种

榆林市地处陕西省北部，与甘肃、宁夏、内蒙古、山西等省（自治区）接壤。榆林市以长城为界，北部为毛乌素沙地，地势平坦，可以灌溉，适宜规模化、全程机械化耕作，马铃薯种植面积扩大迅速，生产出的马铃薯品质好，产量高，产量可达 60~75 t/hm²。南部为黄土高原丘陵沟壑区，属于雨养农业，马铃薯生产面积稳中有降，正常年份产量在 15 t/hm² 左右。榆林市马铃薯常年播种面积 20 万 hm²[1]，是陕西省主要马铃薯生产地区。

榆林市马铃薯生产面积大，但是品种结构单一，旱地主栽品种为"克新 1 号"，搭配品种为"青薯 9 号"[2]、"晋薯 16 号"[3]，水地主栽品种为"V7""V8"和"冀张薯 12 号"[4]。为了加快榆林市马铃薯品种更替步伐，2021 年在榆林市农业科学研究院农业示范园开展了马铃薯品种筛选试验，以期筛选出适宜榆林市种植的马铃薯新品种。

1　材料与方法

1.1　试验地概况

试验地位于陕西省榆林市榆阳区牛家梁镇榆林市农业科学研究院农业示范园内，海拔 1 091 m，N 38°22′35″，E 109°45′37″。土壤为沙壤土，地块平整，灌溉方式为滴灌，前茬作物玉米。

1.2　参试品种

该试验结合国家马铃薯产业技术体系"十四五"新品种示范推广计划，在国家马铃薯产业体系育种岗位和重点试验站征集品种，共征集品种 9 个。从宁夏农林科学院固原分院、

作者简介：汪奎（1979—），男，硕士，高级农艺师，主要从事马铃薯育种及栽培工作。

基金项目：国家现代农业产业技术体系专项资金（CARS-09）；陕西省马铃薯产业技术体系项目（SNTX-14）；陕西省农业协同创新与推广联盟项目（LM202104）。

＊通信作者：方玉川，正高级农艺师，主要从事马铃薯育种及栽培工作，e-mail：nksfyc@163.com。

甘肃省农业科学院马铃薯研究所、定西市农业科学研究院、云南省农业科学院经济作物所、榆林市农业科学研究院 5 家单位引进了 9 个品种，分别是"宁薯 19 号""L0109 - 4""L0736 - 8""定薯 4 号"[5]、"定薯 6 号"[6]、"云薯 506""云薯 502""秦薯 104""秦薯 105"。对照为"陇薯 6 号"[7]（CK）。

1.3 试验设计

试验采用随机区组排列，3 次重复，小区面积 20 m^2，每小区 5 行，行距 90 cm，行长 4.5 m，每行 20 株，共 100 株，密度 3 333 株/667 m^2。保护行 2 行，小区之间不设走道，四周及重复之间设走道，宽 1 m。

1.4 栽培管理

5 月 17 日，机械起垄、人工点种。

6 月 22 日、7 月 6 日、7 月 24 日、8 月 12 日、9 月 91 日人工除草 5 次。

4 月 18 日，生物有机肥（N + P_2O_5 + $K_2O \geqslant 5\%$，有机质 $\geqslant 45\%$）40 kg/667 m^2，腐熟的牛粪 1 000 kg/667 m^2、马铃薯专用肥（N：P_2O_5：K_2O = 10：15：20）75 kg/667 m^2 作为基肥施入，深翻土壤 30 cm，随后耙糖收墒。6 月 8 日，施马铃薯专用肥（N：P_2O_5：K_2O = 10：15：20）25 kg/667 m^2，随即进行第一次中耕，使得垄高达到 20 cm 以上。

6 月 13 日、7 月 29 日、7 月 13 日，追施尿素（N $\geqslant 46\%$）3 次，每次 5 kg/667 m^2，6 月 25 日，追施硝酸钙镁（N：CaO：MgO = 13：15：6）5 kg/667 m^2，7 月 19 日、8 月 10 日、8 月 27 日，追施硝酸钾（N：K_2O = 13.5：45）3 次，每次 5 kg/667 m^2。

5 月 23 日、6 月 13 日、6 月 25 日、7 月 4 日、7 月 13 日、7 月 19 日、7 月 29 日、8 月 10 日、8 月 15 日、8 月 20 日、8 月 27 日灌水总计 11 次，每次灌水量 15 m^3/667 m^2。

7 月 3 日，喷施 32.5%苯甲·嘧菌脂悬浮剂 50 mL/667 m^2、2.5%高效氯氟氰菊酯乳油 40 mL/667 m^2。7 月 20 日，喷施 53%精甲霜锰锌水分散粒剂 120 g/667 m^2。8 月 12 日，喷施 25%双炔酰菌胺悬浮剂 40 mL/667 m^2、14%氯虫·高氯氟悬浮剂 20 mL/667 m^2。8 月 23 日，喷施 80%代森锰锌可湿性粉剂 200 g/667 m^2、2.5%高效氯氟氰菊酯乳油 40 mL/667 m^2。9 月 2 日，喷施 50%烯酰吗啉可湿性粉剂 50 g/667 m^2。9 月 12 日，喷施 50%氟啶胺悬浮剂 30 mL/667 m^2。这些药剂主要用于防治马铃薯早疫病、晚疫病、蚜虫等病虫害。

2 结果与分析

2.1 物候期

各参试品种 5 月 17 日播种，10 月 10 日降霜，于 10 月 12 日收获。出苗期在 6 月 8—12 日，最早的是"秦薯 104"，为 6 月 8 日，最晚的为"定薯 4 号"和"定薯 6 号"，为 6 月 12 日，最早最晚相差 4 d。现蕾期在 6 月 19—30 日，最早的是"L0736 - 8"和"陇薯 6 号"（CK），为 6 月 19 日，最晚的为"定薯 4 号"和"宁薯 19 号"，为 6 月 30 日，最早最晚相差 11 d。开花期在 7 月 2—13 日，最早的是"陇薯 6 号"（CK），为 7 月 2 日，最晚的是"定薯 4 号"，为 7 月 13 日，最早最晚相差 11 d。成熟期在 9 月 9 日至 10 月 10 日，最早的是"云薯 502"，为 9 月 9 日，最晚的是"L0109 - 4""定薯 4 号""定薯 6 号"和"云薯 506"，为 10

月 10 日，最早最晚相差 31 d。生育期在 93~124 d，最短的是"云薯 502"，为 93 d，最长的是"L0109-4"和"云薯 506"，为 124 d，最短最长相差 31 d(表 1)。

表 1　不同品种物候期

品种(系)	出苗期(D/M)	现蕾期(D/M)	开花期(D/M)	成熟期(D/M)	生育期(d)
L0109-4	09/06	21/06	04/07	10/10	124
L0736-8	09/06	19/06	04/07	08/10	122
定薯 4 号	12/06	30/06	13/07	10/10	121
定薯 6 号	12/06	27/06	10/07	10/10	121
宁薯 19 号	11/06	30/06	10/07	29/09	111
秦薯 104	08/06	20/06	04/07	17/09	102
秦薯 105	10/06	24/06	08/07	25/09	108
云薯 502	09/06	29/06	10/07	09/09	93
云薯 506	09/06	24/06	08/07	10/10	124
陇薯 6 号(CK)	11/06	19/06	02/07	10/08	120

2.2　田间性状

在花冠色方面，"L0109-4""云薯 506"和"陇薯 6 号"(CK)为白色，"L0736-8"和"云薯 502"为浅蓝色，"定薯 4 号""定薯 6 号"和"秦薯 104"为浅紫色，"宁薯 19 号"为蓝色，"秦薯 105"为紫色。出苗率在 91%~99%，其中"陇薯 6 号"(CK)出苗率最低，为 91%，"L0109-4""定薯 6 号""秦薯 104""秦薯 105"出苗率最高，为 99%，最低最高相差 8 个百分点。株高在 37~75 cm，最低的是"定薯 4 号"，为 37 cm，最高的是"L0736-8"，为 75 cm，二者相差 38 cm。单株块茎数在 6.0~9.7 个，最少的是"定薯 6 号"，为 6.0 个，最多的是"云薯 506"，为 9.7 个，最少最多相差 3.7 个。单株块茎重在 675.3~1 336.7 g，最轻的是"定薯 6 号"，为 675.3 g，最重的是"宁薯 19 号"，为 1 336.7 g，最轻最重相差 661.4 g。平均块茎重在 101.3~202.0 g，最轻的是"L0109-4"，最重的是"宁薯 19 号"，二者相差 100.7 g(表 2)。

表 2　不同品种田间性状

品种 (系)	花冠色	出苗率 (%)	株高 (cm)	单株块茎数 (No.)	单株块茎重 (g)	平均块茎重 (g)
L0109-4	白	99	60	9.3	943.0	101.3
L0736-8	浅蓝	98	75	7.3	876.0	119.7
定薯 4 号	浅紫	96	37	6.3	864.0	137.7
定薯 6 号	浅紫	99	49	6.0	675.3	115.7
宁薯 19 号	蓝	98	64	6.7	1 336.7	202.0
秦薯 104	浅紫	99	63	6.3	1 102.3	175.7

品种 （系）	花冠色	出苗率 （%）	株高 （cm）	单株块茎数 （No.）	单株块茎重 （g）	平均块茎重 （g）
秦薯 105	紫	99	65	8.0	1 075.0	134.0
云薯 502	浅蓝	96	41	7.3	1 024.3	139.7
云薯 506	白	98	60	9.7	1 203.7	124.7
陇薯 6 号（CK）	白	91	44	8.7	878.0	101.7

2.3 块茎性状

薯形方面，"秦薯 104""秦薯 105""云薯 502"和"陇薯 6 号"（CK）为椭圆形，"云薯 506"为圆形，其余品种扁圆形。皮色方面，"L0109-4"和"云薯 502"为黄色，"L0736-8"和"定薯 4 号"为淡黄色，"秦薯 105"为红色，其余品种为白色。肉色方面，"L0109-4"为淡黄色，"L0736-8""定薯 4 号"和"秦薯 105"为黄色，其余品种白色。表皮方面，"L0109-4"为麻皮，其余品种为略麻皮。芽眼深浅方面，"L0109-4""L0736-8""秦薯 104""秦薯 105"和"陇薯 6 号"（CK）芽眼浅，其余品种芽眼中等。商品薯率在 58.8%~82.7%，商品薯率最低的是"陇薯 6 号"（CK），为 58.8%，最高的是"定薯 6 号"，为 82.7%，二者相差 23.9个百分点（表 3）。

表 3 不同品种块茎性状

品种（系）	薯形	皮色	肉色	表皮	芽眼深浅	商品薯率（%）
L0109-4	扁圆	黄	淡黄	麻	浅	65.4
L0736-8	扁圆	淡黄	黄	略麻	浅	60.2
定薯 4 号	扁圆	淡黄	黄	略麻	中	73.8
定薯 6 号	扁圆	白	白	略麻	中	82.7
宁薯 19 号	扁圆	白	白	略麻	中	80.8
秦薯 104	椭圆	白	白	略麻	浅	70.4
秦薯 105	椭圆	红	黄	略麻	浅	74.1
云薯 502	椭圆	黄	白	略麻	中	76.0
云薯 506	圆	白	白	略麻	中	71.5
陇薯 6 号（CK）	椭圆	白	白	略麻	浅	58.8

注：商品薯标准为 75 g 以上。

2.4 产量比较

有 8 个品种较"陇薯 6 号"（CK）产量高，从高到低顺序依次为"宁薯 19 号""云薯 506""秦薯 104""秦薯 105""云薯 502""L0109-4""L0736-8"和"定薯 4 号"，产量分别为4 368，3 933，3 640，3 549，3 280，3 113，2 863 和 2 767 kg/667 m²，较对照"陇薯 6 号"（2 665 kg/667 m²）分别高 1 703，1 268，975，884，616，449，199 和 102 kg/667 m²，增产率分别达到 63.91%、47.59%、36.58%、33.17%、23.08%、16.83%、7.45% 和3.84%。方差分析表明，产量前 6 位品种与"陇薯 6 号"（CK）差异达到极显著水平，

"L0736-8""定薯4号"与"陇薯6号"(CK)差异不显著(表4)。

表4 不同品种产量比较

品种	小区产量(kg/20 m²)				折合产量	较对照增产	增产率
（系）	I	II	III	平均	(kg/667 m²)	(kg/667 m²)	(%)
宁薯19号	131.42	134.74	126.77	130.98 aA	4 368	1 703	63.91
云薯506	117.00	112.46	124.34	117.93 bB	3 933	1 268	47.59
秦薯104	109.00	102.75	115.66	109.14 bcBC	3 640	975	36.58
秦薯105	106.42	102.36	110.45	106.41 cdBC	3 549	884	33.17
云薯502	98.33	104.35	92.37	98.35 deCD	3 280	616	23.08
L0109-4	92.92	99.31	87.84	93.36 efDE	3 113	449	16.83
L0736-8	85.58	89.44	82.56	85.86 fgDEF	2 863	199	7.45
定薯4号	83.75	89.21	75.96	82.97 gEF	2 767	102	3.84
陇薯6号(CK)	78.67	77.63	83.42	79.91 gF	2 665	—	—
定薯6号	65.25	63.76	71.58	66.86 hG	2 230	-435	-16.32

注：同列不同小写字母表示0.05水平显著；大写字母表示0.01水平显著。试验产量数据分析采用LSD法。

3 讨 论

试验表明，"宁薯19号""云薯506""秦薯104""秦薯105""云薯502""L0109-4"与"陇薯6号"(CK)相比增产幅度均在16%以上，存在极显著差异，产量分别为4 368，3 933，3 640，3 549，3 280和3 113 kg/667 m²，增产率分别达到63.91%、47.59%、36.58%、33.17%、23.08%和16.83%。在商品薯率方面，这6个品种商品薯率从高到低依次为"宁薯19号""云薯502""秦薯105""云薯506""秦薯104"和"L0109-4"，分别达到80.8%、76.0%、74.1%、71.5%、70.4%和65.4%，商品薯率均较对照"陇薯6号"(58.8%)高。从以上2个主要方面比较，这6个品种均适宜在榆林市推广种植。但为了更好地了解各品种高产性和稳产性，最好来年在榆林市多布置几个点试验示范，全面考量这6个品种。

[参 考 文 献]

[1] 汪奎,方玉川,吕军,等.晋薯16号在榆林市的引进及配套栽培技术 [J].园艺与种苗,2020,40(12):41-42.

[2] 胡晓燕,方玉川,李增伟,等.马铃薯优良品种青薯9号 [J].农业科技通讯,2014(12):166-167.

[3] 王玉春,王娟,陈云.马铃薯新品种'晋薯16号'选育 [J].中国马铃薯,2008,22(3):191.

[4] 左庆华,尹江,田国联,等.马铃薯新品种冀张薯12号选育 [J].中国马铃薯,2012,26(2):127-128.

[5] 李德明,刘荣清,罗磊,等.马铃薯新品种'定薯4号'的选育 [J].中国马铃薯,2017,31(1):63-64.

[6] 李德明,罗磊,姚彦红,等.马铃薯新品种'定薯6号'的选育 [J].中国马铃薯,2021,35(3):287-288.

[7] 文国宏,王一航,李高峰,等.马铃薯新品种陇薯6号的选育 [J].中国蔬菜,2007(6):29-31,64.

湘北冬闲田中薯系列马铃薯新品种比较试验

杨　丹[1]，李　璐[1]，万国安[1]，李树举[1*]，王素华[2]

（1. 常德市农林科学研究院，湖南　常德　415000；
2. 湖南省农业科学院作物研究所，湖南　长沙　410000）

摘　要：为选育适合湖南冬闲田种植的早熟高产优质马铃薯新品种，以"中薯3号"为对照，对10个中薯系列马铃薯新品种进行比较试验。结果表明，"中薯45号""中薯早47号""中薯44号"产量和抗病性表现较好。"中薯45号"生育期78 d，中早熟品种，产量2 430 kg/667 m²，较对照增产11.21%，其次为"中薯早47号"和"中薯44号"，产量分别为2 328和2 256 kg/667 m²，较对照分别增产6.50%、3.24%。"中薯红1号"，红皮红肉彩色马铃薯，生育期60 d，早熟，薯形长，产量1 511 kg/667 m²，可以作为特色品种种植，提升种植效益。

关键词：马铃薯；冬闲田；品种；比较试验

马铃薯适应性强、产量高、营养丰富、是继水稻、小麦和玉米之后的第四大主粮作物，湖南省是中国主要的一季稻产地，约有106.33万 hm² 冬闲田可以开发利用，但目前湖南省冬闲田冬种覆盖率仅为40%左右[1]，2018年湖南省马铃薯种植面积6.98万 hm²，生产面积增长潜力大。常德市位于湖南省北部，江南洞庭湖西侧，是水稻主产区，发展稻薯轮作既可提高耕地利用率，满足多样化的粮食需求，又是保障粮食稳产、农民增收的有效途径。引进脱毒种薯，筛选出适合湖南省冬闲田种植的中早熟、抗寒、抗病、高产新品种，并摸索出其配套高产高效栽培技术是加快湖南省马铃薯产业发展的首要任务[2]。基于国家现代农业马铃薯产业体系平台，常德市综合试验站从中国农业科学院蔬菜花卉研究所引进10个中薯系列马铃薯新品种，以"中薯3号"为对照，研究其在湘北冬闲田的适应性，筛选适合本区域种植的新品种。

1　材料与方法

1.1　试验材料

供试品种："中薯26号""中薯27号""中薯28号""中薯32号""中薯34号""中薯44号""中薯45号""中薯早47号""中薯早48号""中薯红1号"，对照品种："中薯3号"，所有品种由中国农业科学院蔬菜花卉研究所提供。

1.2　试验地概况

试验地位于湖南省常德市农林科学研究院试验基地，海拔35 m，N 29°2′13″，E 111°37′40″。

作者简介：杨丹(1988—)，女，硕士，助理研究员，主要从事马玲薯新品种选育与示范推广工作。
基金项目：现代农业产业技术体系建设专项资金(CARS-09-ES17)。
通信作者：李树举，推广研究员，主要从事马铃薯栽培研究，e-mail：lshj7135@163.com。

前茬作物单季中稻，黏壤土。

1.3 试验方法

采用单垄双行地膜覆盖栽种，垄宽 0.8 m，垄高 0.25 m，垄沟宽 0.4 m，行距 60 cm，株距 22.4 cm，小区面积 6.67 m²，每小区 50 株，随机排列，3 次重复。2020 年 12 月 21 日播种，54% 硫酸钾复合肥(N∶P∶K = 18∶18∶18)按 80 kg/667 m² 在播种时作基肥一次性点施于薯间，后期不追肥；播种后覆膜前用 72% 异丙甲草胺全田均匀喷雾防治杂草，3 月中下旬至 4 月中下旬进行晚疫病防治；其他田间管理同当地大田；2021 年 4 月 30 日开始收获测产，调查各品种的物候期、主要农艺性状及产量。

2 结果与分析

2.1 主要物候期

大部分品种在 2 月中旬出苗，对照"中薯 3 号"出苗最早，为 2 月 5 日，"中薯 26 号""中薯 28 号"出苗较晚，收获时没有成熟；"中薯红 1 号"叶有炭疽病，叶最早变黄，生育期 60 d，早熟；"中薯 27 号""中薯早 48 号"在生长后期茎部有病害，变黑腐烂，叶黄，早衰，生育期分别为 59 和 64 d；"中薯 32 号""中薯 34 号""中薯 44 号""中薯 45 号""中薯早 47 号"与对照品种"中薯 3 号"均在 4 月中下旬成熟，生育期 68~78 d，为早熟或中早熟品种，适合与水稻轮作(表 1)。

表 1 参试马铃薯品种物候期

品种	出苗期(D/M)	现蕾期(D/M)	开花期(D/M)	成熟期(D/M)	生育期(d)
中薯 26 号	22/02	23/03	23/04	—	
中薯 27 号	24/02	18/03	—	23/04	59
中薯 28 号	02/03	26/03	23/04	—	
中薯 32 号	14/02	08/03	—	23/04	68
中薯 34 号	14/02	05/03	—	23/04	68
中薯 44 号	12/02	05/03	—	23/04	70
中薯 45 号	12/02	05/03	—	30/04	78
中薯早 47 号	13/02	09/03	—	30/04	77
中薯早 48 号	15/02	05/03	—	19/04	64
中薯红 1 号	13/02	08/03	—	13/04	60
中薯 3 号(CK)	05/02	03/03	—	23/04	70

2.2 植株形态特征和田间性状

"中薯 26 号"和"中薯 28 号"茎为紫色，"中薯红 1 号"茎为紫红色，其他品种均为绿色，"中薯 26 号"和"中薯红 1 号"叶色较深为深绿色，"中薯早 48 号"为黄绿色，其他为绿色；11 个品种中有 9 个品种不开花，"中薯 26 号"和"中薯 28 号"均开紫花，繁茂。"中薯 26 号"和"中薯 32 号"，出苗率低，不足 90%，"中薯 45 号""中薯早 47 号""中薯早 48 号""中薯红 1 号"与对照品种"中薯 3 号"出苗率均在 95% 以上。"中薯 26 号""中薯 27 号"

"中薯 28 号"主茎数多为 2.80~3.00 个,"中薯 45 号"和"中薯红 1 号"主茎数为 2.70 个,其他品种主茎数为 1.23~1.73 个。"中薯 32 号""中薯 45 号""中薯早 47 号"与对照品种"中薯 3 号"植株株高为 47~49 cm(表 2)。

表 2　参试马铃薯植株形态特征和田间性状

品种	茎色	叶色	花繁性	花冠色	出苗率(%)	主茎数(个)	株高(cm)
中薯 26 号	紫	深绿	繁茂	紫	89.33	2.80	45.60
中薯 27 号	绿	绿	—	—	91.33	2.90	38.20
中薯 28 号	紫	绿	繁茂	紫	91.33	3.00	51.80
中薯 32 号	绿	绿	—	—	86.00	1.40	48.65
中薯 34 号	绿	绿	—	—	92.67	1.60	42.98
中薯 44 号	绿	绿	—	—	92.00	1.40	38.67
中薯 45 号	绿	绿	—	—	95.33	2.70	48.70
中薯早 47 号	绿	绿	—	—	95.00	1.43	48.53
中薯早 48 号	绿	黄绿	—	—	99.67	1.23	49.23
中薯红 1 号	紫红	深绿	—	—	96.67	2.70	39.60
中薯 3 号(CK)	绿	绿	—	—	99.33	1.73	47.23

2.3　块茎外观性状

"中薯 26 号"薯皮粉红色,肉黄色;"中薯 28 号"薯皮粉红色,肉乳白色;"中薯红 1 号"薯皮红色,肉红色,其他品种薯皮为普通的黄色或淡黄色,薯肉黄色或浅黄色;品种中只有"中薯红 1 号"薯形为长形,其他品种的薯形多为椭圆形(表 3)。

表 3　参试马铃薯品种块茎外观性状

品种	块茎整齐度	薯形	皮色	肉色	薯皮类型	芽眼深浅
中薯 26 号	较整齐	椭圆	粉红	黄	光滑	浅
中薯 27 号	一般	长椭圆	浅黄	黄	光滑	浅
中薯 28 号	较整齐	短椭圆	粉红	乳白	光滑	中
中薯 32 号	一般	椭圆	黄	浅黄	光滑	浅
中薯 34 号	整齐	椭圆	浅黄	黄	光滑	中
中薯 44 号	整齐	椭圆	浅黄	黄	光滑	浅
中薯 45 号	一般	椭圆	黄	黄	略麻	中
中薯早 47 号	一般	椭圆	黄	黄	略麻	浅
中薯早 48 号	一般	长椭圆	黄	黄	光滑	浅
中薯红 1 号	一般	长	红	红	略麻	中
中薯 3 号(CK)	较整齐	椭圆	黄	黄	略麻	浅

2.4 植株发病率及块茎生理缺陷

2021年3—5月雨水较往年多，晚疫病有发生，因防治及时，没有造成严重影响，发病程度较轻，"中薯早48号"黑胫病发病严重，收获时植株已经完全死掉，"中薯27号""中薯34号"黑胫病较重。块茎疮痂发病率较往年严重，"中薯32号"发病率超过30%，"中薯28号""中薯34号""中薯44号""中薯红1号"疮痂病发病相对较轻，为3.79%～5.30%（表4）。

表4 参试马铃薯植株发病率及块茎生理缺陷

品种	植株晚疫病发病率（%）	晚疫病病情指数	植株其他病害	块茎疮痂发病率（%）	裂薯率（%）	烂薯率（%）
中薯26号	0.67	0.17		7.98	0	0
中薯27号	6.00	1.56	黑胫病较重	19.50	5.97	0
中薯28号	8.67	6.56	—	3.79	0	0
中薯32号	—	—	黑胫病较轻	32.90	7.20	0
中薯34号	—	—	黑胫病较重	4.60	1.80	0
中薯44号	—	—	黑胫病较轻	5.30	0.50	0
中薯45号	26.00	15.44	黑胫病中等	24.41	0.69	0
中薯早47号	18.33	21.85	黑胫病较轻	10.53	0	0
中薯早48号	—	—	黑胫病严重	14.54	2.90	4.85
中薯红1号	—	—	炭疽病、黑胫病中等	4.65	2.27	0
中薯3号（CK）	21.33	14.56	黑胫病中等	22.60	10.03	4.69

2.5 块茎经济性状

各品种单株结薯数在3.6～6.9个，"中薯44号"结薯个数最多；"中薯32号""中薯44号""中薯45号""中薯早47号"与对照"中薯3号"的单株薯重在500 g以上。3个品种较对照显著增产，"中薯45号"产量为2 430 kg/667 m²，较对照增产11.21%；"中薯早47号"产量为2 328 kg/667 m²，较对照增产6.50%；"中薯44号"产量为2 256 kg/667 m²，较对照增产3.24%。"中薯红1号"为彩色马铃薯品种，产量为1 511 kg/667 m²；"中薯26号"收获时没有达到生理成熟，但干物质含量最高，为18.08%（表5）。

表5 参试马铃薯品种块茎经济性状

品种	单株结薯数（个）	单株薯重（g）	单薯重（g）	商品薯率（%）	折合产量（kg/667 m²）	较对照增产率（%）	干物质含量（%）
中薯26号	5.8	399.3	69.2	89.70	1 448	−33.74	18.08
中薯27号	6.0	381.4	63.6	87.17	1 414	−35.29	16.24
中薯28号	5.3	452.4	85.9	89.67	1 393	−36.25	15.08

品种	单株结薯数 （个）	单株薯重 （g）	单薯重 （g）	商品薯率 （%）	折合产量 （kg/667 m²）	较对照增产率 （%）	干物质含量 （%）
中薯 32 号	5.6	596.9	107.1	96.81	1 971	-9.80	15.54
中薯 34 号	3.6	411.8	113.4	97.04	1 811	-17.12	16.59
中薯 44 号	6.9	582.5	84.2	92.88	2 256	3.24	15.86
中薯 45 号	5.0	587.5	118.2	97.34	2 430	11.21	17.43
中薯早 47 号	5.8	509.5	87.4	89.38	2 328	6.50	17.45
中薯早 48 号	4.4	330.0	75.5	86.32	1 496	-31.54	16.48
中薯红 1 号	4.8	379.9	79.1	91.83	1 511	-30.87	14.21
中薯 3 号(CK)	3.6	567.9	157.7	97.85	2 185	—	17.68

3 讨 论

"中薯 45 号""中薯早 47 号"产量和抗病性表现较好，干物质含量 17% 以上，适宜在湖南冬闲田种植，其次为"中薯 44 号"。"中薯 45 号"生育期 78 d，中早熟品种，薯皮略麻，芽眼中等，产量 2 430 kg/667 m²，较对照增产 11.21%，其次为"中薯早 47 号"和"中薯 44 号"，产量分别为 2 328 和 2 256 kg/667 m²，较对照分别增产 6.50%、3.24%。"中薯红 1 号"，红皮红肉彩色马铃薯，生育期 60 d，早熟，薯形长，产量 1 511 kg/667 m²，可以作为特色品种种植，提升种植效益。

[参 考 文 献]

[1] 程凯凯, 李超, 汪柯, 等. 湖南省稻田农作制度的问题与发展 [J]. 湖南农业科学, 2016(2): 107-110.
[2] 李树举, 王素华, 杨丹, 等. 马铃薯新品种'兴佳 2 号'在湖南的引种表现及配套栽培技术 [J]. 中国马铃薯, 2019, 33(3): 140-145.

数字化技术在马铃薯育种上的研发与应用

焦欣磊[1]，范龙秋[1]，林团荣[1]，李同梅[2]，王 伟[1]，王 真[1]，王玉凤[1]，

张志成[1]，王懿茜[1]，孙 影[1]，郭 扬[1]，尹玉和[1]*

(1. 乌兰察布市农林科学研究所，内蒙古 乌兰察布 012209；

2. 乌兰察布市集宁师范学院，内蒙古 乌兰察布 012209)

摘 要：马铃薯数字化育种前提是能定量描述各类育种数据，建立育种数据的存储、检索、统计分析、建模等程序，使田间调查简便化，资料归纳自动化，选配准确化。本研究按照基本信息、形态特征和生物学特性、品质特性、抗逆性、抗病性5个方面编码，在109个指标中重点选择53个指标进行编码。通过 Excel 表格建立种质资源数据库，运用 Oracle 关系型数据库应用构建需求化模型，进而利用 SQL 语言系统分析马铃薯优良组合以及亲本特征特性。研究结果可为选育马铃薯过程中提供坚实的数据理论基础。

关键词：马铃薯；育种；定量描述；数字化；SQL 语言

随着互联网、物联网、大数据、人工智能在各个领域的应用，中国已经步入"产业互联网"的新时代。智能化农业大数据技术的飞速发展，使得数字育种技术逐步应用推广。当前育种的过程多数依据育种经验判断，多采用人工记录和评价的方式[1]。作物育种承载着为农业培育新的、更好的、产量更高的品种。每年面对数千份(种质资源材料、杂交选育材料)调查，大量的田间调查记载、资料的归类、整理，及其遗传特性的分析属于繁琐的工作，极大地限制了数据价值的挖掘和育种效率的提高[2-4]。对作物育种进行数字化管理，使得农业也得以更好更快的发展，通过对广泛的动态育种(资源)数据的标准化管理和分析，对育种材料综合属性进行自动数据处理，在对所要研究的对象定性描述的基础上，对其加以定量的刻画，从而达到可以对其进行更为精确的评估以及选择的目的[5]。马铃薯数字化育种是计算机网络信息化辅助于现代植物育种的动态技术，其前提是能定量描述各类育种数据，并建立育种数据的存储、检索、统计分析、以及建模等程序，使田间调查记载简便化，资料归纳整理自动化，选配组合准确化，克服育种的盲目性，田间种植只是对推演结果的验证，这样就大大地提高了育种工作的效率，节约育种成本。范弘伟等[6]对玉米育种的管理系统研究开发具有育种数据采集、育种数据查询和统计分析功能的基本育种管理系统。薛建兵等[7]提出数码育种的概念并且以番茄为例对品种性状编码识别辅助于育种材料登记。马铃薯数字化育种技术可实现从种质资源出库、育种圃田间设计、田间性状

作者简介：焦欣磊(1988—)，男，助理研究员，主要从事马铃薯作物遗传育种工作。

基金项目：国家马铃薯产业技术体系(CARS-09-ES05)；乌兰察布市关键技术攻关项目(2021GJ203)；内蒙古自治区科技计划项目(2020GG0221)。

*通信作者：尹玉和，研究员，主要从事马铃薯育种、栽培工作，e-mail：wlcbsyyh@163.com。

数据获取和采集、产量测试分析、数据导入，最终形成专业的试验报告。

1 育种数据编码规则

育种目标的正确与否直接关系到育种工作的成败，育种目标是动态的，如高产育种要选择高产基因的原始材料，抗病育种则要选择具有抗源的原始材料。了解植物的繁殖方式及其遗传特点，从而提高育种的成效[8]。马铃薯育种时通过有性繁殖创造变异，通过无性繁殖固定变异，将不同遗传基础的品种或类型之间相互杂交，创造遗传变异，继而在杂种后代进行选择和系统的试验鉴定以育成符合生产要求的新品种。在育种开始之前，必须拟定杂交育种计划，包括育种目标、亲本选配、杂种后代的培育等[9]。数据化在马铃薯育种中是依靠数据整合计算，更实际、更快速的统筹分析整个育种过程。把选出的优良组合及亲本放在一起进行比较，就可以提高对材料的认知程度，便于掌握和使用这些材料，对总结育种经验非常有利[10]。

根据马铃薯种质资源描述规范和数据标准，按照基本信息、形态特征和生物学特性、品质特性、抗逆性和抗病性5个方面编码，在109个指标中重点选择53个指标进行编码。

1.1 基本信息编码

1）序号：表格第1列，编码规则（Number）（注：编码规则按照英文长度所表示，字符长的按首字母缩写）。

2）名称：表格第2列，编码规则（Name）。

3）种质资源材料类型：表格第3列，编码规则（BSOA），设置属性1-野生资源、2-原始栽培种、3-地方品种、4-选育品种、5-品系、6-遗传材料。

4）选育单位：表格第4列，编码规则（BI）。

1.2 形态特征和生物学特性编码

5）株型：根据主茎与地面所成角度。表格第5列，编码规则（PT），设置属性1-直立、2-半直立、3-开展。

6）株高：现蕾期，植株地上最高主茎基部至生长点的高度。表格第6列，编码规则（PH），单位cm。

7）主茎数：现蕾期，从种薯芽眼中直接长出地面形成的茎（不包括地下匍匐茎穿出地面形成的茎）的数量。表格第7列，编码规则（NOMS），单位个数。

8）分枝多少：现蕾期植株主茎中下部的分枝数量多少。表格第8列，编码规则（BN），设置属性0-无、1-少、2-多。

9）茎粗：现蕾期植株地上部最粗的主茎距地面5~10 cm处的横径。表格第9列，编码规则（SD），单位cm。

10）茎色：现蕾期植株地上部主茎的颜色。表格第10列，编码规则（SC），设置属性1-绿、2-褐、3-紫、4-深紫、5-局部有色。

11）叶色：现蕾期植株中部叶片正面的颜色，表格第11列，编码规则（LC），设置属性1-浅绿、2-绿色、3-深绿。

12）花冠颜色：开花盛期，新开放花朵正面的颜色。表格第12列，编码规则（CC），设置属性1-白、2-浅红、3-紫、4-蓝紫、5-蓝、6-黄。

13) 开花繁茂性：开花盛期花序总梗或分枝上着生花朵的数量。表格第13列，编码规则（Flowering）：设置属性0-无、1-少、2-中、3-多。

14) 花粉育性：开花盛期根据开放花朵有效花粉百分率确定花粉育性。表格第14列，编码规则（PF）：以%表示，设置属性0-不育、1-低、2-中、3-高、4-极高。

15) 天然结实性：马铃薯在无人工授粉的条件下，天然条件结实的习性。表格第15列，编码规则（O-P），设置属性0-无、1-弱、2-中、3-强、4-极强。

16) 皮色：收获块茎的当日，未经日光晒得健康块茎的表皮颜色。表格第16列，编码规则（Skin_ colour），设置属性1-乳白、2-浅黄、3-黄、4-浅红、5-红、6-紫、7-锈色、8-红杂色、9-蓝紫杂色。

17) 肉色：收获块茎的当日，未经日光晒得健康块茎的肉的颜色。表格第17列，编码规则（FC），设置属性1-白、2-乳白、3-浅黄、4-黄、5-深黄、6-红色、7-浅紫、8-紫、9-蓝紫、10-红纹或紫纹。

18) 薯形：收获块茎的当日，植株地下部所结的健康块茎的形状。表格第18列，编码规则（TS），设置属性1-扁圆、2-圆形、3-卵形、4-扁椭圆、5-椭圆、6-长椭圆、7-肾形、8-镰刀形编码。

19) 芽眼深浅：收获块茎的当日，植株地下部分所结的健康块茎的芽眼凹陷深度。表格第19列，编码规则（ED），设置属性1-浅、2-中、3-深。

20) 芽眼色：收获块茎的当日，植株地下部分所结的健康块茎的芽眼颜色。表格第20列，编码规则（EC），设置属性0-无色、1-有色。

21) 芽眼多少：块茎上芽眼数量的多少。表格第21列，编码规则（EN），设置属性1-少、2-中、3-多。

22) 薯皮光滑度：收获块茎的当日，植株地下部所结的健康块茎表皮的光滑程度。表格第22列，编码规则（SS），设置属性1-光滑、2-中、3-粗糙。

23) 结薯集中性：着生在植株地下茎上的块茎集中程度。表格第23列，编码规则（SL），设置属性1-集中、2-中、3-分散。

24) 单株结薯数：表格第24列，编码规则（TN），单位个数。

25) 单株产量：达到生理成熟度时，每株收获块茎的重量。表格第25列，编码规则（TY），单位kg。

26) 平均薯重：表格第26列，编码规则（MTY），单位g。

27) 商品薯率：表格第27列，编码规则（CPR），单位%。

28) 块茎整齐度：达到生理成熟时，植株地下部所结块茎大小一致程度。表格第28列，编码规则（UOTS），设置属性1-整齐、2-中、3-不整齐。

29) 块茎大小：达到生理成熟度时，植株地下部所结块茎按重量分级，根据不同级别块茎占的比例确定块茎大小。表格第29列，编码规则（TS），设置属性1-小、2-中、3-大。

30) 生育期：马铃薯出苗期至成熟期的日数。表格第30列，编码规则（GP），单位d。

31)熟性：马铃薯成熟的早晚。表格第31列，编码规则（MT），设置属性1-极早熟、2-早熟、3-中早熟、4-中熟、5-中晚熟、6-晚熟。

32)播种期：进行马铃薯种质资源形态特征和生物学鉴定时的播种时期。表格第32列，编码规则（PD）。

33)收获期：收获时的日期。表格第33列，编码规则（HD）。

1.3 品质特性编码

34)干物质含量：马铃薯块茎中干物质重占鲜重的百分数。表格第34列，编码规则（DMC）。

35)淀粉含量：马铃薯块茎中淀粉重占鲜重的百分数。表格第35列，编码规则（SC）。

36)还原糖含量：马铃薯块茎中还原糖重占鲜重的百分数。表格第36列，编码规则（RSC）。

37)粗蛋白含量：马铃薯块茎中粗蛋白质重占鲜重的百分数。表格第37列，编码规则（CPC）。

38)维生素C含量：100 g鲜块茎含维生素C的毫克数。表格第38列，编码规则（VC_ content）

39)食味，表格第39列，马铃薯块茎蒸熟后食味特点。编码规则（Flavor），设置属性1-优、2-中、3-差。

40)炸片品质，马铃薯块茎适于炸条的特性。表格第40列，编码规则（CQ），设置属性0-不适宜、1-适宜。

41)炸条品质，马铃薯块茎适于炸的特性。表格第41列，编码规则（F_ FQ），设置属性1-优、2-中、3-差。

1.4 抗逆性

42)耐旱性(马铃薯植株忍耐或抵抗水分胁迫的能力)3-强、5-中、7-弱。

1.5 抗病虫性

43)马铃薯普通花叶病毒病抗性：表格第43列，编码规则（PVX），设置属性1-高抗、3-抗病、5-中抗、7-感病、9-高感。

44)马铃薯重花叶病毒病抗性：表格第44列，编码规则（PVY），设置属性1-高抗、3-抗病、5-中抗、7-感病、9-高感。

45)马铃薯轻花叶病毒病抗性：表格第45列，编码规则（PVA），设置属性1-高抗、3-抗病、5-中抗、7-感病、9-高感。

46)马铃薯潜隐花叶病毒病抗性：表格第46列，编码规则（PVS），设置属性1-高抗、3-抗病、5-中抗、7-感病、9-高感。

47)马铃薯卷叶病毒病抗性：表格第47列，编码规则（PLRV），设置属性1-高抗、3-抗病、5-中抗、7-感病、9-高感。

48)晚疫病抗性：表格第48列，编码规则（LB），设置属性1-高抗、3-抗病、5-中抗、7-感病、9-高感。

49)早疫病抗性：表格第49列，编码规则（EB），设置属性1-高抗、3-抗病、5-中抗、7-感病、9-高感。

50)疮痂病抗性：表格第 50 列，编码规则（CB），设置属性 1-高抗、3-抗病、5-中抗、7-感病、9-高感。

51)环腐病抗性：表格第 51 列，编码规则（Ring rot），设置属性 1-高抗、3-抗病、5-中抗、7-感病、9-高感。

52)青枯病抗性：表格第 52 列，编码规则（BW），设置属性 1-高抗、3-抗病、5-中抗、7-感病、9-高感。

53)胞囊线虫抗性：表格第 53 列，编码规则（RTN），设置属性 1-高抗、3-抗病、5-中抗、7-感病、9-高感。

2 种质资源数据库建立

对上述 53 个已经编码的指标，运用 Excel 进行统计采集，如图 1、2、3 所示。

1	2	3	4	5	6	7
Number	Name	BSOA	BI	PT	PH	NOMS
Number	Name	Biological status of accession	Breeding institute	Plant type	Plant height	Number of main stem
序号	名称	种质资源类型	选育单位	株型	株高（cm）	主茎数（个）
1	品种1	1-野生资源	***	1-直立	67	2.4
2	品种2	2-原始栽培种	*****	2-半直立	75	2.9
3	品种3	3-地方品种	******	3-开展	85	3.4
4	品种4	4-选育品种	*********	1-直立	68	4.3
5	品种5	5-品系	**********	2-半直立	70	2.3
6	品种6	6-遗传资料	***************	3-开展	65	2.6

注：编码规则按照英文长度所表示，字符长的按首字母缩写，字符短全写。

图 1 基本信息编码

14	15	16	17	18	19	20	21	22	23
PF	O-P	Skin_colour	FC	TS	ED	EC	EN	SS	SL
Pollen fertility	Open-pollinated	Skin_colour	Flesh colour	Tuber shape	Eye depth	Eye colour	Eye number	Skin smoothness	Stolon length
花粉育性	天然结实性	皮色	肉色	薯形	芽眼深浅	芽眼色	芽眼多少	薯皮光滑度	结薯集中性
1-低	0-无	1-乳白	1-白	2-圆形	2-中	0-无色	2-中	1-光滑	1-集中
0-不育	2-中	2-淡黄	2-乳白	1-扁圆	1-浅	0-无色	1-少	2-中	1-集中
1-低	1-弱	2-淡黄	4-黄	4-扁椭圆	3-深	1-有色	3-多	3-粗糙	2-中
2-中	2-中	3-黄	2-乳白	5-椭圆	2-中	1-有色	1-少	1-光滑	3-分散
3-高	3-强	4-浅红	2-乳白	6-长椭圆	3-深	0-无色	3-多	2-中	3-分散
4-极高	4-极强	6-紫	6-红色	8-镰刀型	3-深	0-无色	3-多	2-中	2-中

图 2 形态特征和生物学特性编码

15	16	17	18	19	20	21	22	23	24
Open-pollinated	Skin colour	Flesh colour	Tuber shape	Eye depth	Eye colour	Eye number	Skin smoothness	Stolon length	Tuber number
天然结实性	皮色	肉色	薯形	芽眼深浅	芽眼色	芽眼多少	薯皮光滑度	结薯集中性	单株结薯数(个数)
0-无	1-乳白	1-白	2-圆形	2-中	0-无色	2-中	1-光滑	1-集中	6.3
2-中	2-淡黄	2-	1-扁圆	1-浅	0-无色	1-少	2-中	1-集中	9.4
1-弱	2-淡黄	4-	2-圆形	3-深	1-有色	3-多	3-粗糙	2-中	9.5
2-中	3-黄	2-	3-卵形	4-扁椭圆	0-无色	1-少	1-光滑	3-分散	8
3-强	4-浅红	2-	4-扁椭圆	3-深	0-无色	3-多	2-中	3-分散	7.3
4-极强	6-紫	6-	5-椭圆	3-深	0-无色	3-多	2-中	2-中	3.6
			6-长椭圆						
			7-肾形						
			8-镰刀型						

图 3 数据录入选择功能

3 分析遗传规律构成初步模型

马铃薯模型构建过程就是建立需求，在不同地区、不同马铃薯以及经济和生产发展的不同时期，要求的侧重点和具体内容是不一样的，因此采用计算机数据库分析的方式搭建需求也是不相统一的。但总体的思路都是首先通过 Excel 表格建立种质资源数据库，为育种研究者提供有关优质、丰产、抗病、抗逆以及其他特异需求的种质资源信息，为新品种选育与遗传研究服务[6]。其次通过 Oracle 关系型数据库应用构建需求化模型，进而利用 SQL 语言系统分析马铃薯优良组合以及亲本特征特性。具体操作为：

3.1 数据除杂(去重)

在数据库中，对名称(Name)查找重复，进行筛选，对其进行有效性剔除，保持数据的真实有效性：

select b. ＊from(select a. ＊，rank( ) over(partition by a. name order by number) rn from mlsyz. mls＿ sjk＿ 2022 a) b where b. rn＝1

Create table mlsyz. mls＿ sjk＿ 2022＿ new as (select b. ＊from(select a. ＊，rank( ) over (partition by a. name order by number) rn from mlssyz. mls＿ sjk＿ 2022 a) b where b. rn＝1)

3.2 抗逆性育种

对高抗晚疫病(Plant late blight)的品种进行筛选。在数据库中重点在两个方面进行选择：首先对种质资源类型(Biological status of accession)进行筛选，选出马铃薯栽培种和野生种，其次对具有抗逆性特征的品种进行筛选。

Select ＊ from mlsyz. mls＿ sjk＿ 2022 where BSOA＝"品种 1"and LB＝"高抗晚疫病"

Create table mlsyz. mls＿ sjk＿ 2022＿ bsoalb as (Select ＊ from mlsyz. mls＿ sjk＿ 2022 where BSOA＝"品种 1"and LB＝"高抗晚疫病")

3.3 选育加工性马铃薯

在数据库中，筛选薯形(Tuber shape)是 2-圆形、熟期(Maturity)为 4-中熟、薯皮光滑度(Skin smoothness)为 1-光滑、芽眼深浅(Eye depth)为 1-浅、产量(Tuber yield)＞2 000 kg/667 m²、皮色(Skin colour)为 1-乳白色或者 2-黄棕色；薯肉(Flesh colour)为 1-白色或者 2-乳白色，加工用的马铃薯品种一般干物质含量(Dry matter content)约为 20%为宜，淀粉含

量（Starch content）为 18%。还原糖含量（Reducing sugar content）不应该超过 0.25%。

详细筛选 SQL（较长字符的按英文首字母进行编码的）：

Select ＊ from mlsyz. mls_ sjk_ 2022 where TS＝"2-圆形"and MT＝"4-中熟"and SS＝"1-光滑"and ED＝"1-浅"and TY＞"2000"and（Skin-colour＝"2-黄棕色"or Skin-colour＝"2-乳白色"）and（Flesh-colour＝"1-白色"or Flesh-colour＝"2-乳白色"）dmc ＝"20%"and sc＝"18%"and rsc ＜"0. 25%"

Create table mlsyz. mls_ sjk_ 2022_ xyjgx as（Select ＊ from mlsyz. sjk_ jz_ 2022 where TS＝"2-圆形"and MT＝"4-中熟"and SS＝"1-光滑"and ED＝"1-浅"and TBV＞"2000"and（Skin-colour＝"2-黄棕色"or Skin-colour＝"2-乳白色"）and（Flesh-colour＝"1-白色"or Flesh-colour＝"2-乳白色"）dmc ＝"20%"and sc＝"18%"and rsc ＜"0. 25%"）

4 需求展现

上述过程，已经把育种研究者所需马铃薯性状的"需求"通过数据筛选出来，并成立新的文档展现出来，剔除了不符合要求的资源材料，这样许多量化指标更能为在选育马铃薯过程中提供坚实的数据理论基础。

5 结 语

数字化在马铃薯育种方向的应用是建立在收集种质资源数据前提下，通过对数据库更新-完善-分析，进而选择育种目标和进行亲本选配，同时二维表关联性的设置在于统一编码规则（即建立马铃薯数字化语言），这样在数据分析时形成有效性和统一性，能够更多的表达数据的意义。不同地区不同育种单位的数据相互关联，在总的数据库下多个文件能够系统构建关联性，通过 Oracle 关系型数据库应用，对马铃薯数字化信息处理保障马铃薯相关大数据内容的真实可靠。

[参 考 文 献]

[1] 武振国,李红斌,李艳翠,等.小麦育种辅助系统设计与实现 [J].河南科技学院学报:自然科学版,2019,47(2):49-55,59.

[2] 门福义,刘梦云.马铃薯栽培生理 [M].北京:中国农业出版社,1995.

[3] 孙慧生,陈伊里,田兴亚,等.马铃薯育种学 [M].北京:中国农业出版,2003.

[4] 刘天真.作物育种学总论 [M].北京:中国农业出版社,2018.

[5] 徐建飞,金黎平.马铃薯遗传种研究:现状与展望 [J].中国农业科学,2017,50(6):990-1 015.

[6] 范弘伟,毛振武,刘秀芝,等.基于 MICROSOFT-ACCESS 开发玉米育种管理系统 [C]//万建民,马有志.2003 年全国作物遗传育种学术研讨会论文集.北京:中国农业出版社,2003:191-193.

[7] 薛建兵,张冬梅,魏国英,等.数字化技术在玉米育种工作中的应用研究 [J].农业开发与装备,2018(8):86-87.

[8] 赵媛媛,张丽莉,石瑛.马铃薯抗旱种质资源的筛选 [J].作物杂志,2017(4):72-77.

[9] 段绍光,金黎平,李广存,等.马铃薯品种遗传多样性分析 [J].作物学报,2017,43(5):718-729.

[10] 滕海涛.数字化玉米育种思路 [J].中国农学通报,2008,24(12):495-498.

乌兰察布市马铃薯新品种展示对比试验

李　倩[1]，弓　钦[1]，李慧成[1]，魏　静[2]，赖忠明[3]，王玉龙[1]，

冯鑫红[1]，李红霞[1]，张丽洁[1]，邢　杰[1*]

(1. 乌兰察布市农业技术推广中心，内蒙古　乌兰察布　012000；

2. 乌兰察布市农牧业生态资源保护中心，内蒙古　乌兰察布　012000；

3. 内蒙古乡喜液体肥料有限公司，内蒙古　乌兰察布　012000)

摘　要：试验结合中央引导地方科技发展资金–内蒙马铃薯水肥一体化自动精准施肥技术的研究与推广项目，利用 2020—2021 年 2 年时间对 13 个马铃薯新品种开展展示对比试验，研究不同品种在乌兰察布市的物候期、植株块茎形态、产量结果表现情况，以期筛选出适宜乌兰察布市大面积推广的马铃薯主栽品种。红皮品种中"雪川红""后旗红"在田间表现、块茎品质、产量结果等方面综合表现良好，"雪川红"2 年平均产量为 3 970 kg/667 m²，商品薯率达 80% 以上。黄皮品种中"中加 2 号"综合表现优良；"赫尔墨斯"2 年间经受雨水、低温影响，产量与商品薯率稳定；V 系列 2 年间均为产量最高品种，但商品薯率低，为 70% 左右，需要加强水肥管理促进产量形成。

关键词：马铃薯；主栽品种；雪川红；中加 2 号；乌兰察布

　　乌兰察布市地处马铃薯产业黄金带，马铃薯产业是乌兰察布市的农业支柱产业之一。近几年乌兰察布市马铃薯种植面积稳定在 13.33 万 hm² 以上，占到全市总播种面积的 20% 左右，目前已经成为国家重要的马铃薯种薯、商品薯、加工专用薯生产基地，马铃薯产业快速发展的形势下，种植户栽培管理水平得到大幅提升。近几年马铃薯种薯企业加快新品种繁育工作，国内市场上马铃薯新品种繁多，随之带来的品名混杂、更新淘汰快等问题困扰种植户选择，种植户往往为迎合市场需求、追求效益，不经引种试验示范跟风种植新品种，造成不了解品种特性盲目种植导致的大幅减产等诸多问题，严重制约优质新品种推广、种薯企业良性发展。另外，各专用品种间比例失衡现象严重，旱作商品薯、淀粉薯、加工专用薯等优质专用新品种推广受限。为进一步优化乌兰察布市马铃薯品种结构及布局，筛选出适宜乌兰察布市栽培的优质专用品种，引导种植户进行品种选择，同时积累不同马铃薯品种的差异化水肥管理经验，2020—2021 年展示对比了多个马铃薯新品种，开展新品种展示对比试验，为推广适宜乌兰察布市生产实际的马铃薯新品种提供数据支撑。

作者简介：李倩(1987—)，女，农艺师，主要从事马铃薯、玉米等粮油作物的农业技术推广工作。
基金项目：中央引导地方科技发展资金项目(1282240216232361984)。
＊**通信作者**：邢杰，推广研究员，主要从事农业技术推广工作，e-mail：wlcbsnjtgzx@163.com。

1 材料与方法

1.1 试验材料

供试马铃薯种薯均为符合 GB18133—2012[1] 标准原种，2020 年试验马铃薯品种 10 个，包括"希森 6 号""中加 2 号""V7""雪川红""青薯 9 号""后旗红""麦肯 1 号""赫尔墨斯""川引 2 号""正丰 6 号"；2021 年试验马铃薯品种 10 个，包括"川引 2 号""V9""青薯 9 号""雪川红""后旗红""赫尔墨斯""LT2""希森 6 号""中加 2 号""大西洋"。

1.2 试验地概况

试验地位于内蒙古自治区乌兰察布市察哈尔右翼前旗巴音镇老泉村。该区地处内蒙古自治区高原阴山南麓浅山丘陵区，平均海拔 1 300 m，属大陆性季风气候，区域内干旱少雨，昼夜温差大，气候冷凉，年平均气温 2～5 ℃，全年≥10 ℃有效积温为 2 200 ℃左右，无霜期 90～115 d，平均降水量只有 360 mm，降水总的特点是雨量少且季节分配不均匀，雨水多集中在 7—9 月，雨热同季。

1.3 田间管理

2020—2021 年引种试验均采用浅埋滴灌栽培模式种植，行距 90 cm，株距 20 cm，播种密度 3 700 株/667 m²，底肥施用复合肥 90 kg/667 m²，第 1 次追施尿素 10 kg/667 m²，第 2 次追施三元复合肥 5 kg/667 m² 和尿素 5 kg/667 m²，第 3 次追施三元复合肥 10 kg/667 m²。2020 年 5 月 10 日播种，5 月 30 日中耕，9 月 25 日测产，全生育期灌水 5 次。2021 年 5 月 18 日播种，6 月 4 日中耕，9 月 28 日测产，全生育期灌水 8 次。

1.4 调查项目及方法

按照农作物品种试验技术规程[2]和马铃薯种质资源描述规范和数据标准[3]对马铃薯品种物候期、田间性状、产量结构等项目进行调查[4]。收获期测产面积为 3.33 m²，3 次重复。试验田测产日期按照品种熟度、气候状况等综合确定，2020 年测产日期为 9 月 25 日，2021 年测产日期为 9 月 28 日。

2 结果与分析

2.1 物候期

"雪川红"2 年间出苗时间均为最晚，这主要与该品种特性有关；除"青薯 9 号""后旗红"外的其他品种间出苗期情况差异不大，各品种间出苗时间相差在 5 d 以内；马铃薯自播种到出苗大致需要 25～30 d，这一时间也与垄型、种植模式、中耕要求有关。2 年间各品种开花期集中在 7 月 1—8 日、7 月 5—15 日，分别相差 7 和 10 d，这可能与不同年份间气候条件、水肥管理情况有关。除"青薯 9 号"外其余品种均取得成熟，2020 年成熟最早品种"正丰 6 号"、2021 年成熟最早品种"雪川红"与最晚品种"川引 2 号"均相差 16 d，所选参试品种基本与乌兰察布市种植积温条件吻合。2 年间伴随低温、早霜等天气侵害，参试品种"青薯 9 号"均未能完全自然成熟，根据田间植株状态及各地引种试验结果推测该品种生育期在 120 d 以上(表 1、2)。

表 1   2020 年参试马铃薯品种生育期

品种	播种期 (D/M)	出苗期 (D/M)	现蕾期 (D/M)	开花期 (D/M)	成熟期 (D/M)	生育期 (d)
希森 6 号	10/05	07/06	27/06	01/07	12/09	97
中加 2 号	10/05	06/06	27/06	02/07	05/09	91
V7	10/05	07/06	29/06	05/07	05/09	90
雪川红	10/05	11/06	29/06	03/07	05/09	86
青薯 9 号	10/05	10/06	03/07	08/07	—	—
后旗红	10/05	10/06	03/07	08/07	15/09	97
麦肯 1 号	10/05	08/06	28/06	05/07	08/09	92
赫尔墨斯	10/05	08/06	30/06	05/07	18/09	102
川引 2 号	10/05	07/06	01/07	04/07	20/09	105
正丰 6 号	10/05	06/06	26/06	02/07	04/09	90

表 2   2021 年参试马铃薯品种生育期

品种	播种期 (D/M)	出苗期 (D/M)	现蕾期 (D/M)	开花期 (D/M)	成熟期 (D/M)	生育期 (d)
希森 6 号	18/05	13/06	02/07	08/07	16/09	95
中加 2 号	18/05	13/06	01/07	05/07	12/09	91
雪川红	18/05	18/06	01/07	05/07	11/09	85
青薯 9 号	18/05	16/06	07/07	15/07	—	—
后旗红	18/05	16/06	07/07	15/07	19/09	95
川引 2 号	18/05	15/06	05/07	12/07	27/09	104
赫尔墨斯	18/05	14/06	04/07	12/07	22/09	100
LT2	18/05	15/06	03/07	08/07	23/09	100
V9	18/05	13/06	02/07	10/07	23/09	102
大西洋	18/05	16/06	01/07	05/07	15/09	91

2.2   田间性状

2020—2021 年试验红皮马铃薯品种 4 个, 分别为"雪川红""青薯 9 号""后旗红""川引 2 号", 红皮品种茎色普遍偏红, 花冠呈浅紫-紫红色, "雪川红"与"后旗红"在薯块外观更受大众欢迎; 黄皮品种中"希森 6 号""V7""麦肯 1 号""V9"花冠呈白色, 其他品种为浅紫色。"中加 2 号""青薯 9 号""后旗红""V9"叶色较深, 呈深绿色, 其他品种叶色相对较浅, "V7""大西洋"颜色最浅, 为浅绿色; 块茎分为红皮黄肉、黄皮黄肉与黄皮白肉 3 种。结合薯形、芽眼深浅、薯皮光滑程度来看, "中加 2 号""雪川红"品种受市场欢迎程度较高(表 3)。

表 3　参试马铃薯品种植株形态及块茎特征

品种	茎色	叶色	花冠色	薯形	皮色	肉色	薯皮	芽眼
希森 6 号	绿	绿	白	圆	黄	黄	麻	浅
中加 2 号	绿	深绿	浅紫	长圆	黄	黄	光滑	浅
V7	绿	浅绿	白	长圆	黄	黄	光滑	浅
雪川红	深紫红	绿	浅紫	椭圆	红	黄	光滑	浅
青薯 9 号	紫红	深绿	浅紫	椭圆	红	黄	麻	深
后旗红	深紫红	深绿	紫红	椭圆	红	黄	光滑	浅
麦肯 1 号	绿	绿	白	长圆	黄	白	麻	中
赫尔墨斯	绿	绿	浅紫	椭圆	黄	黄	光滑	浅
川引 2 号	紫红	绿	浅紫	椭圆	红	黄	光滑	中
正丰 6 号	绿	绿	浅紫	长圆	黄	黄	光滑	浅
LT2	绿	绿	浅紫	椭圆	黄	黄	光滑	浅
V9	绿	深绿	白	长圆	黄	黄	光滑	浅
大西洋	绿	浅绿	浅紫	圆	黄	黄	麻	中

2.3　产量表现

2020 年产量结果表明，"V7"产量最高为 4 654 kg/667 m^2，"青薯 9 号"产量最低为 2 746 kg/667 m^2，"后旗红"商品薯率最高为 86.7%，"青薯 9 号"商品薯率最低为 66.3%。红皮黄肉品种中"雪川红"产量结果表现最好，折合产量达 4 170 kg/667 m^2、商品薯率 85.9%；"青薯 9 号"由于熟期较长，测产时地上部还未完全死亡，导致其淀粉累积不完全，造成产量和商品薯率较低。黄皮黄肉品种，"V7"和"赫尔墨斯"产量表现较好，"希森 6 号"薯块发病率较高，参照 2021 年该品种田间产量结果情况，这可能与当年气候情况、种子质量等因素有关(表 4)。

表 4　2020 年参试马铃薯品种产量结果

品种	大薯数 (个)	大薯重 (kg)	小薯数 (个)	小薯重 (kg)	折合产量 (kg/667 m^2)	商品薯率 (%)	位次
希森 6 号	54	12.53	67	5.69	3 644	68.8	7
中加 2 号	63	18.15	52	4.22	4 474	81.1	3
V7	65	16.67	82	6.60	4 654	71.6	1
雪川红	58	17.90	43	2.95	4 170	85.9	4
青薯 9 号	40	9.10	68	4.63	2 746	66.3	10
后旗红	49	16.03	32	2.46	3 698	86.7	6
麦肯 1 号	45	11.26	60	4.67	3 186	70.7	9
赫尔墨斯	60	19.00	53	4.17	4 634	82.0	2
川引 2 号	51	13.83	69	4.75	3 716	74.4	5
正丰 6 号	45	12.32	51	4.00	3 264	75.5	8

2021 年试验结果表明，"V9""希森 6 号"和"中加 2 号"产量表现较好，均为黄皮品种，

产量分别为 5 134，5 110 和 4 994 kg/667 m²；商品薯率较高的品种为"赫尔墨斯""后旗红""希森 6 号"和"中加 2 号"，分别为 83.6%、82.9%、82.5% 和 82.5%。红皮品种中"青薯 9 号"产量最高，为 4 440 kg/667 m²，但商品薯率较低仅为 64.9%，这主要还是与熟期有关；"后旗红"2021 年产量表现最差，仅为 2 974 kg/667 m²，但在红皮品种中商品率最高，为 82.9%，可能与种薯质量、机械切种芽眼缺失、薯块脱水等影响种子萌芽的因素有关(表 5)。

表 5　2021 年参试马铃薯品种产量结果

品种	大薯数（个）	大薯重（kg）	小薯数（个）	小薯重（kg）	折合产量（kg/667 m²）	商品薯率（%）	位次
雪川红	59	15.19	51	3.66	3 770	80.6	7
川引 2 号	51	12.33	48	3.99	3 264	75.6	9
青薯 9 号	65	14.41	94	7.79	4 440	64.9	4
后旗红	43	12.32	29	2.55	2 974	82.9	10
中加 2 号	70	20.61	51	4.36	4 994	82.5	3
LT2	63	15.23	48	3.42	3 730	81.7	8
赫尔墨斯	60	16.87	41	3.31	4 036	83.6	5
V9	87	17.11	94	8.56	5 134	66.7	1
希森 6 号	76	21.09	53	4.46	5 110	82.5	2
大西洋	63	15.26	63	4.83	4 018	76.0	6

3　讨　论

综合 2 年试验结果来看，红皮品种中"雪川红"在产量、商品薯率综合结果上表现较好，适宜在乌兰察布市进行推广；"后旗红"是乌兰察布市选育登记的红皮马铃薯品种，皮色、口感受欢迎度高，但要取得稳产高产需注意做好种薯质量管控等工作；"川引 2 号"生育期在 105 d 左右，田间及产量综合表现中等；"青薯 9 号"在田间产量结果上表现突出，但更适宜在积温条件好的地区进行推广。黄皮品种中"中加 2 号""希森 6 号"生物性状、田间表现、产量结果等相似，均适宜在乌兰察布市推广应用，种植户在选择中综合考虑市场行情、种薯质量情况进行种植；2020 年雨水、低温造成病害多发的情况下，"赫尔墨斯"2 年间的田间表现与产量结果表现相对稳定，适宜在乌兰察布市进行推广；V 系列 2 年间产量结果均为最高，2 个品种在乌兰察布市均能达到成熟，但产品商品薯率较低，加强水肥管理有利于提高该系列品种的产量及商品薯率。

[参 考 文 献]

[1]　中华人民共和国国家质量监督检验检疫总局, 中国国家标准化管理委员会. GB 18133—2012 马铃薯种薯 [S]. 北京: 中国农业出版社, 2012.
[2]　中华人民共和国农业部. NY/T 1489—2007 农作物品种试验技术规程 马铃薯 [S]. 北京: 中国农业出版社, 2007.
[3]　刘喜才, 张丽娟. 马铃薯种质资源描述规范和数据标准 [M]. 北京: 中国农业出版社, 2006.
[4]　康哲秀, 玄春吉, 姜成模, 等. 延边地区早熟马铃薯品种比较试验 [J]. 中国马铃薯, 2005, 19(4): 216-218.

马铃薯高世代品系丰产性及稳产性评价

闫　雷[1,2]，张远学[1,2]，邹　莹[1,2]，高建华[1,2]，肖春芳[1,2]，

吴承金[1,2]，张等宏[1,2]，王　甄[1,2]，沈艳芬[1,2]*

(1. 湖北恩施中国南方马铃薯研究中心，湖北　恩施　445000；

2. 恩施土家族苗族自治州农业科学院，湖北　恩施　445000)

摘　要：以湖北省主要种植的鲜食品种"鄂马铃薯10号"为对照，对经多年筛选的14个高世代品系在不同年份间的丰产性和稳定性进行比较，以期筛选出产量高，稳定性好的品系。无性系"HB1207-20"理论产量4 024 kg/667 m²，显著高于对照，且丰产性好，不同年份间稳定性好；"HB1330-2"理论产量3 704 kg/667 m²，显著高于对照，且与"HB1207-20"差异不显著，不同年份间稳定性好。这两个品系可以参加多点区域试验推广应用，最终提高本地区马铃薯单产，优化种植结构。品系"HB1329-2"，虽然产量位居第1位，但年份间差异较大，说明该品系在特定环境下具有巨大的产量潜力，可以用作亲本，利用其相关基因。

关键词：单产；稳定性；一点多年；丰产性

马铃薯是世界重要粮食作物之一，相对于水稻和小麦等禾本科粮食作物而言，具有环境适应性好、产量潜力巨大等优点。目前，中国存在人口基数大、人均耕地面积少、农村劳动力少等现象，导致粮食安全问题是中国现阶段要面临的重要问题；同时，粮食安全问题也是世界性的热点话题[1]。马铃薯作为世界粮食作物[2,3]，和其他主粮作物共同保障粮食安全，在不挤压其他主粮作物种植面积的情况下，提高马铃薯单产水平是解决粮食安全问题的有效途径，新品种选育是提高马铃薯产量最直接有效的办法。目前，杂交育种仍是马铃薯育种的主要手段[4]。

马铃薯杂交育种过程中对无性系性状鉴定的研究较多，例如农艺性状，抗性性状，品质性状，以及在不同地点或不同年份的适应性[5-10]。但是，品种的价值终归要在产量上体现，只有产量达到一定程度，其他优质性状才会更有推广价值。因此，高产、稳产是所有作物品种选育过程中的重要指标，是品种能否大面积推广的基础条件。通过对14个马铃薯品系在不同年份间高产、稳产性评价，从中筛选出产量高、稳定性好的材料进一步参加区域试验，以期选育出高产、优质的马铃薯新品种，提高该区域单产水平。最终，优化区域种植结构，促进产业发展，推动城乡经济发展。

作者简介：闫雷(1989—)，男，硕士，助理研究员，主要从事马铃薯栽培育种研究。

基金项目：现代农业产业技术体系专项资金(CARS-09)；农业部华中薯类科学观测实验站；湖北省农业科技创新中心创新团队项目(2016-620-000-001-061)；恩施州科技计划研究与开发项目(D20170003)。

*通信作者：沈艳芬，研究员，主要从事马铃薯遗传育种与病虫草害防治研究，e-mail：13872728746@163.com。

1 材料与方法

1.1 试验材料

试验以"鄂马铃薯10号"为对照,测试了14个马铃薯品系的丰产性和稳产性,分别是"HB1329-2""HB1207-20""HB1330-2""HB1330""HB1322-12""HB1225-7""HB1102-11""HB1207-4""HB1184-1""HB1218-2""HB1101-5""HB1234-3""HB1224-19"和"HB1221-6"。这些优良品系来自2011—2013年的11个杂交组合,并且通过了2014年选种圃单株选择、2015年鉴定圃鉴定以及2016—2017年预备试验,这些优良品系均通过育种早代生育期、适应性、块茎性状的鉴定以及抗性、产量及品质的测定,表现优异。试验共计测定15份材料,均由湖北恩施中国南方马铃薯研究中心提供。

1.2 试验地概况及田间管理

2018—2019年于恩施市天池山基地进行,基地海拔1 250 m,土壤类型黄壤土,前茬作物均为玉米。播种方式为开沟穴播,基肥以复合肥(N∶P∶K = 13∶3∶6)50 kg/667 m²,试验均除草不防病,试验严格按照试验方案进行试验设计、栽培管理及收获等。

1.3 试验方法

试验采用一点两年随机区组设计,15个处理,3次重复。行长3.33 m,行距50 cm,株距33 cm,4行区,小区面积6.67 m²,密度4 000株/667 m²,四周种植保护行,试验处理间无过道,重复间设50 cm过道。

1.4 测定指标及方法

收获时按照小区收获产量,利用WPS 2019处理初步数据,利用DPS 7.05软件,进行一点两年试验分析。

2 结果与分析

2.1 无性系及对照产量方差分析

对小区产量进行2年联合方差分析(表1)。各参试品系小区总产在年份间、品种(系)间差异极显著。参试品系在不同年份间存在极显著的互作现象,说明各参试品系在不同年份间的表现不同,不同品种对不同年份的适应性有显著差异。对产量性状进行多重比较,进而分析参试品种的丰产性和稳产性。

表1 参试品种(系)方差分析

变异来源	df	SS	MS	F	Prob.
年份内区组	4	103.756	25.939	0.801	0.529
年份	1	649.099	649.099	20.055	0.000
品种	14	4 351.977	310.855	9.604	0.000
品种×年份	14	3 352.787	239.485	7.399	0.000
试验误差	56	1 812.534	32.367		
总的	89	10 270.152			

2.2 无性系及对照产量多重比较及稳定性分析

参试品系中仅"HB1221-6"低于对照,其余产量均高于对照;参试品种中丰产效应为正的有 6 个品种,分别是"HB1329-2""HB1207-20""HB1330-2""HB1330""HB1322-12""HB1225-7"(表2)。另外结合表1可知,2018 年产量显著高于 2019 年产量,说明参试品系更适合 2018 年的气候环境。在品种稳定性方面,"HB1221-6"的变异度最小,但产量最低;丰产效应为正的品系中,"HB1207-20""HB1330-2""HB1330""HB1322-12""HB1225-7"稳定性相对较好,品系"HB1329-2"虽然产量排第 1 位,但稳定性相对较差。

表 2 参试品种多重比较及稳定性分析

品种(系)	丰产性参数		稳定性参数		综合评价
	产量 (kg/6.67 m²)	效应	方差	变异度	
HB1329-2	43.04 a	14.29	393.807	46.11	好
HB1207-20	40.24 a	11.49	18.254	10.62	好
HB1330-2	37.04 ab	8.29	12.229	9.44	较好
HB1330	32.15 bc	3.40	11.197	10.41	一般
HB1322-12	31.25 bc	2.50	11.207	10.71	一般
HB1225-7	30.86 bc	2.11	16.182	13.03	一般
HB1102-11	28.15 cd	-0.60	18.214	15.16	一般
HB1207-4	27.15 cde	-1.60	252.550	58.54	较差
HB1184-1	26.47 cde	-2.28	204.671	54.05	较差
HB1218-2	26.35 cde	-2.40	11.008	12.59	较差
HB1101-5	26.34 cde	-2.42	6.718	9.84	较差
HB1234-3	22.97 def	-5.78	26.824	22.54	较差
HB1224-19	20.86 ef	-7.89	21.875	22.42	较差
鄂马铃薯10号	19.60 f	-9.15	111.336	53.84	不好
HB1221-6	18.80 f	-9.95	1.522	6.56	较差

注:同列不同小写字母表示 0.05 水平差异显著。

3 讨 论

稳定性是评价一个优良品种产量的基础,但只有具备高产性状的前提下稳定性才有实际的意义。因此,在育种过程中应考虑品系产量的同时,更应该重视品系地点稳定性以及年度间稳定性,这样才能筛选出产量高、推广面积大、使用年限长的品种。

同一地区不同年份间的环境差异包括光照,降雨,积温等气候因子,一点多年试验是评价品种在该地区能够推广的关键环节[11-13]。本研究发现,参试品系在不同年份间稳定性差异很大,这说明不同遗传基础的高世代材料稳定性差异很大,并且可以通过对不同年份产量的适应性评价筛选出来。因此，要加强在区域试验前不同环境的适应性评价，从而加大高产稳产品种选育的概率。另外，本试验发现姊妹系"HB1330-2"和"HB1330"在产量和稳定性方面均表现比较突出，说明在一定生态环境下某些特定亲本的杂交后代更容易被筛选出来，很多某一亲本或同一杂交组合在同一地方不同时期选出多个品种的事例也说明了这个问题[14-16]。所以，应该加强对亲本资源间杂交组合相关后代的评价，及时淘汰不良组合，重点利用优势组合或者优势亲本，以此增加优良品种选育的概率，还可以节约成本。

综合考虑，无性系"HB1207-20"理论产量 4 024 kg/667 m²，显著高于对照，且丰产效应 10 以上，不同年份间稳定性好；"HB1330-2"理论产量 3 704 kg/667 m²，显著高于对照，且与"HB1207-20"差异不显著，丰产效应在 5 以上，不同年份间稳定性好。这两个品系可以参加多点试验或者区域试验推广应用，最终提高本地区马铃薯单产，优化种植结构。另外，品系"HB1329-2"，虽然产量位居第 1 位，但年份间差异较大，说明该品系在特定环境下具有巨大的产量潜力，可以用作亲本，利用其相关基因。

[参 考 文 献]

[1] 李方旺.关于现阶段我国粮食安全问题的思考 [J].当代农村财经,2014(8):5-10.

[2] 卢肖平.马铃薯主粮化战略的意义、瓶颈与政策建议 [J].华中农业大学学报:社会科学版,2015(3):1-7.

[3] 刘姚佳.马铃薯主粮化战略对我国耕地保留量问题的思考 [J].陕西农业科学,2017,63(1):83-86.

[4] 金黎平,屈冬玉,谢开云,等.中国马铃薯育种技术研究进展 [C]//陈伊里,屈冬玉.中国马铃薯研究与产业开发.哈尔滨:哈尔滨工程大学出版社,2003:10-19.

[5] 沈艳芬,张远学,田恒林,等.恩施州马铃薯新品种(系)比较试验 [J].中国马铃薯,2014,24(4):193-198.

[6] 范士杰,马智黠,宋吉轩.马铃薯品种(系)的产量及主要农艺性状分析评价 [J].贵州农业科学,2006(5):60-63.

[7] 许庆芬.马铃薯早熟组合重要农艺性状的评价及分离趋势的研究 [D].哈尔滨:东北农业大学,2005.

[8] 陈蓉,方子森.不同生态条件下马铃薯品质性状的差异性研究 [J].安徽农业科学,2009,37(23):10 937-10 939.

[9] 宿飞飞,陈伊里,吕典秋,等.用 AMMI 模型分析马铃薯淀粉品质性状的稳定性 [J].东北农业大学学报,2009,40(11):18-22.

[10] 王金生,张学君,方中达.马铃薯块茎对软腐病抗性的评价方法及我国部分地区主要马铃薯品种的反应 [J].中国农业科学,1986,19(4):45-50.

[11] 赵倩.不同积温模型的稳定性评估 [D].北京:中国气象科学研究院,2016.

[12] 王贵满,赵丽娟,李影,等.吉林非灌溉地区春玉米产量年际间变异的气候限制因子分析 [J].基层农技推广,2013,1(2):15-19.

[13] 李成伟,龚松玲,曹培,等.不同季节生态型水稻植株干物质积累及产量的比较 [J].江苏农业科学,2022,50(5):96-101.

[14] 闫雷,张远学,邹莹,等.2009—2016 年湖北省审定马铃薯品种主要农艺和产量性状演变分析 [C]//金黎平,吕文河.马铃薯产业与美丽乡村.哈尔滨:黑龙江科学技术出版社,2020:211-216.

[15] 王鹏,李芳弟,郭天顺,等.SSR 标记马铃薯育成品种的遗传多样性分析 [J].中国马铃薯,2019,33(5):257-266.

[16] 白建明,姚春光,康红梅,等.云南省马铃薯育种体系育成马铃薯新品种的亲本分析 [C]//屈冬玉,陈伊里.马铃薯产业与中国式主食.哈尔滨:哈尔滨地图出版社,2016:228-234.

2021 年马铃薯登记品种分析

朱永冬，郦海龙，牛丽娟*

（雪川农业集团股份有限公司，河北　张家口　076481）

摘　要：马铃薯作为世界第三大和中国第四大粮食作物，具有营养丰富、分布区域广泛、种植面积大的特点。对 2021 年国内登记的马铃薯品种在申请者类型、品种选育方式、品种熟性、品种用途、晚疫病抗性、块茎品质、产量等主要方面进行分析，为马铃薯新品种选育和优异品种的推广应用提供参考。

关键词：马铃薯；登记品种；2021；分析

马铃薯产量高、营养丰富且全面，作为粮菜饲兼用型作物，是贫困地区高效救灾作物，在解决贫困人口吃饭问题上起着重大的作用。截至 2021 年 12 月 31 日统计，2017—2021 年共登记马铃薯品种 392 个，其中 2021 年登记公示公告 67 个马铃薯品种，以下是对这 67 个品种在登记内容和品质等方面的具体分析。

1　马铃薯品种登记分析

1.1　申请者类型

按申请者类型分析，科研院所和企业申请品种数量最多，均占比 28.36%，企业申请品种数量较 2020 年增幅 11.69%，均为河北省、甘肃省、内蒙古自治区等地的北方企业；高等院校申请品种数量次之，占比 20.90%；科研院所和企业合作选育申请品种占比 14.93%；其他类型申请，如个人申请的"龙渝薯 1 号"、企业与地方农技推广中心联合申请等占比 4.48%；高等院校与科研院所、高等院校与企业合作选育申请品种最少，均占比 1.49%。

1.2　品种选育方式

按品种选育方式分析，以杂交组合申请为主的品种占比 79.10%；自交选育的"南芋 1 号"和地方农家品种"宜薯 1 号"申请品种均占比 1.49%；其他类型的申请品种占比 17.91%，其中多是从"费乌瑞它"系统和"兴佳 2 号"变异株系选育的后代。

1.3　品种熟性

按品种熟性分析，中晚熟品种占比最多为 25.37%；中熟品种和晚熟品种占比一样，均为 17.91%；早熟品种数量占比 14.93%；中早熟品种占比 13.43%；缺失登记品种占比最少为 10.45%，较 2020 年缺失登记的减少 10.38%。

作者简介：朱永冬（1995—），女，助理农艺师，主要从事马铃薯育种与栽培工作。

基金项目：马铃薯甘薯现代种业科技创新团队（21326320D）。

*通信作者：牛丽娟，研究员，主要从事马铃薯育种与栽培工作，e-mail：ljniu@snowvalley.com.cn。

1.4 品种类型

按品种类型分析，鲜食类型品种依然占比最多为 70.15%；鲜食特色兼用品种次之，占比 8.96%；淀粉加工品种占比 7.46%；薯片薯条加工专用品种占比 2.99%，仅有"东农321"和"东农322"2 个品种；鲜食、淀粉、薯片薯条加工兼用品种与鲜食、淀粉、全粉、薯片薯条加工兼用品种数量均为 2 个，均占比 2.99%；鲜食和全粉加工兼用（"凯薯2号"）、鲜食和淀粉加工兼用（"丽薯10号"）、鲜食薯片薯条加工兼用品种（"泉薯5号"）数量均为 1 个，均占比 1.49%。

1.5 块茎品质

在块茎品质方面，按块茎干物质含量分析，干物质含量>25%的品种占比 8.96%，其中"东农310"干物质含量最高为 28.45%；干物质含量在 20%~25%的品种最多，占比 52.24%；干物质含量在 15%~20%的品种次之，占比 35.82%；干物质含量在 10%~15%的品种占比最少为 2.99%。

淀粉是马铃薯块茎内的重要组成部分，其含量高低也是衡量马铃薯品质的重要因素，2021 年马铃薯登记品种淀粉含量均在 10%以上。按块茎淀粉含量分析，淀粉含量>20%的品种占比 5.97%，其中"宜薯1号"的淀粉含量最高为 58.6%，分析有可能是刊误；淀粉含量在 15%~20%的品种占比 37.31%；淀粉含量在 10%~15%的品种最多，占比 56.72%。

按块茎维生素 C 含量分析，维生素 C 含量>30 mg/100 g 的占比 11.94%，其中"中加7"含量最高达 42.5 mg/100 g；维生素 C 含量在 20~30 mg/100 g 的品种，占比 28.36%；维生素 C 含量在 10~20 mg/100 g 的品种数量最多，占比 47.76%；维生素 C 含量<10 mg/100 g 的品种占比 11.94%。

按块茎还原糖含量从低到高分析，还原糖含量<0.1%的占比 17.91%，其中"紫彩1号"含量最低仅为 0.018%；还原糖含量在 0.1%~0.2%的占比最多，为 40.30%；还原糖含量在 0.2%~0.3%的占比 14.93%；还原糖含量在 0.3%~0.5%的品种占比 16.42%；还原糖含量在 0.5%~1%占比 10.45%。

按块茎粗蛋白质含量分析，粗蛋白含量>3%的品种占比 4.48%，其中"百茂10号"和"宜薯1号"的粗蛋白含量较高，分别为 16.9%和 13.2%；粗蛋白含量在 2.5%~3.0%的占比 16.42%；粗蛋白含量在 2.0%~2.5%的占比 35.82%；粗蛋白含量在 1.0%~2.0%的品种最多，占比 43.28%。

1.6 晚疫病抗性

选用晚疫病抗病品种，可在一定程度上有效控制晚疫病的蔓延，是防治晚疫病最经济有效的措施之一。2021 年登记品种中抗晚疫病品种 50 个，感晚疫病品种 17 个。其中高抗晚疫病品种 6 个，占比 8.96%；中抗晚疫病品种数量最多，37 个，占比 55.22%；抗晚疫病品种占比 10.45%；中感晚疫病品种占比 13.43%；感晚疫病品种占比 2.99%；高感晚疫病品种占比 8.96%。

1.7 产量性状

产量性状是马铃薯品质的重要性状之一，只有当产量达到一定要求时该品种才具有推广价值。产量>3 000 kg/667 m² 的品种占比 16.42%，其中"全丰7号"产量最高为

4 266 kg/667 m²；产量在 2 500～3 000 kg/667 m² 的品种最多，占比 28.36%；产量在 2 000～2 500 kg/667 m² 的品种占比 22.39%；产量在 1 500～2 000 kg/667 m² 的品种占比 26.87%；产量<1 500 kg/667 m² 的品种占比 5.97%。

1.8 适宜种植区域

登记品种适宜种植区域较窄。只适宜本省份内种植的品种占比最多，为 67.16%；适宜 2 个省份种植的品种占比 7.46%；适宜 3 个省份种植的品种占比 16.42%；适宜 4 个省份种植的品种占比 2.99%；适宜 5 个省份种植的品种占比 5.97%。

2 存在的问题及建议

2021 年登记公告马铃薯品种 67 个，较 2020 年减少 30.2%，且绝大多数为鲜食品种；新品种选育虽以科研院所为主体，但企业选育新品种的数量占比有所增加，由 2020 年的 16.67% 增加至 28.36%；品种用途上，早熟优质特色品种、加工专用品种依然较少；部分登记品种信息填报仍存在问题，如品种熟性指标填报缺失、抗病种类及等级不明确和某些成分明显错误等。建议进一步规范品种登记，提高登记信息的完整性、准确性和可指导性，加快已有优良品种的登记和推广速度，提高优质高产加工马铃薯品种选育的步伐，以满足中国马铃薯产业快速发展和人民日益增长的对马铃薯多样化消费需求。

不同种植密度及覆膜方式对马铃薯原种生产的影响

王　娟[1]，陈小丽[1]，谭伟军[1]，陈自雄[1]，黄　凯[1]，

史丽萍[1]，冯　梅[1]，高晓星[1]，水建兵[2*]

（1. 定西市农业科学研究院，甘肃　定西　743000；

2. 甘肃定西百泉马铃薯有限公司，甘肃　定西　743000）

摘　要：为了探索马铃薯原原种在不同种植密度、覆膜方式下对原种生产中薯块大小、重量等情况的影响，采用 3 个品种、4 种种植密度、3 种覆膜方式开展马铃薯原种小型化生产技术研究试验。不同种植密度和覆膜方式下，随着种植密度的增加，马铃薯茎粗、株高呈递减趋势，但随覆膜方式的变化规律不明显。在不同播种密度与覆膜方式试验中，随着种植密度和覆膜方式的变化，"费乌瑞它""陇薯 7 号""庄薯 3 号"3 个品种整个生育期并未呈现明显变化规律；"陇薯 7 号"中薯率最高，其次为"庄薯 3 号"；"费乌瑞它""陇薯 7 号""庄薯 3 号"产量随着覆白膜、覆黑膜、不覆膜的次序递减；3 个品种在种植密度为 10 200 株/667 m² 并覆白膜时，产量最高。

关键词：种植密度；覆膜方式；中薯率；原种

马铃薯采用整薯播种不仅可以避免切块薯感染，还能提高出苗率，有利于薯块提早形成，还有利于保证长势的一致性，提高田间管理的效率[1]。田间种植密度能够通过调节冠层形态结构和资源利用影响作物生长，种植密度对株高、茎粗及干物质积累影响显著，表现为随行距增加，该生长指标呈减小的趋势[2]。适宜的密度调控方式，有助于形成健壮苗，在有限的环境条件下，使马铃薯对空间和田间土壤养分充分合理的利用，有助于马铃薯的光合产物向块茎快速转移，促进大、中薯的形成，促进形成合理的群体结构[3]。为了探索马铃薯原原种在不同种植密度、覆膜方式下对所产生原种薯块的大小、重量等情况的影响，开展马铃薯原种小型化生产技术研究试验。通过对各项指标的测定，获取关键技术参数，明确各因素对马铃薯原种大小及品质的影响程度，得出最佳的试验处理，达到在确保原种单产不降低的情况下将原种平均单薯重控制在 30~50 g 的目的。完善小型原种生产与机械化播种推广机制，以降低用种量和农户种薯投入，旨在建立一套完善的原种高效生产技术体系，提高原种的生产率，大幅降低生产成本，为低播量、小整薯播种奠定坚实的基础。

1　材料与方法

1.1　试验地概况

试验地选在甘肃省张掖市高台县新坝镇西大村，海拔 2 430 m。试验地土壤为沙壤土，

作者简介：王娟（1980—），女，硕士，研究员，主要从事马铃薯遗传育种及脱毒种薯繁育。

基金项目：甘肃省现代丝路寒旱农业发展项目（GNKJ-2020-2）；甘肃省科技计划民生科技专项（21CX6NJ199）；甘肃省科技计划重大专项（21ZD11NJ003）。

* **通信作者**：水建兵，正高级农艺师，从事农业技术推广工作，e-mail：adqnjzxsjb@ 163.com。

年降水量 200 mm。

1.2 试验设计

1.2.1 试验材料

试验品种采用早熟品种"费乌瑞它"、中熟品种"陇薯 7 号",晚熟品种"庄薯 3 号",由甘肃定西百泉马铃薯有限公司提供,种薯级别为原原种。试验地肥力均匀。

1.2.2 试验设计

试验采用随机区组设计。因素 A-播种密度,设立 4 个水平:A1-9 200 株/667 m²,A2-9 500 株/667 m²,A3-9 800 株/667 m²,A4-10 200 株/667 m²;因素 D-种植方式,设立 3 个水平,D1-覆黑膜,D2-覆白膜,D3-露地不覆膜。小区面积 20 m²,3 次重复,各重复之间设人行走道,走道宽 0.5 m,小区之间不留人形走道,试验地块四周设立保护行 1 m。基肥施优质农家肥 1 000 kg/667 m²,复合肥(N:P₂O₅:K₂O = 15:15:15)100 kg/667 m²,尿素 15 kg/667 m²,全生育期灌水 5 次,防治虫害 3 次。

1.3 调查项目

1.3.1 物候期调查

调查各处理的播种期、现蕾期、开花期、成熟期、收获期、生育期等。

1.3.2 产量调查

每个小区选取 10 株植株统计产量,测定单株产量、平均单薯重,统计大薯数、中薯数、小薯数,计算中薯率(30~50 g)。

1.4 数据处理

采用 Excel 2007 和 SPSS 19.0 软件进行数据处理分析。

2 结果与分析

2.1 不同播种密度与覆膜方式对马铃薯生育期的影响

在不同播种密度与覆膜方式试验中,随着播种密度和覆膜方式的变化,3 个品种整个生育期并未呈现明显变化规律,可能是播种密度和覆膜方式的交互作用所导致(表 1)。

表 1　不同播种密度与覆膜方式对马铃薯生育期的影响

品种	处理	播种期 (D/M)	出苗期 (D/M)	现蕾期 (D/M)	开花期 (D/M)	成熟期 (D/M)	生育期 (d)
	A1D1	05/05	19/05	31/05	11/06	18/07	70
	A1D2	05/05	19/05	02/06	12/06	18/07	70
	A1D3	05/05	20/05	03/06	11/06	18/07	69
	A2D1	05/05	19/05	31/05	11/06	18/07	70
	A2D2	05/05	19/05	02/06	13/06	18/07	70
费乌	A2D3	05/05	19/05	05/06	15/06	18/07	70
瑞它	A3D1	05/05	19/05	31/05	11/06	18/07	70
	A3D2	05/05	19/05	02/06	13/06	18/07	70
	A3D3	05/05	20/05	05/06	15/06	18/07	69
	A4D1	05/05	19/05	31/05	11/06	18/07	70
	A4D2	05/05	19/05	02/06	13/06	18/07	70
	A4D3	05/05	19/05	05/06	15/06	18/07	70

品种	处理	播种期 （D/M）	出苗期 （D/M）	现蕾期 （D/M）	开花期 （D/M）	成熟期 （D/M）	生育期 （d）
	A1D1	05/05	04/06	19/06	02/07	17/09	105
	A1D2	05/05	03/06	17/06	29/06	17/09	106
	A1D3	05/05	04/06	18/06	01/07	17/09	105
	A2D1	05/05	05/06	19/06	29/06	17/09	104
	A2D2	05/05	02/06	18/06	28/06	17/09	107
陇薯 7号	A2D3	05/05	03/06	18/06	01/07	17/09	106
	A3D1	05/05	04/06	19/06	01/07	17/09	105
	A3D2	05/05	05/06	19/06	30/06	17/09	104
	A3D3	05/05	02/06	17/06	01/07	17/09	107
	A4D1	05/05	03/06	19/06	30/06	17/09	106
	A4D2	05/05	05/06	20/06	29/06	17/09	104
	A4D3	05/05	05/06	19/06	28/06	17/09	104
	A1D1	05/05	05/06	20/06	02/07	26/09	113
	A1D2	05/05	07/06	21/06	02/07	26/09	111
	A1D3	05/05	06/06	20/06	02/07	26/09	112
	A2D1	05/05	05/06	22/06	03/07	26/09	113
	A2D2	05/05	06/06	22/06	03/07	26/09	112
庄薯 3号	A2D3	05/05	06/06	22/06	03/07	26/09	112
	A3D1	05/05	07/06	21/06	03/07	26/09	111
	A3D2	05/05	04/06	21/06	04/07	26/09	114
	A3D3	05/05	06/06	20/06	04/07	26/09	112
	A4D1	05/05	05/06	20/06	02/07	26/09	113
	A4D2	05/05	06/06	20/06	02/07	26/09	112
	A4D3	05/05	07/06	22/06	03/07	26/09	111

2.2 不同播种密度与覆膜方式对马铃薯生物学特性的影响

3个品种马铃薯株型均为直立，整齐。随着种植密度的增加，各品种马铃薯茎粗、株高呈递减趋势，"费乌瑞它"茎粗、株高变化区间分别为0.9~1.3和58.9~60.5 cm；"陇薯7号"茎粗、株高变化区间分别为0.8~1.2和56.5~57.8 cm；"庄薯3号"茎粗、株高变化区间分别为0.8~1.2和78.2~80.1 cm。各品种马铃薯茎粗、株高随覆膜方式的变化规律不明显(表2)。

表 2 不同播种密度与覆膜方式对马铃薯生物学特性的影响

品种	处理	茎粗(cm)	株高(cm)	主茎数(个)	株型	整齐度
费乌瑞它	A1D1	1.2	60.2	2	直立	整齐
	A1D2	1.2	60.3	2	直立	整齐
	A1D3	1.3	60.5	2	直立	整齐
	A2D1	1.1	60.5	2	直立	整齐
	A2D2	1.1	60.1	2	直立	整齐
	A2D3	1.0	60.3	2	直立	整齐
	A3D1	1.0	59.9	2	直立	整齐
	A3D2	1.0	60.0	2	直立	整齐
	A3D3	1.0	59.9	2	直立	整齐
	A4D1	0.9	59.3	2	直立	整齐
	A4D2	1.0	58.9	2	直立	整齐
	A4D3	0.9	59.6	2	直立	整齐
陇薯 7 号	A1D1	1.1	57.8	2	直立	整齐
	A1D2	1.2	57.5	2	直立	整齐
	A1D3	1.1	57.3	2	直立	整齐
	A2D1	1.1	57.1	2	直立	整齐
	A2D2	1.0	57.0	2	直立	整齐
	A2D3	1.0	57.2	2	直立	整齐
	A3D1	1.0	56.9	2	直立	整齐
	A3D2	1.1	56.9	2	直立	整齐
	A3D3	1.0	56.6	2	直立	整齐
	A4D1	0.9	56.6	2	直立	整齐
	A4D2	0.8	56.7	2	直立	整齐
	A4D3	0.9	56.5	2	直立	整齐
庄薯 3 号	A1D1	1.2	80.0	2	直立	整齐
	A1D2	1.1	80.1	2	直立	整齐
	A1D3	1.2	79.9	2	直立	整齐
	A2D1	1.1	79.9	2	直立	整齐
	A2D2	1.1	79.8	2	直立	整齐
	A2D3	1.0	79.6	2	直立	整齐
	A3D1	0.9	79.6	2	直立	整齐
	A3D2	1.0	79.5	2	直立	整齐
	A3D3	1.0	78.5	2	直立	整齐
	A4D1	0.9	78.9	2	直立	整齐
	A4D2	0.8	78.2	2	直立	整齐
	A4D3	0.8	78.5	2	直立	整齐

2.3 不同播种密度与覆膜方式对马铃薯结薯性状的影响

3个马铃薯品种中，"陇薯7号"中薯率最高，为16.04%~31.62%；其次为"庄薯3号"和"费乌瑞它"，分别为12.68%~30.85%和14.02%~27.78%。随着种植密度的增加和覆膜方式的变化，各品种中薯率未呈现明显变化规律。"陇薯7号"平均单薯重最低，为0.04~0.06 kg，依次为"费乌瑞它"和"庄薯3号"，分别为0.04~0.07和0.03~0.08 kg(表3)。

表3 不同播种密度与覆膜方式对马铃薯结薯性状的影响

品种	处理	单株结薯数（个）	单株薯重（kg）	平均单薯重（kg）	大薯数（个）	中薯数（个）	小薯数（个）	中薯率（%）
费乌瑞它	A1D1	3.3	0.21	0.06	1.9	0.5	0.9	16.33
	A2D1	5.1	0.37	0.07	1.8	0.8	1.0	15.69
	A3D1	3.4	0.19	0.06	1.5	0.5	1.3	14.85
	A4D1	3.2	0.22	0.07	1.9	0.5	0.9	14.43
	A1D2	3.6	0.22	0.06	2.4	0.5	0.7	14.02
	A2D2	2.7	0.15	0.06	1.2	0.6	0.9	23.46
	A3D2	3.8	0.23	0.06	2.0	0.9	0.9	22.61
	A4D2	3.7	0.26	0.07	2.5	0.5	0.7	14.29
	A1D3	3.6	0.18	0.05	1.7	0.8	1.1	22.94
	A2D3	3.0	0.18	0.06	1.7	0.6	0.7	18.89
	A3D3	3.6	0.18	0.05	1.3	1.0	1.3	27.78
	A4D3	3.5	0.14	0.04	1.3	0.9	1.3	25.00
陇薯7号	A1D1	7.8	0.30	0.04	2.8	2.5	2.5	31.62
	A2D1	6.7	0.25	0.04	2.7	1.6	2.3	24.38
	A3D1	7.8	0.33	0.04	3.1	2.1	2.6	27.35
	A4D1	6.8	0.26	0.04	2.6	1.5	2.7	22.17
	A1D2	7.7	0.30	0.04	2.5	1.6	3.6	21.21
	A2D2	6.9	0.29	0.04	2.3	1.5	3.1	22.12
	A3D2	7.2	0.28	0.04	2.7	1.6	2.9	22.79
	A4D2	6.0	0.31	0.06	3.1	1.3	1.7	26.00
	A1D3	6.2	0.25	0.04	1.7	1.3	3.2	20.43
	A2D3	7.4	0.29	0.04	2.4	1.7	3.3	22.52
	A3D3	7.1	0.27	0.04	2.6	1.1	3.4	16.04
	A4D3	6.3	0.28	0.05	1.8	1.4	3.1	22.30

品种	处理	单株结薯数（个）	单株薯重（kg）	平均单薯重（kg）	大薯数（个）	中薯数（个）	小薯数（个）	中薯率（%）
	A1D1	4.4	0.32	0.07	2.4	0.8	1.2	18.94
	A2D1	5.4	0.37	0.07	2.7	1.2	1.5	22.09
	A3D1	4.7	0.36	0.08	3.1	0.6	1.0	12.68
	A4D1	5.7	0.38	0.07	3.0	0.9	1.8	15.12
	A1D2	4.8	0.39	0.08	3.3	1.0	0.6	20.00
庄薯	A2D2	6.6	0.37	0.06	3.5	1.1	2.0	17.09
3 号	A3D2	5.9	0.40	0.07	2.8	1.0	2.1	17.05
	A4D2	5.4	0.39	0.07	2.6	1.1	1.7	19.88
	A1D3	5.0	0.29	0.06	2.4	1.3	1.2	26.17
	A2D3	4.9	0.26	0.05	2.4	1.2	1.3	24.66
	A3D3	5.3	0.33	0.06	2.4	1.9	0.6	30.85
	A4D3	6.37	0.20	0.03	1.8	1.4	3.1	21.99

2.4 不同播种密度与覆膜方式对马铃薯产量的影响

3 个品种随着种植密度的增加，产量增加。"费乌瑞它"和"陇薯 7 号"各处理差异不显著，"庄薯 3 号"A4 产量最高，产量为 3 807 kg/667 m²，且与 A1、A2 达到显著性差异，其次为 A3，产量为 3 572 kg/667 m²。3 个品种在 D 因素下，产量按照 D2>D1>D3 的次序依次减少，"费乌瑞它"处理间没有显著性差异，"陇薯 7 号""庄薯 3 号"D2 和 D3 之间达到显著性差异。3 个品种在 D 因素下产量从高到低依次为"庄薯 3 号">"陇薯 7 号">"费乌瑞它"，其中"庄薯 3 号"产量为 2 981~3 746 kg/667 m²，"陇薯 7 号"产量为 2 432~3 010 kg/667 m²，"费乌瑞它"产量 1 643~2 069 kg/667 m²（表 4）。

表 4 不同处理产量多重比较

品种	A 因素	产量（kg/20 m²）	折合产量（kg/667 m²）	D 因素	产量（kg/20 m²）	折合产量（kg/667 m²）
费乌瑞它	A4	62.83	2 094 aA	D2	62.08	2 069 aA
	A3	58.74	1 958 aA	D1	61.19	2 040 aA
	A1	56.52	1 884 aA	D3	49.30	1 643 aA
	A2	52.00	1 733 aA			
陇薯 7 号	A3	86.04	2 868 aA	D2	90.30	3 010 aA
	A4	83.64	2 788 aA	D1	82.66	2 755 abAB
	A2	79.30	2 643 aA	D3	72.96	2 432 bB
	A1	78.90	2 630 aA			
庄薯 3 号	A4	114.21	3 807 aA	D2	112.37	3 746 aA
	A3	107.15	3 572 abA	D1	104.21	3 474 abAB
	A2	94.37	3 146 bA	D3	89.42	2 981 bB
	A1	92.31	3 077 bA			

注：同一品种后不同小写和大写字母分别表示 0.05 和 0.01 水平显著，下同。

"费乌瑞它"A4D2 产量最高，为 2 625 kg/667 m², A2D2 最低，产量为 1 381 kg/667 m²，处理间没有达到显著性差异。"陇薯 7 号"A4D2 产量最高，为 3 682 kg/667 m²，A2D1、A1D3、A4D3 产量最低，依次为 2 394，2 306 和 2 050 kg/667 m²，最高与最低之间达到极显著水平。"庄薯 3 号"A4D2 产量最高，为 3 954 kg/667 m²，A2D3 最低，为 2 423 kg/667 m²，并达到显著性差异(表 5)。

表 5　各处理产量多重比较

品种	处理	平均产量(kg/20 m²)	折合产量(kg/667 m²)
费乌瑞它	A4D2	78.74	2 625 aA
	A3D2	67.72	2 257 aA
	A4D1	66.60	2 220 aA
	A2D1	64.03	2 134 aA
	A1D2	60.44	2 015 aA
	A1D1	58.14	1 938 aA
	A3D1	55.96	1 865 aA
	A3D3	52.53	1 751 aA
	A1D3	50.96	1 699 aA
	A2D3	50.54	1 685 aA
	A4D3	43.14	1 438 aA
	A2D2	41.42	1 381 aA
陇薯 7 号	A4D2	110.46	3 682 aA
	A3D1	96.43	3 214 abAB
	A1D2	84.08	2 803 bcAB
	A1D1	83.44	2 781 bcAB
	A2D2	83.41	2 780 bcAB
	A3D2	83.20	2 773 bcAB
	A2D3	82.65	2 755 bcAB
	A4D1	78.95	2 632 bcAB
	A3D3	78.50	2 617 bcAB
	A2D1	71.82	2 394 bcB
	A1D3	69.18	2 306 bcB
	A4D3	61.51	2 050 cB
庄薯 3 号	A4D2	118.62	3 954 aA
	A4D1	116.38	3 880 aA
	A3D2	116.33	3 878 aA
	A1D2	108.93	3 631 abA
	A4D3	107.61	3 587 abcA
	A3D1	106.82	3 561 abcA
	A2D2	105.64	3 522 abcA
	A2D1	104.79	3 493 abcA
	A3D3	98.30	3 277 abcA
	A1D1	88.87	2 962 abcA
	A1D3	79.12	2 637 bcA
	A2D3	72.68	2 423 cA

3　讨　论

不同种植密度和覆膜方式试验中，随着种植密度的增加，各品种马铃薯茎粗、株高呈递减趋势，但随覆膜方式的变化规律不明显。在不同播种密度与覆膜方式试验中，随着播期和覆膜方式的变化，3个品种整个生育期并未呈现明显变化规律。不同种植密度和覆膜方式下，"陇薯7号"中薯率最高，其次为"庄薯3号"；"费乌瑞它""陇薯7号""庄薯3号"产量随着覆白膜、覆黑膜、不覆膜的次序递减，3个品种在种植密度为10 200株/667 m² 并覆白膜时，产量最高，建议进一步加强试验示范。

[参 考 文 献]

[1]　秦军红,李文娟,谢开云.种植密度对马铃薯种薯生产的影响 [J].植物生理学报,2017,53(5):831-838.
[2]　王岩,刘畅,李云开,等.种植密度对滴灌马铃薯生长、产量的影响 [J].排灌机械工程学报,2020,38(1):90-94.
[3]　田静儇.密度调控对马铃薯块茎大小分布及养分积累的影响 [D].哈尔滨:东北农业大学,2017.

不同浓度 NaCl 胁迫对马铃薯"北方 006"试管苗的影响

杨佳伟,翟鑫娜,王 磊*,纪艺红,罗亚婷,刘 畅,

冯 琰,尹 江,高 兴,曹一帆

(河北北方学院,河北 张家口 075000)

摘 要：采用不同浓度 NaCl 改良的 MS 固体培养基对马铃薯"北方 006"试管苗进行盐胁迫处理,测定了盐胁迫对马铃薯试管苗生化指标及农艺性状的影响。结果表明,随着盐浓度的升高,SOD 活性呈下降趋势,CAT 和 POD 活性呈先升高再下降的趋势；株高、叶片数、根长、生根数和鲜重等指标随着盐浓度的升高而下降。

关键词：马铃薯；试管苗；盐胁迫；生理指标；农艺性状

马铃薯(*Solanum tuberosum* L.)是茄科茄属,一年生草本植物,是重要的粮、菜、饲兼用型作物[1]。目前已有 150 多个国家和地区种植马铃薯,是世界第四大粮食作物[2],中国是世界上马铃薯种植面积和产量最大的国家,2019 年中国马铃薯种植面积达到 478.95 × 10^4 hm^2,平均产量达到 19 139.7 kg/hm^2,总产量达到 9 193.8 × 10^4 t,占全球总产量的五分之一[3]。并且随着马铃薯主粮化战略的深入实施,马铃薯在农业生产中的地位不断提高,因此大力发展马铃薯产业对于保障中国粮食安全,提高农民收入,助推乡村振兴具有重要的战略意义[4]。中国的盐碱地占全国耕地面积的 7% 左右,有些地区土壤盐碱化特别严重,农作物产量很低,甚至土壤已经不能被使用[5]。马铃薯是中国干旱和半干旱地区重要的经济作物,属盐敏感型[6],盐害对马铃薯产量影响较大,因此,选育耐盐马铃薯品种十分重要。本试验以"北方 006"试管苗为材料,在不同浓度 NaCl 胁迫下对其生化指标和农艺性状进行测定,为马铃薯筛选耐盐指标和培育耐盐品种提供理论依据。

1 材料与方法

1.1 试验材料

以马铃薯"北方 006"脱毒试管苗为材料,由河北北方学院旱作农业研究中心提供。

1.2 试验方法

使用 NaCl 改良的 MS 培养基对马铃薯试管苗进行盐胁迫处理,NaCl 浓度分别为 50,100,150 和 200 mol/L,以无盐的 MS 培养基为对照,试验重复 3 次,每个处理接种 5 瓶,每瓶接 5 株,培养基组成为 MS + 各 NaCl 浓度。在同一条件下培养 30 d,然后对其生化指标和主要农艺指标进行测定。培养条件为 24 h 光照,温度 25 ℃。

作者简介：杨佳伟(1996—),男,硕士研究生,研究方向为农艺与种业。

基金项目：河北北方学院教育教学改革研究项目(GJ202154)；河北北方学院校级课题(QN2020037)；河北省马铃薯产业协同创新中心；河北省高校马铃薯应用技术研发中心。

*通信作者：王磊,博士,副教授,从事马铃薯育种研究,e-mail：5300wanglei@163.com。

1.3 农艺性状测定

培养 30 d 时，从各瓶中随机挑取 20 株马铃薯幼苗洗净，对株高、叶片数、根长、根数、鲜重等指标进行测定，并将相关数据记录在表格中。

1.4 生化指标的测定

CAT 活性采用紫外吸收法[7]。POD 活性采用愈创木酚显色法[7]。SOD 活性采用氮蓝四唑(MBT)光化学还原法[7]。

1.5 数据处理

用 Microsoft Excel 2019 进行数据处理。SPSS 25 统计软件进行方差分析和显著性检验。

2 结果与分析

2.1 盐胁迫对马铃薯试管苗 SOD 活性的影响

随着 NaCl 浓度的升高，马铃薯试管苗的 SOD 活性不断下降。当盐浓度在 0~50 mol/L，下降幅度小，盐浓度在 50~100 mol/L 时下降幅度大，当盐浓度在 100~200 mol/L，SOD 活性下降幅度小且趋于稳定。当盐浓度在 200 mol/L 时，SOD 活性较对照下降 0.6%(图 1)。

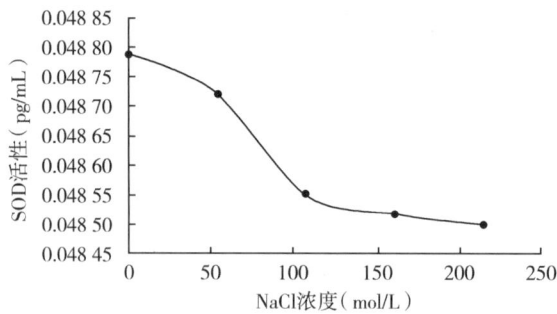

图 1　盐胁迫对马铃薯试管苗 SOD 活性的影响

2.2 盐胁迫对马铃薯试管苗 CAT 活性的影响

随着 NaCl 浓度的升高，马铃薯试管苗 CAT 活性呈现出先升高再下降的趋势。当盐浓度在 0~50 mol/L 时，CAT 活性增加；盐浓度在 50~150 mol/L 时，CAT 活性缓慢下降，盐浓度在 150~200 mol/L 时，CAT 活性大幅度下降。当盐浓度在 200 mol/L 时，CAT 活性较对照下降 0.5%(图 2)。

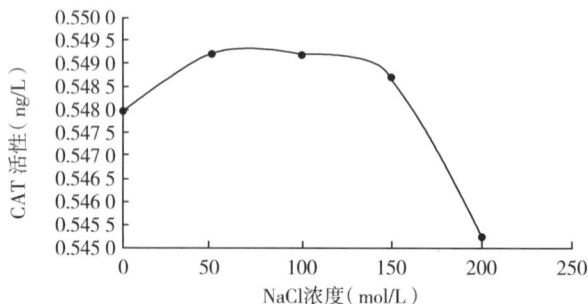

图 2　盐胁迫对马铃薯试管苗 CAT 活性的影响

2.3 盐胁迫对马铃薯试管苗 POD 活性的影响

随着 NaCl 浓度的升高，马铃薯试管苗的 POD 活性呈现出先升高再下降的趋势。当盐浓度在 0~50 mol/L 时，POD 活性增加；在 50~200 mol/L 时，POD 活性下降。当盐浓度在 200 mol/L 时，POD 活性较对照下降 0.11%（图 3）。

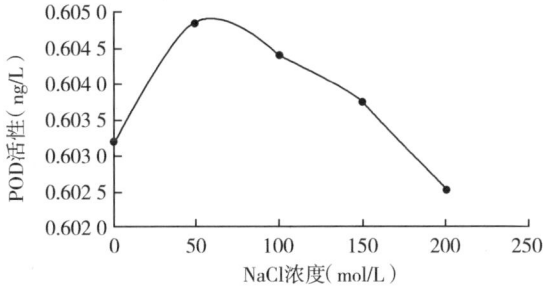

图 3　盐胁迫对马铃薯试管苗 POD 活性的影响

2.4 盐胁迫对马铃薯试管苗株高的影响

NaCl 胁迫抑制了马铃薯试管苗株高的增加，随着 NaCl 浓度的升高，马铃薯试管苗的株高显著降低，当 NaCl 浓度为 200 mol/L 时，马铃薯试管苗的株高只有 3.84 cm，生长极为缓慢（图 4）。

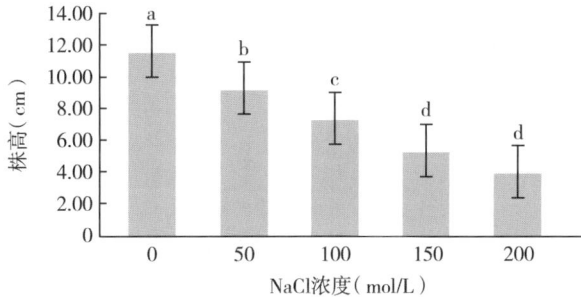

注：不同处理不同小写字母表示 0.05 水平差异显著性，下同。

图 4　盐胁迫对马铃薯试管苗株高的影响

2.5 盐胁迫对马铃薯试管苗叶片数的影响

NaCl 胁迫抑制了马铃薯试管苗叶片数的增加，随着 NaCl 浓度的升高，马铃薯试管苗的叶片数显著减少，当 NaCl 浓度为 200 mol/L 时，马铃薯试管苗的叶片数只有 7.00 片（图 5）。

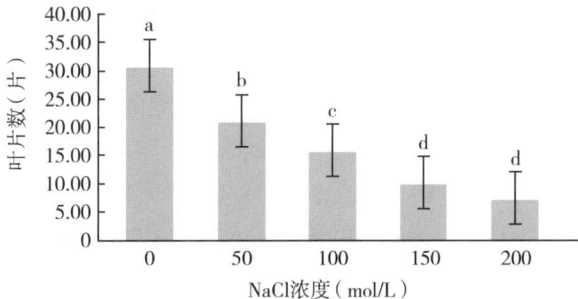

图 5　盐胁迫对马铃薯试管苗叶片数的影响

2.6 盐胁迫对马铃薯试管苗根长和生根数的影响

NaCl 胁迫抑制了马铃薯试管苗根长和生根数的增加,随着 NaCl 浓度的升高,马铃薯试管苗的根长和生根数显著下降。当 NaCl 浓度为 200 mol/L 时,马铃薯试管苗的根长只有 3.8 cm,生根数只有 2.8 根,盐胁迫抑制了马铃薯试管苗根的分化(图6)。

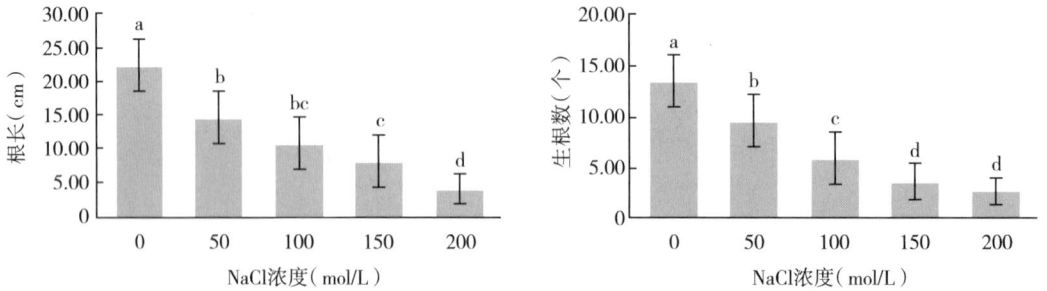

图 6 盐胁迫对马铃薯试管苗根长和生根数的影响

2.7 盐胁迫对马铃薯试管苗鲜重的影响

NaCl 胁迫抑制了马铃薯试管苗鲜重的增加,随着 NaCl 浓度的升高,马铃薯试管苗的鲜重显著减少。当 NaCl 浓度为 200 mol/L 时,马铃薯试管苗的鲜重只有 0.17 g,抑制了马铃薯试管苗的生长(图7)。

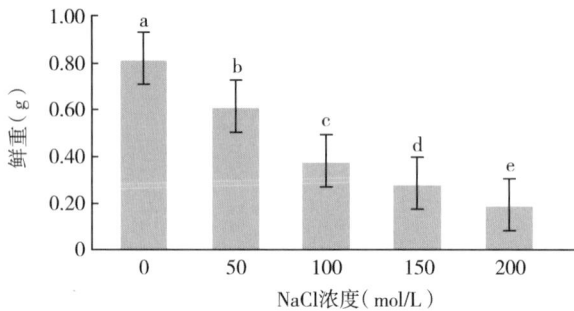

图 7 盐胁迫对马铃薯试管苗鲜重的影响

3 讨 论

植物的耐盐性是受多基因控制的,通过转基因技术创造耐盐品种是十分困难的,并且中国还是盐碱地大国,因此培育耐盐品种才是解决这一问题最有效的方法[8]。但用于评价植物耐盐性的指标不完全一致。刘婕等[9]研究发现马铃薯脱毒苗的株高、鲜质量、新叶数、根长等指标随着盐浓度的增加,均受到了不同程度的抑制;张俊莲等[10]研究表明马铃薯植株生长高度对盐胁迫反应极为敏感。本试验随着盐浓度的增加,马铃薯试管苗株高降低,叶片数、根长、生根数和鲜重减少,与前人的研究结果一致。盐胁迫抑制了植株生长分化,改变了其形态,因此,株高、叶片数、根长、生根数和鲜重是判断耐盐性的重要指标。

盐胁迫是对植物生长发育造成影响的主要原因之一,盐胁迫导致植物体内活性氧增加，代谢产物增加，张景云等[11]研究认为 SOD 和 POD 活性可以作为二倍体马铃薯耐盐性鉴定的间接指标。白江平等[12]研究发现随着 NaCl 浓度的增加，马铃薯试管苗 CAT、SOD 活性增强。陈彦云等[8]研究表明盐胁迫时，POD、CAT 呈上升趋势。本试验在研究中发现，盐胁迫时，POD、CAT 活性增强，与前人研究结果一致，而 SOD 活性呈下降趋势，造成这种差异的原因可能是品种的耐盐能力不同所导致的。

[参 考 文 献]

[1] 于卓, 李景伟, 于肖夏, 等. 5 个马铃薯新品系染色体构型及遗传差异的 SSR 分析 [J]. 种子, 2018, 37(9): 18-21, 27.

[2] 杨新月, 闫梦, 张剑峰, 等. 马铃薯耐盐碱研究进展 [J]. 中国马铃薯, 2021, 35(5): 456-462.

[3] 杨庆余, 王妍文, 李芮芷, 等. 马铃薯食品研究进展 [J]. 食品工业科技, 2021, 42(9): 420-426.

[4] 罗其友, 刘洋, 高明杰. 中国马铃薯产业现状与前景 [J]. 农业展望, 2015, 11(3): 35-40.

[5] 田京江, 井大炜, 朱炎辉. 我国马铃薯耐盐性研究进展 [J]. 安徽农学通报, 2018, 24(8): 38-39.

[6] 裴怀弟, 刘润萍, 林玉红, 等. NaCl 胁迫对马铃薯试管苗 POD 酶活性及同工酶的影响 [J]. 甘肃农业科技, 2020(6): 12-15.

[7] 高俊凤. 植物生理学实验指导 [M]. 北京: 高等教育出版社, 2005.

[8] 陈彦云, 李紫辰, 曹君迈, 等. 马铃薯脱毒苗对 NaCl 胁迫的响应及耐盐性评价 [J]. 西南农业学报, 2018, 31(10): 2 052-2 059.

[9] 刘婕, 梅超, 王慧杰, 等. 盐胁迫对 4 种马铃薯脱毒苗生长及生理特性的影响 [J]. 山西农业科学, 2021, 49(5): 550-553.

[10] 张俊莲, 陈勇胜, 武季玲, 等. 盐胁迫下马铃薯耐盐相关生理指标变化的研究 [J]. 中国马铃薯, 2002, 16(6): 323-327.

[11] 张景云, 缪南生, 白雅梅, 等. 盐胁迫下二倍体马铃薯叶绿素含量和抗氧化酶活性的变化 [J]. 作物杂志, 2014(5): 59-63.

[12] 白江平, 王晓斌, 高慧娟, 等. 干旱和盐胁迫对马铃薯试管苗亚细胞结构及生理生化指标的影响 [J]. 西北植物学报, 2016, 36(11): 2 233-2 240.

乌兰察布市马铃薯脱毒试管苗快繁与栽前壮苗技术

范龙秋，林团荣，焦欣磊，王　真，张志成，王　伟，

王玉凤，王懿茜，尹玉和*

（乌兰察布市农林科学研究所，内蒙古　乌兰察布　012000）

摘　要：乌兰察布市是中国重要的种薯、商品薯和加工专用薯生产基地，被誉为"中国马铃薯之都"。文中详细阐述了乌兰察布市马铃薯脱毒试管苗快繁技术流程、脱毒苗培育过程中发生的瓶苗污染、分枝、褐化/变、玻璃化、蓟马常见问题与配套解决措施以及移栽前壮苗技术，旨在为马铃薯组织培养领域的生产者和研究者提供理论技术参考。

关键词：乌兰察布；马铃薯；脱毒试管苗；快繁技术；壮苗技术

　　乌兰察布市作为内蒙古自治区主要的马铃薯种植区之一，其悠久的马铃薯栽培历史以及得天独厚的自然条件和区位优势，使得马铃薯产业成为乌兰察布市种植业的主导产业和支柱产业。目前，乌兰察布市的马铃薯种植已经形成集约化、规模化格局。2021 年全市马铃薯种植面积 20.3 万 hm²，拥有资质种薯企业 15 家，组培室面积达到 9.65 万 m²，网室面积达到 252.4 万 m²，气雾培面积 3.3 万 m²，年生产脱毒苗 2.2 亿株、微型薯 4.1 亿粒。2019 年 6 月，农业农村部认定乌兰察布市察右前旗、四子王旗为第二批国家区域性良种繁育基地（分 3 年实施），新建高标准良繁基地 2.7 万 hm²，全市达到 5.3 万 hm²。马铃薯良种繁育已基本形成从组培脱毒快繁、温室扦插快繁、网室原原种生产、原种繁育以及合格种薯生产为链条的良种繁育体系[1]。

　　生产上马铃薯以无性繁殖为主，在种植过程中容易感染病毒，病毒在植株内繁殖、转移和积累，并通过块茎世代传递，产量降低，品质退化，最终失去种用价值[2]。马铃薯脱毒苗快繁是应用种薯脱毒技术获得无毒基础苗，在短时间内利用组织培养技术获得大量、高质量的试管苗，在提高产量、保证品质、耐贮藏方面体现出了独特的优势[3]。马铃薯脱毒苗快繁具有繁殖效率高，培养条件可控性强，占用空间小，管理方便，利于自动化控制，便于种质保存和交换等几方面特点。脱毒试管苗的正常生长和快速繁殖成为马铃薯原原种生产的基础环节，保证试管苗在相对短的时间内得到较高的繁殖倍数，同时获得高质量的试管苗，对马铃薯生产具有重大意义[4,5]，只有按照科学的技术规程和严格的操作程序，才能产出优质脱毒种苗。

　　乌兰察布市农林科学研究所是全国最早开展马铃薯无病毒种薯脱毒生产试验的科研

作者简介：范龙秋（1989—），女，硕士，助理研究员，主要从事马铃薯组织培养技术研究。

基金项目：现代农业产业技术体系（CARS-09-ES05）；内蒙古自治区科技计划项目（2020GG0221，2021GG0357）；内蒙古自治区马铃薯种业技术创新中心。

＊**通信作者**：尹玉和，研究员，主要从事马铃薯育种、栽培工作，e-mail：wlcbsyyh@163.com。

单位，是全市马铃薯良种繁育体系建设的高科技示范园区和对外展示的重要窗口[6]。近年来，乌兰察布市农林科学研究所以创新平台建设为抓手，积极与地方种薯企业建立技术合作关系，总结出一套适用于规模化、工厂化马铃薯脱毒苗快繁和栽前壮苗技术。

1 马铃薯脱毒试管苗快繁技术

1.1 马铃薯脱毒苗快繁程序

马铃薯脱毒苗快繁程序见图1。

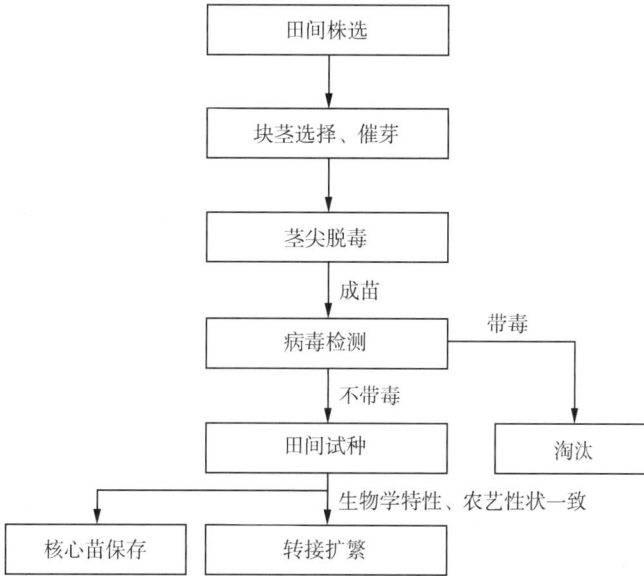

图1 马铃薯脱毒苗快繁程序

1.2 培养基配制操作过程

目前，马铃薯脱毒苗快繁生产和研究上应用最广泛的是 MS 培养基，该培养基具有无机盐、钾盐、铵盐和硝酸盐含量均较高，元素平衡好，微量和有机成分齐全而丰富等特点。由于配方中的离子浓度高，在配制、贮存、消毒等过程中，即使有些成分略有出入，也不至于影响离子间的平衡[7]。

培养基配制为，第 1 步确定培养基的用量，按计量标准卡拉胶或琼脂 0.5%~0.6%、蔗糖 3% 称取，取出母液并按顺序摆放好。第 2 步在灌装机搅拌锅内装配制总量 3/4 左右的纯水，加入卡拉胶或琼脂粉，然后依次量取大量元素、微量元素、铁盐、有机物、生长调节物质的母液及其他特殊添加物，最后加入蔗糖加热搅拌。第 3 步加水定容至配制体积，搅拌均匀，配制好后立即用 1 mol/L HCl 和 1 mol/L NaOH 来调节 pH 值至 5.8。第 4 步分装。一般培养基分装厚度 1.8 cm 左右，操作时，应尽量避免将培养基粘到容器内壁及容器口。第 5 步封口。封口材料种类很多，可根据需要选择，有硫酸纸、耐高温带透气膜塑料瓶盖、塑料封口膜、铝箔纸等。也可用纱布包上脱脂棉做成塞子，外面再包一层牛皮纸。第 6 步灭菌，冷凝观察。采用高压蒸汽灭菌方式，在 0.105 MPa 压力，温度 121 ℃条件下消毒 18~20 min。灭菌后的培养基置于无菌室保存 3~5 d，培养基灭菌效果正常，可放心使用(表 1)。

表 1　MS 培养基母液配制

序号	种类名称	成分名称	配方用量(mg/L)	扩大倍数	称取量(mg)
1		硝酸铵(NH₄NO₃)	1 650	20	33 000
2		硝酸钾(KNO₃)	1 900	20	38 000
3	大量元素	磷酸二氢钾(KH₂PO₄)	170	20	3 400
4		七水硫酸镁(MgSO₄·7H₂O)	370	20	7 400
5		二水氯化钙(CaCl₂·2H₂O)	440	20	8 800
1		四水硫酸锰(MnSO₄·4H₂O)	22.3	200	4 460
2		七水硫酸锌(ZnSO₄·7H₂O)	8.6	200	1 720
3		硼酸(H₃BO₃)	6.2	200	1 240
4	微量元素	碘化钾(KI)	0.83	200	166
5		二水钼酸钠(NaMoO₄·2H₂O)	0.25	200	50
6		六水氯化钴(CoCl₂·6H₂O)	0.025	200	5
7		无水硫酸铜(CuSO₄·5H₂O)	0.025	200	5
1	铁盐	七水硫酸亚铁(FeSO₄·7H₂O)	27.8	200	5 560
2		乙二胺四乙酸二钠(Na₂-EDTA)	37.3	200	7 460
1		肌醇	100	200	20 000
2		烟酸(VB₃)	0.5	200	100
3	有机物	盐酸吡哆醇(VB₆)	0.5	200	100
4		烟酸硫胺素(VB₁)	0.1	200	20
5		甘氨酸	2.0	200	400

注：(1)配制铁盐时边加热边搅拌，调节 pH 值为 5.5；(2)母液置于冰箱中低温(2~4 ℃)保存，铁盐、有机物在棕色广口瓶贮存，有机物不宜长时间存放；(3)配 1 L 培养基分别吸取大量元素母液 50 mL、微量元素母液 5 mL、铁盐母液 5 mL、有机物母液 5 mL。

1.3　核心苗来源与病毒检测

选择田间表现优良，符合品种特征，并且无病虫害和机伤的健康薯块，放于常规室内散色光下发芽，也可采用赤霉素 10~20 mg/L 浸种 20~30 min 打破休眠提前脱毒，待芽长至 4~5 cm 长时，剪取 2~3 cm 长的壮芽作为外植体，经无菌室严格消毒后，在无菌条件下进行剥离至露出顶端圆滑生长点，用解剖针切取带 1~2 个叶原基的茎尖分生组织，将茎尖培养在 MS + 6-BA 0.3 mg/L + NAA 0.2 mg/L 的培养基上，温度为 22~25 ℃在愈伤组织形成时光照强度 1 500~2 000 lx，每天连续光照 14 h，培养一个月，茎尖伸长、变绿，叶原基形成可见小叶，经过 2~6 个月左右的诱导培养，中间转至无生长调节剂培养基上1~2 次[8]，茎尖即可长成小苗，以单株为系进行扩繁，苗数达到 100 株时，随机抽取 2~3瓶样品，将植株下部 1/3~1/2 的茎段装入病毒检测样品袋内，取样时样品不能粘有培养基[9]，病毒检测采用酶联免疫（ELISA）或逆转录聚合酶链式反应（RT-PCR）方法，类病毒采用往返电泳（R-PAGE）、RT-PCR或核酸斑点杂交（NASH）方法，细菌采用ELASA或聚合酶链式反应（PCR）方法。以上各种病害检测也可以采用灵敏度高于推荐方法的检测技术[10]。

经病毒检测后确认不带毒或符合标准的脱毒苗，再下一步扩繁前还需将每个无病毒株系瓶苗再取出一部分移栽在温室，生产少量微型薯或直接诱导成试管薯播种到田间做性状鉴定，确定是否发生变异，是否符合本品种固有的生物学性状，经田间性状鉴定，淘汰变异株系，将符合原品种特征特性的对应保留的脱毒瓶苗开始进一步投入扩繁生产中[8]。

1.4 脱毒苗快繁培养

1.4.1 接种室灭菌

这里介绍3种接种室消毒方法。第1种方法是艾叶和苍术一起熏蒸，此方法熏蒸消毒效果好且安全可靠，副作用少。根据组培室的体积确定两者的用量，按照1 m³室内空间使用0.5 g艾叶 + 1.0~2.0 g苍术，干燥艾叶直接点燃，苍术先用95%酒精浸泡（苍术：乙醇 = 1：2）24 h，用时以酒精为助燃剂点燃。每间接种室分3~5个点均匀分布，点燃之后密闭熏蒸16 h[11]。第2种方法是使用甲醛和高锰酸钾熏蒸消毒，每1 m³用40%甲醛10 mL倒入装有高锰酸钾5 g的容器内，要求盛药容器要大、耐热、耐腐蚀，一般用陶瓷或玻璃容器，房间密闭熏蒸，消毒时间一般为20~30 min，熏蒸时房间预先加湿熏蒸效果更好。此方法有一定灭菌效果，甲醛易残留，存在一定致癌风险。第3种方法可用必洁仕二氧化氯消毒剂，关闭门窗，取B剂（水剂）5 mL投入一片A剂到容器内，释放出杀菌气体可熏蒸5~10 m³，熏蒸4~6 h。但该方法投入成本高。

1.4.2 脱毒苗培养条件

调控好马铃薯组培苗培养室的温度、湿度、光照等条件是获得优质马铃薯组培苗至关重要的环节。马铃薯脱毒苗适宜生长温度在17~25 ℃，通过空调或大型空气净化器调控温度，马铃薯脱毒组培苗低于10 ℃生长停滞，高于28 ℃生长不正常，通常白天温度设置到23 ℃，夜间温度设置为17 ℃[12]。光周期为照明16 h，黑暗8 h，不同马铃薯品种间所需光照强度存在一定差异，大部分马铃薯脱毒苗常用光照强度范围在3 000~4 000 lx，生长间的培养架以用玻璃层为宜。相对湿度保持在75%~80%。使用大直径透气膜的塑料瓶盖、封口膜、脱脂棉塞密封培养瓶，可以避免和减少乙烯以及二氧化碳气体对苗子造成的伤害。综合以上因素关系，如果光线过强，温度过高，瓶内湿度过大，以及瓶内空气和外界空气对流不通畅，会导致组培苗污染严重，气生根繁多，叶片缩小发黄，茎秆停止生长，畸形且老化严重[13]。

1.4.3 脱毒苗快繁规程

先用肥皂水或洗手液洗净双手，更换工作服、防尘帽、口罩、鞋子，进入接种室。打开超洁净工作台、高温灭菌器和无菌操作室的紫外灯，照射20 min。如果接种室没有安装紫外灯，可以连接臭氧机定时进行空气消毒。接种人员就坐于工作台前，关闭紫外灯，打开照明灯，调节超净工作台风速，用酒精棉擦拭工作台面和双手。用酒精棉擦拭接种工具，再将镊子和剪刀蘸95%酒精在酒精灯火焰上灼烧，放置冷却。

脱毒基础苗用75%酒精棉擦拭培养瓶后放在台面上，先打开瓶盖，将培养瓶拿成斜角，使瓶口在酒精灯火焰上方轻轻转动灼烧数秒钟。将剪刀伸入基础苗瓶内剪成带1~2片叶子的茎段，用镊子将小苗夹出插入扩繁的瓶内，轻轻插入培养基表面，均匀分布，通常接种株数为接种容器底部面积的0.6~0.7倍适宜。接种完毕后，将瓶口在火焰上转动灼烧，封口。操作期间应经常用75%酒精擦拭工作台和双手，每接完一瓶基础苗，就要灼烧接种工具防止所接种的组培苗交叉感染。应注意的是，转接苗子时，双手不能离开工作台、不宜说话、走动或咳嗽。接种结束后，打开紫外灯，再接好的培养瓶外壁上标明品种名称和扩繁日期，清理台面和关闭超净工作台，并用75%酒精擦拭工作台面[14]，接种完成后做好工作日志记录。最后，将这些继代扩繁的组培苗及母瓶放置在培养室中培养3周左右，又可作为下一次扩繁的原材料。

2 脱毒苗快繁过程中常见问题与防治对策

2.1 污 染

脱毒苗扩繁过程中的污染问题是限制马铃薯工厂化育苗的关键因素之一。因此，降低组培污染率是马铃薯工厂化育苗的首要任务[15]。从时间角度可以将污染发生原因归纳为3个阶段：

(1)前期准备阶段：包括培养基灭菌不彻底、器皿的灭菌不完全、外植体的选择不当与消毒不彻底。

(2)无菌操作阶段：包括无菌操作室灭菌和超净工作台有问题、操作不规范、操作工具的消毒不彻底等。

(3)培养阶段：培养环境不清洁和培养体系意外开放等。由于这3方面的作用引起细菌性污染、真菌性污染、内源菌污染[16]。

真菌性污染初期如针状雾斑，之后长出菌丝，继而短时间出现黑、白、绿、黄等颜色的孢子，一般接种后3~8 d才有所表现，主要是由空气中孢子浓度过高、培养基瓶口密封性不佳、超净工作台滤网不洁净以及苗源带菌造成的。防治对策，每次使用接种室和超净工作台前，先用紫外线灯杀菌20 min。每周用75%酒精做一次喷雾降尘。定期用苍术和艾叶或者甲醛和高锰酸钾对组培室进行熏蒸、清洗或更换滤网、淘汰老化瓶盖或存在缺口的瓶身、在高压培养基之前及接种过程中拧紧瓶盖、彻底消毒外植体、改进外植体消毒方法等。超净工作台上不能堆放太多物体，以免造成气流不通畅。接种时瓶子要拿成斜角，瓶口放在火焰上方利用气流上升的原理以阻止空气中飘扬的孢子落入瓶内[17]。一旦在培养室中发现真菌感染的组培苗，需要立刻进行清除并杀菌，避免真菌孢子通过空气媒介传播感染其他组培苗[18]。

细菌性污染的主要症状是材料表面出现粘液状物体、菌落或浑浊的水渍状，有时甚至出现泡沫发酵状，导致试管苗整株由根部向上因茎腐而死亡。一般在接种后1~2 d即可出现。细菌污染主要由外植带菌或培养基灭菌不彻底以及操作人员操作不慎造成。因此，要从根本上降低污染率，必须严格规范整个组织培养操作流程。每次经高温高压蒸汽灭菌消毒后的培养基必须存放在冷凝室观察3~5 d，观察培养基表面和内部有无真细菌痕迹，挑除被污染的培养基后方可用于接种。防治对策，扩繁中重复多次采用加抗菌素的培养基，可降低继代苗污染率[19]。常用抑菌剂主要有青霉素、卡那霉素、硫酸链霉素、头孢唑啉、次氯酸钠、二氯异氰尿酸钠（SDIC）等。其中，浓度为5~10 mg/L次氯酸钠溶液和0.1 g/L SDIC溶液在确保组培苗健康生长下抑菌效果较好[20,21]。使用MS + 100 mg/L硫酸链霉素 + 100 mg/L氨苄青霉素组合来抑制细菌的发生。MS + 50 mg/L硫酸庆大霉素 + 50 mg/L氨苄青霉素 + 50 mg/L硫酸链霉素 + 0.4 g/L多菌灵，该组合能有效降低马铃薯脱毒苗细菌和真菌污染，提高快繁效率[22]。

内生菌污染是由于外植体材料内部的微生物（如内生细菌、真菌等）不能被一般的表面消毒方法所清除随着材料带入培养过程造成的，常表现为组培苗不长根，容易烂苗，前期较难发现，随继代次数增加逐渐显露，造成所接种的组培苗全军覆没。防治对策，在采取外植体后，用自来水反复冲洗10 min，用75%酒精消毒30 s，再用0.1%升汞或2%次氯酸钠溶液浸泡5~10 min，最后用无菌水冲洗3~5次，可达到良好的灭菌效果。苗源瓶或从外地引进的瓶苗，苗源瓶要彻底清洗洁净，装入培养基在高压锅内灭菌时要彻底杀灭附着在瓶壁上的杂菌。在接种时用75%酒精擦拭瓶外壁及封口纸（瓶盖），必要时用手托住瓶底使瓶口边缘在酒精灯火焰上方转动一圈杀灭病原菌[23]。

2.2 分枝

分枝是指在试管苗的多个叶腋处长出分枝的现象，具体表现为顶端生长点生长受阻，顶端根点受阻，促使侧芽长出新枝而顶端生长点受阻，都是由于高温高湿小环境造成的，有的顶端生长点已经死亡，有的虽然没有死亡，但也停止生长。温度是马铃薯脱毒苗产生分枝主要影响因素，且不同马铃薯品种间脱毒苗分枝存在差异。瓶苗分枝多，苗子弯曲缠绕，降低快繁效率，有效预防分枝的发生可采取降低室内温度，更换封口膜，增加透气性，缩短继代快繁时间等措施[24]，使用添加1.0%~2.5%甘露醇或1 mg/L硫代硫酸银（STS）培养基转接试管苗，能有效抑制脱毒苗过早分叉或长气生根。

2.3 褐化/变

褐化/变是指培养材料在培养过程中，向培养基中释放褐色物质，致使培养基逐步变成褐色，而培养材料也随之变褐而死亡的现象[25]。控制褐变的主要方法，一是取生长态势旺盛、分生能力强的部位作为外植体材料。二是切取外植体时尽量减少伤口面积及选择适宜的消毒剂。三是选择适宜的培养条件，初代培养可适当暗处理。四是选择适宜培养基，适当降低培养基无机盐浓度，降低pH值，降低细胞分裂素浓度等，可显著减轻培养物褐变。五是在培养基中加抗氧化剂如硫代硫酸钠等，吸附剂如活性炭及螯合剂等可有效抑制褐变。六是缩短转瓶周期，亦是控制褐变常用且有效的方法[26]。

2.4 玻璃化

玻璃化苗的叶片皱缩呈纵向卷曲，脆弱易碎，叶表面缺少角质层腊质，仅长有海绵组织，没有功能气孔。玻璃化苗吸收营养与光和功能不全，繁殖系数低，生根困难，移栽后不易成活，已成为组织培养技术需要攻克的一大难题。玻璃化苗形成原因有继代培养代数过高、外植体类型及取材部位、组培苗培养环境不佳（光照时间过长、高温、培养基水势过高、培养瓶透气性不佳、pH值等）以及培养基组成成分不佳等（碳氮比、琼脂浓度低、铵态氮的含量过多、生长调节剂浓度偏高等）。控制玻璃化苗的措施为，一是尽量选择顶芽作为外植体材料，有利于减弱玻璃化苗现象。二是适当增加 MS 培养基中的琼脂用量，避免培养基水势过高；调控外源激素浓度，降低赤霉素及细胞分裂素浓度；并在培养基中添加 0.5% 活性炭能够在一定程度上弱化玻璃化现象。三是适当增加光强及控制光照时间；把控培养温度，以防高温诱导玻璃化苗。四是选用棉签、牛皮纸等透气性良好的封口材料以及较大的培养瓶，有助于培养瓶内的通风透气，降低玻璃化苗发生率。五是严格控制继代培养代数[15]。

2.5　蓟马

蓟马可侵染组培苗叶片及茎秆，但主要损坏叶片，常沿着叶脉锉食组织、吸取汁液。组培苗被蓟马侵染后，叶片上出现透明、银白色的斑点或条带，周围还有许多蓟马粪便黑点，严重时斑点连接成片，进而叶片失绿变黄，植株停止生长，甚至干枯死亡。有研究指出，在健康和带毒的植株之间，蓟马更喜欢取食带毒植株，这样的取食特性增加了健康的蓟马群体携带病毒的概率，从而增大了其危害性。防治蓟马可采取的措施，一是组培苗进行继代或扩繁前要严格挑选母苗，以防蓟马通过继代及扩繁传播给下一代组培苗。二是使用 20% 吡虫啉可溶性液剂，浓度为 3 000 倍，加入到 MS 培养基中，在 121 ℃ 条件下，高压灭菌 25 min。将组培室的所有组培苗剪切到加入药剂的培养基中培养 30 d 后，再以此方法再次扩繁，一般处理 2~3 个周期就可彻底杀灭组培苗中的蓟马。在进行马铃薯组培苗蓟马污染治理时，将人工排除法与化学治理相结合，可取得较好的效果[27]。

3　脱毒苗栽前壮苗技术

脱毒试管苗移栽于日光温室前必须生长健壮才能有较高成活率。组培苗培养最后一个生产周期使用培养基和培养条件有别于前期快繁培养，因此总结出了包括培养室和温室炼苗 2 个环节上的关键技术要点。

3.1　培养室末周期培养技术

在培养基的营养成分方面，将培养基中 KH_2PO_4 的含量设置 140~155 mg/L，培养试管苗株高适中、粗壮、叶片大，利于移植，且移栽成活率高。在植物生长调节剂添加方面，使用 MS + 5~10 mg/L B9 培养基配方的苗子较粗壮，节间短。或者转入生根培养基 1/2MS + IAA 0.2 mg/L，白糖 2%，琼脂 0.7%，pH 值 5.8，苗子生根快，根系发达，移栽时容易成活。在培养条件调节方面，将温度设置为 ≤20 ℃，增加光照强度 3 000 lx 以上。

3.2　温室内炼苗技术

为增强试管苗对温室内环境条件的适应能力，移植前的试管苗要进行光、温锻炼。炼苗期温室内的温度为白天 23~27 ℃，夜间不低于 10 ℃。炼苗的具体方法，移植前 3 d 左右，将长有 3~5 片叶、高 2~3 cm 的试管苗，在瓶口仍用封口膜封闭的状态下，原封不动从培养室移至温室向阳平整的畦面上排好。为防止强光、高温灼伤试管苗，在温室顶上加盖一层黑色遮阳网。一般不能全遮，以使温室内仍保持有一定光照和较高的温度，并在摆放试管苗的畦内浇上水，维持试管苗周围的湿度。如炼苗期长，还需浇第 2 次水[28]。由于封口膜透气性好，瓶内的湿度下降，加上光照增强，炼苗后的幼苗叶片肥厚浓绿，茎秆粗壮，具有较强的耐寒、耐热、耐旱、耐风能力，为定植后适应温湿度变化、冷热空气交换、断根失水和蒸腾失水等环境条件奠定基础，从而提高瓶苗定植成活率。

[参 考 文 献]

[1] 赵国琦, 阎振贵, 张翔宇. 乌兰察布市马铃薯生产的回顾、现状与展望 [J]. 中国马铃薯, 2005, 19(1): 56-58.

[2] 邹金环, 岳常彦, 徐嗣英. 马铃薯脱毒试管苗培养研究初报 [J]. 吉林农业科技学院学报, 2005, 14(3): 11-13.

[3] 许海英. 马铃薯加工原料的发展现状初探 [J]. 杂粮作物, 2009, 29(3): 230-231.

[4] 石晓华, 孙凯, 陈伊里. 马铃薯茎尖组织培养脱毒的研究 [J]. 吉林农业科学, 2007, 32(1): 179-184.

[5] 李云海, 何云昆, 张仲凯, 等. 通过茎尖分生组织离体培养获得马铃薯脱毒试管苗 [J]. 西南农业学报, 1994, 7(2): 28-31.

[6] 周峰. 乌兰察布市马铃薯产业的现状和存在问题及对策分析 [D]. 呼和浩特: 内蒙古大学, 2012.

[7] 卢翠华, 邸宏, 张丽莉. 马铃薯组织培养原理与技术 [M]. 北京: 中国农业科学技术出版社, 2009.

[8] 董越, 张丹, 靖凯. 浅谈马铃薯脱毒苗组培快繁技术 [J]. 园艺与种苗, 2012(2): 17-18, 31.

[9] 中华人民共和国国家质量监督检验检疫总局, 中国国家标准化管理委员会. GB/T 29375—2012 马铃薯脱毒试管苗繁育技术规程 [S]. 北京: 中国标准出版社, 2012.

[10] 中华人民共和国国家质量监督检验检疫总局, 中国国家标准化管理委员会. GB 18133—2012 马铃薯种薯 [S]. 北京: 中国标准出版社, 2012.

[11] 罗燕娜, 李东方, 张爱萍, 等. 不同消毒剂对马铃薯组培室的消毒效果分析 [J]. 新疆农垦科技, 2013, 36(6): 56-57.

[12] 徐美恩, 张燕, 杨发明. 马铃薯脱毒组培苗扩繁技术研究 [J]. 青年与社会, 2013(1): 229-230.

[13] 刘玉琳. 马铃薯组培苗培养环境的调控 [J]. 云南农业, 2014(1): 43-44.

[14] 秦晓萍. 马铃薯脱毒苗组培快繁技术 [J]. 中国种业, 2015(4): 81-83.

[15] 吴玥琳, 凌永胜, 林金秀. 马铃薯脱毒试管苗组织培养技术概述 [J]. 农业科技通讯, 2017(8): 238-241.

[16] 杨丽琴, 李瑞, 王俊, 等. 植物组织培养的三大难题 [J]. 北方园艺, 2008(4): 104-107.

[17] 周曾硕, 唐伟, 刘国凤, 等. 苍术和艾叶用于马铃薯组培室熏蒸的研究 [J]. 中国马铃薯, 2010, 24(1): 43-46.

[18] 李红菊. 浅谈如何有效降低马铃薯组培苗工厂化生产污率 [J]. 农业与技术, 2016, 36(10): 4.

[19] 齐恩芳. 抗菌素控制马铃薯脱毒试管苗细菌污染的研究 [J]. 甘肃科技, 2002(7): 85.

[20] 彭广霖, 李青, 衣淑玉, 等. 次氯酸钠防治组培污染的研究 [J]. 安徽农业科学, 2012, 40(16): 8 806-8 808.

[21] 陈英, 张西英, 刘江娜. SDIC 在马铃薯脱毒组培苗开放式快繁生产中的应用试验研究 [J]. 新疆农垦科技, 2014, 37(11): 38-40.

[22] 康萍芝, 张丽荣, 詹虹, 等. 马铃薯脱毒试管苗污染控制效果研究 [J]. 北方园艺, 2011(20): 134-136.

[23] 黄永, 邹盘龙, 张英, 等. 马铃薯脱毒组培苗工厂化快繁的污染问题及解决措施 [J]. 农技服务, 2017, 34(23): 2, 4.

[24] 乔海明, 侯志臣, 李振树, 等. 马铃薯脱毒瓶苗分枝产生原因及预防方法 [C]//陈伊里, 屈冬玉. 哈尔滨: 哈尔滨工程大学出版社, 2002: 130-133.

[25] 陈勇. 玉竹组培快繁关键技术研究 [D]. 长沙: 湖南农业大学, 2010.

[26] 何家涛, 丁芹. 植物组织培养中常见问题及解决方法 [J]. 襄樊职业技术学院学报, 2003(2): 35-36, 39.

[27] 谢春霞, 杨雄, 赵彪, 等. 马铃薯组培苗蓟马防治技术 [J]. 湖南农业科学, 2018(4): 60-61, 69.

[28] 龚菊声, 何川, 陈赟娟. 马铃薯脱毒苗切繁技术 [J]. 云南农业, 2011(7): 38-39.

不同基质和密度对马铃薯微型薯生产的影响

苏晨晨，张云帅，翟鑫娜，刘毅强，田再民*，龚学臣，

冯　琰，祁利潘，王　宽，尹　江，纪艺红

(河北北方学院，河北　张家口　075000)

摘　要：通过对株高、结薯个数及产量的分析，探究不同基质配比组合及密度对微型薯生产的影响，为基质栽培生产马铃薯微型薯提供理论依据。试验采用蛭石、椰糠、炉灰、草炭按不同比例混合的基质，将"希森6号"马铃薯脱毒苗栽培密度按照211.6万，249.2万和330.6万株/hm²(定植株行距分别为6.5 cm × 6.5 cm、6.0 cm × 6.0 cm、5.5 cm × 5.5 cm)移栽，进行基质栽培试验。试验结果表明，处理4(蛭石40% + 椰糠40% + 炉灰20% + 草炭0%)株高、收获微型薯个数及产量都超过对照处理(蛭石50% + 椰糠50% + 炉灰0% + 草炭0%)，表现最好；密度为249.2万株/hm²时，收获的微型薯总个数最多产量最高。

关键词：马铃薯；微型薯；基质；密度

马铃薯(*Solanum tuberosum* L.)是继小麦、水稻、玉米之后的第四大粮食作物[1,2]，在中国国民经济中占有重要地位。传统的留种方式会引起马铃薯品种退化[3]，长期以来，微型薯的质量问题一直是影响马铃薯产量的重要原因[4-6]。马铃薯脱毒微型薯苗是利用茎尖脱毒和组织培养技术快速获得，在温室或者网棚等封闭条件下种植，不带病毒并且可以保持品种的优良种性[7]。利用脱毒技术生产合格的马铃薯微型薯，是保证马铃薯稳定高效生产的基础[8]。

马铃薯脱毒微型薯苗栽培方式主要是气雾栽培和基质栽培[9]。气雾栽培可通过人为调节，给予植株最适宜的生长环境条件[10]。但气雾栽培技术的生产制备投资较大、缺乏相关技术操作人员，因此气雾栽培规模化生产尚不多见[11]。与气雾栽培相比，基质栽培则更容易被人们接受，基质栽培的操作简单，价格低廉，对于土壤中水分、空气、养分供应等的调控机制优于传统的土壤栽培[12]；同时也有一些缺点，结薯数少，薯块小，若基质配方不当则会出现通透性差，发生病害等[13]。因此，解决基质栽培在生产中存在的弊端是提高马铃薯微型薯产量的有效途径。

马铃薯微型薯的产量是由单薯重、结薯数和密度3个因素构成。其中密度通过植株的自我调节，制约着其他2个因素[14]。因此，栽培密度是决定微型薯产量高低的重要因素。有研究表明，随着密度的增加，微型薯的产量随之增加，结薯数增多，块茎变小，当密度过大时，产量则逐渐降低[15]。由此可见，选择合适的栽培密度就显得尤为重要。

常见的马铃薯微型薯栽培基质主要由草炭和蛭石组成[16]。研究表明，当草炭：蛭石 =

作者简介：苏晨晨(1998—)，女，硕士研究生，研究方向为农艺与种业。

基金项目：现代农业产业技术体系建设专项(CARS-09)；河北省现代农业产业技术体系(HBCT2018080201)；河北省马铃薯产业协同创新中心项目(HB2018063602020002)；河北省教育厅项目(QN2018111)；河北北方学院教育教学研究项目(GJ202142)。

*通信作者：田再民，博士，副教授，从事马铃薯育种研究，e-mail：nkxtzm@163.com。

1:1时，脱毒微型薯苗的成活率最高[17]；前人以"大西洋"马铃薯脱毒苗为试验材料，探究不同配比基质对马铃薯微型薯繁育的影响时得出，炭化谷壳：珍珠岩：菌渣：椰子毛：细河沙 = 1：1：1：1：1 时，脱毒微型薯苗长势最佳，结薯个数最多，微型薯产量最高[18]。李爽等[16]在探究玉米秸秆基质对马铃薯原原种繁育的影响时得出，玉米秸秆：草炭：蛭石在 25：25：50 及 37.5：12.5：50 时，脱毒微型薯苗的成活率有所提高、农艺性状表现良好，微型薯产量较优。

本试验目的为探究不同类型的基质配比组合、不同栽培密度对栽培基质、马铃薯微型薯生长发育、产量及品质的影响，明确不同基质配比组合及密度对微型薯生长的影响，为基质栽培马铃薯微型薯生产应用提供理论依据。

1 材料与方法

1.1 试验材料

供试材料为马铃薯微型薯大棚使用瓶苗"希森6号"，将蛭石、椰糠按体积比为1：1混合得到的基质作为对照，再将蛭石、椰糠、炉灰、草炭按不同比例混合组成10种不同基质，设置植株行距分别为6.5 cm × 6.5 cm、6.0 cm × 6.0 cm、5.5 cm × 5.5 cm（即密度分别为211.6万，249.2万和330.6万株/hm²），共33个处理，每个处理3盘，共99盘（表1）。微型薯穴盘规格：55 cm × 55 cm × 8 cm；基质厚度为7 cm。预先将蛭石用水浇透，椰糠泡水，待瓶苗炼苗至少一周时间后适应棚温后，于2021年7月3日移栽。各处理的病害防治措施按照微型薯生产技术规程统一实施。

表1 马铃薯不同基质配比及栽培密度组合

密度(万株/hm²)	处理	蛭石(%)	椰糠(%)	炉灰(%)	草炭(%)
211.6	1	50	50	0	0
	2	45	45	10	0
	3	30	30	10	30
	4	40	40	20	0
	5	25	25	20	30
	6	35	35	30	0
	7	20	20	30	30
	8	30	30	40	0
	9	15	15	40	30
	10	25	25	50	0
	11	10	10	50	30
249.2	1	50	50	0	0
	2	45	45	10	0
	3	30	30	10	30
	4	40	40	20	0
	5	25	25	20	30
	6	35	35	30	0
	7	20	20	30	30
	8	30	30	40	0
	9	15	15	40	30
	10	25	25	50	0
	11	10	10	50	30

密度(万株/hm²)	处理	蛭石(%)	椰糠(%)	炉灰(%)	草炭(%)
	1	50	50	0	0
	2	45	45	10	0
	3	30	30	10	30
	4	40	40	20	0
	5	25	25	20	30
330.6	6	35	35	30	0
	7	20	20	30	30
	8	30	30	40	0
	9	15	15	40	30
	10	25	25	50	0
	11	10	10	50	30

1.2 测定指标

在马铃薯微型薯的块茎膨大期、微型薯采收后分别测定株高、每个处理收获微型薯的总个数及其总重。

2 结果与分析

2.1 不同基质组合和密度对移栽马铃薯脱毒苗株高的影响

在211.6万，249.2万和330.6万株/hm² 3个密度上，对照处理(蛭石50% + 椰糠50% + 炉灰0% + 草炭0%)的株高最高，分别为57.0，51.0和47.5 cm；处理4(蛭石40% + 椰糠40% + 炉灰20% + 草炭0%)次之，分别为54.0，43.2和42.5 cm(表2)。

表2　不同密度下各处理株高的变化

密度(万株/hm²)	处理	株高(cm)
	1	57.0
	2	50.2
	3	42.5
	4	54.0
	5	44.8
211.6	6	48.0
	7	37.7
	8	34.7
	9	29.0
	10	37.7
	11	21.7
	1	51.0
	2	45.2
	3	37.2
	4	43.2
	5	40.6
249.2	6	40.2
	7	33.0
	8	31.3
	9	28.0
	10	32.5
	11	25.3

密度(万株/hm²)	处理	株高(cm)
	1	47.5
	2	45.7
	3	32.2
	4	42.5
	5	41.2
330.6	6	34.8
	7	32.0
	8	33.3
	9	30.3
	10	37.0
	11	19.3

2.2　不同基质组合和密度下马铃薯微型薯个数及产量的变化

在 330.6 万株/hm² 密度下，处理 4(蛭石 40% + 椰糠 40% + 炉灰 20% + 草炭 0%)微型薯个数达最大值 252 个；在 249.2 万株/hm² 密度下，处理 2(蛭石 45% + 椰糠 45% + 炉灰 10% + 草炭 0%)微型薯个数次之，为 238 个。在 211.6 万，249.2 万和 330.6 万株/hm² 密度下，微型薯总个数依次为 1 341，1 877 和 1 702 个。在 249.2 万株/hm² 密度下，处理 2 微型薯的产量最大为 1 080 g；处理 4 在 211.6 万和 330.6 万株/hm² 密度下，微型薯产量高于其他处理。在 211.6 万，249.2 万和 330.6 万株/hm² 密度下，微型薯总产量依次为 6 870，8 105 和 6 450 g(表 3)。

表 3　不同密度下各处理马铃薯微型薯总个数和产量的变化

密度(万株/hm²)	处理	微型薯总个数(个)	微型薯产量(g)
	1	123	810
	2	99	625
	3	101	525
	4	135	820
	5	85	490
211.6	6	151	610
	7	159	605
	8	158	805
	9	109	655
	10	106	515
	11	115	410
	总计	1 341	6 870

密度(万株/hm²)	处理	微型薯总个数(个)	微型薯产量(g)
	1	183	780
	2	238	1 080
	3	194	750
	4	201	945
	5	180	810
249.2	6	201	820
	7	84	430
	8	167	725
	9	73	285
	10	190	940
	11	166	540
	总计	1 877	8 105
	1	169	775
	2	185	720
	3	114	425
	4	252	930
	5	134	550
330.6	6	165	595
	7	131	360
	8	179	595
	9	107	375
	10	179	660
	11	87	465
	总计	1 702	6 450

3 讨 论

栽培基质不仅对马铃薯脱毒苗起到固定与支撑的作用,还要为其提供良好的生长环境及丰富的营养物质。不同基质进行配比更有利于马铃薯脱毒苗成活和生长。炉渣具有良好的孔隙,能够起到保水作用。炉灰中含有氮、磷、钾以及微量元素,可作为基质原料使用,这与周宇等[19]的研究结果一致。李爽等[16]研究表明添加草炭的基质浇水以后基质会紧实,通气性降低,在马铃薯脱毒微型薯苗定植初期会有利于植株根系与基质紧密结合,有利于植株吸收水分与营养物质,缩短缓苗时间,但缓苗期过后影响脱毒苗后期的生长与营养的积累,与本试验基质中添加 30%草炭对马铃薯微型薯的株高有一定的抑制作用的研究结果一致。但付峰等[20]试验结果认为基质中添 28%~33%草炭可以改善植株生长环境,可以显著增加结薯率,获得较高的微型薯产量及经济效益,这与本试验基质中添加 30%草炭对马铃薯微型薯的株高有一定的抑制作用的研究结果不同。因此,草炭的最适比例根据基质的组成还需进一步研究。

在马铃薯微型薯生产过程中,栽培密度主要是指脱毒微型薯苗的移栽密度,密度对马铃薯植株的成活、生长发育均有不同程度的影响,对马铃薯微型薯的产量、结薯个数影响较大。微型薯结薯个数随着种植密度的增加而增加，这与梁淑敏等[1]的研究结果一致。在生产中可以通过适当的增加密度，来增加结薯个数，但随着密度的增加，小块茎的数目及其比例也随之增加，使产量降低。

本试验结果表明，密度不同或基质组合不同对不同指标的影响程度也不同。密度相同，基质组合不同时，添加草炭的基质比未添加草炭的基质收获的微型薯产量均较低。基质相同，密度不同时，处理4(蛭石40% + 椰糠40% + 炉灰20% + 草炭0%)条件下，微型薯的株高、收获微型薯个数及产量等都超过对照处理(蛭石50% + 椰糠50% + 炉灰0% + 草炭0%)，表现最好；密度为249.2万株/hm² 时，与211.6万和330.6万株/hm² 2个密度相比，收获的微型薯总个数最多、产量最高。

[参 考 文 献]

[1] 梁淑敏,李燕山,杨琼芬,等.4个栽培密度对6个马铃薯基因型微型薯繁育种薯的影响 [J].西南农业学报,2017,30(11):2 454-2 460.

[2] 王欢妍,黄科,高琪昕,等.马铃薯微型薯繁育基质配比的优化 [J].湖南农业大学学报:自然科学版,2013,39(5):505-509.

[3] 刘凌云,包丽仙,卢丽丽,等.马铃薯脱毒原原种基质栽培研究概况 [J].江苏农业科学,2013,41(11):89-91.

[4] 肖旭峰,刘明月,周庆红,等.氮磷钾肥配施与马铃薯微型薯产量的相关性 [J].西北农业学报,2012,21(9):69-73.

[5] 杨杰.浅议不同种植技术对微型马铃薯的影响 [J].陕西农业科学,2005(6):16-18.

[6] 赵小梅,廉玉姬,周晓燕,等.不同基质配比对马铃薯组培苗移栽的影响 [J].湖北农业科学,2009,48(7):1 576-1 578.

[7] 裴荣信.马铃薯脱毒微型薯生产与利用 [J].山西农业科学,1992(1):14-15.

[8] 李文芙,朱祥春,陈伊里,等.改进生产马铃薯种薯技术的研究 [J].马铃薯杂志,1995,9(1):18-21.

[9] 杨芳,鲁骄阳,郭华春.雾培马铃薯微型种薯采后块茎木栓化解剖学研究 [J].江苏农业科学,2015,43(10):126-128.

[10] 桑有顺,冯焱,于莉娟,等.不同扦插密度与施肥模式对马铃薯微型薯产量的影响 [J].西南农业学报,2009,22(5):1 374-1 376.

[11] 毛玮,王英,金建钧,等.马铃薯茎尖脱毒技术体系的研究进展 [J].安徽农业科学,2009,37(33):16 257-16 260.

[12] 杜德玉,王明耀,田金玉,等.马铃薯微型薯生产培养基质的筛选研究 [J].作物杂志,2004(1):13-14.

[13] 赵小梅,廉玉姬,周晓燕,等.不同基质配比对马铃薯组培苗移栽的影响 [J].湖北农业科学,2009,48(7):1 576-1 578.

[14] 王芳.无土基质栽培生产脱毒马铃薯微型薯的关键技术 [J].作物杂志,2008,126(5):97-100.

[15] 林金秀,吴玥琳,凌永胜.马铃薯原原种生产中基质、密度和施肥因子的优化 [J].福建农业学报,2017,32(12):1 291-1 297.

[16] 李爽,侯杰,张婧颖,等.基质中添加适宜玉米秸秆促进马铃薯脱毒苗生长 [J].农业工程学报,2015,31(19):195-201.

[17] 王芳.密度和基质对马铃薯青薯9号脱毒微型薯产量的影响 [J].江苏农业科学,2013,41(9):84-85.

[18] 徐景贤.马铃薯脱毒微型薯栽培技术体系的构建 [J].广东农业科学,2011,38(3):30-32.

[19] 周宇,陈蒙蒙,刘青,等.黄沙和炉渣不同配比基质对温室黄瓜植株生长及生理特性的影响 [J].中国农业科技导报,2019,21(9):117-124.

[20] 付峰,吕福虎,秦琴,等.基质中草炭含量对马铃薯微型薯产量的影响 [J].种子世界,2016(10):32-34.

乌兰察布市不同模式下马铃薯原原种生产栽培技术

焦欣磊，林团荣，范龙秋，王　真，张志成，

王　伟，王玉凤，王懿茜，尹玉和*

（乌兰察布农林科学研究所，内蒙古　乌兰察布　012209）

摘　要：针对乌兰察布气候特征和马铃薯产业特点，以提高原原种的产量和品质为目的，进一步剖析马铃薯原原种无土栽培优势，对脱毒马铃薯原原种生产栽培关键技术与构建几种模式要点进行总结，基于试管苗-基质、试管苗-培养基、试管苗-水培、试管苗-雾培、试管薯-雾培5种模式介绍脱毒种薯原原种栽培管理技术，为种植生产农户提供现实理论依据，以期战略选择调整马铃薯种植业结构。

关键词：马铃薯；原原种；栽培模式；关键技术

马铃薯是世界第四大粮食作物，其产量居世界第4位。随着中国农业产业结构化调整，淀粉加工和相关食品的需求日益增加，优质马铃薯加工产品供不应求，受季节制约比较明显，马铃薯的生长喜凉，加上商品薯极易退化，脱毒种薯应运而生[1]。乌兰察布市地处内蒙古自治区中部，海拔较高，平均海拔 1 152～1 321 m，气候冷凉，年均气温 0～18 ℃，风速大，病虫害发生率低，为马铃薯生长发育提供了得天独厚的优越条件[2]。2021 年乌兰察布市年生产脱毒苗 2.2 亿株、微型薯 4.1 亿粒，同时农业农村部认定其 2 个旗县市区为第二批国家区域性良种繁育基地，有效促进马铃薯产业高质量发展[3]。脱毒马铃薯种薯解决了种薯退化、病虫害多、产量低、品质差的问题，较常规种薯增产 32%～70%，显著提高了马铃薯的内在品质和外观质量[4,5]。马铃薯脱毒种薯是经过试管苗（试管薯）→原原种→一级原种→生产良种的繁育体系。区别于一般的种子繁育，脱毒种薯生产需要严格的生产规程，许多马铃薯种薯生产大国（荷兰等）脱毒种薯生产已形成专业化的各级种薯专业生产农场[6]。马铃薯脱毒种薯生产环节中原原种生产是关键因素，原原种质量的高低和数量的多少直接影响以后各级种薯的生产与应用，并且这种影响是呈数量级增长[7-9]。

马铃薯原原种生产通常采用无土栽培生产方式，中国许多研究单位及企业普遍采用无土栽培法生产脱毒原原种，主要有基质培和雾培两种方式[10]。在中国特别是马铃薯五大主产区，马铃薯原原种生产技术正成为种植业结构调整和增加农民收入的一项战略选择途径。从多维角度来看，对脱毒马铃薯原原种生产几种模式的栽培技术以及繁育技术要点展开探究具有极高的现实价值[11]。

作者简介：焦欣磊（1988—），男，助理研究员，主要从事马铃薯遗传育种工作。
基金项目：国家马铃薯产业技术体系（CARS-09-ES05）；内蒙古自治区马铃薯业技术创新中心。
*通信作者：尹玉和，研究员，主要从事马铃薯育种、栽培工作，e-mail：wlcbsyyh@163.com。

1 脱毒马铃薯原原种生产无土栽培优势分析

1.1 基质培优势

基质培是以人为创造可控作物根系的微环境取代传统的土壤环境，可以有效解决常规土壤栽培中空气、养分、水分的供需矛盾，使作物根系处在最适宜的微环境条件中，从而充分发挥作物的增长潜力、生物量。基质培有效的克服土传病害重等作物连作障碍问题，解决种薯优良种性的退化问题，植物生长量明显得到提高[12]。

1.2 雾培优势

雾培法不受土壤、气候的限制，人为调节和控制马铃薯生长发育过程，缩短生产周期，利用雾培法节水和节肥率分别可以达到90%和60%。雾培下植株能更快打开气孔，促进蒸腾速率，加快水分运输，增强光合速率，增加产量[13]。贺晓霞[14]研究发现与固体培养基相比，雾培法在苗的繁殖效率和微型薯的诱导方面有明显的优势。Prince等[15]试验结果表明，通过气雾培可以提高植物根部溶解无机碳的水平，从而增加生物量的积累。

2 关键技术与栽培模式要点分析

2.1 试管苗–基质栽培模式

2.1.1 前期准备阶段

使用蛭石(pH值<8.2，颗粒直径2~4 mm)最佳。铺设时须在蛭石中拌入基肥水溶性复合肥12 kg/667 m^2 + 磷酸二铵10 kg/667 m^2 + 硝酸铵钙8 kg/667 m^2，用水浇透，以部分水从蛭石中渗出为宜，水浇后厚度为4~5 cm。

防虫消毒：用防虫纱网孔径0.247 mm(60目)。对网室、温室可用硫黄熏蒸、50%多菌灵可湿性粉剂800倍液喷洒或0.1%高锰酸钾消毒。

整地：每畦铺设宽度为2.7 m的黑色塑料布(塑料布厚度0.08 mm)，用砖将大棚内土地砌成1.2~1.3 m宽、大棚长度的畦块。

2.1.2 试管苗移栽管理

用净水洗去培养基，用50 mg/L奈乙酸和0.1%链霉素混合溶液浸泡基部5~10 min促进生根，移栽到畦地基质中。按照株行距为4.3 cm × 10 cm，平均约233株/m^{2}行距开沟后，按株距摆苗。

扦插好后，轻细均匀喷水，使基质充分饱和吸水，定植后用遮阳网遮10~15 d，具体需根据生根情况逐步去掉遮阳网。

2.1.3 栽培管理

(1)湿度管理：移栽后7 d内，每天早晚各浇水2次。7 d后每天浇水1次，保证基质干湿合适。缓苗后，幼苗长出新根，苗高在20 cm以下，保持基质湿度60%~70%，空气相对湿度达到80%。

(2)温度管理：定植后1周棚内生根地温控制在15~25 ℃，前期日光网温室内最高温度控制在23 ℃以下，后期温度可控制在20~25 ℃。

(3)施肥管理以及病虫害防治：定植4 d后可滴灌生根剂或者保护性药剂。30 d后，根据脱毒苗营养生长情况，每5~7 d可用0.2%磷酸二氢钾溶液 + 0.1%尿素溶液或者

0.2%高钾水溶肥滴灌至苗根部滴灌1次。揭膜后开始喷药防治。若具备发病条件，可每隔7~10 d喷1次，防治药剂要交替使用。

(4)培土管理：在苗高8~10 cm时，用蛭石压苗厚度2~3 cm，苗尖部两片叶露出，及时浇水。20 d后，待苗再长高后，进行第2次培土。

2.2 试管苗-培养基诱导模式

马铃薯试管薯是指采用组织培养的方法，通过诱导使培养瓶内试管苗叶腋间形成的小薯块，直径为2~10 mm大小的块茎统称为试管薯。GB/T 29377—2012《马铃薯脱毒种薯级别与检验技术规程》[16]中将试管薯等同于原原种。

2.2.1 前期准备阶段

配制诱导结薯培养基：MS + 6BA 0.01 mg/L + CCC 500 mg/L + 8%白糖(pH值5.8)。

选苗：根系发达、茎秆粗壮、叶色深绿的试管苗。

2.2.2 栽培管理

炼苗：当脱毒马铃薯试管苗长至8~10 cm时，打开瓶口，增加光照，逐渐降低湿度，经过5 d左右的炼苗。

诱导：当脱毒苗长满容器后，在无菌条件下，将原来的壮苗培养基倒掉，加入诱导结薯培养基，3~4 d后便可以产生微型薯，6周后微型薯发育到直径5 mm左右便可收获。试管生产的微型薯直径一般有3~7 mm，重量1.5 g左右。

周期：微型薯诱导周期为50~60 d，微型薯收获后，要用清水多次冲洗，用滤纸吸去表面水分，置于4 ℃冰箱保存。

2.3 试管苗-水培生产模式

马铃薯脱毒苗水培繁育技术是雾培前脱毒苗的假植，主要将试管苗切段扦插于营养液中，培养成健康器官完整植株。其核心是将脱毒苗植株固定于水培定植板上，使植株底部接触到营养液，让营养液代替土壤，为植株生长提供营养。

2.3.1 前期准备

(1)水培床：水培床长×宽×高(3×1×0.8)m³，贮水箱高13 cm，贮水箱水体表面安置塑料泡沫栽植板，厚度3 cm、孔径1.2 cm、孔距3.0 cm×3.0 cm。使用前用800倍高锰酸钾稀释液或巴氏消毒液进行浸泡消毒，并用清水清洗2~3次后晾干。

(2)营养液管理。营养液的温度应为17~20 ℃，营养液10~15 d更换1次。

2.3.2 试管苗移栽

(1)脱毒苗处理：选择生长健壮、长度在5 cm左右、整齐一致的嫩苗。脱毒瓶苗是没有污染且经过病毒检测的，同时要经过炼苗处理。水培一般采用全剪根，冬季温度低可以采用全剪根和半剪根。

(2)定植：将经过处理的脱毒苗用镊子夹住幼苗底部，插入水培板栽培孔中，水培板栽培孔下部的叶片要全部剪掉，按株距为2.5 cm×2.5 cm、密度1 500株/m²进行扦插，在扦插后的第2 d添加生根营养液，生长营养液根据气温每隔5~7 d添加1次。定植后3~5 d注意遮阴、避光。

2.3.3 栽培管理

(1)前期管理：观察水培苗的长势、叶色是否正常、叶片有无萎蔫、病斑、水培苗根系是否正常，及时剔除死苗以及干叶、烂叶。

（2）生根阶段（关键期）：水培苗在前期生根阶段对温湿度的要求较严格，温度应为20~25 ℃，25 ℃左右是最适宜脱毒苗生根的温度。湿度应控制在70%~80%，在温湿度适宜的情况下，水培苗在7 d左右基本生根。

（3）茎叶生长阶段：水培苗在生根后揭膜进入茎叶生长阶段，此阶段少遮阴，多光照，温度在25~28 ℃，湿度40%~50%。

（4）病虫害防治：水培苗在生长阶段要注意病虫害防治，一旦发现病株，应立即剔除并采取病害防治措施。主要预防真菌性病害早疫病、晚疫病，细菌性病害青枯病。

2.4 试管苗–气雾栽培模式

气雾培的栽培系统主要分为四大类，即雾培床式、立桶式、金字塔式和管道式。马铃薯雾培的主要环节有设备安装、定植、生长期营养液管理、马铃薯采收及贮存等[17]。

2.4.1 前期准备

将马铃薯脱毒试管苗剪成带1~2个叶茎段，接种到装有MS培养基（pH值5.8）的培养瓶中，每瓶15个茎段。培养室温度23 ℃，光照强度3 600 lx，光照时间14 h/d，培养25 d左右。

25 d培养后的脱毒苗，先剪掉根部，用流水冲掉残留在植株上的培养基，置于100 mg/L萘乙酸（NAA）溶液（pH值5.5~5.8）中浸泡15 min，移栽至玻璃房内的泡沫板（孔间距2.5 cm，孔直径0.5 cm）上，进行水培培养，密度为1 600株/m²。

2.4.2 移栽苗管理

定植前，在培养槽的盖板上先盖上黑色塑料膜，槽内覆盖黑色膜保持黑暗，营造适合匍匐茎生长和顶端膨大成薯的环境。按要求的行株距先在盖板上开好定植孔，直径大小为1.5 cm。一般选取长势一致的水培苗。将准备好的脱毒水培苗栽于盖板的定植孔内，用充分吸水的海绵将苗固定。

2.4.3 生长期管理

（1）营养液管理。营养液在循环利用过程中，用电导率仪检测，电导率（EC）的范围保持在2 800~3 400 µS/cm。利用酸度计检测营养液的最佳pH值5.5~6.0。

（2）喷雾时间。为防止脱毒苗失水萎蔫，应缩短停喷时间，即喷30 s，停3 min；植株根系发达后，大量的根系持水能力较强，可逐渐延长停喷时间，高温和晴朗天气，5~30 min时段内喷雾30~40 s，其余时间停喷。夜间和阴雨天6 min至1 h时段内喷雾20 s，其余时间停喷。

（3）温湿度管理。整个生长过程，空气相对湿度控制在55%~65%。定植时，苗期温度控制在10~15 ℃；茎叶生长期至现蕾期温度控制在20~28 ℃；开花期匍匐茎开始生长，温度控制在18~22 ℃；喷雾时水温控制在10~20 ℃。

（4）病虫害防治。马铃薯病虫害的防治以预防为主。为了严格控制和防止病虫害传播，雾培室周围应远离病虫害污染源，2 m以内最好不要有杂草，防止出现漏洞，避免外面的病虫害随人员进入。在水培床拱棚上挂黄板，观察黄板上是否有虫，如若发现虫子要及时防治，可用吡虫啉、高露、啶虫脒等，黄板要根据情况10 d左右换1次。

2.5 试管薯–气雾栽培模式

试管薯–气雾栽培模式较为少见，GB 18133《马铃薯种薯》中将试管薯等同于试管苗，试管薯在严格无菌条件下培养生产，质量与试管苗等同，因此可以将试管薯等同于试管苗，作为繁育原原种的初始材料，因此用试管薯替换试管苗也可进行原原种生产。

2.5.1 前期准备

催芽：用赤霉素 10~20 mg/L 浸种 20~30 min，散射光照环境中，放在 0~7 ℃下，使种薯打破休眠，播种前催芽处理。待幼芽由白色变成紫色、绿色时即可。

固定：将试管薯用装有基质的育苗盘固定，待长出根后移栽至玻璃房内的泡沫板上，孔间距为 2.5 cm，孔直径为 0.5 cm，进行培养。

2.5.2 生长期管理

试管薯长出根系后，生长期管理与试管苗一样(同 2.4.3)。

3 结　语

综上所述，马铃薯原原种生产栽培模式分别是试管苗-基质、试管苗-培养基、试管苗-水培、试管苗-雾培、试管薯-雾培五种，分析这 5 种模式关键技术要点为马铃薯原原种生产栽培提供了理论依据。目前大多数生产原原种模式是试管苗-基质模式，而雾培(试管苗-水培、雾培)栽培模式因科技化强，正在逐步推广与完善过程中；试管薯-雾培模式运用较少，但是试管薯生长优势强，利用雾培也可提高原原种的品质与产量，获得的原原种效果更为理想，同时可更好保存稀少且珍贵的马铃薯种质资源。

[参　考　文　献]

[1] 徐宁, 张洪亮, 张荣华, 等. 中国马铃薯种植业现状与展望 [J]. 中国马铃薯, 2021, 35(1): 81-96.

[2] 尹玉和. 乌兰察布马铃薯 [M]. 北京: 中国农业科学技术出版社, 2021.

[3] 林团荣, 张志成, 王玉凤, 等. 2020 年乌兰察布市马铃薯产业发展现状及 2021 年生产形势分析 [C]//金黎平, 吕文河. 马铃薯产业与绿色发展. 哈尔滨: 黑龙江科学技术出版社, 2021: 51-56.

[4] 刘国芬. 马铃薯高效栽培技术 [M]. 北京: 金盾出版社, 2000.

[5] 闫东升. 马铃薯脱毒种薯行业发展前景分析 [D]. 呼和浩特: 内蒙古大学, 2012.

[6] 杨美军. 马铃薯组培苗切段扩繁原原种技术研究 [D]. 长春: 吉林农业大学, 2018.

[7] 李世林. 马铃薯原原种与生产种生长特性比较研究 [D]. 成都: 四川农业大学, 2013.

[8] 李文刚, 宁怀玉. 马铃薯脱毒微型薯种薯生产及其繁育推广体系—铃田模式 [J]. 中国马铃薯, 2002, 16(2): 92-94.

[9] 徐景贤. 马铃薯脱毒微型薯栽培技术体系的构建 [J]. 广东农业科学, 2011, 38(3): 30-32.

[10] 刘俊国, 龚小峰, 陈章. 马铃薯脱毒原原种生产技术规程 [J]. 吉林蔬菜, 2015(4): 5.

[11] 赵蓓. 脱毒马铃薯原原种的高产繁种栽培技术 [J]. 农业开发与装备, 2021(12): 213-214.

[12] 孔德鹏. 脱毒马铃薯原原种栽培基质的研究与应用 [D]. 石河子: 石河子大学, 2011.

[13] 周全卢, 张玉娟, 李育明. 雾培与基质栽培马铃薯的光合特性 [J]. 中国马铃薯, 2011, 25(1): 16-20.

[14] 贺晓霞. 雾培马铃薯不同品种生长及微型薯产量比较 [J]. 中国马铃薯, 2019, 33(1): 15-20.

[15] Prince C M, MacDonald G E, Erickson J E. Effects of elevated temperature and carbon dioxide concentrations on the response of two common reed (*Phragmites australis*) haplotypes to glyphosate [J]. Invasive Plant Science and Management, 2018, 11(4): 181-190.

[16] 中华人民共和国国家质量监督检验检疫总局, 中国国家标准化管理委员会. GB/T 29377—2012 马铃薯脱毒种薯级别与检验技术规程 [S]. 北京: 中国标准出版社, 2012.

[17] 豆静, 封明军, 雷富臣, 等. 气雾培在植物栽培中的应用研究进展 [J]. 现代农业科技, 2021(5): 13-17.

网棚脱毒马铃薯培土栽培试验

武新娟*

（黑龙江省农业科学院乡村振兴科技研究所，黑龙江　哈尔滨　150023）

摘　要：马铃薯原原种生产的质量、速度和成本，都直接影响各级种薯的生产和应用。适宜的农艺栽培措施，可提高单位面积合格薯产量，从而获得高效的原原种。试验以当地主栽的3个马铃薯品种为材料，通过建设防虫网棚，模拟大田进行小垄栽培模式，研究培土次数对种薯生产的影响。结果表明，参试品种的脱毒苗扦插成活率均在90%以上，株高和微型薯产量均表现为培土3次处理显著或极显著高于不培土的对照，而培土4次与3次处理之间各测定指标差异不显著，说明培土3次为最佳处理，继续增加培土虽然可以增加微型薯产量，但效益降低，所以不建议枉增成本。

关键词：网棚；培土次数；微型薯；品种

马铃薯种薯生产的每个环节受多种因素的制约和影响，要提高微型薯的质量、数量和合格薯率，除对大棚网室温、光、水、气、肥的合理调控外，适宜的农艺栽培措施尤为重要[1]。培土是提高马铃薯微型薯单株结薯数及单位面积粒产量的一项重要措施，通过培土可降低土壤温度、增加马铃薯结薯层土壤基质厚度，能促进多层结薯[2]。试验以当地主栽马铃薯品种"早大白""尤金"和"克新13号"为植物材料，通过建设防虫网棚，模拟大田进行小垄栽培模式，研究培土次数对3个马铃薯品种脱毒种薯生产的影响，以寻求此种模式下脱毒种薯生产的最佳培土次数，从而避免无效的附加成本，达到增产增收的目的。

1　材料与方法

1.1　试验材料

试验选择"早大白""尤金"和"克新13号"3个当地主栽马铃薯品种，脱毒试管苗由黑龙江省农业科学院乡村振兴研究所实验室扩繁提供。

1.2　试验方法

试验设在黑龙江省农业科学院乡村振兴研究所内自有防虫网棚内，5月中下旬整地，按大田土、草炭土和有机肥3∶2∶1的比例拌土，做成小垄，垄距30 cm。2018年6月10

作者简介：武新娟(1981—)，女，硕士，助理研究员，主要从事马铃薯育种与栽培技术研究工作。

基金项目：黑龙江省农业科学院"农业科技创新跨越工程"专项(HNK2019CX07)。

＊通信作者：武新娟，e-mail：wuxinjuan01@ sina.com。

日进行脱毒苗扦插，扦插株距 8 cm。培土次数设 5 个水平：培土 1 次、培土 2 次、培土 3 次、培土 4 次、不培土对照(CK)，7 月 6 日第一次培土，每隔 15 d 培土 1 次，培土厚度 3~5 cm。随机区组排列，每个处理重复 3 次，行长 2.4 m，6 行区，单个小区面积 4.32 m²，试验区合计面积 194.4 m²。

1.3 测定项目

保苗率：扦插 10 d 后，调查全小区成活株数。

株高：盛花期随机抽取 10 株测量株高，取平均值。

单株结薯数：随机抽取 10 株计单株结薯数，取平均值。

产量：9 月 10 日收获测产，整个小区全部收获计算产量，取 3 次重复的平均值。

1.4 数据处理

采用 DPS v7.05 软件和 WPS 进行数据处理，多重比较分析均采用 LSD 法。

2 结果与分析

2.1 保苗率情况

于脱毒苗扦插后 10 d 调查植株的成活情况，因植株成活率与培土处理无关，故调查成活植株仅按品种区分。"克新 13 号"成活率最高，为 93.62%，其次是"早大白"，为 92.56%，"尤金"最差，为 90.89%，但是所有差异均不显著(表 1)。

表 1 扦插苗成活情况

品种	成活株数(株/21.6 m²)				成活率(%)
	I	II	III	平均	
早大白	836	822	841	833 aA	92.56
尤金	812	837	805	818 aA	90.89
克新 13 号	855	829	844	843 aA	93.62

注：同列不同小写和大写字母分别表示在 0.05 和 0.01 水平上差异显著。下同。

2.2 脱毒苗株高比较

对 3 个马铃薯品种不同培土次数下植株株高进行测定，方差分析表明，$F_{早大白} = 11.25$ 和 $F_{克新13号} = 16.51$，均大于 $F_{0.01} = 7.01$，"早大白"和"克新 13 号"的处理间差异达到极显著水平，而 $F_{尤金} = 6.67$，大于 $F_{0.05} = 3.84$，处理间差异达显著水平。

3 个品种的株高总体趋势表现为随着培土次数的增加而升高，"早大白"培土 3 次处理的株高较对照极显著升高，而"尤金"和"克新 13 号"培土 2 次处理就显著升高。3 个品种培土 4 次与培土 3 次处理的株高差异均不显著(表 2)。

表 2　不同处理对植株株高的影响

品种	培土次数	株高（cm）			
		Ⅰ	Ⅱ	Ⅲ	平均
早大白	0（CK）	29.2	28.0	26.5	27.9 cB
	1	26.4	32.1	28.4	29.0 cB
	2	35.4	33.2	31.7	33.4 bcAB
	3	41.3	36.7	38.0	38.7 abA
	4	40.2	37.5	45.9	41.2 aA
尤金	0（CK）	28.4	26.2	32.5	29.0 bcAB
	1	24.8	28.6	29.0	27.5 cB
	2	30.7	36.3	34.5	33.8 aA
	3	32.5	36.5	35.0	34.7 aA
	4	32.5	33.2	31.6	32.4 abAB
克新13号	0（CK）	35.0	33.0	31.4	33.1 bB
	1	31.3	38.5	33.1	34.3 bB
	2	40.5	42.2	41.9	41.5 aA
	3	43.6	42.0	44.3	43.3 aA
	4	42.2	46.1	42.8	43.7 aA

2.3　微型薯产量比较

3个马铃薯品种不同培土次数下微型薯产量性状的测定结果，可见微型薯的合格薯率在94.8%～99.2%，整体表现较好，各处理间差异不显著。单株结薯粒数的方差分析结果为：$F_{早大白}$ = 11.70，大于 $F_{0.01}$ = 7.01，处理间差异达极显著水平；$F_{克新13号}$ = 5.32，大于 $F_{0.05}$ = 3.84，处理间差异达显著水平；$F_{尤金}$ = 3.00，小于 $F_{0.05}$ = 3.84，处理间差异未达到显著水平。小区产量的方差分析结果为：$F_{早大白}$ = 12.33，$F_{尤金}$ = 14.93，$F_{克新13号}$ = 13.59，数值均大于 $F_{0.01}$ = 7.01，说明3个品种不同培土次数的处理间小区产量差异均达到极显著水平。

微型薯的产量随着培土次数的增加而增加，其中"早大白"产量表现为培土1和2次处理与对照差异不显著，培土3次处理显著高于对照，培土4次处理极显著高于对照，培土3和4次两处理间差异不显著；"尤金"和"克新13号"产量表现为培土1和2次处理与对照差异不显著，培土3和4次均极显著高于对照，但两处理间差异不显著（表3）。

表 3　不同处理对微型薯产量的影响

品种	培土次数	合格薯率（%）	单株结薯数（粒）	小区产量（粒/4.32 m²）
早大白	0（CK）	97.3 aA	1.6 bAB	316.3 bB
	1	98.1 aA	1.5 bB	310.7 bB
	2	98.8 aA	1.7 bAB	327.3 bAB
	3	98.6 aA	2.7 aA	402.7 aAB
	4	99.0 aA	2.6 aA	412.7 aA

续表 3

品种	培土次数	合格薯率(%)	单株结薯数(粒)	小区产量(粒/4.32 m²)
	0(CK)	96.2 aA	1.6 aA	292.3 cB
	1	94.8 aA	1.6 aA	283.7 cB
尤金	2	95.5 aA	1.9 aA	331.3 bcAB
	3	97.6 aA	1.8 aA	404.3 aA
	4	96.8 aA	2.1 aA	388.7 abA
	0(CK)	96.8 aA	1.8 bA	321.7 bB
	1	97.5 aA	2.1 abA	319.7 bB
克新 13 号	2	98.3 aA	2.7 abA	349.0 bAB
	3	98.4 aA	2.7 abA	435.0 aA
	4	99.2 aA	2.8 aA	444.3 aA

注：单薯重小于 1 g 为不合格薯。

3 讨 论

目前世界各国都在开展马铃薯脱毒薯的研究，脱毒薯也在生产中得到了较广泛的应用[3]。但是由于生产条件限制，脱毒小薯的生产量有限，价格昂贵。近年来，国内外学者对脱毒小薯以及各重要栽培因子对小薯的影响展开了深入而细致的研究，取得了一大批科研成果[4-6]。其中有效的培土管理也是重要的研究项目，与微型薯的产量密切相关。周平等[7]在防虫网棚松针腐殖土上，研究不同培土次数对脱毒薯产量及植株性状的影响，探索适宜的培土次数及培土厚度，得出以培土 2 次处理单位面积上合格薯产量最高；连文颀和吴白丽[8]通过设置培土栽培马铃薯的小区试验，探讨培土次数对马铃薯产量及商品性的影响，结果表明，3 个培土处理的鲜薯产量、商品薯率均高于不培土处理；鲍菊等[1]通过进行试管苗扦插密度及培土次数对网室生产脱毒微型薯数量影响的研究，结果表明，合理的试管苗扦插密度和培土次数能显著提高微型薯产量，达到节本增效的目的，生长期中进行 4 次培土，能有效提高马铃薯"中薯 3 号"微型薯的有效薯产量。

试验研究结果表明，参试 3 个马铃薯品种的脱毒苗扦插成活率均在 90% 以上，虽有差异但不显著；不同处理对脱毒苗株高和微型薯产量的影响均为随培土次数的增加而增加，且各处理间存在不同程度的差异显著性；参试品种的株高和产量均表现为培土 3 次处理显著或极显著高于不培土的对照，而培土 4 与 3 次处理之间的差异，无论株高、单株结薯数还是小区产量均不显著，说明在试验中的栽培模式下培土 3 次为最佳次数，继续增加培土虽然还可增加微型薯产量，但效益降低，不建议枉增成本。另外，试验中各处理的合格薯率较高，在 94.8%~99.2%，认为小垄栽培较苗床扦插模式虽土地利用率低，但合格薯率高，田间管理简单，且生产的微型薯块茎大，更适宜作大田种植种薯，偏得当地农户喜爱。

[参 考 文 献]

[1] 鲍菊, 赵佐敏, 冷云星, 等. 马铃薯试管苗扦插密度及培土次数对大棚网室微型薯数量的影响 [J]. 耕作与栽培, 2008 (4): 29-30.

[2] 潘海虹, 曲淑萍, 敖永军, 等. 马铃薯脱毒种薯高产栽培技术 [J]. 内蒙古农业科技, 2009(4): 106-107.

[3] 庞淑敏, 方贯娜, 张新岭. 马铃薯脱毒种薯的应用及发展思考 [J]. 科学种养, 2018(12): 17-19.

[4] 李勇, 高云飞, 刘伟婷, 等. 马铃薯脱毒试管苗在不同扦插密度条件下的产量性状和经济参数的分析 [J]. 中国马铃薯, 2009, 23(3): 133-138.

[5] 李勇. 马铃薯脱毒苗在不同基质配比条件下生产原原种的产量性状和经济参数 [J]. 中国马铃薯, 2014, 28(3): 147-151.

[6] 王朝海, 顾霄, 白永生, 等. 马铃薯脱毒苗移栽密度及钾肥用量对原原种产量的影响研究 [J]. 陕西农业科学, 2011, 57 (5): 3-4, 12.

[7] 周平, 王朝海, 顾尚敬, 等. 马铃薯脱毒苗不同培土次数对脱毒薯产量的影响 [J]. 现代农业科技, 2011(2): 127-128.

[8] 连文颁, 吴白丽. 马铃薯培土栽培试验 [J]. 福建农业科技, 2008(4): 52-53.

基质培马铃薯原原种水肥一体化
离地繁育技术规程研究

林团荣[1]，张志成[1]，王玉凤[1]，王　伟[1]，王　真[1]，范龙秋[1]，焦欣磊[1]，王懿茜[1]，
李慧成[2]，黄文娟[1]，韩素娥[1]，谭桂莲[1]，韩万军[1]，邢莹莹[3]，尹玉和[1]*

(1. 乌兰察布市农林科学研究所，内蒙古　乌兰察布　012000；
2. 乌兰察布市农业技术推广中心，内蒙古　乌兰察布　012000；
3. 农畜产品质量安全中心，内蒙古　乌兰察布　012000)

摘　要：针对目前内蒙古自治区马铃薯脱毒原原种繁育技术问题，制定了基质培马铃薯原原种水肥一体化离地繁育技术规程。马铃薯原原种水肥一体化是目前公认较好的灌溉方式，马铃薯水肥一体化灌溉不仅可以大大减少灌水的使用，还能显著减少化肥农药的使用，对减少病害、提升种薯质量起到了非常重要的作用。通过温、网室离地基质培生产原原种，并进行水肥一体化管理，使组培苗移栽成活率达95%以上，单株结薯数达到3~5个，形成一套高效低成本马铃薯原原种水肥一体化离地繁育技术规程。该规程为广大马铃薯种植户提供了合理的技术参考，为马铃薯原原种水肥一体化离地繁育技术推广提供理论依据。

关键词：原原种；离地；水肥一体化；马铃薯病害；技术规程

乌兰察布市海拔高，气候冷凉，日照充足，昼夜温差大，具有发展马铃薯种薯生产得天独厚的优越条件，历来是全区乃至全国重要的马铃薯种薯和商品薯生产基地。当地的马铃薯脱毒种薯曾销往全国25个省、市、地区，为全国马铃薯生产水平的提高做出了重要贡献。但目前存在马铃薯脱毒原原种繁育能力低、土传病害不能有效控制，质量标准不统一、种植户生产方式各异[1-3]，基于此，结合实际生产需求，阐述了基质培马铃薯原原种水肥一体化离地繁育技术的术语和定义，制定了原原种水肥一体化系统的设施要求、系统操作规程等，为广大马铃薯种植户提供合理的技术参考[4,5]。

1　规范性引用文件

以下引用的文件对于本规程的应用是必不可少的，凡是注日期的引用文件，仅所注日期的版本适用于本文件。凡是不注日期的引用文件，其最新版本(包括所有的修改单)适用于本文件。

GB 7331 马铃薯种薯产地检疫规程[6]；GB 18133—2012 马铃薯种薯[7]；GB/T 29378—

作者简介：林团荣(1982—)，女，推广研究员，从事马铃薯栽培育种工作。
基金项目：现代农业产业技术体系(CARS-09-ES05)；乌兰察布市关键技术攻关项目(2021GJ203)；内蒙古自治区科技计划项目(2020GG0221，2021GG0357)；内蒙古农牧业科学院青年创新基金(2020QNJJN014)。
*通信作者：尹玉和，研究员，主要从事马铃薯育种、栽培工作，e-mail：wlcbsyyh@163.com。

2012 马铃薯脱毒种薯生产技术规程[8]。

2 术语和定义

2.1 马铃薯种薯
符合 GB 18133 规定相应质量要求的原原种、原种和大田用种。

2.2 组培苗
马铃薯优良品种的块茎，经茎尖剥离、组织培养获得的，经质量检测后不带有 PVX、PVY、PVS、PLRV、PVA、PVM 和 PSTV 的病毒，用于生产原原种或原种的再生植株。

2.3 原原种
用育种家种子、脱毒组培苗或试管薯在日光温室、智能温室、防虫网室等隔离条件下生产，经质量检测达到 GB 18133—2000 标准 5.2 要求的马铃薯种薯。

2.4 离地苗床繁育
日光温室、智能温室、防虫网室等隔离条件下，距地面 20~60 cm 搭建苗床，以蛭石、草炭土等为基质，通过无土栽培繁育原原种的过程。

2.5 水肥一体化
水肥一体化技术为灌溉与施肥融为一体的现代农业新技术[9,10]。

3 设施条件及苗床建造

3.1 设施条件
温室、网室应具有控温、控湿、通风、良好的光照条件，有防雨和防虫设施。温室、网室内地表及四周 2 m 内建成水泥地面，温室和网室的门窗和通风口要装孔径 0.247 mm（60 目）的防虫网纱。温室和网室进门处修建一个缓冲间，应随时消毒灭菌。缓冲间应设置消毒设施，可用生石灰或医用酒精进行消毒。

3.2 苗床制作
3.2.1 材料
苗床床面由金属网或高强度塑料网板等材料制作，孔径 3 cm × 15 cm，丝径 3.8 cm 的金属网。

3.2.2 规格
苗床长度根据网棚或日光温室的结构确定，宽度 1.2~1.5 m，四周设边框，深度 15 cm。

3.2.3 设计承重
苗床承重能力 50 kg/m² 以上。

3.2.4 苗床支架
床面由焊接钢架或空心砖块支撑，高度 25~60 cm。

3.2.5 苗床准备
苗床排列整齐，高低一致。在苗床上铺一层隔离地布，并用 50%多菌灵可湿性粉剂 800 倍喷洒或 0.5%高锰酸钾进行喷雾消毒处理。

3.2.6 基质添加

在苗床上添加厚度 8~10 cm 的消毒基质(蛭石：草炭土 = 5∶1),拌复合肥(N∶P_2O_5∶K_2O = 12∶18∶15)30 kg/667 m^2 作为底肥,用水肥一体机将基质浇透水,浇水至基质含水量为 70%~80% 时进行定植。

3.3 灌溉系统

(1)采用微喷灌灌溉。

(2)600 m^2 的网棚或温室,须挖 10 m^3 以上的蓄水池,供微喷灌系统使用。

(3)安装溶肥罐或制作溶肥池,并添加搅拌设施,栽培过程中所需肥料随微喷灌施入,600 m^2 的苗床需容积 1 m^3 以上溶肥罐或溶肥池。

4 基质培马铃薯原原种水肥一体化离地繁育技术

4.1 组培苗扩繁

对生长到具有 7~8 片叶,通过检测不带任何病毒和类病毒的组培苗进行切段扩繁。剪切必须在无菌条件下操作,剪后每个切段至少带 1 个叶片。将剪下的切段水平放置于培养瓶内的培养基上培养,培养基选用不加任何生长调节剂和有机元素的 MS 培养基。在温度 5~22 ℃,光照充分的条件下培养 30 d 后,切段将长成叶龄 7~8 片的植株,可供再次切段繁殖,扩繁苗要严格进行病毒检测。

4.2 原原种繁育

4.2.1 炼 苗

移植前 5~7 d 开始炼苗,可以把培养瓶盖揭开后就地放置在培养室或炼苗室炼苗,也可以将封口培养瓶从培养室移到温室自然光条件下炼苗。

4.2.2 定 植

将经过炼苗的组培苗,用清水洗去培养基,剪去老根,移栽至苗床,定植株距 5 cm,行距 10 cm,定植后地上植株的高度一致,控制在 1.2~1.5 cm,保证根系与基质充分接触,及时喷水至基质含水量为 70%。

4.2.3 遮阳缓苗

组培苗移栽后应立即覆盖遮阳网,遮阳(折光率 75%)网纱 10~15 d,直到植株长出新根可移去遮阳网。

4.2.4 浇 水

移栽后,保持基质湿度 60%~70%。1 周以后,每 3~4 d 浇水 1 次,或根据基质湿度及天气情况浇水,保证基质干湿合适,不过分干旱或过湿,以幼苗不出现缺水症状为宜。

4.2.5 施 肥

使用水溶肥随微喷灌施入,用可溶性复合肥(N∶P_2O_5∶K_2O = 15∶5∶25)2 kg/667 m^2 进行施肥,或用 0.5% 磷酸二氢钾进行叶面喷施,每隔 7~10 d 一次,整个生育期施多元微肥 2~3 次,每次叶面喷施 6 g/667 m^2。收获前 15 d 停止施肥。

4.2.6 培基质

定植后为确保所结微型薯不露出基质,在移栽苗 20 d 后,进行第 1 次覆盖基质,覆盖厚度为 2~3 cm。在移栽苗 40 d 后,进行第 2 次覆盖基质,覆盖厚度为 2~3 cm。覆盖基质浇水后打杀菌剂，预防在操作过程中带入病菌，杀菌剂用百菌清 120 g/667 m²。

4.2.7 控 秧

苗高 30 cm 时，喷施苯丙甲环唑 20 mL/667 m²，进行控秧。

4.2.8 温度控制

前期棚内温度控制在 25 ℃ 以下，当超过该温度时，通风透气，后期温度控制在 20~25 ℃。

4.2.9 病虫害防治

生产过程中应全程进行病害防治。移栽苗 10 和 15 d 后分别喷施中生菌素和百菌清，防治细菌性和真菌性病害。覆盖基质浇水后进行打药，预防在操作过程中带入真细菌和虫子等。杀虫药选用 22%氟啶虫胺腈悬浮剂。在移栽苗 30 d 后进行马铃薯早疫病和晚疫病预防，马铃薯早晚疫病预防选用 80%代森锰锌，早疫病防治一般选用 10%苯醚甲环唑、25%嘧菌酯交替使用，每隔 10 d 喷施 1 次；晚疫病防治一般选用 72%霜脲锰锌、69%烯酰吗啉可湿性粉剂、687.5 g/L 氟吡菌胺·霜霉威盐酸盐和 23.4%双炔酰菌胺等农药交替使用，每隔 7~10 d 喷施 1 次，总计喷施 7 次[11]。整个生育期，肥水充足，在日常查棚时，周围杂草要及时发现，及时拔除。

4.2.10 收 获

原原种生长达到 GB/T 29378—2012 的规定标准后，一般植株下部 2/3 变黄，即可收获。收获前 10~15 d 停止浇水，适时收获。

4.3 注意事项

所有工作人员在大棚区域禁止吸烟，进入棚内必须用肥皂洗手后，才能工作；所有工作人员在大棚区域不允许穿黄色或带黄条的衣服；所有大棚设有缓冲间，出入时只能开一道门，出入后要随手关门；非工作人员不得进入大棚；在生产大棚区域及周边不能种植蔬菜(马铃薯、茄科、开黄花)，避免蚜虫等昆虫和其他病害、病毒的发生和传播，所有大棚内均挂黄板和蓝板(300~375 张/hm²)，高度以板底部高出植株顶部 20 cm 为宜。

[参 考 文 献]

[1] 张利霞, 赵桂芳, 黄金泉. 无土基质生产马铃薯原原种的几个技术环节概述 [J]. 甘肃农业科技, 2015(5): 54-58.

[2] 李云海, 陈丽华, 陶仁艳, 等. 马铃薯试管苗壮苗培养基的筛选 [J]. 现代农业科技, 2012(22): 65-66.

[3] 裴怀弟, 刘润萍, 林玉红, 等. NaCl 胁迫对马铃薯试管苗 POD 酶活性及同工酶的影响 [J]. 甘肃农业科技, 2020(6): 12-15.

[4] 王崇智. 马铃薯种薯的选择与处理 [J]. 现代畜牧科技, 2021(1): 55, 57.

[5] 赵生香. 天祝县马铃薯种薯繁育基地生态适宜性评价 [J]. 甘肃农业科技, 2017(9): 7-11.

[6] 中华人民共和国国家质量监督检验检疫总局. GB 7331 马铃薯种薯产地检疫规程 [S]. 北京: 中国标准出版社, 2003.

[7] 中华人民共和国国家质量监督检验检疫总局, 中国国家标准化管理委员会. GB 18133—2012 马铃薯种薯 [S]. 北京: 中国标准出版社, 2012.

[8] 中华人民共和国国家质量监督检验检疫总局, 中国国家标准化管理委员会. GB/T 29378—2012 马铃薯脱毒种薯生产技术规程 [S]. 北京: 中国标准出版社, 2012.

[9] 李晓强. 马铃薯水肥一体化栽培的优势与技术要点 [J]. 农业工程技术, 2020, 40(20): 33.

[10] 宫淑芳. 农业节水滴灌及水肥一体化技术模式 [J]. 现代农业, 2020(6): 34.

[11] 唐小兰. 马铃薯种植技术及病害防治的研究 [J]. 种子科技, 2020, 38(22): 23-24.

乌兰察布市马铃薯微型薯离地繁育技术探究

张志成[1,2]，林团荣[1]，王　丹[3]，王　伟[1]，王　真[1]，王玉凤[1]，郝　帅[4]，
范龙秋[1]，黄文娟[1]，焦欣磊[1]，王懿茜[1]，尹玉和[1]*

(1. 乌兰察布市农林科学研究所，内蒙古　乌兰察布　012000;
2. 内蒙古农业大学，内蒙古　呼和浩特　010000;
3. 集宁师范学院，内蒙古　集宁　012000;
4. 乌兰察布市科学技术局，内蒙古　集宁　012000)

摘　要：随着乌兰察布市马铃薯种植年限的增加，马铃薯土传病害问题逐年加重，尤其近几年马铃薯微型薯也逐渐表现出带菌带病的症状。微型薯生产是马铃薯生产过程中最重要的一环，其质量的高低直接影响各级种薯的生产与应用，为了确保微型薯生产的产量和质量，就马铃薯离地繁育微型薯的方法进行了详细介绍。

关键词：马铃薯；微型薯；离地繁育

优质品种是马铃薯的"芯片"，优质微型薯就是马铃薯产业的"命脉"，只有无病害、无病毒、纯度高的微型薯才是生产原种的优质种源。马铃薯繁育体系的源头就是生产出优质无病菌的微型薯，生产优质微型薯和增加单位面积的有效微型薯粒数是目前存在的共性问题。目前微型薯繁育技术存在倒茬、易感病等特点，为了克服马铃薯微型薯生产中存在的问题，本着生产优质、高效、低成本马铃薯微型薯的原则，有效提高种薯质量和产量，提升马铃薯产业高质量发展，主要介绍了马铃薯微型薯离地繁育技术以供参考。

1　生产要求

1.1　环境要求

马铃薯微型薯生产田应远离大田生产区和蔬菜产区(隔离距离≥500 m)，选择气候冷凉、通风较好和天然隔离的区域，周围无污染源，所处地势有利于灌溉和排水，水源和电力设施配套齐全。

1.2　基础设施要求

微型薯棚架要有通风、防虫和降温设施，防虫网纱的目数一般为60目，通风口高度

作者简介：张志成(1988—)，男，博士，助理研究员，主要从事马铃薯遗传育种研究工作。

基金项目：现代农业产业技术体系(CARS-09-ES05)；内蒙古自治区科技重大专项(2021SZD0026)；内蒙古自治区马铃薯种业技术创新中心项目；内蒙古自治区科技计划项目(2021GG0357)；乌兰察布市关键技术攻关项目(2021GJ203)。

*通信作者：尹玉和，研究员，主要从事马铃薯育种、栽培工作，e-mail：wlcbsyyh@163.com。

为 1.3 m, 除通风口外全部使用厚度为 12 丝抗老化无滴塑料膜进行封闭。棚口应设置缓冲间, 内置消毒设施, 可用生石灰或其他消毒剂消毒, 工作人员进入棚中应穿洁净的工作服和鞋套, 避免带进病毒。网棚内的灌溉系统采用吊挂微喷系统, 由东向西有 2 条固定在顶架上, 每隔 1.5 m 接一个吊挂喷头(应选择出水均匀雾化效果好的喷头)。

1.3 消毒要求

棚内应定期消毒。种植之前应对微型薯棚进行全面杀菌消毒, 可用硫黄熏蒸或 0.1% 高锰酸钾杀菌消毒。防虫网室使用 50% 多菌灵可湿性粉剂 800 倍液喷洒。在消毒的过程中消毒人员应严格遵守消毒流程, 穿消毒工作服佩戴护具防止中毒。

2 移栽前准备

2.1 搭遮阳网

选择晴朗无风的天气, 一般在早上进行, 将规格为 70 m × 15 m 的遮阳网搭于微型薯棚顶, 从棚两侧开始上, 先固定一头, 两人开始上拽, 然后固定, 由于北方风大, 建议中间适当加 5~8 根拉绳。

2.2 苗床的固定和摆放

根据微型薯棚的大小和实际操作的方便程度, 设定苗床长度 3 m × 1.3 m × 0.2 m, 用空心陶粒砖或不锈钢支架(25~30 cm)作支撑把苗床架好, 有利于良好通风和保湿。待苗床固定后在上边铺一层园艺地布, 同时在空心陶粒砖或不锈钢支架下边铺设防草布, 铺园艺地布应使用 5% 二嗪磷或 5% 辛硫磷防治金针虫、地老虎、蛴螬等地下害虫, 均匀撒施于地面, 然后将园艺地布平铺于棚内, 压实接缝, 防止草从侧面长出。

2.3 基质铺设

蛭石和底肥混合拌匀, 摊铺在苗床上, 厚度为 8~10 cm, 一个苗床可用 7~8 袋蛭石, 施复合肥(N : P : K = 12 : 19 : 26)50 kg/667 m², 生物有机肥 80 kg/667 m², 中微量元素肥 1~2 kg/667 m²。在移栽的前 1 d 把基质浇透, 保证基质持水量在 90% 左右(手指挤压后有渗水), 再借助手把喷头将苗床内蛭石刮平, 确保移苗时不沾基质, 提高移栽效率。

3 移 栽

3.1 瓶苗标准

一般 200~250 mL 瓶苗快繁试管苗为 35~40 株, 纯度和病毒去除率达 100%, 植株具有 3~5 条小根, 4~7 片叶, 高度为 6~8 cm, 无真细菌病毒污染。

3.2 炼 苗

在移栽前, 应将瓶苗从培养室转移到自然光温条件下炼苗棚, 为了防止中午强光暴晒, 需盖上 85%~90% 的遮阳网。不可急于揭盖喷水炼苗, 当温湿度达到移栽条件时方可进行, 这样可以提高种苗的成活率, 一般炼苗时间为 7 d 左右。

3.3 洗 苗

将马铃薯脱毒苗轻轻从培养瓶中取出, 首先清洗掉根部培养基, 再用清水冲洗 1~2 次, 确保根部无剩余的培养基, 再用剪刀剪掉多余的须根, 然后根部需蘸取生根剂, 之后移栽到苗床上，谨防用冷水冲洗，脱毒苗现取现摘，切勿一次取太多。

3.4 移 栽

根据马铃薯的品种特性确定脱毒苗的株行距，然后用模具扎孔或划行器开行，然后按孔或行栽苗，整齐一致。插苗时要遵循"小苗宜浅，大苗宜深"的原则，首先用镊子夹住试管苗的根部将苗子斜插入蛭石中，插苗时一定要把握深度，地上苗最好露出蛭石 1~2 cm，移栽后用压力较弱的喷头及时浇定根水，确保小苗与蛭石结合处压实，减少根部失水，利于成活。

3.5 苗期管理

前期由于脱毒苗对水分需求较大，根据基质湿度情况适当补水，保证基质不过干或过湿，以幼苗不出现缺水症状为宜，浇水时喷洒要均匀，防止损伤幼苗。待微型薯小苗长出新根后(一般在 5~7 d)，微型薯棚内空气湿度需保持在 75%~85%、蛭石持水量在 70%~80%为宜，栽苗 3 周以后，苗高 7~8 cm 时，借助阴天或者是无风天气撤掉遮阳网，防止徒长。

4 微型薯棚管理

4.1 覆蛭石压苗

幼苗生长期间，如微型薯棚温度高于 30 ℃时，植株生长受到抑制，应及时进行喷水降温，降低蛭石表面温度，防止植株受到伤害。当幼苗长至 10 cm 高或 10 片叶以上时覆蛭石(一般覆盖厚度为 3~5 cm)，覆蛭石后及时浇水；当苗子长至 20 cm 时，为了增加马铃薯匍匐茎的数量和结薯层数，再次覆蛭石同时要压苗，压苗时应从一个方向压倒，栽苗 30 d 后，应适当控水蹲苗。

4.2 水肥管理

定植初期，可施用少量生根或者保护性药剂，促进生根。在植株生长时每隔 5~7 d 浇水施药 1 次，可用 0.2%磷酸二氢钾溶液 + 0.1%尿素溶液或者 0.2%高钾水溶肥进行喷施，追肥要根据苗的长势调整肥量，防止施肥过量。对于生长较差的植株，可加大营养液的施用量和施用次数；在苗期保持微型薯棚苗长势均匀，开花结薯期需保持蛭石水量在 60%~65%，收获前的 15 d 停止喷水。

4.3 管理措施

植株整个生长期采取温、光、水、肥控制，前促后控，促控结合，前期促苗，中后期控上促下，促多结薯，为了株高控制在 30 cm 以内，可用 0.2%多效唑喷施，以防徒长。

4.4 病虫害防治

防治蚜虫的侵害是微型薯生产中的重要一环，因此一定将微型薯棚及周围区域的杂草清除干净。防治蚜虫主要使用 10%吡虫啉、5%啶虫脒、5%高效氯氟氰菊酯等。

栽苗 25 d 后，应开始喷施第一遍药，以后每隔 7~10 d 喷一遍药，药剂可选择 80%代森锰锌可湿性粉剂、58%甲霜灵锰锌、53%精甲霜灵、50%烯酰吗啉可湿性粉剂、75%氟菌·霜霉威等药剂交替使用。晚疫病发生与气温和湿度有关，当空气湿度为 95%以上，气温在 15~20 ℃极易发生晚疫病，因此必须要加强田间管理，防止晚疫病的发生。

5 收获与贮藏

5.1 收 获

当种薯的茎叶变黄且 90% 以上的微型薯达到 2 g 以上时便可收获，定植后早熟品种 70 d 左右收获，中晚熟品种 90~110 d 左右收获，不同种薯的生长期和收获期不同。收获前 20 d 左右停水停肥，让植株自然落黄，在收获前 2~3 d 应割去薯秧，当蛭石晾干时进行收获，用塑料铲挖种薯，以防坚硬工具划破马铃薯种皮。

5.2 分级、标袋、挂签

收获的种薯应放在干燥通风处进行晾晒 5~7 d，待薯皮老化后使用微型薯分级机或分级筛分级，分别为 2~5，5~10，10~20 和 20 g 以上 4 个规格分级，使用尼龙袋包装，包装袋上必须挂种薯标签，标签应注明种薯名称(代号)、等级、类别、产地和收获日期等。

5.3 入窖贮藏

将分好级的微型薯按品种、规格入窖，码垛高度不要超过 4 层。前期注意通风、降温，控制窖内温湿度，后期注意保温防冻。一般贮藏在 2~4 ℃ 的冷藏库中，必须要注意通风。此外，贮藏过程中要防止鼠害。

马铃薯脱毒原原种生产技术

郑永伟，李　掌[*]，曲亚英，白永杰，贾小霞，文国宏

(甘肃省农业科学院马铃薯研究所，甘肃　兰州　730070)

摘　要：甘肃省是全国马铃薯五大产区之一，也是全国马铃薯种薯生产大省。甘肃省农业科学院马铃薯研究所马铃薯品种陇薯系列在省内年种植面积达 40 余万 hm²，占全省种植面积的 1/2 以上，其中"陇薯 3 号""陇薯 7 号""陇薯 10 号"均超过了 6.67 万 hm²。脱毒种薯推广、覆盖、增产增值效益显著，种薯质量的提升很有必要性。为了防止马铃薯种性退化，以保证及扩大脱毒薯面积，应加大现有的原原种工厂化生产规模。文章介绍了马铃薯脱毒原原种生产技术。

关键词：甘肃；马铃薯；脱毒原原种；生产技术

1　原原种的特点

原原种有着种性好、体积小、重量轻，运输成本低、后代植株适应性强通过休眠的微型种薯，发芽能力强，在大田直播条件下只要温、湿度条件适宜，田间即可表现出苗齐、苗壮、生长势强，其株高接近同品种的大种薯后代植株及具有繁殖速度快的特点[1,2]。

2　生产设施

2.1　防虫温室

要求具备冬季增温，夏季降温、通风、光照良好等有利条件，给水、排水、防虫等设施满足一年四季工厂化生产的需要。入口处应设有缓冲间，门窗及通风口要安装孔径 0.36~0.44 mm(40~50 目筛)的防虫网，可设置支架移动式离地苗床。温室使用前，要进行彻底灭虫杀菌[3,4]。

2.2　防虫日光温室

可利用单斜面棚式日光温室，向阳受光斜面用孔径 0.36~0.44 mm(40~50 目筛)的防虫网封闭，上面设有塑料薄膜并备有保温被，内有储水池可满足整个微型薯生长周期的需要，入口处亦设有缓冲间，进出随手关门，防止蚜虫侵入，内设苗床同防虫温室。

2.3　防虫网室

防虫网室是竹板条或金属钢管作骨架的拱棚，覆盖孔径 0.36~0.44 mm(40~50 目筛)的防虫网纱，入口处应设有缓冲间，内设苗床同防虫温室，数个网室应设置 1 个储水晒

作者简介：郑永伟(1972—)，男，高级农艺师，主要从事马铃薯遗传育种和示范推广工作。

基金项目：现代农业产业技术体系建设专项基金(GARS-10-P05)；甘肃省农业科学院农业科技创新专项(2016GAAS04)；甘肃省马铃薯产业体系(GARS-03-P2)。

*通信作者：李掌，研究员，主要从事马铃薯遗传育种工作，e-mail：869706486@126.com。

水池。

2.4 基质准备

栽培基质常采用消毒过的蛭石，也可用细沙(0.10~0.50 mm)兑腐熟的有机肥，这样的基质结构疏松，透水透气性好，持水量大，对幼苗生长和结薯有利。中国农业科学院蔬菜花卉研究所推荐的马铃薯试管苗移栽的基质是，蛭石、草炭、消毒田园土按1∶1∶1的比例混合，1 m³基质加入2 kg磷酸二铵和2 kg高温膨化鸡粪做基肥。此营养基质配方的特点是经济实用，综合了蛭石的松软、透气性和保水性能与草炭富含有机质的优点。

2.5 营养液

一般是按20~50倍配制的母液，使用时再稀释所需的浓度。配制母液应注意钙、镁等离子与磷酸根结合易生成沉淀，影响营养成分的效果，各种成分分别溶解后再混合，EDTA铁盐制成螯合铁盐后再与其他试剂混合至pH值5.6~5.8(表1)。

表1 马铃薯原原种生产常用营养液配方

试剂	营养液(mg/L)		
	MS	K5	改良K5
KNO_3	1 900	1 034	1 034
NH_4NO_3	1 650		
$MgSO_4 \cdot 7H_2O$	370	490	490
KH_2PO_4	170	348	348
$CaCl_2 \cdot 2H_2O$	440	150	150
$Ca(NO_3)_2$			100
$(NH_4)_2SO_4$		170	170
$MnSO_4 \cdot 4H_2O$	22.3		
$ZnSO_4 \cdot 4H_2O$	8.6		
H_3BO_3	6.2		
KI	0.83		
$Na_2MoO_4 \cdot 2H_2O$	0.25		
$CuSO_4 \cdot 5H_2O$	0.025		100
$CoCl_2 \cdot 6H_2O$	0.025		
Na_2-EDTA	37.3	37.3	37.3
$FeSO_4 \cdot 7H_2O$	27.8	27.8	27.8

3 试管苗定植

定植用的试管苗常用以下方法进行壮苗处理，一是培养温度降至18~20 ℃，光照强度提高到2 000~3 000 lx，光照时间增至20 h左右。二是生产最后一批试管苗的培养基加入矮壮素等植物生长调节剂，促使小苗矮化蹲苗。三是在定植前3~5 d揭去瓶塞或瓶盖，进行炼苗，以增强试管苗对外界环境的适应能力。3 种方法均有一定的效果，经过壮苗处理的植株生长健壮，叶色深绿，根系发达，既不影响正常生长，又能显著提高移栽成活率。定植前 1 d 先用水浇透育苗箱内的基质，并刮平表面。试管苗需用镊子小心地取出，用凉水洗净根上所带的培养基，每洗 6~7 瓶可用报纸包成一卷，并沾水保持湿润。定植时用镊子轻轻将小苗基部一节以下斜插入基质，力度既要夹住小苗又不能夹断小苗，然浇定根水并封眼。定植一周内可用遮阳网遮阳降温，严防太阳光直晒，这样既有利于生根，又有利于苗子尽早成活生长。早熟品种以 4 cm × 8 cm 株行距定植，晚熟品种以 5 cm × 10 cm 的株行距为宜。

4 定植苗管理

采用纯蛭石或细沙做基质时，植株的生长和原原种形成所需要的养分就要完全依靠营养液供给。大约在 15 d 以前主要是喷施原原种诱导营养液，目的是促进根茎生长。这一时期因植株还小，对营养需求还不太大，一般一周喷施一次为宜。15 d 以后可每周施肥 1 次，所需营养液可采用 MS 配方（表 1）配制。需要注意的是前期因苗子小宜采用喷施，待苗子稍大后可进行撒施或浇灌，有条件的还可以利用喷灌设备施肥。在生产实践中，依靠营养液的方式生产微型薯成本太高，配制也很繁琐，因此建议用双层质的办法，即在盘底部铺 1~2 cm 厚的消毒腐熟马粪或羊粪，再在其上铺 2 cm 厚的蛭石或细沙，这样植株在生长发育过程中可不断从基质底部吸收营养。为防止中后期发育过程中营养供给不足和植株徒长，还可在这一时期进行叶面追肥，或使用生长抑制剂，抑上促下，使植株营养的运输方向朝块茎转移，促进薯块的膨大。可以选择的抑制剂有矮壮素等，增产效果比较明显。但对使用的浓度、次数、时间要特别慎重，施用过少，效果不明显。施用过量，一是产生药害；二是造成药剂在基质上的残留，影响下一季微型薯的正常生长。如果在早春或晚秋利用温室栽培，此时因棚温较低，栽完后可在苗床上方再搭建一塑料拱棚以保温和保湿，以后视苗子生长情况和室内温度可随时撤去。原则上室内温度不应低于 14 ℃，最适温度 25 ℃左右。若条件适宜，小苗定植约一周后即可成活正常生长。随着植株在整个生长过程中不断壮大，对水分的要求也越来越大。前期虽然需水较少，但表现很敏感，尤其是前半个月的小苗，缺水会严重影响小苗成活率。因此，要随时注意观察，一旦发现基质出现旱象，应及时补充。前期可用喷雾器少量多次进行喷施，以防冲倒小苗，中后期可撒水或直接浇施，而使用滴灌或喷灌效果会更好。定植苗在中后期需培土（蛭石）2~3 次，可显著提高原原种的产量和数量。每次培土 2~3 cm，操作时要谨慎小心，避免造成植株损伤。微型薯生产苗属高密度定植，后期易发生徒长，一旦发生徒长，对原原种形成和膨大影响很大。生产苗较为理想的株高标准在 30 cm 以内。可用 15% 可湿性粉剂 75~150 倍液多效唑叶面喷雾。按上述方法网室生产原原种，从定植到成熟约 60~100 d，一般成熟的标志是植株变黄。

5 收 获

应于收获时前一周停止浇水，待基质干燥后先拔出枯株，再用筛子筛去基质，将微型薯薯块按大小分级分别保管。新收获的原原种含水量较高,需晾干,但不能在阳光下直晒。晾干的原原种按不同品种分级后分别装在编织袋、尼龙网袋等透气良好的容器内,并在袋子内外分别做好标签,以免混杂。

[参 考 文 献]

[1] 李幸.马铃薯微型薯生产栽培技术 [J].农民致富之友,2017(23):24.

[2] 郭正昆,钱翠英.马铃薯微型薯生产栽培技术 [J].农业科技与信息,2011(1):12-13.

[3] 王一航,文国宏.李高峰.甘肃马铃薯产业关键技术 [M].北京:中国农业出版社,2019.

[4] 孙海宏.马铃薯雾培微型薯高产栽培技术 [J].中国种业,2008(2):67.

乌兰察布市马铃薯实生苗培育技术研究

张志成[1,2]，林团荣[1]，王　丹[3]，王　伟[1]，王　真[1]，王玉凤[1]，宋雅静[4]，
范龙秋[1]，黄文娟[1]，焦欣磊[1]，王懿茜[1]，尹玉和[1*]

(1. 乌兰察布市农林科学研究所，内蒙古　乌兰察布　012000；
2. 内蒙古农业大学，内蒙古　呼和浩特　010000；
3. 集宁师范学院，内蒙古　集宁　012000；
4. 乌兰察布市科学技术局，内蒙古　集宁　012000)

摘　要： 实生苗培育技术是马铃薯常规杂交育种中重要的一个环节。文章对内蒙古自治区乌兰察布市马铃薯实生苗培育技术进行了详细的概述，通过打破马铃薯实生籽休眠，细化实生苗移栽程序，提高马铃薯实生苗的成活率，为马铃薯后代无性繁殖的选育提供了优质的实生世代群体，为提高马铃薯育种技术提供科学依据。

关键词： 马铃薯；实生苗；杂交育种

马铃薯(*Solanum tuberosum* L.)俗称土豆、山药、洋芋等，具有产量高、营养丰富、用途广、适应性强等特点，已逐渐成为中国乃至世界重要的主粮作物之一[1]。中国是世界马铃薯第一生产大国，种植面积及产量约占世界总面积和总产量的25%和20%[2]。内蒙古自治区是中国马铃薯的主产区之一，而乌兰察布市马铃薯种植面积和产量稳居内蒙古自治区首位，该地区海拔高，气候冷凉，昼夜温差大，适宜马铃薯的生长发育，使得块茎淀粉积累多，品质优良[3]。随着中国马铃薯主粮化战略的实施，对马铃薯育种工作提出新的挑战，专用加工型品种的选育成为育种单位关注的重点。

马铃薯的育种方法很多，随着倍性育种、诱变育种、分子辅助育种和基因工程育种等新技术的快速发展[4]，为马铃薯新品种选育工作开拓了新途径，但针对具体的目标性状在马铃薯新品种(系)上的表现，常规杂交育种仍然占有主导地位。据统计，中国目前育成的品种大部分是通过品种间杂交选育而成的，如鲜食品种中薯系列、坝薯系列、"冀张薯3号"、宁薯系列、"青薯168号"、克新系列、陇薯系列等；高淀粉品种"系薯1号""晋薯2号""高原4号""高原7号""晋薯8号"等；油炸食品加工及鲜食兼用型品种"春薯5号""鄂薯3号""尤金""冀张薯4号"等[5,6]。

马铃薯杂交育种是通过双亲杂交，把分散于不同亲本上的优良性状组合到杂种后代中，性状在实生苗世代产生分离，在后代无性群体中对优良变异进行不断选择，进而选育

作者简介： 张志成(1988—)，男，博士，助理研究员，主要从事马铃薯遗传育种技术研究工作。
基金项目： 内蒙古自治区科技重大专项(2021SZD0026)；内蒙古自治区马铃薯种业技术创新中心项目；内蒙古自治区自然科学基金项目(2021BS03010)；乌兰察布市基础项目(2021JC205)。
＊通信作者： 尹玉和，研究员，主要从事马铃薯育种、栽培工作，e-mail：wlcbsyyh@163.com。

出新品种的方法[7]。马铃薯品种间杂交获得的实生籽可以产生丰富的变异类型，通过无性繁殖固定下来，杂交组合内无性后代成为优良品系的概率只有万分之一甚至十万分之一[8]，这就要求后代群体足够大，但是马铃薯常规结实率不高，因此，对于实生籽的保存和实生苗世代的种植和移栽技术非常关键。

目前对马铃薯实生种的发芽特性、发芽方法及其实生苗定植、移栽和管理等方法研究较少，大多数都集中在分子育种方面，但是实生种萌发是植株形成的前提条件，关系着杂交后代的数量与质量。谢春梅等[9]使用滤纸或沙为发芽床，发芽温度20 ℃时，马铃薯种子发芽率在75%~79%，最终移栽至田间成活率在70%左右，发芽率高低不等，主要是通过增加播种量来达到所需后代数量。为满足实生苗对生育期的要求，以便能够在当年对实生苗进行初步选择，内蒙古自治区应尽量采用温室育苗、移植和定植的栽培方法。通过实践，对乌兰察布市马铃薯实生苗的培育，总结出一套较为详细的实用技术。

1 播前准备

马铃薯实生种子具有发芽缓慢、不整齐、休眠期长等特点，休眠期一般长达半年左右，因此播前应先进行催芽，避免出苗不整齐。称取同等重量马铃薯实生种子，将其装入沙布袋中，并用细绳或橡皮圈系好备用。由于实生种子千粒重较小，称重时应选用万分之一天平，使用前将天平调平。

2 实生籽处理

将实生种子均匀地放入铺有滤纸的培养皿内，每皿放80~120粒实生籽[2]，用1 000 mg/L赤霉素溶液浸泡24 h或者1 500 mg/L赤霉素溶液浸泡12 h，置于23 ℃恒温培养箱内培养，然后将赤霉素溶液换为清水，置于20 ℃恒温培养箱内培养，5~7 d后可萌发出小芽，当发芽率达到3%~5%时，即可播种。该方法可快速打破休眠，提高实生种子出苗率，确保实生苗出苗整齐一致。

3 材料准备

取0~20 cm耕层土过筛，与生物有机肥按照一定比例均匀混合，配制成营养土，将其铺于温室小区内或装入育苗盘中，土壤切忌压实，可有效提高出苗率。

4 播 种

马铃薯实生籽播种期一般在晚霜前2个月，乌兰察布市约于3月20日至4月1日播种。播种前1 d，将温室小区或育苗盘内土壤浇透水，待水渗下后再撒上一层0.3~0.5 cm的过筛土，铺平。将发芽的实生籽与适量细沙混合，注意轻拿轻放，避免损伤萌芽，每个小区或育苗盘内播种一个杂交组合的实生籽，然后覆盖厚度为0.5 cm左右的过筛细土，每个组合做标记，以免后期实生苗混乱。每个杂交组合要保留一定的实生籽，进行补播或者后期待用。

5 播后管理

播种后要及时搭建小拱棚,四周用砖块或土压实盖严,确保实生种子出苗所需的温、湿度,马铃薯实生籽在温室应保持10~20℃,约7~10 d即可出苗。因乌兰察布市气候冷凉,昼夜温差大,白天阳光直射强烈,应在拱棚上方加盖一层遮阳网,防止幼苗灼伤。出苗后视土壤墒情补充水分,并及时拔除杂草,当幼苗长到3~4片叶时揭去塑料膜,进行炼苗壮苗,在移栽前7 d左右进行蹲苗。

6 移栽定植

首先准备装有混拌均匀的营养土或蛭石的营养钵(0.15 m × 0.13 m)和网室(铺90%的遮阳网),然后实生苗长到8~10片真叶,株高为6~8 cm时进行移植,移植后应立即浇水且浇透,移栽时按组合进行移栽,确保移栽的准确性。每天要对实生苗的长势进行观测,当生出新根时,浇一遍透水,同时应加强幼苗通风管理,以防徒长,夜间气温过低时加盖草帘防寒,移栽后5~7 d后可将遮阳网撤掉。

移植时,一些幼苗已形成一对匍匐枝伸入土内,并且尖端已经膨大结有小薯(如豆粒大小或尖端开始膨大)的幼苗多为早熟类型(这是一个可靠标准)。因此,在移苗时可根据幼苗是否结有小薯选择早熟类型实生苗。因此,实生种子育苗移植是选择早熟类型有效的手段。

7 收 获

马铃薯实生苗的生育期较长,一般在150~170 d。不同组合甚至同一组合内的实生苗成熟期表现也会有差异,因此收获时采用先成熟先鉴定先采收的方法。首先将营养钵中的营养土连同薯块儿一同倒出,选择综合性状好的块茎保留,其余选留,每个组合应选择两套实生薯留存,保证无性世代有丰富的变异后代进行鉴定。将选中的实生薯按组合编号,参加下一年的混合试验。实生薯在收获时水分含量较高,为防止入窖烂种,应将收获后的实生薯自然晾晒,但切忌暴晒,块茎变绿后便可入窖。

8 展 望

近几年,乌兰察布市马铃薯栽培面积一直稳定在15万~20万 hm²,对马铃薯品种的需求不断增加,尤其是专用型品种,目前内蒙古自治区主栽品种大部分为外地区引进品种,如"希森6号""华颂7号""实验1号""中薯5号",虽然产量较高,但其适应性和抗病性较差,退化严重,因此选育出适宜乌兰察布市当地栽培条件的主推品种已迫在眉睫。

目前各地区马铃薯品种选育仍然以传统杂交育种为主,现代生物技术手段为辅,因马铃薯存在杂交结实率低、落花严重和实生种萌发困难等问题,想要选育出一个有价值的、优良的马铃薯新品种(系),必须要有大量的实生苗,因此创制一套完整、高效的实生苗种植繁育技术是选育马铃薯新品种的首要任务,可以有效地提高育种效率。在总结育种工作者经验基础上,以杂交收获的实生籽为试验材料,采用上述方法进行马铃薯实生苗种植繁育，结果表明，该方法确实有效提高了马铃薯实生种子的发芽率，并且发芽整齐一致，大大地增加了 F_1 代群体数量，为后期的无性世代的选育提供丰富的变异材料，为育种工作者提供参考。

[参 考 文 献]

[1] 侯德坤, 张福金, 连海飞, 等. 内蒙古马铃薯生产与主粮化发展分析 [J]. 北方农业学报, 2017, 45(5): 119-125.

[2] 戴相林. 拉萨地区马铃薯实生苗栽培繁育技术 [J]. 现代农业科技, 2015(16): 96, 102.

[3] 赵鹏. 乌兰察布市马铃薯产业发展的 SWOT 分析 [J]. 现代农业, 2018(2): 53-54.

[4] 殷丽丽, 邢宝龙, 刘飞, 等. 马铃薯育种方法及研究进展 [J]. 农学学报, 2015, 5(12): 9-13.

[5] 金黎平, 屈冬玉, 谢开云, 等. 中国马铃薯育种技术研究进展 [C]//陈伊里, 屈冬玉. 中国马铃薯研究与产业开发. 哈尔滨: 哈尔滨工程大学出版社, 2003: 10-19.

[6] 刘翠翠. 马铃薯块茎钾含量近红外模型的建立及主要性状的遗传分析 [D]. 哈尔滨: 东北农业大学, 2011.

[7] 姚雪倩, 叶乃兴. 杂种优势在茶树育种中的应用 [J]. 茶叶学报, 2016, 57(3): 113-118.

[8] 王立春. 马铃薯实生苗培育技术 [J]. 安徽农学通报, 2008(3): 61-62.

[9] 谢春梅, 林蓉, 何丽萍, 等. 马铃薯杂交实生种子发芽特性的研究 [J]. 云南农业大学学报, 2008(6): 754-758, 790.

工厂化生产马铃薯脱毒苗防治污染试验

邱光若*

（本溪市马铃薯研究所，辽宁　本溪　117000）

摘　要：现今快节奏的微型薯生产中，组织培养工厂化成为能够快速提高马铃薯脱毒苗快繁倍数的重要环节，其中防治培养基污染又成为重中之重。本试验通过新旧抗菌药物在 MS 培养基中的应用对比，总结出适合防治培养基污染的组织培养方法。

关键词：工厂化生产；马铃薯脱毒苗；抑菌剂；组织培养

马铃薯作为"三大主粮"后的"第四大主粮"朝着国家主粮化趋势发展。而中国马铃薯脱毒苗组织培养技术已从实验室阶段成为大规模工厂化生产脱毒马铃薯瓶苗的有效手段，在当前倡导高效现代化农业发展模式和马铃薯主食化战略的形势下，通过马铃薯组织培养技术生产高质量的脱毒马铃薯原原种具有十分广阔的市场前景。首先选育没有纺锤形类病毒的优良植株，然后通过微茎尖的剥离脱掉其他微量病毒。再通过组织培养快速扩繁。在这个过程中培养基污染成为限制工厂化马铃薯脱毒苗生产的重要因素。所以如何找到一种有效的方法来控制马铃薯脱毒和组织培养过程中真细菌的生长成为工厂化马铃薯脱毒苗生产中的重点和难点。针对这种情况，选择完全无污染的和有轻微真细菌污染的马铃薯脱毒苗，模拟真实工厂化马铃薯脱毒苗的生产，进行 3 种抑菌剂不同处理的试验，找到一种防治真细菌较好的方法，也为今后工厂化马铃薯脱毒苗生产节约成本，减少开支，增进效率提供实验基础。

1　材料与方法

1.1　试验材料

1.1.1　植物试验材料

采用马铃薯品种"费乌瑞它"脱毒苗。1. 完整无污染的马铃薯脱毒瓶苗；2. 完整有轻微真菌污染的马铃薯脱毒瓶苗；3. 完整有轻微细菌污染的马铃薯脱毒瓶苗。

1.1.2　试验用培养基及抑菌剂

a：益培灵（浓缩液）；b：益培隆（A 瓶浓缩液，B 瓶 435 mg/瓶）；c：多菌灵（50%可湿性粉剂）。MS 培养基。

1.2　试验方法

1.2.1　抑菌剂配制

益培灵：将浓缩液溶于 10 mL 蒸馏水中备用。

作者简介：邱光若(1978—)，男，本科，农艺师，从事马铃薯脱毒苗工厂化生产。

* 通信作者：邱光若，e-mail：8131225@qq.com。

益培隆：将 B 瓶白色粉末溶于 A 瓶缓冲液中，加 10 mL 蒸馏水稀释备用。

多菌灵：称取多菌灵 1 g，蒸馏水溶解后定容至 100 mL 备用。

1.2.2 试验设计

以 3 种情况的马铃薯脱毒苗设置为 3 个试验小组，每个试验小组内分为 4 个处理浓度制作标准 MS 培养基。每种处理(A~D)均为提前配好抑菌剂按照不同浓度注入即将灭菌的 MS 培养基中，分装后在 98 kPa、121 ℃下，灭菌 20 min。其中处理 D 是不注入任何抑菌剂的对照处理。每瓶接种 20 棵瓶苗，每处理 30 瓶，放到自然光培养室培养 20 d 后，统计成活率，并测定植株茎粗、株高、根数和根长数据。

2 结果与分析

2.1 不同种类、浓度处理的抑菌剂对 3 个小组瓶苗污染的影响

从表 1 可以看出，在脱毒苗本身不带菌的情况下，因为工厂化生产要求的质量与速度并重，难免在实际生产过程中操作方面比较粗糙，这样导致培养基污染率的提升。而在脱毒苗本身带菌的情况下，仍然是益培隆表现良好，在各梯度处理中都有较好的作用。而多菌灵的表现一般。而益培灵则针对真菌的效果很好，但防治细菌的效果一般。

表 1 不同种类、浓度抑菌剂对 3 个小组污染率的影响

抑菌剂	处理	浓度(mg/L)	1 小组污染率(%)	2 小组污染率(%)	3 小组污染率(%)
益培灵	A	20	0.1	9.5	16.7
	B	50	0	7.4	12.5
	C	80	0	6.5	10.9
	D	0	1	100	97
益培隆	A	20	0	6.9	7.2
	B	50	0	4.5	4.8
	C	80	0	3.7	4.1
	D	0	1	100	97
多菌灵	A	20	0.2	12.7	25.6
	B	50	0	9.3	21.1
	C	80	0	8.5	19.1
	D	0	1	100	97

2.2 抑菌剂不同处理对马铃薯瓶苗生长的影响

抑菌剂对瓶苗生长的影响见表 2。茎粗、株高、根数和根长 4 个指标均随着抑菌剂浓度的增加而减小，成活率下降。当益培灵和益培隆浓度达到 50 mg/L 时，对植株有较大的抑制作用。当浓度达到 80 mg/L 时，各项指标均大幅下滑。多菌灵则对马铃薯瓶苗的生长影响较小。由此可见，3 种抑菌剂在浓度 20 mg/L 时，对马铃薯瓶苗生长发育及成活率无任何影响。当浓度达到 80 mg/L 时均对马铃薯瓶苗生长发育有抑制作用。

表 2　不同处理对马铃薯瓶苗生长的影响

抑菌剂	处理	浓度(mg/L)	茎粗(mm)	株高(cm)	根数(条)	根长(cm)
益培灵	A	20	0.91	11.7	7	1.9
	B	50	0.72	11.3	6	1.6
	C	80	0.62	10.8	5	1.1
益培隆	A	20	0.92	12.6	7	2.0
	B	50	0.81	12.1	6	1.7
	C	80	0.70	11.7	5	1.3
多菌灵	A	20	0.76	10.3	8	2.0
	B	50	0.71	10.1	8	2.0
	C	80	0.59	9.7	6	1.8

3　讨　论

在对照处理中由于没有抑菌剂的加入,接入完全无污染的瓶苗时有轻微的污染产生,是因为在生产过程中未能严格达到无污染的组织培养环境。而真实生产中由于有部分瓶苗有内生菌产生,而这部分瓶苗组织培养后,真菌的污染由于其传播性强几乎会导致所有瓶苗的污染,而细菌污染也几乎达到了100%。由试验结果观察到,益培灵、益培隆和多菌灵对培养基真细菌污染有一定的抑制作用,不仅节约了成本,减少了消耗,而且在工厂化生产马铃薯脱毒瓶苗中起到关键作用。本试验中益培隆和益培灵是长效、广谱、高活性且专门针对新型工厂化组织培养的新型防污染杀菌剂。益培隆的作用原理是能穿透微生物的细胞壁进入细胞内部,与核酸碱基结合,干扰复制或者通过断开微生物关键蛋白质的键而起到杀菌作用。多菌灵是应用多年的广谱抗菌的杀菌剂。无论那种抑菌剂都要把握其最适宜的浓度和时间,不宜过高或过低。过高可能抑制生长,过低则达不到杀菌的目的。

2006—2020 年中国审定（登记）马铃薯新品种分析

徐建飞，金黎平*

（中国农业科学院蔬菜花卉研究所/
农业农村部薯类作物生物学与遗传育种重点实验室，北京　100081）

马铃薯对保障中国粮食安全、巩固和拓展脱贫攻坚成果、推进乡村振兴具有不可替代的作用。2020 年，中国马铃薯种植面积 484.53 万 hm^2，总产量 9 762 万 t，平均单产 1.34 t/667 m^2，相对于种植面积最大时的 2012 年，种植面积减少 5.77%，总产增加 9.87%，单产增加 16.60%。种植面积逐渐从高峰期回落趋稳，但总产和单产创历史新高，优良品种的育成和推广推动了马铃薯种业发展进步。

根据农业农村部马铃薯审定（登记）品种公告和全国农技推广中心发布信息，对 2006—2020 年育成新品种的数量、类型、主要品质和抗病指标及生产应用情况进行了统计分析，以期为品种选育、推广和市场开发工作提供参考。

"十一五"以来，马铃薯审定（登记）品种数量稳定增加。"十一五""十二五"和"十三五"期间分别审定（登记）新品种 116，139 和 227 个，其中，2020 年登记新选育或已销售新品种 77 个，创历年新高。"十三五"期间，鲜食品种、加工品种、特色品种尤其是鲜食和加工兼用品种数量增加明显，其中，鲜食品种占比 69%，较"十一五"期间占比降低 8%，而鲜食和加工兼用品种占比 15%，较"十一五"期间增加 11%，品种类型进一步丰富，但生产上，全粉、薯片和薯条加工专用加工品种主要以国外引进品种为主，加工专用品种仍然不足。

在马铃薯主要品质指标方面，优质品种数量持续增加。"十三五"较"十一五"期间，高干物质（>25%）、高淀粉（>18%）、高维生素 C（>30 mg/100 g 鲜薯）、低还原糖（<0.15%）和高蛋白（>2.5%）品种数量分别增长 80%、45%、117%、174% 和 135% 左右。2006—2020 年，育成高干物质品种 61 个，其中，"陇薯 11 号""陇薯 8 号"和"蒙薯 19 号"干物质含量大于 30%；育成高淀粉品种 78 个，其中，"陇薯 11 号""合作 003 号"和"川凉薯 10 号"淀粉含量大于 22%；育成高维生素 C 品种 20 个，其中，"紫罗兰马铃薯""北方007""延薯 8 号"和"黑美人"维生素 C 含量大于 40 mg/100 g 鲜薯；育成低还原糖品种 112 个，其中，"华薯 10 号""英宝 9 号""北薯 1 号"和"弘基 6 号"还原糖含量仅为 0.02%；育成高蛋白品种 100 个，其中，"华渝 6 号"和"宁薯 12 号"粗蛋白含量大于 3.5%。

在马铃薯抗病性方面，抗晚疫病、轻花叶病毒（PVX）和重花叶病毒（PVY）品种数量逐

作者简介：徐建飞（1979—），男，博士，研究员，主要从事马铃薯遗传育种研究。
基金项目：国家现代农业产业技术体系建设专项（CARS-09）。
＊通信作者：金黎平，博士，研究员，主要从事马铃薯遗传育种研究，e-mail：jinliping@caas.cn。

渐增加。2006—2020 年，育成抗晚疫病品种 155 个，其中，免疫品种 1 个("北方 010")和高抗品种 42 个；育成抗 PVX 品种 118 个，其中，"中薯 18 号""鄂马铃薯 5 号"和"川凉薯 2 号"等高抗品种 20 个；育成抗 PVY 品种 105 个，其中，"中薯 18 号""云薯 301"和"宁薯 16 号"等高抗 PVY 品种 13 个。

在品种种植面积和应用方面，主栽品种更新换代加快。据全国农技中心统计，2006 年以来，全国种植面积前 10 名的品种总面积占全国总面积比例逐年增加，到 2014 年达到顶峰(60.15%)，之后占比逐渐回落，2020 年占比下降到 42.38%，在全国总种植面积相对平稳的情况下，这表明近年来主栽品种更加丰富了。2016—2020 年全国种植面积前 10 名的品种中，20 世纪 60 年代育成的品种"克新 1 号"和 20 世纪 50 年代国外引进品种"米拉"("Mira")，虽然抗病耐逆性好，适应性广，但由于其外观品质欠佳，种植面积逐年下降，而早熟鲜食品种"费乌瑞它"("Favorita")虽然抗病耐逆性差，但由于其外观品质和食用品质好，随着栽培技术水平的提高，面积逐年扩大；晚熟鲜食品种"青薯 9 号"以其抗病性好和丰产广适的特点，近年来面积增长迅速；中晚熟鲜食品种"冀张薯 12 号"以其丰产潜力大的特点，面积增长也较为迅速，但 2020 年已呈下降趋势。2020 年，中国种植面积超过 0.33 万，3.33 万和 6.67 万 hm^2 的品种分别有 106，24 和 14 个，其中，超过 6.67 万 hm^2 的品种，按照面积递减依次为"费乌瑞它""青薯 9 号""克新 1 号""冀张薯 12 号""米拉""威芋 3 号""陇薯 7 号""威芋 5 号""鄂马铃薯 5 号""大西洋"("Atlantic")"丽薯 6 号""陇薯 10 号""陇薯 3 号"和"中薯 5 号"。

2006—2020 年，共审定(登记)新品种 482 个，品种类型以鲜食品种为主，加工专用品种虽有增加，但依旧不足；优质品种数量持续增加，高干物质和高淀粉品种突破明显；抗晚疫病和病毒病品种数量增加，育成一个对晚疫病免疫的品种；品种更新换代速度加快，主栽品种更加丰富，早熟、外观好、食味优、晚疫病抗性好、高产潜力大品种种植面积增加迅速。

关键词：马铃薯；审定；品种；分析

二倍体马铃薯耐盐相关基因的定位与分析

王瀚祥[1]，熊兴耀[2]，李广存[1]，徐建飞[1]，

卞春松[1]，段绍光[1]，王万兴[1*]，金黎平[1*]

（1. 中国农业科学院蔬菜花卉研究所/

农业农村部薯类作物生物学和遗传改良重点实验室，北京　100081；

2. 中国农业科学院深圳农业基因组研究所，广东　深圳　518120）

马铃薯（*Solanum tuberosum* L.）作为全球第三大作物，具有单产高、营养丰富、粮菜兼用、产业链长等特点。据 FAO 统计，2020 年中国马铃薯种植面积为421.8 万 hm^2，总产量为 7 823.7 万 t，产量和面积均居世界首位。然而中国马铃薯优势产区存在大面积盐渍化土壤，严重影响马铃薯生产。挖掘马铃薯耐盐基因，解析耐盐分子机制，进而培育耐盐新品种，可以有效提升中国耕地利用率，增加粮食产量。目前，马铃薯耐盐基因的研究多基于模式植物中同源基因的功能验证，通过遗传定位耐盐基因鲜有报道。通过全基因组重测序和关联分析技术定位了 2 个马铃薯耐盐主效 QTL，为马铃薯耐盐种质创新提供了基因资源和理论基础。

在多年生产实践中发掘二倍体盐敏感材料 HS66 和耐盐材料 CE125，并以二者为亲本构建了耐盐分离群体。用上述群体中 171 个株系为试验材料，在 MS 培养基中预生长 25 d，将试管苗中间 2~5 节剪成 1 cm 并带一叶片的茎段，分别接种到含 100 和 0 mmol/L NaCl 的MS 培养基中，每瓶 5 株，每瓶为 1 次重复，重复 3 次，采用随机区组设计。胁迫处理20 d 后测量株高、根鲜重、茎叶鲜重和总鲜重 4 项指标。使用加权隶属函数和聚类分析法对群体进行耐盐性分级。随后对双亲和 171 份子代材料开展全基因组重测序，通过关联分析的方法定位耐盐性状的 QTL。

供试材料于 100 mmol/L NaCl 胁迫处理 20 d 后，大部分株系株高、根鲜重、苗鲜重、总鲜重和根冠比 5 个性状受到抑制，平均降幅分别 71.2%、86.2%、60.1%、58.0% 和68.1%。对后代中各相对性状进行样本配对方差分析，结果显示 5 个性状各株系处理组与对照组，各株系间差异均达到显著水平（$P<0.05$）。最终，综合加权隶属函数和聚类分析的结果，筛选出 6 个极端耐盐株系，19 个极端盐敏感株系。

随后对亲本和 171 份子代材料进行 20× 和 5× 重测序，分别以父母本 bin-marker 为基础进行物理图谱绘制。父本 CE125 图谱包含 1 590 个 bin-marker，标记密度为 467.13 Kb，平均每个染色体包含 132 个标记。母本 HS66 图谱包含 2 131 个 bin-marker，标记密度为为

作者简介：王瀚祥（1995—），男，博士研究生，从事马铃薯抗逆遗传育种研究。

基金项目：国家自然科学基金（31701485）；中国农业科学院科技创新工程项目（CAAS-ASTIP-IVFCAAS）。

*通信作者：王万兴，博士，副研究员，主要从事马铃薯抗逆遗传与栽培技术研究，e-mail：wangwanxing@caas.cn；金黎平，博士，研究员，主要从事马铃薯遗传育种研究，e-mail：jinliping@caas.cn。

345.46 Kb，平均每个染色体包含 177 个标记。使用关联分析的方法在父本图谱上关联到位于 1 号和 12 号染色体上的 2 个主效 QTL：*stg-c011*（表型解释率 17%，物理距离 2.77 Mb）和 *stg-c121*（表型解释率 13%，物理距离 1.14 Mb）。为缩小遗传区段，以亲本间差异较大的株高、苗鲜重和总鲜重 3 个性状构建极端混池，使用 FST 方法进行 QTL 定位，结果与关联分析一致。以信号峰双侧 500 Kb 为候选区段设计 InDel 和 SSR 标记，在 1 号染色体开发出分子标记 28 对（23 对 InDel，5 对 SSR），12 号染色体开发出 7 对（4 对 InDel，3 对 SSR），两区段标记联合解释群体耐盐表型的符合度高达 90%，盐敏感表型符合度高达 95%。

研究优化了马铃薯耐盐性离体鉴定体系；筛选出 6 个极端耐盐株系，19 个极端盐敏感株系；构建了 2 张高密度物理图谱；定位了两个耐盐性主效 QTL，分别于 1 号和 12 号染色体上；开发了 35 对与该群体耐盐性关联的分子标记。研究结果不仅对挖掘马铃薯耐盐基因及解析分子调控机制具有重要意义，同时为耐盐种质创新提供理论依据。

关键词：二倍体马铃薯；耐盐性鉴定；物理图谱；QTL；分子标记

中国马铃薯晚疫病抗病品种及国内外抗病育种资源遗传基础解析

田振东*，何　欢，余小玲，丁德俊，李红军，聂佳惠

（农业农村部马铃薯生物学与生物技术重点实验室/教育部园艺植物生物学重点实验室/
华中农业大学，湖北　武汉　430070）

由致病疫霉引起的晚疫病是马铃薯较为严重的病害。晚疫病菌有其特殊的基因组结构，具有快速的进化潜能。20世纪90年代以来，全球病原菌群体结构发生快速变迁，由于病原菌A2交配型的出现，毒性更强更新的生理小种不断产生，导致晚疫病在世界马铃薯产区频繁发生。晚疫病发病快，防治难度大，易成灾。中国马铃薯晚疫病年发病面积约266.67万 hm^2，减产约 $10\% \sim 15\%$，造成的综合经济损失近100亿元。目前世界范围晚疫病抗病育种主要利用来自野生种 S. demissum 的 R1~R11 基因。由于晚疫病病原菌田间变异速度快，在世界范围已发现含有全部11个毒性基因的"超级毒力"小种。"超级毒力"小种在中国出现频率逐年增加，在部分马铃薯主产区逐步成为优势小种。当前，世界范围晚疫病大面积防治主要依赖化学农药，大量喷洒施用化学农药不仅增加生产成本，也对环境以及人类健康带来了严重的危害，同时还会导致产生抗药性更强的小种，从而不断增加防治难度。培育具有广谱和持久抗病性的品种是防治晚疫病最为经济有效的手段，从丰富的马铃薯资源中发掘广谱、持久抗病基因，并在抗病育种中充分利用，可望从源头上减少对农药的严重依赖和各种不利影响，推动中国马铃薯产业绿色、持续、健康发展。

抗性育种的关键之一是要有理想抗源，同时对抗源的抗性遗传基础比较清楚，才能科学指导抗病育种工作。虽然中国多个育种单位在坚持开展资源评价和抗病育种工作，但是，总体上中国晚疫病抗病育种资源缺乏，对现有育种资源材料和绝大多数品种抗病基因组成不清楚。无法开展精准的抗病育种和指导抗性品种（抗源）的合理利用，抗病育种主要是凭经验配组亲本，育种盲目性大。针对中国马铃薯晚疫病抗病遗传育种研究中资源缺乏与遗传基础不明的瓶颈问题，华中农业大学马铃薯研究团队与国际马铃薯中心合作，从国际马铃薯中心、加拿大农业部马铃薯研究中心、美国威斯康辛大学、荷兰瓦赫宁格大学、英国詹姆斯·赫顿研究所（原苏格兰作物研究所）引进具有较为宽泛遗传背景的资源材料；同时从云南、重庆、四川、贵州、湖北等国内晚疫病高发区收集育成品种、高代育种材料，利用多个强毒力晚疫病菌小种进行晚疫病抗性评价，通过对600多份国内外马铃薯资源材料的抗性鉴定，筛选出100多份抗性资源材料。利用抗病基因组简化测序技术

作者简介：田振东（1971—），男，博士，教授，从事马铃薯晚疫病研究。
基金项目：国家自然科学基金国际地区合作项目（31761143007）。
*通信作者：田振东，e-mail：tianzhd@mail.hzau.edu.cn。

（dRenSeq），首次在国内系统深入分析了马铃薯主要抗病育种亲本、育种资源材料，国外引进材料的抗病基因组成，建立了这些材料抗病基因，包括晚疫病、病毒病、线虫等抗病基因数据库。研究发现国内品种及育种资源中主要含有晚疫病抗病基因 *R1*，*R2*，*R3a*，*R3b* 和 *R8*，个别品种含有 *R9a* 基因。国内抗病品种一般含有 3~4 个抗病基因，而国际马铃薯中心 B3C1 和 B3C2 群体抗性材料主要含有 *R8* 基因。首次明确了当前中国主要抗性品种及国际马铃薯中心引进材料抗性主要由 *R8* 基因提供。国内外研究显示，尽管世界范围已发现能够克服 *RB*（*Rpi - blb1*，*S. bulbocastanum*），*Rpi - vnt1. 1*（*S. venturii*）和 *R8*（*S. demissum*）的晚疫病菌株，但总体上这 3 个基因仍然有效，田间表现出良好抗性。已测序的国内品种和高代育种材料中尚未发现含有 *Rpi-blb1*，*Rpi-vnt1. 1* 和来自其他野生种的抗病基因，表明国内晚疫病抗病育种利用的抗源比较单一。另外，研究显示 *S. demissum* 材料含有未知的广谱抗病基因。研究发现一份野生种资源含有 *Rpi-Pat1* 基因，该基因为 *Rpi-blb1* 的同源基因，通过种间杂交已将其导入栽培种，然后与含有 *R8* 基因的栽培种回交，通过分子标记辅助选择获得了聚合 *R8* 和 *Rpi-Pat1* 基因的抗性资源材料。目前正在利用分子标记辅助选择技术将 *Rpi-vnt1. 1* 与 *R8* 和 *Rpi-Pat1* 基因聚合，创制广谱持久晚疫病抗性优异育种资源材料。研究以马铃薯抗病基因与晚疫病菌无毒基因互作识别理论为指导，充分利用抗病基因组学和晚疫病菌效应子组学相结合的策略与相关技术，首次在国内系统解析中国主要马铃薯晚疫病抗病品种、育种亲本、引进资源材料的抗病基因组成，探究了广谱、稳定抗性形成的遗传基础，发掘新的抗病基因，为中国选育持久抗性品种提供了理论依据、优异资源材料与育种策略。

关键词：马铃薯；晚疫病；抗病资源；抗病基因；遗传组成

过表达肌醇半乳糖苷合成酶基因（*ScGolS1*）提高转基因马铃薯的耐寒性

贺飞燕，徐建飞，简银巧，段绍光，胡　军，金黎平，李广存*

（农业农村部薯类作物生物学和遗传育种重点实验室/
中国农业科学院蔬菜花卉研究所，北京　100081）

马铃薯（*Solanum tuberosum* L.）粮菜兼用，是继水稻、小麦、玉米之后的第四大粮食作物。马铃薯栽培种植区域广泛，常易受早霜、寒潮及倒春寒等低温胁迫的影响，对马铃薯地上部和地下部造成严重伤害，短期低温胁迫植物可靠自身免疫力缓慢修复损伤，但较长时间的低温胁迫则超出植物免疫修复范围使植物的细胞结构彻底遭到破坏，最终导致植物严重坏死甚至死亡。植物中的可溶性糖不仅作为能量供体，且作为渗透调节物质参与调节植物对生物和非生物胁迫的响应过程。细胞中的可溶性糖种类多样，主要包括葡萄糖、果糖、蔗糖、棉子糖系列寡糖（Raffinose family oligosaccharides，RFOs）等。RFOs 的含量仅次于蔗糖，主要包括 3 种：棉子糖（Raffinose）、水苏糖（Stachyose）和毛蕊花糖（Verbascose）。其中肌醇半乳糖苷合酶（GolS，EC 2.4.1.123）催化 UDP-半乳糖和肌醇反应生成半乳糖苷肌醇，提供半乳糖基并进行转移催化合成 RFOs，是棉子糖系列寡糖代谢途径的重要步骤之一，而 GolS 作为该步骤的关键调节酶，调控植物体内 RFOs 的积累，影响 RFOs 在植物生长发育和环境适应性中的作用。

目前马铃薯栽培品种主要为普通栽培种（*S. tuberosum*），抗寒性较差，且无明显的冷驯化能力，但马铃薯野生种中具有较多抗寒资源，通过将野生资源的抗寒基因导入栽培品种的遗传改良是减轻低温霜冻危害的一种较为有效的手段。以四倍体马铃薯栽培品种"大西洋"（B44）和"底西芮"（B7）以及二倍体马铃薯野生种"W3"为试验材料开展研究。首先通过田间自然霜冻鉴定了包括 *S. commersonii*（二倍体）、*S. acaule*（四倍体）、*S. demissum*（六倍体）等在内的 253 份马铃薯野生种材料，最终获得 W3、03079-430、03079-440 等 24 份强耐寒基因型材料，并通过相关生理生化指标丙二醛（Malondialdehyde，MDA）、脯氨酸（Pro）、可溶性糖、可溶性蛋白等的测定，进一步确定了"W3"的强耐寒性；转录组测序分析了"W3"耐寒相关基因表达谱及代谢通路，分析发现"W3"冷驯化处理蛋白酶体相关基因均上调表达，且存在光抑制现象，并最终筛选获得了 20 个耐寒候选基因。不同低温处理及同一低温不同处理时间长度的相对定量试验都表明耐寒材料"W3"中 *GolS1* 基因通过上

作者简介：贺飞燕（1991—），女，博士，主要从事马铃薯耐寒性研究。
基金项目：国家自然科学基金项目（31561143006）；现代农业产业技术体系（CARS-09）；中国农业科学院创新工程（CAAS-ASTIP-IVFCAAS）。
*通信作者：李广存，博士，研究员，主要从事马铃薯遗传育种研究，e-mail：liguangcun@ caas.cn。

调表达响应冷胁迫，抵御逆境，而在不耐寒的栽培种材料"B7"中表达量很低或者不表达；本研究根据"W3"中 GolS1 基因的 EST 序列，从"W3"中克隆了 ScGolS1 的 cDNA 全长。利用农杆菌介导的遗传转化，分别获得"B7"和"B44"转基因阳性植株 13 和 39 个。利用高效交错式热不对称 PCR（hiTAIL-PCR）对 ScGolS1 基因的过表达株系进行了 T-DNA 插入位点的双侧翼序列克隆和分析，ScGolS1 基因在不同过表达株系的拷贝数为 1~2 个拷贝，但整合位置各异。在 B44-OE2 中存在 2 个拷贝，分别位于马铃薯 chr06 和 chr07 上，而其余过表达株系均只存在 1 个拷贝。表型鉴定结果表明在马铃薯普通栽培种"B7"和"B44"中过表达 ScGolS1 基因均可显著提高转基因植株的耐寒性，与野生型相比过表达株系受冻胁迫后叶片仍然翠绿健挺、生长势良好，且含有 ScGolS1 基因双拷贝的 B44-OE2 耐寒性要强于单拷贝的 B44-OE1，这可能与过表达株系中 ScGolS1 存在的拷贝数多少和表达量高低有关。进一步的生化分析结果表明，过表达株系的电导率和丙二醛含量降低，DAB 染色浅。qRT-PCR 分析表明棉子糖系列寡糖代谢通路的相关酶基因 MIPS、RS、STS 等、乙烯信号通路中的关键因子 ERF 和 CBFs 基因等均呈现上调表达。过表达 ScGolS1 基因诱发了乙烯信号通路和棉子糖系列寡糖代谢联合调控，诱导棉子糖系列寡糖积累，提高了抗过氧化能力，进而提高了马铃薯耐寒性。

总之，研究从二倍体马铃薯耐寒野生种"W3"中克隆了 ScGolS1 基因，并通过根癌农杆菌介导的遗传转化导入到栽培种"大西洋"和"底西芮"中，建立了高效的遗传转化体系，获得了一批独立的转基因株系，并通过耐寒表型鉴定和系列生理生化指标测定证明了 ScGolS1 能够提高马铃薯的耐寒性，为马铃薯耐寒育种提供了基因资源和理论支撑。

关键词：马铃薯；耐寒性；ScGolS1；RFOs；ERF 转录因子

马铃薯块茎淀粉含量基因定位及分子标记开发

张朝澍[1,2]，刘宇曦[1]，石　瑛[1,2]*

（1. 东北农业大学，黑龙江　哈尔滨　150030；
2. 寒地粮食作物种质创新与生理生态教育部重点实验室，黑龙江　哈尔滨　150030）

马铃薯（*Solanum tuberosum* L.）是重要的粮食作物、经济作物，在保障粮食安全、脱贫致富和农民增收等方面发挥重要作用。马铃薯淀粉是优质淀粉，淀粉含量占块茎鲜重的10%~25%，具有糊化温度低、粘度高、吸水性强、透明度好、膨胀力高等特点，在食品及化学工业等方面具有重要作用。随着对优质淀粉需求量不断加大，人们对马铃薯块茎淀粉含量要求越来越高。但大多数马铃薯栽培种淀粉含量较低，因此，快速选育高淀粉的优质马铃薯品种，已成为重要的育种目标之一。在以往的研究中，栽培种马铃薯复杂的四倍体遗传特性极大地增加了研究其遗传规律的困难，制约了马铃薯块茎淀粉含量的遗传研究，使得马铃薯块茎高淀粉育种工作进展缓慢。因此，挖掘马铃薯块茎发育过程中控制淀粉形成的关键基因，是培育高淀粉含量马铃薯品种的关键基础。而筛选与关键基因紧密连锁的分子标记，可加快马铃薯块茎高淀粉育种进程，但针对四倍体栽培种开发分子标记难度较大，在前人的研究中，多以二倍体为研究材料，将开发的二倍体马铃薯标记应用于四倍体马铃薯材料中，由于复杂的遗传方式，导致目的性状与标记产生分离，筛选准确率降低，研究结果很难与常规育种工作相结合。随着高通量测序技术的发展，测序技术为快速挖掘基因、开发功能标记提供快速方式。为筛选控制块茎淀粉含量基因，研究构建了"大西洋"（块茎淀粉含量19.55%）、"定薯1号"（块茎淀粉含量12.95%）为亲本的F_1分离群体，采用BSA混池测序的方式，挖掘控制四倍体马铃薯关键淀粉含量基因所在区域，并开发分子标记。研究结果将为马铃薯块茎淀粉含量分子遗传改良提供基因资源和理论基础，开发出的分子标记可应用于马铃薯块茎淀粉含量育种中。

2019年亲本及F_1分离群体种植于东北农业大学向阳实验基地，采取完全随机区组设计，2次重复，单行种植，行长5 m，行距0.8 m，每行种植20株，正常田间管理，收获后各小区随机选取10个块茎用于块茎淀粉含量测定。从F_1分离群体中筛选23份高淀粉家系及20份低淀粉家系分别构建极端高淀粉DNA混池，进行BSA混池测序，同时对亲本进行重测序。2个亲本池及2个极端样品混池共得到179 425 828条高质量reads，其中，"大西洋"获得45 544 783条reads，"定薯1号"获得45 862 067条reads，2个混池过滤后获得的reads数分别为42 961 728和45 057 241。将测序数据通过bowtie 2程序比对至参考

作者简介：张朝澍（1989—），男，博士，讲师，主要从事马铃薯遗传育种研究。
基金项目：黑龙江省自然科学基金联合引导项目（LH2021C027）；东北农业大学东农学者计划（18QC04）。
* 通信作者：石瑛，副研究员，主要从事马铃薯遗传育种研究，e-mail：yshi@ neau. edu. cn。

基因组，双亲及极端混池比对结果分别为 87.24%、87.59%、88.34%、87.13%，其测序质量合格，建库测序成功，达到 SNP 分型要求。经初步整理过滤，共获得 46 103 个原始 SNP、InDel 位点，对 reads 小于 10×的、混池间无多态性、亲本表型为纯和的位点及样本有缺失的位点进行过滤，过滤后得到 17 306 个 SNP、InDel 位点。利用 ED 方法进行关联分析，在 3 号染色体 55.06~60.44 Mb 处关联到 1 个与块茎淀粉含量相关的区间，该区间大小为 5.38 Mb。根据定位区域与基因位置，使用 NR、TrEMBL、KEGG、GO、KOG、swissprot、PFAM 共 7 个功能数据库对候选基因进行功能注释，共筛选并注释了 983 个候选基因，候选基因较多，有待进一步对候选基因进行验证。

根据双亲重测序信息，使用 Primer Premier 5 在区间内开发 SSR 引物，以双亲为模板筛选多态性引物，进而使用 F_1 分离群体中 57 份高淀粉材料、13 份低淀粉材料筛选引物，其中，在 57 份高淀粉材料中使用 SSR22 检测出 46 份材料，准确率为 80.70%；在 13 份低淀粉材料中检测出 11 份材料，准确率为 84.62%。选取 56 个马铃薯栽培品种对 SSR22 进行检测，其中，中高淀粉材料为 9 份、低淀粉材料为 22 份。检测结果表明，共检测出 6 份中高淀粉材料品种，对应度达 66.67%；检测出 14 份中高淀粉材料品种，对应度达 63.64%，该引物可用于马铃薯淀粉含量分子标记辅助育种中。将该分子标记命名为 pChr3-22。

研究结果可为马铃薯块茎高淀粉含量育种提供有用的分子标记，也可为后续挖掘影响马铃薯块茎淀粉合成的关键基因、关键基因功能验证及分析基因的调控网络指引方向。

关键词：马铃薯；淀粉含量；基因定位；分子标记；辅助选择

基于 BSA-seq 技术的马铃薯块茎蛋白含量基因定位与分子标记开发

张朝澍[1,2]，史可昕[1]，赵　娜[1]，石　瑛[1,2*]

（1. 东北农业大学，黑龙江　哈尔滨　150030；

2. 寒地粮食作物种质创新与生理生态教育部重点实验室，黑龙江　哈尔滨　150030）

马铃薯（*Solanum tuberosum* L. ）是世界第四大粮食作物，第一大非谷类粮食作物，在工业、农业生产中占有重要地位。马铃薯块茎蛋白是一种优质蛋白，含有较高的必需氨基酸，且富含其他粮食作物所缺乏的赖氨酸，具有较高的生物价值。随着人们对优质蛋白的需求，加工企业往往需要蛋白含量较高的原材料。因此，选育高蛋白含量的优质马铃薯品种，是提高马铃薯品种竞争力的重要途径。马铃薯传统育种周期长、筛选效率低、群体量大，限制了马铃薯育种的发展。分子标记辅助育种可加速育种进程，但四倍体栽培种又有着遗传背景狭窄、基因库匮乏、遗传重组率高、自交衰退等问题，开发分子标记难度较大。而开发出的分子标记，大多集中在二倍体群体中，用于育种实践的分子标记较少。随着高通量测序技术的不断发展，测序技术为快速挖掘基因、开发功能标记提供有效手段。其中，BSA-seq 技术，可在不构建遗传图谱的情况下快速挖掘目的基因，该技术已广泛应用于多种作物的研究中。为筛选控制块茎蛋白含量基因，以高蛋白含量品种"大西洋"、低蛋白含量品种"定薯 1 号"、及其构建的 F_1 分离群体为材料，利用 BSA-seq 技术筛选目标性状相关联的染色体区域，针对目标区域开发引物并进行检测，获得与蛋白质含量紧密连锁的 SSR 标记。该试验开发的标记可加快马铃薯蛋白含量育种进程，也为控制马铃薯块茎蛋白含量基因研究奠定基础。

2019 和 2020 年将试验材料种植于东北农业大学向阳农场实验基地，采取完全随机区组设计，2 次重复，每行种植 20 株，正常田间管理。收获后各小区随机选取 10 个块茎用于蛋白含量测定。使用 R 软件中的 lme 4 程序包对 F_1 分离群体多环境表型数据进行拟合，获得最后线性无偏估计值（Best liner unbiased prediction，BLUP），利用 BLUP 值作为多环境联合分析数据。进而，选取极端高蛋白材料 19 份、极端低蛋白含量材料 24 份，构建极端材料混池。提取各混池叶片 DNA，进行简化基因组测序，同时，双亲进行全基因组重测序。利用 SOAP 软件将 Raw Reads 进行过滤，过滤后将 Enzyme reads 比对到参考序列后进行 SNP 标记分型。通过相关分析确定与马铃薯蛋白质密切相关的 SNP，根据相关阈值确定候选区间，同时，进行基因功能注释和生物途径富集分析。

作者简介：张朝澍（1989—），男，博士，讲师，主要从事马铃薯遗传育种研究。

基金项目：黑龙江省自然科学基金联合引导项目（LH2021C027）；东北农业大学东农学者计划（18QC04）。

＊通信作者：石瑛，副研究员，主要从事马铃薯遗传育种研究，e-mail：yshi@ neau. edu. cn。

研究共完成了 2 个混池及 2 个亲本池的测序与分析，其中父本过滤后获得的 reads 数为 45 862 067，母本过滤后获得的 reads 数为 45 544 783，2 个混池过滤后获得的 reads 数分别为 45 572 901、45 240 707。基于比对结果，去除测序深度小于 3 的标签后，各样品的平均标签数目为 129 382，所有样品标签比对率为 86.96%~87.59%。对 SNP、InDel 进行过滤，总共得到 17 306 个 SNP、InDel 位点。利用欧式距离算法，筛选 2 个混池间存在的显著差异标记，评估与蛋白含量相关的区间。试验共关联到 3 个区间，分别为 2 号染色体 18.88~21.59 Mb 处，区间大小为 2.71 Mb；4 号染色体 8.30~12.84 Mb 处，区间大小为 4.54 Mb；4 号染色体 65.12~66.39 Mb 处，区间大小为 1.27 Mb。根据定位区域、基因位置及参考基因组信息，使用 NR、TrEMBL、KEGG、GO、KOG、swissprot、PFAM 共 7 个功能数据库对候选基因进行功能注释，共注释到 719 个候选基因，注释基因显著富集在玉米素合成代谢通路，该代谢通路可阻止蛋白质降解。

根据双亲重测序信息，使用 Primer Premier 5 软件分别在 3 个区间内开发 SSR 引物，进而，使用双亲 DNA 对引物多态性进行筛选。以 F$_1$ 分离群体中的 41 份高蛋白材料、34 份低蛋白材料 DNA 验证引物在 F$_1$ 群体中多态性，其中，引物 SSR15 表现出多态性高、条带清晰、重演性好。检测结果表明，引物 SSR15 在 41 份高蛋白材料检测出 30 份材料为高蛋白亲本带型，准确率为 73.17%；在 34 份低蛋白材料中检测出 28 份材料为低蛋白亲本带型，准确率为 82.35%。选取 48 个马铃薯栽培品种用于检测开发与蛋白含量紧密连锁的分子标记。在 48 份四倍体马铃薯品种中，高蛋白品种有 14 份，占总材料的 29.17%；低蛋白品种有 8 份，占总材料的 16.67%。使用 SSR15 对 48 份马铃薯品种进行检测，在标记为阳性的 11 个品种中，有 9 个为高蛋白含量，分子标记的检测结果与蛋白含量的对应度达到了 81.82%；在标记为阴性的 11 个品种中，有 6 个为低蛋白含量，分子标记的检测结果与蛋白含量的对应度达到了 54.55%。检测结果表明，引物 SSR15 能较好地筛选不同马铃薯品种蛋白质含量，可用于马铃薯蛋白含量分子标记辅助育种中。将该分子标记命名为 pChr2-4。

研究结果有助于深入了解控制马铃薯块茎蛋白含量相关基因，同时，为马铃薯高蛋白含量育种提供理论依据和实用的分子标记。

关键词：马铃薯；蛋白含量；BSA-seq；SSR 标记；分子标记；辅助选择

光敏色素 StPHYF 调控马铃薯结薯转录通路解析及 StMADSs 功能鉴定

王恩爽，周婷婷，宋波涛*

（华中农业大学园艺林学学院/
农业部马铃薯生物学与生物技术重点实验室，湖北　武汉　430070）

　　马铃薯（*Solanum tuberosum* L.）是继水稻和小麦之后的第三大粮食作物。块茎既是马铃薯的食用器官，也是繁殖器官。然而，由于马铃薯起源于安第斯山脉，导致其喜冷凉短日照结薯的习性，这使得许多品质优良品种的推广受到限制。光敏色素是红光/远红光的受体，对光信号进行整合来调控马铃薯的生长发育。因此，研究光敏色素介导的马铃薯块茎形成机制，对指导马铃薯生产，提高马铃薯产量和品质具有重要意义。研究前期通过对马铃薯的 5 个光敏色素的功能进行研究，表明 StPHYF 是除了 StPHYB 之外的另一个参与马铃薯结薯的光敏色素；并且 StPHYB 和 StPHYF 形成异源二聚体调控 StCOL1 蛋白的稳定性，进而影响下游结薯相关基因 *StSP5G* 和 *StSP6A* 的表达，而调控结薯。在此基础上，研究利用转录组测序的方法完善 *StPHYF* 的调控网络，挑选可能受 *StPHYF* 调控的下游候选基因，并对候选基因的功能进行鉴定，主要结果为：

　　1. RNA-seq 分析受 *StPHYF* 调控的差异表达基因。对干涉 *StPHYF* 的转基因植株（*StPHYFi*-E109-13 和 *StPHYFi*-E109-14）和野生型 E109 以及 *StPHYFi*-E109-14 与 E109 嫁接的叶片和匍匐茎进行 RNA-seq 测序。根据基因的表达水平进行两两比较获得差异表达基因，在叶片中获得 47 个差异表达基因，其中 30 个基因上调表达，17 个基因下调表达；4 112 个基因在匍匐茎中差异表达，1 466 个和 2 646 个基因分别上调和下调表达。随机挑选 8 个差异表达基因进行验证，8 个基因的表达与 RNA-seq 数据具有较高的一致性，表明通过 RNA-seq 获取的差异表达基因具有较高的可信性，可以用于下一步分析。

　　2. 完善 *StPHYF* 的调控网络。敲低 *StPHYF* 的表达水平诱导马铃薯提早开花。对叶片的差异表达基因进行分析，发现调控马铃薯开花和结薯的关键基因 *StSP3D* 和 *StSP6A* 在转基因株系中都上调表达，而抑制结薯的 *StSP5G* 的表达受到抑制。CO 蛋白的同源基因 *StCOL9* 下调表达，负调控结薯的温度感知基因 *StTOC1-like* 的表达也受到抑制，表明 *StPHYF* 参与调控结薯和开花两条途径。对匍匐茎中的差异表达基因进行 GO 和 KEGG 富集分析发现，植物激素信号转导、昼夜节律等信号通路被显著富集，*StPHYF* 可能通过这些

　　作者简介：王恩爽（1992—），女，博士研究生，从事马铃薯块茎发育研究。
　　基金项目：国家现代农业产业体系（CARS-09-P07，CARS-09-P08）；国家自然科学基金（3161101332，31971988）。
　　*通信作者：宋波涛，博士，教授，主要从事马铃薯遗传育种与品质改良研究，e-mail：songbotao@mail.hzau.edu.cn。

信号途径调控马铃薯的块茎形成和开花。进一步分析匍匐茎中的差异表达基因，发现
StSP6A、*StSP3D* 和 *StSP5G* 在匍匐茎中也差异表达，可能位于 *StSP6A* 下游的 *StMADS1* 和
StMADS13、以及 *StSP6A* 的互作蛋白 StFDL 和 StSWEET11 都上调表达，调节生物节律以及
miR156 和 miR172 的靶基因差异表达，另外拟南芥调控开花的同源基因也差异表达。对
StPHYFi-E109-14 和 E109 的匍匐茎中的激素含量进行测定，除抑制结薯的 GA1 含量下降
外，其他 5 种激素(SA、JA、ABA、t-ZR 和 IAA)的含量上升，表明 *StPHYF* 可能影响了多
种马铃薯块茎形成途径。

3. *StPHYF* 可能的下游基因的鉴定及功能验证。3 个 MADS-box 转录因子在匍匐茎中差
异表达，可能位于结薯复合体(TAC)的下游。对 3 个基因的表达模式进行分析，表明 3 个
基因受到短日照的诱导表达，并且在匍匐茎发育的四个时期差异表达。并且 3 个基因的启
动子上都含有 StFDL 的结合元件"ACGT"，双荧光素酶和 EMSA 试验表明，StFDL 可以直
接结合到 *StMADS1*、*StMADS13* 和 *StMADS18* 的启动子上，表明 3 个 MADS-box 转录因子可
能位于 TAC 复合体的下游，参与调控马铃薯块茎形成。

4. 参与调控结薯的 StMADSs 的功能鉴定。利用 RNA 干扰技术将 *StMADS1*、*StMADS13*
和 *StMADS18* 稳定转化到马铃薯栽培种"鄂马铃薯 3 号"上，对其表型进行鉴定，结果表明
干涉 *StMADS1* 在培养室条件下抑制马铃薯结薯，在生长室条件下推迟结薯。自养条件下，
干涉 *StMADS18* 抑制马铃薯块茎形成；异养条件下敲低 *StMADS18* 推迟马铃薯结薯，与
StMADS1 呈现非常相似的表型，并且在异养条件下干涉 *StMADS18* 呈现多分枝的表型。

5. StMADSs 调控的马铃薯块茎形成的机制解析。MADS-box 家族的转录因子在植物中
一般以二聚体的形式发挥功能。酵母双杂交和双分子荧光互补试验表明，StMADS1 与
StMADS18、StMADS13 与 StMADS18 形成异源二聚体，StMADS1、StMADS13 都可以形成同
源二聚体，而 StMADS1 和 StMADS13、StMADS18 不能形成异源或同源二聚体，StMADSs
可能以二聚体的形式调控马铃薯块茎形成。

关键词：马铃薯；块茎发育；光敏色素 F；RNA-seq；MADS-box

二倍体马铃薯短花药性状关键基因的筛选与鉴定

毛容婕，谭子祎，邓亚婷，党晓琦，钮　洁，李　萌*

（中南林业科技大学生命科学与技术学院，湖南　长沙　410073）

马铃薯（*Solanum tuberosum* L.）是全球第三大粮食作物，其块茎营养丰富、口感软糯，深受广大人民的喜爱。马铃薯育种是发展马铃薯产业的基础和核心内容。培育高产、高品质、抗病、抗逆和适用于加工的马铃薯品种是育种工作的重要方向。然而，相较于其他作物，马铃薯育种周期长，品种更新缓慢。其中一个重要原因是马铃薯育种材料多为同源四倍体，遗传背景复杂，包含众多的隐性不良基因，导致在育种过程中优良基因不易被发掘，有害基因也不易被剔除。由于包含了大量的隐性不良基因，四倍体马铃薯的杂交后代往往在表型上劣于亲本。如何创新马铃薯育种方式，提高育种效率是全球马铃薯育种工作者所面临的重要问题。近年有马铃薯育种学家提出，将马铃薯育种模式由传统的四倍体水平转向二倍体水平是提高马铃薯育种效率和更好地整合马铃薯野生种资源的重要思路。在二倍体水平上的马铃薯育种能更好的与现代遗传学、基因工程技术和生物信息学分析结合，并可能进一步改变传统的马铃薯繁殖及贮藏模式，加速马铃薯产业的发展。

使用首个完成马铃薯全基因组测序的双单倍体 *S. tuberosum* Group Phureja DM1-3 516 R44（以下简称 DM）作为母本，与自交亲和的二倍种 *S. chacoense* 的第 7 代自交系 M6 进行杂交，获得 F_1 代。从 F_1 代中选择一个株系进行自交，构建了 F_2 群体 DMF2。在 DMF2 群体中可观察到薯皮和薯肉颜色、颜色深度、薯形、花药发育、果冻状末端（Jelly end）等性状的分离。研究重点关注 DMF2 群体中的花药异常发育表型，表型表现为短花药或无花药，是潜在的雄性不育系材料。该性状在其亲本 DM 和 F_1 中均未被观察到，在 M6 的历代自交系中亦从未出现过。分析具有短花药性状个体的基因型发现，仅在同时具有来源于 DM 的细胞质基因组和来源于 M6 的核基因组组分的个体中才会出现该性状，推测该性状受核质基因互作调控，因此只有在特定的核-质基因组杂交组合中才能被观察到。推测短花药性状必须在同时满足拥有 DM 的质基因型和隐性短花药纯合体核基因型两个条件下才会出现，在 DMF2 中出现的比例应该为 1/4。据统计显示，实际得到的 DMF2 群体中约有 23% 的个体拥有短花药性状，符合上述假设。这说明该短花药性状受到了细胞核和细胞质基因的共同调控，属于典型的细胞质雄性不育（Cytoplasmic male sterility，CMS）。

目前发现的 CMS 都与线粒体基因组中发生的开放读码框（Open reading frame，ORF）变异有关。异常 ORF 在花粉和花药等生殖器官中特异表达，会影响 ATP 合酶和细胞色素氧化酶等关键酶的活性，从而干扰线粒体内膜的电子传递链和 ATP 合成，引起氧化应激和/

作者简介：毛容婕（1999—），女，硕士研究生，从事马铃薯生物技术研究。
*通信作者：李萌，博士，副教授，主要从事二倍体马铃薯育种研究，e-mail：limeng0422@foxmail.com。

或 ATP 产生的缺乏，导致花药发育异常。这表明导致短花药性状出现的关键基因就存在于 DM 和 M6 细胞质基因型的差异之中。

为探究 DM 与 M6 二者线粒体基因组差异，试验以马铃薯幼根为材料，分别对 DM 和 M6 的线粒体进行总 DNA 提取，通过 Illumina HiSeq 对 DM 以及 M6 的线粒体全基因组进行测序组装，构建了 DM 和 M6 的线粒体基因组图谱。其中 DM 线粒体基因组全长为 225 497 bp，M6 线粒体基因组全长为 322 517 bp。为突出对比 M6 和 DM 线粒体之间的差异，加入了一个能产生可育花粉的优良杂合二倍体马铃薯 RH89-039-16(简称 RH)的线粒体基因组一起进行比较分析。使用 BLAST(Basic local alignment search tool) 对三者线粒体基因组进行比对分析，以 M6 线粒体基因组为参考基因组，使所有基因组的起始位点对齐，然后采用 CG View 构建获得比较基因组圈图，将这 3 个基因组之间的差异可视化。结果显示 RH 和 DM 线粒体较为类似，但 M6 和 DM 之间差异较大。在这些差异中可能存在决定短花药性状的关键位点。以 DM、M6、RH 基因编码的蛋白序列为对象进行 Mauve 共线性分析，检测到 M6 和 DM 高度同源片段有 22 个，但序列的排列顺序存在巨大差异。说明 M6 和 DM 线粒体基因组在组成上相似，但线粒体基因组在结构上存在很大差异，线粒体基因组之间存在着广泛的重组和重排。

将测序所得基因序列与 DM、M6 线粒体基因组进行比对，进一步的差异基因筛选表明，*nad4*、*ccmFc*、*nad7*、*rpl2*、*rps1*、*rps3* 等基因在 DM 和 M6 线粒体基因组中存在较大差异。其中以 *ccmFc* 基因为例，该基因在 M6 中全长为 1 317 bp，但在 DM 中最长匹配区域仅有 767 bp。序列分析表明 *ccmFc* 基因在 DM 线粒体中被分隔成了两段，在 767 bp 位置处被插入了 949 bp 大小的序列。这段插入序列很有可能会造成该 ORF 提前终止，或者产生了其他异常的 ORF。*ccmFc* 基因与细胞色素 c 生物发生有关，该基因的表达被抑制，可能会导致线粒体内膜的电子传递链和 ATP 合成受到干扰，引起氧化应激和/或 ATP 产生的缺乏，继而启动绒毡层细胞程序性死亡(Programmed cell death，PCD)，最终导致 CMS。

另一方面，对 DMF2 中出现的短花药 DMF2-197 的幼花期短花药(SY)，成熟期短花药(SM)以及正常花药 DMF2-168 的幼花期正常花药(LY)，成熟期正常花药(LM)和各自的花柱(SS 和 LS)样本进行了转录组测序。经鉴定 SM vs. LM 共有 8 898 个差异表达基因；SY vs. LY 共有 13 043 个差异表达基因。远远大于两者在花柱中的差异表达基因数目(SS vs. LS，503)，说明可能很多差异表达基因特异的在花药中发挥功能。

研究针对二倍体马铃薯的短花药性状，通过对 DM 和 M6 进行线粒体全基因组测序和比对，结合短花药材料的转录组分析，筛选出了 *nad4*、*ccmFc*、*nad7*、*rpl2*、*rps1*、*rps3* 等候选基因，为进一步研究马铃薯短花药型 CMS 的分子机制奠定基础。为后续找到核修复基因，构建马铃薯 CMS-Rf 遗传系统的杂交种子商业化生产，研究核与线粒体基因组相互作用机制的有效模型提供支撑。雄性不育系马铃薯不需要去雄处理，节约成本，保证杂交种子质量，可为马铃薯实生种子(True potato seed)生产提供新的遗传资源。

关键词：二倍体马铃薯；细胞质雄性不育；基因；线粒体基因组

基于 WGCNA 和差异表达分析挖掘马铃薯根系响应干旱胁迫的关键基因

秦天元[1,2]，王一好[1,2]，孙　超[1,2]，毕真真[1,2]，
范又方[1,2]，刘寅笃[1,2]，李成举[1,2]，白江平[1,2]*

(1. 甘肃农业大学农学院，甘肃　兰州　730070；
2. 甘肃省干旱生境作物学重点实验室/
甘肃省作物遗传改良与栽培种创新重点实验室，甘肃　兰州　730070)

　　马铃薯是一种具有重要营养和农业价值的粮食作物。干旱胁迫会改变马铃薯源库关系，从而破坏块茎的形成，降低产量和品质。植物为了避免在干旱胁迫下的不利影响，在进化过程中建立了一套自我防卫机制，因此研究在干旱环境下马铃薯的耐旱性机理，尤其是根系发育响应干旱胁迫的分子机制，是近年来许多科研工作者热衷的研究任务和热点。随着马铃薯多个品种参考基因组的发布以及下一代 RNA 测序(RNA-seq)技术的不断发展，为揭示不同马铃薯品种之间的遗传多样性提供了可能，尤其是那些具有重要农艺性状的马铃薯品种。近年来，通过基于分子标记、QTL 定位或多组学关联分析的研究，发现了一些与根系结构有关的数量性状位点(QTL)和候选基因，为揭示控制该性状的遗传机理提供了新的研究思路。除此之外，随着高通量测序技术的飞速发展与成本不断的降低，采用多样本的转录组测序来系统研究生物学问题已能够实现。传统的 2 个样本的比较分析已经不能有效处理高通量测序的海量数据，因此网络分析应运而生。其中，权重基因共表达网络分析(Weighted gene co-expression network analysis，WGCNA)应用较为广泛，已在多种动物和植物的多样本转录组数据的分析中发挥了重要作用。与其他的网络分析不同，WGCNA 可以特异地筛选出与目标性状相关联的基因，并进行模块化分类，得到具有高度生物学意义的共表达模块，再从中筛选核心基因。因此，选择一个可量化的目标性状是 WGCNA 分析首要考虑的问题。

　　研究以国际马铃薯中心引进 2 个生育期相同、根系差异明显的马铃薯栽培种 C16 和 C119 为试验材料，试验容器采用体积约为 250 mL 的罐头瓶，用 150 mmol 甘露醇来模拟干旱环境。将马铃薯试管苗的茎段接种在正常和加有 150 mmol 甘露醇的 MS 培养基上，分别处理 15，20 和 25 d 时，立即收集其根系并在液氮中冷冻，然后在-80 ℃的冰箱中保存。每个保存的样本的一半用于 RNA 提取和随后的转录组测序。另一半用于测定与抗逆相关

　　作者简介：秦天元(1993—)，男，博士研究生，研究方向为马铃薯遗传育种。
　　基金项目：国家马铃薯产业技术体系(CARS-2021-01)；甘肃省科技重大专项计划项目(20YF8WA137，19ZD2WA002-02)；国家自然科学基金(31960442，32060502)。
　　*通信作者：白江平，博士，教授，研究方向为作物遗传育种，e-mail：baijp@ gsau. edu. cn。

的生理生化指标。其中未加甘露醇的样本为对照，每个样本设 3 个生物学重复。

试验随机选取 18 个具有不同表达模式的核心基因进行 qPCR 验证，发现 RNAseq 的表达值与 qPCR 的定量值具有相似的表达趋势，证明 RNA 测序产生的数据质量是可靠的。本研究通过 WGCNA 富集到 20 个（C16）和 26 个（C119）与胁迫相关生理生化指标（SOD、POD、CAT、RV 和 Pro 等）相关联的共表达模块，由于模块较多，因此在每个品种中分别挑选了 4 个与生理生化性状高度关联的模块进行下一步研究。在 C16 中存在与生理性状由负相关逐渐转为极显著正相关的 Turquoise 模块，以及存在相反趋势的 Yellow 模块、Red 模块和 Salmon 模块；在 C119 中，存在与生理性状由负相关逐渐转为极显著正相关的 Pink 模块和 Purple 模块，以及存在相反趋势的 Cyan 模块和 Lightcyan 模块；由于每个模块的基因数量庞大，本研究利用各个模块的特征向量基因对模块两两之间进行相关性分析，结果表明，这 8 个模块间的确存在极显著的相关性且关联度最高，进一步印证这 8 个模块可作为根系抗逆性状机理研究的目标模块。通过对这 8 个模块的 GO 和 KEGG 功能富集分析发现，均可以得到与抗逆相关的具有生物学意义的调控途径。

基于以上转录组数据，利用 WGCNA 构建与抗逆生理性状相关联的权重基因共表达网络，分别得到 20 个（C16）和 26 个（C119）与根系抗旱密切相关的基因共表达模块，并从 8 个与目标性状关联度最高的模块中发掘到数个核心基因，功能注释表明其中大部分参与干旱胁迫调控通路。通过进一步功能注释，发现部分核心基因与已报道非生物胁迫调控通路紧密相关，还有一部分功能仅在模式植物中有一些研究。研究结果可为后续马铃薯根系抗旱的分子机制研究提供线索，也为耐旱性马铃薯新品种培育提供理论支持。

关键词：马铃薯；干旱胁迫；权重基因；共表达网络；转录组学

StRab5b 基因调控马铃薯晚疫病抗性的功能研究

田再民[1,2]，张之为[1]，侯丁一[1]，康立茹[1]，李　敏[1]，赵　君[1*]，龚学臣[2]，尹　江[2]

（1. 内蒙古农业大学园艺与植物保护学院，内蒙古　呼和浩特　010018；

2. 河北北方学院，河北　张家口　075000）

马铃薯（*Solanum tuberosum* L.）是茄科茄属（*Solanum*）一年生草本植物。近些年，随着马铃薯主粮化战略的实施，马铃薯产业发展与区域脱贫攻坚、健康消费的关系日益得到全社会的关注。2018 年，中国马铃薯种植面积和产量分别占全世界约 30% 和 28%。马铃薯块茎是含有人体必需的氨基酸、矿物质、多种维生素的优质全营养食物，与谷物相比，其能量和蛋白与谷物相当，膳食纤维高于谷物，脂肪低于谷物，但其营养更加全面。马铃薯病害严重影响马铃薯的产量和品质，常见的病害有晚疫病、疮痂病、早疫病、粉痂病。晚疫病是对马铃薯危害最严重的病害之一，在中国晚疫病多发生在北方一季作区和西南混作区，而中原二季作区和南方冬作区发生较少。就马铃薯单产水平而言，中国低于世界的平均水平，而马铃薯晚疫病是导致减产的重要因素，每年造成数十亿美元的经济损失。马铃薯晚疫病是由致病疫霉（*Phytophthora infestans*）引起的气传病害。19 世纪 60 年代由 de Bary 发现并进行了描述，其属于卵菌门（Oomycota）霜霉科、疫霉属。到 20 世纪 30 年代，由 Crosier 研究了致病疫霉的生物学特性，从此开启了对致病疫霉和其致病机制的研究。马铃薯晚疫病是全球危害性大、难预防的毁灭性、检疫性病害，作为"植物杀手"曾在 19 世纪 40 年代引起"爱尔兰大饥荒"，致使数以万计的人饥饿而亡，因此马铃薯晚疫病的防治一直是研究者关注的焦点。

RAB 蛋白在植物、动物、微生物中广泛分布，其一般通过鸟苷酸交换因子（GEFs）和 GTP 酶激活蛋白（GAPs）来调控信号通路的开闭。已有的研究结果表明，植物中的 RAB GTPase 参与植物的生长发育过程以及植物应对生物和非生物胁迫的能力，特别是在调控植物抗性建立方面的功能尤为重要。研究以马铃薯"Desiree"为材料，采用 RT-PCR 的方法克隆马铃薯的 *StRab5b* 基因，利用 RT-PCR 的方法对 *StRab5b* 基因的表达谱以及病菌诱导表达情况进行分析，同时利用 GFP 标记在烟草中对 *StRab5b* 基因进行亚细胞定位，通过构建 *StRab5b* 基因的超表达和沉默表达载体，研究 *StRab5b* 基因在马铃薯抵抗晚疫病过程中的功能，并解析 *StRab5b* 抗性的信号通路，以及明确 *StRab5b* 基因调控马铃薯抗盐能力，为马铃薯抗晚疫病分子育种奠定坚实的理论基础。

研究结果表明，利用特异引物分别克隆得到 *StRab5b*（607 bp）基因，对 StRAB 5b 蛋白

作者简介： 田再民（1981—），男，博士，副教授，从事马铃薯分子育种研究。

基金项目： 国家自然科学基金（31260425）；河北省现代农业产业技术体系薯类创新团队项目（HBCT2018080201）；河北省教育厅项目（QN2018111）。

＊通信作者： 赵君，博士，教授，主要从事马铃薯分子病理学研究，e-mail：zhaojun@imau.edu.cn。

结构进行预测表明，StRAB 5b 蛋白的一级结构中包含的氨基酸数为 200 个，分子量为 21.5 kDa；二级结构中有 GGT2-Rab 的催化位点，REP 和 3 个棕榈酰化作用位点，16 个磷酸化位点，未见信号肽。进化树的分析表明，马铃薯和烟草 RAB 5b 同源性高达 94%，且 StRAB 5b 具有 RAB 蛋白共有的结构域 RabF2（83~87）、RabF4（YYRGA，102~106）和 RabF5（131~135）；三级结构包含 5 个 α 螺旋和 5 个 β 折叠；表达谱分析的结果表明，马铃薯不同组织中 StRab5b 基因表达量由高到低依次是嫩叶、茎、老叶和根，且均存在显著差异。StRab5b 基因在马铃薯不同品种中的相对表达量由高到低依次是"紫花白"（ZHB）、"夏坡蒂"（XPD）、"陇薯 7 号"（L7）、"底西瑞"（DXR）、"中薯 4 号"（ZS4）、"大西洋"（DXY）。"冀张薯 8 号"和"底西瑞"接种晚疫菌后 StRab5b 诱导表达的结果表明，该基因均呈现出先升高后降低的趋势，且在接种 72 h 后达最高值；马铃薯和烟草中瞬时表达结果表明，叶片中瞬时表达 StRab5b 基因后接种晚疫菌，接种部位的病斑面积均显著低于瞬时表达空载体（EV）和接种 H_2O 的叶片；构建了 StRab5b 基因超表达和沉默载体，并通过遗传转化获得 9 株 StRab5b 的阳性转基因株系。StRab5b-L8 等 3 个转基因株系的叶片接病后病斑面积均显著小于对照。同时，DAB 染色结果表明，转基因株系接种晚疫菌后叶片中 H_2O_2 的积累量高于对照植株；台盼蓝染色的结果表明，接种晚疫菌后对照叶片上坏死细胞数量明显高于转基因植株；ET、JA 和 SA 信号通路的关键酶基因 ACS、LOX、NPR1 的转录水平检测的结果表明，接种晚疫菌后（0~96 h），LOX 和 NPR1 基因的相对表达量在转基因株系中显著高于对照；而在 StRab5b-L8 等转基因株系中 SOD、POD、CAT、APX 的活性均高于对照（SOD 活性 72 h 和 POD 活性 24 h 除外）；同时，建立了马铃薯高效的基因沉默体系，并利用该体系对马铃薯中 StPds，StRab5b 同源基因进行沉默，沉默的效率分别为 100%、61%。接种晚疫菌后，沉默 StRab5b 基因的叶片上病斑面积均显著大于对照叶片上的病斑。考马斯亮蓝染色结果表明，沉默 StRab5b 基因的烟草叶片上菌丝体的数量要多于对照叶片。StRab5b-L8 等转基因株系耐盐性的研究结果表明，StRab5b 基因能够正向调控马铃薯的耐盐性。

关键词：马铃薯；StRab5b；晚疫病抗性；耐盐性

马铃薯双单倍体包含诱导系 DNA 的罕见实例

祁利潘[1,2]，尹 江[1]，罗亚婷[1]，郭华春[2]，冯 琰[1*]

(1. 河北北方学院旱作农业研究中心，河北 张家口 075000；
2. 云南农业大学农学与生物技术学院，云南 昆明 650201)

长期以来马铃薯育种一直采用种内杂交为主，栽培种基因库狭窄，常规种内杂交难以获得突破性品种。而马铃薯家族中74%的资源存在于二倍体野生种和近缘栽培种中，二倍体种中含有丰富的优良性状基因，但与普通栽培种杂交不亲和，限制了其在育种中的应用。Chase 提出的分解育种是通过双单倍体与二倍体远缘种质杂交，获得二倍体杂种，再通 2n 配子将二倍体的有利基因渐渗到四倍体栽培种中。而另一个马铃薯育种方向，由于四倍体栽培种马铃薯基因高度杂合且存在自交衰退现象，传统育种中的马铃薯改良缓慢而困难，因此科学家致力于将马铃薯改造为二倍体种子作物，而第一步则是获得包含四倍体种的优良基因的二倍体种。上述 2 个育种方向均需要通过四倍体种和单倍体诱导系(HI)杂交产生双单倍体。

但是马铃薯双倍体的形成机制尚未阐明：一种假说认为母本孤雌生殖产生，雄配子体形成的两个精子，一个与中央细胞的极核结合形成初生胚乳，另一个未与卵结合，卵母细胞单性发育而成；然而，有研究报道了双单倍体中包含 HI 特异性 DNA 标记，表明 HI 亲本的 DNA 作为染色体或染色体片段被保留，Amundson 等研究发现 919 个双单倍体中大约1%的双单倍体携带来自 HI 亲本的 1~3 条染色体，表明卵子受精，为染色体消除假说提供力证。为更好地了解马铃薯双单倍体诱导的基础，研究对 4x-2x 种间杂交获得的 3 个双单倍体及其亲本进行 SSR 鉴定。结果表明，"冀张薯 8 号"×"J1709"杂交产生双单倍体"SY66-2"，只含有母本特征条带；"冀张薯 12 号"×"J1719"杂交产生双单倍体"SY19-1""SY19-2"，其中"SY19-2"只含有母本特征条带，但是"SY19-1"除含有母本的特异性条带，还扩增出了父本特征条带，同时扩增出了父母本特征条带以外新条带，说明在减数分裂前期Ⅰ，"SY19-1"双亲同源染色体的非姊妹染色单体间可能发生了片段互换，进而导致新的基因型产生。残留 HI 的 DNA 的存在表明双单倍体可能从种间杂种衍生而来。

种间杂交后代基因组形成后，如果是 HI 的基因被不完全消除，则可以解释双单倍体中存在 HI 的 DNA 现象。一旦这一假说成立，则说明双单倍体产生机制是 HI 的基因消除，而不含 HI 的基因的双单倍体则由 HI 的基因完全消除产生。因此，双单倍体由孤雌生殖产生的假说则可能不成立，因为在马铃薯种间杂交过程中，HI 的精子与卵细胞是否融合受

作者简介：祁利潘(1987—)，女，助理研究员，研究方向为马铃薯遗传育种。
基金项目：国家现代农业产业技术体系(CARS-09-P05)；河北北方学院校级项目(XG2021012)；张家口市重点研发计划项目(2121028C)。
*通信作者：冯琰，副研究员，主要从事马铃薯新品种选育与高产栽培技术研究，e-mail：fengyannm@ sina. com。

精是两个假说的分歧对立点，两种双单倍体诱导机制相互独立存在可能性较小。

  总之，通过对双单倍体及其亲本的 SSR 鉴定表明，无论 HI 的 DNA 出现频率大小，都有小部分且确定的双单倍体包含父系 HI 的遗传信息，研究为马铃薯单倍体诱导机制确定提供了分子支持。此外，还观察到罕见的有趣现象，双单倍体扩增出亲本以外新的条带，这为双单倍体基因组 HI 的基因渐渗提供了分子实例依据。

  关键词：种间杂交；双单倍体；SSR；孤雌生殖；染色体消除

中国马铃薯全粉加工型品种登记现状分析

王　腾，金光辉*，张桂芝，姜丽丽

（黑龙江八一农垦大学农学院/
黑龙江省现代农业栽培技术与作物种质改良重点实验室，黑龙江　大庆　163319）

随着国家马铃薯主粮化战略的实施及人民群众对食品多样化的需求，以马铃薯为原料的食品需求日益增加，这也进一步促进了对马铃薯全粉的需求。

自 2017 年马铃薯等非主要农作物实行登记政策以来，截至 2022 年 3 月，全国共登记马铃薯新品种 397 项，其中鲜食型品种（包含特色鲜食品种）占到了 84.63%，为 336 个；加工型（包含兼用加工型）品种 61 个，占比 15.36%。其中全粉加工专用型品种 3 个，仅占总登记数的 0.76%；适宜全粉加工的兼用品种 31 个，占总登记数的 7.81%，这其中加工型兼用品种（包含淀粉、炸条、炸片用途的兼用品种）4 个，鲜食、淀粉、全粉兼用的品种 9 个，鲜食、全粉兼用型品种 8 个，特色兼用型品种 6 个，鲜食、淀粉、全粉、炸条炸片兼用的品种 4 个。

按年份来看，2017 年登记 1 个鲜食品种。2018 年登记 145 个品种，包括鲜食品种 100 个，占 68.97%，淀粉专用型品种 7 个，炸条炸片品种 9 个，全粉专用型品种 2 个（"北薯 1 号"与"宁薯 6 号"），兼用型品种 36 个，其中可做全粉的兼用品种 9 个。2019 年登记 74 个品种，包括鲜食品种 46 个，淀粉专用型品种 3 个，炸条炸片品种 1 个，全粉专用品种 1 个（"宁薯 18 号"），兼用型品种 21 个；其中可做全粉的兼用品种 15 个，全粉品种占总登记品种的 21.62%。2020 年登记 96 个品种，包括鲜食品种 75 个，炸条炸片品种 2 个，特色品种 3 个，未写明用途品种 1 个（"垦薯 1 号"，可做全粉、淀粉加工），无全粉专用品种与淀粉专用品种，兼用型品种 15 个；其中可做全粉的兼用品种 3 个（"中薯 27""陇薯 16 号""陇薯 17 号"），全粉品种占总登记品种的 3.13%。2021 年登记 35 个品种包括鲜食品种 27 个，淀粉专用型品种 4 个，无炸条炸片与全粉专用品种，兼用型品种 4 个；其中可做全粉的兼用品种 2 个（"丹宝 1 号""凯薯 2 号"），全粉品种占总登记品种的 5.71%。2022 年登记 46 个品种，包括鲜食型品种 32 个，淀粉加工型品种 2 个，特色品种 5 个，炸条炸片品种 2 个；兼用型品种 5 个，其中全粉兼用型品种 2 个，淀粉兼用型品种 2 个，鲜食炸片兼用型 1 个。

按全粉品种的指标要求看，一般全粉品种要求干物质含量 19.9% 以上，还原糖含量 0.3% 以下，最高不超过 0.4%，登记的全粉品种的干物质含量在 18.88% ~ 31.59%，19.9% 以上的有 27 个，占登记全粉品种的 79.4%；登记的全粉品种的还原糖含量在

作者简介：王腾（1989—），男，硕士，助理研究员，主要从事马铃薯遗传育种研究。
* 通信作者：金光辉，副教授，主要从事马铃薯遗传育种与高产栽培研究，e-mail: ghjin1122@163.com。

0.02%~0.85%，低于 0.4%的品种有 28 个，低于 0.3%的品种有 25 个，占登记全粉品种的 73.53%。

通过对登记的全粉加工型品种的分析，认为当前马铃薯全粉加工型品种的研究存在以下不足：

(1)全粉加工型品种数量过少。近年来，登记品种多以鲜食型品种为主，全粉加工型品种较少，推广应用的更少，其原因可能是缺乏有效的鉴定手段，而仅通过块茎品质指标不能更好地进行鉴定。

(2)全粉加工品种评价体系较混乱，缺乏统一的标准。而从这些全粉品种的品质指标看，并不完全符合全粉品种要求，一般全粉品种要求薯块芽眼浅，干物质含量 19.9%以上，淡黄或白肉，还原糖含量 0.3%以下，最高不超过 0.4%，但登记的全粉品种中，干物质含量最低达到了 18.88%，还原糖含量最高达到了 0.68%~0.85%。而登记的非全粉品种中符合全粉加工条件的数量达到了 60 个以上。因此，对于全粉品种的鉴定与筛选有必要加大力度。

(3)品种推广薄弱，更新换代慢。目前全粉生产主要采用的"大西洋"是 1978 年由美国引进，至今已应用了 43 年。而新老品种的轮换更多的原因是市场需求的变化，因此，应积极进行全粉品种研究，做好全粉品种的储备工作，并开展与食品加工学科的交叉研究，把握全粉食品的现状与发展，为全粉品种选育打好基础。

相信通过育种家的努力，中国马铃薯全粉加工型品种的选育会愈加广阔。

关键词：马铃薯；登记品种；全粉加工

基于 miRNA-mRNA 关联分析的马铃薯碱性盐胁迫应答机制研究

康益晨[1,2]，秦舒浩[1,2*]，张俊莲[1,2]，刘玉汇[2]，
杨昕宇[1,2]，石铭福[1,2]，张卫娜[1]，秦天元[2,3]

(1. 甘肃农业大学园艺学院，甘肃 兰州 730070；
2. 省部共建干旱生境作物学国家重点实验室/
甘肃省作物遗传改良与栽培种创新重点实验室，甘肃 兰州 730070；
3. 甘肃农业大学农学院，甘肃 兰州 730070)

随着全球土壤盐碱化的蔓延，盐碱胁迫已成为植物面临的最主要非生物胁迫之一，对农业生产力的发展构成了严峻威胁。马铃薯(*Solanum tuberosum* L.)是中国首要的"粮菜兼用"作物，其产业的可持续发展事关重大。马铃薯适宜生长在弱酸性或中性土壤(pH 值 4.8~7.0)，盐碱胁迫会严重影响其代谢及其他生命活动，抑制其生长发育，最终导致减产及品质变劣。目前，已有大量学者针对不同作物进行了大量关于盐碱胁迫的研究，而马铃薯盐碱逆境响应相关研究依旧较少，且多集中于中性盐 NaCl 胁迫，其对碱性盐胁迫的应答机理研究空缺。鉴于此，全面考察了多个马铃薯主栽品种在碱性盐胁迫下的理化特性及产量品质表现，筛选获得碱性盐高抗品种的同时，明确了马铃薯碱性盐生理生化响应规律，但其潜在机理仍有待研究。近年来，得益于转录组测序及分析技术的快速发展，为植物逆境响应机制的深入探索提供了新机遇，丰富了对植物转录水平功能及调控的认知，从非编码 RNA 水平探究植物抗逆机理也逐渐成为了学者们聚焦的热点。miRNA 是诸多非编码 RNA 中备受关注的一种，通过对其靶基因 mRNA 的靶向调控作用在植物转录水平发挥着重要作用。miRNA-mRNA 关联分析扩展了对植物应激反应的理解，也将作为对马铃薯碱性盐胁迫响应复杂机理进行探索的有力手段。

选用马铃薯品种"青薯 9 号"(Guoshenshu 2011001)组培苗为试验材料(具备较强耐盐碱性)。组培苗接种于 MS 液体培养基(pH 值 5.6)上，于光照培养箱中培养。待组培苗长至 21 d 龄，更换含有 50 mmol/L NaHCO₃(pH 值 8.2)的 MS 液体培养基进行碱性盐胁迫后，仍在光照培养箱以原条件培养。采样时间设置为胁迫前(0 h)及胁迫 2，6 和 24 h，取组培苗根系置于液氮中冻存 2 h，后转入-80 ℃超低温冰箱冻藏，各时间点均设 3 次重复。部分样品用于提取总 RNA，分别构建去 rRNA 文库和 Small RNA 文库，利用 Illumina HiSeq™

作者简介：康益晨(1993—)，男，博士，讲师，从事马铃薯栽培与逆境生物学研究。
基金项目：国家马铃薯产业技术体系(CARS-09-P14)；国家自然科学基金(32060441)；省部共建干旱生境作物学国家重点实验室(甘肃农业大学)开放基金(GSCS-2021-08)。
*通信作者：秦舒浩，博士，教授，主要从事马铃薯高效栽培与生理研究，e-mail：qinsh@gsau.edu.cn。

2500 平台测序，剩余材料用于关键生理指标的测定。

获得测序结果后，通过差异阈值及显著性筛选，得到总计 169 个差异 miRNA 及 5 731 个差异 mRNA，随胁迫时间的延长，差异 miRNA 的数量先减少后增多，而差异 mRNA 的数量始终增加。通过差异 miRNA 与 mRNA 间的关联分析，构建了由 21 个差异 miRNA 与 33 个靶基因(来源于差异 mRNA)构成的调控网络。GO 富集表明这些靶基因共富集在 17 个 GO 条目上，"生物过程""分子功能"及"细胞组成"上均有富集，"催化活性""结合"及 "细胞过程"中富集了较多基因。KEGG 富集表明，靶基因共富集在 13 个通路上，"代谢途径"中富集的基因最多，"类黄酮的生物合成""戊糖和葡萄糖醛酸的相互转化""苯丙烷的生物合成"及"淀粉和蔗糖代谢"等通路也有富集。结合理化特性响应规律及差异基因功能分析，挖掘了"植物激素信号转导""淀粉和蔗糖代谢"及"苯丙烷的生物合成"3 个响应 $NaHCO_3$ 胁迫的关键通路。植物激素信号转导中，ABA 受体 PYR/PYL、正调控因子 SnRK2 与 ABF 的基因表达在胁迫后上调，而负调控因子 PP2C 基因在胁迫后下调，且 miRNA miR5059-x 通过与其之间的靶向调控关系，参与增强了 ABA 信号转导；通过相关性分析发现 PYR/PYL、SnRK2、ABF 及 miR5059-x 的表达规律与马铃薯根系 ABA 含量的变化呈正相关。GA 信号转导的负调控因子 DELLA 蛋白相关基因在胁迫 2~6 h 后上调，其表达与 GAs 含量呈负相关。BKI1 作为 BR 信号通路的抑制因子，其基因表达量在胁迫后下调；激酶 BSK 表达量上调进一步增强了 BR 信号的转导；马铃薯根系 BRs 含量的变化与 BKI1 的表达呈负相关，与 BSK 呈正相关。苯丙烷生物合成中，有 4 个草酸 O-羟基肉桂酰基转移酶相关基因在碱性盐胁迫 6 或 24 h 上调，1 个基因则始终下调，并受 miR4243-x 调控；5-O-(4-香豆酰基)-D-奎宁酸酯 3'-单加氧酶(CYP98A)基因在 24 h 下调；肉桂醇脱氢酶(CAD)基因在胁迫 6 h 上调；2 个过氧化物酶(POD)的基因在胁迫早期(2~6 h)上调，另外 3 个则在胁迫 24 h 后上调；相关性分析表明，2 个 HCT 中的 mRNA、3 个 POD 中的 mRNA 以及 CYP98A 的表达与木质素含量呈正相关；miR4243-x 的表达量与木质素含量呈正相关。淀粉和蔗糖代谢中，蔗糖磷酸合成酶(SPS)相关基因的表达量于胁迫 24 h 后上调，一个新 miRNA(novel-m0064-5p)对其有负调控作用。此外，海藻糖 6-磷酸合酶、海藻糖 6-磷酸磷酯酶及 β 淀粉酶相关基因同样在 24 h 上调，且海藻糖含量与上述 mRNA 的表达呈正相关。选取 8 个响应碱性盐胁迫差异表达 miRNA 及 12 个差异 mRNA，进行实时荧光定量 PCR，将其表达模式与测序结果比对，发现两者具有相似的表达规律，以此判断测序数据准确可靠。

综上所述，马铃薯可通过调控"植物激素信号转导""淀粉和蔗糖代谢"及"苯丙烷的生物合成"等关键通路中基因的表达对碱性盐胁迫作出应答，这一过程中，ABA 及 BR 的水平及其信号转导、木质素合成、淀粉代谢和水解、可溶性糖及海藻糖的合成增强，GA 信号转导减弱。此外，研究挖掘的关键 miRNA 及大量候选基因对马铃薯耐盐碱种质资源的创新及挖掘具有重要价值。

关键词：马铃薯；非生物逆境；非编码 RNA；调控网络；响应机理

马铃薯块茎休眠解除过程相关 miRNA 的鉴定

刘升燕[1]，杨江伟[2]，唐　勋[2,3]，王泽民[2]，晋　昕[2]，李世贵[2]，张　宁[2]，司怀军[2,3]*

(1. 甘肃农业大学农学院，甘肃　兰州　730070；

2. 甘肃农业大学生命科学技术学院，甘肃　兰州　730070；

3. 甘肃省干旱生境作物学省部共建国家重点实验室，甘肃　兰州　730070)

　　马铃薯(*Solanum tuberosum* L.)属于茄科茄属一年生草本块茎植物，营养全面、适应性广，是世界第四大重要粮食作物，且是大田作物中唯一的粮菜兼用经济作物。休眠期是马铃薯重要的块茎性状之一，对于马铃薯的栽培、块茎生长、产量以及优良品质后期加工等都极为重要。MicroRNA(miRNA)是一类普遍存在于生物体内的长约 20~24 nt 的非编码小分子 RNA，有典型的颈环状前体二级结构，通过与靶位点特异性结合，以切割降解靶 mRNA 或翻译抑制的方式来调控靶基因的转录后表达。目前，大量文献证明 miRNA 能够基于植物激素信号传导、抗氧化作用、关键转录因子调控等途径参与种子形态建成、物质代谢及各种胁迫响应，在种子休眠与萌发中发挥着重要的调控作用。

　　研究用 miRNA 高通量测序对马铃薯栽培品种"大西洋"块茎休眠解除过程相关的 miRNA 进行了鉴定，以 4 ℃和 22 ℃贮藏条件下休眠块茎(DT)、休眠解除块茎(DRT)和发芽块茎(ST)芽眼处为材料，构建了 18 个小 RNA 文库并进行高通量测序。对 18 个 sRNA 文库测序共获得 286 400 300 条 raw reads。过滤掉含有带接头的、低质量的 reads，最终在 DT、DRT 和 ST 文库中分别获得 91 090 392、89 530 671 和 95 205 228 条高质量序列 clean reads。将小 RNA 测序结果与 miRBase 数据库进行比对，共鉴定出 204 条已知的 miRNA 成熟体序列，其成熟序列长度分布在 21 nt 最多。miRNA 与其他小分子 RNA 之间的主要区别在于其前体可以形成典型的茎环结构，其 3' 端有 2 nt 的悬垂，这是预测新 miRNA 的基础。基于以上特征，研究在 18 个文库中共鉴定出 192 条新 miRNA 成熟体序列，其成熟序列长度分布在 24 nt 最多。

　　用 TargetFinder 软件对马铃薯块茎休眠解除相关 miRNA 进行靶基因预测，共预测到 17 234 个靶基因。为进一步了解这些靶基因的生物功能，对这些靶基因进行了 GO 分析，主要富集在分生组织起始(Meristem initiation，GO：0010014)、信号转导(Signal transduction，GO：0007165)、分生组织维持(Meristem maintenance，GO：0010073)、叶片发育(Leaf development，GO：0048366)等生物过程。KEGG 主要富集在果糖和甘露糖代谢(Fructose and mannose metabolism，ko00051)、乙醛酸和双羧酸代谢(ko00630)、光合作用–

作者简介：刘升燕(1997—)，女，博士研究生，主要从事马铃薯遗传育种研究。

基金项目：国家自然科学基金项目(31560413)。

*通信作者：司怀军，博士，教授，主要从事马铃薯遗传育种研究，e-mail：hjsi@ gsau. edu. cn。

天线蛋白（Photosynthesis‒antenna proteins，ko00196）、真核生物中的核糖体生物合成（Ribosome biogenesis in eukaryotes，ko03008）、柠檬酸循环（Citrate cycle，ko00020）等信号通路。表明在马铃薯块茎休眠解除过程中可能 DNA 复制被激活，代谢活动细胞分裂开始，光合代谢被激活，利用块茎储存物质生产有机物并且储存能量为分化芽的发育提供基础。以上研究结果将为 miRNA 调控马铃薯块茎休眠解除的分子机理研究提供数据支撑，为 miRNA 介导靶基因调控块茎休眠解除的深入研究奠定基础。

关键词：马铃薯；块茎；miRNA；休眠

马铃薯试管苗秋季种植密度对原原种结薯及质量的影响

饶莉萍，邹 雪*，丁 凡，刘丽芳，陈年伟，余韩开宗

（绵阳市农业科学研究院，四川 绵阳 621023）

马铃薯（*Solanum tuberosum* L.）属茄科一年生草本块茎作物，不仅营养丰富而且生育期短，增产潜力大，在全球广泛栽种。由于马铃薯一般用块茎无性繁殖，多代种植后会因病毒积累而退化减产，利用茎尖分生组织培养获得脱去病毒的试管苗，再由试管苗生产原原种、原种和种薯，可以有效提高马铃薯的产量和品质。建立良种繁育体系，原原种生产是其中的关键所在，而试管苗种植密度是影响原原种产量和质量的重要因素之一，种植时根据实际情况适当增加马铃薯试管苗的种植密度，可改善田间光照和小气候条件、提高植物光合强度，使单位面积里的株数和茎数增加，从而获得更为理想的马铃薯产量与质量。除了春季在网棚繁育原原种，在四川平坝区可利用秋季大棚繁育原原种来加快种薯的繁殖速度。秋季日照变短且温度逐渐降低，和春季的光温变化相反，生产中发现马铃薯在秋季网棚的长势没有春季旺盛，结薯不如春季。目前，对原原种生产的研究多集中于春季，缺乏适合四川平坝区域秋季的栽插密度比较。在秋季原原种生产过程中存在单位面积结薯数不高、原原种生产成本较高等问题。

试验选择2个自育品系"M16-12-3"和"M16-14-8"试管苗为材料，于8月底移栽到大棚。基质厢面宽1.8 m。10行1个小区，小区面积2.43 m²，每个处理3次重复。设置如下密度处理：CK，株行距10 cm×15 cm，每窝1株，小区80株，密度约75株/m²；稀栽，株行距20 cm×15 cm，每窝1株，小区90株，密度约37株/m²；增密1倍，株行距5 cm×15 cm，每窝1株，小区360株，密度约150株/m²；增密2倍，即株行距5 cm×15 cm，每窝2株，小区720株，密度约300株/m²。对小区收获薯块分级（小于2 g，2~5 g，大于5 g，5~10 g，大于10 g）、计数、计算效益，同时测定各级别薯块的干率、淀粉、还原糖等指标。

两品系试管苗的结薯能力均明显受种植密度的影响，不同密度下"M16-12-3"总粒数在596.33~1248.33粒，"M16-14-8"总粒数在673.67~1451.67粒，2个材料种植密度为300株/m²时总粒数最多。随着种植密度增大，2品系的总粒数和有效薯粒数均增大；其中"M16-14-8"各处理的有效薯粒数与对照（CK）相比显著增大，各处理有效薯粒数为521.00~992.67粒；而有效薯率呈下降趋势，单株结薯数和单株有效薯数均极显著下降。随着试管苗密度的增加，各级薯块的粒数均上升，在150和300株/m²时达到峰值，并且

作者简介：饶莉萍（1996—），女，实习研究员，从事马铃薯良种繁育研究。

基金项目：四川省科技厅育种攻关项目（2021YFYZ0019）；国家现代农业产业技术体系四川薯类创新团队项目（sccxtd-2022-09）。

*通信作者：邹雪，博士，副研究员，主要从事薯类育种和栽培研究，e-mail：949924210@qq.com。

这 2 个密度下小于 2 g 和 2~5 g 的粒数比例明显高于低密度种植的。小于 3 g 的原原种为无效薯，因为太小在大田中播种遇干旱、霜冻等天气不易存活，所以需选择合适的种植密度，控制无效薯数量。以 0.1 元/株计算种苗成本，3 g 以上为有效薯，2 个材料不同种植密度之间收益差异显著，当试管苗秋季的移栽密度为 150 株/m² 时，利润最大，"M16-12-3"为 162 元/m²，"M16-14-8"为 196 元/m²。当试管苗的密度进一步升高，无效薯同时增加，用苗成本的增加不及所得利润，因而造成利润下降。质量分析结果显示，随薯块重量的增加，2 个材料的干率和淀粉含量均增高，其中有效薯和无效薯之间的差异达到极显著水平，"M16-12-3"和"M16-14-8"的大小薯块干率最大差值分别为 4.71%、4.07%，淀粉差值分别为 4.68%、3.09%。即高级别的原原种质量更好，可为发芽提供更多的营养，直接影响了原原种的发芽势和对干旱、盐胁迫等逆境的适应能力，降低缺苗风险。随薯块重量的增加，"M16-12-3"还原糖含量呈上升趋势，而 2~5 g 的"M16-14-8"还原糖含量大于 5~10 g 的，说明薯块重量对不同马铃薯品种还原糖的影响不尽相同。"M16-12-3"为红皮黄肉红纹，大于 10 g 的薯块与其他级别薯块之间的花青素含量差异不显著，5~10 g 的薯块花青素含量最高。合理密植是马铃薯获得高质量原原种的前提，结合生产成本，秋季选择种植密度为 150 株/m² 利润最大，"M16-12-3"小区结薯数达到 1 247 粒，折合 513 粒/m²，利润为 162 元/m²；"M16-14-8"小区结薯数达到 1 293 粒，折合 532 粒/m²，利润为 196 元/m²。试验结果为秋季原原种生产的种植密度提供参考。

关键词：马铃薯；试管苗；秋季；种植密度；原原种

芽眼注射病毒唑提高马铃薯病毒脱除效率的研究

高彦萍[1,2]*，吕和平[1,2]，张　武[1,2]，梁宏杰[1,2]，吴雁斌[1,2]

(1. 甘肃省农业科学院马铃薯研究所，甘肃　兰州　730070；

2. 甘肃省马铃薯脱毒种薯(种苗)病毒检测及安全评价工程技术研究中心，甘肃　兰州　730070)

马铃薯($Solanum\ tuberosum$ L.)脱毒常用方法主要有茎尖培养脱毒、热处理结合茎尖培养脱毒、化学药剂处理结合茎尖培养脱毒、热处理结合化学药剂处理再结合茎尖培养脱毒、茎尖愈伤组织培养脱毒、低温疗法脱毒等，生产中都获得了一定的脱毒效果。化学药剂处理结合茎尖培养脱毒方法中应用到的化学药剂主要有病毒唑(三氮唑核苷)、DHT(5-二氢尿嘧啶)和 DA-DHT(双乙酰-二氢-5-氮尿嘧啶)等。病毒唑最初是作为抗人体和动物体内病毒的药物被研究和开发出来的，可以阻止病毒核酸的合成，对人和动物体内多种病毒有良好的治疗作用。对于植物病毒，病毒唑不能以合适的浓度达到脱除病毒和植株正常生长的双重效果。在茎尖结合一定浓度病毒唑附加于培养基处理脱毒方法中，病毒唑的主要作用是抑制病毒增殖或移动，即一定浓度的病毒唑抑制病毒 RNA 磷酸盐的合成速率，部分降低病毒的活性状态。试验表明，在快繁培养基中附加利巴韦林，不能脱除病毒；利用茎尖剥离及在茎尖培养基中附加较低浓度的利巴韦林，可提高脱毒率，而且茎尖越小，成活率虽低，但有效提高病毒脱除率，这与国内外学者的研究结果一致。

试验利用病毒唑对病毒的钝化作用，首次采用在马铃薯薯块上直接注射病毒唑方法，即在携带病毒的薯块萌发起始阶段，将一定浓度的病毒唑注射入薯块脐部和芽眼周围，达到钝化病毒和增加分生组织部位的可能无毒区域，从而提高马铃薯病毒脱除效率。

试验(1)病毒唑稀释浓度、注射器针头配合与注射量的筛选。病毒唑稀释浓度设置100，50，25，12.5，6.25，3.25 和 1.625 g/L 共 7 个梯度，针头配合 + 注射量设置5 mL + 1 mL + 0.3 mL、10 mL + 1 mL + 0.6 mL、10 mL + 5 mL + 0.6 mL、20 mL +5 mL + 1 mL 共 4 个处理组合。试验采取二因子随机区组安排。试验品种"陇薯 3 号"，薯块复合感染 PVX + PVS。注射深度是保证将药液注射到维管区域。结果表明，病毒唑浓度高于 25 g/L，注射部位发生坏死或部分坏死，25 g/L 的发芽细弱，低于 6.25 g/L 的发芽正常；针头配合与注射量为 5 mL + 1 mL + 0.3 mL 的处理组合，注射伤口小，可正常发芽。因此，合适的病毒唑浓度 6.25~12.5 g/L、针头配合 + 注射量为 5 mL + 1 mL + 0.3 mL。

试验(2)注射次数筛选试验。设置芽眼中心打针、中心 + 边缘 1 打针、中心 + 边缘1 + 2 打针、中心 + 边缘 1 + 2 + 3 打针共 4 个处理，病毒唑浓度 8 g/L、针头配合 + 注射

作者简介：高彦萍(1971—)，女，副研究员，主要从事马铃薯脱毒种薯繁育与质量控制技术研究。

基金项目：甘肃省农业科学院科研条件建设及成果转化项目(重点研发计划)(2021GAAS28)。

*通信作者：高彦萍，e-mail: gaoyanping@ gsagr. ac. cn。

量用 5 mL + 1 mL + 0.3 mL 组合，试验品种"陇薯 3 号"，薯块复合感染 PVX + PVS。处理外植体 25 株，剥离茎尖大小 0.5 mm。结果表明，4 个处理成苗率在 72% ~ 80%，脱毒率随着打针次数增多而提高，依次为 30.00%、42.10%、50.56%、72.22%。可见，中心 + 边缘 1 + 2 + 3 打针处理脱毒效果最好。

试验(3)携带不同病毒的不同品种薯块脱毒试验。薯块材料 1："费乌瑞它"(兰州红古，一级种薯，PVX)，薯块材料 2："克新 1 号"(兰州榆中，一级种薯，PLRV)，薯块材料 3："陇薯 3 号"(定西渭源，商品薯，PVX + PVS)，薯块材料 4："LK99"(定西安定，商品薯，PVY)，薯块材料 5："陇彩 1 号"(兰州安宁，种质，PVM)。以试验(1)和(2)所选合适病毒唑浓度、针头配合与注射量和注射次数，对上述 1 ~ 5 个马铃薯品种进行病毒唑注射处理脱毒，以空白处理(CK₁，用无菌蒸馏水代替病毒唑溶液)和常规脱毒处理(CK₂)为对照。病毒唑处理和 CK₁ 建立外植体 25 株，剥离茎尖大小 0.4 mm；CK₂ 建立外植体 75 株，剥离茎尖大小 0.2 mm；同一品种病毒唑、CK₁ 和 CK₂ 处理薯块来自同一单株。为了验证脱毒是否彻底，第 1 次病毒检测后扩繁 3 个月，进行第 2 次病毒检测。结果表明，携带不同种类病毒的 5 个品种，病毒唑处理的成苗率 76.0% ~ 92.0%(平均 84.0%)，成苗日数 30 ~ 40 d，脱毒率 60.0% ~ 68.2%(平均 63.8%)，总时间 140 ~ 150 d；CK₁ 的成苗率 80.0% ~ 88.0%，成苗日数 30 ~ 40 d，脱毒率 0 ~ 5.0%，总时间 145 ~ 156 d；CK₂ 的成苗率 10.7% ~ 18.7%(平均 14.9%)，成苗日数 60 ~ 70 d，脱毒率 33.3% ~ 42.9%(平均 39.1%)，总时间 190 ~ 200 d。

综上，芽眼注射病毒唑处理方法，茎尖成苗率较常规的 14.9% 提高到 84.0%，病毒脱除率较常规的 39.1% 提高到 63.8%，大大提高了病毒脱除效率；减少外植体扩繁次数，可节约时间 30 d 左右，同时剥离茎尖大小由 0.2 mm 增大为 0.4 mm，成苗时间由常规的 60 ~ 70 d 缩短到 30 ~ 40 d，从外植体建立到茎尖成苗过程，共节约时间 60 ~ 70 d，大大缩短了脱毒周期。

关键词：马铃薯；病毒唑；茎尖组织培养；病毒脱除

栽 培 生 理

马铃薯绿色优质高效全程机械化栽培技术

李明安，李洪林，包东庆*，柳得山，史朝旭

（北大荒集团黑龙江克山农场有限公司，黑龙江　克山　161621）

摘　要： 北大荒集团黑龙江克山农场的马铃薯生产栽培，经历了半机械化至全程机械化的转变，是垦区最早实现马铃薯种植全程机械化的农场。文章从耕作机械化、播种机械化、田间管理机械化和收获机械化 4 个方面介绍了北大荒集团黑龙江克山农场有限公司马铃薯全程机械化栽培技术。

关键词： 克山农场；机械化；马铃薯；栽培技术

北大荒集团黑龙江克山农场有限公司是北大荒薯业集团种植马铃薯面积最大的农场，年平均种植面积 0.47 万 hm² 左右，场域内现有年产 5 万 t 的淀粉加工厂、1 万 t 全粉加工厂各 1 个，每年需大量的加工原料薯。克山农场的马铃薯生产栽培，经历了半机械化至全程机械化的转变，是垦区最早实现马铃薯种植全程机械化的农场。

马铃薯全程机械化栽培技术是指从播种到收获生产全过程使用农用机械的种植技术，集合了整地、播种、施肥、喷药防病、收获等过程于一体的综合机械化栽培模式，具有省人工、苗齐、节水肥、商品性好等优点。目前，北大荒薯业集团马铃薯种植应用"四优一管"栽培技术已实现了全程机械化作业，从耕作机械化、播种机械化、田间管理机械化和收获机械化 4 个方面对北大荒集团黑龙江克山农场有限公司马铃薯全程机械化栽培技术进行介绍。

1　机械化耕整地

1.1　选地及选茬

选择土质疏松、肥沃、排水通气良好的漫川漫岗地，适于机械化作业，呈微酸性或中性的地块为宜。土质以沙壤土为宜。前茬选择小麦、玉米、谷子等禾谷类作物为宜，且 3 年以上未种植茄科作物和块根类作物的地块，并注意前茬药害，如施用过长效除草剂的地块不宜种植马铃薯[1]。

1.2　测土配方施肥

选好地块后采集土样测定土壤养分含量，根据测土配方结果及马铃薯生长发育及需肥规律制定施肥方案。应用"全程立体化施肥技术"，遵循底肥、追肥、叶面肥相结合，大量元素与中微量元素相结合，有机肥和无机肥相结合的原则确定底肥、追肥、叶面肥的用量。

作者简介：李明安（1965—），男，高级农艺师，研究方向为作物栽培、植保。

*通信作者：包东庆，高级农艺师，研究方向为作物栽培，e-mail：ksnckjk@126.com。

1.3　机械整地

采取秋季深松耕作为宜，旋耕灭茬，重靶靶地，深松浅翻、重耙两遍、轻耙一遍。要求耕作深度为 28~32 cm，深松深度 35~40 cm。起垄时选用动力中耕机为宜，垄底宽 90 cm，垄顶宽 30 cm，垄高 25 cm，起垄要求垄直、垄沟深浅一致。

以秋整地为宜，土壤墒情好时，可进行春整地。可选用雷沃 1SZL-250A 深松联合整地机或沃尔 1GML-350 灭茬旋耕起垄机。要求土壤深松在 40 cm 以上，深翻要求 28~32 cm，深松 35~40 cm，翻伐严密。

2　机械化播种

2.1　种薯选择

选用熟期适宜，高产抗病、丰产性能好的品种，如"垦薯 1 号""尤佳 70""延薯 13 号"等。选用无晚疫病、黑胫病、环腐病等真细菌病害的健康马铃薯块茎作种薯，这是提高马铃薯田出苗率、保证高产的重要基础。种薯级别要求为二级原种或一级良种，不能使用发芽过长和多次掰芽导致失水萎蔫的老龄薯块茎作种薯。种薯质量应符合 GB 18133[2] 的要求。

2.2　困种催芽

播种前 5~7 d 将种薯置于 15~20 ℃的室内或室外，种薯平铺开，高度在 80 cm 较为适宜。用遮阴网或草帘子遮盖，尤其下午要避免阳光直射，置于散射光下催芽，每隔 3 d 翻动 1 次，芽长达到 0.5 cm 时可进行切种。

2.3　种薯切块、拌种

种薯切块大小 50 g 左右，切块时从尾部开始，发现因感染环腐病菌或枯萎病菌导致的维管束环变色，及时进行切刀消毒。一般使用 0.1%高锰酸钾或者 1/200 漂白粉进行消毒工作。

切种后等到溃疡面稍微阴干后用生物拌种剂进行拌种，每 100 kg 种薯使用生物拌种剂 1 kg，比例为 100∶1，拌种剂洒在薯块上用袋子翻滚或铁锹翻均匀，直到每个薯块表面沾匀拌种剂，特别是切面。拌种 2 d 后即可开始播种。

2.4　机械播种

春季适时播种，一般 10 cm 深土壤温度稳定通过 7~8 ℃时[3]（连续 5 d 以上），即可播种。

选择开沟、施肥、播种、覆土（镇压）等多项作业一次完成的播种机，采用马铃薯双行或四行播种机，垄上单行（或双行）播种，开始播种前要进行一定距离的试播。首先把机具调到水平状态，种箱内加入种薯块，肥箱内加入化肥，施肥量约为总用肥量的 70%。为防治黑痣病等土传病害，可在播种机械上加装沟施装置，在播种机开沟后覆土前位置加装喷头，沟施生物制剂防病。

2.4.1　播种时间

10 cm 深的土壤温度连续 5 d 以上稳定通过 7~8 ℃时，即可播种。克山农场一般在 4 月 25 日开始播种，到 5 月 10 日为止，这是克山农场马铃薯获得高产的适宜播期。

2.4.2 播种深度

正常播种深度为 8~10 cm，墒情好的年份宜浅播，播种深度约 6~8 cm；墒情差的年份，播种深度为 10~12 cm。

2.4.3 播种密度

播种行距为 90 cm，早熟品种株距为 15~17 cm，中晚熟品种株距为 16~18 cm。一般早熟品种保苗 60 000~70 000 株/hm²，中晚熟品种保苗 50 000~60 000 株/hm²。

3 田间管理机械化

3.1 动力中耕机械化

北大荒集团黑龙江克山农场有限公司于 2015 年率先与黑龙江八一农垦大学马铃薯研究所开展了黑土地马铃薯动力中耕技术的试验示范，并在试验示范的基础上，改装了动力中耕机械，增加了追肥装置，使动力中耕作业更加有利于马铃薯的生产发育。采用动力中耕机在出苗之前进行一次动力中耕作业，并同时追肥，追肥量约为总用肥量的 30%。该机械可将大土块粉碎后抛到垄台上，避免出现大土块。动力中耕技术集中耕、追肥、除草作用为一体，动力中耕全生育期只进行一次，之后不再进行中耕。

3.2 除草机械化

动力中耕后进行封闭除草，封闭除草剂一般用异丙甲草胺 + 嗪草酮。出苗后，当植株不超过 10 cm 时，视田间杂草情况进行苗后除草，苗后除草剂用砜·喹·嗪草酮[4]。喷药机械采用背负式喷药机或专门的大型喷药机械进行。

3.3 植保机械化

植保机械一般采用专门的喷药机械，要求雾化效果好、底盘高，减少机械对植株的损伤。可运用"药肥一体化"技术在植保作业中将防病药剂与叶面肥同时喷施，常用保护性和治疗性药剂有代森锰锌、烯酰吗啉等[5]。

4 机械化收获

4.1 机械杀秧与收获前准备

收获前 10~15 d，利用马铃薯杀秧机进行机械杀秧，促进薯皮老化，植株过旺时可先进行 1 次化学杀秧再进行机械杀秧。收获机械提前检修，调整好挖掘铲入土深度等收获参数。

4.2 适时机械收获

收获机械采用马铃薯联合收获机，一次完成起收、去土、上车，减少人工用量，若土壤条件黏重或机械动力不足无法用联合收获机直接采收时，可采用"二次收获"的方式，先进行 1 次普通起收，将薯块起收至地表，然后用联合收获机起收上车。

[参 考 文 献]

[1] 金光辉,姜丽丽,李玉成.黑龙江垦区马铃薯"四优一管"高产栽培技术 [C]//屈冬玉,陈伊里. 马铃薯产业与现代可

持续农业. 哈尔滨: 哈尔滨地图出版社, 2015.

[2] 中华人民共和国国家标准化管理委员会, 中华人民共和国国家质量监督检验检疫总局. GB 18133—2012 马铃薯种薯 [S]. 北京: 中国标准出版社, 2012.

[3] 唐浩. 黑龙江西部垦区马铃薯化肥农药减施增效绿色高产栽培技术探析 [J]. 基层农技推广, 2020, 8(7): 121-123.

[4] 牛若超, 孙继英, 孔德崴. 马铃薯绿色轻简化栽培技术 [J]. 中国马铃薯, 2020, 34(3): 147-149.

[5] 金光辉, 孙秀梅, 冯晓辉, 等. 黑龙江垦区马铃薯大垄双行密植高产栽培技术 [J]. 中国马铃薯, 2013, 27(1): 31-33.

云南马铃薯主栽品种多效唑控徒长试验

徐宁生[1,2]，潘哲超[1,2]，张 磊[1,2]，王 颖[1,2]，隋启君[1,2]*

(1. 云南省农业科学院经济作物研究所，云南 昆明 650200；

2. 农业部云贵高原马铃薯与油菜科学观测实验站，云南 昆明 650200)

摘 要：农作物要获得理想的产量，充足的肥料不可或缺，马铃薯也不例外。但是，较高的肥料使用量，常发生徒长而导致减产，故控徒长是马铃薯重要的高产栽培技术措施之一。2019 年对"云薯 105""云薯 108""云薯 110""云薯 202""云薯 505""云薯 506""云薯 702""合作88""青薯 9 号"9 个云南主栽品种，进行多效唑控徒长试验。试验结果表明，"云薯 702""合作88""青薯 9 号""云薯 105""云薯 108""云薯 202"多效唑处理有增产效果，没有品种出现减产（"云薯 202"多效唑 2 次处理除外），"云薯 105""云薯 202""云薯 702"多效唑处理有效提高商品薯率。多效唑处理对马铃薯有增产效果，不同品种的增产幅度有所不同。增产的原因是相应降低了地上植株营养物质消耗，使光合产物迅速向地下块茎输送。

关键词：马铃薯；主栽品种；多效唑；控徒长

云南省马铃薯产量极量攻关，屡创佳绩。云南省农业科学院经济作物研究所选育的品种"云薯 108"，分别在 2019，2020 和 2021 年创造了 5.6，6.0 和 6.4 t/667 m² 的新记录[1-3]。产量的增加，离不开肥料的合理使用。每生产 1 000 kg 新鲜的马铃薯需吸收氮（N）5~6 kg，磷（P$_2$O$_5$）1~3 kg，钾（K$_2$O）12~13 kg[4]。但较高的肥料投入，会导致马铃薯徒长而减产[5]，故马铃薯生产上，使用多效唑控制徒长[6-8]。已发表的文献多集中于单个品种的研究，2019 年对云南省 9 个主栽品种进行控徒长试验，以期为推广提供理论参考。

1 材料与方法

1.1 供试材料

"云薯 105""云薯 108""云薯 110""云薯 202""云薯 505""云薯 506""云薯 702""合作88""青薯 9 号"9 个品种。种薯来自云南省农业科学院经济作物研究所的会泽繁种基地。

1.2 试验区概况

田间试验设在会泽县待补镇野马村的云南省农业科学院经济作物研究所的繁种基地。地理位置 N 26°06′44.86″，E 103°21′08.98″，海拔 2 654 m。所在的会泽县为云南省大春马铃薯生产的典型生产区，种植面积达 5.3 万 hm²。

作者简介：徐宁生(1965—)，男，硕士，研究员，从事马铃薯栽培研究。

基金项目：国家马铃薯产业技术体系（CARS-09-P03）；云南省重点研发计划（202102AE090019）；云南省创新引导与科技型企业培育计划（202104BI090002）。

*通信作者：隋启君，研究员，主要从事马铃薯研究，e-mail：zhechaopan@163.com。

1.3 试验设计与方法

前茬作物为玉米，地势平坦整齐且土壤肥力均匀。试验地肥力较高（表1）。

表1 试验地土壤理化性质

pH 值（水土比 = 2.5∶1）	有机质（g/kg）	水解性氮（N）（mg/kg）	有效磷（P）（mg/kg）	速效钾（K）（mg/kg）	交换性钙（Ca）（mg/kg）	交换性镁（Mg）（mg/kg）	有效硼（B）（mg/kg）
5.02	101.89	232.99	31.13	180.89	1101.59	230.11	0.59

试验设2个处理，分别为多效唑处理1次和多效唑处理2次，对照喷清水。随机区组设计，4次重复。每个小区4垄，行距0.7 cm，小区长4.75 m，小区面积13.3 m^2。

采用当地的马铃薯栽培种植模式，单行平播后起垄。小种薯播种，垄宽0.70 m，株距0.25 m，种植密度4 000株/667 m^2。

3月10日播种，基肥（N∶P∶K = 15∶15∶15）100 kg/667 m^2，5月4日用砜嘧磺隆5 g/16 L喷雾防治杂草，6月14日追肥，尿素60 kg/667 m^2，普钙50 kg/667 m^2，硫酸钾50 kg/667 m^2。6次打药防治晚疫病：7月15日双炔酰菌胺（浓度为20 mL/20 L），7月22日双炔酰菌胺（浓度为20 mL/20 L），7月30日氟菌·霜霉威（浓度为40 mL/20 L），8月9日氟噻唑吡乙酮（浓度为7.5 mL/20 L），8月15日氟菌·霜霉威（浓度为40 mL/20 L），8月22日氟噻唑吡乙酮（浓度为7.5 mL/20 L，并补充硫酸镁20 g/20 L、磷酸二氢钾20 g/20 L，尿素150 g/20 L）。7月22日多效唑第1次处理；7月30日多效唑第2次处理。多效唑浓度100 mg/L，处理药剂量为50 L/667m^2。10月12日收获。

1.4 数据采集及分析

记录不同处理马铃薯苗期、现蕾期、开花期、成熟期，叶面积指数，株高和主茎数等、晚疫病发病情况。叶绿素相对含量的测定采用PAD-502 Plus型手持式叶绿素仪（日本Konica minolta公司产品），该仪器可以快速、无损的测量叶片中的叶绿素含量。每处理选取代表其生长势的马铃薯植株5株，每株取功能叶片（倒4叶），测量SPAD值[9]，测量日期为8月2日。在8月21日每处理小区随机采集健壮和长势一致的马铃薯植株6株，调查株高等农艺性状。收获时实际测量每小区的大、中、小薯个数和重量数据用DPS数据分析系统分析，采用新复极差法检测差异，采用Microsoft Excel 2007绘制图表。

2 结果与分析

2.1 多效挫处理对株高、产量的影响

多效唑处理后，除"云薯505""云薯506"外，其余品种株高均较对照显著降低。

"云薯506"处理与对照植株株高差异不显著，且处于较高水平，显示可能处理时间偏晚，徒长已经形成；"云薯505"徒长不明显，对照株高65.4 cm，没有超过70 cm，与多效唑1次处理的株高差异不显著，与多效唑2次处理的株高差异极显著。

产量方面，"云薯105""云薯108""云薯202"2次多效唑处理，产量较对照增加或减少显著，1次处理较对照增加不显著；"云薯702""合作88""青薯9号"多效唑2次处理和

1次处理均较对照显著增产;"云薯110""云薯505""云薯506"处理较对照增产不显著,但也没有减产。"云薯505"徒长不明显,"云薯506"处理时间偏晚,"云薯110"不增产的原因还需研究。

"云薯105""云薯202"多效唑1次处理和2次处理的商品薯率均较对照显著提高;"云薯108""云薯110""云薯505""云薯506""合作88""青薯9号"处理商品薯率较对照差异不显著;"云薯702"2次多效唑处理商品薯率较对照显著提高,1次处理商品薯率与对照差异不显著。

多效唑处理,控徒长效果明显,增产的效果因品种而异,但没有品种出现减产("云薯202"多效唑2次处理除外)(表2)。

表2 多效唑处理对株高、产量的影响

品种	处理	株高 (cm)	小区产量 (kg/13.3 m²)	折合产量 (kg/667 m²)	商品薯率 (%)
云薯105	1次多效唑	66.4 bB	66.7 abA	3 344	91.0 aA
	2次多效唑	60.2 bB	68.6 aA	3 439	91.3 aA
	对照	80.0 aA	53.1 bA	2 662	85.3 bA
云薯108	1次多效唑	80.4 bB	69.0 abA	3 459	87.8 aA
	2次多效唑	69.4 cC	84.9 aA	4 256	88.9 aA
	对照	104.6 aA	55.2 bA	2 767	89.8 aA
云薯110	1次多效唑	70.0 bB	80.3 aA	4 025	90.9 aA
	2次多效唑	68.2 bB	80.1 aA	4 015	89.3 aA
	对照	115.4 aA	82.3 aA	4 126	85.3 aA
云薯202	1次多效唑	94.4 bB	88.3 aA	4 426	82.9 aA
	2次多效唑	72.4 cC	64.2 bB	3 218	84.3 aA
	对照	127.2 aA	87.3 aA	4 376	74.9 bA
云薯505	1次多效唑	59.2 aAB	62.0 aA	3 108	88.1 aA
	2次多效唑	46.2 bB	54.1 aA	2 712	86.6 aA
	对照	65.4 aA	50.1 aA	2 511	80.3 aA
云薯506	1次多效唑	86.6 aA	65.7 aA	3 293	84.1 aA
	2次多效唑	80.8 aA	54.1 aA	2 712	82.8 aA
	对照	80.8 aA	50.1 aA	2 511	81.9 aA
云薯702	1次多效唑	82.0 bB	71.6 bA	3 589	67.4 abA
	2次多效唑	76.4 bB	83.4 aA	4 181	72.1 aA
	对照	107.6 aA	53.3 cB	2 672	58.2 bA

品种	处理	株高 （cm）	小区产量 （kg/13.3 m²）	折合产量 （kg/667 m²）	商品薯率 （%）
合作 88	1 次多效唑	85.6 bB	66.6 aA	3 339	85.3 aA
	2 次多效唑	47.4 cC	61.3 aA	3 073	86.2 aA
	对照	108.8 aA	45.8 bA	2 296	88.7 aA
青薯 9 号	1 次多效唑	77.2 bB	84.4 aA	4 231	88.9 aA
	2 次多效唑	60.2 cC	82.0 aA	4 111	88.0 aA
	对照	94.8 aA	60.4 bB	3 028	86.8 aA

注：同一品种不同处理不同小写和大写字母分别表示 0.05 和 0.01 水平显著，下同。

2.2 多效唑处理对叶绿色含量的影响

多效唑处理后，SPAD 值增加（"云薯 506"除外），这与观察到的叶色变深是一致的。但不同的品种，增加的幅度并不一致。有的品种，增加的幅度很高。SPAD 增加幅度与产量增加幅度没有明显的相关性（表 3）。

表 3　多效唑处理对叶绿色含量的影响

品种	SPAD		多效唑处理后 SPAD 增幅	多效唑处理产量增幅
	对照	多效唑处理	（%）	（%）
云薯 105	44.5 cdBC	54.5 bAB	6.68	25.6
云薯 108	51.5 aA	51.8 bBC	7.02	53.8
云薯 110	48.6 abAB	52.3 bB	15.65	-2.4
云薯 202	45.2 bcdBC	54.7 bAB	25.76	1.1
云薯 505	47.8 abcABC	61.0 aA	39.72	23.8
云薯 506	43.7 dBC	42.8 cD	-2.48	31.1
云薯 702	43.4 dBC	53.6 bB	9.89	34.3
合作 88	48.1 abcABC	50.9 bBC	9.35	45.4
青薯 9 号	46.7 bcdABC	45.1 cCD	1.20	39.7

3　讨　论

已发表的文献多集中于单个品种的研究。熊路等[10]用"大西洋""费乌瑞它"2 个品种进行多效唑的控徒长研究，得出不同品种对多效唑处理反应不同的结论。本试验用"云薯 105""云薯 108""云薯 110""云薯 202""云薯 505""云薯 506""云薯 702""合作 88""青薯 9 号"9 个云南省主栽品种试验，也得出类似的结论。这表明，利用多效唑对新品种进行控徒长处理，必须进行小面积试验，有确切的效果再大面积推广应用，比较妥当。

有的研究者用的浓度较大，喷施浓度达 5.8 g/L，有的更高达 6.25 g/L[8,11]，本试验处理浓度为 100 mg/L。较多的研究者使用浓度为 300 mg/L 以下[7,12]，本试验认为这种处理比较稳妥。

多效唑一般使用的是 15% 的可湿性粉剂，本试验 100 mg/L 的浓度，是指 1 L 里含纯的多效唑 100 mg，如果用 15% 的可湿性粉剂来配制，需称量 666.7 mg 的粉剂。

药液量也很重要。试验中曾有的事例，配制的药液一般为 20 L，试验小区处理完后还剩一些，为不"浪费"，将剩余的药液全部喷在某些小区内，结果造成严重倒伏，故掌握合适的喷药量很重要[13]。喷药量为 50 L/667 m² 的药液。

处理时期也值得注意。同样的时间，对"云薯 105"等大部分品种合适，但对"云薯 506"相对较晚，处理后达不到控徒长的效果。当然也不能太早，太早覆盖度不够，也会造成减产。一般地说，大春马铃薯以控制株高在 70 cm 以下为宜。

有的研究结果指出，处理时间如果较晚，徒长已经形成，效果就不明显；喷施过早，植株未形成足够的营养体，光合面积不足，容易早衰而导致减产[14]，本试验结果支持这一观点。

多效唑处理，增产与叶绿色含量增加关系不大。一些研究表明，喷施多效唑有利于增加叶片中的叶绿素含量、提高光合速率，增加薯块产量[8,15]，但本试验研究结果有所不同。SPAD 值与叶绿素含量的线性关系[16]，本试验结果显示，SPAD 增加幅度与产量增加幅度没有明显的相关性。故倾向于认为，马铃薯喷施多效唑后，顶端生长受到抑制，相应降低了地上植株营养物质消耗，使光合产物迅速向地下块茎输送，促进块茎迅速膨大，故而提高产量[17]。

[参 考 文 献]

[1] 陈云芬. 亩产 5634.3 千克! "云薯 108" 创云南马铃薯最高产量 [EB/OL]. (2019-11-03) [2022-03-22]. http://society. yunnan. cn/system/2019/11/03/030510504. shtml.

[2] 莫娟, 张薇. 马铃薯新品种"云薯 108"亩产 6.015 吨, 昭通马铃薯创下云南新纪录 [EB/OL]. (2020-10-30) [2022-03-22]. https://www. ztnews. net/article/show-355295. html.

[3] 杨静. "云薯 108"产量实现新突破 亩产超过 6.4 吨 [EB/OL]. (2021-11-18) [2022-03-22]. http://yn. news. cn/reporter/2021/11/18/c_ 1310317893. htm.

[4] 中华人民共和国农业行业标准. NY/T 5222—2004 无公害食品 马铃薯生产技术规程 [S]. 北京: 中国标准出版社, 2004.

[5] 徐宁生. 马铃薯栽培技术 [M]. 昆明: 云南科技出版社, 2018: 75-76.

[6] 赵同寅, 郑爱宁, 石萍, 等. 多效唑对马铃薯的增产作用及其生理效应 [J]. 华北农学报, 1990, 5(1): 64-67.

[7] 吕周林, 张伟梅, 姚宏. 南方旱地多熟间套作马铃薯喷施多效唑的增产效果试验 [J]. 中国马铃薯, 2005, 19(6): 345-347.

[8] 鲁喜荣, 胡金锁. 多效唑对晋薯 7 号马铃薯的调控作用 [J]. 中国马铃薯, 2006, 20(3): 168-169.

[9] Li L, Qin Y L, Liu Y C, et al. Leaf positions of potato suitable for determination of nitrogen content with a SPAD meter [J]. Plant Production Science, 2012, 15(4): 317-322.

[10] 熊路, 陈传安, 雷志祥, 等. 不同浓度多效唑处理对马铃薯农艺性状及产量效益的影响 [J]. 农村经济与科技, 2017, 28(3): 58-60.

[11] 余凯凯, 姚满生, 高虹, 等. 不同生育期喷施多效唑对马铃薯产量及品质的影响 [J]. 安徽农业科学, 2014, 42(26): 8 904-8 906.

[12] 董道峰, 陈广侠, 马蕾, 等. 氮肥与多效唑促控结合对马铃薯生理特性及产量的影响 [J]. 山东农业科学, 2015, 47(7): 62-67, 73.

[13] 颜学明, 吴承金, 沈艳芬, 等. 多效唑对鄂马铃薯13重要性状的影响 [J]. 湖北农业科学, 2016, 55(3): 567-568, 574.

[14] 纳添仓. 多效唑对马铃薯促控的增产作用 [J]. 中国马铃薯, 2004, 18(2): 108-109.

[15] 盛敏智, 沈岳清, 盛亚红, 等. 多效唑促进马铃薯块茎膨大的生理作用 [J]. 上海农业学报, 1991, 7(1): 69-73.

[16] Vos J, Bom M. Hand-held chlorophyll meter: a promising tool to assess the nitrogen status of potato foliage [J]. Potato Research, 1993, 36(4): 301-308.

[17] 吕忠恕, 王保民, 王邦锡. 矮壮素(CCC)对马铃薯块茎产量及同化产物分配的影响 [J]. 作物学报, 1981, 6(3): 189-194.

马铃薯优质安全绿色增效综合生产技术探究

张志成[1,2]，林团荣[1]，王　丹[3]，王　真[1]，王玉凤[1]，王　伟[1]，谢　锐[4]，
范龙秋[1]，黄文娟[1]，焦欣磊[1]，王懿茜[1]，尹玉和[1*]

(1. 乌兰察布市农林科学研究所，内蒙古　乌兰察布　012000；
2. 内蒙古农业大学，内蒙古　呼和浩特　010000；
3. 集宁师范学院，内蒙古　集宁　012000；
4. 内蒙古农牧业科学院，内蒙古　呼和浩特　010000)

摘　要：内蒙古自治区生态类型多，气候干旱冷凉，光照充足，是马铃薯优势产区，种植模式多样，集约化种植程度高，但连作障碍突出，施药技术与马铃薯病虫害发生与防控需求不匹配，马铃薯养分供应需求不平衡，缺乏适宜的施肥施药推荐方法及与该区相配套的化肥农药减施增效技术的有效集成，化肥农药过量施用，导致土壤退化严重，药肥利用率低，黑痣病、疮痂病、枯萎病等土传病害严重，晚疫病等气传病害抗药性频发及马铃薯品质下降。因此，加强马铃薯技术集成是内蒙古自治区实现化肥和农药减施增效的关键。

关键词：马铃薯；优质；生产技术；绿色；增效

内蒙古自治区是中国主要的马铃薯种薯和商品薯基地，种植面积和总产量均居全国前列。近年来内蒙古自治区马铃薯在长时间的发展过程中，生产者不断追求产量，追求经济效益至上，而忽略了从科学的高度对农业绿色发展的认识，在发展的过程中产生了许多制约性问题。以优质安全为目标，以市场为导向，通过优质高抗高产品种引进筛选、水肥一体精准施肥技术、病虫害绿色综合防控等技术，形成马铃薯优质安全绿色增效综合生产技术，探索内蒙古自治区当前面临的马铃薯生产问题的最优解决方案，建立起科学、规范综合技术生产模式，为马铃薯高效增产和绿色增效提供技术保障，对推动内蒙古自治区马铃薯种业科技创新和现代产业绿色高质量发展意义重大。现将马铃薯优质安全综合生产技术总结如下，仅供参考。

1　产地选择

马铃薯生产基地应选择气候干旱冷凉，光照充足，土壤深厚，土质肥沃，有机质含量高，微酸性或者中性壤土或砂壤土，交通便利的区域进行种植。

作者简介：张志成(1988—)，男，博士，助理研究员，主要从事马铃薯遗传育种技术的研究工作。
基金项目：现代农业产业技术体系(CARS-09-ES05)；内蒙古自治区科技重大专项(2021SZD0026)；内蒙古自治区马铃薯种业技术创新中心项目；内蒙古自治区科技计划项目(2021GG0357)；乌兰察布市关键技术攻关项目(2021GJ203)。
*通信作者：尹玉和，研究员，主要从事马铃薯育种、栽培工作，e-mail：wlcbsyyh@163.com。

2 整体要求

2.1 整 地

在前茬禾本科作物收获后及早进行深耕，耕层约为 30~40 cm，耕后耙耱，若由于天气或其他特殊情况地块不能及时进行秋耕，则在第 2 年播前 20 d 左右耕翻地，耕后使用动力耙耙平。

2.2 施 肥

结合深翻整地，施入农家肥 3~5 m³/667 m² 或微生物菌肥 80~100 kg/667 m²、硫酸钾型复合肥(N : P₂O₅ : K₂O = 12 : 19 : 16)60 kg/667 m² 作基肥。

3 种薯要求

3.1 精选种薯

选用适宜自治区种植的抗旱、抗病、高产、稳产、市场适销的中薯、荷兰、希森、华颂等系列马铃薯品种。选择薯形规整、薯皮光滑、无病虫害、无冻伤、无畸形、色泽鲜嫩优质马铃薯脱毒种薯。

3.2 种薯处理

播前 15 d 左右种薯出窖摊放在温暖向阳的室内，晒种催芽，芽长 2~4 mm(切勿超过 5 mm)立即见光通风，条件允许可降温至 8 ℃，等待切种。

一般在播种前 2~3 d 进行切种，大小以 35~50 g 为宜，若种植面积较大，应随种随切，切刀用 75% 酒精或 0.5% 高锰酸钾溶液进行消毒，酒精应不定时测量，保证 75% 酒精纯度，切块时场所最佳温度为 10~15 ℃，相对湿度 85%，利于伤口愈合，尽可能利用马铃薯顶端优势。

3.3 拌 种

种薯切块后用 70% 甲基硫菌灵粉剂 : 滑石粉 = 4 kg : 100 kg 的混合剂拌种 1 000 kg 种薯，均匀且完全地将拌种剂附着到薯块表面，或用氟唑菌苯胺 300 mL 兑水 12 L 拌种机拌种 2 000 kg，拌种要均匀一致，一定要等薯块晾干后再装包。

4 播种技术

抢墒播种，待 10 cm 地温稳定高于 8~10 ℃ 即可播种，内蒙古自治区播种时间通常为 4 月 25 日至 5 月 15 日。播种深度一般为 8~12 cm，种块应进入湿润土层内。保温、保湿能力好的土壤宜浅 8~10 cm；保温、保湿能力差的沙性土壤宜深 10~12 cm；依据品种特性、土壤类型、气候条件等确定种植密度，一般早熟品种 3 800~4 000 株/667 m²，中晚熟品种 3 500~3 800 株/667 m²。

5 田间管理

5.1 中耕培土

马铃薯整个生育期一般中耕 2 次，当出苗率达到 5% 左右时开始第 1 次中耕，在马铃薯出苗率 30% 以前完成，或芽距离地表面 3～5 cm 进行第 1 次中耕，顶部培土厚度 3～5 cm，中耕时增施硫酸钾型复合肥(N：P$_2$O$_5$：K$_2$O = 12：18：15)40 kg/667 m^2。当植株生长到 15～20 cm 时，进行第 2 次中耕，中耕可消灭杂草，松土保墒，提高地温。

5.2 灌水

马铃薯整个生育期需水量较大，在优质高效的前提下，应满足充足的水分，一般滴灌水量标准为田间持水量在 65%～80%。当田间持水量<65%时，马铃薯植株表现出缺水症状需及时滴灌补水；当田间持水量>80%时，需停止滴灌。马铃薯块茎播种后应滴出苗水 1 次，保证植株长势一致。现蕾期开始周期性的滴水，间隔 5～8 d 滴水 1 次，收获前 15～20 d 停止灌水，滴水周期控制在 7～10 d。全生育期滴水 10～13 次，滴水总量 180～220 m^3/667 m^2，每次滴水 15～20 m^3/667 m^2。

5.3 滴灌追肥

结合高垄滴灌技术，依据马铃薯不同生育期的需水特性，苗后滴水追肥量如下：

第 2 次滴水，尿素 5 kg/667 m^2；

第 3 次滴水，尿素 3 kg/667 m^2 + 硝酸钙镁 5 kg/667 m^2；

第 4 次滴水，尿素 2 kg/667 m^2 + 硝酸钙镁 3 kg/667 m^2 + 磷酸一铵 5 kg/667 m^2；

第 5 次滴水，磷酸一铵 8 kg/667 m^2；

第 6 次滴水，硝酸钾 5 kg/667 m^2，用 200 g/667 m^2 磷酸二氢钾配合喷施；

第 7 次滴水，硝酸钾 5 kg/667 m^2 + 微量元素肥 200 g/667 m^2，配合叶面喷施。

第 8 次滴水，硝酸钾 5 kg/667 m^2 + 微量元素肥 200 g/667 m^2；

第 9 次滴水，尿素 2 kg/667 m^2 + 硫酸钾 5 kg/667 m^2 + 微量元素肥 200 g/667 m^2；

第 10 次滴水，尿素 2 kg/667 m^2 + 硫酸钾 5 kg/667 m^2；

第 11 次滴水，尿素 3 kg/667 m^2 + 硫酸钾 3 kg/667 m^2。

6 病虫害防治

化学除草：中耕后用二甲戊灵封闭处理土壤，苗期使用马铃薯专用除草剂防治杂草，专用除草剂使用时间为杂草长到 2 叶 1 心或 3 叶 1 心时的幼苗期最适宜。

初花期开始喷施第一遍药，以后每隔 7～10 d 喷一遍药，药剂可选择 80% 代森锰锌可湿性粉剂、58% 甲霜灵锰锌、53% 精甲霜灵、50% 烯酰吗啉可湿性粉剂、75% 氟菌·霜霉威等药剂交替使用。晚疫病发生与气温和湿度有关，当空气湿度为 95% 以上，气温在 15～20 ℃ 极易发生晚疫病，因此必须要加强田间管理，防止晚疫病的发生。

7 杀秧

马铃薯收获前 10～15 d 停止灌水，然后组织工人拔出滴灌带、拆卸主管道，收回库房，准备第 2 年使用。收获前 1 周，用马铃薯秸秆粉碎机杀秧，杀秧时要调整好杀秧机高度，以免地上留茬太高或者损伤马铃薯。

8 收获、贮藏

杀秧后采用双行马铃薯收获机收获，收获装袋后及时运输，防止日光灼伤，产生青头造成损失。早熟品种 8 月 25 日左右, 中熟品种 9 月 5 日左右, 乌兰察布市收获一般在 9 月 26 日前结束, 否则可能发生冻害。

收获后的马铃薯应及时入窖贮存, 应根据储量的大小确定马铃薯堆高, 一般堆高不超过 3 m。入窖时淘汰病薯、烂薯, 提前 5~7 d 使用福尔马林溶液对贮藏窖进行消杀灭菌, 贮藏窖温度为 2~4 ℃, 湿度保持在 80% 左右。

9 注意事项

(1) 切种时剔除杂薯、病薯, 避免后期影响马铃薯产量及品质。

(2) 薯块拌药后一定要在通风处晾干, 严禁阳光晒种。

(3) 在马铃薯中耕过程中, 需要时刻检查幼苗是否位于整个垄的中心位置, 避免出现"偏垄"现象。

(4) 打药时间应该在上午 10:00 之前和下午 16:00 以后, 同时应关注天气变化情况。

(5) 机械杀秧时, 要调整好杀秧高度, 保证马铃薯不被损害, 同时要保证杀秧后高度适中, 确保收获时方便。

(6) 收获前根据土壤情况确定停水时间, 确保马铃薯薯皮老化, 减少机械损伤。

(7) 收获时必须掌握好收获时间, 尽量避开中午前后的高温和阳光暴晒。

中型半地下式节能保鲜贮藏库建造及仓储保鲜技术

王玉凤，王　真，林团荣，焦欣磊，王　伟，

谭桂莲，韩素娥，韩万军，张志成，尹玉和*

（乌兰察布市农林科学研究所，内蒙古　乌兰察布　012000）

摘　要：马铃薯是乌兰察布市主要的经济作物，鲜薯产量常年稳定在 350 万 t 左右。受限于气候特点及市场因素，马铃薯贮藏成为乌兰察布市马铃薯产业链延伸的重要环节。由于当地马铃薯贮藏损失率极高，严重阻碍了马铃薯产业的发展。中型半地下式节能保鲜贮藏库建库及仓储保鲜技术适用于大多数种植户，该技术的推广与应用将改变当地马铃薯仓储现状，提高乌兰察布市马铃薯仓储技术，保证马铃薯贮藏质量，提高效益，推动马铃薯产业健康发展。现就该技术进行介绍。

关键词：马铃薯；贮藏；仓储保鲜

马铃薯产业是乌兰察布市的特色优势产业之一，全市马铃薯种植面积常年稳定在 20 万 hm² 左右，其中 2020 年乌兰察布市马铃薯播种植面积 20.4 万 hm²，鲜薯产量 350 万 t[1]。由于乌兰察布市冬季时间较长，天气寒冷，马铃薯产量巨大但不能及时销售，加之当地加工业不能消化掉所有的马铃薯产品，马铃薯贮藏作为产业链延伸的一个极其重要环节，在贮藏期间如能选择较好的贮藏条件和贮藏方式，对延长马铃薯的保鲜贮藏期十分重要[2]。通过贮藏，可以调节鲜薯的供应期，延长加工原料薯的加工利用时间实现增值。通过贮藏还可以调整马铃薯的生理特性[3,4]。据报道，中国 70%～75% 以上的马铃薯用于鲜食和饲用，或加工成粉条及淀粉，每年由于贮藏不当造成的损失占 15%～25%[5,6]，贮藏损失巨大。

近年来，乌兰察布市马铃薯贮藏设施有了一定的发展，但仍存在建造不合理、存贮技术落后、贮藏不规范、管理不到位、利用率不高、损失率高等特点。据调查，大部分种植户、合作社的贮藏库无通风孔，库门既是入库口又是通气口。有些贮藏库选址不当，容易出现冻库。有的库建造得太浅，顶部覆土薄，薯堆上部接近冻层，易造成冻库。一些企业所建造的大型仓储库，能耗较高，修建成本大，不适合大户及农户使用。乌兰察布市马铃薯贮藏设施的容量不能满足当前的生产规模要求，贮藏技术不能满足当前对原料质量的高标准要求。为了进一步改变当地马铃薯仓储技术现状，乌兰察布市农林科学研究所在国家马铃薯产业技术体系、乌兰察布市委政府的支持下，通过多年努力，研发了一套适合当地广大种植户使用的中型半地下式节能保鲜贮藏库及仓储保鲜技术，就该技术作以介绍，开

作者简介：王玉凤（1986—），女，农艺师，主要从事马铃薯病虫害防治及仓储保鲜工作。

基金项目：国家马铃薯产业技术体系（CARS-09-ES05）；乌兰察布市科技成果转化项目。

*通信作者：尹玉和，研究员，主要从事马铃薯育种、栽培工作，e-mail：wlcbsyyh@163.com。

展乌兰察布市马铃薯仓储保鲜技术推广与利用，以期解决当前马铃薯产业发展与贮藏技术落后的矛盾，提高当地马铃薯产业经济效益，推动马铃薯产业快速发展。

1 中型半地下式节能保鲜贮藏库建造技术

该类型贮藏库适用于农业合作社、种植基地、种植大户等。库的适宜深度为 3.0～3.5 m，沟通地气，不致受冻；长度选择为 15～20 m，高度为 3～3.5 m，宽度为 3.5～4 m（图 1、图 2）。

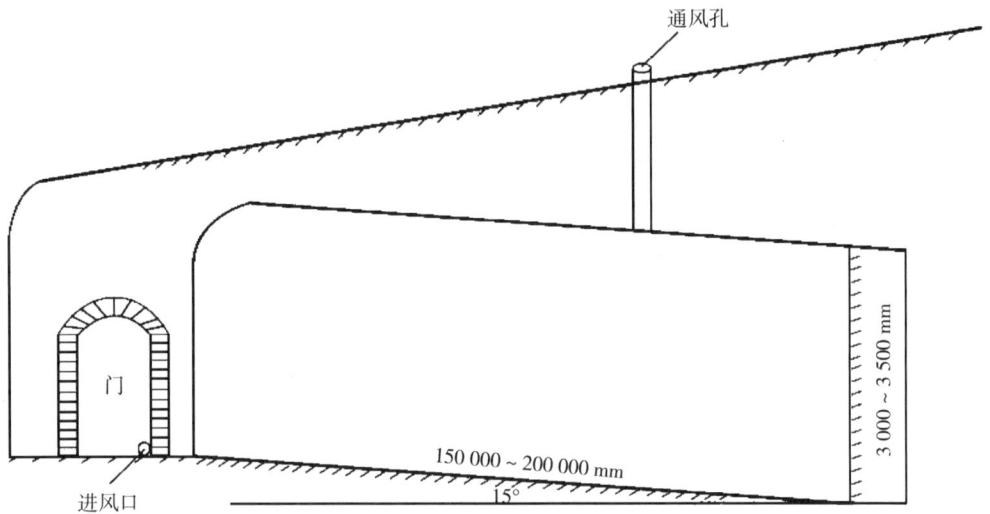

图 1 仓储库剖面图

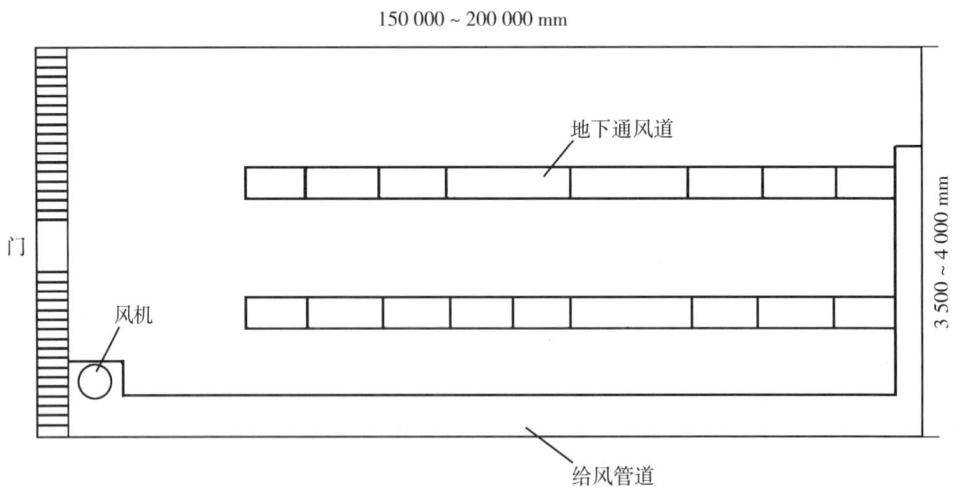

图 2 仓储库平面图

建设期一般从 6 月开工，7 月完工，8 月晾晒库，通气，10 月贮藏。贮藏量可分为 60，70 和 80 t 等多种。该贮藏库适合在丘陵和山区修建，当地地下水位要低，排水良好，土层实,库内湿度小。在山坡修建时位置必须处于阳坡,坡度较大,窑身座南向北,土质坚实,通风度良好,地域宽阔。库型结构主要由库体和通风系统组成。在库体设计中采用保温、保湿技术,在通风系统设计中采用内、外通风系统设计,从而保证马铃薯贮藏后,可有效控制库内温湿度,减少病害发生率,延长强迫休眠时间,达到马铃薯安全贮藏的目的。在乌兰察布市,建库规模从 60 t 到几百 t 不等,可根据经济情况而定。此类"非"字型仓储库投资适中,存储量可大可小,易于管理,贮藏损失率低于 8%。

2 中型半地下式节能保鲜贮藏库仓储技术

2.1 马铃薯的采前处理技术

2.1.1 加强田间病虫害防治

带病薯块和烂薯入库是安全贮藏的最大隐患,要及时防治田间各种病害,如晚疫病、早疫病等,可降低病薯的感染率和腐烂率,对保证入库薯块质量是非常重要的。

2.1.2 促使薯块表皮木栓化

在田间促使薯块表皮木栓化主要有 3 种方法。一是灭秧收获,马铃薯在收获前 7~10 d,先机械杀秧,促进块茎后熟,减轻病害入侵,块茎表皮木质化增强,便于贮藏。二是收获前 10 d,用灭生性除草剂如立收谷等喷洒植株灭秧,地下块茎停止生长,促进薯皮木栓化。三是适当晚收,即当薯秧被霜冻死后,不要立即收获,根据天气情况,延长 10 d 后,薯皮木栓层形成后再收获。

2.2 马铃薯采后预处理技术

2.2.1 挑 拣

挑拣就是剔除病、烂、伤薯等不合格薯,严防病、烂、伤薯混入合格薯中,引起贮藏后烂库的发生。若要使贮藏期间块茎的腐烂减少,装前必须仔细挑拣。块茎贮藏前必须做到六不要,即薯块带病不要,带泥不要,有损伤不要,有裂皮不要,发青不要,受冻不要。入库时应轻拿轻放,防止碰伤。严禁将收获的马铃薯不经晾晒、预贮、挑选,直接将病、烂、伤薯和带土的薯块一起入库,同时在入库时将马铃薯直接从库口向库内倾倒,造成压伤和摔破,或人在薯堆上踩踏,造成薯块受伤等,严重影响薯块入库质量。

2.2.2 预贮和预冷

马铃薯收获后,如果库内没有强制通风系统不能直接入库贮藏,要经过外界预贮后才能入库。预贮藏选择在开阔、通风的场地进行,堆码高不超过 1 m,宽不超过 3 m,中间留有通风道,温度 18 ℃以下预贮至薯块表皮干爽,呼吸强度减弱至平稳。一般要求 10 d 左右,保证其完成后熟并使运输时破皮、表皮擦伤的薯块进行伤口愈合,形成木栓层和周皮组织,然后再入库,根据情况可以散贮或软袋包装码放,有条件的地方可用木箱码放,提高贮藏库的利用率,有利于通风换气。

进行预贮的主要作用有:一是加速马铃薯生理后熟过程的完成,使其有机械损伤的表皮加快愈合;二是有利于马铃薯散发热量、水分、二氧化碳,防止马铃薯入库后降温过快表面结露现象的发生。但在预贮过程中一定要严防雨淋、冻害的发生。

2.3 马铃薯贮前准备

2.3.1 贮前设施处理

清杂：在马铃薯贮藏前一个月要将库内杂物、垃圾清理，彻底打扫库内卫生环境。

制湿：西北地区比较干燥，在马铃薯贮藏前一个月时间，用水浇库，严格控制用水量，浇水深度不超过 5 cm，控制相对湿度为 85%~90%。

通气：在马铃薯入库前 10~15 d 要将贮藏库的门、窗、通风孔全部打开，充分通风换气。

控温：在马铃薯入库时，将贮藏库温度调至适宜贮藏的温度。

消毒：可使用药剂喷洒，用福尔马林 30 mL/m³、高锰酸钾 15 g/m³ 和水 15 mL/m³ 进行喷洒。也可熏蒸，用 1 000 mL 40% 甲醛 + 500 g 高锰酸钾，取塑料盆若干，把盆和药品放置在计划位置，先倒甲醛，然后再将高锰酸钾倒入，倒的时候注意从里往外，而且要适当掩护，倾倒后迅速撤离，然后堵住所有出气孔，熏蒸 2 d 后通风 3~4 d 就可以使用。或者使用二氧化氯处理，0.5~1 片/m³ 按说明进行熏蒸。

2.3.2 贮藏量的确定

马铃薯的贮藏量不得超过库容量的 65%。因为马铃薯贮藏量过多过厚时，初期不易散热，中期上层块茎距离库顶过近容易受冻，后期下部块茎更易发芽，同时也会造成堆温和库温不一致，难于调节库温。据试验，块茎重量一般为 650~750 kg/m³，只要测出库的容积（m³），就可算出下库量，计算方法如下：

适宜的下库量（kg） = 库的总容积 × (750 × 0.65)

2.4 入库的堆码

目前，中国马铃薯堆码分散堆和袋装堆码两种，有条件的企业可用木条箱贮藏。

散堆，马铃薯堆放的高度不宜超过库房高度的 2/3，自然通风条件良好的贮藏库堆放的绝对高度不超过 2 m，没有强制通风的贮藏库在堆放时要沿库长方向堆放，侧边用板条、秸秆等透气物隔挡以增加贮藏容量，以通气、不漏薯为宜。在堆放时，要沿库长方向，在堆垛下面放置具通风孔的通风管道，并与强制送（抽）风机连通，使其在薯堆内形成一个立体的通风系统。

堆放时的要求：轻装轻放，以防摔伤，由里向外，依此堆放。

袋装的以 30~40 kg/袋为例，码垛 8~9 袋高为宜，沿库内通风流向留出一条 30~50 cm 的通风道，堆垛之间也要求留有通风道。另外马铃薯贮藏应做到专库专用，同一库不能存入多个品种或多种级别，特别是试验品种、原原种、原种都应该单存单放，以防混杂和传染病害，影响马铃薯纯度和质量。一般贮藏量最大不能超过其总容积的 2/3，以 1/2 为宜。

2.5 贮藏过程管理

马铃薯贮藏管理工作的要点主要做到"三个及时"，要及时调节库内温度，最大限度保持库内温度适宜且恒定；及时通风，保证库内湿度适宜，降低 CO_2 浓度，散失薯堆热量，处理库内冷凝水；及时检查，防止冷害、冻害发生及病虫害危害，剔除病薯。

2.5.1 马铃薯库的温度管理

温度不仅对马铃薯休眠期长短有一定的影响，而且还直接关系到贮藏马铃薯的质量。

根据北方地区冬季气候的特点，马铃薯入库后大致可分三阶段进行管理。即马铃薯入库后至 11 月末为第一阶段；12 月初至翌年 2 月为第二阶段；3 月初至出库为第三阶段。从马铃薯入库至 11 月末正处于准备休眠状态，呼吸旺盛、释放热量较多，所以这一阶段的管理工作应以通风换气、降温散热为主。具体做法是在确保马铃薯不受冻害的前提下，打开库所有门窗和通风孔通风降温，温度控制在 3~5 ℃为宜。马铃薯贮藏的第二阶段，正值寒冬季节，马铃薯从呼吸旺盛转入休眠期，散热量减少。这个时期主要进行防冻、保温，要密封库门和通气孔，库门加设门帘。库内温度下降至 1 ℃，要立即采取保温措施，可在薯堆上盖一层草帘子，这样不仅能防害保湿，还可以挡住库顶水滴落在马铃薯上造成腐烂，或者增加高瓦数灯泡或加热设备，保证库温不能低于 2 ℃。马铃薯贮藏第三阶段气温逐渐转暖，温度回升较快，薯块呼吸作用加强，养分损耗多，因而薯堆内的热量增加快，易发生"出汗"现象，很容易出现"伤热"和"烂薯"的现象，因此要及时撤出库内覆盖物和门帘，做好通风措施，这一阶段的管理，主要是避免外界高温影响使库温度升高过快。

2.5.2 马铃薯库相对空气湿度和通风管理

整个马铃薯贮藏期库空气相对湿度应控制在 85%~95%。马铃薯入库前期湿度较大，应采用石灰吸湿法或加强通风降低湿度。马铃薯贮藏的第二个阶段是马铃薯最易受冻的危险期，此阶段应封闭所有库门窗，加强保湿。及时观察温、湿度变化，适时进行通风。马铃薯贮藏第二阶段的通风管理由于受外界温度较低的影响，具体操作难度较大，事关贮藏工作的成败，应予以高度重视，在避免冷害和冻害发生的前提下选择气温较高的时段进行通风。

[参 考 文 献]

[1] 林团荣,张志成,王玉凤,等.2020 年乌兰察布市马铃薯产业发展现状及 2021 年生产形势分析 [C]//金黎平,吕文河.马铃薯产业与绿色发展.哈尔滨:黑龙江科学技术出版社,2021:39-44.

[2] 夏善勇,王庆新,李庆全,等.我国北方一作区马铃薯贮藏技术及发展建议 [J].中国种业,2020(11):36-38.

[3] 颉敏华,李梅,冯毓琴,等.马铃薯贮藏保鲜原理与技术 [J].农产品加工·学刊,2007(8):47-50.

[4] 王亮,李超,张立新,等.不同贮藏条件对马铃薯块茎采后生理及贮藏效果的影响 [J].山西农业科学,2018,46(9):1 535-1 539,1 544.

[5] 伍玉菡,尤逢惠,万娅琼,等.马铃薯贮藏·加工·主食化研究进展 [J].安徽农业科学,2016,44(29):71-72.

[6] 金黎平,罗其友.我国马铃薯产业发展现状和展望 [C]//陈伊里,屈冬玉.马铃薯产业与农村区域发展.哈尔滨:哈尔滨地图出版社,2013:8-18.

不同保水剂对马铃薯产量和经济效益的影响

冯鑫红[1]，李慧成[1]，李　倩[1]，魏　静[2]，王玉龙[1]，智小青[1]，

弓　钦[1]，张丽洁[1]，蓝秀红[2]，李红霞[1]，邢　杰[1*]

(1. 乌兰察布市农业技术推广中心，内蒙古　集宁　012000；

2. 乌兰察布市农牧业生态资源保护中心，内蒙古　集宁　012000)

摘　要：以马铃薯品种"V7"为供试材料，选用 3 种新型可分解保水剂开展了其对马铃薯的增产增收效果试验。结果表明，不同保水剂处理的投入成本均增加，除了增施保水剂一(3 kg/667 m²)之外，增施保水剂二(3 kg/667 m²)和增施保水剂三(3 kg/667 m²)较 CK 均有不同程度的增产增收作用，其中施用保水剂二(3 kg/667 m²)马铃薯产量最高，为 34.8 t/hm²，较对照32.4 t/hm²增产 2.4 t/hm²，增产率达 7.40%，商品薯率为 44%，纯收益增加 97 元/667 m²，保水剂的施用对马铃薯产量和经济效益均有较大优势；同时，施用保水剂对减少地膜污染，保护农业生态环境，优化农业基本条件，促进农业可持续发展具有重要意义。

关键词：保水剂；马铃薯；产量；商品薯率；经济效益

　　内蒙古自治区是中国马铃薯五大主产省区之一，乌兰察布市马铃薯种植面积和产量占内蒙古自治区的"半壁江山"[1,2]。乌兰察布市位于中国正北方，内蒙古自治区中部，雨热同期、昼夜温差大、土壤沙性，具有适宜马铃薯种植的天然气候优势[3]。众所周知，马铃薯属于需水量大的农作物之一，但乌兰察布降雨量少，水资源短缺，所以研究对天然降雨高效利用技术一直是当地农业科技部门工作任务的重中之重[4]。近年来，保水剂作为一种绿色、环保的土壤调节剂，已在农业生产上得到了广泛应用[5]。为减少农业面源污染，更好地促进农作物增产、农民增收，引进了 3 种在市面上销售口碑较好的保水剂，在乌兰察布市商都县马铃薯种植生产中进行了试验示范。

　　近年来，保水剂在农业生产中得到了广泛应用，具有蓄水保墒的作用。作为一种高分子聚合物，其具有不溶于水、高水膨胀性、交联密度低、吸水力强特点，可起到改善土壤结构、促进团粒形成、蓄水保墒的作用，可在土壤干旱时供给水分供作物吸收利用，进而提高水分利用率和作物产量[6,7]。因此，在商都县引进保水剂开展马铃薯保水剂应用试验，旨在探索其对马铃薯产量和经济效益的影响，筛选出适宜乌兰察布市商都县农业条件使用

作者简介：冯鑫红(1994—)，女，硕士，助理农艺师，主要从事农业技术推广工作。

基金项目：中央引导地方科技发展资金项目(1282240216232361984)。

* **通信作者**：邢杰，推广研究员，主要从事农业技术推广工作，e-mail：wlcbsnjtgzx@ 163. com。

的保水剂，为当地保水剂应用提供技术支撑。

1 材料与方法

1.1 试验区概况

田间试验地点位于内蒙古自治区乌兰察布市商都县金洼农牧业发展专业合作社种植基地。该地地处内蒙古自治区高原阴山东西复杂构造带和大兴安岭新华夏隆起带的交汇处，海拔 1 300~1 600 m，属中温带大陆性季风气候，年均气温 3.1 ℃，全年 ≥10 ℃有效积温2 075 ℃，无霜期 105 d，年均降水量 350 mm 左右，主要集中在 7—9 月。昼夜温差大、气候冷凉、光照充足，具有发展马铃薯的天然优势条件。

1.2 试验设计

试验采用田间试验方法，共 4 个处理。对照(CK)：农户常规施肥；处理 1(T1)：增施保水剂一 3 kg/667 m²；处理 2(T2)：增施保水剂二 3 kg/667 m²，处理 3(T3)：增施保水剂三 3 kg/667 m²。保水剂与化肥混合拌匀，通过播种施肥一体机均匀施入种薯犁沟内，马铃薯保水剂施用深度应在 10~15 cm。供试马铃薯品种为"V7"，播种日期为 2021 年 5 月13 日，测产日期为 2021 年 9 月 14 日。

1.3 样品采集与测定方法

每个处理随机选取 3 个样点，每个样点长 3 m、宽 0.9 m，面积 2.7 m²。调查大薯(≥150 g)、小薯(<150 g)数量，分别称量大薯(≥150 g)、小薯(<150 g)重量。汇总计算3 个样点产量、商品薯率，并计算平均值。

2 结果与分析

2.1 不同保水剂对马铃薯产量的影响

除 T1 外，T2、T3 处理的马铃薯产量均高于对照 CK(32.4 t/hm²)处理，但效果差异不明显；其中，T2 处理马铃薯产量明显高于其他处理，可达 34.8 t/hm²；T3 产量居中，为32.7 t/hm²；T1 产量最低，仅为 30.8 t/hm²(图 1)。

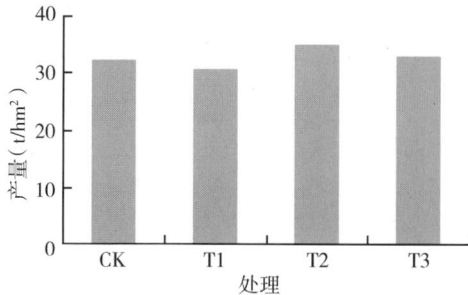

图 1 不同保水剂对马铃薯产量的影响

2.2 不同保水剂对马铃薯产量组成的影响

根据田间调查结果(表 1)，施用保水剂后示范田作物在叶宽、茎粗等生物产量方面表现良好，利于产量形成。3 种保水剂 T1、T2、T3 与 CK 相比在株高、分枝数、平均单薯重和产量方面差异不显著，T1 与 CK 相比减产 5.00%，T2、T3 与 CK 相比分别增产 7.40% 和 0.23%。综合考虑，T2 处理表现最好，在生产上推荐使用。

表 1 不同保水剂对马铃薯产量组成的影响

处理	大薯数（个）	大薯重（kg）	小薯数（个）	小薯重（kg）	株高（cm）	分枝数（个）	产量（kg/667 m²）	增产率（%）	平均单薯重（kg）	商品薯率（%）
CK	23	5.18	47	3.57	95 a	1.3 a	2 160 a	—	0.13 a	59
T1	19	3.98	59	4.32	97 a	1.4 a	2 051 a	−5.00	0.13 a	47
T2	22	4.12	71	5.27	98 a	1.4 a	2 320 a	7.40	0.17 a	44
T3	22	4.63	54	4.13	96 a	1.3 a	2 165 a	0.23	0.14 a	53

注：同列数据后相同小写字母表示差异不显著。

2.3 不同保水剂对马铃薯经济效益的影响

T1 较 CK 成本增加 90 元/667 m²；试验区平均产量 2 051 kg/667 m²，较常规种植平均产量 2 160 kg/667 m² 减产 109 kg/667 m²，减产率为 5.00%，按当时市场马铃薯平均价格 1.2 元/kg 计算，纯收益减少 220.8 元/667 m²。T2 较 CK 成本增加 95 元/667 m²；试验区平均产量 2 320 kg/667 m²，较常规种植平均产量 2 160 kg/667 m² 增产 160 kg/667 m²，增产率为 7.40%，纯收益增加 97 元/667 m²。T3 较 CK 成本增加 100 元/667 m²；试验区平均产量 2 165 kg/667 m²，较常规种植平均产量 2 160 kg 增产 5 kg/667 m²，增产率为 0.23%（表 2）。综合考虑，T2 处理表现最好，在生产上推荐使用。

表 2 不同保水剂对马铃薯经济效益的影响

处理	产量（kg/667 m²）	增产（kg/667 m²）	增产率（%）	成本增加（元/667 m²）	纯增收益（元/667 m²）
CK	2 160	—	—	—	—
T1	2 051	−109	−5.00	90	−221
T2	2 320	160	7.40	95	97
T3	2 165	5	0.23	100	−94

注：马铃薯平均价格按照 1.2 元/kg 计算。

3 讨 论

2020 年乌兰察布马铃薯播种面积为 20.4 万 hm² 以上，在确保粮食安全和农业农村经济中占有重要地位。目前，由于马铃薯产业发展受限于干旱缺水的现状，研究如何对降水资源高效利用，从而开发并推动节水农业的发展对干旱半干旱地区农业有着极为重要的意义。保水剂是一种吸水性强的功能高分子材料，能迅速将外来水（雨水或浇灌水）储存起来供植物生长吸收利用，可反复吸水、释水，而且储水的同时也储存了一些化肥，可提高肥料的利用效率[4]。本研究结果表明，与 CK 相比，除 T1 处理外，T2、T3 处理均可促进马铃薯生长发育，通过提高马铃薯的单薯块重，进而提高马铃薯产量，从而影响经济效益，这与王伟[8]的研究结果一致。另外，在 T1、T2、T3 处理保水剂使用量相同的情况下，不同保水剂的施用效果不同，可能是因为保水剂产品受到土壤和水溶液中盐分和阳离子的抑制作用不同。同时，侯贤清等[9]的研究也表明，不同保水剂均能不同程度提高马铃薯的产量和商品薯率，这都与保水剂施用能增加土壤含水量，降低土壤容重，改善土壤结构，减少面源污染有关[4]。

结合经济效益、生态环境等因素综合分析，可知在马铃薯上使用保水剂具有一定的广阔应用前景，适合在马铃薯生产中推广应用。尤其在干旱地区，保水剂的优势应该更加充分发挥。此外，2021 年在马铃薯生育期内降雨量较以往多，保水剂的抗旱作用未能体现。因此，需进一步开展相关的试验研究，筛选出适宜乌兰察布市商都县农业条件使用的保水剂，为当地保水剂应用提供技术支撑。

[参 考 文 献]

[1] 王欢.中国薯都乌兰察布 [J].农产品市场周刊,2018(27):25-27.

[2] 佚名."中国马铃薯之都"-内蒙古乌兰察布 [N].北京日报,2020-11-12.

[3] 熊春霞,刘丽楠.发挥乌兰察布优势,助力"中蒙俄经济走廊"建设 [J].商场现代化,2017(11):31-32.

[4] 杜梅香."旱科威"抗旱保水剂在旱作区马铃薯上的应用效果研究 [J].现代农业科技,2021(21):72-74.

[5] 李涛海,王雷,李小亮.马铃薯施用保水剂替代地膜试验 [J].农业科技通讯,2022(1):134-136,139.

[6] 陈江辉,丁安娜,林聪.农用保水剂在湿润地区丘陵甘薯上的应用研究 [J].现代农业科技,2016(10):12.

[7] 杨连利,李仲谨,邓娟利.保水剂的研究进展及发展新动向 [J].材料导报,2005(6):42-44.

[8] 王伟.2 种保水剂在膜下滴灌水肥一体化条件下对马铃薯产量影响的比较研究 [J].农业科技与信息,2020(17):30-32.

[9] 侯贤清,李荣,何文寿,等.保水剂施用量对旱作土壤理化性质及马铃薯生长的影响 [J].水土保持学报,2015,29(5):325-330.

低流量滴灌带浅埋技术在马铃薯上的应用效果

李慧成[1]，邢　杰[1*]，李　倩[1]，冯鑫红[1]，王玉龙[1]，智小青[1]，司鲁俊[1]，

王　伟[2]，朱晓宙[3]，王　真[2]，王玉凤[2]，张丽洁[1]

(1. 乌兰察布市农业技术推广中心，内蒙古　乌兰察布　012000；

2. 乌兰察布市农林科学研究所，内蒙古　乌兰察布　012000；

3. 化德县科学技术事业发展中心，内蒙古　乌兰察布　013350)

摘　要：水资源匮乏是制约乌兰察布市马铃薯种植的关键因素，高效节水技术是实现马铃薯产业可持续发展的重要措施。近几年，乌兰察布市农业技术推广中心在传统滴灌的基础上，重点研究更高效的滴灌技术，其中低流量滴灌带浅埋技术在马铃薯上的应用效果显著。结果表明，滴灌带适当浅埋可以实现产量不减，节水率达到 6.7%~16.7%，低流量滴灌带较大流量滴灌带节水率实现 54.0%~63.3%。低流量滴灌带浅埋技术可以实现节水稳产的绿色生产目标，可以在生产上进行广泛应用。

关键词：乌兰察布市；低流量；滴灌带浅埋技术；稳产；节水

　　马铃薯浅埋滴灌水肥精准调控栽培技术已作为内蒙古自治区及乌兰察布市主推技术进行示范推广，为了不断熟化和提高技术水平，促进技术的应用和推广，2021 年乌兰察布市农业技术推广中心安排了配套的熟化试验，从滴灌带选择、起垄尺寸、滴灌带埋深等几方面进行试验，为技术标准的完善提供依据。

1　材料与方法

1.1　试验地概况

　　试验设在四子王旗乌兰花镇高油房村，E 111°40′5.29″，N 40°41′41.62″。年有效积温（≥10 ℃）1 800~2 300 ℃，无霜期 110 d，年均降水量 310 mm。土壤栗钙土，沙壤，肥力中等，地势平坦。

1.2　试验材料

　　选择 1.1，1.4，2.0 和 3.0 L/h(CK)4 种流量滴灌带。

1.3　试验设计

　　滴灌带选择 1.1，1.4，2.0 和 3.0 L/h(CK)4 种流量进行对比，滴头间距 30 cm；滴灌带埋深设地表滴灌(CK)、滴灌带一次中耕埋深 2 cm、滴灌带一次中耕埋深 6 cm、滴灌带二次中耕埋深 6 cm、滴灌带二次中耕埋深 8 cm 5 个处理；起垄尺寸设上垄面宽 25 cm、垄

作者简介：李慧成(1982—)，男，高级农艺师，从事马铃薯节水灌溉栽培技术研究及推广工作。

基金项目：中央引导地方科技发展资金项目(1282240216232361984)。

*通信作者：邢杰，推广研究员，主要从事农业技术推广工作，e-mail：lihuicheng1214@126.com。

高 30 cm(CK)，上垄面宽 30 cm、垄高 28 cm，上垄面宽 35 cm、垄高 25 cm 3 个处理。每个处理 0.133 hm²，共 1.6 hm²。滴灌带埋深 8 cm。田间管理统一按照浅埋滴灌精准高效栽培技术实施，行距 90 cm，品种"雪川红"。

2 结果与分析

滴灌带埋深试验显示(表1)，优质滴灌带浅埋堵塞、破损率均低于 2%，无不过水现象，埋深 2～8 cm 较地表滴灌均实现了不减产的目的，产量增幅在 1.3%～4.9%，但实现了较大幅度的节水效果，节水量达到 12.7～31.8 t/667 m²，节水率达到 6.7%～16.7%。通过滴灌带浅埋，实现了节水增产的目的。

表 1　2021 年滴灌带埋深试验结果

处理	用水量 (t/667 m²)	节水量 (t/667 m²)	节水率 (%)	产量 (kg/667 m²)	增产幅度 (%)	商品薯率 (%)
地表滴灌(CK)	190.7	—	—	3 352	—	81.7
一次中耕埋深 2 cm 滴灌	178.0	12.7	6.7	3 430	2.3	83.5
一次中耕埋深 6 cm 滴灌	164.0	26.7	14.0	3 406	1.6	84.6
二次中耕埋深 6 cm 滴灌	164.0	26.7	14.0	3 519	4.9	84.9
二次中耕埋深 8 cm 滴灌	158.9	31.8	16.7	3 396	1.3	82.3

注：滴灌带 1.1 L/h，滴灌深度 45 cm，地表滴灌每次滴灌 6 h，一次中耕埋深 2 cm 滴灌每次滴灌 350 min，一次中耕埋深 6 cm 每次滴灌 310 min，二次中耕埋深 6 cm 每次滴灌 310 min，二次中耕埋深 8 cm 每次滴灌 5 h，全生育期滴灌 13 次。

为了更好的积蓄雨水、灌溉水、养分，减少水肥径流损失，减少匍匐茎穿出地面，增加产量，该试验设计了不同起垄尺寸。结果显示(表2)，较以前所起高垄，适当降低高度，增加宽度，使上垄面宽度由 25 cm 增加到 35 cm，可以起到很好的增产效果，设计的两种垄型较对照均有增产效果，增幅达到 4.1% 和 6.9%。

表 2　2021 年起垄大小试验结果

处理	大薯		小薯		产量 (kg/667 m²)	增产幅度 (%)	商品薯率 (%)
	个数(个)	重量(kg)	个数(个)	重量(kg)			
上垄面宽 25 cm 垄高 30 cm(CK)	82	25.2	106	6.8	3 200	—	78.8
上垄面宽 30 cm 垄高 28 cm	93	27.7	98	5.6	3 330	4.1	83.2
上垄面宽 35 cm 垄高 25 cm	104	29.1	90	5.1	3 420	6.9	85.1

注：样点面积 6.67 m²。

不同流量滴灌带试验显示(表 3),按照 40 cm 湿润深度进行灌溉,1.1 L/h 流量滴灌带需要 6 h,1.38 L/h 滴灌带需要 5 h,2.0 L/h 滴灌带需要 4 h,3.0 L/h 滴灌带仅需要 2 h。而 3.0 L/h 滴灌带在灌溉 2 h 水平湿润宽度不够,2.0 L/h 滴灌带灌溉 4 h 水平湿润宽度不够,都需要继续灌溉,继续灌溉就造成了水分、养分的深层渗漏和地表径流损失,造成水肥浪费。1.1 和 1.38 L/h 滴灌带在灌溉 6 h 水平湿润宽度刚好达到灌溉要求,就不会造成水肥的浪费。按照每次灌溉 6 h,灌水 10 次的灌溉制度进行灌溉,1.1 和 1.38 L/h 流量滴灌带较 3.0 L/h 滴灌带节水量分别达到 253.4 和 216.0 t/667 m²,节水率达到 63.3% 和 54.0%,而通过合理灌溉,产量不减,分别增加了 8.1% 和 6.6%。马铃薯浅埋滴灌技术模式中应用低流量滴灌带更能达到节水、节肥、增产的效果。

表 3　2021 年不同流量滴灌带试验结果

滴灌带流量	2 h		4 h		6 h		每次灌 6 h,灌水 10 次用水量(t)	节水量 (t/667 m²)	节水率 (%)	产量 (kg/667 m²)	增产幅度 (%)
	湿润深度 (cm)	灌水量 (t)	湿润深度 (cm)	灌水量 (t)	湿润深度 (cm)	灌水量 (t)					
1.1 L/h 滴灌带	17	4.9	29	9.8	43	14.7	146.7	253.4	63.3	3 425	8.1
1.38 L/h 滴灌带	21	6.1	35	12.3	48	18.4	184.1	216.0	54.0	3 376	6.6
2.0 L/h 滴灌带	32	8.9	42	17.8	52	26.7	266.8	133.3	33.3	3 288	3.8
3.0 L/h 滴灌带(CK)	39	13.3	53	26.7	61	40.0	400.1	—	—	3 167	—

3　讨　论

通过浅埋滴灌配套试验,不断完善了马铃薯浅埋滴灌技术标准。试验证明,应用优质滴灌带,实现埋深 6 cm,节水、增产综合效果最佳;应用 1.1、1.38 L/h 小流量滴灌带,在保证产量和效益不减的基础上,生产中可以大幅度的达到节水、节肥目的,是实现绿色提质增效的有效措施,值得加大力度示范推广;起垄尺寸向宽大垄型优化,达到上垄面宽 35 cm、垄高 25 cm,有利于提高产量。

恩施州影响马铃薯生产的自然灾害及应对措施

郝　苗[1,2,3]，钟育海[4]，杨国才[1,2,3]，杨　伟[1,2,3]，高剑华[1,2,3]*

(1. 湖北恩施中国南方马铃薯研究中心，湖北　恩施　445000；

2. 恩施土家族苗族自治州农业科学院，湖北　恩施　445000；

3. 湖北省农业科技创新中心鄂西综合试验站，湖北　恩施　445000；

4. 恩施土家族苗族自治州种子管理局，湖北　恩施　445000)

摘　要：以马铃薯为研究对象，从1971—2020年恩施州自然灾害特征、自然灾害对马铃薯生产的影响进行分析，探索提出自然灾害年份马铃薯稳产的应对措施。恩施州自然灾害发生频率高，占总统计年份的70%，且常常表现为复合性灾害区域性分布。恩施州低海拔地区较容易出现持续阴雨、涝灾、旱灾和风灾，二高山和高山区域易出现涝灾、冰雹、低温冷害和持续低温阴雨，这些自然灾害导致马铃薯减产20%~100%。针对这些自然灾害，可以从播种期、施肥种类、品种选择、田间管理及防控抢收等方面加以应对，从而降低自然灾害带来的减产损失。

关键词：马铃薯；自然灾害；措施；恩施州

目前粮食增产主要依靠种子、肥料和杀菌(虫/草)剂的改良与应用，自然灾害是影响作物产量的又一重要因素，中国是世界上受自然灾害影响最严重的国家之一[1]。严重威胁和损害农业生产的自然、社会现象就是农业灾害[2]。广义上农业灾害包括农业气象灾害、生物灾害、其他自然灾害(泥石流、地震、火灾等)以及人为和自然共同作用导致的灾害，例如土地荒漠化、土壤污染、水污染等[3,4]，当前农业灾害的研究主要聚焦在农业气象灾害、生物灾害和其他灾害方面，大部分学者对于土地荒漠化、土壤污染和水污染的研究未归为灾害的范畴[1]。以马铃薯为研究对象，从1971—2020年恩施州自然灾害特征、自然灾害对马铃薯生产的影响进行分析，探索提出自然灾害年份马铃薯稳产的应对措施。

1　恩施州自然灾害特征

恩施州自然灾害发生频率高，根据恩施州民政局和恩施州档案馆提供的救灾数据，1971—2020年恩施州范围内发生自然灾害并严重影响农业生产的年份有35个，占总统计年份的70%。其中对农业产生减产(绝收)影响的主要灾害为涝灾、冰雹、低温冷害、旱灾、持续性低温阴雨和风灾，其灾害发生率分别为88.6%、68.6%、42.9%、34.3%、31.4%和11.4%。恩施州自然灾害常常表现为复合性灾害区域性分布，不同灾种具有空间异质[5]，多种自然灾害在恩施州不同地域同时或者接替发生。通常低海拔地区较容易出现

作者简介：郝苗(1989—)，女，硕士，农艺师，从事马铃薯栽培及推广工作。

基金项目：现代农业产业技术体系建设专项资金(CARS-09)；恩施州2016年支持马铃薯主粮化建设专项资金。

＊通信作者：高剑华，高级农艺师，主要从事马铃薯脱毒、新品种选育研究与示范推广，e-mail：80538373@qq.com。

持续阴雨、涝灾、旱灾和风灾，而二高山和高山区域涝灾、冰雹、低温冷害和持续低温阴雨出现得更为频繁。恩施州自然灾害损失较大，带来的经济损失常达几亿至几十亿元，其中农业直接经济损失高达几千万至十多亿元，对于家庭而言很可能辛苦一年而颗粒无收，这严重打击了农民的种植养殖积极性。

2　恩施州马铃薯生产概况

50年来，马铃薯在恩施州农业生产中占据重要地位，播种面积自1973年起超过水稻位居第2位且有10年还排在首位、总产量基本上位列第2或3位，其播种面积和总产量（按照5折1计算）分别占比全州的14.70%~29.90%和14.66%~29.08%（图1）。其播种面积、平均产量和总产量分别为6.70万~13.62万hm²、6.47~14.60 kg/667 m²（按5折1计算）和9.75万~39.46万t，其中马铃薯种植面积呈现先上升-平稳-小幅下降的趋势，马铃薯单产水平呈逐渐上升的趋势，马铃薯总产量呈现先逐渐上升后趋于平稳的趋势（图2），其中马铃薯产量波动可能与当年遭遇的自然灾害有关。

图1　1971—2020年马铃薯产量(5折1)和面积占比

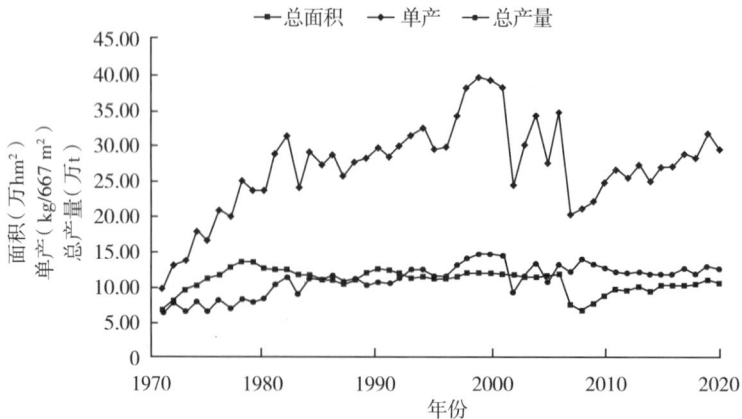

图2　1971—2020年马铃薯生产情况

3 自然灾害对马铃薯生产的影响

3.1 马铃薯受灾情况

图 3 反映自然灾害年份马铃薯受灾情况，马铃薯受灾面积、成灾面积和绝收面积均呈现先上升后下降的趋势。在 35 个受灾年份中，马铃薯受灾面积峰点年份分别为 1979、1983、1987、1989、1991、1998、2002、2008、2011、2013、2016 和 2020 年，统计发现受灾年份中主要的自然灾害为低温冷害、涝灾、持续性低温阴雨和冰雹，具体的影响类别和程度与马铃薯种植区域有关。恩施州低山区、二高山区和高山区马铃薯播种面积分别占总播种面积的 25%、45% 和 30%[6]，其中低山马铃薯产量容易受到持续性低温冷害和涝灾的影响，影响程度达 10%~60%；而二高山和高山马铃薯容易受各因素综合影响导致大幅减产甚至绝收，其中低温冷害、涝灾、持续性低温阴雨和冰雹对马铃薯产量的影响程度分别为 20%~50%、40%~80%、30%~80% 和 20%~100%。

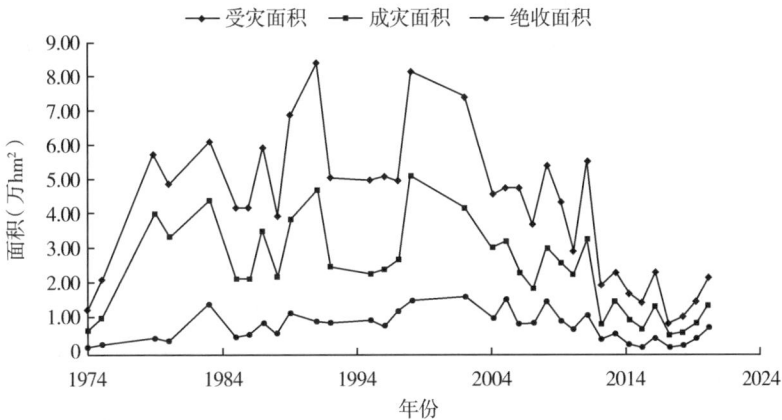

图 3　马铃薯自然灾害受灾情况

3.2 低温冷害、持续阴雨对恩施州马铃薯生产的影响

马铃薯作为恩施州最主要的粮食作物之一，低温冷害和连续阴雨是恩施州山区有别于湖北省的江汉平原、鄂东南、鄂北地区且非常特殊的自然灾害类型，严重影响着马铃薯的生产。二高山以上区域低温冷害是导致马铃薯前期生长受阻的最主要因素，以 2020 年为例，恩施州 3 月和 4 月出现 3 次"倒春寒"极端天气现象，分别于 3 月 13 日、4 月 11 日和 4 月 24 日发生。海拔 1 300 m 以上的高山区域马铃薯受低温冷害程度严重，尤其是覆膜生产且播种较早的马铃薯，出苗早，3 次降温均对马铃薯幼苗造成冻伤，最终受冻害率接近 100%。3 月 13 日降温对马铃薯产生的冻害影响高于 4 月 11 日和 4 月 24 日，原因是第一次降温幅度大、持续时间长、马铃薯幼苗嫩且未受到低温驯化。3 月 13 日马铃薯幼苗受冻率约 94%，受 1 级冻害率为 14%，2 级冻害率 19%，3 级冻害率 17%，4 级冻害率 44%。马铃薯经历二次生长后，尤其是 4 月 11 日马铃薯幼苗累积受冻率接近 100%，累积 2 级冻害率 40%，3 级冻害率 40%，4 级冻害率 20%。受灾区域马铃薯减产 20%~50%。

恩施州持续性阴雨天气、涝灾和冰雹通常于 3—8 月发生，后期持续性低温阴雨多发生在 9 月中旬至 10 月中下旬，具有区域性分布特征，对各海拔区域的马铃薯生长均有影响，尤其是在病虫害防控意识不强的年代。低温阴雨和涝灾一方面引起马铃薯田间水分过重，根系呼吸困难，生长受阻；另一方面潮湿阴雨天气不利于高山马铃薯播种，中期连续阴雨或大雨致使晚疫病防控难以进行且投入成本急剧上升，收获期的持续低温阴雨严重影响马铃薯有效产量，田间烂薯严重。马铃薯在这种气候条件下，通常减产会达到 30% 以上。对于马铃薯而言，遭遇冰雹往往是毁灭性的，植株被打烂，近地面薯块被打伤或冻伤，一些品种开花期前遭遇冰雹会导致绝收。

4 自然灾害年份马铃薯生产减灾防灾措施

4.1 低温冷害减灾防灾措施

（1）依据海拔高度合理选取播种时间，在海拔 1 200 m 以上的区域，低温冷害发生的时间通常为 3 月下旬到 4 月上旬，应适当延迟播种时间，建议 3 月中旬到下旬采用地膜覆盖播种，使马铃薯幼苗避开"倒春寒"。

（2）适当增施热性肥料及含钾肥料，热性肥料可增加地温，钾能影响细胞的透性，提高细胞液浓度，因而增强抗寒性。

（3）在易遭受低温冷害的区域宜选用耐寒马铃薯品种进行播种。

（4）在低温冷害发生前喷洒茉莉酸甲酯、水杨酸等药剂减轻马铃薯冻害反应。

（5）发生低温冷害后，土壤易板结，且湿度较大，田间管理上首先应尽快开挖排水沟，排除渍水，避免块茎因积水腐烂，可结合中耕培土提高土温，促进作物根系生长发育；其次追施速效肥促进植株生长，在低温冷害后兑水浇施尿素 5 ~ 10 kg/667 m² 或者在发出新茎叶后及时喷施 0.2% 尿素水溶液或高磷高钾清液肥料或其他叶面肥。尤其是对马铃薯要防止土壤中或种薯上的病菌从受冻伤口侵入，喷施 50% 多菌灵可湿性粉剂 600 倍液或 70% 甲基硫菌灵 800 倍液防治黄萎病，喷施 3.2% 恶甲水剂 300 倍液或 20% 甲基立枯磷乳油 1 200 倍液防治立枯病，灌根效果更佳。

4.2 持续性低温阴雨减灾防灾措施

（1）栽培技术上采取深沟高垄宽窄行栽培模式播种，利于排水和空气流通。

（2）合理施用氮肥，避免植株徒长。

（3）做好防控或抢收。

恩施州山区夏秋季连绵阴雨较早较长，务必要在阴雨间隙采用高效技术防控晚疫病，为马铃薯产量形成留充足的时间，同时马铃薯达成熟期时抢晴间隙收获马铃薯，减少田间烂薯损失。

[参 考 文 献]

[1] 麻吉亮,孔维升,朱铁辉.农业灾害的特征、影响以及防灾减灾抗灾机制——基于文献综述视角 [J].中国农业大学学报:社会科学版,2020,37(5):122-129.

[2] 严立冬.农村灾害系统与农村灾害经济学(续完) [J].生态经济,1994(5):13-17.

[3] 何爱平.我国灾害问题的严重性及综合防灾减灾机制研究 [J].中国软科学,2010(2):49-54.

[4] 张艳, 何爱平, 赵仁杰. 我国灾害经济研究现状特征与发展趋势的文献计量分析 [J]. 灾害学, 2016, 31(4): 150-156.

[5] 赵映慧, 郭晶鹏, 毛克彪, 等. 1949—2015 年中国典型自然灾害及粮食灾损特征 [J]. 地理学报, 2017, 72(7): 1 261-1 276.

[6] 陈火云, 李求文, 沈艳芬, 等. 恩施州低山早熟马铃薯产业发展调研现状、问题与对策 [C]//金黎平, 吕文河. 马铃薯产业与美丽乡村. 哈尔滨: 黑龙江科学技术出版社, 2020: 79-83.

不同轮作模式对马铃薯根际土壤理化性质和微生物群落多样性的影响

秦军红，卞春松，李广存，金黎平*

(中国农业科学院蔬菜花卉研究所/
农业农村部薯类作物生物学与遗传育种重点实验室，北京 100081)

近年来，随着种植马铃薯效益的增加，其生产面积不断扩大，但各主产区可种植马铃薯的土地面积有限。生产者为了获得更高的效益，不得不选择连作，而马铃薯是忌连茬作物，连作会导致其产量降低、土传病害增加等问题。前人对马铃薯连作障碍的研究多集中在土壤理化性质和一些自毒物质方面。近年来，随着高通量测序技术的发展，通过测序可获取土壤微生物全部遗传信息，分析土壤中细菌和真菌的微生物群落多样性及其在不同轮作模式下的变化规律，为打破连作障碍提供了良好的技术支撑。根际作为受根系活动影响最大的地方，其微生物群落变化也最大。因此，研究根际微生物对不同轮作模式下响应特征，同时结合根际土壤理化性质的变化，初步解析马铃薯连作障碍与根际微生物之间的相互关系，为克服连作障碍的技术升级和相关产品的开发与应用提供理论依据。

试验于 2018—2021 年在张家口市察北管理区，中国农业科学院蔬菜花卉研究所试验基地进行。设 4 种轮作模式：(1) 马铃薯连作 4 年，(2) 马铃薯-莜麦-蚕豆-马铃薯，(3) 莜麦-蚕豆-马铃薯，(4) 蚕豆-马铃薯-莜麦-蚕豆。采用随机区组设计，小区面积 500 m^2，每个处理 3 次重复。蚕豆行距 33 cm，株距 12 cm；马铃薯行距 90 cm，株距 18 cm；莜麦行距 20 cm，10~12 kg/667 m^2 用种量。所有作物施肥量和施肥时期均相同，即播前施复合肥(N：P$_2$O$_5$：K$_2$O = 12：19：16)40 kg/667 m^2，生育期追施尿素 10 kg/667 m^2，硫酸钾 10 kg/667 m^2。灌水方式采用滴灌，滴头间距 0.2 m。其他管理同一般大田。3 种作物每年播种均在 5 月中下旬，收获均在 9 月中旬。试验数据采集始于 2020 年收获时，仅测定了马铃薯产量，2021 年测定所有作物产量，并统计了马铃薯黑痣病发病率。同时在播种前和收获后按 5 点取样法进行取样，并将每个小区 5 个点的样品混为一个样品，播前取样深度 0~20 cm。收获时每个点取 3 株根际土样混合。每次取样后样品均过 2 mm 筛子后分为 2 份，一份存于-80 ℃冰箱用于提取土壤 DNA，另一份风干后测定土壤理化性质。

马铃薯连作对单株结薯数的影响显著，对产量的影响不显著。轮作比连作平均增产 23.5%，增收率 27.0%，黑痣病发病率降低 80%。轮作蚕豆和莜麦效益显著低于马铃薯，但蚕豆效益高于莜麦。播前和收获后各处理间仅速效钾含量差异显著。与轮作马铃薯根际

作者简介：秦军红(1985—)，女，助理研究员，从事马铃薯抗逆生理与节水栽培研究。

基金项目：国家重点研发计划项目(2020YFD10008001)；国家马铃薯产业技术体系项目(CARS-09)。

*通信作者：金黎平，博士，研究员，主要从事马铃薯遗传育种，e-mail：jinliping@ caas. cn。

土壤养分相比，连作土壤除收获后速效钾含量显著低于轮作，其他养分含量无显著变化，但均有降低趋势。由此可见，土壤养分并不是连作障碍的关键影响因子。与播前相比，收获后各处理土壤磷酸酶的活性增加。而无论是播前还是收获后，马铃薯连作土壤酸性磷酸酶的活性均最低，收获后蚕豆茬的磷酸酶活性最高。轮作莜麦显著增加了收获后土壤蔗糖酶的活性。播前各处理细菌群落多样性指数除 Shannon 指数外，差异均不显著，而真菌群落多样性指数表现为 Shannon 和 Chao1 指数差异不显著，其他 2 个均表现为马铃薯连作的真菌多样性显著小于其他处理。收获后马铃薯连作和轮作处理细菌多样性指数除 PD_ whole_ tree 外，均显著大于蚕豆和莜麦茬，真菌多样性指数 Observed_ species 和 Shannon 均显著小于蚕豆和莜麦茬。对各处理微生物群落组成的分析发现，不同轮作模式对根际微生物群落组成的影响不同。马铃薯连作显著增加了子囊菌门的丰度，降低了壶菌门和担子菌门的丰度。蚕豆茬增加了变形菌门的丰度但降低了酸酐菌门的丰度，莜麦茬增加了担子菌门的丰度。进一步对丰度大于 1 的菌属进行分析发现，在细菌属水平上，马铃薯连作显著增加了一些未知细菌属丰度，蚕豆茬显著增加了根瘤菌属和气微菌属丰度，莜麦茬增加了德沃斯氏菌属和 Flavisolibacter 丰度。在真菌属水平上，马铃薯连作显著降低了一些未知菌属的丰度，增加了癣囊腔菌属和炭疽菌属的丰度。从以上分析可以看出，不同轮作模式改变了土壤的理化性质，同时也改变了土壤的微生物群落结构，为了明确二者之间的关系，对二者进行了相关性分析和 RDA 分析，结果发现土壤速效钾、酸性磷酸酶、pH 值、蔗糖酶对细菌菌群的影响显著，速效钾、酸性磷酸酶、有效磷、蔗糖酶对真菌菌群的影响显著。

马铃薯轮作与连作 3~4 年产量差异不显著，但黑痣病发病率降低了 80%，且达显著水平。种植莜麦和蚕豆收益虽显著低于种植马铃薯，但可以改变土壤微生物群落结构，降低土传病害发生，且从整体效益看，种植蚕豆效果更好。马铃薯连作显著降低了土壤速效钾含量和土壤酸性磷酸酶的活性，莜麦显著增加了土壤蔗糖酶的活性。马铃薯连作增加了细菌群落的丰度，但降低了真菌群落的丰度。不同轮作模式的优势细菌门为变形菌门、酸杆菌门、放线菌门、拟杆菌门；优势真菌门为子囊菌门、被孢霉门、担子菌门、壶菌门。马铃薯连作显著增加了一些未知细菌属丰度，显著降低了一些未知真菌属的丰度，增加了癣囊腔菌属和炭疽菌属的丰度。土壤速效钾、酸性磷酸酶、pH 值、蔗糖酶对细菌群落的影响显著，速效钾、酸性磷酸酶、有效磷、蔗糖酶对真菌群落的影响显著。综上所述，种植莜麦和蚕豆可以改变土壤微生物群落结构，有效打破连作障碍，增加马铃薯产量，显著降低黑痣病发病率。

关键词：马铃薯；轮作模式；微生物；土壤；理化性质

密度和行距配置对马铃薯生长发育、产量和光合特性的影响

邓振鹏[1]，向　颖[1]，杨晓璐[1]，王　星[1]，陈子恒[1]，林　茜[1]，

赵　勇[1]，易小平[1]，周克友[2]，舒进康[2]，李明聪[2]，王季春[1*]

(1. 西南大学农学与生物科技学院/

薯类生物学与遗传育种重庆市重点实验室，重庆　北碚　400715；

2. 巫溪县农业技术推广中心，重庆　巫溪　405800)

　　密度和行距是调控作物个体–群体生长的有效栽培措施。在不增加肥料等其他物资投入的前提下，通过改变种植密度或株行距配置可以调节群体结构与光能利用，影响植株各器官间碳水化合物的转运与积累，进而影响马铃薯块茎的形态建成，从而对产量产生影响。以揭示不同密度和行距影响马铃薯产量形成机理为目标，探究不同密度和行距配置下干物质积累与转换、光合特性，明确合理的密度和行距配置可以提高马铃薯产量。试验于2019 年 1—6 月分别在重庆市合川区和巫溪县进行，采用裂区设计，主区为播种密度(A)，设 45 000 株/hm²(A1)、52 500 株/hm²(A2)和 60 000 株/hm²(A3)，副区为大 + 小行种植(B)，设 50 cm + 50 cm(B1)、55 cm + 45 cm(B2)，60 cm + 40 cm(B3)、65 cm + 35 cm(B4)，70 cm + 30 cm(B5)、75 cm + 25 cm(B6)，共 18 个处理，重复 3 次，共计 54 个小区。马铃薯品种为"青薯 9 号"，底肥施用万植 1 号有机无机复合肥(N∶P₂O₅∶K₂O = 15∶10∶15，有机质≥14%)，施肥量 1 500 kg/hm²。

　　方差分析表明，马铃薯产量在种植密度间、大小行配置间和两者互作均存在极显著差异，说明种植密度和大小行配置均能显著影响马铃薯的产量。在同一密度下，随着大行距加大，马铃薯产量呈先增加后减少的变化规律。大小行种植有利于获得高产，B4 和 B5 两种大小行种植模式均能获得较高的产量。渭坨 3 个种植密度下产量的平均值分别为29 700，34 800 和 35 542 kg/hm²；尖山 3 个种植密度下产量的平均值分别为 21 087，24 309 和 25 594 kg/hm²。

　　渭沱镇试验结果表明，叶面积指数(Leaf area index, LAI)在 A1 密度下，B5 处理较高，显著高于其他处理；A2 和 A3 密度下，B4 处理显著高于其他处理。尖山镇在 A1 和A3 密度下，B4 处理最高，与其他处理差异性显著；在 A2 处理下，B4 和 B5 处理无显著

作者简介：邓振鹏(1994—)，男，博士研究生，主要从事作物优质高效栽培与调控研究。

基金项目：国家重点研发计划项目(2018YFD0200800)；国家自然科学基金资助项目(31901467)。

***通信作者**：王季春，博士，教授，博士生导师，主要从事作物优质高效栽培与调控研究，e - mail：wjchun@swu. edu. cn。

性差异，但显著高于等行距 B1 处理。随着种植密度的增加，LAI 呈升高的变化趋势；同一密度下，随着大行距加大，LAI 呈先上升后降低的趋势。综合考量，叶面积指数在中高密度（A2 和 A3）下，大小行配置 B4 均最高，说明合理的大小行种植可以提高马铃薯叶片叶面积指数，增加群体内光截获率，增加生物量。叶绿素含量在 A1 和 A2 密度下，2 个试验点以 B4 和 B5 处理最高，显著高于 B1；在 A3 密度下，渭沱镇的 B4 处理的叶绿素含量显著高于其他处理，尖山镇的 B5 含量最高，与 B3、B4 间差异不显著，但显著高于其他处理。3 个播种密度下，叶绿素含量没有显著性差异，在不同大小行配置下，渭沱镇和尖山镇均达到了极显著差异水平。

净光合速率（Net photosynthetic rate，Pn）值在种植密度间、大小行配置间存在显著差异，二者互作下不存在显著差异。两个试验点不同播种密度下，Pn 值表现为 A1 和 A2 没有显著性差异，但均显著高于 A3；蒸腾速率（Transpiration rate，Tr）值表现为 3 个密度没有显著差异性；气孔导度（Stomatal conductance，Gs）值表现为 A1 显著高于 A2 和 A3 密度。胞间 CO_2 浓度（Intercellular carbon dioxide concentration，Ci）值则是 A2 和 A3 显著高于 A1 密度。Pn 值在 A1 和 A2 密度下，以 B5 处理的最高，显著高于其他处理；在 A3 密度下，2 个试验点以 B4 和 B5 处理最高，两者之间差异不显著，显著高于 B1。Tr 值在 A1 和 A2 密度下，B4 和 B5 表现最高，显著高于 B1 处理；A3 密度下，B3、B4 和 B5 处理 Tr 值最高，均显著高于 B1 处理。Gs 值在 A1 密度下，以 B4 和 B5 处理的最高；在 A2 和 A3 密度下，B4 显著高于其他处理。Ci 值在所有密度下，B4 和 B5 处理较低，显著低于等行距处理。综上所述马铃薯叶片的 Pn、Tr 和 Gs 随着大行距加大均呈先升高后降低的趋势，Ci 呈相反的变化。密度和大小行配置互作效应对 Gs 的影响达到了显著水平，对 Tr 和 Ci 的影响达到了极显著差异水平。说明适宜的种植密度和大小行距配置对提高马铃薯光合作用均具显著效果，增加光合产物的形成和积累。

渭沱镇最大光能转化效率（Fv/Fm）在密度间没有显著差异性，在大小行配置间存在极显著差异，在两个因素互作下没有显著差异性；实际光化学量子效率[Y(II)]和光化学猝灭系数（Photochemical quenching coefficient，qP）在密度间和大小行配置间均存在极显著差异，Y(II) 在二者互作下存在显著差异，qP 在二者互作下存在极显著差异。尖山镇 Fv/Fm 在密度间和大小行配置间均存在极显著差异，在二者互作下存在显著差异；Y(II) 在大小行配置间存在极显著差异，在密度间和二者互作下均没有显著差异性；qP 在密度间存在显著差异，在大小行配置间和二者互作下均存在极显著差异。在同一播种密度下，两个试验点 Fv/Fm、Y(II) 和 qP 随着大行距加大均呈先升高后降低的趋势，在 B4 和 B5 处理下表现出较高值，显著高于等行距 B1 处理；Fv/Fm 在密度处理差异不显著，Y(II) 和 qP 在 A2 密度水平表现较好。说明 A2B4 和 A2B5 处理有利于最大光能转化效率的提高和光能向碳同化方向转移。

马铃薯产量与 LAI、叶绿素和块茎干物质呈极显著正相关关系，与 Pn、Tr 和 qP 呈显著正相关关系；块茎干物质与 LAI、叶绿素、茎叶干物质、Tr 和 Fv/Fm 与呈极显著正相关关系，与 Ci 呈负显著相关关系。表明具有较高的 LAI、叶绿素、Pn、Fv/Fm 等高光效指标是获得高产的基础。所以合理的田间配置有利于马铃薯高光效的光合生产体系的构建，继而获得较高马铃薯产量。

合理的播种密度和宽窄行配置是发挥群体生产力的基础，是实现作物群体结构和植株个体功能协调增益、提高产量的重要途径。该试验条件下马铃薯的密度 52 500 株/hm^2 和大 + 小行距 65 cm + 35 cm 或 70 cm + 30 cm 是最佳田间配置。

关键词：马铃薯；密度；行距配置；光合特征；产量

农用纸地膜覆盖对冬种马铃薯生长发育的影响

李成晨[1]，索海翠[1]，王　丽[1]，单建伟[1]，刘计涛[1]，苏伟强[2]，李小波[1*]

（1. 广东省农业科学院作物研究所/广东省农作物遗传改良重点实验室，广东　广州　510640；
2. 惠东县旭升农牧科技有限公司，广东　惠州　516357）

中国是一个农业大国，全国每年的农用地膜使用量超过 140 万 t，覆盖面积 2 000 万 hm^2 左右，塑料地膜年消费量居世界首位。尽管使用可降解地膜可杜绝白色污染，但目前市面上的"可降解"地膜主体成分仍是聚乙烯，使用后裂解成碎块埋在土壤中无法完全回收，造成严重的二次污染。随着科学家的不断研究，有人提出用稻草等农作物秸秆为主要原料制造农用纸地膜的新想法。1990 年，日本已生产出与塑料地膜相当的农用纸地膜，但因其产品生产成本太高，未能成功推广应用。近年来，国内以稻草为主要原料的纸地膜生产工艺研究并不多，经文献查证，已对水稻秸秆纤维地膜制造工艺参数进行了优化，并生产出了满足田间覆盖机械性能要求的纸地膜，但这种地膜大面积应用鲜有报道。

马铃薯是中国第四大粮食作物之一，随着农业生产模式的变化，冬种马铃薯的覆盖方式逐步由传统的稻草覆盖过渡到当前的黑色塑料地膜覆盖。据统计，全国每年 9 亿多 t 秸秆中三分之一被焚烧浪费，产生 8 000 多万 t 污染环境的废渣。冬种马铃薯使用黑色地膜覆盖虽可以起到防草、保墒、增温和省工的作用，但遇到土壤高温高湿易导致薯种烂种、易感染病害等问题，且黑色地膜不能完全回收造成大面积的农业面源污染。若是能利用植物秸秆中的纤维素生产农用纸地膜，增加土壤透气性、改善当前的农业面源污染现状，将对农业生产和污染治理具有重要指导意义。为此，以研制的农用纸地膜为地膜覆盖替代物，研究其对冬种马铃薯生长发育的影响，旨在为寻求黑色地膜替代物做技术储备。

试验采用田间种植，供试地点位于广东省惠州市惠东县，供试土壤 pH 值 4.97，有机质含量 34.06 g/kg，碱解氮含量 149.00 mg/kg，有效磷含量 70.06 mg/kg，有效钾含量 69.73 mg/kg。供试马铃薯品种为"费乌瑞它"，11 月上旬播种，小区面积 6.9 m^2，处理为黑色地膜、一层纸膜、二层纸膜、三层纸膜，共 4 个处理。纸膜为自己研制，厚度 0.6 mm，宽度 60 cm，长度 90 cm，地膜采用标准农用黑膜。其他符合常规田间管理模式，出苗后调查各处理出苗期、成熟期、生育期时间。成熟期统计出苗数量、测定产量和薯块干物质和淀粉含量、计算小区经济效益。

调查不同处理出苗情况，黑色地膜播种后 31 d 出苗、一层纸膜播种后 21 d 出苗、二层纸膜播种后 25 d 出苗、三层纸膜播种后 28 d 出苗，纸膜能明显使马铃薯提早出苗。4 个

作者简介：李成晨（1983—），男，博士，从事马铃薯营养高效栽培及种薯繁育研究。
基金项目：广东省重点领域研发计划项目（2020B0202010005-5）；广东省甘薯马铃薯产业技术体系创新团队项目（2021KJ111）。
＊通信作者：李小波，博士，研究员，主要从事马铃薯遗传育种和高效栽培研究，e-mail：lixiaobo1981@163.com。

处理的成熟期相差不大，三层纸膜与黑色地膜相同，一层纸膜和二层纸膜分别较黑色地膜晚1和2 d成熟。黑色地膜处理的马铃薯生育期有71 d，一层纸膜、二层纸膜和三层纸膜处理的马铃薯生育期分别为80，79和74 d，相对黑色地膜，纸膜出苗早，延长了生育期时间，但各处理成熟期时间相差不大。

统计各个处理出苗数发现，黑色地膜出苗数为73株，一层纸膜出苗数74株，二层纸膜出苗数75株，三层纸膜出苗数74株。测产数据显示，黑色地膜处理商品薯(超过75 g的马铃薯)产量达到27.95 kg/6.9 m²，一层、二层和三层纸膜商品薯产量分别为24.55，28.35和27.05 kg/6.9 m²，与对照黑色地膜相比，二层纸膜提高商品薯产量1.43%。测定小区小薯产量，黑色地膜、一层纸膜、二层纸膜和三层纸膜小薯产量分别为3.7，4.1，3.9和3.3 kg/6.9 m²，青头薯产量分别为0，4.8，4.5和3.4 kg/6.9 m²，总产量分别为31.65，33.45，36.75和33.75 kg/6.9 m²，与对照黑色地膜相比，二层纸膜产量最高，较对照增产16.11%，一层纸膜和三层纸膜分别较对照增产5.69%和6.64%。按照商品薯价格2元/kg，小薯0.6元/kg，青头薯0.3元/kg计算，黑色地膜处理经济效益为52.53元/6.9 m²，一层纸膜、二层纸膜和三层纸膜的经济效益分别为48.09，54.72和51.69元/6.9 m²。结合出苗数、商品薯产量、总产量和经济效益，二层纸膜效果较好，经济效益较对照黑色地膜增加4.16%。

测定各处理干物质和淀粉含量，黑色地膜薯块干物质含量为16.45%，一层纸膜、二层纸膜和三层纸膜薯块干物质含量分别为17.40%、17.11%和16.88%。黑色地膜薯块淀粉含量为10.61%，一层纸膜、二层纸膜和三层纸膜薯块淀粉含量分别为11.63%、11.41%和11.12%。与对照相比，纸膜处理均明显增加马铃薯薯块干物质含量和淀粉含量。

综上，研究结果表明，纸膜可以作为黑色地膜的替代物，覆盖一层纸地膜田间出苗与覆盖两层纸地膜相当，且效果优于覆盖三层纸地膜和黑色地膜。从商品薯产量和经济效益综合考虑，覆盖二层纸膜是较为理想黑色地膜替代技术。

为不断优化纸膜广适性，提高纸膜机械化操作性，研究室现已委托广东河源市金轮新材料技术(深圳)有限公司批量生产农用纸膜，将在广东省不同种植区域、不同土壤类型、针对马铃薯、花生、玉米及其他蔬菜、作物进行试验示范，不断完善纸膜技术体系，形成农业纸膜生产标准化模式，不断扩大推广应用，为中国农业因秸秆焚烧和地膜污染问题提供有效解决技术支撑。

关键词：农用纸膜；黑色地膜；冬种；生长发育；产量；效益

基于随机森林算法（RF）的马铃薯冠层叶绿素含量估测

王　伟，林团荣，王　真，王玉凤，焦欣磊，张志成，

范龙秋，王懿茜，邢　进，尹玉和*

（乌兰察布市农林科学研究所，内蒙古　乌兰察布　012209）

　　叶绿素是植物光合作用最重要的触觉色素，其含量与植物胁迫和氮含量直接相关，氮素或水分缺乏的植物胁迫通常会对植物叶绿素含量产生不利影响。因此，叶绿素含量的测定可以提供有关植物胁迫、营养状况以及植物与环境之间关系的重要信息。传统的叶绿素含量监测方法为湿化学法，但该方法具有破坏性与滞后性，无法满足作物的实时动态监测。大量的研究表明，利用叶绿素仪能够进行作物叶绿素含量的快速监测，但该方法因基于地面而无法实现大范围区域性监测，不符合现代农业集约化管理，不利于农业现代化的发展。近些年，遥感技术的进步提供了一个可操作的大范围内将遥感测量与作物生化特性联系起来的潜力，其中利用地物光谱仪进行作物冠层叶绿素含量的监测已经得到了长足的发展，大量的研究已经表明利用地物光谱仪能够实现一个区域性快速监测，利用光谱反射率计算的光谱指数也能够实时的估测作物叶绿素含量，但作物生育后期随着地上部生物量的快速增长，光谱指数容易出现饱和及多重共线性的效果，严重影响估测模型的性能。

　　于马铃薯关键生育期：块茎形成期、膨大期和淀粉积累期，在不同处理小区随机选取长势均匀的马铃薯两垄，长 4~6 m，利用高光谱仪扫描选择区域马铃薯冠层获取光谱数据。采集高光谱数据时选择晴朗无风或微风天气，测定时间为 10：00~14：00，光谱仪探头垂直马铃薯冠层，高度控制在 50~80 cm，扫描时扣动扳机，获取的光谱数据自动存入连接电脑中。叶绿素含量的测定采用 SPAD-502 型手持式叶绿素仪，该仪器可以快速、无损的测量叶片中的叶绿素含量。在光谱采集的同时，同步测定各小区马铃薯的相对叶绿素含量（SPAD 值）。每个处理选择代表其生长势的马铃薯植株 5 株，每株取功能叶片（倒四叶）测量，求平均值代表该样本点 SPAD 值。分别获取了 80 个马铃薯叶绿素含量与对应光谱反射率，其中采用随机法按 80% 和 20% 划分数据集，80% 用作训练集，20% 用作验证集，以决定系数（R^2）和均方根误差（RMSE）作为模型评价标准。

　　试验通过获取的马铃薯冠层光谱反射率计算已发表光谱指数，归一化差值植被指数（Normalized different vegetation index，NDVI）和比值植被指数（Ratio vegetation index，RVI），之后将两类光谱指数与马铃薯 SPAD 值进行线性回归分析，并比较不同拟合函数的影响，

作者简介：王伟（1990—），男，硕士，农艺师，主要从事马铃薯栽培技术研究。

基金项目：2021 年内蒙古农牧业重大技术协同推广计划试点项目（马铃薯）；内蒙古农牧业科学院青年创新基金（2021QNJJNO9）。

*通信作者：尹玉和，研究员，主要从事马铃薯育种、栽培工作，e-mail：wlcbsyyh@163.com。

其中基于多项式回归方法提供了较高的效果，NDVI 和 RVI 与马铃薯 SPAD 值决定系数分别为 0.56 和 0.52，RMSE 分别为 2.03 和 2.08。验证集决定系数分别为 0.52 和 0.50，RMSE 分别为 2.21 和 2.24。并且在马铃薯生育后期由于地上部生物量的迅速增长，光谱指数 NDVI 和 RVI 产生了饱和的效果，极大地影响了估测的效果。

选择基于集成算法的随机森林回归模型进行马铃薯 SPAD 值的估测模型构建，将地物光谱仪的全部波段和两类光谱指数作为输入变量输入到随机森林算法中，其中当全部波段作为输入变量时，模型的 R^2 为 0.78，RMSE 为 0.96，相比于利用单一光谱指数构建的估测模型，R^2 和 RMSE 均得到了大幅度提升（由 0.56、0.52 提高到 0.78，RMSE 由 2.21、2.24 降低到 0.96）。说明相比于简单的线性回归，基于非参数非线性回归的随机森林算法提供了 SPAD 值估测的更好效果。之后利用随机森林算法中的重要度排序（OBB）通过分析全波段在随机森林模型中的贡献度，分析了估测马铃薯 SPAD 值的敏感波段区域，其中红边区域与绿光区域贡献度较高，贡献度分别为 0.3 和 0.2。这表明这两类区域是用于估测马铃薯叶绿素含量的敏感区域，今后的研究可以从这两种区域分析建模。

随机森林算法对于输入变量的选择尤为重要，全波段虽然数据较多，包含信息较多，但也包含大量的冗余信息，而将全波段输入进模型中时容易产生过拟合以及误导的结果，因此对比不同输入变量能够更加全面的分析模型的预测效果与精准度。将 NDVI 和 RVI 作为输入变量输入到随机森林中与全波段进行比较，结果显示 R^2 为 0.82，RMSE 为 0.85。相比与全波段和单一光谱指数的估测模型来看，将光谱指数与随机森林相结合能够有效地提高马铃薯 SPAD 值的估测效果，R^2 有了较高的提高。

利用未参与建模的 20% 数据集验证了马铃薯 SPAD 值最好的模型，其中 R^2 为 0.78，RMSE 为 0.96。这表明随机森林算法相比于全波段来说与光谱指数的结合能更好地进行马铃薯叶绿素含量的监测。

因此，利用已发表光谱指数 NDVI 和 RVI 与马铃薯 SPAD 值进行了简单线性回归，构建了多项式回归估测模型，之后将全波段与两类光谱指数作为输入变量输入到随机森林中，构建了基于随机森林算法的最佳估测模型，经验证后证明该估测模型的效果较好。但随机森林模型的影像不仅取决于输入变量的选择，也包含超参数的优化选择，该研究未进行超参数的优化，因此在今后的研究中应将超参数的优化同样作为模型的重要因素，构建更适用于马铃薯叶绿素含量的普适模型。

关键词：马铃薯；叶绿素；随机森林算法；高光谱；光谱指数

土 壤 肥 料

拌种与追肥对鲜食马铃薯营养品质及产量的影响

李　掌[1]，白永杰[1]，曲亚英[1*]，郑永伟[1]，李国权[2]

(1. 甘肃省农业科学院马铃薯研究所，甘肃　兰州　730070；
2. 甘肃省农业科学院榆中高寒农业试验站，甘肃　兰州　730100)

摘　要：为探明拌种追肥对马铃薯块茎营养品质的影响，选择鲜食型马铃薯新品种进行拌种、追肥田间试验，按照 $L_9(3^4)$ 设计处理，测定干物质、淀粉、蛋白质、维生素 C、还原糖、钾、钙、镁、铁、锌、硒、铜和锰 13 种营养成分含量及经济性状。品种对经济性状影响较大，而拌种与追肥影响较小；品种决定了干物质、淀粉、维生素与还原糖含量，拌种和追肥对各品质性状影响较小，但对不同营养要素含量影响有差异。追施不含锌铁硒的配方肥可使块茎锌铁硒含量增加 19.94%、21.90%、31.34%；用 JPF1 配方拌种、追施 Fm 配方肥与其他拌种配方和追施尿素相比较，能够提高淀粉含量，降低还原糖含量，锌含量增加 5.17%、16.45%，铁含量增加 5.14%、21.90%，硒含量增加 87.88%、12.11%。用不同配方肥拌种、追不同配方肥的效果表明，淀粉、还原糖含量可通过施肥等栽培措施调控。

关键词：品种；追肥；拌种；品质；产量

马铃薯是甘肃省第三大粮食作物，在保障粮食安全和减少贫困方面发挥着重要作用，由于历史、自然、地理等因素，马铃薯仍然是该区域的主要粮食作物，在乡村振兴战略中仍将发挥着支撑作用。21 世纪以来，甘肃省马铃薯种植面积逐年增加，达到 66.67 万 hm² 以上，总产量逐步增高。截至 2019 年，甘肃省马铃薯年种植面积约 57.07 万 hm²、平均产量 1 234.1 kg/667 m²[1,2]，总产量约 1 100 万 t。尽管甘肃省 2020 年底实现了全部脱贫，但甘肃省贫困地区大，贫困人口多，贫困程度深，生产生活基础薄弱，还面临着潜在的饥饿及微量营养素缺乏的威胁。矿质元素在人体内需求量较少，但参与了体内各种生命活动，对防治疾病、保持健康具有非常重要的作用[3]。锌、铁、钾等元素的摄入量和吸收量太低而无法维持良好的健康和发展时，其仍然是一种潜在的隐形贫困及公共卫生问题之一。目前，人类可以借助药物和保健品快速补充某些微量元素，但存在效果不明显、费用高等缺点。有学者认为主食是最安全且有效的人体补充微量元素的途径，而主食中有效的矿质元素主要取决于可食用组织的矿质元素的浓度和人体的生物利用度[4]。马铃薯是人们普遍食用的食品，因其富含淀粉、维生素、膳食纤维、多种矿质元素，不论直接食用，还是加工

作者简介：李掌(1964-)，男，研究员，主要从事马铃薯遗传育种研究。

基金项目：联合国世界粮食计划署甘肃富锌马铃薯小农户试点项目(WFPGSPP-1)；甘肃省现代农业科技支撑体系区域创新中心重点科技项目(2019GAAS54)；国家马铃薯产业技术体系(CARS-09-P06)；兰州市人才创新创业项目(2020-RC-133)。

通信作者：曲亚英，研究员，主要从事马铃薯遗传育种研究，e-mail：605314800@qq.com。

为食品[5]，均为人体补充微量元素的最理想的原料之一[6]。

马铃薯块茎品质的形成和生长发育过程要求全营养元素的供给[7]，矿质元素含量受肥料种类和施肥量的影响较为显著，不同锌肥不同施用量增产增收效果也有差别[8]。中微量元素虽然需要量较少，但其在提高作物的产量和品质方面能起到重要作用[9]，施用锌肥后对马铃薯的干物质量、根系活力、叶绿素含量等具有显著影响[10]。旱作马铃薯适量的增施钾肥和锌肥[11]，可改善其结薯数、单薯重、大薯率等性状，大幅度提高马铃薯的产量，提高其商品价值。在甘肃省定西市的大田试验表明，施用锌肥能一定程度上增加马铃薯维生素 C 含量、蛋白质含量、淀粉含量和可溶性糖含量，降低了还原糖含量，显著提升马铃薯块茎中锌积累量[12]。文献表明增加中微量元素对于马铃薯品质的提升具有显著作用。

为此，甘肃省农业科学院马铃薯研究所等单位开展马铃薯功能提升的营养强化研究，开展多种功能性营养成分农艺强化试验研究。联合国世界粮食计划署（WFP）在甘肃省实施《甘肃富锌马铃薯小农户试点项目》，通过强化马铃薯块茎锌含量补充人体锌缺乏的试点项目，提高人体缺锌的问题。为克服农业生产中限制性的劳动力短缺问题，设计可取代人工喷施、埋土追肥的拌种与追肥配方，把传统的人工田间作业融入机械化播种、灌溉过程中，降低生产成本，提高生产效率，为研发轻便、简捷取代人工喷施、追肥埋土等作业方式奠定基础。

1 材料与方法

1.1 试验地概况

试验设在甘肃省农业科学院马铃薯研究所榆中试验站第 1 条地，土质为沟口冲击扇沙壤土，耕作层土壤有机质 19.3 g/kg，碱解氮 91.3 mg/kg，有效磷 15.1 mg/kg，速效钾 195 mg/kg，有效锌 1.98 mg/kg，有效铁 10.0 mg/kg，水溶性钙 210.0 mg/kg，水溶性镁 100.0 mg/kg。基肥施入腐熟羊粪 3.0 m^3/667 m^2，磷酸二铵 10 kg/667 m^2，50% 硫酸钾 20 kg/667 m^2，尿素 10 kg/667 m^2，硫酸亚铁 2.0 kg/667 m^2，硫酸锌 2.0 kg/667 m^2，肥料撒施试验区地表后旋耕机混匀翻入耕作层。

1.2 试验材料

选用白皮白肉"陇薯 20 号"、黄皮黄肉中早熟"陇薯 19 号"和中熟"陇薯 25 号"。鲜食型品种干物质、淀粉等有机营养含量较低，有利于营养强化研究效果在马铃薯全食用周期以及更大范围食用群体的实现。

1.3 试验设计

为了把传统的人工田间作业融入机械化播种、灌溉过程中，使得拌种与随水滴灌追肥取代人工喷施、埋土追肥，围绕拌种与追肥作业方式，依据马铃薯品质积累的机理设计拌种与追肥配方。设计品种（A）、拌种（B）、追肥（C）三因素，每个因素设计 3 水平，分别是品种"陇薯 20 号"（A1）、"陇薯 25 号"（A2）、"陇薯 19 号"（A3），拌种 JPF1（B1）、JPF2（B2）、JPF3（B3），配方 Fm（C1）、配方 Fg（C2）、尿素（C3），按照 $L_9(3)^4$ 正交表设计组成处理组合，组成 9 个处理，田间 3 次重复，区组内随机排列。

1.4 试验方法

试验采用大垄双行栽培方式，垄间距 1.2 m，垄高 15 cm，覆盖黑色地膜，播种后 20 d 地膜上覆土。小区长度 5.5 m、宽度 3.6 m，小区面积 19.8 m²，每个小区种植 6 行，种植行距 60 cm，株距 30 cm。依据试验设计，种薯切块后晾干（切块伤口愈合光滑），按照因素 B 的不同处理，种薯喷洒配方肥料，晾干后再喷洒 1 次，晾干播种。幼苗期至现蕾前（培土期）追肥，距离植株根部 10 cm 打孔，一次性施入 15 kg/667 m²。试验采用滴灌补水。

1.5 数据采集与分析

分小区采集马铃薯性状数据，收获期测定经济性状，抽取测定块茎品质样品。经济性状考察产量、增产率、单薯重、商品率及烂薯率，营养品质测定干物质、淀粉、蛋白质、维生素 C、还原糖、钾、钙、镁、铁、锌、硒、铜、锰 13 种营养成分含量。块茎 13 个营养成分的含量由甘肃省农业科学院农业质量标准与检测技术研究所测定，依 GB 5009.3[13]的直接干燥法测定干物质含量，依 GB/T 5009.9—1985[14]测定粗淀粉含量，依 GB 5009.5[15]的凯氏定氮法（Kjeitec8200）测定蛋白质含量，依 GB 5009.86[16]的 2,6 二氯靛酚滴定法测定维生素 C 含量，依 GB 5009.7[17]的直接滴定法测定还原糖含量，依 GB 5009.91[18]的酸溶 – 火焰光度法（M410 型火焰光度计）测定钾含量，依 GB 5009.92[19]、GB 5009.241[20]的火焰原子吸收光谱法（Ice3500 原子吸收光谱仪）测定钙、镁含量，依 GB 5009.268[21]的 ICP – MS（Agilennt 7900）测得锌、铁、硒、铜、锰 5 种矿质元素成分含量。

利用 Excel 2010、DPS 2.0 完成数据整理与差异性分析。

2 结果与分析

2.1 试验因素对经济性状的影响

经济性状产量、增产率、单薯重、商品薯率及烂薯率结果见表 1。

表 1 拌种与追肥对经济性状的影响

因素水平	产量 （kg/667 m²）	增产率 （%）	烂薯率 （%）	单薯重 （g）	商品薯率 （%）
陇薯 20 号	2 469	21.36	28.40	207.85	89.81
陇薯 25 号	2 734	34.40	27.14	123.52	77.10
陇薯 19 号	2 034	0	48.07	177.82	82.83
JPF1	2 344	0.05	36.58	176.08	81.61
JPF2	2 342	0	34.58	164.32	82.01
JPF3	2 551	8.91	32.45	168.79	86.13
配方 Fm	2 465	6.12	33.76	170.83	82.81
配方 Fg	2 323	0	31.66	167.24	85.01
尿素	2 448	5.39	38.19	171.12	81.93

产量及增产率品种间差异明显，拌种与追肥各水平间差异不明显，影响产量的因素主要是品种，品种间相差 21% 以上，拌种与追肥的增产率在不同水平间差异不明显，最高 8.91% 和 6.12%。在 2020 年试验条件下，品种是影响商品薯率、单薯重、烂薯率主要因素，拌种和追肥对这 3 个性状影响的差异较小，在 4.5%、11.7 g、7.5% 以下。

2.2 试验因素对矿质营养成分的影响

马铃薯块茎的钾、钙、镁、锌、铁、硒、锰、铜 8 种矿质成分含量及同一因子水平间的变率见表 2。

表 2 拌种与追肥对矿质营养成分分析

营养成分	水平	含量			变率（%）		
		品种 A	拌种 B	追肥 C	品种 A	拌种 B	追肥 C
钾（g/100 g）	1	429.33	489.04	462.49	0	12.42	5.08
	2	460.18	435.01	461.97	7.19	0	4.96
	3	475.10	440.56	440.15	10.66	1.28	0
钙（g/kg）	1	37.27	36.85	35.27	4.91	2.34	0
	2	35.52	40.28	37.79	0	11.85	7.16
	3	40.36	36.01	40.09	13.61	0	13.68
镁（g/kg）	1	60.08	62.60	62.42	0	0.64	1.41
	2	66.07	64.14	64.97	9.97	3.13	5.54
	3	62.80	62.20	61.56	4.53	0	0
锌（mg/kg）	1	2.84	2.88	3.09	8.17	5.17	19.94
	2	2.88	2.73	2.59	9.74	0	0
	3	2.62	2.73	2.66	0	0.01	2.62
铁（g/kg）	1	15.20	17.46	20.39	4.03	5.14	21.90
	2	14.61	20.41	17.37	0	22.91	3.84
	3	24.69	16.61	16.73	69.00	0	0
硒（μg/kg）	1	5.56	5.82	7.63	0	16.11	31.34
	2	6.94	9.42	5.82	24.77	87.88	0
	3	7.75	5.01	6.81	39.40	0	16.97
锰（mg/kg）	1	1.28	1.47	1.49	0	6.21	9.35
	2	1.39	1.42	1.42	8.94	3.02	3.70
	3	1.60	1.38	1.37	25.25	0	0
铜（mg/kg）	1	1.30	1.42	1.44	0	11.92	16.75
	2	1.35	1.33	1.24	3.46	5.18	0
	3	1.36	1.27	1.33	4.37	0	7.91

经分析，在本试验中镁、锌、铜受品种影响较小，品种间差异在10%以下，铁、硒、锰受品种影响较大，差异在25.25%~69.00%，铁含量品种间差异最大，达到69.00%。以下重点分析锌、铁、硒受各因素的影响程度。

对鲜薯锌含量的影响，设计的3个因素中追肥为主要影响因素，相差19.94%；其次是品种，相差9.74%；再次是种薯拌种处理，相差5.17%。追施Fm配方肥较追施尿素块茎锌含量增加16.45%，用JPF1拌种薯，锌含量增加效果优于JPF2、JPF3，JPF1较后2种配方拌种的锌含量增加5.17%、16.45%。

对鲜薯铁含量的影响，设计的3个因素中品种为主要影响因素，相差69.00%；其次是拌种处理，相差22.91%；再次是追肥处理，相差21.90%。追施Fm配方肥较追施尿素块茎铁含量增加21.90%，用JPF2拌种薯，铁含量增加效果优于JPF3、JPF1，较后2种配方拌种的铁含量增加16.90%、22.91%。

对鲜薯硒含量的影响，设计的3个因素中拌种为主要影响因素，相差87.88%；其次是品种，相差39.40%；再次是追肥处理，相差31.34%。用JPF2配方较JPF3、JPF1两个配方拌种的硒含量增加效果明显，前者较后2种配方拌种的硒含量增加87.88%、61.81%。追施Fm配方肥较追施尿素块茎硒含量增加12.11%。

2.3 试验因素对有机营养成分的影响

测定的干物质、淀粉、蛋白质、维生素C、还原糖5种有机营养成分的含量及同一因子水平间的变率见表3。

表3 拌种与追肥对有机营养成分的影响

营养元素	水平	含量			变率(%)		
		品种 A	拌种 B	追肥 C	品种 A	拌种 B	追肥 C
干物质 (g/100 g)	1	17.59	19.07	18.61	0	4.07	0
	2	19.26	18.86	18.92	9.48	2.90	1.69
	3	19.39	18.33	18.72	10.23	0	0.57
淀粉 (%)	1	13.35	15.33	15.51	0	11.31	12.04
	2	17.92	13.78	15.59	34.20	0	12.64
	3	13.66	15.82	13.84	2.34	14.85	0
蛋白质 (g/100 g)	1	1.78	1.80	1.73	0	0	0
	2	1.84	1.82	1.85	3.74	1.52	7.04
	3	1.85	1.85	1.89	3.77	3.06	9.72
维生素 C (mg/100 g)	1	5.24	4.77	4.75	16.97	1.50	2.65
	2	4.56	4.70	4.62	1.81	0	0
	3	4.48	4.80	4.90	0	2.27	5.99

营养元素	水平	含量			变率(%)		
		品种 A	拌种 B	追肥 C	品种 A	拌种 B	追肥 C
还原糖 (%)	1	0.593	0.599	0.575	0	−1.50	−8.86
	2	0.615	0.608	0.616	3.74	0	−2.44
	3	0.615	0.617	0.631	3.77	1.52	0

数据分析表明,影响干物质、淀粉含量的因素依次是品种、拌种、追肥,影响维生素 C 与还原糖含量的因素依次是品种、追肥、拌种处理,影响蛋白质的因素依次是追肥、品种、拌种处理。用 JPF3、JPF1 拌种薯可使淀粉含量提高 10% 以上,追施 Fm 可使还原糖含量降低 8.86%、淀粉含量提高 12.04%,虽然对其余 3 种成分含量影响较低,还是有一定的影响。可见,在确定种植品种后,可以通过施肥等栽培因子调控淀粉和还原糖含量变化,有利于炸片炸条等食品加工性能的提升。

3 讨 论

本试验采用的是鲜薯型品种,该类品种干物质、淀粉含量较低,设计栽培因素充分表达对营养成分含量的影响效果,通过拌种与追肥显示了明显的调控效果,对于高淀粉、高干物质品种的调控效果还需要另外的试验验证。

田间试验结果表明,拌种与追肥对于马铃薯营养成分含量的调控具有显著的效果,不同拌种配方对淀粉含量的影响有差异,依据生产目的配置不同的生产要素。配方肥拌种、追施与单纯施用锌肥[12]相比较,拌种、追肥还增加了块茎维生素 C、淀粉含量,降低了还原糖含量。拌种与追肥对蛋白质含量影响与马振勇等[10]结果有较大差别,田间试验的蛋白质含量差异在 10% 以下,田间与盆栽试验结果需要专门试验比较。

本试验是在土壤耕作层有效锌 1.98 mg/kg,有效铁 10.0 mg/kg,基肥施硫酸亚铁 2.0 kg/667 m²,硫酸锌 2.0 kg/667 m² 的前提下,采用不含锌铁硒的配方追肥可使块茎锌铁硒含量增加 19.94%、21.90%、31.34%,锌含量提升比专施用硫酸锌和糖醇锌马铃薯块茎中锌积累量稍低[6],其他几种元素含量均有不同程度的增加。从追施不含锌铁硒元素的配方肥增加锌铁硒元素含量表明,使用配方肥具有上调了植物吸收积累锌铁硒元素的作用,还能够提升其他微量营养元素的含量。也就是说,补充一种元素肥料会影响植物体对其他元素的吸收、积累的变化,影响了生物体基因表达、生理代谢过程。

本试验设计的拌种与追肥方式,与采用生育期浇灌、喷施方式[10]达到施锌肥的目的不同。设计的拌种与追肥配方,可使得拌种与随水滴灌追肥取代人工喷施、埋土追肥,把传统的人工田间作业融入机械化播种、灌溉过程中,能够降低生产成本,提高生产效率,为研发轻便、简捷作业方式奠定基础。

在本试验设计变量前提下,品种是影响经济性状较大的因素,拌种和追肥对各性状影响的差异较小。在滴灌及多雨年份，设计变量主要影响产量、烂薯率，对块茎商品率、单薯重影响较小。

采用JPF1拌种剂处理种薯切块、追施Fm能够提高淀粉和维生素C含量，降低还原糖含量，提升块茎的加工性能。

播种时用JPF1浸种、蕾期追施Fm配方肥，与其他浸种配方和追施尿素相比较，锌含量增加5.17%、16.45%，铁含量增加5.14%、21.90%，硒含量增加87.88%、12.11%。

依据生产目的采用相应的栽培措施，才能取得较好的生产效果。如，生产薯片加工型、富锌产品宜采用播种时用JPF1浸种、蕾期追施Fm配方肥；生产富硒、富铁产品宜采用播种时用JPF2浸种、蕾期追施Fm配方肥。可根据生产目的选用不同配方的拌种肥与追肥。

[参 考 文 献]

[1] 中国农业部.中国农业年鉴[M].北京:中国农业出版社,2020.

[2] 甘肃农村年鉴编委会.甘肃农村年鉴[M].北京:中国统计出版社,2020.

[3] 郑建仙.功能性食品[M].2卷.北京:中国轻工业出版社,1999.

[4] Subramanian N K, White P J, Broadley M R, et al. Variationin tuber mineral concentrations among accessions of *Solanum*, species held in the commonwealth potato collection [J]. Genetic Resources and Crop Evolution, 2017, 64(8): 1 927-1 935.

[5] 胡新元,李梅,田世龙,等.西北旱区不同品种马铃薯薯饼加工品质特性分析[J].食品工业科技,2018(5):36-40.

[6] White P J, Broadley M R. Biofortification of crops with seven mineral elements often lacking in human diets -iron, zinc, copper, calcium, magnesium, selenium and iodine [J]. New Phytologist, 2009, 182(1): 49-84.

[7] 赵永秀,蒙美莲,郝文胜,等.马铃薯镁吸收规律的初步研究[J].华北农学报,2010,25(1):190-193.

[8] 杨丽辉,蒙美莲,陈有君,等.肥料配施对马铃薯产量和品质的影响[J].中国农学通报,2013(12):136-140.

[9] 刘蓉,叶宇萍,海丹,等.锌、铁微肥对夏玉米产量和品质的影响[J].西北农业学报,2017,26(11):1 598-1 605.

[10] 马振勇,杜虎林,刘荣国,等.施锌肥对旱作马铃薯植株锌含量及块茎品质的影响[J].华北农学报,2017(1): 201-207.

[11] 赵永萍,潘丽娟.不同施钾量和施锌量对旱作马铃薯产量的影响[J].西北农业学报,2019,28(9):1 492-1 498.

[12] 孙小龙,王延明,张春红,等.不同锌肥对旱作马铃薯植株锌的吸收、积累与分配的影响[J].干旱地区农业研究,2015 (3):72-78.

[13] 中华人民共和国卫生部.GB 5009.3—2010 食品安全国家标准 食品中水分的测定[S].北京:中国标准出版社,2010.

[14] 中华人民共和国卫生部.GB/T 5009.9—1985 食品中淀粉的测定方法[S].北京:中国标准出版社,1985.

[15] 国家食品药品监督管理总局,国家卫生和计划生育委员会.GB 5009.5—2016 食品安全国家标准 食品中蛋白质的测定[S].北京:中国标准出版社,2016.

[16] 国家卫生和计划生育委员会.GB 5009.86—2016 食品安全国家标准 食品中抗坏血酸的测定[S].北京:中国标准出版社,2016.

[17] 国家卫生和计划生育委员会.GB 5009.7—2016 食品安全国家标准 食品中还原糖的测定[S].北京:中国标准出版社,2016.

[18] 国家卫生和计划生育委员会,国家食品药品监督管理总局.GB 5009.91—2017 食品安全国家标准 食品中钾、钠的测

定 [S]. 北京: 中国标准出版社, 2017.

[19] 国家卫生和计划生育委员会, 国家食品药品监督管理总局. GB 5009.92—2016 食品安全国家标准 食品中钙的测
定 [S]. 北京: 中国标准出版社, 2016.

[20] 国家卫生和计划生育委员会, 国家食品药品监督管理总局. GB 5009.241—2017 食品安全国家标准 食品中镁的测
定 [S]. 北京: 中国标准出版社, 2017.

[21] 国家卫生和计划生育委员会, 国家食品药品监督管理总局. GB 5009.268—2016 食品安全国家标准 食品中多元素的
测定 [S]. 北京: 中国标准出版社, 2016.

微藻细胞营养液对马铃薯生长及产量的影响

许 飞，逯春杏，王晓娇，曹春梅*

（内蒙古自治区农牧业科学院，内蒙古 呼和浩特 010031）

摘 要：采用微生物菌剂，研究微生物菌剂不同施用方式对马铃薯出苗安全性、苗期根系长度、根毛数量、株高、茎粗、匍匐茎数量、地上部鲜重、地下部鲜重、主茎数、产量、品质及原原种结薯数量、结薯重量的影响。结果表明，微生物菌剂 1 000 mL/667 m² 播种时喷施和苗期灌根对马铃薯出苗安全，增加了根系长度、根毛数量、匍匐茎数量、根系鲜重，促进地上部生长，提高产量，同时对薯块淀粉、蛋白质、还原糖、维生素 C、干物质含量有所增加，可增加单株结薯数量和单粒薯的重量。

关键词：马铃薯；微生物菌剂；植株生长；产量；品质

内蒙古自治区是北方马铃薯的主要产区之一[1]。目前马铃薯种植多数以传统施肥方式为主[2]。其中以氮磷钾为主要元素，而忽略了马铃薯生长过程中对微量元素的需求[3]，使土壤中缺失钙、镁、硫、铜、锌、硼、钼、铁等微量元素而导致土壤板结、耕地质量下降、马铃薯品质产量降低、薯型不匀等问题[4]。因此改善土壤环境，已是维持马铃薯生产中的重要措施。而微生物肥、生物菌剂、营养液已成为马铃薯生产中引用较多的一种改善型生物菌肥。已有研究表明，多数生物菌肥都有固氮、溶磷、解钾、抗病抗逆、提质降残、改良土壤等功效[5]，能达到在马铃薯生产过程中增产增效的效果。试验采用微生物菌剂不同施用方式，研究微生物菌剂对马铃薯生长、产量、品质的影响，为改良土壤提高马铃薯产量提供数据参考。

1 材料与方法

1.1 试验地情况

商品薯生产试验地点：设在内蒙古自治区农牧业科学院马铃薯试验田，土质为壤土，有机质含量 1.1%，pH 值 7.9；前茬为向日葵。

原原种生产试验地点：设在内蒙古自治区农牧业科学院温室大棚，生产基质为蛭石。

1.2 供试材料

商品薯生产：马铃薯品种选用"荷兰十五"原种；

脱毒苗：马铃薯品种（系）"蒙黄 1 号""蒙红 2 号""0299-25-A1""1441-1-A2"。

1.3 试验设计

商品薯试验：处理 1，微生物菌剂 1 000 mL/667 m²，播种时喷施；处理 2，微生物菌

作者简介：许飞（1988—），男，助理研究员，主要从事马铃薯遗传育种研究。
基金项目：内蒙古农牧业创新基金项目（2022CXJJN02）。
*通信作者：曹春梅，研究员，主要从事马铃薯遗传育种及病虫害防治研究，e-mail：906738310@qq.com。

剂 1 000 mL/667 m²，苗期灌根；处理 3，空白对照(CK)。每个处理 3 次重复，小区面积 21.4 m²，随机区组排列。播种时所用处理均施用马铃薯专用复合肥 40 kg/667 m²。

原原种试验：微生物菌剂 1 000 mL/667 m²，脱毒苗移栽时蘸根。每个品种(系)3 次重复，每小区面积 20 m²，随机区组排列。生长期间，喷施水溶肥。

2 结果与分析

2.1 微生物菌剂对马铃薯出苗安全性的影响

处理 1(微生物菌剂 1 000 mL/667 m² 喷施)平均出苗率为 87.78%，相对出苗率为 102.60%，处理 2(微生物菌剂 1 000 mL/667 m² 灌根)平均出苗率为 85.93%，相对出苗率为 100.22%，差异显著性均不显著。田间观察微生物菌剂 1 000 mL/667 m² 喷施(灌根)对马铃薯出苗没有不良影响，出苗长势情况良好，使用微生物菌剂处理比对照出苗略早，对马铃薯出苗生长安全(表 1)。

表 1　不同处理出苗调查结果

| 处理 | 出苗数(株) | | | | 平均 出苗率(%) | 相对 出苗率(%) |
	I	II	III	平均		
1	74	80	83	79.00	87.78 aA	102.60
2	67	85	80	77.33	85.93 aA	100.22
3(CK)	72	79	80	77.00	85.56 aA	—

注：对各小区数据不转换，采用邓肯氏新复极差法进行差异显著性比较。同列平均值后标注相同小写和大写字母分别表示 0.05 和 0.01 水平差异不显著，下同。

2.2 微生物菌剂对马铃薯植株根系长度的影响

处理 1 的平均根长最长，为 21.31 cm，其次是处理 2，平均根长为 21.07 cm，较处理 3 (CK)分别长 0.88 和 0.64 cm；处理 1 和处理 2 对苗期根系生长有促进作用。试验表明微生物菌剂喷施或灌根都可以增加马铃薯根系长度，有利于根系生长(表 2)。

表 2　不同处理根系长度调查结果

| 处理 | 单株根系长度(cm) | | | | |
	I	II	III	平均	较对照增加(cm)
1	21.40	22.12	20.40	21.31 aA	0.88
2	22.80	19.40	21.00	21.07 aA	0.64
3(CK)	19.90	19.60	21.80	20.43 aA	—

2.3 微生物菌剂对马铃薯植株根毛数量的影响

处理 1 的平均根毛数量最多，为 72.93 个，其次是处理 2，平均根毛数量为 70.93 个，较处理 3(CK)分别增加 2.4 和 0.4 个。表明微生物菌剂播种时喷施可以增加马铃薯根毛数量，有利于根系生长(表3)。

表3 不同处理根毛数量调查结果

处理	单株根毛数量(个)				
	I	II	III	平均	较对照增加(个)
1	83.40	74.00	61.40	72.93 aA	2.4
2	100.00	63.40	49.40	70.93 aA	0.4
3(CK)	62.00	56.60	93.00	70.53 aA	—

2.4 微生物菌剂对马铃薯植株匍匐茎数量的影响

处理1的平均匍匐茎数量最多，为16.93个，其次是处理2，平均匍匐茎数量为15.93个，分别较处理3(CK)增加2和1个。可见处理1和处理2对匍匐茎生长也有促进作用(表4)。

表4 不同处理匍匐茎数量调查结果

处理	单株匍匐茎数量(个)				
	I	II	III	平均	较对照增加(个)
1	17.00	13.00	20.80	16.93 aA	2
2	25.80	12.00	10.00	15.93 aA	1
3(CK)	15.40	17.00	12.40	14.93 aA	—

2.5 微生物菌剂对马铃薯植株主茎数的影响

处理1的平均主茎数最多，为2.67个，处理2和处理3(CK)主茎数一样多，均为2.60个，处理1和处理2与处理3(CK)差异不显著，说明微生物菌剂喷施或灌根对马铃薯植株主茎个数增减无明显作用(表5)。

表5 不同处理主茎数调查结果

处理	主茎数(个)				
	I	II	III	平均	较对照增加(个)
1	3.00	2.60	2.40	2.67 aA	0.07
2	3.20	2.80	1.80	2.60 aA	0.00
3(CK)	2.20	2.60	3.00	2.60 aA	—

2.6 微生物菌剂对马铃薯植株株高的影响

处理1的平均株高最高，为31.70 cm，其次是处理2，平均株高为29.07 cm，分别较处理3(CK)高3.33和0.70 cm。方差分析显示，处理1和处理2与处理3(CK)差异不显著。但可以看出微生物菌剂播种时喷施可增加马铃薯株高，有利于植株快速生长(表6)。

表 6　不同处理株高调查结果

处理	株高（cm）				
	I	II	III	平均	较对照增加（cm）
1	32.40	34.10	28.60	31.70 aA	3.33
2	32.40	27.20	27.60	29.07 aA	0.70
3（CK）	28.30	28.40	28.40	28.37 aA	—

2.7　微生物菌剂对马铃薯植株地上部鲜重的影响

处理 1 的平均地上鲜重最高，为 148.42 g，其次是处理 2，平均地上鲜重为 124.77 g，较处理 3（CK）地上鲜重分别重 29.42 和 5.77 g，处理 1 和处理 2 对植株地上部生长有促进作用（表 7）。

表 7　不同处理地上部鲜重调查结果

处理	地上鲜重（g）				
	I	II	III	平均	较对照增加（g）
1	136.22	179.57	129.46	148.42 aA	29.42
2	152.73	110.63	110.95	124.77 aA	5.77
3（CK）	114.17	121.22	121.61	119.00 aA	—

2.8　微生物菌剂对马铃薯植株地下部根系鲜重的影响

处理 1 的平均地下部根系鲜重最高，为 24.79 g，其次是处理 2，平均地下部根系鲜重为 22.60 g，较处理 3（CK）分别重 3.77 和 1.58 g。表明微生物菌剂播种时喷施和苗期灌根处理都可以增加马铃薯植株的地下鲜重，有利于根系生长（表 8）。

表 8　不同处理地下部根系鲜重调查结果

处理	地下鲜重（g）				
	I	II	III	平均	较对照增加（g）
1	32.33	22.07	19.98	24.79 aA	3.77
2	28.76	18.29	20.74	22.60 aA	1.58
3（CK）	19.55	19.29	24.21	21.02 aA	—

2.9　微生物菌剂对马铃薯植株茎粗的影响

处理 1 的马铃薯主茎平均直径最粗为 15.59 mm，其次为处理 2 的主茎平均直径为 15.22 mm，处理 3（CK）的主茎平均直径最细为 14.87 mm，2 个处理分别较对照粗 0.72 和 0.35 mm。表明微生物菌剂播种时喷施和苗期灌根处理都可以增加马铃薯植株的茎粗，使植株强壮（表 9）。

表 9 不同处理茎粗调查结果

| 处理 | 主茎直径（mm） | | | | |
	I	II	III	平均	较对照增加（mm）
1	16.06	15.38	15.31	15.59 aA	0.72
2	15.95	14.55	15.17	15.22 aA	0.35
3（CK）	14.82	14.54	15.26	14.87 aA	—

2.10 微生物菌剂对马铃薯植株产量的影响

处理 1 平均产量最高为 12.53 kg/2.8 m²，产量为 2 984 kg/667 m²；其次为处理 2 平均产量为 12.19 kg/2.8 m²，产量为 2 904 kg/667 m²；处理 3（CK）平均产量最低为 11.96 kg/2.8 m²，产量为 2 849 kg/667 m²；2 个处理较处理 3（CK）小区产量分别增产 4.77% 和 1.92%。表明微生物菌剂播种时喷施和苗期灌根均提高了马铃薯的产量（表 10）。

表 10 不同处理小区产量调查结果

| 处理 | 产量（kg/2.8 m²） | | | | | 产量 |
	I	II	III	平均	较对照增产（%）	（kg/667 m²）
1	11.08	12.28	14.22	12.53	4.77	2 984 aA
2	13.24	11.00	12.33	12.19	1.92	2 904 aA
3（CK）	11.88	12.28	11.72	11.96	—	2 849 aA

2.11 微生物菌剂对马铃薯植株薯块营养物质的影响

收获后对各试验处理薯块淀粉、蛋白质、还原糖、维生素 C、干物质含量进行测定。由表 11 测定结果可以看出，处理 1 薯块的淀粉、蛋白质、还原糖、维生素 C 和干物质含量均高于空白对照；处理 2 薯块的淀粉含量、还原糖含量略低于空白对照，蛋白质含量、维生素 C 含量略高于处理 3（CK），干物质含量和处理 3（CK）相同。可以看出处理 1 对薯块的淀粉、蛋白质、还原糖、维生素 C、干物质含量均有不同程度提高。

表 11 不同处理薯块营养物质检测结果

处理	淀粉含量（%）	蛋白质含量（%）	还原糖含量（%）	维生素 C 含量（mg/100 g）	干物质含量（%）
1	13.6	1.62	0.29	13.82	17.8
2	13.4	1.60	0.26	13.73	17.5
3（CK）	13.5	1.59	0.28	13.66	17.5

2.12 微生物菌剂对马铃薯原原种结薯数量的影响

在马铃薯原原种生产中使用微生物菌剂 1 000 mL/667 m² 蘸根处理 1，收获时调查单株结薯数量。处理1"蒙黄1号""蒙红2号""0299-25-A1""1441-1-A2"4个马铃薯品种脱毒苗，"蒙黄1号"的平均单株结薯数是3.80个，较处理2(CK)增加7.65%；"蒙红2号"的平均单株结薯数是6.07个，较处理2(CK)增加2.36%；"0299-25-A1"的平均单株结薯数是4.53个，较处理2(CK)增加28.33%；"1441-1-A2"的平均单株结薯数是5.13个，较处理2(CK)增加6.88%；微生物菌剂1 000 mL/667 m²蘸根处理，4个马铃薯品种单株结薯数均有所增加。试验表明微生物菌剂1 000 mL/667 m²蘸根处理可以增加马铃薯微型薯的结薯数量(表12)。

表12 不同处理原原种结薯数量调查

| 品种 | 处理 | 结薯数量(个/5株) | | | | 平均单株结薯数 | 增加 |
		I	II	III	平均	(粒/株)	(%)
蒙黄1号	1	19	17	21	19.00	3.80	7.65
	2(CK)	14	17	22	17.67	3.53	—
蒙红2号	1	30	34	27	30.33	6.07	2.36
	2(CK)	33	29	27	29.67	5.93	—
0299-25-A1	1	21	27	20	22.67	4.53	28.33
	2(CK)	16	20	17	17.67	3.53	—
1441-1-A2	1	27	22	28	25.67	5.13	6.88
	2(CK)	34	17	21	24.00	4.80	—

2.13 微生物菌剂对马铃薯原原种结薯重量的影响

"蒙黄1号"脱毒苗处理1的平均单粒薯重是25.24 g，较处理2(CK)略小；"蒙红2号"脱毒苗处理1的平均单粒薯重是22.84 g，较处理2(CK)略大，增重2.28%；"0299-25-A1"脱毒苗处理1的平均单粒薯重是25.22 g，较处理2(CK)增重19.02%；"1441-1-A2"脱毒苗处理1的平均单粒薯重是24.32 g，较处理2(CK)增重29.16%；微生物菌剂1 000 mL/667 m²蘸根，可以在一定程度上增加单粒薯的重量(表13)。

表13 不同处理原原种结薯重调查

| 品种 | 处理 | 结薯重(kg/20 m²) | | | | 平均单粒薯重 | 增重 |
		I	II	III	平均	(g)	(%)
蒙黄1号	1	0.505	0.475	0.445	0.475	25.24	-6.10
	2(CK)	0.430	0.385	0.600	0.472	26.88	—
蒙红2号	1	0.705	0.725	0.640	0.690	22.84	2.28
	2(CK)	0.805	0.650	0.545	0.667	22.33	—
0299-25-A1	1	0.605	0.745	0.385	0.578	25.22	19.02
	2(CK)	0.395	0.395	0.325	0.372	21.19	—
1441-1-A2	1	0.550	0.725	0.550	0.608	24.32	29.16
	2(CK)	0.645	0.310	0.405	0.453	18.83	—

3　讨　论

由 2021 年微生物菌剂不同施用方式对马铃薯生长、产量及品质试验表明，在马铃薯大薯生产中，微生物菌剂 1 000 mL/667 m² 播种时喷施和苗期灌根对马铃薯出苗安全，增加了根系长度、根毛数量、匍匐茎数量、根系鲜重，促进地上部生长，提高产量，同时对薯块淀粉、蛋白质、还原糖、维生素 C 含量、干物质含量有所增加，其中微生物菌剂 1 000 mL/667 m² 播种时喷施效果更好。

在原原种生产中，微生物菌剂 1 000 mL/667 m² 蘸根处理，可增加单株结薯数量，在一定程度上可增加单粒薯的重量。

[参 考 文 献]

[1]　谢从华. 马铃薯产业的现状与发展 [J]. 华中农业大学学报: 社会科学版, 2012(1): 1-4.
[2]　邓兰生, 林翠兰, 涂攀峰, 等. 滴灌施肥技术在马铃薯生产上的应用效果研究 [J]. 中国马铃薯, 2009, 23(6): 321-324.
[3]　张西露, 刘明月, 伍壮生, 等. 马铃薯对氮、磷、钾的吸收及分配规律研究进展 [J]. 中国马铃薯, 2010, 24(4): 237-241.
[4]　曲京博. 不同施肥处理对黑土土壤及作物产量的影响 [D]. 哈尔滨: 东北农业大学, 2018.
[5]　付小猛, 毛加梅, 沈正松, 等. 中国生物有机肥的发展现状与趋势 [J]. 湖北农业科学, 2017, 56(3): 401-404.

有机硒肥不同施用方式对马铃薯块茎硒含量及品质的影响

李 兵, 王克秀, 唐铭霞, 杨雯婷, 郭 展, 胡建军*

(四川省农业科学院作物研究所, 四川 成都 610066)

摘 要: 食用富硒农产品是缺硒人群有效的补硒途径, 研究硒肥施用对提升马铃薯块茎硒含量具有重要意义。采用叶面喷施有机硒肥, 研究不同喷施次数及喷施时间对马铃薯块茎硒含量及其他品质(还原糖、维生素C、蛋白质)的影响。结果表明, 叶面喷施硒肥, 显著增加马铃薯块茎硒含量; 少量(2 g/667 m²)多次(出苗后21, 28和35 d)喷施有机硒肥, 块茎硒含量提高效果最佳, 还原糖水平最低, 但蛋白质和维生素C及干物质含量稍有下降。

关键词: 马铃薯; 硒肥; 硒含量; 品质

中国是农业生产大国, 随着人口增加及土壤耕地限制, 马铃薯已成为继水稻、小麦、玉米之后的第四大主粮作物, 马铃薯既可以作为粮食和蔬菜食用, 也可作为饲料, 在中国粮食安全和社会稳定方面具有举足轻重的作用[1,2]。自17世纪马铃薯引入中国以来, 其种植面积和产量逐年增加; 近年来, 中国已发展为马铃薯生产大国, 栽培面积常年在530万hm²以上, 马铃薯产量的提高和品质改善, 对于推动马铃薯主粮化具有十分重要的意义[3]。

硒是人体和动物维持正常生命活动必需的微量元素, 硒元素在人类健康中起着不可替代的作用, 在增强人体免疫功能、增强抗氧化、延缓衰老, 抑制肿瘤等方面起着重要作用[4,5]。对于缺硒人群而言, 有效的补充硒元素的途径便是食用富硒农产品, 因此, 培育富硒作物及研发富硒食品对于人体健康具有十分重要的意义。土壤硒肥是作物硒元素吸收的主要来源, 土壤硒肥的缺失或贫瘠往往导致作物缺硒, 硒肥施用对于作物硒的积累尤为重要[6]。前人就硒肥施用与水果、蔬菜、粮食作物的产量提高和品质改善等方面的影响开展相关工作。晏娟等[7]研究发现, 叶面喷施亚硒酸盐可以显著提高水稻籽粒中硒元素, 但对水稻产量的提高效果不甚明显。郝玉波等[8]研究表明, 低含量(≤10 mg/kg)的硒肥施用促进玉米生物量和产量的提高, 但高含量(≥25 mg/kg)的硒肥则抑制玉米植株生长, 导致干物质积累减少, 籽粒的品质和产量降低。刘庆等[9]研究表明, 在土壤中施用富硒矿粉可以显著提高玉米各器官及籽粒中硒含量, 但是对玉米产量没有影响。余小兰等[10]研究表明, 土壤中硒肥施用可以显著提高辣椒的产量和各器官中硒的含量, 但高浓度硒肥的施用会导致硒肥累积减少。贾亚琴等[11]研究表明, 拔节期和孕穗期喷施硒肥可以提高黑小麦的产量, 中等浓度(10~20 mg/L)的Na_2SeO_3, 可以显著提高黑小麦籽粒中的硒含量。王素

作者简介: 李兵(1991—), 男, 博士, 研究方向为马铃薯栽培生理。

基金项目: 国家马铃薯产业技术体系(CARS-09-P9); 四川省"十四五"薯类育种攻关项目(2021YFYZ0019)。

*** 通信作者:** 胡建军, 研究员, 研究方向为马铃薯栽培生理, e-mail: 373241312@qq.com。

华等[12]研究表明不同马铃薯品种的农艺性状对硒肥施用的响应呈现明显差异；随着硒肥用量的增加，马铃薯的产量呈先增后减的趋势，以 6 mg/L 的硒质量浓度施肥，可以获得最高的马铃薯产量。丁旭等[13]研究表明，外施 3 mg/L 亚硒酸钠可以提高低温胁迫下马铃薯幼苗的抗寒性。姜波等[14]研究表明，苗期喷施硒肥可以增加马铃薯各部位的硒含量及提高马铃薯产量。尽管前人就硒肥施用及效应开展了广泛研究，但基于试验材料、施肥方式、硒肥类型及土壤硒肥含量的差异，不同研究团队在硒肥的最佳施用剂量及硒肥施用与作物产量和品质的关系存在明显差异[15-19]。前人就马铃薯对硒肥的吸收、积累及对马铃薯产量和品质的影响开展了大量研究，这些研究成果为富硒马铃薯的生产应用起到很好的指导作用，但土壤类型、品种、硒肥施用方式等差异对马铃薯硒肥施用缺少统一标准[12,18]。以"川芋 117"和"费乌瑞它"为试验材料，以有机硒肥为硒源，采用不同的硒肥施用方式研究叶面喷施有机硒肥对马铃薯块茎品质的影响，为富硒马铃薯的生产提供指导。

1 材料与方法

1.1 试验材料及地点

试验材料：中早熟品种"川芋 117"和早熟品种"费乌瑞它"，材料由四川省农业科学院作物研究所提供。

土壤基础肥力：有机质含量 38.78 g/kg，全氮含量 1.71 g/kg，全磷含量 3.34 mg/kg，全钾 16.02 mg/kg，碱解氮 101.37 mg/kg，速效磷 27.15 mg/kg，速效钾 93.07 mg/kg，硒含量 6.59 mg/kg，土壤 pH 值 4.82。

试验地点：在四川省成都市金堂县清江镇开展，2016 年 12 月 9 日播种，2017 年 2 月23 日出苗，2017 年 5 月 2 日收获。

1.2 试验设计

以 2 个品种（"川芋 117"和"费乌瑞它"）和有机硒肥不同施肥方式（施肥次数、施肥时间）为变异因素，以叶面喷施清水为对照，采用叶面喷施的方式追施有机硒肥，共设计 6个处理，每个处理 4 个重复，采用随机区组设计。分别在出苗后 21 d（3 月 15 日），28 d（3月 22 日），35 d（3 月 29 日）进行叶面有机硒肥的喷施。具体试验设计见表 1。

表 1 有机硒肥叶面喷施试验设计

出苗时间（d）	对照	处理 1（施肥 1 次）	处理 2（施肥 2 次）	处理 3（施肥 3 次）	处理 4（施肥 1 次）	处理 5（施肥 1 次）
21	清水	6 g/667 m²	3 g/667 m²	2 g/667 m²	清水	清水
28	清水	清水	3 g/667 m²	2 g/667 m²	6 g/667 m²	清水
35	清水	清水	清水	2 g/667 m²	清水	6 g/667 m²

1.3 测定项目及方法

1.3.1 基础土样样品的采集

播种前，根据地块的形状按蛇形取 10 个样点，制成 1 个混合土样，在室内自然风干后，过筛备用。测定土壤有机质、pH 值、全氮、全磷、全钾、速效氮、速效磷、速效钾、硒含量 9 个指标。

1.3.2　测定块茎品质

块茎收获后测定干物质、蛋白质、还原糖、维生素 C、硒含量。

1.4　统计分析

试验数据采用 Excel 2007 进行基本数据的整理，采用 DPS 15.10 对数据进行方差分析，采用 Duncan 进行显著性分析。

2　结果与分析

2.1　有机硒肥不同喷施方式对马铃薯块茎品质的影响

在硒肥喷施总量一致($6\ g/667\ m^2$)的前提下，对马铃薯品种、喷施方式处理下马铃薯块茎品质进行方差分析(表 2)。喷施方式对块茎硒含量有极显著影响，马铃薯品种对块茎硒含量无显著差异，两因素互作对块茎硒含量无显著影响；品种和喷施方式均对块茎还原糖、维生素 C 和蛋白质含量具有显著影响，其中品种对还原糖和维生素 C 的影响大于喷施方式，而喷施方式对蛋白质的影响大于品种，两因素互作均对块茎还原糖、维生素 C 和蛋白质含量具有显著影响；喷施方式对块茎干物质含量有极显著影响，品种对干物质含量无显著影响，但两因素互作对块茎干物质含量有极显著影响。

表 2　硒肥不同喷施方式块茎品质的方差分析

来源	df	均方				
		硒含量	还原糖	维生素 C	蛋白质	干物质
品种	1	45 546.6^{ns}	1.800 3**	1 468.1**	0.231 5**	0^{ns}
喷施方式	5	233 416.5**	0.313 1**	862.7**	0.503 2**	0.000 5**
品种 × 喷施方式	5	13 247.2^{ns}	0.163 6**	506.2**	0.044 7*	0.000 8**
误差	24	10 805.9	0.015 1	1.8	0.006	0.000 1
总变异	35					

注：* 表示差异达显著水平($P < 0.05$)，** 表示差异达极显著水平($P < 0.01$)。^{ns} 表示差异不显著。

2.2　有机硒肥不同喷施方式对马铃薯块茎硒含量的影响

由图 1 和表 2 所示，在有机硒肥喷施一致的条件下，品种对硒含量没有显著差异；相比于对照块茎，叶面喷施有机硒肥均可以显著提高马铃薯块茎的硒含量；在马铃薯整个生育期仅喷施 1 次有机硒肥($6\ mg/667\ m^2$)的处理中，早期(出苗后 21 d)叶面喷施有机硒肥，块茎硒含量显著高于后期即出苗后 28 和 35 d 叶面喷施处理，"川芋 117"和"费乌瑞它"块茎硒含量分别达到 0.065 和 0.047 mg/kg；随着叶面喷施硒肥次数的增加，马铃薯块茎中硒含量呈现增长的趋势，在整个生育期喷施 3 次有机硒肥，可显著增加块茎硒含量，分别为 0.115 和 0.074 mg/kg，与对照相比，块茎硒含量提高了 6.4 和 4.8 倍，处理间差异达到显著水平。因此，少量多次进行叶面有机硒肥喷施，可以显著提高马铃薯块茎硒含量。

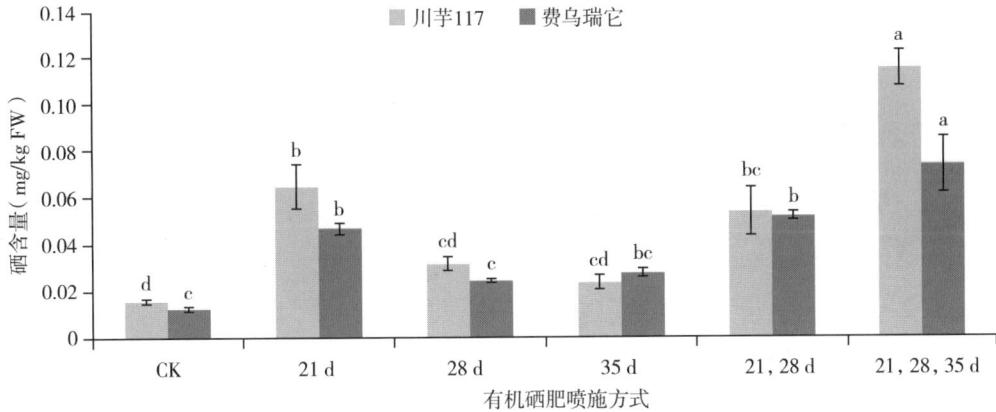

注：不同小写字母表示同一品种处理间差异显著($P < 0.05$)。

图1 硒肥不同喷施方式对马铃薯块茎硒含量的影响

2.3 有机硒肥不同喷施方式对马铃薯品质的影响

在总有机硒肥施用量一致($6\ \mathrm{g}/667\ \mathrm{m}^2$)的前提下，不同喷施方式对马铃薯块茎的还原糖、蛋白质、维生素C和干物质含量有显著影响。不同马铃薯品种对硒肥喷施处理后还原糖的含量有较大差异。"川芋117"块茎还原糖含量对硒肥喷施较为敏感，在不同硒肥喷施方式下，"川芋117"还原糖含量呈逐渐下降的趋势；叶面硒肥喷施越晚(出苗后35 d)，马铃薯还原糖含量积累越低；少量多次施用硒肥，块茎还原糖越低，在21，28和35 d分别叶面喷施硒肥，"川芋117"块茎中还原糖含量最低，达到0.731%。"费乌瑞它"块茎还原糖含量对硒肥喷施不太敏感，早期叶面喷施硒肥，块茎还原糖含量与对照块茎没有显著差异，中晚期叶面喷施硒肥，块茎还原糖含量显著降低。不同马铃薯品种对硒肥喷施后维生素C含量存在一定差异，早期、中期及少量多次进行叶面硒肥喷施，均可以显著提高"川芋117"块茎的维生素C含量；而"费乌瑞它"在不喷施硒肥条件下，块茎维生素C含量较高；少量多次进行叶面硒肥的喷施，可以显著提高其块茎维生素C的含量。"川芋117"和"费乌瑞它"在出苗后21 d进行1次($6\ \mathrm{g}/667\ \mathrm{m}^2$)叶面喷施硒肥，块茎蛋白质含量显著高于对照和其他处理，随着喷施时间的推移，块茎蛋白质含量呈现下降趋势，在少量多次(3次，每次$2\ \mathrm{g}/667\ \mathrm{m}^2$)叶面喷施有机硒肥，蛋白质含量更低。硒肥不同喷施方式对马铃薯块茎干物质存在显著影响。单次叶面喷施硒肥，随着喷施时间的推移，"川芋117"块茎干物质含量呈现下降趋势，出苗21和28 d喷施硒肥的干物质含量与对照差异不显著，但35 d喷施硒肥显著降低块茎干物质含量；同时，相比于对照，少量多次喷施有机硒肥，"川芋117"的干物质含量呈下降趋势，但未达显著水平；但"费乌瑞它"则表现为叶面喷施有机硒肥，显著提高块茎干物质含量；出苗后28 d进行单次施肥，块茎干物质含量更高，达到18.01%，显著高于对照和其他处理(表3)。

表 3　硒肥不同喷施方式对块茎品质的影响

品种	施肥方式	还原糖（%）	维生素 C（mg/kg·FW）	蛋白质（g/100 g）	干物质（%）
川芋 117	CK	1.633 a	73.65 e	2.080 b	16.59 a
	喷施 1 次（21 d）	1.460 a	93.93 c	2.633 a	16.12 a
	喷施 1 次（28 d）	0.948 c	111.39 a	1.797 c	15.49 a
	喷施 1 次（35 d）	0.730 c	68.18 f	2.103 b	13.23 b
	喷施 2 次（21，28 d）	1.204 b	84.73 d	2.053 b	15.65 a
	喷施 3 次（21，28，35 d）	0.731 c	104.61 b	1.787 c	15.01 ab
费乌瑞它	CK	0.711 ab	90.53 b	2.317 b	12.92 c
	喷施 1 次（21 d）	0.728 ab	74.25 c	2.560 a	15.44 b
	喷施 1 次（28 d）	0.508 c	71.37 d	2.040 c	18.01 a
	喷施 1 次（35 d）	0.549 bc	59.37 e	2.253 b	15.45 b
	喷施 2 次（21，28 d）	0.842 a	71.21 d	2.040 c	15.60 b
	喷施 3 次（21，28，35 d）	0.684 abc	93.13 a	2.077 c	14.25 bc

注：同列数据后不同小写字母表示同一品种处理间差异显著（$P < 0.05$）。

3　讨　论

本研究结果表明，叶面喷施有机硒肥，可以显著提高马铃薯块茎硒含量；有机硒肥喷施总量为 6 g/667 m² 用量下，少量多次（3 次，每次 2 g/667 m²）喷施，块茎硒的吸收效果最佳，达到粮食/蔬菜富硒食品的标准；同时，少量多次喷施硒肥，块茎还原糖水平更低，为加工型马铃薯品种的生产提供指导。叶面喷施硒肥对马铃薯其他品质改善也有一定的效果。本研究结果与前人研究结果一致，硒肥的施用能够显著增加马铃薯的硒含量，但前人的研究主要开展关于不同硒肥用量、硒肥施用类型以及不同品种硒肥施用对马铃薯产量和品质的影响，随着硒肥施用量的增加，马铃薯硒含量显著增加，适宜浓度的硒肥施用可以增加作物的产量并改善品质，但高浓度的硒肥施用量可能抑制马铃薯等作物的生长和有机硒的转化，影响作物的产量，甚至出现作物硒的过度富集及毒害作用[8,14,16,18-22]。本研究根据不同时间进行叶面喷施有机硒肥（总量 6 g/667 m²）的方式为富硒马铃薯的生产提供技术和理论支持。

[参 考 文 献]

[1]　张玉胜.中国马铃薯产品国际竞争力及出口潜力研究 [D].北京:中国农业科学院,2020.

[2]　仲乃琴,李丹,任园园,等.现代农业科技助力马铃薯产业精准扶贫—中国科学院微生物研究所马铃薯产业科技扶贫实践与启示 [J].中国科学院院刊,2019,34(3):349-356,244.

[3]　李文娟,秦军红,谢开云,等.从世界马铃薯的发展看中国马铃薯 [J].农业工程技术,2015(23):16-19.

[4]　Farooq M U, Tang Z, Zeng R, et al. Accumulation, mobilization, and transformation of selenium in rice grain provided with foliar sodium selenite [J]. Journal of the Science of Food and Agriculture, 2019,99(6):2 892-2 900.

[5]　李傲瑞,乔新星,赵飞飞,等.硒与人体健康关系研究进展 [J].绿色科技,2020(12):121-122.

[6] 王德美,范成五,刘桂华,等.外源补硒对农产品增产提质的研究进展 [J].安徽农业科学,2021,49(20):14-17.

[7] 晏娟,张忠平,朱同贵.不同硒肥对水稻产量及硒累积效应的影响 [J].安徽农业科学,2021,49(19):142-143,156.

[8] 郝玉波,刘华琳,慈晓科,等.施硒对两种类型玉米硒元素分配及产量、品质的影响 [J].应用生态学报,2012,23(2): 411-418.

[9] 刘庆,田侠,史衍玺.外源硒矿粉对玉米硒累积及矿质元素吸收的影响 [J].植物营养与肥料学报,2016,22(2): 403-409.

[10] 余小兰,张静,李光义,等.辣椒在不同施硒水平下硒累积规律 [J].热带作物学报,2021,42(7):1 988-1 994.

[11] 贾亚琴,董飞,杨峰,等.喷施硒肥对黑小麦籽粒产量及硒含量的影响 [J].麦类作物学报,2021,41(10):1 266-1 271.

[12] 王素华,万国安,秦玉芝,等.外源硒对马铃薯农艺性状及产量品质的影响 [J].农业科学研究,2021,42(4):37-44,55.

[13] 丁旭,丁红映,王明,等.硒提高马铃薯幼苗抗寒性生理研究 [J].中国蔬菜,2019(1):41-46.

[14] 姜波,张晓莉,任珂,等.硒肥对马铃薯硒含量及产量的影响 [J].中国马铃薯,2017,31(3):149-153.

[15] 胡万行,赵博思,石玉,等.生态纳米硒对紫色马铃薯生长及光合特性的影响 [J].北方农业学报,2019,47(3): 64-69.

[16] 殷金岩,耿增超,李致颖,等.硒肥对马铃薯硒素吸收、转化及产量、品质的影响 [J].生态学报,2015,35(3):823-829.

[17] 邢海峰,高炳德,樊明寿,等.马铃薯硒素吸收分配规律及硒肥效应研究 [J].华北农学报,2012,27(6):213-218.

[18] 高青青.叶面喷施亚硒酸钠对彩色马铃薯品质及产量的影响 [D].杨凌:西北农林科技大学,2016.

[19] 邢颖,梁潘霞,廖青,等.有机硒肥对马铃薯硒素利用及产量品质的影响 [J].西南农业学报,2017,30(11):2 522-2 525.

[20] 刘红恩,李金峰,赵鹏,等.施硒对冬小麦产量及硒吸收转运的影响 [J].麦类作物学报,2017,37(5):694-699.

[21] 孙协平,王武,罗友进,等.提高作物硒含量研究进展 [J].湖南农业科学,2015(7):144-147.

[22] 侯青光,韦林汕,卢亚妮,等.硒肥不同喷施时期和种类对玉米产量、品质及硒和重金属含量的影响 [J].西南农业学报,2021,34(9):1 900-1 906.

不同生物菌肥对马铃薯生长及产量的影响

张志凯[1,2]，王　越[1,2]，陈晓辉[1,2]，梁召坤[2]，胡柏耿[1,2]*

(1. 国家马铃薯工程技术研究中心，山东　乐陵　253600；

2. 乐陵希森马铃薯产业集团有限公司，山东　乐陵　253600)

摘　要：以马铃薯"希森6号"为试验材料，选用9种生物菌肥，采用随机区组设计，研究不同生物菌肥对马铃薯生长的影响。供试的9种生物肥，除施用生物菌肥盛之丰、根生元之外，其他生物菌肥均可供给马铃薯植株正常生长。对其产量性状进行分析，除生物菌肥盛之丰，其他肥料处理与对照无显著性差异。所以选择合适的生物菌肥，可以代替常规速效肥，在不影响马铃薯产量的情况下，可有效改善土壤及环境。

关键词：马铃薯；生物菌肥；性状；产量

马铃薯是仅次于小麦、水稻和玉米的第四大种植作物，同时也是粮菜兼用作物，具有适应性广、产量高、抗旱能力强等优点，深受广大薯农的青睐[1]。马铃薯在种植过程中，为了提高产量，种植者长期及超量施用化肥，造成了土壤板结、地力下降，施肥成本增加、产品品质变劣[2]，同时也严重污染了大气及地下水[3]。生物菌肥是以微生物的生命活动导致作物得到特定肥料效应的一种制品，是农业生产中使用肥料中最环保的一种，在中国已有近50年的历史。生物菌肥及代谢产物可以有效促进马铃薯生长、提高马铃薯产量[4]，有规划的不间断施用，可以改良土壤结构、改善土壤理化性质和生物种群等可持续的优点[5]，以及减少传统化学肥料造成的污染。本试验在乌兰察布市，探究了不同生物菌肥对马铃薯生长的影响，以期为马铃薯应用绿色肥料提供参考依据。

1　材料与方法

1.1　试验材料

供试马铃薯品种为"希森6号"(乐陵希森马铃薯产业集团有限公司)。生物菌肥分别为：枯草、侧孢、巨大、地衣、EM、盛之丰、地力旺EM、根生元、皓达叶面肥及常规速效肥。

1.2　试验地简介

试验于2021年进行，试验地位于乌兰察布市商都县七台镇西坊子村，土壤为沙壤土，肥力中等。

1.3　试验方法

试验以常用化肥作对照，共计10个处理。3次重复，共30个小区，每个小区播种3行，每行播种40株(行距90 cm，株距20 cm，小区面积约21.6 m²)，随机区组排列。

其中生物菌肥枯草、侧孢、巨大、地衣、EM需要拌种施用，方法为，生物肥、滑石

作者简介：张志凯(1990—)，男，硕士，主要从事马铃薯育种及栽培生理研究工作。

基金项目：2020年鲁渝科技协作项目(2020LYXZ004)。

*通信作者：胡柏耿，博士，高级工程师，主要从事马铃薯育种及新品种推广工作，e-mail：hubaigeng@163.com。

粉与种薯施用比例为 1∶25∶2 500，拌匀后，直接开沟播种。

生物菌肥地力旺 EM 及根生元用量均为 30 kg/667 m²，盛之丰用量为 60 kg/667 m²，撒施于开沟处，整薯播种。

皓达生物菌肥 1 000 倍稀释液叶面喷施，间隔 10~15 d 喷施 1 次，共 3 次。整个期间浇水 2 次，喷药 2 次，其他栽培及管理条件与大田操作一致。

1.4 统计方法

利用 PASW Statistics 18 软件对数据进行统计分析。每小区选取中间 1 行 30 株进行测量，不同生物肥间结薯数量、重量及淀粉含量的差异显著性采用单因素方差分析及独立样本 T 检验。折合产量（kg/667 m²）的计算为：（大薯重 + 中薯重 + 小薯重）/30 × 3 706。

2 结果与分析

2.1 不同生物菌肥对马铃薯主要生长性状的影响

由图 1 可知，施用不同生物菌肥，"希森 6 号"株高、茎粗存在差异。施用生物菌肥皓达、地衣、地力旺及 EM 的马铃薯植株株高相对较高，与其他肥料处理相比具有显著性差异。施用生物菌肥皓达的马铃薯平均茎粗为 12.85 mm，相对低于枯草、侧孢、巨大、地衣、EM 和地力旺肥料处理生物菌肥。生物菌肥盛之丰处理的马铃薯株高、茎粗分别平均为 46 cm 和 9.96 mm，显著弱于施用的其他生物菌肥，其生长势最弱。施用根生元生物菌肥的马铃薯株高、茎粗也相对低于其他生物肥处理。各生物菌肥处理主茎数之间差异相对较小，平均 1~2 个主茎。表明施用生物菌肥盛之丰、根生元，马铃薯的长势较弱，施用其他生物菌肥，不影响马铃薯的长势。

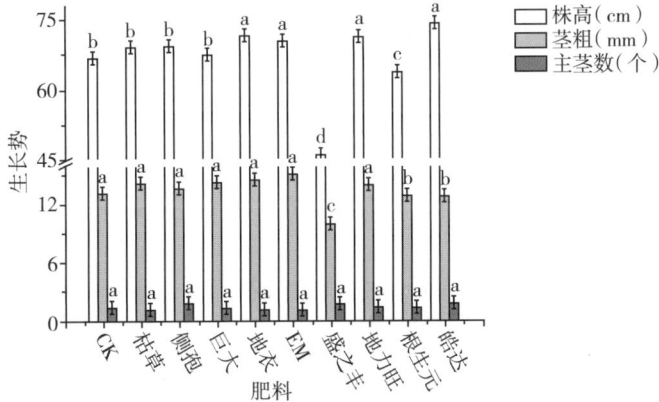

注：不同处理的不同小写字母表示 0.05 水平差异显著，下同。

图 1 施用不同生物肥马铃薯植株生长势

2.2 不同生物菌肥对马铃薯经济性状的影响

各生物菌肥处理结大薯数均明显高于中薯数，小薯数最少。其中施用生物菌肥地力旺、CK、皓达、地衣的马铃薯大薯数最多，分别平均约为 100，98.67，98.00 及 94.00 个，但总体而言大薯率间没有显著差异（表 1、图 2，地衣和盛之丰除外），分别占总产量的 56.71%、55.82%、50.33%、62.26%。施用生物肥地衣马铃薯的大薯数显著高于盛之丰（图 2）。对于中薯数来说，施用生物肥侧孢的马铃薯中薯数显著高于 CK 和生物肥根生元。其他中薯数及中薯比间没有显著差异。

表 1 不同生物菌肥处理对马铃薯主要经济性状的影响

肥料	大薯数（个）	大薯重（kg）	中薯数（个）	中薯重（kg）	小薯数（个）	小薯重（kg）	大中薯率（%） 大薯 数比	大中薯率（%） 大薯 重比	大中薯率（%） 中薯 数比	大中薯率（%） 中薯 重比
CK	98.67	18.20	43.33	3.53	34.33	1.14	55.82 ± 6.08	78.95 ± 4.57	24.73 ± 1.90	15.89 ± 3.00
枯草	89.00	16.21	47.67	3.30	36.67	1.08	51.48 ± 5.33	77.93 ± 3.21	27.61 ± 1.01	16.40 ± 2.10
侧孢	87.00	16.59	55.33	4.24	32.33	1.13	50.68 ± 3.34	75.90 ± 2.18	31.34 ± 1.30	19.09 ± 1.40
巨大	86.33	17.12	47.67	3.64	29.33	0.95	52.89 ± 2.68	78.64 ± 1.97	29.13 ± 1.16	16.89 ± 1.30
地衣	94.00	18.69	43.33	3.31	14.67	0.55	62.26 ± 4.29	82.91 ± 2.75	28.21 ± 3.10	14.67 ± 2.59
EM	83.33	15.31	52.33	3.69	30.00	0.91	49.34 ± 12.51	72.99 ± 9.35	31.60 ± 4.38	21.03 ± 6.15
盛之丰	56.33	9.06	38.33	2.96	25.33	0.82	46.94 ± 1.03	70.36 ± 0.95	32.33 ± 2.69	23.26 ± 1.35
地力旺	100	19.03	48.00	3.47	31.67	1.18	56.71 ± 5.59	80.30 ± 3.33	25.98 ± 4.21	14.73 ± 3.22
根生元	89.33	18.07	46.67	3.84	41.33	1.32	50.37 ± 2.00	77.76 ± 1.98	26.08 ± 0.96	16.42 ± 1.21
皓达	98.00	18.19	55.00	4.11	40.00	1.35	50.33 ± 7.52	75.36 ± 5.86	28.66 ± 0.97	18.14 ± 2.97

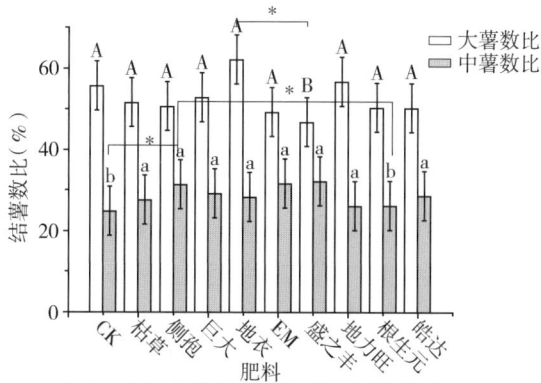

图 2　不同生物肥处理马铃薯结薯数比

生物菌肥盛之丰折合产量最低，与其他生物肥相比具有显著差异（EM除外），与常规速效肥相比减产43.85%。总体而言，除盛之丰之外，与施用常规速效肥相比，其他生物肥的折合产量均未达到显著差异。生物肥EM折合产量相对较低，与常规速效肥相比减产12.96%。而生物肥地力旺、叶面肥皓达分别增产3.52%和3.38%（图3）。

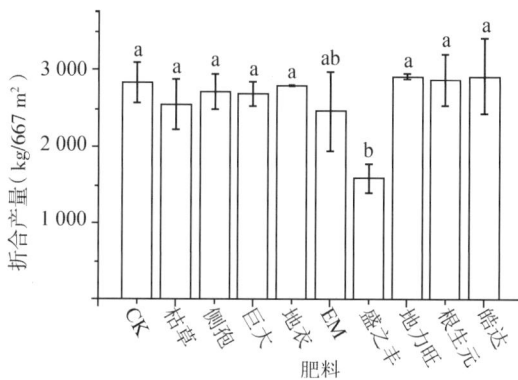

图 3　不同生物肥处理折合产量

2.3　不同生物菌肥处理马铃薯淀粉含量比较

施用常规速效肥与施用不同生物肥之间，在相同的管理模式下，马铃薯淀粉含量之间没有显著差异（图4）。

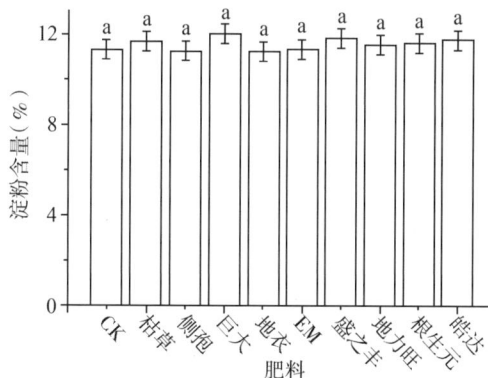

图 4　不同生物肥处理淀粉含量

3 讨 论

试验表明，在同样管理条件下，从植株的农艺性状、产量及淀粉含量来看，建议继续施用常规速效肥，或者以地力旺与皓达代替常规速效肥，以达到减少人力、物力、财力的效果。不建议施用生物肥盛之丰。

研究结果表明，供试验的9种生物肥，除施用生物菌肥盛之丰、根生元之外，其他生物菌肥均可供给马铃薯植株正常生长。对其产量性状进行分析，除生物菌肥盛之丰，其他肥料处理与对照无显著性差异。研究表明生物菌肥可以改善地力，调整土壤结构[6]，对马铃薯产量的增加不显著[7]，同时不是所有种类的生物菌肥适合于马铃薯[8]。选择合适的生物菌肥，可以代替常规速效肥，在不影响马铃薯产量的情况下，可有效改善土壤及环境，同时生物菌肥对防治疮痂病有一定的效果[9]。本研究仅为一年一点试验，环境不同，试验结果可能有所差异。

[参 考 文 献]

[1] 今芝,胡卫静,梁宏,等.乌兰察布市马铃薯施肥现状研究 [J].北方农业学报,2019,47(1):57-62.

[2] 高振宁.保护生态环境,发展有机农业 [J].农村生态环境,2001,17(2):1-4.

[3] 李凯年.发展绿色食品势在必行 [J].中国植物与营养,2001,22(1):61-63.

[4] 段转宁,郑光跃,朱炳权,等.生物菌肥不同施用方式对马铃薯生长及产量的影响 [J].安徽农业科学,2020,48(11):50-51.

[5] 赵海红.两种新型生物肥对马铃薯产量及晚疫病的影响 [J].中国西部科技,2014(6):63-64.

[6] 唐亮.浅谈生物菌肥的应用技术 [J].现代农业,2014(2):23.

[7] 倪玮.不同肥料对马铃薯生长的影响 [J].农业科技通讯,2018(12):195-196.

[8] 陈效杰,丁俊杰,邢文,等.脱毒马铃薯应用生物菌肥的效果 [J].中国马铃薯,2009,23(4):224-225.

[9] 王敏,吕和平,高彦萍,等.微生物菌肥在马铃薯疮痂病防治上的应用效果 [J].甘肃农业科技,2021,52(10):27-31.

土壤中含盐量对马铃薯出苗及产量的影响

王珍珍[1,2]，孙莎莎[1,2]，陈晓辉[1,2]，梁召坤[2]，胡柏耿[1,2]*

（1. 国家马铃薯工程技术研究中心，山东　乐陵　253600；
2. 乐陵希森马铃薯产业集团有限公司，山东　乐陵　253600）

摘　要：将从国外引进的 5 个资源的马铃薯微型薯随机播种在乌兰察布市商都县的大田土壤中，以研究土壤中含盐量对其出苗生长及结薯的影响。结果表明，随着盐浓度的升高，微型薯的出苗率、苗期长势和薯块的生长均受到相应的抑制，表现在出苗迟缓、成活率低、植株矮小等方面。微型薯对盐的敏感性较大，因此认为，从现有的品种（系）中筛选抗（耐）盐品种（系），从微型薯做起可为以后的田间筛选做好准备。

关键词：马铃薯；含盐量；产量；微型薯

马铃薯（*Solanum tuberosum* L.）是重要的粮菜兼用的经济作物[1]，中国作为世界上最大的马铃薯生产国[2]，其种植面积和产量在世界上仅次于小麦、玉米、水稻[3]。2015 年中国提出马铃薯主粮化发展战略[4]，把马铃薯列为国家第四大粮食作物[5]，因此马铃薯优良品种的选育对调整种植业结构、解决粮食安全及消除贫困亦具有深远意义。早春马铃薯播种于 1—2 月，收获于 4—6 月，因其能占领马铃薯市场空缺而较其他季节的马铃薯价格高、市场稳定、种植效益好，深受种植户的青睐[6]。但目前品种比较单一，再加上连作的影响，造成马铃薯产量和品质逐年下降[7]。乌兰察布市马铃薯产业势头较好，但生产中的品种多为鲜食品种，主食化加工品种缺乏，种植的品种混杂、退化，严重制约了当地马铃薯产业的发展。新品种引进是马铃薯育种环节中的一项重要工作[8]，随着市场多元化和产业发展需求，加快新品种引进和筛选工作，已成为乌兰察布市急需解决的主要任务。

中国现有 9 666.67 万 hm^2 盐碱地，加快创新耐盐碱马铃薯研发及应用领域的突破性成果，构建马铃薯耐盐碱地科技全产业链创新平台，通过实施耐盐碱马铃薯从品种选育到主食化深加工全产业链驱动，对引领当地农业增产、农民增收，同时打造出乡村产业振兴的科技样板具有重要意义。

1　材料与方法

1.1　试验材料

参试资源有 Z1048（加拿大引进），Z1052、Z1066、Z1069、Z1071（英国哈顿引进）。所

作者简介：王珍珍（1991—），女，硕士，主要从事马铃薯育种及栽培生理研究工作。
基金项目：山东省农业良种工程项目（2020LZGC003）；中央引导地方资金（YDZX2021104，YDZX2021077）。
*通信作者：胡柏耿，博士，高级工程师，从事马铃薯育种及新品种推广工作，e-mail：hubaigeng@163.com。

有参试种薯均为一级种薯。"大西洋"为当地主栽品种，生长期间抗旱、抗病，块茎大而整齐，淀粉含量高，综合性状优良，故作为对照品种。

1.2 试验地概况

乌兰察布市深居内地，远离海洋，属中温带半干旱大陆性季风气候。冬季寒冷漫长，多刮大风；夏季短促，雨量偏少，气候干燥，日照充足。年平均降水 250~350 mm，由南向北呈递减趋势，降水量主要集中在 6 月下旬至 9 月中旬，降水量年际变化大，最多年份达到 570 mm，最少年份为 170 mm。全年平均气温 3.4 ℃，无霜期 110 d。全年日照时数在 2 850~3 250 h，年日照百分率63%~72%，属中国光能资源高值区，全市境内共有 48 条干河流，这些河道分属黄河、永定河和内陆河 3 大水系。乌兰察布市土壤主要类型为栗钙土、栗褐土，多呈沙性。有机质含量平均 2.9%，全氮含量 0.179%，速效磷含量 5.1 mg/kg，速效钾含量 143 mg/kg。

1.3 试验方法

试验采取随机区组设计。试验地点在内蒙古自治区商都县，以不同资源为处理，3 次重复，共 18 个小区，3 行区，每行种植 20 株，共计 60 株。试验采用露地栽培种植方式，株距 20 cm，行距 90 cm。

试验过程中，随机均匀取土，分别在 6 月 15 日、7 月 15 日、9 月 8 日用取样器在同一位置取样检测(表 1)。

表 1 试验取样土壤含盐量

资源号	第 1 次含盐量 (%)	第 2 次含盐量 (%)	第 3 次含盐量 (%)
	0.050 4	0.086 4	0.062 5
Z1048	0.086 6	0.174 6	0.045 0
	0.095 8	0.152 4	0.073 4
	0.069 0	0.085 6	0.055 2
Z1052	0.063 0	0.097 2	0.085 4
	0.090 2	0.096 2	0.063 8
	0.089 0	0.093 2	0.070 2
Z1066	0.188 6	0.191 0	0.110 8
	0.093 0	0.103 4	0.059 2
	0.065 4	0.090 6	0.056 6
Z1069	0.062 4	0.201 8	0.056 2
	0.061 4	0.072 8	0.052 6
	0.089 8	0.113 8	0.072 4
Z1071	0.210 2	0.221 0	0.078 2
	0.081 4	0.102 6	0.095 8

1.4 调查项目与方法

生育特性：播种期、出苗期、现蕾期、开花期、成熟期、收获期和生育期。

形态特征：株型、株高、茎色、叶色、花冠色、植株繁茂性。

块茎性状：薯形、皮色、肉色、芽眼深浅、光滑度、整齐度、商品薯率。

产量性状：单株块茎数、单株块茎重、小区产量。

1.5 数据分析

试验数据采用 Excel 2003 软件进行处理。

2 结果与分析

2.1 生育期

参试材料均于 4 月 30 日播种，出苗期接近，Z1052 现蕾期和开花期最早，现蕾期较 Z1048、Z1066 提前 6 d，开花期较 Z1048、Z1066 提前 8 d；收获时 Z1048 表现为极早熟，Z1052、Z1071 为中熟，Z1066 为早熟，Z1069 为中早熟(表 2)。

表 2 马铃薯不同资源生育期

资源号	播种期(D/M)	出苗期(D/M)	现蕾期(D/M)	开花期(D/M)	熟性
Z1048	30/04	10/06	06/07	16/07	EE
Z1052	30/04	10/06	30/06	08/07	M
Z1066	30/04	12/06	06/07	16/07	E
Z1069	30/04	11/06	30/06	10/07	ME
Z1071	30/04	10/06	02/07	14/07	M

注：E-早熟，M-中熟，L-晚熟，EE-极早熟，ME-中早熟，ML-中晚熟。

2.2 农艺性状

马铃薯不同资源的形态特征存在一定的差异。在株高和茎粗方面，Z1052 最高为 78.0 cm，最粗为 12.504 mm，主茎数最多的是 Z1048，为 3.6 个(表 3)。

表 3 马铃薯不同资源形态特征

资源号	株高(cm)	茎色	茎粗(mm)	主茎数(个)	叶色	花冠色	花的繁茂性	整齐度
Z1048	38.2	绿	6.538	3.6	绿	紫	+	+++
Z1052	78.0	绿	12.504	3.4	绿	白	+++	++
Z1066	27.4	绿	6.337	1.1	绿	白	—	—
Z1069	71.6	绿	11.941	1.1	绿	白	++	+
Z1071	63.5	绿	11.621	3.0	绿	白	++	+

2.3 块茎性状

马铃薯不同材料的块茎性状存在一定的差异。薯形方面，Z10481 为扁圆形，其余材料为椭圆形；皮色方面，Z1066 为浅黄色，其余材料为黄色；Z1066 和 Z1071 的肉色为白色，其余材料为浅黄色；所有参试材料芽眼均为浅；Z1069 的淀粉含量和干物质含量最高，分别为 17.56%、23.32%（表4）。

表4　马铃薯不同资源块茎性状

资源号	薯形	皮色	肉色	芽眼	淀粉含量（%）	干物质含量（%）
Z1048	扁圆	黄	浅黄	浅	16.64	22.41
Z1052	椭圆	黄	浅黄	浅	14.07	19.83
Z1066	椭圆	浅黄	白	浅	11.77	17.53
Z1069	椭圆	黄	浅黄	浅	17.56	23.32
Z1071	椭圆	黄	白	浅	17.13	22.89

2.4　产量性状

马铃薯不同材料的产量性状存在一定的差异。Z1071 单株块茎数最多为 12.1 个，Z1052 单株块茎重最多为 1.267 0 kg，折合产量最高为 3 837 kg/667 m²，商品薯率最高为 83.27%（表5）。

表5　马铃薯不同资源产量性状

资源号	单株块茎数（个）	单株块茎重（kg）	折合产量（kg/667 m²）	商品薯率（%）
Z1048	9.2	0.628 5	1 671	50.18
Z1052	10.7	1.267 0	3 837	83.27
Z1066	4.7	0.380 5	726	62.71
Z1069	3.6	0.325 5	1 425	60.17
Z1071	12.1	0.876 5	2 164	75.68

3　讨　论

马铃薯具有高产、抗旱、适应性广和全营养等特性，是重要的粮菜饲料兼用作物和工业原料。2019 年中国播种面积约 566.67 万 hm²，产量近 1.2 亿 t。2015 年中国开始实施马铃薯主粮化战略，推进马铃薯主食化。2020 年 5 月 22 日，总书记对依托马铃薯产业推进脱贫攻坚和乡村振兴的做法给予充分肯定。马铃薯产业发展已上升为事关国家粮食安全、脱贫攻坚和乡村振兴的国家战略。

马铃薯耐旱、耐瘠薄的特点适宜在乌兰察布市种植，尤其该地种植季节的昼夜温差更有利于块茎膨大和淀粉积累[9]。作为乌兰察布市主要种植作物，随着主粮化和产业化的发展，为了打破传统种植结构，解决品种单一和退化严重问题，乌兰察布市加大引种力度，积极开展优良品种选育试验，来满足农户需求和多元化的市场[10,11]。

该试验初步探究发现，土壤中的含盐量在出苗期、花期、收获期呈现出了低-高-低的特点，后续还需继续试验来探究含盐量与生育特性、产量等的关系。

[参 考 文 献]

[1] 贾笑英.利用转基因技术培育马铃薯(*Solanum tuberosum* L.)高淀粉及抗病新品系 [D].兰州:甘肃农业大学,2006.

[2] 佚名.我国成最大马铃薯生产国 [J].新疆农垦科技,2004(3):47.

[3] 贾楠.马铃薯与几种主要农作物的间作套种技术 [J].农家参谋(种业大观),2010(12):44.

[4] 张庆柱,张彩霞.实施我国马铃薯主粮化的战略 [J].农业科技与装备,2015(7):80-81.

[5] 刘诗蕾.马铃薯如何走向中国主粮之列? [J].营销界:农资与市场,2016,481(5):48-51.

[6] 金璟,龙蔚,张德亮,等.云南省冬早马铃薯产业发展探讨 [J].农村经济与科技,2014,25(3):34-35.

[7] 李秀华,梁瑞萍,高振江,等.包头地区马铃薯新品种引进及筛选 [J].中国马铃薯,2016,30(1):1-3.

[8] 姚兰,李德明,罗磊,等.西北旱区马铃薯新品种引进及筛选试验 [J].中国马铃薯,2017,31(5):263-267.

[9] Tibbitts T W, Bennett S M, Cao W. Control of continuous irradiation injury on potatoes with daily temperature cycling [J]. Plant Physiology, 1990, 93(2):409-411.

[10] 常勇,汪奎,方玉川,等.陕西省榆林市马铃薯新品种比较 [J].安徽农业科学,2016,44(13):27-28,30.

[11] 李善才,汪奎,方玉川,等.榆林市马铃薯新品种比较试验 [J].现代农业科技,2012(9):139-140.

微生物制剂在马铃薯上的应用效果研究

李慧成*

（乌兰察布市农业技术推广中心，内蒙古 乌兰察布 012000）

摘 要：为了研究植物微生物制剂在乌兰察布市马铃薯上的应用效果，乌兰察布市农业技术推广中心进行微生物制剂不同施用方式对马铃薯的影响试验。结果表明，应用微生物制剂对防治土传病害有显著的效果，但增产作用有限，其中拌种对枯萎病的防效较高，达到 54.30%，滴灌促进生长和增产作用更明显，将两者结合集成到栽培技术中能起到减肥防病增产的作用，应在生产中继续进行研究和示范推广。

关键词：乌兰察布市；微生物制剂；土传病害；防治；增产

植物微生物制剂在生产上开始广泛应用，在增加土壤有益微生物数量、减少土传病害、补充土壤中有机质、促进土壤修复及促进植物生长等方面都有一定的作用，市场上开发出用于拌种、作底肥、滴灌肥、叶面肥等多种形式的产品。为了实际验证其在乌兰察布市马铃薯上的应用效果，乌兰察布市农业技术推广中心 2021 年进行了相关试验。

1 材料与方法

1.1 试验地点

试验分别设在察右中旗科布尔镇前进营村和四子王旗乌兰花镇高油坊村。

1.2 试验材料

察右中旗试验品种为"冀张薯 12 号"，面积 5.4 hm^2；四子王旗试验品种为"希森 6 号"，面积 1.33 hm^2。

马铃薯拌种专用微生物制剂、滴灌专用微生物水剂、微生物有机肥。

1.3 试验设计

试验共设 4 个处理。在播种前使用抗重茬马铃薯拌种专用制剂 2 kg/667 m^2 进行拌种，播种时同其他基肥混匀后沟施生物有机肥 100 kg/667 m^2，刚出苗时随着滴灌追施抗重茬微生物制剂（水剂）5 L/667 m^2。不同地点各处理施肥情况见表 1、表 2。

1.4 数据处理

试验调查采用 5 点取样法，每点长 5 m。不同时期调查马铃薯保苗率、株高、叶绿素含量、土传病害、商品率、产量等指标，并采用 Excel 2010 行数据统计分析。

作者简介：李慧成（1982—），男，高级农艺师，从事马铃薯节水灌溉栽培技术研究及推广工作。

基金项目：中央引导地方科技发展资金项目（1282240216232361984）。

*通信作者：李慧成，e-mail：lihuicheng1214@126.com。

表1　察右中旗处理情况

处理	施肥情况
1	抗重茬微生态制剂马铃薯拌种剂(2 kg/667 m²) + 生物有机肥(100 kg/667 m²) + 常规施肥
2	抗重茬微生态制剂水剂(5 L/667 m²) + 生物有机肥(100 kg/667 m²) + 常规施肥
3	抗重茬微生态制剂马铃薯拌种剂(2 kg/667 m²) + 抗重茬微生态制剂水剂(5 L/667 m²) + 生物有机肥(100 kg/667 m²) + 80%常规施肥
4	常规施肥:复合肥(N：P₂O₅：K₂O = 12：18：15)80 kg/667 m²,尿素5 kg/667 m²,水溶性硫酸钾30 kg/667 m²。

表2　四子王旗处理情况

处理	施肥情况
1	抗重茬微生态制剂马铃薯拌种剂(2 kg/667 m²) + 生物有机肥(100 kg/667 m²) + 常规施肥
2	抗重茬微生态制剂水剂(5 L/667 m²) + 生物有机肥(100 kg/667 m²) + 常规施肥
3	抗重茬微生态制剂马铃薯拌种剂(2 kg/667 m²) + 抗重茬微生态制剂水剂(5 L/667 m²) + 生物有机肥(100 kg/667 m²) + 80%常规施肥
4	常规施肥:三元复合肥(N：P₂O₅：K₂O = 12：17：16)80 kg/667 m²,硫酸钾20 kg/667 m²,追肥:尿素8 kg/667 m²,硝酸钙镁10 kg/667 m²,乡喜液体肥40 kg/667 m²,硝酸钾10 kg/667 m²

2　结果与分析

从表3和表4调查结果可以看出,察右中旗施用植物微生态制剂后的3个处理枯萎病发病率明显降低,马铃薯株高增加2.3%~13.5%,叶绿素含量增加13.2%~21.8%,枯萎病防治效果54.30%~62.30%,商品薯率提高2.3%~4.7%,从产量看,单独拌种处理产量略低,其他两处理产量小幅度增加。四子王旗施用植物微生态制剂后的株高、叶绿素含量、商品薯率均有所增加,马铃薯株高增加13.6%~19.2%,叶绿素含量增加3.8%~18.4%,商品薯率提高1.9%~8.4%,单独拌种处理产量略低,其他两处理产量小幅度增加。两地试验结果基本一致。

表3　察右中旗试验调查结果

处理	7月9日			9月7日				
	株高(cm)	叶绿素含量(SPAD)	枯萎病发病率(%)	防治效果(%)	商品薯率(%)	商品薯率提高(%)	产量(kg/667 m²)	增产(%)
1	49.79	51.17	16.94	56.16	93.4	2.3	4 679	—
2	51.91	47.93	16.57	54.30	95.5	4.6	5 145	7.6
3	46.76	47.57	13.64	62.30	95.6	4.7	5 000	4.2
4	45.72	42.00	36.27	—	91.3	—	4 780	—

表 4　四子王旗试验调查结果

| 处理 | 7 月 10 日 | | 9 月 8 日 | | | |
	株高 (cm)	叶绿素含量 (SPAD)	商品薯率 (%)	商品薯率提高 (%)	产量 (kg/667 m²)	增产 (%)
1	49.45	48.97	81.12	1.9	3 302	—
2	51.90	55.90	86.25	8.4	3 725	4.5
3	51.61	52.87	86.23	8.4	3 688	3.4
4	43.53	47.20	79.57	—	3 565	—

3　讨　论

综合来看，马铃薯上施用微生物制剂对枯萎病的防效十分显著，防效在 54.30% 以上，其中拌种的防效好于水剂滴灌，拌种和滴灌配合效果最佳，防效达到了 62.30%。滴灌微生物制剂对生长和产量有一定的促进作用，但是幅度不大，拌种对产量的影响较小。拌种和滴灌结合在减肥 20% 的情况下，仍表现出最佳的防病增产效果，因此在今后的生产上探索应用微生物制剂将拌种和滴灌 2 种措施结合起来集成到栽培技术中。

泥炭和菇渣施加对南方冬闲稻田有机质、马铃薯产量和土壤微生物群落结构和功能的影响

仲　阳[1]，程　旭[1]，王万兴[2]，李广存[2]，胡新喜[3]，秦玉芝[3]，
罗　帅[1]，荆玉玲[1]，秦亚芝[1]，熊兴耀[1*]

(1. 中国农业科学院深圳农业基因组研究所，广东　深圳　518116；
2. 中国农业科学院蔬菜花卉研究所，北京　100081；
3. 湖南农业大学园艺学院，湖南　长沙　410128)

　　土壤是作物生长发育的物质基础，良好的土壤耕层结构是丰产稳产的保障。中国农作物种植方式和种植结构多样，对于土壤结构和肥力具有多样化的需求。近些年，为提高南方冬季水稻田的利用效率，不同地区相继开展了水稻–马铃薯或水稻–油菜等多样化轮作方式，提高了复种指数，成为农民增收的重要途径。马铃薯是中国重要的粮、菜、饲料、加工等多用途作物，适宜耕层深厚，土质疏松的土壤条件。南方地区低产水稻田往往存在土质粘重、耕层易板结和肥力匮乏等问题，限制了冬作马铃薯产量和品质的进一步提升。目前很多研究报道表明，通过短期有机物料配合化肥的合理施加，可显著改善土壤结构和肥力问题，对于不同作物的产量和质量都有一定水平的提升。土壤改良伴随着土壤生态系统的不断变化，微生物作为土壤系统的重要组成成分，对于良好土壤生态的建立至关重要。目前，不同有机物料的土壤改良过程对冬闲水稻田土壤微生物群落变化的系统研究相对较少。通过施加泥炭和菇渣两种有机物料，探索改土措施对土壤微生物群落的影响，以期为水旱轮作过程中冬作马铃薯高产栽培提供应用基础研究的支撑。

　　研究以"费乌瑞它"为种植品种，土壤改良试验设置施加蘑菇渣(MR)和泥炭土基质(PS)2个处理组，以不施用有机物料(CK)为对照组。其中，蘑菇渣和泥炭在马铃薯种植前施入，使用旋耕机耙耕均匀后起垄。在种植过程中使用滴灌进行水肥一体化的管理，保证处理间其他施加因素类似。在马铃薯成熟期，对不同处理组土壤随机采样，测定土壤有机质、马铃薯产量及细菌和真菌群落。

　　研究结果显示，土壤改良措施显著改善了土壤有机质含量。收获后 PS 和 MR 2种处理中土壤有机碳(SOC)的含量显著增加，通过对不同处理区域随机选取 10 株单株进行单株产量测定和理论产量推测。数据显示 PS 处理组虽然单株产量差异较大，但平均单株产量较 CK 高 26.7% 左右，理论产量较对照组增产约 340 kg/667 m^2。MR 处理组的平均单株产量较 CK 组略低，但统计结果显示两者在产量上差异不显著。

作者简介：仲阳(1990—)，男，博士，主要从事植物代谢与根际微生物互作研究。
基金项目：广东省基础与应用基础研究重大项目(2021B0301030004)。
*通信作者：熊兴耀，教授，研究方向为马铃薯栽培，e-mail：xiongxingyao@ caas. cn。

为进一步了解改土措施对土壤微生物群落的影响，利用扩增子测序技术，重点分析了细菌和真菌群落的组成和多样性分布。首先，土壤细菌门水平的分析结果显示，处理间变形菌门（Proteobacteria）、放线菌门（Actinobacteria）、拟杆菌门（Bacteroidetes）、厚壁菌门（Firmicutes）为共有的优势菌门，其相对总丰度占整体丰度的 76%~83%；变形菌门（Proteobacteria）的相对丰度在 3 个处理中都是占比最高的，其次是放线菌门（Actinobacteria）。不同处理改变了主要优势菌门相对丰度的变化。与 CK 相比，PS 和 MR 处理组中拟杆菌门（Bacteroidetes）相对丰度显著升高；而厚壁菌门（Firmicutes）相对丰度显著降低。由于真菌群落在门水平基本都为子囊菌门（Ascomycota），为进一步提高处理间的分辨率，研究在属水平上对真菌群落组成和相对丰度进行描述。结果显示，MR 处理中嗜热菌属（Thermomyces）的相对丰度占整体丰度的 75% 左右，单一菌属的丰度升高改变了 MR 中物种的丰富度，同时也导致 MR 处理组中土壤真菌类群香农指数的显著下降。嗜热菌属在 MR 土壤真菌中大量出现，可能与菇渣的不完全腐熟有关。细菌群落多样性分析发现，MR 处理组的多样性显著低于 PS 组，对照组与 PS 组和 MR 组之间多样性无显著差异。β 多样性的结果显示，对照组的细菌物种组成可显著区别于 PS 和 MR 处理组（ADONIS：$R^2 = 0.54$，$P = 0.001$），在 PCoA1 上解释度达到了 37.36%，说明改土措施显著改变土壤细菌的物种多样性。处理间真菌群落的 PCoA 分析结果表明，3 种土壤类型可以极为显著的区分出 3 种真菌群落（ADONIS：$R^2 = 0.69$，$P = 0.001$），其在 PCoA1 上解释度为 54.04%。β 多样性的结果说明不同改土措施可以显著改变土壤微生物群落组成。

为进一步了解改土措施对微生物群落功能的影响，使用 FAPROTAX 软件对细菌群落进行功能预测。对处理间有显著差异的 ASV 进行分析发现，其细菌功能主要集中于氮素和芳香族化合物代谢过程。与对照组相比，PS 组中与芳香族化合物降解有关的细菌丰度显著提高，而 MR 组中基本没有类似细菌存在，说明不同原始有机质的物质状态和细菌群落组成存在较大差异。另外，与硝酸盐或氮素呼吸和还原有关的细菌微生物丰度在 PS 和 MR 中显著富集，说明与养分供给和吸收相关的细菌群落在改土措施中被一定程度激活和富集，也为土壤肥力的持久供给奠定了微生物活性基础。

综上结果，泥炭和菇渣 2 种有机物料的土壤改良措施提高了土壤有机质成分，为进一步培肥地力打下了物质基础。同时，土壤微生物群落的分析结果表明，改土措施可以显著改变物种组成和多样性，改变了土壤微生物群落的功能。

关键词：土壤改良；马铃薯；泥炭；菇渣；有机质；微生物群落

缓释肥配施生物有机肥对稻茬马铃薯产量品质及土壤肥力的影响

许国春，罗文彬，李华伟，许泳清，纪荣昌，汤　浩*

（福建省农业科学院作物研究所，福建　福州　350013）

　　南方冬作区主要利用水稻收割后闲置的冬闲田种植马铃薯，不与水稻、甘薯、玉米等作物争地，提高了当地温、光、水、地等资源的利用效率，具有较大的推广潜力。冬作区稻茬马铃薯存在的突出问题是化学肥料投入量较大，且基本未考虑稻后作冬闲田土壤本底养分情况（如含磷量高）而普遍采用平衡型速效复合肥。这种做法在进一步提高产量方面的效果十分有限，而且严重威胁土壤健康。缓释肥和生物有机肥是针对化肥过量施用导致土壤质量下降这一问题而产生的新型肥料，在其他作物上的研究表明，两者在协同提高产量、品质和地力方面具有积极效果。然而，在冬作区稻茬马铃薯栽培中，缓释肥和生物有机肥的应用研究还少有报道。因此，试验旨在阐明缓释肥和生物有机肥在冬作区稻茬马铃薯栽培中的应用效果，为该区域马铃薯产业绿色高效发展提供技术参考。

　　试验在福建省宁德市霞浦县沙江镇南屏村农富农场进行，试验地平整、地力均匀，前茬为水稻，土壤类型为砂壤土。供试品种为"闽薯2号"，供试肥料为，1. 沃尔田生物有机肥（BOM1）（有机质≥50%，$N + P_2O_5 + K_2O ≥ 5\%$）；2. 生命源黄腐酸生物有机肥（BOM2）（有机质≥40%，黄腐酸≥12%）；3. 当地常规有机肥（COM）（有机质≥45%，$N + P_2O_5 + K_2O ≥ 10\%$）；4. 缓释低磷高钾肥（$N : P_2O_5 : K_2O = 14 : 6 : 24$）（CF1）；5. 当地常规复合肥（$N : P_2O_5 : K_2O = 17 : 17 : 17$）（CF2）。试验采用单因素随机区组试验设计，以不施肥为对照（CK），设置常规施肥处理T1（COM 300 kg/667 m^2 + CF2 100 300 kg/667 m^2）、缓释低磷高钾肥配施沃尔田生物有机肥处理T2（BOM1 200 kg/667 m^2 + CF1 100 kg/667 m^2）和缓释低磷高钾肥配施生命源黄腐酸生物有机肥处理T3（BOM2 200 kg/667 m^2 + CF1 100 kg/667 m^2），共4个处理，3次重复。收获期进行产量、品质和土壤理化性质测定。

　　研究结果表明，不施肥对照的总产量和商品薯产量分别为2 328和1 981 kg/667 m^2，与之相比，施肥处理产量均得到提高，总产量增幅为10.3%~19.3%，商品薯产量增幅为15.2%~24.9%，差异显著性分析显示，T1和T2处理的产量水平显著高于对照。在不同施肥处理之间，与常规施肥处理相比，T2处理总产量和商品薯产量分别提高4.1%和6.0%，T3处理则分别下降3.7%和2.2%，但均未达显著水平。两个新型肥料处理间的产

　　作者简介：许国春（1991—），男，硕士，助理研究员，从事马铃薯育种与栽培研究。
　　基金项目：国家马铃薯产业技术体系福州综合试验站（CARS - 09 - ES11）；福建省种业创新与产业化工程（zycxny2021005）。
　　* 通信作者：汤浩，研究员，主要从事薯类作物遗传育种研究，e-mail：tanghao9403@ 163. com。

量差异显著，T2 处理显著高于 T3 处理。在块茎品质方面，干物质、淀粉、氮、磷和钾含量均不同程度受施肥影响，与对照相比，T1 处理显著提高块茎淀粉、氮和磷含量，T2 处理显著提高干物质、淀粉、氮和钾含量，T3 处理则显著提高淀粉、磷和钾含量。可以得出，施肥对淀粉含量影响最明显，3 个施肥处理的淀粉含量较对照显著提高 9.3%~17.1%；而维生素 C 和还原糖含量受施肥影响较小，4 个处理间的差异不明显。相比对照和常规施肥处理，施用缓释肥的 2 个处理(T2 和 T3)均显著提高了块茎钾含量，这与本试验所用缓释肥的高钾含量特征不无关系。在土壤理化性质方面，3 个施肥处理在马铃薯收获期的土壤 pH 值(5.0~5.2)较不施肥对照(6.0)均明显下降，降幅为 13.3%~16.7%。需要指出的是，T2 和 T3 处理下的土壤速效钾含量分别达 400 和 350 mg/kg，极显著高于 CK(133 mg/kg)和 T1 处理(183 mg/kg)，表明在这 2 个处理中土壤钾残留现象明显，前期可适当降低钾肥投入。另外，T2 处理土壤碱解氮和有效磷含量分别为 112.4 和 136.3 mg/kg，高于其他处理，其中碱解氮含量差异达显著水平，说明该处理在改善土壤地力方面具有一定优势。

综上，缓释低磷高钾肥和生物有机肥在提升冬作区稻茬马铃薯产量、品质和地力方面具有良好作用，其中缓释低磷高钾肥配施沃尔田生物有机肥处理在本试验中的应用效果最佳。

关键词：马铃薯；缓释肥；生物有机肥；产量；品质；土壤；理化性质

病 虫 防 治

马铃薯 V 病毒外壳蛋白原核表达载体的构建

赵　亮[1]，迟胜起[1]，李文义[2]，朱艳慧[2]，李颖风[2]，曹欣然[1]，张剑峰[1]*

(1. 青岛农业大学植物医学学院，山东　青岛　266109；

2. 内蒙古民丰种业有限公司，内蒙古　乌兰察布　012000)

摘　要：根据 GenBank 已登录序列设计马铃薯 V 病毒(Potato virus V，PVV)CP 基因特异性引物，克隆 PVV-CP 基因并构建了 pET28a-PVV-CP 重组原核表达载体。通过与 GenBank 中其他 PVV-CP 比对核苷酸同源性为 82.7% ~ 99.7%，CP 氨基酸同源性为 89.3% ~ 99.6%。SDS-PAGE 分析表明，转入 pET28a-PVV-CP 载体的大肠杆菌 Rosetta(DE3)菌株表达了分子量约 34 kDa 的重组蛋白。这项研究为制备马铃薯 V 病毒抗血清来诊断病毒打下了基础。

关键词：马铃薯；V 病毒；CP；原核表达

马铃薯 V 病毒(Potato virus V，PVV)为马铃薯 Y 病毒科(Potyviridae)马铃薯 Y 病毒属(Potyvirus)成员，PVV 为长约 760 nm 的弯曲丝状病毒粒子[1-3]，RNA 基因组 5' 末端共价连接 VPg 蛋白，3' 末端带有 poly(A)[3]。据报道，来自南美安第斯山脉的 PVV 分离株[4]、英国苏格兰的 DV42 分离物(AJ243766.2)和伊朗的 KER. LAL. P 分离物(KC433411)在生物学分析上均与其他分离物存在较大差异性[5]。

马铃薯和番茄是 PVV 的自然寄主，PVV 主要通过种薯块茎和蚜虫非持续性传播，如桃蚜、蜡蚧短尾虫、大戟蚜虫和大戟蚜虫等[6,7]。PVV 侵染马铃薯会引起叶片灰白，新生叶变小，轻度扭曲，叶片肥厚，叶背生绿斑等症状，有些品种会产生轻或重的花叶[1,5]，有些品种会在基部叶出现坏死斑症状[8]。PVV 最初被认为是马铃薯 Y 病毒(Potato virus Y，PVY)的一个新变异株系，随着进一步的血清学、生物学和遗传进化分析表明是与 PVY 明显不同的病毒种[9]。进行 PVV 鉴定诊断研究对该病毒防治具有重要的意义。

1　材料与方法

1.1　试验材料

所用材料保存于青岛农业大学植物医学学院植物病毒室。

1.2　试　剂

Taq 酶、限制性内切酶、T4 DNA 连接酶、克隆载体和胶回收试剂盒等购自 TaKaRa，反转录试剂购自山东思科捷生物技术有限公司，RNAex Pro RNA 提取试剂购自艾科瑞生物工程有限公司，其他试剂均为进口或国产分析纯。

作者简介：赵亮(1996—)，男，硕士研究生，主要从事植物病理学研究。

基金项目：山东现代农业产业技术体系薯类创新团队(SDAIT-16-06)；内蒙古自治区科技重大专项课题(2021SZD0026)。

*通信作者：张剑峰，教授，主要从事植物病理学、马铃薯病害防治及脱毒繁育技术研究，e-mail：qauzjf@163.com。

1.3 引物设计

根据 GenBank 中的 PVV CP 基因序列，利用 Premier 5.0 软件设计了一对特异性引物 VF(5'-GCGGATCCATGGCAAAAGAAGAAGCCAGT-3')和 VR(5'-GCGTCGACCTACATGT TCCTGACCCCAAG-3')下划线处分别为 BamH Ⅰ、Sal Ⅰ酶切位点。

1.4 总 RNA 提取

称取马铃薯病叶 50 mg，液氮研磨，具体操作参考 RNAex Pro RNA 试剂说明。

反转录：按照 SPARKscript Ⅱ RT Plus Kit(With gDNA Eraser)反转录试剂盒合成 20 μL 体系的 cDNA。

PCR 扩增：10 × PCR buffer 2.5 μL、2.5 mmol/L dNTPs 2 μL、上游引物 0.5 μL、下游引物 0.5 μL、Taq 酶 0.25 μL、cDNA 2 μL、ddH$_2$O 17.25 μL。反应条件为 94 ℃ 5 min；98 ℃ 10 s，58 ℃ 30 s，72 ℃ 1 min，循环 35 次；72 ℃ 10 min。用 1.0%琼脂糖凝胶电泳检测并观察结果。

1.5 *CP* 基因序列测定及分析

PCR 产物回收纯化，与 pMD19-T 载体连接。后转化大肠杆菌 DH5α 感受态细胞，筛选阳性克隆 pMD19-PVV-*CP* 测序。

利用 MEGA X 软件进行序列比对分析，采用邻接法(neighbor-joining，NJ)构建系统进化树，系统进化树中各分支置信度(Bootstrap)进行 1 000 次重复分析。通过 NCBI 上的 BLAST 在线工具、DNAMAN 9 和 BioEdi 软件分析序列一致性及分子变异情况。

1.6 原核表达载体的构建和鉴定

用 BamH Ⅰ和 Sal Ⅰ双酶切将 pMD19T-PVV-*CP* 和原核表达载体 pET-28a(+)重组。构建重组表达载体 pET28a-PVV-*CP*，转化大肠杆菌 DH5α 感受态细胞，送至北京擎科生物科技有限公司测序。

1.7 *CP* 蛋白原核表达及 SDS-PAGE 分析

重组质粒 pET28a-PVV-*CP* 转入大肠杆菌 Rosetta(DE3)，分别加入不同浓度(0.6，0.8，1.0 和 1.2 mmol/L)的 IPTG 诱导后，观察 SDS-PAGE 电泳检测表达情况。

2 结果与分析

2.1 *CP* 基因扩增及克隆

以总 RNA 为模板，利用特异性引物(VF/VR)进行 RT-PCR 扩增，显示 PCR 产物与预期目的片段(832 bp)大小相符，以健康马铃薯叶片作阴性对照未扩增到相应片段(图 1)。

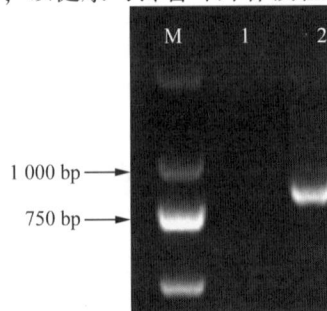

注：M. DL 2 000 DNA marker；1. 健康马铃薯 VF/VR 引物扩增；2. 带病材料 VF/VR 引物扩增。
图 1 PVV-*CP* 基因的 RT-PCR 扩增片段

2.2 *CP* 基因序列分析

克隆测序结果显示本次克隆到 PVV-*CP* 基因, 片段全长 816 bp, 编码 272 个氨基酸。经 BLAST 比对显示, *CP* 基因序列与 GenBank 相关登录号同源性为 82.7%~99.7%, 氨基酸同源性为 89.3%~99.6%(表 1)。

表 1 PVV 中国分离物与其他分离物 *CP* 基因核苷酸和氨基酸同源性

序号	登录号	地理来源	分离物名称	核苷酸同源性(%)	氨基酸同源性(%)
1	AJ243766	United Kingdom	DV42	98.7	96.7
2	AJ253119	Netherlands	502 Dutch	98.6	98.5
3	AJ253120	Netherlands	506 Dutch	98.8	97.8
4	AJ253121	Netherlands	508 Dutch	98.0	97.2
5	AJ253122	United Kingdom	M95 UK	98.2	98.1
6	AJ253123	United Kingdom	M97 UK	98.6	97.8
7	AJ253124	Norway	R Norwegian	97.7	97.8
8	AJ278894	Finland	Suomi(*CP*)	99.3	98.9
9	AJ516021	Peru	PA1.0	90.1	95.6
10	AJ516022	Peru	PA1.1	90.3	95.9
11	AJ516023	Peru	PA1.3	97.1	97.7
12	AJ516024	Sweden	Swedish	99.0	98.9
13	AY521595	United States of America	PA-4	86.3	93.7
14	GU144331	United Kingdom	144-PVV	98.8	99.2
15	GU144332	United Kingdom	143-PVV	89.2	99.2
16	GU144333	United Kingdom	140-PVV	89.4	99.2
17	GU144334	United Kingdom	139-PVV	89.3	99.2
18	GU144335	United Kingdom	138-PVV	88.2	99.2
19	GU144336	United Kingdom	137-PVV	89.4	99.2
20	GU144337	United Kingdom	136-PVV	98.8	99.2
21	GU144338	United Kingdom	Sam-20-PVV	99.6	99.4
22	GU144339	United Kingdom	Sam-17-PVV	99.6	99.6
23	GU144340	United Kingdom	Sam-10-PVV	99.7	99.6
24	GU144341	United Kingdom	Sam-09-PVV	99.5	99.6
25	GU144342	United Kingdom	Sam-07-PVV	99.5	98.9
26	GU144343	United Kingdom	Sam-06-PVV	99.6	99.4
27	GU144344	United Kingdom	147-PVV	98.8	98.9
28	GU144345	United Kingdom	146-PVV	98.8	98.9
29	KC433411	Iran	KER.LAL.P	96.8	97.8
30	KC438301	Iran	KER.ZAR.1	93.8	—
31	KC438302	Iran	KER.ZAR.2	95.3	—
32	KC438303	Iran	KER.ZAR.3	94.8	—
33	KC438304	Iran	KER.ZAR.4	94.9	—
34	KP849483	Colombia	PVV-phureja	86.6	95.2

序号	登录号	地理来源	分离物名称	核苷酸同源性(%)	氨基酸同源性(%)
35	KP849484	Colombia	Colombia	86.7	95.2
36	KT803903	Ecuador	Tamarillo_ Ec	82.7	89.3
37	KT985458	Colombia	La Union_ varA	86.6	95.2
38	KT985459	Colombia	La Union_ varB	86.5	94.8
39	KY711364	Colombia	PVV_ physalis	86.5	94.8
40	MF564073	Peru	2	86.6	94.8
41	MK116551	Colombia	May8D	86.5	94.8
42	MK756119	Netherlands	AB	99.3	99.2
43	MK756120	United Kingdom	Glad	99.0	98.1
44	MT737804	Ireland	DSMZ PV-0225	99.0	98.3
45	MZ286356	Switzerland	613	98.7	96.7
46	MZ286357	United Kingdom	ES	99.6	99.6
47	MZ286358	United Kingdom	PR	99.5	99.6
48	MZ286359	United Kingdom	20911536	99.5	99.4
49	MZ286360	United Kingdom	20910972	99.3	98.9
50	MZ286361	United Kingdom	AB	99.1	98.5
51	MZ286362	Netherlands	GL	99.0	98.1
52	NC_ 004010	United Kingdom	—	98.7	96.7
53	OK181762	Germany	DSMZ-PV-0319	86.6	95.2

2.3 CP 氨基酸序列分析

2.3.1 氨基酸疏水性分析

通过对 PVV CP 蛋白进行疏水性分析表明，CP 蛋白 N 端亲水性较强，C 端疏水性较强，在氨基酸约 125 位和约 250 位出现了跨度较大的疏水性最高点和亲水性最高点，中部氨基酸呈现疏水性和亲水性不规则交替规律(图 2)。

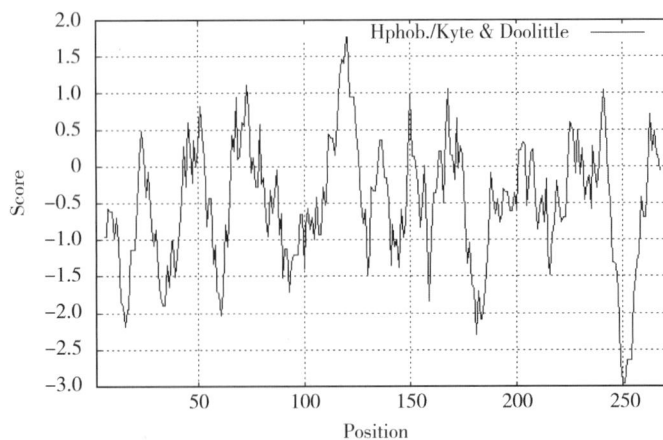

图 2 CP 氨基酸疏水性分析

2.3.2 氨基酸序列遗传进化分析

PVV-CP 氨基酸序列系统进化树分析表明，氨基酸主要聚为 3 个分支，本分离物的 CP 与芬兰、英国、荷兰、瑞士、挪威分离物聚成一个小分支，亲缘关系最近，与爱尔兰、伊朗、秘鲁分离物亲缘关系也较近，聚在同一个大分支上；美国、哥伦比亚分离物以及秘鲁 2 分离物聚成另一个分支且与本分离物亲缘关系较远；而厄瓜多尔分离物为单独一分支且与所有株系亲缘关系最远(图 3)。

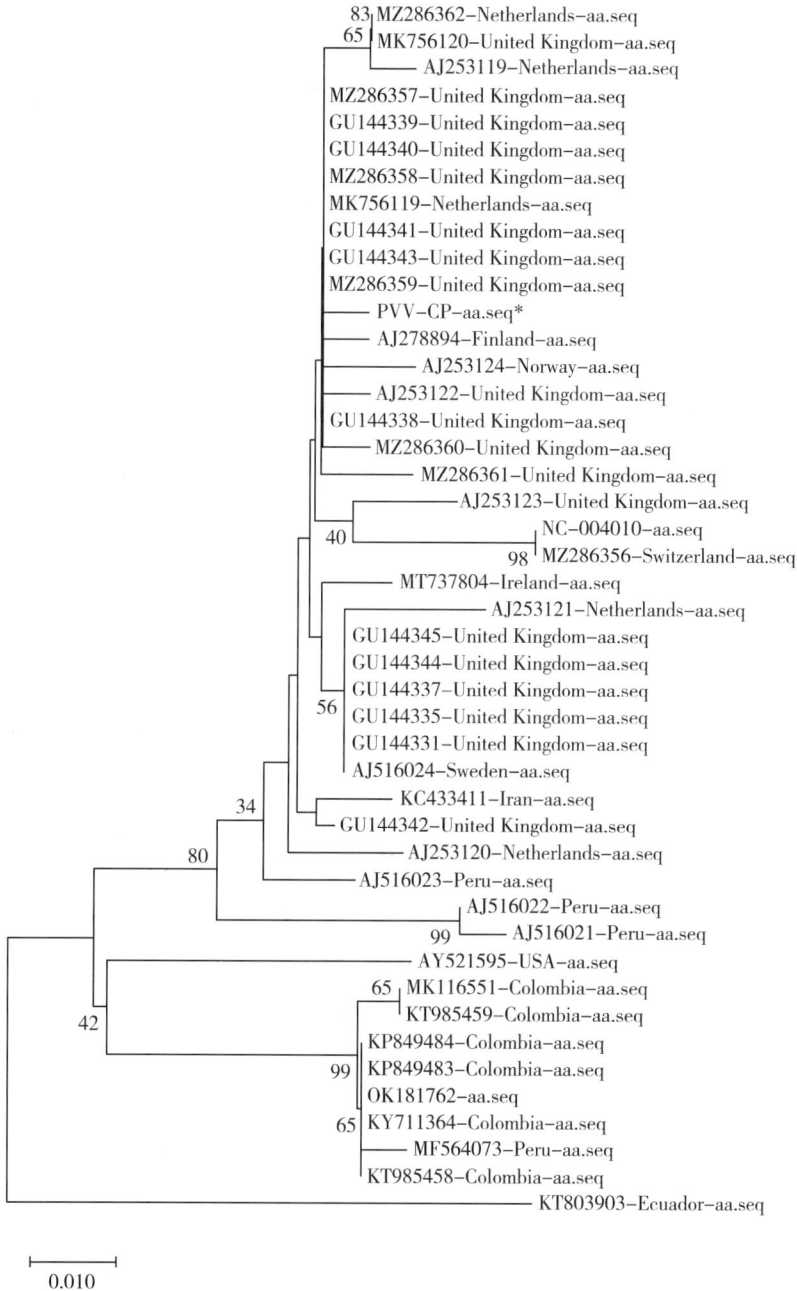

图 3 *CP* 氨基酸序列遗传进化分析

2.4 原核表达载体的构建

BamH Ⅰ 和 Sal Ⅰ 对 pET28a-PVV-*CP* 质粒进行双酶切电泳结果显示，质粒插入的片段大小与预期（832 bp）相符（图4）。说明 PVV-*CP* 基因成功连接到 pET-28a 原核表达载体中，且构建成重组原核表达载体 pET28a-PVV-*CP*。

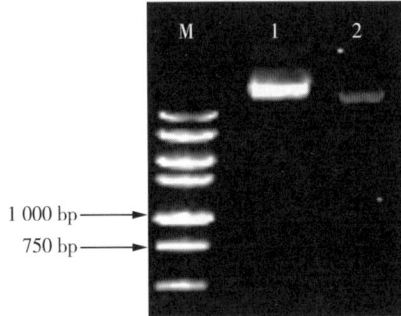

注：M. DL 5 000 Makerk；1. pET28a-PVV-CP质粒；2. BamH I/Sal I酶切pET28a-PVV-CP质粒。

图4 质粒 pET28a-PVV-*CP* 酶切鉴定

2.5 SDS-PAGE 分析

重组质粒 pET28a-PVV-*CP* 及 pET-28a 转化菌液经 IPTG 28 ℃诱导 7 h 结果表明，在大小 35 kDa 的区域有明显条带，说明 pET28a-PVV-*CP* 原核表达载体正常表达该 *CP* 蛋白（图5）。

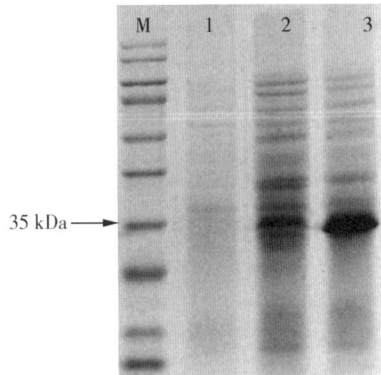

注：M. 蛋白质Marker；1. 经TPTG诱导的pET-28a；2. 未经IPTG诱导的pET28a-PVV-CP；
3. IPTG诱导的pET28a-PVV-CP。

图5 SDS-PAGE 电泳结果

3 讨 论

试验通过 RT-PCR 方法克隆得到本分离物的外壳蛋白 *CP* 基因，*CP* 基因测序结果与 GenBank 中 PVV CP 比对显示 *CP* 基因核苷酸序列同源性为 82.7%～99.7%，与英国 Sam-10-PVV 分离物（GU144340）同源率最高，达 99.7%，氨基酸同源性在 89.3%～99.6%，基于测序高度同源性，可确定为该分离物为 PVV。氨基酸系统进化分析显示该分离物与北欧分离物有较近的亲缘，由此也可初步判断其传播来源。氨基酸疏水性分析结果，也显示对抗体制备较为适合。这些结果也为构建 PVV 原核表达载体提供了保障。为提高重组原核表达载体(pET28a-PVV-*CP*)CP 蛋白的表达量，还初步研究了 PVV 重组蛋白的诱导表达条件，通过优化体外诱导重组表达载体条件，在 IPTG(终浓度为 1 mmol/L)200 r/min 28 ℃培养 7 h 条件下诱导可以高效表达外壳蛋白，这为进一步制备获得 PVV 特异性抗体打下了基础。

[参 考 文 献]

[1] Jones R, Fribourg C. Potato virus V. Descriptions of plant viruses No. 316. CMI/AAB [J]. Journal of General Virology, 1986, 64: 2 471-2 477.

[2] Oruetxebarria I, Valkonen J P. Analysis of the *P1* gene sequences and the 3′-terminal sequences and secondary structures of the single-stranded RNA genome of potato virus V [J]. Virus Genes, 2001, 22(3): 335-343.

[3] Fraser R S S, Van Loon L C. Genes for resistance to plant viruses [J]. Critical Reviews in Plant Sciences, 1986, 3(3): 257-294.

[4] Gutiérrez P, Mesa H J, Marín M M. Genome sequence of a divergent colombian isolate of Potato virus V (PVV) infecting *Solanum phureja* [J]. Acta Virologica, 2016, 60(1): 49-54.

[5] Shamsadden-Saeed F, Massumi H, Moradi S, et al. Incidence and characterization of potato virus V infections in Iran [J]. Virusdisease, 2014, 25(1): 78-84.

[6] Bell A C. The efficiency of the bulb and potato aphid *Rhopalosiphoninus latysiphon* (Davidson) as a vector of potato virus V [J]. Potato Research, 1988, 31(4): 691-694.

[7] Mesa A L, Sánchez P A G, Mesa H J, et al. Molecular characterization of potato virus Y (PVY) and potato virus V (PVV) isolates naturally infecting cape gooseberry (*Physalis peruviana*) in Antioquia, Colombia [J]. Agronomia Colombiana, 2018, 36(1): 13-23.

[8] Oruetxebarria I, Kekarainen T, Spetz C, et al. Molecular characterization of potato virus V genomes from Europe indicates limited spatiotemporal strain differentiation [J]. Phytopathology, 2000, 90(4): 437-444.

[9] Alvarez Yepes D, Gutierrez Sanchez P A, Marin Montoya M. Molecular characterization of potato virus V (PVV) infecting *Solanum phureja* using next-generation sequencing [J]. Acta Biológica Colombiana, 2016, 21(3): 521-531.

云南省马铃薯春作区晚疫病菌交配型测定

刘　霞，王兴国，张　哲，邓琳梅，钱红洁，杨艳丽*

（云南农业大学植物保护学院/
云南省植物病理重点实验室，云南　昆明　650201）

摘　要：致病疫霉[*Phytophthora infestans*(Mont.)de Bary]是异宗配合卵菌，A1、A2同时存在可进行有性生殖，产生卵孢子，导致晚疫病菌对外界有较强的抵抗能力，度过不利环境，给防治带来极大困难。认识和了解致病疫霉交配型组成及分布，对控制晚疫病发生有重要意义。试验采用对峙培养法测定了2018—2020年在云南省马铃薯春作区采集分离到的280株晚疫病菌株的交配型，发现马铃薯晚疫病自育型菌株在春作区处于主导地位，占总调查菌株数的91.79%，A1和A2分别占调查总菌株数的5.36%和2.86%。研究结果表明，自育型菌株为云南省马铃薯春作区的优势菌株。

关键词：春作区；致病疫霉；交配型；对峙培养法

马铃薯晚疫病是由致病疫霉[*Phytophthora infestans*(Mont.)de Bary]引起的毁灭性病害[1]。交配型是马铃薯晚疫病重要的群体形态特征之一，具有A1、A2两种交配型，A1、A2交配型同时存在时，通过异宗配合进行有性生殖，进而产生卵孢子[2]。1956年，Niederhauser[3]在墨西哥首次报道A2交配型。1996年，张志铭等[4]首次报道了中国A2交配型菌株的存在；之后赵志坚等[5]在1999年报道了云南省存在A2交配型菌株。随后国内的植物病理学家相继在不同的马铃薯种植地发现A2交配型菌株，说明中国可能普遍存在A2交配型菌株。A2交配型和自育型存在且外界环境条件适宜，致病疫霉可进行有性生殖产生卵孢子，从而可抵抗不良环境条件，使马铃薯晚疫病菌可以在土壤中顺利越冬，成为翌年的初侵染源；有性生殖还加大了基因重组的可能性，可产生抗药性更强、生理小种更复杂的晚疫病菌，给马铃薯晚疫病防治带来极大的困难[6-8]。

学者对云南省马铃薯晚疫病交配型进行了较多相关研究和报道，但由于云南省马铃薯种植面积较大，前期的研究和报道涉及的调查范围有限，不能够完全反映云南省马铃薯晚疫病菌交配型的组成及分布情况。2018—2020年在云南省马铃薯春作区共采集分离了280株菌株，对其交配型进行测定，以此明确云南省春作区马铃薯晚疫病菌的交配型组成及分布情况，为进一步分析云南省马铃薯春作区晚疫病发生与流行的规律，合理布局、合理利用抗性品种与科学用药防治马铃薯晚疫病提供理论依据。

作者简介：刘霞（1980—），女，副教授，从事马铃薯病害研究。

基金项目：云南省科技厅重大科技专项计划(202102AE090018)；云南省现代农业马铃薯产业技术体系(2019KJTX003)。

*通信作者：杨艳丽，博士，教授，从事马铃薯病害研究，e-mail：843151872@qq.com。

1 材料与方法

1.1 试验材料

1.1.1 供试菌株

待测菌株共 280 株，2018—2020 年于云南省马铃薯春作区采集的具有典型马铃薯晚疫病单病斑的叶片分离、纯化所得，见表 1。

A1 标准菌株（88069）和 A2 标准菌株（H-6）由云南师范大学马铃薯研究院惠赠。

表 1 供试菌株信息

年份	采集地点		菌株数（株）	菌株编号
2018	曲靖市	马龙区	1	ML01
	宣威市		1	XW01
	大理州		2	DL02，DL04
	丽江市		3	LJ01，LJ04，LJ05
	迪庆州		1	DQ01
2019	昭通市	昭阳区	5	JAS8802，JAQ906～Q908，JAX207
		鲁甸县	3	LDS8806～S8807，LDYS50501
	曲靖市	马龙区	4	MLS13–41801～S13–41802，ML01，ML02
		会泽县	3	HZS8805，HZYS50511～YS50512
		宣威市	2	XWX608～X609
	昆明市	寻甸县	3	XDQ902～Q904
		嵩明县	6	SNKQ902，SNKQ904～Q908
	丽江市	玉龙县	10	TAL607～L608，TAL610–L611，THL601～L604，THL606，THL608
2020	昭通市	昭阳区	30	JAX2（2258）01～X2（2258）05，JAX2（2352）02～X2（2352）03，JAX2（2352）05～X2（2352）10，JAX2（2419）01～X2（2419）07，JAQ9（2346）01～Q9（2346）02，JAQ9（2468）01，JAQ9（2470）01～Q9（2470）03，JAS88（2419）01. JAS88（2482）01～S88（2482）03
		鲁甸县	22	LDQ901～Q904，LDL601～L602，LDZ01～Z14，LDS8801～S8802
		永善县	4	YSL601～L604
	曲靖市	马龙区	21	MLL601～L604，MLL606，MLL608～L613，MLS13–42101～S13–42104，MLS8801～S8803，MLK501～K503
		会泽县	39	HZH2（2447）01～H2（2447）05，HZYS505（2487）01～YS505（2487）12，HZYS505（2495）01～YS505（2495）07，HZYS505（2501）01～YS505（2501）05，HZS88（2462）01～S88（2462）03，HZS88（2578）01～S88（2578）06，HZS8801
	昆明市	寻甸县	5	XDQ9（LS）01～Q9（LS）02，XDL6（LS）01，XDQ9（DS）01～Q9（DS）02
	大理州	洱源县	40	DLQ901～Q910，，DLL601～L617，DLS88（2650）01～S88（2650）05，DLS88（2650）07～S88（2650）09，DLS88（2650）11～S88（2650）12，DLS88（2700）01～S88（2700）03
	丽江市	玉龙县	17	TAL601～L606，TAL608，THL601～L610
		宁蒗县	15	NLL601～L608，NLN301～N307
	迪庆州	香格里拉市	43	DQS8801～S8811，DQS8814～DQS8817，DQHMG04～HMG05，DQHMG07～HMG08，DQHMG10，DQHMG12～HMG17，DQHJG01～HJG14，DL Q901～Q903

1.1.2　供试培养基

黑麦-番茄培养基(1 L)：将番茄用自来水洗净后切小，放入榨汁机中打碎，制成番茄原汁，将番茄原汁与水以 1 : 1 的体积混匀得到番茄汁，分别装入 500 mL 的锥形瓶中，高压灭菌 30 min。将灭菌的黑麦加 1 000 mL 水用榨汁机打碎，煮沸过滤，取滤液 850 mL，加入 150 mL 番茄汁，琼脂 17 g，pH 值调为 6.5~7.0，进行二次灭菌。灭菌后，倒平板，吹干后备用。

选择性黑麦-番茄培养基(1 L)：依据上述方法制作好黑麦-番茄培养基，灭菌 30 min，冷却后分别加入抗生素阿莫西林 75 mg、利福平 50 mg 和制霉菌素 50 mg，充分均匀后倒平板，吹干后备用。

1.2　试验方法

1.2.1　马铃薯晚疫病菌的采集、分离纯化与保存

2018—2020 年每年的 6~9 月，从云南省马铃薯春作区的不同地块随机采集具有典型马铃薯晚疫病单病斑的叶片。采集的叶片用自来水和无菌水分别冲洗后晾干，在病健交界处剪取大小为 1 cm × 1 cm 的病叶，背面朝上放于选择性黑麦-番茄培养基上，用表面消毒的新鲜"合作 88 号"厚薯片压在病叶表面，20 ℃黑暗培养 7 d 后，挑少许菌丝至选择性黑麦-番茄培养基内。培养 7 d 后，挑取单菌丝转移至黑麦-番茄培养基内进行纯化培养，待菌丝长满培养皿后用 5 mm 打孔器打成菌饼转移至麦粒管保存。

1.2.2　马铃薯晚疫病菌交配型的测定

采用皿内对峙培养法[9]测定交配型。待测菌株 20 ℃黑暗培养 14 d 后，用打孔器分别取标准菌株和待测菌株直径为 5 mm 的菌饼，将两者的菌饼分别与移至黑麦培养基上对峙培养，两个菌饼间相隔 1.5 cm，设置 3 次重复，显微镜观察。若待测菌株仅与 A2 标准菌株对峙培养产生卵孢子，此菌株为 A1 交配型；若待测菌株仅与 A1 标准菌株对峙培养产生卵孢子，此菌株为 A2 交配型；待测菌株单独培养就能产生卵孢子，则此菌株为自育型菌株(图 1)。

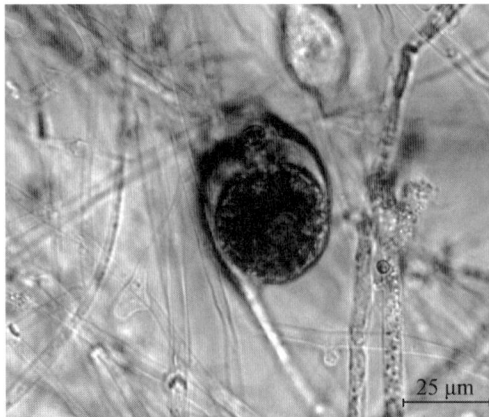

图 1　马铃薯晚疫病菌 JAX2(2352)06 的卵孢子(Bar = 25 μm)

2 结果与分析

2.1 2018年菌株交配型测定

2018年共测定来自曲靖市(马龙区)、宣威市、大理州、丽江市、迪庆州的8株晚疫病菌株。其中，A1交配型1株，来自迪庆州；其余地区的菌株均为自育型，共有7株，自育型占比为87.5%(表2)。

表2 2018年马铃薯春作区晚疫病菌交配型组成与分布

采集地点	菌株数(株)	交配型(株)		
		A1	A2	自育型
曲靖市	1	0	0	1
宣威市	1	0	0	1
大理州	2	0	0	2
丽江市	3	0	0	3
迪庆州	1	1	0	0

2.2 2019年菌株交配型测定

2019年共测定采自昭通市(昭阳区、鲁甸县)、曲靖市(马龙区、会泽县)、宣威市、昆明市(寻甸县、嵩明县)、丽江市(玉龙县)的36株晚疫病菌株。其中，曲靖市(马龙区)、宣威市、昆明市(寻甸县)、丽江市(玉龙县)各检测到1株A1交配型菌株，共计4株；其余地区的菌株均为自育型，共有32株，自育型占比88.9%(表3)。

表3 2019年马铃薯春作区晚疫病菌交配型组成与分布

采集地点		菌株数(株)	交配型(株)		
			A1	A2	自育型
昭通市	昭阳区	5	0	0	5
	鲁甸县	3	0	0	3
曲靖市	马龙区	4	1	0	3
	会泽县	3	0	0	3
宣威市		2	1	0	1
昆明市	寻甸县	3	1	0	2
	嵩明县	6	0	0	6
丽江市	玉龙县	10	1	0	9

2.3 2020年菌株交配型测定

2020年共测定采自昭通市(昭阳区、鲁甸县、永善县)、曲靖市(马龙区、会泽县)、昆明市(寻甸县)、大理州(洱源县)、丽江市(玉龙县、宁蒗县)、迪庆州(香格里拉市)的

236 株晚疫病菌株。其中，昭通市昭阳区的 30 株菌株中，A1 交配型 2 株，A2 交配型 2 株，自育型 26 株，占比为 86.7%；昭通市鲁甸县的 22 株菌株中，A1 交配型 1 株，A2 交配型 1 株，自育型 20 株，占比为 90.9%；昭通市永善县 4 株菌株均为自育型，占比为 100%；曲靖市马龙区的 21 株菌株中，A2 交配型 1 株，自育型 20 株，占比为 95.2%；曲靖市会泽县的 39 株菌株中，A1 交配型 1 株，A2 交配型 3 株，自育型 35 株，占比为 89.7%；昆明市寻甸县的 5 株菌株中，A1 交配型 1 株，A2 交配型 1 株，自育型 3 株，占比为 60%；大理州洱源县 40 株菌株均为自育型，占比为 100%；丽江市玉龙县的 17 株菌株中，A1 交配型 1 株，自育型 16 株，占比为 94.1%；丽江市宁蒗县的 15 株菌株中，A1 交配型 3 株，自育型 12 株，占比为 80%；迪庆州香格里拉市的 43 株菌株中，A1 交配型 1 株，自育型 42 株，占比为 97.7%。2020 年测定的 236 株菌株中，A1 交配型 10 株，A2 交配型 8 株，自育型 218 株，占比为 92.4%（表 4）。

表 4　2020 年马铃薯春作区晚疫病菌交配型组成与分布

采集地点		菌株数（株）	交配型（株）		
			A1	A2	自育型
昭通市	昭阳区	30	2	2	26
	鲁甸县	22	1	1	20
	永善县	4	0	0	4
曲靖市	马龙区	21	0	1	20
	会泽县	39	1	3	35
昆明市	寻甸县	5	1	1	3
大理州	洱源县	40	0	0	40
丽江市	玉龙县	17	1	0	16
	宁蒗县	15	3	0	12
迪庆州	香格里拉市	43	1	0	42

综上所述，2018—2020 年采于云南省马铃薯春作区是 280 株晚疫病菌中，自育型共有 257 株，占测定菌株数的 91.79%；A1、A2 占比较低，分别占测定菌株数的 5.36%、2.86%（图 2）。

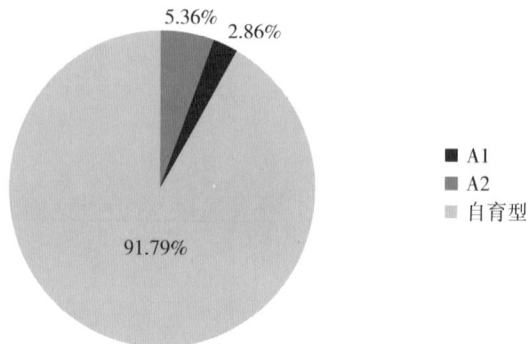

5.36%　2.86%

A1
A2
自育型

91.79%

图 2　A1、A2、自育型占被测菌株数的比例

3 讨 论

本试验共测定 280 株马铃薯晚疫病菌菌株，其中自育型 257 株，占总调查菌株的 91.79%，A1、A2 分别占总调查菌株数的 5.36%、2.86%，说明自育型在云南春作区已处于主导地位。这与近年来，在中国马铃薯主栽区发现并报道的自育型菌株频率正逐渐升高相一致。赵志坚等[10]2001 年报道在云南省分离的马铃薯晚疫病菌中检测到 8 株自育型菌株；杨芮等[11]2014 年发现采自贵州省和云南省的马铃薯晚疫病菌株中自育型占总调查菌数的 91%；赵青等[12]2016 年在四川省发现 12 株自育型菌株。可见，自育型的菌株现已普遍存在于中国马铃薯主要种植地区。

云南省是中国马铃薯主栽培区，种薯频繁调运使得云南省晚疫病菌交配型组成有所变动[13]。本试验测定了云南省马铃薯春作区晚疫病菌交配型的组成及分布，为进一步分析云南省马铃薯春作区晚疫病发生与流行的规律，合理布局、合理利用抗性品种与科学用药防治马铃薯晚疫病提供科学依据。本试验只对云南省马铃薯春作区的马铃薯晚疫病菌交配型进行测定，冬作区的马铃薯晚疫病菌交配型情况待进一步研究。

[参 考 文 献]

[1] 郭梅, César V, 闵凡祥, 等. 黑龙江省发现马铃薯晚疫病菌(*Phytophthora infestans*) A2 交配型 [J]. 中国马铃薯, 2015, 29(3): 171-174.

[2] 闵凡祥, 王晓丹, 胡林双, 等. 黑龙江省马铃薯晚疫病菌交配型的研究 [J]. 中国马铃薯, 2010, 24(1): 47-49.

[3] Niederhauser J S. Divison of mycology: the blight, the blighter, and the blighted [J]. Transactions of the New York Academy of Sciences, 1956, 19(1): 55-63.

[4] 张志铭, 李玉琴, 田世民, 等. 中国发生马铃薯晚疫病菌(*Phytophthora infestans*) A2 交配型 [J]. 河北农业大学学报, 1996(4): 62-65.

[5] 赵志坚, 何云昆, 李成云, 等. 云南省发现马铃薯晚疫病菌(*Phytophthora infestans*) A2 交配型 [J]. 西南农业学报, 1999, 12(3): 1-3.

[6] Ryu K Y, 罗文富, 杨艳丽, 等. 云南省马铃薯晚疫病菌的交配型、抗药性及生理小种分布的研究(英文) [J]. 植物病理学报, 2003(2): 126-131.

[7] Babadoost M, Pavon C F. Survival of oospores of *Phytophthora capsici* in soil [J]. Plant Disease, 2013, 97(11): 1 478-1 483.

[8] Scofield S R, Tobias C M, Rathjen J P, et al. Molecular basis of gene-for-gene specificity in bacterial speck disease of tomato [J]. Science, 1996, 274(5295): 2 063-2 065.

[9] 金光辉, 袁善奎, 吕文河, 等. 黑龙江省马铃薯晚疫病菌生理小种类型及交配型研究 [J]. 东北农业大学学报, 2006, 37(5): 610-614.

[10] 赵志坚, 王淑芬, 李成云, 等. 云南省马铃薯晚疫病菌交配型分布及发生频率 [J]. 西南农业学报, 2001, 14(4): 55-57.

[11] 杨芮, 方治国, 詹家绥, 等. 马铃薯晚疫病菌在贵州和云南的交配型分布与卵孢子生物学特性分析 [J]. 江苏农业科学, 2014, 42(7): 122-124.

[12] 赵青, 郑峥, 李颖, 等. 四川省马铃薯晚疫病菌群体表型和遗传变异的分析 [J]. 菌物学报, 2016, 35(1): 52-62.

[13] 缪云琴, 孟然然, 唐唯, 等. 马铃薯晚疫病菌交配型检测方法比较 [J]. 西南农业学报, 2016, 29(7): 1 525-1 529.

新型生物源农药可湿性粉剂对马铃薯晚疫病的田间防控效果

沈洪飞[1,2]，刁　琢[3]，杨秀芬[1]，曾洪梅[1]，任　杰[1]，李广悦[1]*

(1. 中国农业科学院植物保护研究所，北京　100193；
2. 新疆农业科学院综合试验场，新疆　乌鲁木齐　830012；
3. 黑龙江省大兴安岭地区农业林业科学研究院，黑龙江　大兴安岭　165000)

摘　要：新型生物源农药可湿性粉剂是以抗菌活性物质 Xcn1 为主效成分开发的生物源农药。为明确其防控马铃薯晚疫病的田间应用效果，2021 年在黑龙江省大兴安岭地区加格达奇区开展田间药效试验，测定新型生物源农药不同浓度对马铃薯晚疫病的防控效果和对产量的影响。发病初期新型生物源农药可湿性粉剂 300 倍液与化学农药(68.75%氟菌·霜霉威悬浮剂 + 10%氟噻唑吡乙酮可分散油悬浮剂交替使用)的防效无显著差异；发病后期防效为 63.15%，低于化学农药的防效(89.65%)。新型生物源农药对马铃薯有显著增产作用，增产率达到 15.69%。综合分析，新型生物源农药可湿性粉剂在马铃薯晚疫病防治中具有较好的应用前景。

关键词：新型生物源农药；马铃薯；晚疫病；嗜线虫致病杆菌；Xcn1；生物杀菌剂

马铃薯(*Solanum tuberosum* L.)是一年生茄科草本植物，原产自南美安第斯山脉，最早在秘鲁进行人工栽培，后经欧洲于明万历年间传入中国，距今已有 400 多年历史[1-4]。马铃薯具有粮菜饲兼用、耐干旱、耐贫瘠、耐低温、适应性广和增产潜力大等优点，是中国继水稻、小麦和玉米之后的第四大粮食作物，也是全球重要的粮食作物[5-7]。目前，中国的马铃薯种植面积和总产量均排名世界第一位，2019 年中国马铃薯种植面积约 491.17 万 hm^2，总产量约 9 188.14 万 t。然而，中国马铃薯的平均单产始终处于较低水平，甚至低于世界平均水平。除了马铃薯品种和种植条件影响之外，病虫害的爆发，尤其是马铃薯晚疫病的连年发生，也是影响马铃薯单产水平的重要限制因素[8-11]。马铃薯晚疫病是由卵菌纲致病疫霉(*Phytophthora infestans*)引起的一种毁灭性病害，在中国各马铃薯种植区均有发生，严重时可减产 50%以上。该病害可侵染马铃薯的叶片、茎秆、块茎等部位，具有发生范围广、流行速度快、危害严重等特点，严重威胁了中国马铃薯的安全生产，已被列为中国一类农作物病虫害[10-19]。

近 10 年来，晚疫病年平均发生面积约占马铃薯种植总面积的 40.66%，造成的损失占所有病害损失总和的 63.54%，是对中国马铃薯种植危害范围最广、造成损失最严重的病害[13]。分析其原因，以"费乌瑞它"为代表的商品性好、高感晚疫病的马铃薯品种在全国

作者简介：沈洪飞(1989—)，男，硕士，助理研究员，研究方向为马铃薯品种选育及病害防治研究。
基金项目：国家自然科学基金面上项目(31972327)。
*通信作者：李广悦，博士，研究员，研究方向为植物病害生物防治，e-mail：liguangyue@caas.cn。

大面积种植，抗性品种对马铃薯晚疫病的抗性逐渐丧失，中国不同产区之间马铃薯的引种和调种频繁以及中国马铃薯主要种植区气候条件冷凉、潮湿等因素，都为晚疫病的发生和大流行形成了有利条件[20-23]。目前，化学防治仍然是马铃薯晚疫病的主要防治方法。截至2021年，登记用于防治马铃薯晚疫病的有效期内的产品共计231个，包括单剂129个，混剂102个，其中代森锰锌、甲基硫菌灵、百菌清和丙森锌等药剂使用较为广泛，销售量较大[24,25]。然而，化学药剂的过量使用也带来了农业面源污染、生态环境恶化、病原菌抗性增加等问题，因此，研发和推广新型生物杀菌剂防控马铃薯晚疫病对促进马铃薯产业的生产安全、质量安全、生态安全具有重要意义。

Xcn1 是嗜线虫致病杆菌（*Xenorhabdus nematophila*）CB6 菌株产生的次生代谢产物，研究表明其具有拮抗马铃薯晚疫病、番茄晚疫病和辣椒疫霉病的生物学功能[26-32]。利用 6 μg/mL 的 Xcn1 处理马铃薯离体叶片和植株后，对晚疫病的防控效果分别达到 92.63% 和 80.27%[27,32]。因此，Xcn1 防控植物疫病，尤其是马铃薯晚疫病的应用潜力巨大，是亟待产业化的新型生物源农药。中国农业科学院植物保护研究所植物病害生物防治创新团队以 Xcn1 为主效活性成分开发了新型生物源农药可湿性粉剂。本研究系统开展了新型生物源农药防控马铃薯晚疫病的田间试验，评价其应用的有效性，为新型生物源农药的开发和马铃薯晚疫病的绿色防控奠定基础。

1 材料与方法

1.1 试验材料

1.1.1 试验地点

在黑龙江省大兴安岭地区加格达奇区开展试验，地块位于大兴安岭农林科学院农业试验基地国家马铃薯产业技术体系示范展示田。

1.1.2 试验材料

供试药剂：生物杀菌剂新型生物源农药可湿性粉剂由中国农业科学院植物保护研究所提供，化学药剂 68.75% 氟菌·霜霉威悬浮剂由拜耳作物科学（中国）有限公司生产，10% 氟噻唑吡乙酮可分散油悬浮剂由杜邦中国集团有限公司生产。

供试马铃薯品种："费乌瑞它"，种薯级别为 G2 代，该品种为晚疫病感病品种。

1.2 试验方法

1.2.1 试验设计

试验采用随机区组设计，共设 4 个处理，分别为：处理 1，新型生物源农药可湿性粉剂 300 倍液；处理 2，新型生物源农药可湿性粉剂 600 倍液；处理 3，化学药剂 68.75% 氟菌·霜霉威悬浮剂 + 10% 氟噻唑吡乙酮可分散油悬浮剂；处理 4，空白对照，同期喷施清水。

试验小区面积 38.4 m²，8 行区，6 m 长，行距 80 cm，株距 30 cm。小区随机排列，3 次重复。5 月 18 日人工播种，田间管理方式同当地常规方法，马铃薯晚疫病自然发病。于始花期 7 月 30 日、花末期 8 月 7 日、薯块膨大期 8 月 17 日、收获前期 8 月 25 日用小型电动喷雾器人工全株喷雾。

1.2.2 病情调查及防效计算

施药前调查试验地马铃薯晚疫病发病率及病情指数，用药后 7 d 调查，采用棋盘式取样，定点调查的方法(每点取 4 株，调查全部叶片)。每个点调查 20 株，做标记，记录病斑大小，同时拍照做好各小区田间症状记录。根据国家马铃薯晚疫病病害分级标准(表 1)，以叶片为单位对调查的马铃薯晚疫病病情进行分级。为避免小区试验边际效应，每小区收获中部 4 行 4 m 长共 12.8 m^2 的所有薯块，记录产量及病薯率，折合计算产量及合格薯产量。

表 1 马铃薯晚疫病病害分级标准

病情分级	分级标准(以株为单位)
0	未发病，整株完好
1	仅极少量叶片出现病斑
3	出现病斑的叶面积占整株叶面积的 20%~40%
5	出现病斑的叶面积占整株叶面积的 41%~60%
7	出现病斑的叶面积占整株叶面积的 61%~80%
9	出现病斑的叶面积占整株叶面积的 81%以上或整株坏死

发病率、病情指数、防治效果和病薯率计算为：

发病率(%) = 发病株数/调查总株数 × 100

病情指数 = ∑(病害级数 × 相应级数病害株数)/(总株数 × 最高级数) × 100

防治效果(%) = (对照病情指数 − 处理病情指数)/对照病情指数) × 100

晚疫病病薯率(%) = 发病块茎重量/薯块总重量 × 100

1.3 数据处理

Excel 2019 对试验数据进行统计分析，计算病情指数、防效、烂薯率、商品薯率及产量等指标；使用 Origin 2018 作图和单因素方差分析。

2 结果与分析

2.1 晚疫病病害发生情况

2021 年试验区平均降雨量高于历年水平 50%左右，其中 6 至 7 月末降雨集中，田间积水严重，有利于马铃薯晚疫病病害的发生和田间传播。田间调查统计发现，马铃薯晚疫病初发生日期为 7 月 30 日，田间马铃薯处于花期阶段，"发病中心"位于空白对照小区内，发病部位为顶部叶片，参考本地其他生产田马铃薯晚疫病初发生时间为 7 月上旬，可以推断本试验的初侵染来源为附近发病田块的远距离传播。整个生育期喷施药剂 4 次，分别于始花期 7 月 30 日、花末期 8 月 7 日、薯块膨大期 8 月 17 日和收获前期 8 月 25 日，每次用药后进行病害发生情况调查，并进行了病情指数的计算和分析(图 1)。由图 1 的病情指数情况可知，不同处理之间病情指数存在较大差异，但发病规律存在一致性，即马铃薯晚疫病于始花期开始出现，之后随着时间推移，病情指数逐渐增加，在收获前期达到最高发病水平。化学药剂 68.75% 氟菌·霜霉威悬浮剂和 10% 氟噻唑吡乙酮可分散油悬浮剂交替使用的病情指数最低，收获前期的病情指数仅为 8.9，喷施清水处理的病情指数最高，收获前期达到了 85.9，新型生物源农药可湿性粉剂 300 倍和 600 倍处理的病情指数介于二者之间，收获前期分别为 31.7 和 58.5。

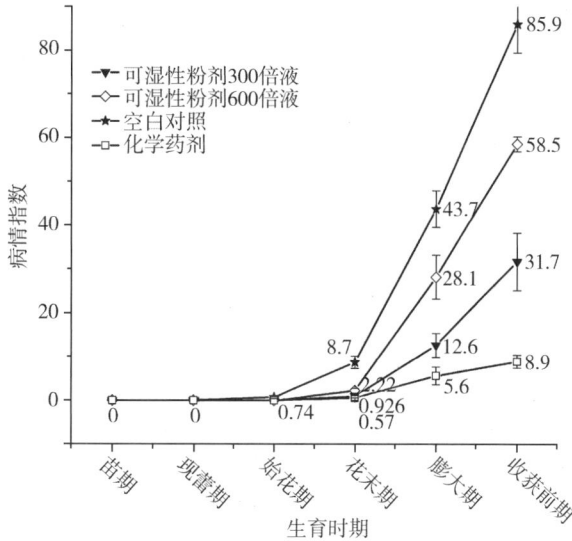

图 1　马铃薯不同生育时期晚疫病病情指数

2.2　药剂防效

田间调查统计发现，始花期对照小区发现晚疫病，此时病情指数较低，仅为 0.74，其他处理区并未发现晚疫病。因此，在始花期第 1 次叶面喷施化学农药(68.75% 氟菌·霜霉威悬浮剂 + 10% 氟噻唑吡乙酮可分散油悬浮剂)和新型生物源农药可湿性粉剂防控晚疫病发展。7 d 后进行病害调查并第 2 次施药。调查发现，与清水处理比较，始花期-花末期喷施化学农药和新型生物源农药可湿性粉剂对马铃薯晚疫病均有较好的防控作用，防效分别为 93.61%(病情指数 0.57)和 89.35%(病情指数 0.93)(图 2)。根据防治效果进行统计分析，喷施化学农药(68.75% 氟菌·霜霉威悬浮剂 + 10% 氟噻唑吡乙酮可分散油悬浮剂)和新型生物源农药可湿性粉剂 300 倍液无显著差异，但二者显著高于对照和新型生物源农药可湿性粉剂 600 倍液。

第 2 次施药 10 d 后进行田间调查并进行第 3 次施药。调查发现，花末期-膨大期化学农药(68.75% 氟菌·霜霉威悬浮剂 + 10% 氟噻唑吡乙酮可分散油悬浮剂)防治效果为 87.28%，显著高于新型生物源农药可湿性粉剂 300 倍液(防效 71.18%)，而新型生物源农药可湿性粉剂 600 倍液防治效果最低，为 35.59%。在收获前期进行了最后 1 次田间调查，此时期马铃薯晚疫病严重，对照处理植株全部死亡，化学药剂防治效果最好(防效 89.65%)，仅有个别植株可见干枯晚疫病斑。新型生物源农药 300 倍液和 600 倍液的防治效果分别为 63.15% 和 31.90%。

综合来看，化学农药(68.75% 氟菌·霜霉威悬浮剂 + 10% 氟噻唑吡乙酮可分散油悬浮剂)和高浓度新型生物源农药可湿性粉剂能显著降低晚疫病病情指数。就防治效果而言说，化学农药(68.75%氟菌·霜霉威悬浮剂 + 10%氟噻唑吡乙酮可分散油悬浮剂)防效最高，新型生物源农药 300 倍液次之。

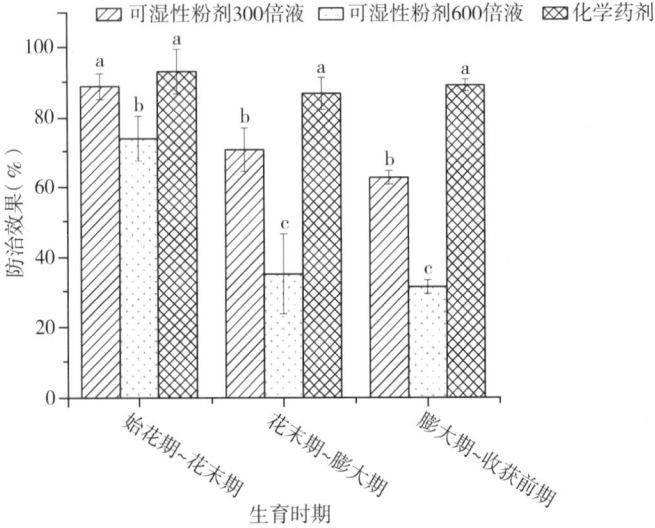

注：不同小写字母表示差异显著($P < 0.05$)。

图 2　不同药剂对马铃薯晚疫病防效

2.3　不同药剂对马铃薯产量的影响

马铃薯收获后，对不同处理区和对照区的马铃薯产量和烂薯率进行了统计分析。喷施化学药剂(68.75%氟菌·霜霉威悬浮剂 + 10%氟噻唑吡乙酮可分散油悬浮剂)产量为 1 800 kg/667 m²，新型生物源农药可湿性粉剂 300 倍和 600 倍液产量次之，分别为 1 614 和 1 487 kg/667 m²，空白对照产量最低，为 1 395 kg/667 m²。生物统计结果显示，化学农药与新型生物源农药可湿性粉剂 300 倍液处理区之间的产量无显著差异。分析烂薯比例，喷施化学农药和新型生物源农药可湿性粉剂 300 倍液的病烂薯比例均低于 4%，二者无显著差异，但显著低于对照病烂薯比例。剔除烂薯，化学药剂处理区较对照区增产达 29.02%，新型生物源农药可湿性粉剂 300 倍液和 600 倍液处理区分别增产 15.69%和 6.60%(表 2)。

表 2　不同药剂对马铃薯产量的影响

处理	小区平均产量 （kg/38.4 m²）	烂薯率 （%）	产量 （kg/667 m²）	增产率 （%）
新型生物源农药 300 倍液	31.97 ± 1.30 ab	3.09 ± 1.29 bc	1 614 ab	15.69
新型生物源农药 600 倍液	30.33 ± 2.46 b	6.04 ± 1.94 ab	1 487 bc	6.60
清水处理	29.47 ± 0.75 b	9.13 ± 2.31 a	1 395 c	—
68.75%氟菌·霜霉威悬浮剂 + 10% 氟噻唑吡乙酮可分散油悬浮剂	34.47 ± 1.11 a	0.76 ± 0.85 c	1 800 a	29.02

注：不同小写字母表示差异显著($P < 0.05$)。产量为扣除病烂薯后折算。

3　讨　论

马铃薯晚疫病不仅具有较强的传播性，气候条件适宜就能大面积流行，同时致病菌具有较高的存活率[33]，晚疫病菌能以菌丝的形式存在于病薯、病薯周围的土壤以及其他病残组织中，可长期存活[34-36]。目前，马铃薯晚疫病的防控方法除了常规的注重栽培管理和选择无病种薯外，主要依靠抗病品种和化学防治，但抗病品种的大面积种植和化学农药过量使用也导致了致病疫霉抗性生理小种的出现，是晚疫病难于防控的重要原因之一[23,37,38]。据报道，年平均种植面积前 10 位的马铃薯品种依次是"克新 1 号""费乌瑞它""米拉""威芋 3 号""会-2 号""陇薯 3 号""青薯 9 号""鄂马铃薯 5 号""合作 88"和"青薯 168"，约占马铃薯总种植面积的 50.98%，抗病品种"克新 1 号"种植面积逐年下降，易感晚疫病品种"费乌瑞它"近年来种植面积不断扩大。研究发现，在中国具有 60 多年栽培历史的"克新 1 号"对马铃薯晚疫病的抗性正逐渐丧失[38,39]。致病疫霉通过 A1 和 A2 两种交配型异宗配合的方式进行有性生殖同时发生基因重组。在外界环境压力的筛选下，这种有性生殖模式导致了致病性更强、克服抗性基因和具有抗药性优势小种的产生，并随着中国不同产区之间马铃薯的频繁引种和调种快速传播和流行[40-43]。马铃薯晚疫病防控的常用化学农药吡唑醚菌酯、氰霜唑、甲霜灵等已经面临较严重的抗性问题，氟噻唑吡乙酮、氟醚菌酰胺等新型药剂也都有高抗性风险[22,44-46]。此外，化学药剂的过量使用带来的农业面源污染、生态环境恶化和食品安全等问题也引起了人们的广泛关注。生物源农药具有环境友好、绿色安全、不易产生抗药性等优点，因此寻找并开发新型生物源农药是防治马铃薯晚疫病的一个重要研究方向[10-13,47-50]。

Xcn1 是由嗜线虫致病杆菌 CB6 菌株产生的抗菌代谢产物，对卵菌纲致病疫霉，如马铃薯晚疫病、番茄晚疫病和辣椒疫霉病等具有较好的防控效果[27,28,30-32]，是亟待开发的生物源农药。本研究通过田间试验，进一步验证了以 Xcn1 为主效成分的新型生物源农药可湿性粉剂对马铃薯晚疫病的防控效果。研究结果表明，新型生物源农药可湿性粉剂在马铃薯晚疫病发生前期具有显著的防控效果，尽管后期病情指数有所增加，但仍然保持了较好的防控效果，收获前期病情指数为 35.7，防效 63.15%。本研究中的化学药剂处理实际包含了氟吡菌胺（68.75%氟菌·霜霉威悬浮剂组分）、霜霉威盐酸盐（68.75%氟菌·霜霉威悬浮剂组分）和氟噻唑吡乙酮（10%氟噻唑吡乙酮可分散油悬浮剂组分）3 种杀菌剂的联合作用，能高效地防控马铃薯晚疫病[40]。因此，尽管新型生物源农药可湿性粉剂与化学药剂组合（68.75%氟菌·霜霉威悬浮剂 + 10%氟噻唑吡乙酮可分散油悬浮剂交替使用）的防效相比还存在一定差距，但仍表现出良好的应用前景。今后可通过多种方式进一步优化和提升新型生物源农药可湿性粉剂对马铃薯晚疫病的防控效果：如对助剂成分进行优化，进一步提升药剂的利用效率和对病原菌的杀伤效果；通过与不同作用机制的化学药剂或生物杀菌剂联合使用，提升防控效果，同时降低病原菌抗药性的产生[10,18]；与免疫诱抗剂和土壤改良剂协同使用，对马铃薯晚疫病进行综合防控，可有效提升防控效果，同时降低化学农药的使用量[13,39]。

综上所述，新型生物源农药可湿性粉剂是一种新型的微生物源生物农药，对马铃薯晚疫病表现出较好的防控效果，可有效减少晚疫病导致的产量损失，同时显著降低病薯率。新型生物源农药可湿性粉剂的开发和应用将在保障马铃薯安全生产，减少化学农药残留和环境污染方面发挥重要作用。为了进一步完善该生物农药的田间使用技术，会继续研究该药剂与其他药剂的联合使用技术，评价其对于不同马铃薯品种以及差异环境条件下的防控效果，为有效推进该药剂尽早服务于农业生产提供重要基础。

[参 考 文 献]

[1] 曹瑞臣.作物改变世界——以马铃薯对爱尔兰的历史影响为例(上) [J].生态经济,2012(8):18−23.

[2] 王秀丽,陈萌山.马铃薯发展历程的回溯与展望 [J].农业经济问题,2020(5):123−130.

[3] 佟屏亚.中国马铃薯栽培史 [J].中国科技史料,1990(1):10−19.

[4] 王秀丽,马云倩,郭燕枝,等.马铃薯的世界传播及对中国主食产业开发的启示 [J].中国农学通报,2016,32(35):227−231.

[5] 蔡兴奎,谢从华.中国马铃薯发展历史、育种现状及发展建议 [J].长江蔬菜,2016(12):30−33.

[6] 徐宁,张洪亮,张荣华,等.中国马铃薯种植业现状与展望 [J].中国马铃薯 2021,35(1):81−96.

[7] McGill C R, Kurilich A C, Davignon J. The role of potatoes and potato components in cardiometabolic health: a review [J]. Annals of Medicine, 2013, 45(7): 467−473.

[8] 罗其友,高明杰,张烁,等.中国马铃薯产业国际比较分析 [J].中国农业资源与区划,2021,42(7):1−8.

[9] 崔勇,雷雨颜,王晓媛.30多年来世界马铃薯种植及交易情况分析 [J].中国蔬菜,2021(6):1−10.

[10] 张欣杰,宋文睿,陈汉,等.马铃薯晚疫病化学防控现状与展望 [J].中国植保导刊,2021,41(6):33−39.

[11] 徐进,朱杰华,杨艳丽,等.中国马铃薯病虫害发生情况与农药使用现状 [J].中国农业科学,2019,52(16):2 800−2 808.

[12] 高玉林,徐进,刘宁,等.我国马铃薯病虫害发生现状与防控策略 [J].植物保护,2019,45(5):106−111.

[13] 马中正,任彬元,赵中华,等.近年我国马铃薯四大产区病虫害发生及防控情况的比较分析 [J].植物保护学报,2020,47(3):463−470.

[14] Whisson S C, Boevink P C, Wang S, et al. The cell biology of late blight disease [J]. Current Opinion in Microbiology, 2016, 34: 127−135.

[15] Grünwald N J, Flier W G. The biology of *Phytophthora infestans* at its center of origin [J]. Annual Review of Phytopathology, 2005, 43: 171−190.

[16] Ivanov A A, Ukladov E O, Golubeva T S. *Phytophthora infestans*: an overview of methods and attempts to combat late blight [J]. Journal of Fungi, 2021, 7(12): 1 071.

[17] 叶广继,孙海宏,周云,等.青海海东地区马铃薯晚疫病菌生理小种的组成及分布 [J].植物病理学报,2008(5):553−556.

[18] 周阳,赵中华,杨普云,等.近年马铃薯晚疫病发生特点与防控对策 [J].中国植保导刊,2014,34(6):63−66.

[19] Fry W E. *Phytophthora infestans*: new tools (and old ones) lead to new understanding and precision management [J]. Annual Review of Phytopathology, 2016, 54: 529−547.

[20] 段艳凤.马铃薯种质资源遗传多样性评价及抗晚疫病相关基因分析 [D].北京:中国农业科学院,2019.

[21] 闵凡祥,王贵江,杨帅,等.黑龙江省马铃薯晚疫病 CARAH 监测预警模型的应用评价 [J].中国农学通报,2021,37(29):92−98.

[22] Wu Z H, Ma Q, Sun Z N, et al. Biocontrol mechanism of *Myxococcus fulvus* B25−1−3 against *Phytophthora infestans* and its control efficiency on potato late blight [J]. Folia Microbiologica, 2021, 66(4): 555−567.

[23] 徐建飞,金黎平.马铃薯遗传育种研究:现状与展望 [J].中国农业科学,2017,50(6):990−1 015.

[24] 金飞跃,赵振杰,任乐乐,等.十一种杀菌剂防治马铃薯晚疫病的适宜施用时期 [J].农药学学报,2016,18(2):

213-218.

[25] 李文静, 王秋霞, 李园, 等. 我国防治主要土传病害的农药登记和推广情况 [J]. 农药, 2021, 60(8): 547-554.

[26] 肖尧, 杨秀芬, 杨怀文. 致病杆菌和发光杆菌抗菌代谢产物研究进展 [J]. 中国生物防治学报, 2011, 27(4): 553-558.

[27] 庞在堂, 杨怀文, 杨秀芬, 等. 一株高毒力致病杆菌 CB6 的鉴定 [J]. 微生物学报, 2004(2): 131-135.

[28] 黄武仁, 杨秀芬, 杨怀文, 等. 嗜线虫致病杆菌的抑菌物质及抑菌活性 [J]. 天然产物研究与开发, 2006(1): 25-28.

[29] 韩云飞, 他永全, 王勇, 等. 致病杆菌属细菌代谢物抑菌活性研究进展 [J/OL]. 农药学报: 1-17. [2022-01-05]. DOI: 10.16801/j.issn.1008-7303.2021.0192.

[30] 石延霞, 李宝聚, 杨秀芬, 等. 0.25%帕克素水剂防治番茄晚疫病的药效试验 [J]. 中国蔬菜, 2004(6): 30-31.

[31] 杨怀文, 张志铭, 杨秀芬, 等. 嗜线虫致病杆菌代谢物对马铃薯晚疫病菌的抑制作用 [J]. 中国生物防治, 2000(3): 111-113.

[32] Yang X, Qiu D, Yang H, et al. Antifungal activity of xenocoumacin 1 from *Xenorhabdus nematophilus* var. pekingensis against *Phytophthora infestans* [J]. World Journal of Microbiology and Biotechnology, 2011, 27(3): 523-528.

[33] 陈红远, 尹文书, 李梅, 等. 芸苔素内酯与吡唑醚菌酯对马铃薯晚疫病的防治效果 [J]. 湖南农业科学, 2021(9): 53-55.

[34] 曹坳程, 刘晓漫, 郭美霞, 等. 作物土传病害的危害及防治技术 [J]. 植物保护, 2017, 43(2): 6-16.

[35] 中华人民共和国农业部. NY/T 1783—2009 马铃薯晚疫病防治技术规范 [S]. 北京: 中国农业出版社, 2009.

[36] 张姝鑫, 王毅, 白洁. 马铃薯晚疫病的发生与防治 [J]. 种子科技, 2018, 36(7): 93-94.

[37] 王腾, 孙继英, 汝甲荣, 等. 中国马铃薯晚疫病菌交配型研究进展 [J]. 中国马铃薯, 2018, 32(1): 48-53.

[38] 张建新, 姚凤兰. 杀菌剂防治马铃薯晚疫病田间药效试验 [J]. 农药, 2018, 57(7): 532-535.

[39] 李洁, 闫硕, 张芳, 等. 近年来中国马铃薯晚疫病的时空演变特征及防控情况分析 [J]. 植物保护学报, 2021, 48(4): 703-711.

[40] 李璐, 李媛媛, 姜萌, 等. 68.75%氟吡菌胺·霜霉威对马铃薯晚疫病菌的室内毒力测定及防治效果研究 [C]//彭友良, 王琦. 中国植物病理学会 2018 年学术年会论文集. 北京: 中国农业科学技术出版社, 2018: 472.

[41] 郑康凯, 李洁, 沈杰, 等. 新型纳米载体递送免疫诱抗剂和植物源杀菌剂提升马铃薯晚疫病防控的研究 [C]//金黎平, 吕文河. 马铃薯产业与绿色发展. 哈尔滨: 黑龙江科学技术出版社, 2021: 492-493.

[42] 钱红洁, 刘霞, 郭琳, 等. 云南省马铃薯春作区晚疫病菌对甲霜灵敏感性测定 [J]. 西北农业学报, 2021, 30(7): 1 083-1 088.

[43] 闵凡祥, 王晓丹, 胡林双, 等. 黑龙江省马铃薯晚疫病菌交配型的研究 [J]. 中国马铃薯, 2010, 24(1): 47-49.

[44] 周阳, 赵中华, 杨普云, 等. 近年马铃薯晚疫病发生特点与防控对策 [J]. 中国植保导刊, 2014, 34(6): 63-66.

[45] 吴杰, 赵建江, 路粉, 等. 马铃薯晚疫病菌对氟吡菌胺抗性监测及 9 种常规药剂对马铃薯晚疫病田间防效评估 [J]. 植物病理学报, 2021, 51(1): 85-94.

[46] 苗建强, 蔡萌, 张灿. 植物病原卵菌对重要抑制剂的抗性分子机制研究进展 [J]. 农药学报, 2019, 21(z1): 736-746.

[47] Elsherbiny E A, Amin B H, Aleem B, et al. Trichoderma volatile organic compounds as a biofumigation tool against late blight pathogen *Phytophthora infestans* in postharvest potato tubers [J]. Journal of Agricultural and Food Chemistry, 2020, 68(31): 8 163-8 171.

[48] 李广悦, 杨秀芬. 嗜线虫致病杆菌抗菌代谢产物 Xcn1 的研究进展 [J]. 中国生物防治学报, 2020, 36(1): 1-8.

[49] 王立, 郑果, 李继平, 等. 9 种叶面处理剂对马铃薯早晚疫病的防控效果 [J]. 西北农业学报, 2021, 30(3): 439-444.

[50] 曲远航, 王琦, 姚彦坡, 等. 马铃薯晚疫病生防木霉菌的筛选及鉴定 [J]. 菌物学报, 2014, 33(6): 1 231-1 241.

马铃薯环腐病病原的分离与鉴定

张兆良[1], 韩孟浩[1], 迟胜起[1], 李颖风[2], 李文义[2], 谢　鑫[2], 张剑峰[1*]

(1. 青岛农业大学, 山东　青岛　266109;
2. 内蒙古民丰种业有限公司, 内蒙古　乌兰察布　012000)

摘　要: 马铃薯环腐病是危害马铃薯维管束的一种细菌性病害, 病原侵染马铃薯后会严重影响产量和块茎质量。从马铃薯生产田中采集到疑似感染马铃薯环腐病的薯块, 分离得到了病原菌, 经革兰氏染色、分子生物学鉴定, 鉴定出引起该病害病原菌为密执安棒杆菌(*Clavibacter michiganensis* subsp. *sepedonicus*)。经致病性测定试验证实分离得到的菌株能继续引起健康马铃薯发病, 为马铃属环腐病。试验还初步建立了利用特异性引物鉴定马铃薯环腐病原的分子方法, 可为马铃薯生产中环腐病发生诊断和防治提供指导。

关键词: 马铃薯; 环腐病; 分子鉴定; 致病性测定

马铃薯(*Solanum tuberosum* L.)是在世界范围内被广泛种植的作物, 也是现今世界上高产优质粮食, 也是继水稻、小麦、玉米之后的世界第四大粮食作物[1]。目前在马铃薯种植生产过程中各种病害发生非常普遍, 常见的病害有马铃薯病毒病、真菌病害及细菌病害, 其中马铃薯环腐病就是一种重要的维管束细菌病害, 其可直接引起马铃薯块茎腐烂, 造成马铃薯严重减产和品质下降。马铃薯环腐病常发生在冷凉地区, 病原菌在土壤中存活时间短, 往往是在薯块中存活, 主要是通过切刀切割种薯传播。感病植株发病一般表现为叶缘上卷, 色灰绿, 呈失水状萎蔫, 最后黄化凋萎甚至枯死。感病块茎表皮出现裂纹和黑斑, 严重时变成红棕色, 切开后维管束呈乳白色或黄褐色的环状, 用手挤压有时会有乳白色菌液溢出, 严重感染的薯块维管束发黑并形成环状空洞, 薯皮与薯心发生分离[2]。该病在欧洲、北美洲、南美洲及亚洲的部分国家均有发生[3]。本试验进行了马铃薯环腐病分离与鉴定技术研究, 为目前马铃薯生产中环腐病的鉴定及防治提供基础。

1　材料与方法

1.1　试验材料

1.1.1　材　料

感病马铃薯薯块: 采自内蒙古自治区马铃薯生产田。

1.1.2　试　剂

试验所用试剂 rTaq 酶、10 × PCR buffer、dNTP Mixture、70%乙醇溶液、DNA 提取液

作者简介: 张兆良(1995—), 男, 硕士研究生, 主要从事植物病理学研究。

基金项目: 山东现代农业产业技术体系薯类创新团队(SDAIT - 16 - 06); 内蒙古自治区科技重大专项课题(2021SZD0026)。

*通信作者: 张剑峰, 教授, 主要从事植物病理学、马铃薯病害防治及脱毒繁育技术研究, e-mail: qauzjf@163.com。

（25：24：1）、异丙醇、ddH$_2$O、超纯水、TBE 缓冲液。

1.1.3 仪器

德国贺氏高速离心机、低温冷冻高速离心机（Eppendorf）、博讯电热恒温培养箱；PCR仪（Bio-RADT-100）、水平电泳槽（JY-SP-DT，JUNYITM Electrophoresis Cell）、研磨机（上海净信）；凝胶成像仪（UVP）、pH 值计（SHKY-8208）、迷你离心机（XK-400，苏泰）、移液枪（Eppendorf）、制冰机（SIM-F140，SANYO）、超低温冰箱（U410-86，NEW BRUNSWICK SCIENTIFIC）等。

1.2 试验方法

1.2.1 培养基配制方法

酵母葡萄糖矿物盐琼胶培养基[4]、LB 液体培养基。

固体培养基：加入琼脂 15 g，120 ℃灭菌 30 min。

1.2.2 病原菌分离、纯化和保存

病原菌分离方法：参照[5]将感病马铃薯薯块表面消毒，去皮后切取病健处组织进行培养，分离病原菌。

病原菌纯化及保存：挑取单菌落，运用平板划线法在培养基上纯化培养 2 次，置于23 ℃培养箱中培养 3~10 d。-80 ℃保存菌种。

1.2.3 DNA 的提取

采用 CTAB/NaCl 法参照[5]提取保存的病原菌 DNA。

1.2.4 分子生物学鉴定

设计引物序列：HC1F（5'GCGTCTGTGGAAGTGGTTT3'），HC2R（5'TAGACGACGCGATTCGCGAC3'），PCR 反应条件：95 ℃ 30 s，62 ℃ 30 s，72 ℃ 1 min，35 个循环。

1.2.5 致病性测定

经鉴定的菌株接种到健康马铃薯薯块，室温放置 5 d 后，播种于 22~25 ℃温室中，观察记录发病情况。

2 结果与分析

2.1 田间发病症状

田间调查发现该病害发生在马铃薯开花期后，初期症状为叶脉间褪绿，呈斑驳状，叶片褪绿黄化，叶边缘焦枯并向上卷曲，发病先从植株下部叶片开始，逐渐向上发展至全株。地下茎部分块茎轻度感病时外部无明显症状，随着病势发展，表皮变暗，芽眼发黑枯死，也有表面出现裂纹。切开后可见维管束呈乳白色或黄褐色的环状，轻者用手挤压，流出乳黄色细菌黏液，重病薯块病部变黑褐色，形成环状空洞状（图1），用手挤压薯皮与薯心易分离。

2.2 病菌分离培养

在培养基中观察到菌落表面光滑，薄而透明有光泽的圆形且菌落小（图2），革兰氏染色结果为阳性。

2.3 分子生物学鉴定

分离得到的菌株 DNA 作为模板，特异性引物 HC1F、HC2R，PCR 扩增结果显示，扩

增出大约 884 bp 的特异性条带(图 3)。

图 1 感染马铃薯环腐病薯块

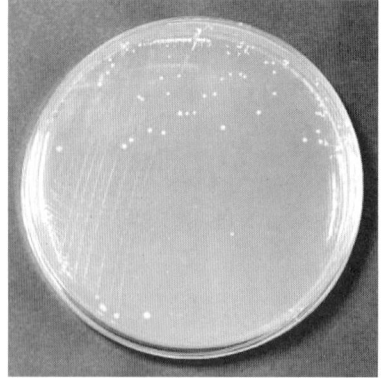

图 2 马铃薯环腐病病菌形态

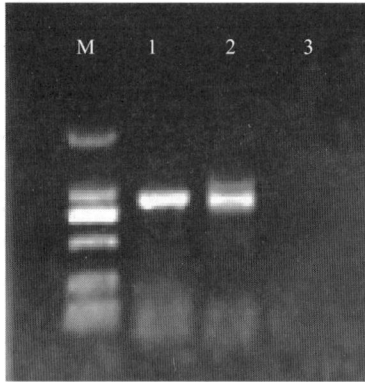

注：M. DL2 000 Marker；1,2. 分离菌株；3. 对照。

图 3 特异性引物扩增结果

目的条带回收测序结果经 Blast 数据库比对，结果显示所分离的菌株与 NCBI 登录号 AM849035.1、AY007311.1 基因序列相似性最高为 99.64%，比对分析可确定所分离菌株为密执安棒状杆菌(*Clavibacter michiganensis* subsp. *sepedonicus*)(图 4)。

☑ Clavibacter michiganensis subsp. sepedonicus plasmid pCS1	Clavibacter mich...	1528	1528	94%	0.0	99.64%	50350	AM849035.1
☑ Clavibacter michiganensis subsp. sepedonicus cellulase CelA gene, complete cds	Clavibacter mich...	1528	1528	94%	0.0	99.64%	3058	AY007311.1
☑ Clavibacter michiganensis subsp. michiganensis strain 12069 endo-1,4-beta-glycosidase (celA) gene, partial cds	Clavibacter mich...	985	985	94%	0.0	88.10%	1106	KJ724105.1
☑ Clavibacter michiganensis subsp. michiganensis strain 0779 endo-1,4-beta-glycosidase (celA) gene, partial cds	Clavibacter mich...	985	985	94%	0.0	88.10%	1126	KJ724095.1
☑ Clavibacter michiganensis subsp. michiganensis strain 04106 endo-1,4-beta-glycosidase (celA) gene, partial cds	Clavibacter mich...	985	985	94%	0.0	88.10%	1126	KJ724075.1
☑ Clavibacter michiganensis subsp. michiganensis strain VL527 plasmid pVL1, complete sequence	Clavibacter mich...	979	979	94%	0.0	87.98%	75053	CP047055.1
☑ Clavibacter michiganensis subsp. michiganensis strain MSF322 plasmid pMSF2, complete sequence	Clavibacter mich...	979	979	94%	0.0	87.98%	76361	CP047052.1
☑ Clavibacter michiganensis subsp. michiganensis strain UF1 plasmid pCM1-UF1, complete sequence	Clavibacter mich...	979	979	94%	0.0	87.98%	20560	CP033725.1

图 4 扩增片段 Blast 比对结果

2.4 分离菌株致病性测定

分离所得菌株接种健康马铃薯播种 30 d 后观察，开始发现植株叶片褪绿变黄，叶缘卷曲焦枯，叶柄下垂(图5A~C)，出苗4个月新结薯块，发现薯块横切面出现棕色维管束环(图5D)，接种发病症状与田间马铃薯环腐病发病症状相似，发病薯块病原菌分离后分子鉴定发现与接种菌株一致。进一步说明该病害是由所分离到的马铃薯环腐病原菌(*Clavibacter michiganensis* subsp. *sepedonicus*)引起，为马铃属环腐病。

注：A~C. 接种30 d后植株发病症状；D. 出苗4个月结薯块茎发病症状。

图5　接种健康马铃薯发病症状

3　讨　论

　　试验从田间调查采集到的马铃薯病薯，通过菌落形态鉴定、致病性接种侵染试验及菌株基因序列分析，明确了该病原为密执安棒状杆菌(*Clavibacter michiganensis* subsp. *sepedonicus*)，并侵染引起马铃薯环腐病。由于该病极易在马铃薯播种时，通过种薯切块时切刀感染、传染性强、危害大，对马铃薯生产造成严重的影响，应切实引起重视。所以要在马铃薯种薯切块时做好切块器具消毒并严格剔除病薯，同时在调运马铃薯种薯时应加强质量检测，以防该病进一步扩散和传播。

[参 考 文 献]

[1]　罗其友, 刘洋, 高明杰, 等. 中国马铃薯产业现状与前景 [J]. 农业展望, 2015, 11(3): 35-40.

[2]　Osdaghi E, van der Wolf J M, Abachi H, et al. Bacterial ring rot of potato caused by *Clavibacter sepedonicus*: a successful example of defeating the enemy under international regulations [J]. Molecular Plant Pathology, 2022: 1-22.

[3]　孙秀梅. 马铃薯环腐病的发生及其防治 [J]. 农业科技通讯, 2001(1): 26.

[4]　徐玲, 张世珑, 姬广海. 云南省马铃薯环腐细菌鉴定 [J]. 云南农业大学学报, 2004, 19(6): 658-660, 704.

[5]　方中达. 植病研究方法 [M]. 北京: 中国农业出版社, 1998: 179-180.

新型1,8-萘酰亚胺衍生物对马铃薯晚疫病菌的室内毒力及防效检测

王　波[1,2]，王荟洁[1,2]，付艳鸿[1,2]，王洪洋[1,2]*，吴相华[3]

（1. 云南师范大学云南省马铃薯生物学重点实验室，云南　昆明　650500；

2. 云南师范大学云南省高校马铃薯生物学重点实验室，云南　昆明　650500；

3. 云南师范大学化学化工学院，云南　昆明　650500）

摘　要：为筛选防治马铃薯晚疫病有效药剂，采用菌丝生长速率法测定了13个1,8-萘酰亚胺-二硫代氨基甲酸酯衍生物对致病疫霉菌（*Phytophthora infestans*）的室内毒力，选择最优1,8-萘酰亚胺4-位吗啉取代三氮唑二硫代氨基甲酸酯衍生物3c进行马铃薯叶片防效检测。结果表明，1,8-萘酰亚胺4-位取代三氮唑二硫代氨基甲酸酯衍生物3a，3b，3c及3d的毒力较强，EC_{50}值分别为27.06，26.71，16.55和29.25 μg/mL。同时，利用离体叶片接种鉴定，发现施用3c可以有效抑制致病疫霉菌侵染。研究结果可为马铃薯晚疫病防治提供理论依据。

关键词：马铃薯；晚疫病；杀菌剂；毒力测定

马铃薯晚疫病是由卵菌纲致病疫霉菌（*Phytophthora infestans*）引起的一种具有毁灭性的病害。全球每年因晚疫病造成的损失多达几十亿美元，严重威胁着马铃薯的安全生产[1]。目前，在世界范围内马铃薯晚疫病的防治主要是使用化学药剂。化学防治不仅增加种植成本，对环境以及身体健康造成威胁。同时，由于化学药剂选择不够科学，长期使用一种或同类药剂，导致晚疫病菌产生了一定抗药性[2]。因此，筛选与现有马铃薯晚疫病防治药剂无交互抗性的新型杀菌剂，合理交替使用具有不同靶标位点的高效、低毒杀菌剂，对防控马铃薯晚疫病具有重要意义。

1,8-萘酰亚胺衍生物具有光化学稳定性和强荧光量子效率等特点，在光电敏感材料、液晶材料、太阳能收集材料、激光染料、光诱导DNA切断剂、DNA嵌入剂以及化学荧光探针等高技术领域均有应用[3-5]。近几年，研究表明1,8-萘酰亚胺类衍生物存在抗肿瘤和抗菌等特性，具有良好的医学应用前景[6,7]。2015年田广轩[8]利用活性结构拼接和生物等排原理，将1,8-萘酰亚胺与二硫代氨基甲酸酯拼接合成新型的1,8-萘酰亚胺类衍生物，并通过抗肿瘤活性和抑菌活性筛选出表现高效抗菌和抑制肿瘤细胞生长的部分衍生物。在此基础上，进一步对这类1,8-萘酰亚胺类衍生物进行晚疫病菌毒力测定，并利用离体叶片接种鉴定法，证实1,8-萘酰亚胺4-位吗啉取代二硫代氨基甲酸酯类衍生物3c具有明显

作者简介：王波(2000—)，男，在读本科生，研究方向为马铃薯抗晚疫病分子育种。

基金项目：国家自然科学基金（31800134，32060499）；云南省应用基础研究计划面上项目（2019FB023，202001AT070068）。

*通信作者：王洪洋，副教授，研究方向为马铃薯抗晚疫病分子育种，e-mail：hongyang8318@ynnu.edu.cn。

防效。本研究为马铃薯晚疫病的化学防控提供新型药剂，同时为综合防治晚疫病提供理论依据。

1 材料与方法

1.1 试验材料

1.1.1 供试菌株

马铃薯晚疫病菌88069，由华中农业大学马铃薯课题组馈赠。

1.1.2 供试培养基

黑麦固体培养基(1 L 为例)：取 60 g 黑麦加 300 mL 水，50 ℃ 浸泡过夜后收集浸出液体，依次加入 100 mL V8 蔬菜汁、20 g 蔗糖、0.2 g CaCO₃、15 g 琼脂，调整 pH 值至 6.8，121 ℃ 灭菌 20 min。用于马铃薯晚疫病菌的培养、常规保存以及室内毒力测定。

1.1.3 供试马铃薯品种

离体叶片接种材料为感病马铃薯品种"Désirée"，由云南师范大学马铃薯科学研究院保存。

1.1.4 供试药剂

阳性对照为72%霜脲·锰锌(含8%霜脲氰和64%代森锰锌)，采购自上海杜邦农化有限公司。阴性对照为0.1%二甲基亚砜(DMSO)，购自国药集团化学试剂有限公司。13 种供试 1,8-萘酰亚胺类衍生物由云南师范大学化学化工学院提供(表1)。

表 1   13 种 1,8-萘酰亚胺类衍生物详情

名称	化学式	分子量(g/mol)	实际质量(g/mol)	结构式
1a	$C_{20}H_{20}N_2O_2S_2$	384.515 0	384.096 6	 1a
1b	$C_{21}H_{22}N_2O_2S_2$	398.541 6	398.112 3	 1b
1c	$C_{20}H_{20}N_2O_3S_2$	400.514 4	400.091 5	 1c
1d	$C_{21}H_{23}N_3O_2S_2$	413.552 6	413.123 2	 1d

名称	化学式	分子量(g/mol)	实际质量(g/mol)	结构式
2a	$C_{23}H_{23}N_5O_2S_2$	465.591 0	465.129 3	2a
2b	$C_{24}H_{25}N_5O_2S_2$	479.145 6	479.145 0	2b
2c	$C_{23}H_{23}N_5O_3S_2$	481.590 4	481.124 2	2c
2d	$C_{24}H_{26}N_6O_2S_2$	494.632 2	494.159 9	2d
3a	$C_{24}H_{26}N_6O_2S_2$	494.632 2	494.155 9	3a
3b	$C_{25}H_{28}N_6O_2S_2$	508.658 8	508.171 5	3b
3c	$C_{24}H_{26}N_6O_3S_2$	510.631 6	510.150 8	3c
3d	$C_{25}H_{29}N_7O_2S_2$	523.672 3	523.182 4	3d

名称	化学式	分子量（g/mol）	实际质量（g/mol）	结构式
3e	$C_{30}H_{31}N_7O_2S_2$	585.742 8	585.198 1	

1.2 试验方法

1.2.1 室内毒力鉴定

采用菌丝生长速率法测定 13 种 1,8-萘酰亚胺类衍生物对马铃薯晚疫病菌的室内毒力。首先进行初筛，统一将 13 种衍生物按 40 μg/mL 质量浓度配置黑麦固体培养基，每种衍生物倒 6 个培养皿。用灭菌后的打孔器（直径 5 mm）在预培养 8 d 的晚疫病菌落边缘均匀取菌饼，正面朝下接种到不同处理的黑麦固体培养基上。20 ℃恒温培养 8 d 后，用十字交叉法测量菌落直径，取其平均数作为各处理的菌落直径。计算菌落的净生长量和抑制率。根据供试药剂浓度与菌丝生长抑制率的关系，计算供试药剂浓度对数与抑制率几率值间的毒力回归方程（$y = bx + a$），通过其回归方程计算杀菌剂的抑制中浓度值 EC_{50}（μg/mL）[9]。菌落的净生长量 = 菌落测量直径 − 接种菌饼直径（5 mm）。生长抑制率（%）=（对照菌落直径 − 处理菌落直径）/（对照组菌落直径 − 菌饼直径）× 100。

1.2.2 接种鉴定

参照王洪洋和田振东[10]的研究方法。将晚疫病菌的孢子囊浓度调至约 $5 × 10^4$ 个/mL，4 ℃下放置 2~3 h 后，用于接种。采用离体叶片接种方式接种马铃薯材料"Désirée"。选取自顶叶以下第 3~5 复叶上的单叶用于接种鉴定，每个单叶两边各接种 10 μL 孢子悬液，塑料薄膜封口接种盘，保持空气湿度 95% 左右，温度 20 ℃左右。接种后 5 d，将叶片分别在自然光下拍照记录。

1.2.3 试验数据分析软件及方法

调查数据的统计分析采用 SPSS Statistics 16.0 版数据分析软件进行处理分析。利用 Duncan's 新复极差测验法进行差异显著性分析。

2 结果与分析

2.1 13 种供试 1,8-萘酰亚胺类衍生物对晚疫病菌抑菌效果

在 40 μg/mL 浓度条件下，除 3a、3b、3c、3d 外，其余 1,8-萘酰亚胺类衍生物均不能有效抑制晚疫病菌菌丝生长（图 1）。从表 2 可看出，3a~3d 4 种 1,8-萘酰亚胺类衍生物对菌丝生长均产生了不同程度抑制。特别是 3c，相对于阳性对照 72% 霜脲·锰锌，在 40 μg/mL 浓度条件下表现更好的抑菌效果。

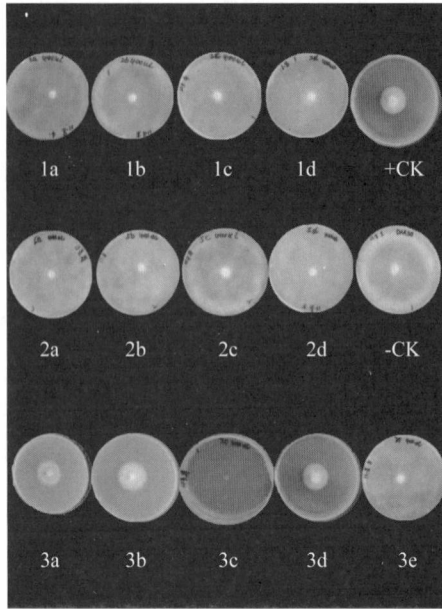

图 1 13 种 1,8-萘酰亚胺类衍生物对晚疫病菌抑菌效果

表 2 供试药剂对晚疫病菌的抑制作用

供试药剂		药剂处理浓度（μg/mL）				
		40	20	10	5	0
3a	菌落直径平均生长量（mm）	26.2	57.1	67.1	69.2	80.5
	抑菌率（%）	67.19	28.63	16.13	13.50	—
3b	菌落直径平均生长量（mm）	25.5	51.5	69.5	78.8	80.5
	抑菌率（%）	68.13	35.63	13.13	1.44	—
3c	菌落直径平均生长量（mm）	0	29.5	73.5	78.5	80.5
	抑菌率（%）	100	63.13	8.13	1.88	—
3d	菌落直径平均生长量（mm）	17.4	68.4	75.6	78.7	80.5
	抑菌率（%）	78.25	14.50	5.44	1.63	—
72% 霜脲·锰锌	菌落直径平均生长量（mm）	13.3	38.6	40.2	75.3	80.5
	抑菌率（%）	83.75	52.50	50	6.25	—

2.2 4 种衍生物对晚疫病菌抑制中浓度

结果表明（图 2，表 3），4 种上述衍生物对马铃薯晚疫病菌的毒力有明显差异。其中，3c 的抑制中浓度 EC_{50} 达 16.55 μg/mL，毒力最强且优于阳性对照；其他 3 个衍生物依次是 3b、3a、3d，抑制中浓度 EC_{50} 分别是 26.71，27.06 和 29.25 μg/mL。

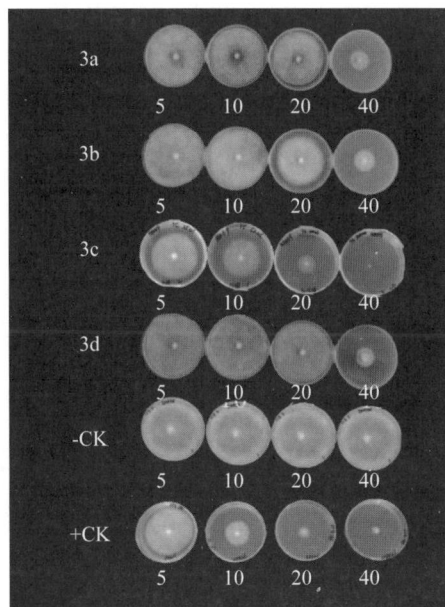

图2 不同浓度下4种供试药剂的抑菌效果

表3 4种衍生物的毒力比较

药物	浓度(μg/mL)	相关系数 R	毒力回归方程	EC_{50} 值(μg/mL)
	0			
	5			
3a	10	0.895 904 842	$y = 0.62x - 0.39$	27.06
	20			
	40			
	0			
	5			
3b	10	0.978 823 764	$y = 0.74x - 0.55$	26.71
	20			
	40			
	0			
	5			
3c	10	0.977 048 351	$y = 1.23x - 0.996$	16.55
	20			
	40			
	0			
	5			
3d	10	0.858 301 491	$y = 0.79x - 0.66$	29.25
	20			
	40			

药物	浓度(μg/mL)	相关系数 R	毒力回归方程	EC$_{50}$ 值(μg/mL)
	0			
	5			
72%霜脲·锰锌	10	0.952 219 195	$y = 0.78x - 0.42$	14.95
	20			
	40			

2.3 3c 衍生物的晚疫病菌防效效果

为了鉴定 3c 能否有效防控马铃薯晚疫病,采用 20 μg/mL 浓度的 3c 喷施处理盆栽马铃薯品种"Désirée"叶片,24 h 后进行离体叶片接种晚疫病菌菌株 88069,接种 5 d 后调查发病情况。如图 3 所示,相较于阳性对照(20 μg/mL 72%霜脲·锰锌),3c 同样可以对叶片晚疫病发生起到很好防控效果。

注:A. 喷施含 0.1%DMSO 水溶液,阴性对照;B. 喷施 20 μg/mL 72%霜脲·锰锌,阳性对照;

C. 喷施 20 μg/mL 3c。白色圈. 叶片发病病斑。

图 3 马铃薯品种"Désirée"接种晚疫病菌鉴定

3 讨 论

目前,生产上防控马铃薯晚疫病仍以化学防控为主要手段。然而,现有的化学防治药剂大多具有高度选择性,作用靶点单一等问题,很容易被快速变异的晚疫病菌产生抗药性。另外,不合理的农药使用,如常期连续使用一种或者一类农药,不仅造成农药残留超标或药害的出现,还对环境造成污染[11-13]。因此,研发多位点作用的绿色安全、毒性低、不易产生抗药性药剂是未来防治马铃薯晚疫病急需解决的关键问题。

在以 1,8-萘酰亚胺为先导物,通过活性结构拼接人工合成 1,8-萘酰亚胺类衍生物基础上,对 13 种 1,8-萘酰亚胺衍生物杀菌剂的马铃薯晚疫病菌室内毒力进行测定,筛选出 1,8-萘酰亚胺 4-位吗啉取代三氮唑二硫代氨基甲酸酯衍生物 3c 具有良好的抑菌效果,其 EC$_{50}$ 值比商用化学药剂 72%霜脲·锰锌还要小,说明其对晚疫病菌的毒力很强。在马铃薯晚疫病菌室内毒力试验的基础上,通过离体叶片接种鉴定,发现 3c 衍生物可以有效抑制晚疫病菌在叶片上的生长。这与室内毒力测定结果一致。

马铃薯在生产过程中,会遭遇各种各样病害。已有研究表明,1,8-萘酰亚胺 4-位吗啉取代三氮唑二硫代氨基甲酸酯衍生物 3c 对枯草芽孢杆菌有明显的抗菌效果,显示出该衍生物具有深入研究价值和潜在应用前景[8]。建议下一步验证衍生物 3c 是否对马铃薯早疫病、青枯病、黑痣病等病原菌具有抗菌活性，扩大其作用范围。同时，合理规划衍生物3c与其他晚疫病防控药剂交替使用，以降低抗药性产生的风险。

综上所述，1,8-萘酰亚胺4-位吗啉取代三氮唑二硫代氨基甲酸酯衍生物3c对马铃薯晚疫病菌有较强的毒力和有效防控晚疫病菌侵染。本研究为有效控制马铃薯晚疫病提供理论依据。

[参 考 文 献]

[1] Haverkort A J, Boonekamp P M, Hutten R, et al. Durable late blight resistance in potato through dynamic varieties obtained by cisgenesis: scientific and societal advances in the DuRPh project [J]. Potato Research, 2016, 59(1): 35–66.

[2] 陈亚兰, 张健. 不同杀菌剂对马铃薯晚疫病的防治效果 [J]. 中国马铃薯, 2017, 31(6): 359–363.

[3] 李群, 沈永嘉, 任绳武. 1,8-萘酰亚胺类荧光增白剂的合成和性能研究 [J]. 染料工业, 1990, 27(5): 27–29.

[4] Bojinov V, Grabchev I. A new method for synthesis of 4–allyloxy–1,8–naphthalimide derivatives for use as fluorescent brighteners [J]. Dyes and Pigments, 2001, 51(1): 57–61.

[5] Grabchev I, Sali S, Chovelon J M. Functional properties of fluorescent poly (amidoamine) dendrimers in nematic liquid crystalline media [J]. Chemical Physics Letters, 2006, 422(4–6): 547–551.

[6] Brana M F, Castellano J M, Roldan C M, et al. Synthesis and mode(s) of action of a new series of imide derivatives of 3–nitro–1,8 naphthalic acid [J]. Cancer Chemotherapy and Pharmacology, 1980, 4(1): 61–66.

[7] Van Quaquebeke E, Mahieu T, Dumont P, et al. 2,2,2–Trichloro–N–({2–[2–(dimethylamino) ethyl]–1,3–dioxo–2,3–dihydro–1 H–benzo [de] isoquinolin–5–yl} carbamoyl) acetamide (UNBS3157), a novel nonhematotoxic naphthalimide derivative with potent antitumor activity [J]. Journal of Medicinal Chemistry, 2007, 50(17): 4 122–4 134.

[8] 田广轩. 丹皮酚和1,8-萘亚酰胺衍生物的合成及其生物活性研究 [D]. 昆明: 云南师范大学, 2015.

[9] 刘霞, 冯蕊, 高达芳, 等. 云南省马铃薯黑痣病原菌融合群鉴定及8种杀菌剂对其的毒力 [J]. 植物保护, 2016, 42(2): 165–170.

[10] 王洪洋, 田振东. 基于晚疫病菌效应子识别策略挖掘马铃薯潜在抗病基因资源 [J]. 园艺学报, 2018, 45(7): 1 305–1 313.

[11] 韩小女, 展康, 蔡永占, 等. 不同药剂组合对马铃薯晚疫病的防治效果 [J]. 中国马铃薯, 2020, 34(1): 46–52.

[12] 苟久兰, 张萌, 何佳芳, 等. 不同农药施用量对贵州春马铃薯病情指数和生物效应的影响 [J]. 西南农业学报, 2021, 34(2): 306–310.

[13] 李洁, 闫硕, 张芳, 等. 近年来中国马铃薯晚疫病的时空演变特征及防控情况分析 [J]. 植物保护学报, 2021, 48(4): 703–711.

不同农业防治措施对马铃薯新害虫窄缘施夜蛾的控制示范作用效果

陈景成[1*]，廖莉莉[2]，杨声漱[2]，古　彪[2]，陈永泰[1]，覃天鑫[1]，宾丽慧[2]

(1. 广西壮族自治区玉林市农业技术推广站，广西　玉林　537000；

2. 玉林市农业科学院，广西　玉林　537000)

摘　要：为不用农药或少用农药而达到有效控制窄缘施夜蛾，2019—2020 年在 8 个冬种马铃薯种植基地，因地施策，分别采取了精耕细作、滴灌、砂壤土和稻草覆盖 4 种不同农业措施防治窄缘施夜蛾。结果表明，在以精耕细作为主的农业防治示范基地—北流市田寮屯、福绵区丽桐屯防治效果，2019 年分别为 89.57%、96.69%，2020 年分别为 87.81%、96.77%；在以旱地＋地膜＋滴灌为主的农业防治示范基地—福绵区新沙村防治效果为 100%；在以稻草覆盖为主的农业防治示范基地—玉州区新定村防治效果为 100%，沼心村 2019 和 2020 年防治效果分别为 94.88%、96.87%，福绵区中坡村 2020 年防治效果为 93.90%；在以选择砂壤土为主的农业防治示范基地—博白县民富村防治效果，2019 年为 87.54%，2020 年为 93.36%。上述各种农业防治措施控制作用显著，其中控制作用最好是滴灌种植模式。综合产量和生态效益，最好是稻草覆盖栽培；露地种植虽然虫害轻，但产量偏低，且青薯较多，一般不宜采用。

关键词：马铃薯；窄缘施夜蛾；农业防治；示范控制效果

窄缘施夜蛾(*Schrankia costaestrigalis*)是马铃薯的新害虫，自 2015 年 3 月在广西玉林首次发现窄缘施夜蛾为害马铃薯后，当地每年均在发生为害，被害薯块质量受到严重影响，商品薯率大幅下降，严重田块马铃薯商品薯率仅 30%~40%，造成部分种植大户损失惨重。经初步调查，除玉林市外，该虫在广西钦州市、桂林市、贵港市、梧州市及广东惠州市亦有发生为害。

窄缘施夜蛾在中国内地是新纪录种。在欧洲大部及亚洲和非洲的部分地区均有分布，虽发现该虫将近 200 年，但野外取食哪些植物还不清楚；仅有一篇文献关于其室内饲养寄主及田间为害蚕豆的报道[1]。2017 年起，对窄缘施夜蛾的发生为害规律进行了研究[2,3]。经深入调查发现，窄缘施夜蛾平时栖息在茂密的杂草中，喜欢生活在阴暗潮湿的环境，在马铃薯种植后不久成虫便陆续迁移马铃薯田地，从空隙处钻在土中将卵产于土块上，卵孵化后幼虫在地下取食马铃薯匍匐茎和块茎，老熟幼虫化蛹后将蛹茧悬挂在黑暗处空隙边缘的土块或干稻草、干杂草等残留物上，或覆盖物(如地膜)下。由于黑色地膜(简称地膜，下同)覆盖种植马铃薯有提高土壤含水量和保持湿度[4-6]、增加空隙的作用，形成了潮湿、

作者简介：陈景成(1960—)，男，推广研究员，主要从事农业技术推广和植物保护工作。

基金项目：广西重点研发计划项目(桂科 AB21196070)；广西薯类创新团队建设项目(nycytxgxcxtd-11-05)。

＊通信作者：陈景成，e-mail：cjc8816@126.com。

黑暗的小空间或地下环境，满足了窄缘施夜蛾的生长繁殖需要。南方冬马铃薯种植方式有常规种植(露地种植)、黑膜覆盖种植、稻草覆盖种植等模式[4-9]，由于地膜覆盖种植效益更好[4-6,10]，近年成为了玉林乃至广西冬种马铃薯主要种植模式，而窄缘施夜蛾也随之发生且局部为害严重。根据窄缘施夜蛾在地膜覆盖、土壤湿度大、黏土受害较重的特点，在2018年冬种马铃薯，开展了选择砂壤土或壤土种植、稻草覆盖栽培、节水湿润灌溉等农业防治试验示范，取得了较好的防治效果[3]。为进一步控制窄缘施夜蛾为害，2019年起，在冬种马铃薯种植基地，根据不同基地实际情况因地施策，采取了不同农业措施防治窄缘施夜蛾，其中选择了8个种植基地分别开展了以整地精细和覆膜压土严密即精耕细作(简称精耕细作，下同)为主的农业防治模式、以稻草覆盖种植为主的农业防治模式、以选择砂壤土(地膜覆盖)种植为主的农业防治模式、以旱地 + 地膜 + 滴灌为主的农业防治模式进行试验示范，这些试验示范均取得了显著的防治效果，为农业防治窄缘施夜蛾奠定基础。

1 材料与方法

1.1 不同农业模式防治试验

1.1.1 以精耕细作为主的农业防治试验

2019年10月—2020年3月在北流市塘岸镇田寮屯种植基地开展3种不同精耕细作程度控制作用对比试验。选择土质粘性较强田块1块，设精耕细作程度较好即整地覆膜压土质量较好(耕耙时力求做到平整细致，土块细碎，泥块直径一般2 cm以内，泥块之间空隙小，播种后覆膜盖土较严密，即播种后在垄面上覆盖地膜时做到地膜紧贴垄面，然后均匀培上细碎泥土，简称盖土严密空隙小)、整地和覆膜压土质量中等(泥块粉碎程度一般，有一定空隙，覆膜压土欠严密，简称盖土严密空隙程度一般)、整地和覆膜压土质量较差(泥块较大空隙大，覆膜盖土不严密，简称盖土严密程度差空隙大，为对照区)3个处理，每个处理3次重复，每个小区面积33 m²，品种为"荷兰15号"，开深沟做高畦，畦高30 cm左右。2019年10月30日播种。

1.1.2 不同栽培方式防治试验

2020年11月—2021年3月在福绵区福绵镇中坡村马铃薯种植基地开展地膜覆盖、稻草覆盖和露地3种栽培模式对虫害控制作用试验。选择粘性较强的土壤田块1块，设地膜覆盖栽培(CK)、稻草覆盖栽培、露地栽培、地膜覆盖加毒土(播种时用38%多·福·毒死蜱颗粒剂2 000 g/667 m²拌细沙穴施)栽培处理，地膜覆盖栽培(CK)和地膜覆盖加毒土2个处理地膜上面盖泥土；每处理4次重复，每小区面积28.6 m²，小区随机排列，种植品种为"荷兰15号"。此试验各处理精耕细作种植程度一般，泥块之间有一定空隙，管理条件一致，水分管理为全程水分充足饱和、收获前10 d湿润。

1.1.3 选择适宜土质田块防治试验

2019年11月—2020年3月在玉州区仁厚镇仁厚村马铃薯种植基地，选择沙壤土田和黏土田各1块，种植品种为"荷兰15号"，10月30日播种。管理条件一致，水分管理为前中期饱和、后期湿润。

上述试验均是一次性施足基肥。

1.2 不同农业防治模式试验及示范

1.2.1 以精耕细作为主的农业防治示范

在2019年冬种植马铃薯基地，选择全部采用地膜覆盖种植的北流市塘岸镇田寮屯、福绵区新桥镇新沙村丽垌屯种植基地开展以精耕细作为主的农业防治示范。两基地种植面积相当，12~14 hm²，前茬均为水稻。这2个基地土质均以黏土田为主，泥土易结块，且田间湿度较大，特别适合该害虫发生为害。从2016年10月开始，连续种植3年，每年均受到窄缘施夜蛾为害，局部虫口率高60%，损失较为严重。为全面控制该虫为害，2019和2020年冬种马铃薯采取了以精耕细作和覆膜压土严密即精耕细作为主的农业防治措施。

（1）在冬种前，用机械疏通沟渠，畅通排灌，降低田间湿度；对地处最低洼且无法排水的田块不再种植马铃薯。

（2）深耕细耙，精细整地。用机械反复深耕细耙，如田间湿度过大的，晒田2~3 d待土壤较干时再耕耙，力求做到平整细致，土块细碎，泥块直径一般2 cm以内。开深沟做高畦，畦高30 cm左右。起垄前或起垄后，一次性施足基肥(施足全生育期的肥料，下同)。

（3）覆膜紧贴垄面，盖土严密。北流市田寮屯为人工种植，摆种后，在垄面上覆盖地膜，铺膜时要求将膜拉紧、铺平、盖严，使薄膜紧贴土壤表面(垄面及边缘)，然后用培土机培土或人工回土，盖土细碎均匀，边缘用泥土压实，不留空隙；丽垌屯为机械播种和覆盖地膜、培土一次性完成，能达到覆膜严实、盖土严密要求。两个基地在薄膜上盖土层厚度均6~7 cm。

（4）其他措施紧密配合。如适当早种，及时收获；同时控制田间湿度，节水灌溉，土壤以湿润为主，收获前10 d不再灌水。2019年10月下旬至11月上旬种植；2月上中旬收获，种植和收获均较往年早20 d左右；2020年种植时间同2019年，但因受2021年1月上旬的霜冻影响，薯苗冻害较严重，生育(成熟)期延长，加上马铃薯滞销，所以收获期较2020年迟20 d。

品种选择，田寮屯2019和2020年均以"荷兰15号"为主，少量"青薯9号"；丽垌屯2019年以"青薯9号"为主，2019年以"荷兰15号"为主。"青薯9号"生育期较"荷兰15号"长15~20 d。

1.2.2 以稻草覆盖为主的农业防治示范

2019和2020年冬种马铃薯均选择在玉州区仁东镇沼心村、城西镇新定村，面积分别为15和4 hm²，沼心村土壤以黏质土为主，新定村部分为黏质土、部分为壤土，前茬为水稻。2基地均为宽畦种植，机械整地，泥土粉碎后起垄；一次性施足基肥，播种后盖土3~5 cm，将薯种覆盖，然后再将稻草均匀覆盖在畦面上，稻草厚度5~7 cm，在沟边铲碎土盖一层薄土均匀压在稻草上，防止大风将稻草刮乱或吹倒。沼心村基地位于山脚，灌溉条件较好，土壤湿度较高；新定村基地灌溉条件一般，土壤以湿润为主。

2020年冬种马铃薯在福绵区福绵镇中坡村再增加一处以稻草覆盖为主的农业防治示范点，土壤部分为黏质土、部分为壤土，前茬为水稻，灌溉条件较好。采用高畦种植，机械整地，泥土粉碎后起垄，其他措施基本同沼心村。

3 个基地品种均以"青薯 9 号"为主，少部分为"荷兰 15 号""合作 88 号"。10 月下旬至 11 月上旬种植；仁东镇沼心村、城西镇新定村 2 月下旬至 3 月上旬收获，福绵镇中坡村 3 月中下旬收获。

1.2.3 以选择砂壤土为主的农业防治示范

选择博白县亚山镇民富村—方水四季合作社种植基地。方水四季合作社 2018 年冬种马铃薯在亚山镇青湖村种植约 10 hm²，均为黏质土，土壤粘性强，加上地势略低，土壤湿度大，难以耙碎，结果虫害严重，且产量较低，损失很大。2019 和 2020 年冬种马铃薯均选择在民富村以砂壤土为主的田块种植，面积约 15 hm²，前茬为水稻，机械耕耙，因土壤为砂壤土，泥土容易粉碎，高畦种植，覆盖地膜后均匀盖上厚度 6 cm 左右的细碎土层。施肥及田间管理方面基本同 1.2.1。

品种为"荷兰 15 号"。11 月上旬种植为主，次年 3 月上中旬收获。

1.2.4 以旱地 + 地膜 + 滴灌为主的农业防治示范

选择福绵区新桥镇新沙村—华茂农业合作社。该合作社 2017 年起冬种马铃薯，连续 2 年种植在稻田中，因土壤粘性较强，田间湿度大，结果每年虫害均较重，损失率 30% 以上。2019 和 2020 年冬种均采用旱地 + 地膜 + 滴灌（膜下滴灌）方式种植，面积约 10 hm²；该基地为旱地，以壤土为主，部分田为黏土。2021 年又在旱改水种植区冬种马铃薯，面积约 180 hm²，所有田为黏土。种植前用机械耕耙，整地质量中等水平，一次性施足基肥，采用高垄种植，机械播种、滴灌带铺设、地膜覆盖、培土一次性完成。采用膜下滴灌方式，保持土壤湿润管理。

品种为"青薯 9 号""荷兰 15 号"。10 月下旬种植，次年 3 月中下旬收获。

1.3 防治效果调查

1.3.1 不同农业模式防治试验

（1）系统调查。对 2020 年 3 月在北流市塘岸镇田寮屯种植基地所设的试验田各处理进行系统调查，从马铃薯块茎膨大初期（1 月上旬）开始至收获结束（2 月下旬），每 7 d 调查 1 次，每块田选定 2 畦，每畦选取 1 个面积为 2.2 m² 的样点，挖取样点中所有马铃薯块茎，统计马铃薯块茎虫害率。

（2）防治效果调查。在马铃薯成熟收获前，对上述各试验进行调查。每处理或每小区随机调查 3 点，每点取 5.5 m²，挖取样点中所有马铃薯块茎，统计虫害率，并进行考种。

虫害率(%) = 虫口块茎数/块茎总数 × 100[11]

防治效果(%) =（对照区块茎虫害率 − 处理区块茎虫害率)/对照区块茎虫害率 × 100[11]

损失率(%) = [(所有薯单产 − 商品薯单产)/所有薯单产] × 100

这里的商品薯产量特指块茎没有受窄缘施夜蛾为害的健薯产量。

1.3.2 以精耕细作为主的农业防治示范

在 2020 年 1—3 月在北流市塘岸镇田寮屯种植基地，对上年（2018 年冬种）定点系统调查的其中 3 块虫害严重田，继续作为定点调查田。这 3 块田均为黏土，2018 年冬种种植前精耕细作程度较差，泥块粉碎程度中等，部分泥块较大，地膜覆盖也不够严密，加上生长期间水分长期充足饱和，因此虫害严重；2019 年种植前此 3 块田与其他示范田块一样，精细整地，粉碎泥土，覆膜盖土严实，湿润灌溉。种植后 60 d 对这 3 块田块开始系统调查，调查方法同上。

在马铃薯收获时，对示范防治效果调查。每个基地随机抽取 10 块，每块田随机调查 3 点，每点取 3.3 m²，挖取样点中所有马铃薯块茎，统计虫害率，并进行考种。防治效果和损失率计算方法同 1.3.1。

1.3.3　其他农业防治模式效果调查

马铃薯收获时，每个示范基地，随机抽取 5~8 块，同时选对照田 2~3 块(其中福绵区三计山屯点、玉州区茂岑村点与邻近的水田上采用地膜种植的基地对比)进行对比调查，对照田均为"黏土田 + 地膜覆盖"的常规管理。每块田随机调查 3 点，每点取 3.3 m²，挖取样点中所有马铃薯块茎，统计虫害率，并进行考种。防治效果和损失率计算方法同 1.3.1。

2　结果与分析

2.1　不同农业模式防治试验

2.1.1　以精耕细作为主的农业防治试验

在北流市田寮屯，试验调查结果表明(图 1、表 1)，精耕细作(整地精细和覆膜盖土严密)程度差的田块地膜下空隙大，虫害发生早，虫害率增长快，收获前，虫口率达 43.23%，是精耕细作程度较好的近 10 倍，且损失率高，商品薯产量低。精耕细作程度较好的田块空隙小，虫害出现时间较精耕细作程度差的迟 10 多 d，虫害率低，发展平缓，虫害率控制在 4% 以下，虫害率较精耕细作程度较差的类型田降低 85.09%，且损失率低，商品薯产量最高。精耕细作程度一般的虫害率达 13.42%，较精耕细作程度较好的高，较整地和覆膜盖土质量差的虫害率降低 64.90%。

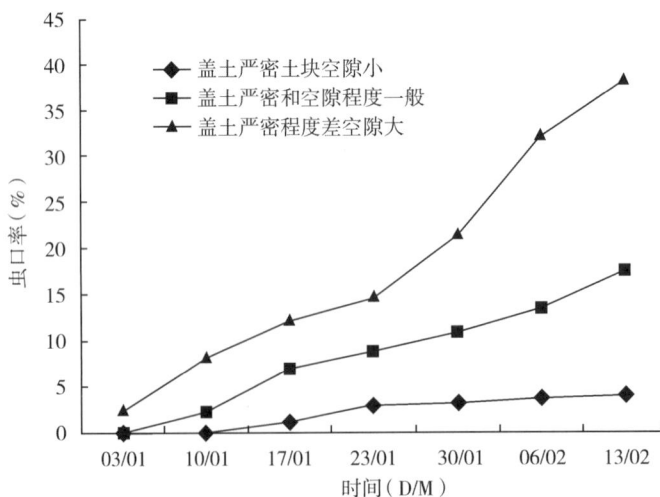

图 1　北流市金城村不同整地和覆膜压土质量对窄缘施夜蛾的控制作用

表1 2019—2020年北流市田寮屯马铃薯不同整地和覆膜压土质量对窄缘施夜蛾的防治效果

处理	虫害 始见期(D/M)	收获前 虫害率(%)	防治效果 (%)	单产 (kg/667 m²)	商品薯 产量 (kg/667 m²)	商品薯 损失率 (%)
盖土严密空隙小	17/01	4.02	90.70	2 367	2 282	3.56
盖土严密和空隙程度一般	10/01	13.42	45.82	2 101	1 625	22.66
盖土严密程度差空隙大	03/01	43.23	—	1 942	1 169	39.78

2.1.2 以稻草覆盖为主的农业防治试验

从试验结果看,稻草覆盖和露地栽培处理的防治效果分别为89.35%、90.71%。产量从高到低依次是稻草覆盖、地膜覆盖、露地栽培,但因地膜覆盖损失率高,商品薯产量受到较大影响,其商品薯产量比露地栽培低,而稻草覆盖商品薯产量最高。从表2还可看出,地膜覆盖即便在播种时采用毒土方式预防虫害,但虫害率仍较高、损失较大。

表2 2020年福绵区福绵镇冬种马铃薯不同栽培方式对窄缘施夜蛾的控制作用

处理	前中后期 平均土壤 湿度(%)	虫害 始见期 (D/M)	虫害率 (%)	防治 效果 (%)	单产 (kg/667 m²)	商品薯 产量 (kg/667 m²)	商品薯 损失率 (%)
稻草覆盖	22.61	01/02	9.58 bB	89.35 aA	1 671 aA	1 543 aA	7.63 bB
露地栽培	18.63	01/02	8.36 cC	90.71 aA	1 228 bB	1 122 bB	8.63 bB
地膜覆盖 + 毒土	27.39	19/01	77.61 aA	13.74 bB	1 550 aA	624 cC	59.76 aA
地膜覆盖(CK)	26.95	13/01	89.98 aA	—	1 500 aA	528 cC	63.94 aA

注:同列不同小写和大写字母分别表示0.05和0.01水平显著,下同。

另外,马铃薯生长期间,一般防治其他病虫2~4次,从观察分析,窄缘施夜蛾抗药能力较差,不盖地膜的田块,药液喷到植株后,能渗透到土壤中,从而起到杀虫效果,因而稻草覆盖和露地处理受害轻也许还有此方面的原因。

2.1.3 以选择砂壤土为主的农业防治试验

选择壤土种植马铃薯,在同等管理水平下,沙壤土防治效果为92.12%(表3),且单产高,块茎表皮光滑,薯相好,疮痂病少。

表3 2019年玉州区仁厚镇冬种马铃薯不同土质种植对窄缘施夜蛾的控制作用

处理	土壤湿度 (%)	虫害率 (%)	防治效果 (%)	单产 (kg/667 m²)	商品薯产量 (kg/667 m²)	商品薯损失率 (%)
沙壤土	18.56	4.33	92.12	2 328	2 237	3.96
黏土	26.34	54.95	—	1 983	926	53.32

2.2 不同农业模式防治示范

2.2.1 以精耕细作为主的农业防治示范

在北流市田寮屯示范区调查，2019年冬种时采取以精细整地和覆膜压土严密为主的措施后（简称实施后），块茎始见被害时间，播种后最早77 d出现为害，最迟98 d，播种后受害时间较2018年推迟10多d；虫害发展缓慢，为害程度轻，收获前虫害率均不到5%，损失率低，商品薯产量高。而2018年冬种时不采取以精细整地和覆膜压土严密为主的措施（简称实施前），块茎被害时间早，播种后60~70 d出现受害状；虫害发展快，虫害率达60%以上，损失大，商品薯产量低（表4）。

表4 北流市田寮屯相同田块不同年份精耕细作程度不同虫害率和损失率

田块号	播种时间 (D/M/Y)	虫害始见期及播种后天数 (D/M/Y, d)	不同时期虫害率（%）					产量（kg/667 m²）		商品薯损失率（%）
			播种后 70 d	播种后 77 d	播种后 84 d	播种后 98 d	收获前（播种后 115 d）	单产	商品薯产量	
1	28/10/2019	03/02/2020(98 d)	0	0	0	5.71	4.72	2 206	2 110	4.36
	18/11/2018	23/01/2019(70 d)	1.36	4.23	9.38	24.60	67.78	2 167	817	62.31
2	28/10/2019	03/01/2020(77 d)	0	1.04	2.17	3.79	5.76	2 110	2 021	4.18
	18/11/2018	07/01/2019(60 d)	1.42	2.92	6.43	23.52	73.38	2 076	479	76.94
3	28/10/2019	03/01/2020(78 d)	0	0	0	2.78	4.44	1 964	1 881	4.24
	25/11/2018	01/02/2019(70 d)	1.52	3.26	7.46	31.29	60.32	1 879	771	58.97

注：2019年冬种马铃薯精耕细作程度好，即精细整地，粉碎泥土，覆膜盖土严实；2018年精耕细作程度较差，即泥块粉碎程度较差，地膜覆盖不够严实。

2.2.2 以稻草覆盖为主的农业防治示范

北流市田寮屯、福绵区丽垌屯2019年冬种马铃薯平均虫害率分别控制在4.32%、1.46%，防治效果89.57%、96.69%，控制效果好；2020年冬种马铃薯平均虫害率分别控制在7.63%、1.23%，防治效果87.81%、96.77%（表5、表6）。

采用稻草覆盖方式种植冬马铃薯防治效果好（表5、表6），新定村2年的马铃薯虫害率为0，防治效果为100%；沼心村2019年、2020年冬种马铃薯的平均虫害率分别控制为0.63%、0.46%，防治效果分别达94.88%、96.87%。福绵区中坡村2020年示范防治效果达93.90%。

2.2.3 以选择砂壤土为主的农业防治示范

博白县亚山镇民富村砂壤土为主种植冬马铃薯，2019年冬种的马铃薯平均虫害率为6.86%，对照田平均45.06%，防治效果87.54%（表5）；该基地邻近1 hm²种植在黏土田块的马铃薯，因整地质量较差，泥土较粗大，加上覆盖地膜后盖土不严密，虽然种植时与基肥一起撒施10%甲拌·辛硫磷颗粒剂，但虫害仍普遍严重，高的虫害率80%以上，一般50%~60%。2020年冬种的马铃薯虫害防治效果达93.36%（表6）。

表5　2019年各示范区不同农业模式防治对窄缘施夜蛾控制作用调查比较

地点	农业防治模式	调查田块	平均虫口率（%）	防治效果（%）	平均单产（kg/667 m²）	平均商品薯产量（kg/667 m²）	商品薯损失率（%）
北流市塘岸镇田寮屯	地膜＋精耕细作	8	4.32	89.57	2 111	2 031	3.77
	非精耕细作（CK）	2	41.43		1 902	1 072	40.63
福绵区新桥镇新沙村丽垌屯	地膜＋精耕细作	8	1.46	96.69	1 576	1 552	1.56
	非精耕细作（CK）	2	44.17		1 371	732	46.65
玉州区仁东镇沼心村	稻草覆盖	5	0.63	94.88	1 744	1 734	0.59
	地膜覆盖（CK）	2	12.31		1 917	1 700	11.31
玉州区城西镇新定村	稻草覆盖	5	0	100	1 532	1 532	0
博白县亚山镇民富村	地膜＋砂壤土	6	6.86	87.54	1 893	1 773	6.36
	地膜＋黏质土（CK）	3	45.06		1 453	740	49.07
福绵区新桥镇新沙三计山屯	旱地＋地膜＋滴灌	5	0	100	1 804	1 804	0
	水田＋地膜＋非滴灌	2	35.76		1 280	824	35.66

表6　2020年各示范区不同农业模式防治对窄缘施夜蛾控制作用调查比较

地点	农业防治模式	调查田块	平均虫口率（%）	防治效果（%）	平均单产（kg/667 m²）	平均商品薯产量（kg/667 m²）	商品薯损失率（%）
北流市塘岸镇田寮屯	地膜＋精耕细作	8	7.63	87.81	1 860	1 741	6.39
	非精耕细作（CK）	2	62.07		1 523	622	59.15
福绵区新桥镇新沙村丽垌屯	地膜＋精耕细作	6	1.23	96.77	922	910	1.34
	非精耕细作（CK）	2	38.03		812	522	35.74
玉州区仁东镇沼心村	稻草覆盖	5	0.46	96.87	1 754	1 745	0.51
	地膜覆盖（CK）	2	14.69		1 793	1 502	16.23
玉州区城西镇新定村	稻草覆盖	5	0	100	1 428	1 428	0
福绵区福绵镇中坡村	稻草覆盖	6	3.51	93.90	2 488	2 403	3.42
	地膜覆盖（CK）	2	57.44		2 512	1 123	54.87
博白县亚山镇民富村	地膜＋砂壤土	5	2.96	93.36	1 634	1 585	3.04
	地膜＋黏质土（CK）	2	43.67		1 399	751	46.31
福绵区新桥镇新沙三计山屯	旱地＋地膜＋滴灌	5	0	100	1 594	1 594	0
	水田＋地膜＋非滴灌	2	29.16		1 179	854	27.63

2.2.4 以滴灌为主的农业防治示范

农业合作社2019—2020年连续2年在旱地上种植马铃薯，采用地膜覆盖栽培，使用滴灌节水技术，虫害率为0，防治效果达100%，控制效果好，产量也较高（表5、表6）。2021年在旱改水田种植，继续采用地膜覆盖+滴灌节水技术，虫害率为0，防治效果达100%，单产1 900~2 300 kg/667 m²。

3 讨 论

在玉林窄缘施夜蛾每年都有局部地方发生较重。一些种植基地如玉州区仁厚镇、兴业县六西镇个别种植合作社采用地膜覆盖种植因被害严重，又恢复采用露地栽培方式后，虽然虫害大为下降，但产量普遍偏低（一般较上述种植方式减少30%以上），且青薯较多，效益较低，因此示范推广窄缘施夜蛾防治技术特别是以农业措施为主的防治技术很有必要。从试验和示范调查结果看出，上述各种不同农业模式对窄缘施夜蛾均有显著防治效果，特别是2020年以来，经示范推广，全市为害面积下降了约70%，极少出现连片严重受害现象。

不同的农业模式防治作用有一定差异，综合分析认为，控制作用最好是旱地+滴灌栽培模式，其次为稻草覆盖模式，地膜覆盖精耕细作、砂壤土栽培模式防效相当。但从产量分析来看，地膜覆盖精耕细作和滴灌种植冬马铃薯，产量较高，其次是稻草覆盖栽培，稻草覆盖栽培产量虽较地膜覆盖低，但虫害率低，商品薯产量与地膜覆盖相当。在旱地+地膜模式冬种马铃薯，虫害也较轻，但因灌溉条件较差，产量较旱地+地膜+滴灌栽培模式一般减少20%~30%，高的减少40%。

根据观察发现，窄缘施夜蛾成虫从空隙处钻在土中将卵产于土块上，幼虫在土壤空隙中或土壤与马铃薯块茎之间形成的空隙中活动，取食马铃薯匍匐茎和块茎，而泥土粉碎程度差，土块之间空隙大的田块往往虫害较重，这说明土块之间形成的空隙程度与虫害率有较大关系。除滴灌外，上述其他农业防治模式都是防止空隙形成或降低空隙程度，从而起到控制为害的作用。如采用精耕细作耙碎泥土、覆膜后压土严密等措施最大限度地防止空隙的形成以减少成虫进入土中产卵，同时防止蛹羽化后，成虫难以飞出地膜外活动和迁移扩散到其他田块或其他植株进行繁殖，从而降低虫源量。砂壤土或壤土容易耙碎，土层空隙小，因此虫害比黏土轻。稻草覆盖、露地栽培一般不易形成阴暗潮湿的地下环境，害虫活动空隙小，特别是露地栽培土壤易干旱板结，土层结实基本无空隙，因而发生轻。滴灌是一种有效的节水灌溉方式[12]，窄缘施夜蛾喜欢潮湿环境，通过节水灌溉—滴灌方式，将水适时、适量、准确地输送到马铃薯根部土壤，并确保根部土壤长期保持湿润，避免了田间湿度过大，从而减轻了虫害，同时满足了马铃薯生长发育所需要的水分，确保了较高的产量。

通过上述各种农业防治措施可破坏其地下适生环境，最大限度防止地下空隙形成或降低空隙程度，或降低田间湿度，达到不用农药或少用农药，能有效控制窄缘施夜蛾危害，且增产效果明显，绿色高效节本。因此上述各种农业防治模式均可推广应用，并可因地制宜选用其中之一。综合各方面特别是从生态、环保方面出发，上述4种农业防治模式，最好采用稻草覆盖方式栽培，该方式不仅降低虫害，提高土壤有机质含量等[5]，而且低耗高产高效[8,9]，在生产过程中不留下任何污染物质，达到减少薄膜使用的目的，符合国家发展改革委、生态环境部印发《关于进一步加强塑料污染治理的意见》(发改环资〔2020〕80号)要求。露地种植虽然虫害极轻，但产量低，且青头薯较多，经济效益差，建议一般不采取此模式。为提高经济效益、生态效益和防治效果，可两种或三种农业模式综合使用。如在水田上种植，其中最优方案是"砂壤土或壤土 + 精耕细作 + 稻草覆盖"，即种植马铃薯时，选择排灌方便、疏松的砂壤土或壤土，精细整地，高垄种植，播种后盖上细土5 cm，均匀覆盖稻草5~7 cm；最好在稻草上盖上一层3 cm的细碎薄土，既可防止大风将稻草刮乱或吹倒，又能减少青头薯现象，并进一步提高产量。如由于条件限制，使用地膜覆盖种植的，最好选用砂壤土或壤土种植，并做到整地精细、播种后覆膜压土严密；如为黏质土，在整地前一定要降低田间湿度，对排水不便的基地，要疏通沟渠，清除淤泥，降低水位，水稻收获后晒土2~3 d，以减少土壤粘性；然后精细整地，高畦栽培，适时早播，选择质量好的地膜覆盖，在垄面上覆盖地膜时，做到紧贴垄面，然后均匀培上细碎泥土，以湿润灌溉为主，尽量在2月中下旬前完成收获，避开3月后雨水偏多时期。

[参 考 文 献]

[1] Yoshimatsu S, Nishioka T. *Schrankia costaestrigalis* (Stephens) (Lepidoptera, Noctuidae) utilizing underground spaces [J]. Japanese Journal of Entomology, 1995, 63(3): 541-550.

[2] 陈景成, 王磊, 陈荣泰, 等. 马铃薯新害虫—窄缘施夜蛾发生为害初步观察及防治对策 [C]//屈冬玉, 金黎平, 陈伊里. 马铃薯产业与健康消费. 哈尔滨: 黑龙江科技出版社, 2019: 398-403.

[3] 陈景成, 陈荣泰, 陈思名, 等. 马铃薯新害虫—窄缘施夜蛾 *Schrankia costaestrigalis* 田间发生规律观察和农业防治实践 [J]. 中国植保导刊, 2019, 39(10): 42-49.

[4] 周进华, 唐文军, 杨子芬, 等. 膜上覆土栽培对云南春作马铃薯生长、产量及品质的影响 [J]. 云南农业大学学报: 自然科学版, 2017, 32(6): 999-1 005.

[5] 李丽淑, 樊吴静, 杨鑫, 等. 不同栽培模式对土壤理化性状及广西冬种马铃薯产量的影响 [J]. 南方农业学报, 2018, 49(1): 36-41.

[6] 朱瑞, 李德军. 冬种马铃薯黑地膜覆盖高产栽培技术 [J]. 中国农技推广, 2011, 27(10): 23-24.

[7] 陆昆典, 韦小贞, 李春光, 等. 南方冬种马铃薯黑地膜夹层覆盖栽培技术 [J]. 中国马铃薯, 2012, 26(6): 344-347.

[8] 胡静, 甘小虎, 陈冬, 等. 马铃薯稻草覆盖高效栽培技术 [J]. 江苏农业科学, 2010(6): 264-265.

[9] 廖华俊, 董玲, 江芹, 等. 安徽省马铃薯稻草覆盖栽培模式研究 [J]. 安徽农业科学, 2009, 37(35): 17 599-17 601, 17 629.

[10] 郑有才, 杨祁峰. 不同覆盖模式对旱作马铃薯生育期及土壤含水量的影响 [J]. 安徽农业科学, 2008(20): 8 462-8 464.

[11] 洪晓月, 丁锦华. 农业昆虫学 [M]. 北京: 中国农业出版社, 1991: 109-111.

[12] 秦军红, 蒙美莲, 陈有君, 等. 马铃薯膜下滴灌增产效应的研究 [J]. 中国农学通报, 2011, 27(18): 204-208.

包头市马铃薯病毒病发生情况的 RT-PCR 检测

李秀华[1]，王亮明[1*]，梁瑞萍[1]，李文霞[1]，毕彩利[1]，孟　卓[2]，

王丽清[2]，周利平[2]，孔凤英[1]

(1. 包头市农牧科学技术研究所，内蒙古　包头　014030；

2. 河套学院，内蒙古　巴彦淖尔　015000)

摘　要：为明确包头市马铃薯病毒病发生情况，利用 RT-PCR 方法对采集的 31 个病毒病疑似样本进行分子检测。包头市九原区麻池镇危害马铃薯的(类)病毒主要为马铃薯纺锤块茎类病毒(PSTVd)、马铃薯 M 病毒(PVM)、马铃薯 S 病毒(PVS)、马铃薯卷叶病毒(PLRV)、马铃薯 Y 病毒(PVY)。除 PSTVd 检出率为 4.43% 外，其他病毒病检出率均在 29.03% 以上，并且该区域存在病毒复合侵染马铃薯的现象。

关键词：包头市；马铃薯；病毒病；RT-PCR；复合侵染

马铃薯病毒病是引起马铃薯品种退化的主要原因，是马铃薯生产中重要的病害之一，严重影响马铃薯产量和质量，减产幅度多在 20%~50%。当前，国内外报道的侵染马铃薯的病毒有近 40 种，类病毒 1 种。包头市是内蒙古自治区马铃薯重要的产区之一，但近几年种植面积锐减。本研究旨在探明包头市马铃薯病毒病的发生情况，同时为种植户的生产活动提供理论依据。

1　材料与方法

1.1　试验材料

2021 年，在包头市九原区麻池镇采集具有花叶、卷叶皱缩等疑似病毒病症状以及类病毒病症状的马铃薯叶片样品共计 31 份，立刻置于液氮罐中保存备用。

Total RNA Extracter (Trizol)、M-MuLV 第一链 cDNA 合成试剂盒、PCR 组分、DNA 分子量标准 Marker(100~2 000 bp)均购自上海生物工程有限公司。引物信息见表 1 所示，由上海生物工程有限公司合成。

1.2　总 RNA 提取和 cDNA 合成

总 RNA 提取参照 Total RNA Extracter(Trizol)抽提步骤略有改动，将得到的总 RNA 立即保存于 -80 ℃冰箱。利用 1.0% 琼脂糖凝胶电泳和超微量核酸蛋白检测仪检测样品总 RNA。cDNA 合成参照 cDNA 合成试剂盒操作说明，置于 -20 ℃冰箱保存。

作者简介：李秀华(1981—)，女，高级农艺师，主要从事作物新品种选育和栽培方面研究。

基金项目：内蒙古自治区科技计划项目(201802048)；内蒙古自治区马铃薯种业技术创新中心项目。

＊通信作者：王亮明，农艺师，主要从事作物新品种选育和栽培方面研究，e-mail：wlm115725@163.com。

表 1　包头市马铃薯病毒病检测所用引物

序号	病毒	序列(5'-3')	预期片段(bp)	T_m(℃)	参考文献
1	PVS-F	TCTCCTTTGAGATAGGTAGG	602	49	
	PVS-R	CAGCCTTTCATTTCTGTTAG			
2	PVX-F	ATGTCAGCACCAGCTAGCA	711	56	
	PVX-R	TGGTGGTGGTAGAGTGACAA			
3	PVM-F	ACATCTGAGGACATGATGCGC	520	57	[1]
	PVM-R	TGAGCTCGGGACCATTCATAC			
4	PVY-F	GGCATACGGACATAGGAGAAACT	447	55	
	PVY-R	CTCTTTGTGTTCTCCTCTTGTGT			
5	PLRV-F	CGCGCTAACAGAGTTCAGCC	336	59	
	PLRV-R	GCAATGGGGGTCCAACTCAT			
6	PVA-F	GATGTCGATTTAGGTACTGCTG	273	52	
	PVA-R	TCCATTCTCAATGCACCATAC			
7	PVY2-F	GCAAATGACACAATTGTATGC	801	54	
	PVY2-R	CATGTTCTTGACTCCAAGTAGA			
8	PMTV-F	ATGGCTGAAAACAGAGGTGA	531	54	[2]
	PMTV-R	CTATGCACCAGCCCAGCGTAA			
9	$PLRV_2$-F	ATGAGTACGGTCGTGGTTAAAGG	627	57	
	$PLRV_2$-R	CTATTTGGGGTTTTGCAAAGC			
10	PSTVd-F	CACCCTTCCTTTCTTCG	359	53	
	PSTVd-R	AAAACCCTGTTTCGGCGGGA			

1.3　PCR 扩增及凝胶电泳

以上述马铃薯 cDNA 为模板,利用表 1 中马铃薯病毒病特异引物对样品进行扩增。PCR 扩增体系 25 μL:2 × San Taq PCR Mix(含蓝染料)12.5 μL,cDNA 1 μL,上游引物(10 μmol/L)1 μL,下游引物(10 μmol/L)1 μL,Sterilized ddH₂O 9.5 μL。PCR 反应程序:94 ℃ 3 min;94 ℃ 30 s,退火 45 s(各引物退火温度参照表1),72 ℃ 1 min,35 个循环;72 ℃ 10 min,4 ℃保存。扩增结束后,取 6 μL 扩增产物,1.0%琼脂糖凝胶电泳检测。

1.4　RT-PCR 产物克隆、测序和序列比对

将 RT-PCR 产物回收、纯化、克隆后,委托上海生物工程有限公司测序,在 NCBI 网站利用 BLAST 对克隆后测定的序列进行序列比对分析。

2 结果与分析

2.1 包头市马铃薯病毒病的发生情况

2.1.1 PSTVd 的检测情况

利用病毒 PSTVd 特异性引物对 31 个马铃薯样品进行 RT-PCR 检测，结果表明，其中 7 份样品扩增出目的条带。部分样品的扩增结果如图 1 所示，11 号泳道为阴性对照，1 号、4 号、5 号和 9 号未扩增出预期片段长度，为阴性样品。其余泳道在 1.0% 琼脂糖凝胶上扩增出预期片段长度 359 bp，为受 PSTVd 侵害的阳性样。

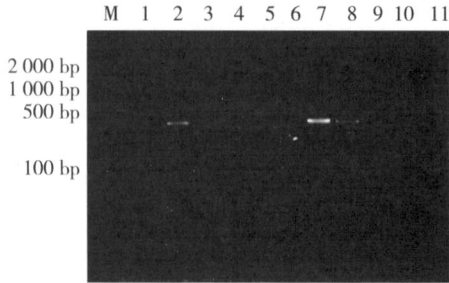

注：M. DNA Marker；1~10. 马铃薯样品；11. 阴性对照。

图 1　部分马铃薯样品 PSTVd 的 RT-PCR 检测结果

2.1.2 PLRV 的检测情况

利用 PLRV 特异性引物对马铃薯 31 个样品进行 RT-PCR 检测，其中 10 份样品扩增出目的条带。部分样品的电泳结果如图 2 所示，11 号泳道为阴性对照，可见样品 1、样品 2 和样品 10 扩增出预期片段长度 336 bp，为受 PLRV 侵害的阳性样，3~9 号样无目的条带扩增，为阴性样。

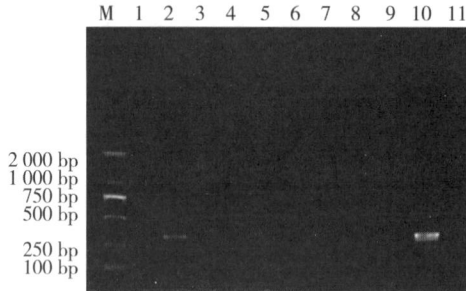

注：M. DNA Marker；1~10. 马铃薯样品；11. 阴性对照。

图 2　部分马铃薯样品 PLRV 的 RT-PCR 检测结果

2.1.3 PLRV$_2$ 的检测情况

利用 PLRV$_2$ 特异性引物对马铃薯 31 个样品进行 RT-PCR 检测，其中 16 份样品扩增出目的条带。部分样品的电泳结果如图 3 所示，11 号泳道为阴性对照，可见 1 号、4~5 号、7~10 号马铃薯样品扩增出预期片段长度 627 bp，为受 PLRV$_2$ 侵害的阳性样品，其余样品无目的片段扩增，为阴性样。

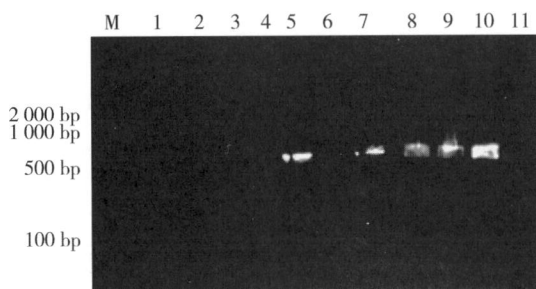

注：M. DNA Marker；1~10. 马铃薯样品；11. 阴性对照。

图3 部分马铃薯样品 PLRV$_2$ 的 RT-PCR 检测结果

2.1.4 PVS 的检测情况

利用 PVS 特异性引物对马铃薯 31 个样品进行 RT-PCR 检测，其中 21 份样品扩增出目的条带。部分样品的电泳结果如图 4 所示，11 号泳道为阴性对照，可见 1~10 号马铃薯样品均扩增出预期片段长度 602 bp，为受 PVS 侵害的阳性样品。

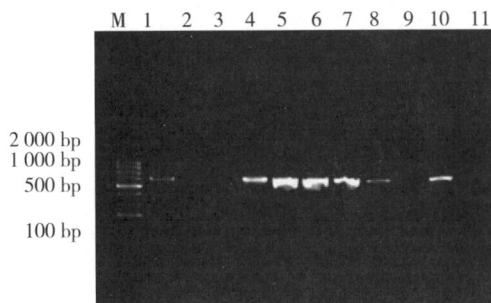

注：M. DNA Marker；1~10. 马铃薯样品；11. 阴性对照。

图4 部分马铃薯样品 PVS 的 RT-PCR 检测结果

2.1.5 PVY 的检测情况

利用 PVY 特异性引物对马铃薯 31 个样品进行 RT-PCR 检测，其中 17 份样品扩增出目的片段。部分样品的电泳结果如图 5 所示，11 号泳道为阴性对照，可见除 3 号和 7 号样品未扩增出目的条带，其余样品均扩增出长度为 447 bp 的目的片段，为受 PVY 侵害的阳性样品。

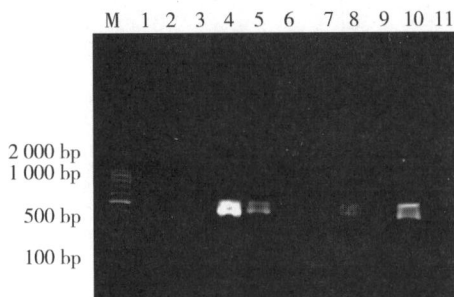

注：M. DNA Marker；1~10. 马铃薯样品；11. 阴性对照。

图5 部分马铃薯样品 PVY 的 RT-PCR 检测结果

2.1.6 PVY₂ 的检测情况

利用 PVY₂ 特异性引物对马铃薯 31 个样品进行 RT-PCR 检测，其中 9 份样品扩增出目的片段。部分样品的电泳结果如图 6 所示，11 号泳道为阴性对照，可见 4 号、8 号和 9 号样品扩增出预期片段长度 801 bp，为受 PVY₂ 侵害的阳性样品，其余样品未扩增出目的条带，为阴性样品。

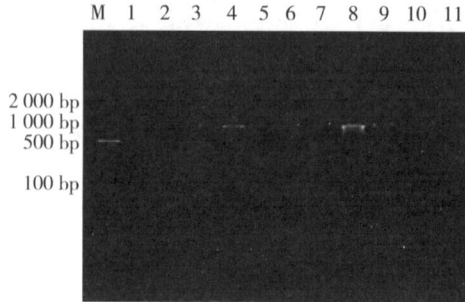

注：M. DNA Marker；1~10. 马铃薯样品；11. 阴性对照。

图 6　部分马铃薯样品 PVY₂ 的 RT-PCR 检测结果

2.1.7 PVM 的检测情况

利用 PVM 特异性引物对马铃薯 31 个样品进行 RT-PCR 检测，其中 30 份样品扩增出目的片段。部分样品的电泳结果如图 7 所示，17 号泳道为阴性对照，可见除 6 号样品未扩增出目的条带，其余样品均扩增出长度为 520 bp 的目的片段，为受 PVM 侵害的阳性样品。

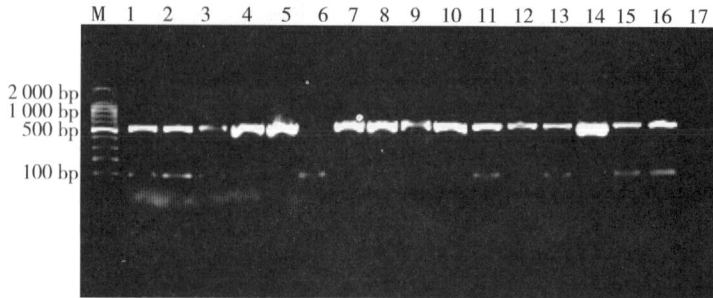

注：M. DNA Marker；1~16. 马铃薯样品；17. 阴性对照。

图 7　部分马铃薯样品 PVM 的 RT-PCR 检测结果

2.2　RT-PCR 产物的克隆和测序

将马铃薯纺锤块茎类病毒(PSTVd)、马铃薯卷叶病毒(PLRV)、马铃薯 S 病毒(PVS)、马铃薯 Y 病毒(PVY)、马铃薯 M 病毒(PVM)阳性样品的扩增产物，进行克隆，委托上海生物工程有限公司测序，NCBI 网站上 BLAST 比对分析，结果表明，PVSTd 阳性样品的扩增产物大小为 361 bp，该核苷酸序列与已登录的 PSTVd 分离物(MW312744.1)CP 核苷酸序列同源性为 98.57%；PLRV 阳性样品的扩增产物大小为 338 bp，该核苷酸序列与已登录的 PLRV 分离物(MK451707.1)CP 核苷酸序列同源性为 99.11%；另一 PLRV 阳性样品的扩增产物大小为 639 bp，该核苷酸序列与已登录的 PLRV 分离物(MF062487.1)CP 核苷酸序列同源性为 99.51%；PVS 阳性样品的扩增产物大小为 602 bp，该核苷酸序列与已登录的 PVS 分离物(KF011272.1)CP 核苷酸序列同源性为 98.55%；PVY 阳性样品的扩增产物大小为449 bp，该核苷酸序列与已登录的 PVY 分离物（MN414541.1）CP 核苷酸序列同源性为99.55%；另一 PVY 阳性样品的扩增产物大小为801 bp，该核苷酸序列与已登录的 PVY 分离物（MN607724.1）CP 核苷酸序列同源性为95.95%；PVM 阳性样品的扩增产物大小为526 bp，该核苷酸序列与已登录的 PVM 分离物（KF561647.1）CP 核苷酸序列同源性为97.50%。序列比对结果表明，PSTVd、PLRV、PVS、PVY 和 PVM 阳性样品的扩增片段与已登录的各病毒 CP 核苷酸序列高度同源，即验证了以上病毒扩增产物的特异性。

3 讨 论

包头市九原区麻池镇地处大青山南麓，是包头市主要蔬菜产区，该区域马铃薯生产者多为零散小型种植户，马铃薯病毒病发生较为严重。

对包头市麻池镇采集的31个马铃薯样品进行 RT-PCR 检测，PSTVd 检出样本数7个，PLRV 检出样本数10个，$PLRV_2$ 检出样本数16个，PVS_b 检出样本数21个，PVY 检出样本数17个，PVY_2 检出样本数9个，PVM 检出样本数30个，除 PSTVd 不常发生外，其余病毒发病率均较高，在25.80%以上（分别为33.33%、51.61%、67.74%、54.84%、29.03%、96.77%），尤其 PVM 是这一区域普发病毒种类。此外，包头市麻池镇马铃薯病毒病存在复合侵染现象，主要表现为 PVM 和 PVS、PVY 以及 PLRV 的复合侵染。

[参 考 文 献]

[1] 中华人民共和国农业部. NY/T 2678—2015 马铃薯6种病毒的检测 RT-PCR 法 [S]. 北京：中国标准出版社, 2015.
[2] 杨小龙, 陈细红, 蔡伟, 等. 福建省福清地区马铃薯病毒病病原的分子检测 [J]. 植物保护, 2019, 45(3): 201-205.

马铃薯除草剂药剂筛选试验

和晓堂，和习琼*，和平根，石　涛，李朝凤，王菊英，夏菊香

（丽江市农业科学研究所，云南　丽江　674100）

摘　要：为筛选出较好的马铃薯除草剂，试验设置乙草胺、噁草酸、精喹禾灵、灭草松、砜喹嗪草酮、砜嘧磺隆、人工除草(对照)和清水(空白对照)8个处理进行药剂筛选试验。结果显示，株数和鲜重防效最好的砜嘧磺隆、灭草松、砜喹嗪草酮，株数防效分别为83.58%、79.18%、74.76%，鲜重防效分别为87.44%、82.65%、74.31%。从产量及经济效益综合分析，表现较好的也为砜嘧磺隆、灭草松、砜喹嗪草酮，产量分别为2 662，2 541，2 376 kg/667 m²，产值分别为3 577.56，3 334.52，3 188.26元/667 m²。综合分析可得，较好的马铃薯除草剂为砜嘧磺隆、灭草松、砜喹嗪草酮。

关键词：马铃薯；除草剂；防效；药剂

近几年，有许多筛选马铃薯除草剂的研究，如李明聪[1]指出砜嘧磺隆、精喹禾灵防治杂草效果较好；王万兴等[2]指出砜喹嗪草酮除草效果好、药效持续时间长；吴仁海等[3]指出砜嘧磺隆、灭草松、2甲4氯钠、草除灵对马铃薯相对安全。这些研究均筛选出适合当地的除草剂。丽江市常年种植马铃薯2.33万 hm²左右，主要种植在山区、半山区，马铃薯生长前期气候干旱，土壤含水量少，田间杂草较少，到了生长中期雨水充沛，杂草生长迅猛，制约了马铃薯植株的生长发育。本试验旨在通过不同除草剂药效筛选试验，筛选出适合丽江市马铃薯田间杂草防治的有效除草剂，为大面积生产应用提供依据。

1　材料与方法

1.1　试验材料

试验地点：丽江市农业科学研究所太安马铃薯科技示范场，海拔2 700 m，试验地土质为壤土，前茬作物为马铃薯，地势平坦，通透性好，保水保肥性好，肥力均匀。

试验品种："丽薯6号"。

基肥：农家肥1 500 kg/667 m²，复合肥(N：P：K = 16：8：20)25 kg/667 m²、硫酸钾25 kg/667 m²、普钙25 kg/667 m²。

追肥：复合肥(N：P：K = 16：8：20)15 kg/667 m²。采用马铃薯平播后起垄栽培技术，行距80 cm。

试验药剂为苗前除草剂1种，乙草胺；苗后除草剂5种，噁草酸、精喹禾灵、灭草

作者简介：和晓堂(1993—)，女，助理农艺师，从事马铃薯原原种生产技术研究与病虫害防控工作。

基金项目：财政部和农业农村部：国家现代农业产业技术体系项目(ES-26)。

***通信作者**：和习琼，硕士，高级农艺师，主要从事马铃薯科研与推广工作，e-mail：407950199@qq.com。

松、砜喹嗪草酮、砜嘧磺隆(上轮次除草效果较好、易购买)(表1)。

表1 试验用药及使用方法

序号	登记名称	剂型	生产企业	防治对象	使用方法
1	乙草胺	50%乳油	山东三农生物科技有限公司	一年生杂草	120~180 mL/667 m², 喷雾
2	噁草酸	10%乳油	安道麦阿甘有限公司	禾本科杂草	30~50 mL/667 m², 喷雾
3	精喹禾灵	15%乳油	京博农化科技有限公司	一年生禾本科杂草	20~30 mL/667 m², 喷雾
4	灭草松	48%水剂	巴斯夫植物保护(江苏)有限公司	一年生阔叶杂草	150~200 mL/667 m², 喷雾
5	砜喹嗪草酮	可分散油悬浮剂	大连松辽化工有限公司	一年生杂草	70~80 mL/667 m², 喷雾
6	砜嘧磺隆	25%水分散粒剂	江苏江南农化有限公司	一年生杂草	5~6 g/667 m², 喷雾

1.2 试验方法

小区设计：采用随机区组排列，每个小区13.34 m²。共设8个处理，人工除草和空白处理为对照，每个处理3个重复，共计24个小区。

施药使用方法：根据药剂标签说明进行。

使用器械：选择生产中常用的器械，记录所用器械类型。

记录施药时间、次数及施药时杂草和马铃薯两者的生长状态(萌芽情况、生育期)。

防治病虫害和非靶标杂草所用农药的资料要求：如使用其他药剂，应选择对试验药剂、对象和马铃薯无影响的药剂，并对所有小区进行同一处理，而且要与试验药剂和对照药剂分开使用。记录这类药剂使用的准确数据(如名称、时间、用量等)。

田间管理：试验品种3月24日播种，5月30日出苗，7月2日封行，7月4日现蕾，7月10日开花，9月8日成熟，生育期101 d。10月19日收获。施药器械为电动背负式喷雾器，并进行晚疫病防控。

1.3 调查方法

1.3.1 植株性状调查

记录播种期、出苗期、封行期、花期、成熟期、收获期。在开花期调查主茎数、株高、茎粗等。

1.3.2 杂草调查

杂草主要有：牛膝菊、猪殃殃、野荞麦、尼泊尔蓼、凹头苋、刺篱、繁缕、藜菜。

详细地描述造成杂草伤害的症状(如生长抑制、失绿、枯斑、畸形等，照片记录)，以准确说明药剂作用方式。记录小区的杂草种群量，如杂草种类、杂草株数、覆盖度或杂草重量等，用绝对值法。

调查标准参照《农药田间药效试验准则》(一)除草剂防治马铃薯地杂草(GB/T 17980.52—2000)[4]要求进行。调查每种杂草总株数或重量，在每个小区随机选择4个点，每点0.25 m²进行抽样调查。2021年6月9日施药，15 d后(7月8日)调查各处理的防效。药后30 d(7月23日)加测杂草鲜重，分别计算株数防效和鲜重防效。

株数防效(%) = [(空白对照区杂草株数 − 处理区杂草株数)/空白对照区杂草株数] × 100

鲜重防效(%) = [(空白对照区杂草鲜重 − 处理区杂草鲜重)/空白对照区杂草鲜重] × 100

1.4 产量测定

1.4.1 块茎性状测定

从每小区中心区取样并测定,从小区中间收获2行,对于非除草剂造成的缺株给予校正。记录实收株数、单株结薯数、单薯重,并将薯块分为大中薯和小薯2个级别记录,(大薯≥75 g,小薯<75 g)。计算商品薯率(大中薯增产率)。

1.4.2 产量测定

对小区产量进行实收秤重,计算产量、增产量、增产率。

1.5 经济效益分析

根据药剂成本、人工成本、产量、产地价格计算产值、增收量、增效率和投产比。

1.6 数据分析

用邓肯氏新复极差(DMRT)法对防效、产量差异显著性进行统计分析,特殊情况用相应的生物统计学方法。

2 结果与分析

2.1 相对防效统计结果

从杂草的株数防效与鲜重防效综合分析来看(表2),施药15 d防效最好的是砜嘧磺隆,其次是灭草松和砜喹嗪草酮;施药30 d后防效较好的依次为,砜嘧磺隆、灭草松、砜喹嗪草酮,2次的调查结果是一致的。从差异性分析来看,施药15 d砜嘧磺隆、灭草松、砜喹嗪草酮防效差异性不显著,施药30 d后砜嘧磺隆、灭草松、砜喹嗪草酮的株数防效差异不显著,但砜嘧磺隆、灭草松与砜喹嗪草酮的鲜重防效差异极显著。

表2 不同处理田间防治效果

处理	第1次调查(15 d)	第2次调查(30 d)	
	株数防效(%)	株数防效(%)	鲜重防效(%)
乙草胺	89.74 aA	66.41 bB	66.12 bcBC
噁草酸	84.22 bB	49.97 cC	43.28 dD
精喹禾灵	85.13 bB	50.02 cC	47.06 cdD
灭草松	95.32 aA	79.18 aA	82.65 aA
砜喹嗪草酮	91.68 aA	74.76 aAB	74.31 bB
砜嘧磺隆	98.65 aA	83.58 aA	87.44 aA
人工除草(CK₁)	88.05 aA	59.07 bcC	53.25 cC
对照(CK₂)	—	—	—

注:同列不同小写和大写字母分别表示0.05和0.01水平显著,下同。

2.2 块茎性状分析

从单株结薯率、单薯重及商品薯率综合分析来看(表3),商品薯率均在90%以上,表现最好的为砜嘧磺隆,其次依次为灭草松和砜喹嗪草酮。

表3 不同处理块茎性状

处理	单株结薯数(个)	单薯重(kg)	商品薯率(%)
乙草胺	3.69	0.16	92.36
噁草酸	3.33	0.15	90.63
精喹禾灵	3.32	0.13	90.01
灭草松	3.75	0.17	92.71
砜喹嗪草酮	3.71	0.16	92.45
砜嘧磺隆	3.98	0.17	92.99
人工除草(CK₁)	3.63	0.14	91.58
对照(CK₂)	2.68	0.15	90.59

2.3 增产效果分析

各处理与对照(人工除草)相比,使用除草剂后,有4个处理实现增产,增产幅度在6.66%~20.24%,依次为,砜嘧磺隆>灭草松>砜喹嗪草酮>乙草胺。各处理与对照(不除草)比较,7个处理都实现增产,增产率在0.51%~34.80%,依次为,砜嘧磺隆>灭草松>砜喹嗪草酮>乙草胺>人工除草>精喹禾灵>噁草酸(表4)。

表4 不同处理产量汇总

处理	折合产量 (kg/667 m²)	较 CK₁		较 CK₂	
		增产(kg/667 m²)	增幅(%)	增产(kg/667 m²)	增幅(%)
乙草胺	2 361	147.43	6.66	386.47	19.57
噁草酸	1 985	−229.05	−10.35	9.99	0.51
精喹禾灵	1 993	−220.72	−9.97	18.32	0.93
灭草松	2 541	327.34	14.79	566.38	28.68
砜喹嗪草酮	2 376	162.42	7.34	401.46	20.33
砜嘧磺隆	2 662	448.12	20.24	687.16	34.80
人工除草(CK₁)	2 214	—	—	239.04	12.10
对照(CK₂)	1 975	−239.04	−10.80	—	—

2.4 增收效果分析

从成本分析(表5)与产值分析(表6)综合来看,各处理与对照(人工除草)比较,增收幅度在−7.89%~25.24%,依次为,砜嘧磺隆>灭草松>砜喹嗪草酮>乙草胺>不除草>噁草酸>精喹禾灵。

各处理与对照(不除草)比较,增收幅度在−1.13%~34.43%,依次为,砜嘧磺隆>灭草松>砜喹嗪草酮>乙草胺>人工除草>噁草酸>精喹禾灵。

表5 不同处理人工与除草剂成本

处理	人工成本(元/667 m²)	除草剂成本(元/667 m²)
乙草胺	40.00	5.00
噁草酸	40.00	7.00
精喹禾灵	40.00	4.50
灭草松	40.00	17.50
砜喹嗪草酮	40.00	20.60
砜嘧磺隆	40.00	4.40
人工除草(CK₁)	160.00	0
对照(CK₂)	—	—

表6 不同处理产值分析

处理	产值(元/667 m²)	新增产值(元/667 m²)		较 CK₁		较 CK₂	
		较 CK₁	较 CK₂	增效(元/667 m²)	增效率(%)	增效(元/667 m²)	增效率(%)
乙草胺	3 163.27	195.07	547.07	310.67	11.06	502.67	19.21
噁草酸	2 648.86	-319.34	32.66	-206.34	-7.35	-14.34	-0.55
精喹禾灵	2 631.20	-337.00	15.00	-221.50	-7.89	-29.50	-1.13
灭草松	3 334.52	366.32	718.32	481.32	17.14	673.32	25.74
砜喹嗪草酮	3 188.26	220.06	572.06	322.56	11.49	514.56	19.67
砜嘧磺隆	3 577.56	609.36	961.36	708.76	25.24	900.76	34.43
人工除草(CK₁)	2 968.20	—	352.00	—	—	192.00	7.34
对照(CK₂)	2 616.20	-352.00	—	-192.00	-6.84	—	—

注:商品薯(≥75 g)按平均价 1.4 元/kg 计算,小薯(<75 g)按 0.6 元/kg 计算。

3 讨 论

综合分析,试验效果较好的除草剂为:砜嘧磺隆、灭草松、砜喹嗪草酮;这与李明聪[1]、王万兴等[2]、吴仁海等[3]研究结果一致,其株数防效分别为83.58%、79.18%、74.76%,鲜重防效分别为87.44%、82.65%、74.31%。从产量及经济效益综合分析,产量分别为 2 662,2 541 和 2 376 kg/667 m²,产值分别为 3 577.56,3 334.52 和 3 188.26 元/667 m²。可大面积推广应用。

虽然,通过使用这些化学药剂将实现节本增效,但是为了避免杂草产生抗药性,在使用药剂时应适时用药、适度用药、科学合理配方用药。

[参 考 文 献]

[1] 李明聪.马铃薯地杂草除草剂药剂筛选试验 [J].农家参谋,2017(24):66-67.

[2] 王万兴, 李广存, 卞春松, 等. 河北坝上地区马铃薯除草剂比较试验 [C]//屈冬玉, 金黎平, 陈伊里. 马铃薯产业与健康消费. 哈尔滨: 黑龙江科学技术出版社, 2019: 412-413.

[3] 吴仁海, 孙慧慧, 苏旺苍, 等. 几种除草剂对马铃薯安全性及混用效果 [J]. 农药, 2018, 57(1): 61-63, 66.

[4] 中华人民共和国国家质量监督检验检疫总局, 中华人民共和国国家标准化管理委员会. GB/T17980.52—2000《农药田间药效试验准则》(一)除草剂防治马铃薯地杂草 [S]. 北京: 中国标准出版社, 2000.

不同药剂处理防治马铃薯地下害虫药效试验

王　甄[1,2,3]，高剑华[1,2,3]，肖春芳[1,2,3]，张等宏[1,2,3]，张远学[1,2,3]，

叶兴枝[1,2,3]，闫　雷[1,2,3]，陈家吉[1,2,3]，沈艳芬[1,2,3]*

(1. 湖北恩施中国南方马铃薯研究中心，湖北　恩施　445000；

2. 恩施土家族苗族自治州农业科学院，湖北　恩施　445000；

3. 湖北省农业科技创新中心鄂西综合试验站，湖北　恩施　445000)

摘　要：为了筛选出防治马铃薯地下害虫的有效颗粒剂及施药方法，采用颗粒剂拌种或拌肥的方式进行田间药剂处理，并在马铃薯收获时对地下害虫的危害情况进行了调查，比较6个处理(Asd-1肥、Asd-1土、Asd-2肥、Asd-2土、YZ肥和YZ土)对马铃薯地下害虫的田间防治效果。结果表明，6个处理对马铃薯均未产生药害，对马铃薯产量均有所增加，块茎增产率为6.29%~11.25%；马铃薯块茎虫食百分比显著减少，块茎相对防效为32.94%~47.53%，其中处理Asd-2肥、YZ肥和Asd-2土的马铃薯块茎增产率和相对防效较好。

关键词：马铃薯；地下害虫；药效试验；防治效果

随着马铃薯种植面积的加大，马铃薯地下害虫危害也变得十分严重[1]，且有逐年上升的趋势，阻碍了马铃薯产业的优质发展。地下害虫的种类十分丰富，食性复杂，寄主广泛，具有多食性，如农作物、果蔬、中药材和杂草等多种植物。地下害虫的全部或大部分生活史都在土壤中完成，其具有极强的隐蔽性，所以发生时较难被发现和预警预测，且在整个马铃薯生产季节均可为害。调查统计显示，地下害虫可咬食马铃薯种薯、根系和块茎，咬食伤口处还可发生病害侵染造成烂薯[2]，一般情况造成减产20%~40%，严重影响马铃薯的产量和品质。

采取科学的方法控制马铃薯田地下害虫迫在眉睫，目前对地下害虫的防控采取"预防为主，综合防治"的方针政策，根据田间害虫发生实际情况，积极采取农业防治、物理防治、化学防治和生物防治等多种方法进行综合防治[3]。通过对恩施州马铃薯地下害虫的发生情况进行调查，比较了6个处理对马铃薯生长期内地下害虫的防治效果，以期筛选出低毒高效、环境友好的农药，为马铃薯绿色生产提供科学依据。

1　材料与方法

1.1　供试材料

试验材料分别为2%氯氟·噻虫胺 2.0 kg/667 m²、2%氯氟·噻虫胺 3.0 kg/667 m²、

作者简介：王甄(1988—)，女，硕士，助理研究员，主要从事马铃薯病虫害防治与遗传育种研究。

基金项目：财政部和农业农村部：国家现代农业产业技术体系(CARS-09)；农业部华中薯类观测试验站；湖北省农业科技创新中心创新团队项目(2016-620-000-001-061)；恩施州农科院青年创新基金项目(2021-001)。

*通信作者：沈艳芬，研究员，从事马铃薯遗传育种及病虫害防治研究，e-mail：13872728746@163.com。

1%联苯·噻虫嗪 3.5 kg/667 m²。具体信息见表1。

表1 供试材料信息与用量

编号	成分	剂型	用量(kg/667 m²)
Asd-1 肥	2%氯氟·噻虫胺	颗粒剂	2.0
Asd-1 土	2%氯氟·噻虫胺	颗粒剂	2.0
Asd-2 肥	2%氯氟·噻虫胺	颗粒剂	3.0
Asd-2 土	2%氯氟·噻虫胺	颗粒剂	3.0
YZ 肥	1%联苯·噻虫嗪	颗粒剂	3.5
YZ 土	1%联苯·噻虫嗪	颗粒剂	3.5
CK	空白对照	—	—

1.2 试验设计

试验地点为湖北省恩施州天池山马铃薯试验基地,试验品种为本地主栽品种"米拉"。试验采用随机区组排列,每个处理3次重复,每个小区6.66 m²,宽2 m,长3.33 m,4行区,每小区种植40株,种植密度4 000株/667 m²。整薯播种,小区间间隔50 cm,区带间走道50 cm。底肥施用复合肥50 kg/667 m²和有机肥100 kg/667 m²,出苗后及时追肥并中耕锄草,分别在苗期和现蕾期追施尿素7.5 kg/667 m²。其他管理与大田常规管理相同。在播种前,将药剂分别与复合肥和土壤混匀后进行沟施。

1.3 调查方法

在田间苗齐时进行出苗情况调查。在马铃薯收获时,对小区产量进行测产,同时计算块茎增产率、块茎虫食百分比和块茎相对防效,田间试验数据均采用DPS 7.5进行统计分析。

块茎增产率(%) = (药剂处理区块茎总重 - 空白对照区块茎总重)/空白对照区块茎总重 × 100

块茎虫食百分比(%) = 块茎虫害量/总量 × 100

块茎相对防效(%) = (空白对照区块茎虫食百分比 - 药剂处理区块茎虫食百分比)/空白对照区块茎虫食百分比 × 100

2 结果与分析

2.1 不同处理对马铃薯出苗和薯块影响

苗期出苗调查结果显示,各处理出苗率为100%,各处理未对种薯出苗造成影响。收获时对各处理薯块外观和薯肉颜色等进行观察,结果显示,各处理未对薯块造成影响。

2.2 不同处理对薯块的防治效果

2.2.1 不同处理对产量的影响

处理Asd-1肥、Asd-1土、Asd-2肥、Asd-2土、YZ肥、YZ土的小区平均产量依次为 14.98，14.71，15.37，15.35，15.40 和 15.19 kg/6.66 m²，均大于对照 CK 产量 13.85 kg/6.66 m²，产量大小依次为 YZ 肥 > Asd-2 肥 > Asd-2 土 > YZ 土 > Asd-1 肥 > Asd-1 土 > CK，但各个处理与 CK 产量间无显著性差异(表2)。

表 2　不同处理马铃薯小区产量

处理	重复(kg/6.66 m²)			均值(kg/6.66 m²)
	I	II	III	
Asd-1 肥	14.51	14.12	16.31	14.98 aA
Asd-1 土	14.12	14.41	15.60	14.71 aA
Asd-2 肥	14.61	15.22	16.27	15.37 aA
Asd-2 土	14.61	14.66	16.78	15.35 aA
YZ 肥	14.67	15.03	16.51	15.40 aA
YZ 土	14.88	14.31	16.37	15.19 aA
CK	13.35	13.31	14.88	13.85 aA

注：同列不同小写和大写字母分别表示 0.05 和 0.01 水平显著，下同。

2.2.2　不同处理对块茎增产的影响

处理 Asd-1 肥、Asd-1 土、Asd-2 肥、Asd-2 土、YZ 肥、YZ 土的块茎增产率依次为 8.13%、6.29%、11.04%、10.78%、11.25%、9.66%，其中处理 Asd-1 土的块茎增产最少，与处理 YZ 肥、Asd-2 肥、Asd-2 土的块茎增产率间存在显著性差异，与处理 YZ 土、Asd-1 肥的块茎增产率间无显著性差异。除处理 Asd-1 土外，其余几个处理的块茎增产率间无显著性差异(表3)。

表 3　不同处理马铃薯块茎增产率

处理	重复(%)			均值(%)
	I	II	III	
Asd-1 肥	8.69	6.09	9.61	8.13 abA
Asd-1 土	5.77	8.26	4.84	6.29 bA
Asd-2 肥	9.44	14.35	9.34	11.04 aA
Asd-2 土	9.44	10.14	12.77	10.78 aA
YZ 肥	9.89	12.92	10.95	11.25 aA
YZ 土	11.46	7.51	10.01	9.66 abA

2.2.3　不同处理对块茎虫食百分比的影响

处理 Asd-1 肥、Asd-1 土、Asd-2 肥、Asd-2 土、YZ 肥、YZ 土的块茎虫食百分比依

次为 24.25%、26.35%、20.61%、22.60%、21.23%、23.83%，均小于对照 CK 的虫食百分比 39.41%，且各个处理的虫食百分比均与 CK 间存在极显著性差异。其中，Asd-2 肥和 YZ 肥的虫食百分比最小，两者间无显著性差异，两者除了与 Asd-1 土间存在显著性差异，与其他处理间无显著性差异(表 4)。

表 4 不同处理马铃薯块茎虫食百分比

处理	重复(%)			均值(%)
	I	II	III	
Asd-1 肥	27.43	22.45	22.87	24.25 bcB
Asd-1 土	25.00	27.97	26.09	26.35 bB
Asd-2 肥	19.37	21.75	20.71	20.61 cB
Asd-2 土	20.47	24.62	22.71	22.60 bcB
YZ 肥	18.75	22.95	21.99	21.23 cB
YZ 土	22.51	25.58	23.40	23.83 bcB
CK	37.68	43.80	36.76	39.41 aA

2.2.4 不同处理对块茎相对防效的影响

处理 Asd-1 肥、Asd-1 土、Asd-2 肥、Asd-2 土、YZ 肥、YZ 土的块茎相对防效依次为 37.91%、32.94%、47.53%、42.56%、46.01%、39.40%，防效大小依次为 Asd-2 肥>YZ 肥>Asd-2 土>YZ 土>Asd-1 肥>Asd-1 土，其中处理 Asd-1 土的块茎相对防效最差，与处理 Asd-2 肥和 YZ 肥间存在显著性差异，与其他处理间无显著性差异；除处理 Asd-1 土外，其余处理间无显著性差异(表 5)。

表 5 不同处理马铃薯块茎相对防效

处理	重复(%)			均值(%)
	I	II	III	
Asd-1 肥	27.20	48.75	37.79	37.91 abA
Asd-1 土	33.65	36.15	29.03	32.94 bA
Asd-2 肥	48.59	50.35	43.65	47.53 aA
Asd-2 土	45.68	43.78	38.23	42.56 abA
YZ 肥	50.25	47.60	40.19	46.01 aA
YZ 土	40.25	41.61	36.35	39.40 abA

3 结 论

由试验结果可知，6 种药剂处理后马铃薯产量均有所增加，且马铃薯块茎虫食百分比显著性减少，但所有处理与对照 CK 间产量无显著性差异。其中，处理 Asd-2 肥、YZ 肥、Asd-2 土的马铃薯块茎增产率和防效相对较好，增产超过 10%，块茎防效在 42.56% 以上；除处理 Asd-1 土外，其余 5 种处理对马铃薯块茎增产率和块茎防效之间无显著性差异；处理 Asd-1 土的马铃薯块茎增产率相对较小。药剂进行拌肥或者拌土，对药效没有影响。

[参 考 文 献]

[1] 洪大伟, 黄彤彤, 李梦瑶, 等. 10% 噻虫胺种子处理干粉剂防治马铃薯田蛴螬的田间防效 [J]. 农药, 2019, 58 (9): 682-683, 686.

[2] 夏秋博, 程广东, 卢惠迪. 马铃薯主要地下害虫及综合防治技术要点浅析 [J]. 南方农业, 2020, 14 (15): 36-37.

[3] 韩冰, 王宏栋, 韩双, 等. 4 种药剂防治马铃薯地下害虫田间药效试验 [J]. 河北农业科学, 2020, 24 (4): 40-42, 66.

华北区马铃薯地下害虫药剂防治试验

王 真，王玉凤，林团荣，王 伟，范龙秋，焦欣磊，

韩 飞，王懿茜，尹玉和*

（乌兰察布市农林科学研究所，内蒙古 乌兰察布 012000）

摘 要：马铃薯是华北区主要农作物之一，由于常年连作，马铃薯田地下害虫发生普遍，对马铃薯产量及商品性造成了一定影响。高毒高残留农药的使用，不但增强了地下害虫的抗药性，也阻碍了华北区绿色马铃薯产业的发展。试验选取环保、绿色、低毒、高效的6类新型农药用于沟施或拌种，以期筛选获得安全低毒的化学防治地下害虫药剂。试验结果表明，30%氯虫·噻虫嗪乳油拌种，可以较好地防治地下害虫，对马铃薯块茎保护率为73.91%。该药剂安全、低毒，拌种操作简单，适合在华北区大面积推广使用。

关键词：马铃薯；地下害虫；化学药剂；防治

近年来，华北区马铃薯种植面积及产量相对稳定，种植面积约78万 hm^2，约占全国总播种面积的16%[1]。马铃薯田地下害虫在全国范围内均有发生，危害逐年增加。全国地下害虫平均发生面积约105.1万 hm^2，占虫害总发生面积的40.4%，发生区域主要集中在华北区[2]。华北马铃薯种植区倒茬困难，常年连作，农作物种类单一，是导致地下害虫发生的主要原因。地下害虫在马铃薯植株生长发育期和块茎贮藏期均会对其造成为害，带来不同程度的经济损失。目前，华北区马铃薯种植田地下害虫种类主要有地老虎、蝼蛄、金针虫和蛴螬等[3]。马铃薯地下害虫的发生不仅影响马铃薯产量及经济品质，还有助于多种病害的传播，导致病害流行[4]。马铃薯地下害虫的发生严重制约了华北区马铃薯产业的可持续发展。选择环保、绿色、低毒、高效的农药是地下害虫防治的重要手段[5]，为了获得防控马铃薯地下害虫的有效药剂，本试验选取7种新型低毒低残留的化学药剂，选择地下害虫发生较为严重的马铃薯田进行试验，分析不同类型的农药对马铃薯地下害虫的防治效果，以期获得绿色环保的马铃薯地下害虫防治药剂及防治方法，为华北区马铃薯地下害虫防治提供数据支撑，助力华北区马铃薯产业绿色健康发展。

1 材料与方法

1.1 试验材料

1.1.1 供试材料

供试马铃薯品种为"希森6号"（乌兰察布市农林科学研究所提供），种薯级别为大田

作者简介：王真（1991—），男，助理研究员，主要从事马铃薯栽培、病虫害防治工作。

基金项目：国家马铃薯产业技术体系（CARS-09-ES05）；中央引导地方科技发展资金项目（2021ZY0005）。

* **通信作者**：尹玉和，研究员，主要从事马铃薯育种、栽培工作，e-mail：wlcbsyyh@163.com。

用种(一级种)。

1.1.2 供试药剂

60%吡虫啉悬浮种衣剂、70%噻虫嗪种子处理可分散粉剂、5%辛硫磷颗粒剂、30%氯虫·噻虫嗪乳油、600 g/L噻虫胺·吡虫啉种子处理悬浮剂、100 g/L溴虫氟苯双酰胺悬浮剂。

1.2 试验田概况

试验田位于乌兰察布市农林科学研究所国家马铃薯产业技术体系乌兰察布综合试验站平地泉镇试验基地，试验田为多年重茬地，马铃薯地下害虫发生严重。

1.3 试验设计

田间小区试验采用随机区组设计，共设7个处理，每个处理3次重复，小区面积21.6 m²。马铃薯田间种植行距90 cm，株距20 cm，播种密度为55 580株/hm²。各处理如表1所示，以清水处理为对照。其他管理办法同大田常规管理。

表1　各处理药剂用法用量

处理	药剂	用法用量
1	70%噻虫嗪种子处理可分散粉剂	80 g/200 kg种薯，拌种
2	30%氯虫·噻虫嗪乳油	30 mL/200 kg种薯，拌种
3	60%吡虫啉悬浮种衣剂	80 mL/200 kg种薯，拌种
4	5%辛硫磷颗粒剂	清水拌种，药剂沟施105 kg/hm²
5	600 g/L噻虫胺·吡虫啉种子处理悬浮剂	30 mL/200 kg种薯，拌种
6	100 g/L溴虫氟苯双酰胺悬浮剂	10 mL/200 kg种薯，拌种
7(CK)	空白对照	清水拌种

1.4 调查方法

1.4.1 出苗率调查

当对照齐苗后，调查每个小区的马铃薯幼苗数量，不定期观察药剂对马铃薯苗有无药害及其症状等。出苗率计算方法为：

出苗率(%) = 出苗数/播种数 × 100

1.4.2 收获期调查

每个小区单独收获，测产，调查马铃薯地下害虫的种类和数量。在马铃薯收获时，每小区采取棋盘式8点取样，每点5株，挖土检查残存金针虫、地老虎、蝼蛄和蛴螬的数量，以及为害块茎数，并分别统计。

防虫效果(%) = (空白对照区虫口数 - 药剂处理区虫口数)/空白对照区虫口数 × 100

块茎虫害率(%) = 为害块茎数/调查总块茎数 × 100

块茎保护效果(%) = (空白对照区块茎虫害率 - 药剂处理区块茎虫害率)/空白对照区块茎虫害率 × 100

1.5 统计分析

依据《农药田间药效试验准则》[6]计算，田间试验数据均采用 SPSS 19.0 进行统计分析。

2 结果与分析

2.1 各处理出苗率调查

各处理的出苗率均在 90% 以上，与对照无显著差异，说明各个处理不影响马铃薯种薯的出苗率(表 2)。

表 2 出苗率调查结果

处理	平均出苗率(%)
1	93.28 a
2	92.50 a
3	92.28 a
4	91.83 a
5	92.50 a
6	93.28 a
7(CK)	92.28 a

注：同列处理平均值标有相同小写字母表示 0.05 水平差异不显著。下同。

2.2 收获期地下害虫发生种类、数量及危害程度调查

危害马铃薯田的主要害虫有金针虫和蛴螬，金针虫的危害最为严重。各药剂处理对马铃薯地下害虫均有一定的防治效果，其中处理 2 的防治效果最佳。其次是处理 1 和处理 6(表 3)。

表 3 地下害虫发生种类及数量调查

处理	金针虫(头)	地老虎(头)	蝼蛄(头)	蛴螬(头)	害虫总数(头)
1	7	1	0	2	10
2	6	1	0	0	7
3	9	0	1	2	12
4	11	1	0	3	15
5	13	0	1	2	16
6	11	1	0	0	12
7(CK)	17	4	2	8	31

处理 7(CK)的平均块茎虫害率为 7.67%，其余各处理块茎虫害率均低于对照，处理 2 平均块茎虫害率最低为 2.00%，平均块茎虫害率由低到高依次为处理 1(3.00%)、处理 3(3.67%)、处理 6(4.33%)、处理 4(4.67%)；处理 5(7.00%)。从块茎保护效果来看，块茎保护效果最高的为处理 2(73.91%)，处理 5 块茎保护效果最差为 8.70%(表 4)。

表 4   收获期块茎虫害率及块茎保护效果

处理	平均块茎虫害率(%)	块茎保护效果(%)
1	3.00	60.87
2	2.00	73.91
3	3.67	52.17
4	4.67	39.13
5	7.00	8.70
6	4.33	43.48
7(CK)	7.67	—

2.3   收获期产量调查

收获期进行产量调查，处理 7(CK)的产量最低为 44 814 kg/hm², 其余各处理均较对照产量高，方差分析结果显示，在 0.05 水平下，各处理产量与处理 7(CK)差异不显著(表 5)。

表 5   各处理收获期测产结果

处理	产量(kg/hm²)
1	48 357 a
2	46 135 a
3	46 252 a
4	47 836 a
5	46 512 a
6	49 626 a
7(CK)	44 814 a

3   讨   论

通过出苗率及后期观察，试验所选的各类药剂对马铃薯出苗及后期生长均没有造成不良影响。

试验结果显示，该试验田主要地下害虫为金针虫和蛴螬，这与李耀发等[7]，崔景岳和王宝升[8]，郭亚平等[9]的研究结果相一致。刘爱芝等[10]的研究认为 35%吡虫啉悬浮种衣剂与 70%吡虫啉种子处理可分散粉剂拌种，对花生田防治金针虫均有一定效果；李刚等[11]推荐使用 70%噻虫嗪可分散粉剂拌种防治金针虫；何发林等[12]研究表明，氯虫苯甲酰胺对金针虫的幼虫具有较高杀虫活性。本试验中处理 1(70%噻虫嗪种子处理可分散粉剂拌种)、处理 2(30%氯虫·噻虫嗪乳油拌种)、处理 3(60%吡虫啉悬浮种衣剂拌种)均对金针虫有较好的防治效果，与前人的研究结果相一致。试验数据显示，处理 2 和处理 6 土壤中均未发现蛴螬。可能有 2 方面原因：第一，土壤湿度蛴螬发育影响较大[13]，第二，这两类药剂是蛴螬防治的特效药，这一结论有待后续试验验证。

各药剂处理对马铃薯产量未造成直接影响。30%氯虫·噻虫嗪乳油(处理 2)对马铃薯田地下害虫的防治效果最好，对马铃薯块茎保护效果最佳。该方法操作简单，药剂安全性极高，适合在华北区马铃薯种植田大面积推广。

另外，为达到更好的防治效果，在农业生产中，建议将农业防治，化学药剂防治，诱杀成虫防治相结合，以期降低马铃薯田地下害虫的数量，降低虫害的发生率，提高马铃薯产量及商品性。

[参 考 文 献]

[1] 张烁.中国马铃薯种植区划研究 [D].北京:中国农业科学院,2021.

[2] 高玉林,徐进,刘宁,等.我国马铃薯病虫害发生现状与防控策略 [J].植物保护,2019,45(5):106-111.

[3] 张建平,程玉臣,巩秀峰,等.华北一季作区马铃薯病虫害种类、分布与为害 [J].中国马铃薯,2012,26(1):30-35.

[4] 张蜀敏,邓可宣,熊方杰,等.马铃薯虫害绿色防控和药物创新 [C]//屈冬玉,陈伊里.马铃薯产业与中国式主食.哈尔滨:哈尔滨地图出版社,2016:171-174.

[5] 金黎平,罗其友.我国马铃薯产业发展现状和展望 [C]//陈伊里,屈冬玉.马铃薯产业与农村区域发展.哈尔滨:哈尔滨地图出版社,2013:8-18.

[6] 中华人民共和国国家质量检验检疫总局,中国国家标准化管理委员会.GB/T 17980.72—2004 农药田间药效试验准则 [S].北京:中国标准出版社,2004.

[7] 李耀发,党志红,安静杰,等.河北省主要作物田地下害虫种类及其分布 [J].中国农学通报,2018,34(28):114-119.

[8] 崔景岳,王宝升.河北省地下害虫区系调查研究 [J].华北农学报,1987(1):97-104.

[9] 郭亚平,李月梅,马恩波,等.山西省金针虫种类、分布及生物学特性的研究 [J].华北农学报,2000(1):53-56.

[10] 刘爱芝,郭小奇,韩松,等.拌种防治花生田金针虫药剂筛选及其安全性研究 [J].植物保护,2015,41(5):197-201.

[11] 李刚,尹志刚,谢旭东.金针虫的特征及综合防治措施 [J].贵州农业科学,2018,46(9):55-58.

[12] 何发林,孙石昂,于灏泳,等.氯虫苯甲酰胺拌种对 3 种玉米地下害虫的防治效果 [J].植物保护,2020,46(1):253-261.

[13] 周洪旭,谭秀梅,李国勋,等.营养和湿度对华北大黑鳃金龟生长发育和生殖的影响 [J].华北农学报,2009,24(4):201-204.

内蒙古马铃薯晚疫病数字化监测预警系统应用

王玉凤[1]，王　真[1]，林团荣[1]，范龙秋[1]，王　伟[1]，朱庆福[1]，

李东伟[2]，焦欣磊[1]，张志成[1]，王懿茜[1]，尹玉和[1]*

(1. 乌兰察布市农林科学研究所，内蒙古　乌兰察布　012000；

2. 巴彦淖尔市畜牧业服务中心，内蒙古　巴彦淖尔　015000)

摘　要：马铃薯是内蒙古自治区的主要经济作物，常年种植面积53.3万~86.7万 hm²，是中国马铃薯种薯、商品薯和加工专用薯的重要生产基地，马铃薯晚疫病作为马铃薯生产中的重要病害，在内蒙古自治区各大主产区均有不同程度的发生。随着马铃薯晚疫病数字化监测预警系统的引进，结合田间有针对性的调查，根据各地实际情况不断摸索与应用，不断总结与改进，避免了马铃薯晚疫病防治方面的盲目用药，提高了防治效率，减轻了环境污染，实现节本增效，降低了马铃薯晚疫病带来的损失，为马铃薯产业的可持续发展提供有力保障。

关键词：内蒙古；马铃薯；晚疫病；数字化；监测预警

马铃薯原产自南美洲安第斯山区，最早于秘鲁进行人工栽培，后经欧洲传入中国[1]。是世界上重要的主粮作物之一，在全球范围种植广泛，中国的马铃薯种植面积和产量位居全球前列。目前，中国的马铃薯种植区主要分布在内蒙古、河北、甘肃、贵州和云南等地。其中，内蒙古自治区是中国马铃薯种薯、商品薯和加工专用薯的重要生产基地，2004年的栽培面积已达52万 hm²，之后，常年马铃薯种植面积在53.3万~86.7万 hm²，大约占中国马铃薯总播种面积的10%[2]。近些年，在国家马铃薯产业政策的鼓励下，中国马铃薯产业快速发展。内蒙古自治区马铃薯主要分2大优势种植区，一是中西部阴山沿麓马铃薯种植区，是以乌兰察布市为核心，主要包括呼和浩特市、包头市、锡林郭勒盟、赤峰市，辐射鄂尔多斯市。此区域是内蒙古自治区马铃薯的主要产区，种植面积近几年占到了全区的85%以上。二是东部大兴安岭沿麓马铃薯优势产区，是以呼伦贝尔市为核心，辐射兴安盟种植区。此区域马铃薯种植面积占全区的15%。

乌兰察布市位于内蒙古自治区中部，气候冷凉，昼夜温差大，降雨集中在马铃薯生长季节，雨热同季，土壤为沙性土，有利于马铃薯块茎膨大和干物质积累，马铃薯播种面积一直稳定在20万 hm²以上，产量360万 t左右。乌兰察布市马铃薯主产区种植类型多样，是内蒙古自治区马铃薯种薯、商品薯和加工专用薯生产基地。

马铃薯晚疫病作为生产中的主要病害，是世界性的毁灭性病害之一，对马铃薯生产的

作者简介：王玉凤(1986—)，女，农艺师，主要从事马铃薯病虫害综合防治及仓储保鲜工作。

基金项目：国家马铃薯产业技术体系(CARS-09-ES05)；中央引导地方项目(2021ZY0005)；内蒙古自治区科技计划项目(2020GG0221)。

*通信作者：尹玉和，研究员，主要从事马铃薯育种、栽培工作，e-mail：wlcbsyyh@163.com。

危害极大，一旦大面积流行，往往造成马铃薯绝产[3]。世界范围内马铃薯晚疫病每年造成的经济损失高达170亿美元，且损失金额仍在持续增长，仅晚疫病防治方面每年投入的成本就高达50亿美元左右。马铃薯晚疫病是典型的低温高湿病害，其发生与气候条件密切相关，条件适宜时可快速产生大量游动孢子，短时间内完成再侵染循环，并完全毁灭整个马铃薯田[4]。中国关于晚疫病流行的最早记载是1940年，发生在中国西南地区（重庆以东地区），造成的产量损失高达80%[5]。

晚疫病发生时，快速流行蔓延，在中国的几个马铃薯种植大省，包括内蒙古、黑龙江、甘肃、四川、福建等地，相继暴发，造成了严重的经济损失。国内凡是种植马铃薯的地区几乎均有晚疫病的发生[6]。该病害流行性强、危害程度重，一般流行年份造成马铃薯产量损失10%~30%，严重流行时可达50%以上，甚至绝产[7]。马铃薯晚疫病受气候因素影响大，年度间、地区间发生差异明显，中国西北地区每年的降水期主要集中在7—10月，其较高的气候湿度与相对较低的大气温度出现时期基本相吻合，比较适合马铃薯晚疫病的发生，属于马铃薯晚疫病的常发区。内蒙古自治区呼伦贝尔市马铃薯主产区湿度与温度与马铃薯晚疫病发生条件一致，晚疫病发生普遍；乌兰察布市马铃薯主产区受气候条件影响，属于晚疫病偶发区。

目前，马铃薯晚疫病防治主要采用抗病品种、化学药剂。马铃薯主栽品种普遍晚疫病抗性较差，据统计，各产区感病品种的种植面积约占70%以上，且规模种植区的品种单一，有利于马铃薯晚疫病的流行危害[8]。虽然化学药剂防治可以有效控制马铃薯晚疫病发生与流行，但化学防治技术普遍存在用药不及时、过度施药和盲目施药等问题，造成防治效果不理想、病菌抗药性增强、环境污染等一系列严重后果，严重影响马铃薯产业可持续发展[9]。随着马铃薯产业的发展，防治技术不断提升，监测预警手段逐步提升，世界各国对马铃薯晚疫病预测预报模型进行了大量研究，开发了如NegFry模型、Wallin模型、Cook模型、CASTOR模型和CARAH模型等马铃薯晚疫病监测预警模型[10]。比利时CARAH模型随着预警系统的应用，几乎没有因晚疫病而给薯农造成损失并且还可以减少农药的用量[11]。CARAH模型在中国应用较广，在重庆市、甘肃省、贵州省、湖北省、云南省和四川省等省市均进行了应用[12]，近年来，马铃薯晚疫病监测预警系统在内蒙古自治区马铃薯主产区得到了广泛应用，提高了监测预警与科学防控水平。

1 内蒙古自治区马铃薯晚疫病监测预警系统分布

内蒙古自治区现有马铃薯晚疫病监测预警系统133个站点，以马铃薯主产区为主，主要分布在乌兰察布市、呼伦贝尔市、呼和浩特市、包头市、锡林郭勒盟，辐射赤峰市、通辽市、兴安盟、鄂尔多斯市，除乌海市、阿拉善盟外，覆盖内蒙古自治区全境，其中，主产区乌兰察布市现有马铃薯晚疫病监测预警系统39个站点，呼伦贝尔市拥有马铃薯晚疫病监测预警系统19个站点，其余各盟市平均拥有10个站点左右，基本建成了涵盖内蒙古自治区全域的马铃薯数字化监测预警系统，大大提升了马铃薯晚疫病的监测预警能力，提高了科学防控的精准性。

乌兰察布市从2012年首先开始在商都、后旗投入两台马铃薯晚疫病监测仪，截止到

2020 年底，共在乌兰察布市安装了 34 台晚疫病监测仪，2021 年借助植保工程建设项目，新增加 5 台晚疫病监测仪，截止目前，共有 39 个监测站点，基本覆盖了阴山北麓 5 个旗县市区和阴山南麓 6 个旗县市区的马铃薯种植区，建成了乌兰察布市马铃薯晚疫病监控预警系统 http://218.70.37.104:7000/wulanchabu。根据气象条件、马铃薯生长状况、晚疫病监测仪监测情况等分析，结合技术人员田间有针对性的调查，可以准确、全面掌握晚疫病发生、发展动态，科学、有效指导防控工作。

2 马铃薯晚疫病监测预警系统组成

2000 年，通过外专局引智项目，引进比利时埃诺省农业工程中心（CARAH）晚疫病专家和晚疫病预测模型。2009 年，首先在重庆云阳、丰都等地田间安装美国戴维斯 DAVIS 小气候采集仪开展试验示范。2010 年，完成开发马铃薯晚疫病数字化监测预警系统，该系统基于物联网、互联网技术而构建的数字化监测预警平台（http://218.70.37.104:7000），主要由气象监测设备、无线通讯设备、数据采集分析软件、web 数据浏览器等四大部分组成，其将监测终端、无线通讯（4G）、web 技术、植保知识、马铃薯晚疫病知识、专家经验、人工智能技术、地理信息系统（GIS）、决策支持系统（DSS）等多方面的功能有机地结合起来，对安装有田间小气候自动观测仪的马铃薯种植区晚疫病发生情况进行实时监测、预警和诊断，通过气象数据分析制定科学的防控策略，及时为农民提供预警和防治技术信息。

3 马铃薯晚疫病监测预警系统应用

马铃薯晚疫病监测预警系统在内蒙古自治区建立了以植保技术推广部门为技术主导，以企业、种植大户、专业化合作组织等为服务对象，形成集研究、示范、推广、应用一体化的技术体系，逐步解决与完善马铃薯晚疫病防治中存在的一系列难题，应用情况以乌兰察布市 2013 年监测情况进行说明（2013 年为马铃薯晚疫病重发生年份）。

3.1 马铃薯种植及晚疫病发生情况

2013 年全市马铃薯播种面积 26.87 万 hm²，马铃薯晚疫病发生面积 5.56 万 hm²，"大西洋""夏坡蒂""底西芮""费乌瑞它"等感病品种占一定比例；滴灌、喷灌等设施马铃薯占播种面积的 30% 以上，且均集中连片种植，形成一定的田间小气候环境，利于晚疫病的发生、流行与蔓延。

3.2 气象条件

7 月中旬，全市平均降水量 54.2 mm，同比偏多 69.9%，7 月下旬，全市平均降水量为 51.7 mm，同比偏多 22.5%，适宜马铃薯晚疫病的发生、流行。

3.3 马铃薯晚疫病监测仪监测情况

全市安装了 16 台马铃薯晚疫病监测仪，预警分析：当达到第三代侵染时将出现中心病株，以卓资县晚疫病监测仪为例，侵染月曲线显示第三代 1 次侵染时间是 7 月 15—20 日，侵染程度为极重，7 月 19 日田间调查到晚疫病中心病株。说明实际发生与预警分析结果相符。

3.4 防治策略

根据防治经验，结合天气预报及监测预警系统数据分析，如果是感病品种，当第三代首次侵染达到4~6分的时候，采用保护剂喷雾；如果当时下雨，错过了施药时间，采用保护治疗剂或者治疗剂喷雾；第四代以后，每代的首次侵染达到4~6分时，采用保护剂喷雾；如果当时下雨，错过了施药时间，采用保护治疗剂或者治疗剂喷雾。喷雾时，确保整个植株地上部、叶片正反面都喷到，否则影响防治效果。非感病品种可结合田间实际情况，推迟施药时间2~4代，同时坚持综合防治原则进行预防与防治。其中保护性药剂有75%代森锰锌水分散粒剂、58%甲霜灵锰锌等；治疗性药剂有69%烯酰吗啉·锰锌可湿性粉剂、72%霜脲锰锌可湿性粉剂、687.5 g/L氟吡菌胺·霜霉威盐酸盐等。

3.5 取得成效

2013年，利用马铃薯晚疫病监测预警系统的监测，植保部门监测预警及时、准确，各地提早预防，据统计，全市马铃薯晚疫病预防与防治面积达28.13万 hm², 投入资金约8 000万元左右，主要集中在马铃薯喷灌、滴灌田，积极、主动的预防与防控，及时、有效控制了晚疫病的流行、蔓延，将损失降到最低，全市防控晚疫病挽回损失71 645 t。

4 小 结

各种监测预警模型中，CARAH在国内的推广和应用比较成功[13]。内蒙古自治区CARAH模型引入已有10年之余，前期应用处于试验阶段，由于各地种植品种、小气候、栽培模式等因素影响，导致马铃薯晚疫病的发生特点和程度存在较大差异，监测预警系统存在监测范围小、数据不稳定、中心病株难以及时发现等难题。但随着科技的发展，马铃薯晚疫病监测预警系统的不断升级更新改造，结合技术人员田间有针对性的进行技术调查，监测预警能力有了全面的提升。

对于马铃薯晚疫病何时开始防控，晚疫病中心病株出现的时间最为关键，各级农业技术部门要对马铃薯各品种中心病株出现时间和CARAH模型的关系进行不断总结，应加大监测覆盖点的设置、培养马铃薯晚疫病防控队伍，将马铃薯晚疫病数字化监测预警系统与不同地区、不同马铃薯品种、不同小气候和不同种植模式等相关联，逐步优化防治策略、提高预警能力，同时还应该加强马铃薯晚疫病监测预警系统及新型防治药剂应用推广，有利于更精准地监测和预警马铃薯晚疫病的发生，提升马铃薯晚疫病预警能力，最大程度避免在马铃薯晚疫病上的盲目用药，减少用药次数，提高其防治效率，减轻环境污染，减少投入，实现节本增效，为内蒙古自治区马铃薯产业的专业化、信息化、数字化提供有力技术支撑，为马铃薯产业的长足发展提供有力保障。

[参 考 文 献]

[1] 罗其友, 高明杰, 张烁, 等. 中国马铃薯产业国际比较分析 [J]. 中国农业资源与区划, 2021, 42(7): 1-8.

[2] 李志平. 内蒙古马铃薯产业发展现状及应对措施 [J]. 中国农技推广, 2017, 33(11): 8-11.

[3] 孙慧生. 马铃薯育种学 [M]. 北京: 中国农业出版社, 2003: 157.

[4] Flier W G, Grünwald N J, Kroon L P N M, et al. The population structure of *Phytophthora infestans* from the Toluca Valley of

central Mexico suggests genetic differentiation between populations from cultivated potato and wild *Solanum* spp. [J]. Phytopathology, 2003, 93(4): 382-390.

[5] Guo J, Jiang R H Y, Kamphuis L G, et al. A cDNA-AFLP based strategy to identify transcripts associated with avirulence in *Phytophthora infestans* [J]. Fungal Genetics and Biology, 2006, 43(2): 111-123.

[6] 尹军良. 西北地区马铃薯主栽品种的抗晚疫病性评价及致病疫霉菌候选核心 RXLR 效应基因的鉴定 [D]. 杨凌: 西北农林科技大学, 2017.

[7] 全国农业技术推广服务中心. 中国植保手册—马铃薯病虫防治分册 [M]. 北京: 中国农业出版社, 2010.

[8] 黄冲, 刘万才. 近几年我国马铃薯晚疫病流行特点分析与监测建议 [J]. 植物保护, 2016, 42(5): 142-147.

[9] 李永刚, 文景芝, 郝中娜. 植物源杀菌剂的研究现状与展望 [J]. 东北农业大学学报: 自然科学版, 2002, 33(2): 198-202.

[10] Welnicki M, Hiruki C. Highly sensitive digoxigenin-labelled DNA probe for the detection of potato spindle tuber viroid [J]. Journal of Virological Methods, 1992, 39(1-2): 91-99.

[11] 谢开云, 车兴壁, Christian D, 等. 比利时马铃薯晚疫病预警系统及其在我国的应用 [J]. 中国马铃薯, 2001, 15(2): 67-71.

[12] 王晗. 应用 CARAH 模型预测冬种马铃薯晚疫病发生及防控药剂筛选 [D]. 武汉: 华中农业大学, 2015.

[13] 黄冲, 刘万才, 张君. 马铃薯晚疫病物联网实时监测预警系统平台开发及应用 [J]. 中国植保导刊, 2015(12): 45-48.

华北区马铃薯黑痣病绿色防治技术

王　真，王玉凤，林团荣，王　伟，张志成，焦欣磊，

韩素娥，韩万军，谭桂莲，尹玉和*

（乌兰察布市农林科学研究所，内蒙古　乌兰察布　012000）

摘　要：马铃薯是重要的粮、菜、饲及工业原料兼用的农作物，在西部开发、脱贫攻坚及出口创汇中发挥着重要作用。华北马铃薯种植区，由于常年连作，导致马铃薯黑痣病严重发生，极大地影响了马铃薯产量与商品性。主要介绍乌兰察布市农林科学研究所在多年试验的基础上获得的马铃薯黑痣病绿色防治技术，以期指导马铃薯生产，为华北区马铃薯黑痣病的防治提供解决方案。

关键词：马铃薯；黑痣病；绿色防治；技术

马铃薯黑痣病（Potato black scurf）又名马铃薯茎腐病、马铃薯黑（褐）色粗皮病[1]，是一种危害马铃薯幼芽、地下茎、匍匐茎及块茎的具有土传性的真菌病害，病原菌为丝核菌属立枯丝核菌（*Rhizoctonia solani*）。世界上各大马铃薯种植国家，均有不同程度黑痣病发病的报道，马铃薯黑痣病已成为世界范围内马铃薯主产区严重影响马铃薯产量和商品价值的重要病害。在中国，尤其是华北马铃薯种植区，土壤中马铃薯黑痣病病原菌数量逐年增加，黑痣病平均发生率为30%～40%，严重地块发病率达100%，严重影响着马铃薯产量和品质，解决马铃薯黑痣病的绿色防治问题迫在眉睫[2-4]。为了有效防控马铃薯黑痣病，乌兰察布市农林科学研究所在使用合格种薯和轮作的基础上，将6种有效的杀菌剂进行沟施和拌种组合，通过多年的试验积累，成功获得了最优的马铃薯黑痣病综合防控技术。该技术是一套实用性强、经济实惠、适合机械化作业的新技术，适合在华北马铃薯主产区推广应用。

1　地块选择及合理轮作

选择土层深厚，土壤疏松，质地沙壤或壤土。地块相对平整，地力一致，有机质含量1.2%以上，pH值5.4～7.8。与非茄科作物进行3～5年轮作，选用禾本科作物轮作最佳。

2　耕　地

播前15 d开始。一般选用秋耕地，耕层浅且不一致的土壤作春耕。耕深30～35 cm为

作者简介：王真（1991—），男，助理研究员，主要从事马铃薯栽培、病虫害防治工作。

基金项目：国家马铃薯产业技术体系（CARS-09-ES05）；内蒙古自治区马铃薯种业技术创新中心；内蒙古农牧业青年创新基金（2021QNJJNO8）。

*通信作者：尹玉和，研究员，主要从事马铃薯育种、栽培工作，e-mail：wlcbsyyh@163.com。

宜。在合适范围内，避免漏耕，不出现硬块，同步保墒为好。耕深要保持一致，前后犁同样深度。

3　种薯选择

因地制宜选择种植适宜当地的抗、耐马铃薯黑痣病的马铃薯品种。种薯选择应参照GB 18133—2012[5]。选择健康、表面无黑色菌核、已通过休眠且生理状态较好的薯块作为种薯，种薯级别最好是原种。

4　种薯催芽

在避光条件下，温度在 12~18 ℃催芽 2 周，使芽眼萌动，芽长 2~4 mm，切勿超过5 mm。催芽可以促进出苗，降低马铃薯地下茎被马铃薯黑痣病病菌侵染的几率。催芽后立即见光通风，条件允许可降温至 8 ℃，等待切种。

5　切刀消毒

马铃薯单个块茎在50 g以下小种薯选择整薯播种，50 g以上的种薯需进行切种。切种过程中要注意切刀消毒，一般准备 2 把切刀，将切刀浸泡在 75% 酒精或 0.5% 高锰酸钾消毒溶液中，使用其中一把刀切完一个种薯后，将刀浸入消毒溶液中，取另一把刀切下一个种薯，交替进行，防止切种过程中传播病害。

6　调整播期

可依据品种特性、气候条件等因素，适时晚播，同样可降低马铃薯地下茎被马铃薯黑痣病病菌侵染的几率。华北地区 10 cm 土层平均地温稳定高于 10 ℃开始播种，播种时间通常为 4 月 25 日至 5 月 15 日。

7　播种深度

保温、保湿能力好的土壤宜浅 8~10 cm(种薯上表面到土壤表面)；保温、保湿能力差的沙性土壤宜深 10~12 cm。

8　播种密度

依据品种、地力、生长期、气候条件、用途等确定种植密度。种植密度早熟品种57 000~60 000 株/hm²，中晚熟品种 52 500~57 000 株/hm²。

9　化学防治

9.1　拌种及土壤处理

可供马铃薯黑痣病防治的化学药剂组合有 3 个，组合一为氟唑菌苯胺拌种 120 mL/hm² + 沟施嘧菌酯 900 mL/hm²；组合二为噻呋酰胺拌种 300 g/hm² + 沟施嘧菌酯 900 mL/hm²；组合三为氟唑菌苯胺拌种 120 mL/hm² + 沟施唑醚·氟酰胺 600 mL/hm²。

9.2 注意事项

在技术推广应用过程中需特别注意的环节是拌种时，按种药比要求使药液均匀分布于薯块表面，晾干后播种。

土壤处理时，种薯播到垄沟后马上在沟内喷药，使土壤和芽块都沾上药液，然后覆土。最好使用带喷药装置的马铃薯播种机开沟、播种、喷药、覆土一次完成。

10 田间管理

适时中耕培土，出苗率达30%以前完成，或芽距离地表面3~5 cm进行，顶部培土厚度3~5 cm。中耕可消灭杂草，松土保墒，提高地温。

根据品种特性，合理密植，促进马铃薯植株健康生长。重施基肥，防止偏施氮肥，适量多施有机肥。

11 及时收获

当大田70%的植株茎叶枯黄后开始杀秧，杀秧后10~15 d，结合市场行情适时收获。注意天气情况，避免发生冻害。收获时应选择晴天，注意减少机械损伤。在搬运过程中，应注意轻拿轻放避免损伤，防止发生二次侵染。

12 贮藏管理

入窖前剔除病薯、烂薯、缺陷薯以及有伤口和菌核的薯块；贮存量控制在贮窖容量的2/3以内。入库后常温堆放3 d促进表皮的栓化和微创伤口的愈合，之后缓慢降温，注意贮藏期间温湿度管理。

贮藏前贮窖应清理干净并用次氯酸钠和高锰酸钾进行熏蒸消毒，种薯贮藏还可适当喷施拌种剂或其他针对性药剂防控黑痣病传播。

[参 考 文 献]

[1] Johnson D A, Atallah Z K. Disease cycle, development and management of sclerotinia stem rot of potato [J]. American Journal of Botany, 2014, 5(25): 3 717-3 726.

[2] 陈万利. 马铃薯黑痣病的研究进展 [J]. 中国马铃薯, 2012, 26(1): 49-51.

[3] 艾洪莲, 杨曼思, 何隽, 等. 马铃薯内生真菌的多样性及抑菌活性研究 [J]. 中南民族大学学报: 自然科学版, 2017, 36 (4): 51-55.

[4] 曹春梅, 王晓娇, 许飞, 等. 内蒙古地区马铃薯黑痣病立枯丝核菌融合群及致病性研究 [J]. 中国马铃薯, 2018, 32(5): 293-302.

[5] 中华人民共和国国家质量监督检验检疫总局, 中国国家标准化管理委员会. GB 18133—2012 马铃薯种薯 [S]. 北京: 中国标准出版社, 2012.

种薯表面携带除草剂对马铃薯生产的影响

张等宏[1,2]，肖春芳[1,2]，王　甄[1,2]，张远学[1,2]，沈艳芬[1,2]*

（1. 湖北恩施中国南方马铃薯研究中心，湖北　恩施　445000；
2. 恩施土家族苗族自治州农业科学院，湖北　恩施　445000）

摘　要：在马铃薯生产上经常出现药害，但是药害来源广泛，难以判断，尤其是种薯在存储运输过程中表面沾染除草剂引起的药害往往容易被忽视。本研究采用种薯表面喷施除草剂处理，研究种薯携带除草剂对马铃薯生产的影响。结果表明，8 种常用除草剂对马铃薯出苗、产量、商品薯率均有较严重影响，使用 30%草甘膦异丙胺盐 AS、80%草甘膦铵盐 SG、43%草甘膦钾盐 AS 处理种薯后，均未出苗，导致绝产。

关键词：马铃薯；药害；携带；种薯

马铃薯是中国第四大粮食作物，有较高的经济价值与营养价值[1]。中国是世界上最大的马铃薯生产国和消费国，产量占世界总产量的 24.91%[2,3]。在中国传统农业中，人工除草投入时间占劳动量的 1/3~1/2[4]，21 世纪后，随着城镇化建设的快速推进导致农村劳动力短缺，全国粮食生产成本迅速上升，其中主要因素就是农产品的农业劳动力成本提升[5,6]，由此助推了除草剂的用量迅速增加[7,8]。

在生产上，由于除草剂的不规范使用导致马铃薯药害频发，而除草剂的来源途径复杂多样，由除草剂在空气中飘移、在土壤中移动、施药器械污染、前茬使用除草剂残留、家畜粪便携带除草剂施肥均可引起药害。马铃薯种薯在收获过程、贮藏期、运输过程中沾染除草剂的途径经常被忽略，但是危害却是最直接最严重的。为了研究种薯携带除草剂对生产的危害，选择常用的 8 种除草剂进行种薯表面喷洒处理，明确其对马铃薯生产造成的影响。

1　材料与方法

1.1　试验地点

恩施州恩施市三岔乡汾水村，N 30°21′57″，E 109°39′35″，海拔 1 200 m。

1.2　试验材料

马铃薯品种"米拉"，良种，由湖北恩施清江种业有限公可生产。

30%草甘膦异丙胺盐 AS(美国孟山都公司)200 mL；10%精喹禾灵 EC(安徽华星化工

作者简介：张等宏(1984—)，男，农艺师，主要从事马铃薯病虫草害防控研究。

基金项目：现代农业产业技术体系(CARS-09)；农业部华中薯类科学观测实验站；湖北省农业科技创新中心创新团队项目(2016-620-000-001-061)。

*通信作者：沈艳芬，研究员，主要从事马铃薯遗传育种研究，e-mail：shenyanfen197518@163.com。

有限公司)30 mL;25%砜嘧磺隆 WG(上海杜邦农化有限公司)1.5 g;80%草甘膦铵盐 SG[上海沪联生物药液(夏邑)股份有限公司]200 mL;450 g/L 二甲戊灵 CS[巴斯夫植物保护(江苏)有限公司]65 mL;43%草甘膦钾盐 AS(先正达南通作物保护有限公司)120 mL;480 g/L 灭草松 AS[巴斯夫植物保护(江苏)有限公司]200 mL;480 g/L 嗪草酮 SC(江苏七洲绿色化工股份有限公司)60 g。

1.3 试验设计

以上除草剂兑水 30 kg,对种薯表面进行均匀喷雾一遍,晾干后播种。采用随机区组排列,每个小区 6.67 m²。以清水处理的种薯为对照,共设 9 个处理,每个处理 3 次重复,共计 27 个小区。

采用常规栽培管理,晚疫病统防统治。

2 结果与分析

2.1 不同处理对马铃薯出苗率的影响

经过除草剂处理后的马铃薯种薯,出苗率均低于对照,且与对照之间差异显著。处理30%草甘膦异丙胺盐 AS、80%草甘膦铵盐 SG、43%草甘膦钾盐 AS 出苗率为 0,严重影响种薯出苗(表 1)。

表 1 不同处理的出苗率分析

处理	出苗率(%)	较对照低(百分点)
CK	97.50 a	—
30%草甘膦异丙胺盐 AS	0 d	97.50 a
10%精喹禾灵 EC	85.00 b	12.50 c
25%砜嘧磺隆 WG	79.17 b	18.33 c
80%草甘膦铵盐 SG	0 d	97.50 a
450 g/L 二甲戊灵 CS	55.83 c	41.67 b
43%草甘膦钾盐 AS	0 d	97.50 a
480 g/L 灭草松 AS	83.33 b	14.17 c
480 g/L 嗪草酮 SC	75.83 b	21.67 c

注:同列不同小写字母表示 0.05 水平显著,下同。

2.2 不同处理对马铃薯的药害分析

30%草甘膦异丙胺盐 AS、80%草甘膦铵盐 SG、43%草甘膦钾盐 AS 处理种薯后,整个生育期均未出苗;10%精喹禾灵 EC 处理种薯后,部分植株叶脉周边叶片绿色加深、皱缩,叶片边缘黄化;25%砜嘧磺隆 WG 处理种薯后,导致缺苗、植株发育迟缓;450 g/L 二甲戊灵 CS 处理种薯后,导致缺苗、植株发育迟缓、长势弱;480 g/L 灭草松 AS 处理种薯后,叶片沿叶侧脉皱缩,长势弱;480 g/L 嗪草酮 SC 处理种薯后,叶片颜色较对照浅、长势较对照稍差(表 2)。

表 2 不同处理的药害症状

处理	药害症状
CK	无
30%草甘膦异丙胺盐 AS	整个生育期均未出苗
10%精喹禾灵 EC	部分植株叶片周边叶脉周围叶片深绿、皱缩，叶片边缘黄化
25%砜嘧磺隆 WG	缺苗、发育迟缓
80%草甘膦铵盐 SG	整个生育期均未出苗
450 g/L 二甲戊灵 CS	缺苗、发育迟缓、长势弱
43%草甘膦钾盐 AS	整个生育期均未出苗
480 g/L 灭草松 AS	叶片沿叶侧脉皱缩，长势弱
480 g/L 嗪草酮 SC	叶片颜色较对照浅、长势较对照稍差

2.3 不同处理的产量分析

处理 10%精喹禾灵 EC、25%砜嘧磺隆 WG、480 g/L 灭草松 AS、480 g/L 嗪草酮 SC 折合产量与对照之间差异不显著。其中处理 10%精喹禾灵 EC、25%砜嘧磺隆 WG 产量高于对照，分别高 4.71%、14.74%；处理 30%草甘膦异丙胺盐 AS、80%草甘膦铵盐 SG、43%草甘膦钾盐 AS 绝产，产量为 0；各处理商品薯率均低于对照，与对照差异不显著(表 3)。

表 3 不同处理的产量分析

处理	产量(kg/667 m²)	商品薯率(%)	较 CK 增产(%)
CK	1 273 a	92.10 a	
30%草甘膦异丙胺盐 AS	0 c	—	−100 c
10%精喹禾灵 EC	1 333 a	87.36 a	4.71 a
25%砜嘧磺隆 WG	1 460 a	89.17 a	14.74 a
80%草甘膦铵盐 SG	0 c	—	−100 c
450 g/L 二甲戊灵 CS	584 bc	73.21 a	−54.09 bc
43%草甘膦钾盐 AS	0 c	—	−100 c
480 g/L 灭草松 AS	1 263 a	88.01 a	−0.79 a
480 g/L 嗪草酮 SC	1 104 ab	90.12 a	−13.23 ab

3 讨 论

种薯表面经过除草剂喷施处理后，对其出苗、产量、商品薯率均有较严重影响，使用 30%草甘膦异丙胺盐 AS、80%草甘膦铵盐 SG、43%草甘膦钾盐 AS 处理种薯后，均未出苗，导致绝产。

在生产上马铃薯经常出现药害，但是药害来源广泛，难以判断，尤其是种薯在存储运输过程中表面沾染除草剂引起的药害往往容易被忽视，通过本试验为除草剂药害的判断提供理论依据。

[参 考 文 献]

[1] 张棋. 马铃薯全粉在食品应用中的研究进展 [J]. 农产品加工, 2022(2): 68−72.

[2] 黄凤玲, 张琳, 李先德, 等. 中国马铃薯产业发展现状及对策 [J]. 农业展望, 2017, 13(1): 25−31.

[3] 李沁爽, 郭天文, 谭雪莲, 等. 微生物菌剂对马铃薯植株干物质累积、土壤酶活性及产量的影响 [J]. 国土与自然资源研究, 2022(2): 91−94.

[4] 赵爱民. 浅析农田杂草的危害及其分类 [J]. 农业与技术, 2013(7): 140.

[5] 王美艳. 农民工还能返回农业吗?——来自全国农产品成本收益调查数据的分析 [J]. 中国农村观察, 2011(1): 20−30.

[6] 钟甫宁. 正确认识粮食安全和农业劳动力成本问题 [J]. 农业经济问题, 2016(1): 4−9.

[7] Huang J, Wang S, Xiao Z. Rising herbicide use and its driving forces in China [J]. The European Journal of Development Research, 2017, 29(3): 614−627.

[8] 周海文, 王志刚. "三量齐增" 困境下除草剂使用对粮食生产效率提升研究 [J]. 华中农业大学学报: 社会科学版, 2021(6): 44−53.

威海市露地与保护地栽培秋马铃薯晚疫病浅析

鲁文娟，胡　静，丁建国*

（威海市农业科学院，山东　威海　264200）

摘　要：受气候条件和生育期的影响，威海市露地栽培秋马铃薯易患晚疫病，保护地栽培秋马铃薯避免了因降雨引起的湿度对马铃薯晚疫病的影响，有效杜绝了晚疫病的发生。文章具体分析了晚疫病的发生特点和发生原因，提出了秋马铃薯晚疫病防控措施。

关键词：威海；露地；保护地；秋马铃薯；晚疫病

2021 年是威海市秋马铃薯晚疫病发生较重的一年。露地栽培秋马铃薯晚疫病大面积爆发，保护地栽培秋马铃薯几乎不发生晚疫病。调查分析了近年来露地和保护地栽培秋马铃薯晚疫病特点及发病原因，并总结了各项防控措施。

1　晚疫病发生特点

露地栽培秋马铃薯晚疫病症状表现为，马铃薯下部叶片病斑多、重，上部叶片病斑少、轻，说明晚疫病是先从老叶开始发病的；播种早、出苗早、植株大、垄距小、封垄早、田间郁闭、通风采光差的地块发病重；地势低洼排水不良的地块发病重；生茬地、提早预防、晚播的地块发病较轻。

冬暖大棚、日光温室等保护地栽培秋马铃薯晚疫病发生有 2 种现象：

（1）同一地块，大棚外露地秋马铃薯晚疫病严重，大棚内秋马铃薯不发生晚疫病；

（2）大棚棚膜交接处接合不严密而漏雨，漏雨处下方马铃薯染晚疫病，其余区域马铃薯不发生晚疫病。

分析原因可能是，晚疫病病原菌由风雨传播，随雨水降落至马铃薯植株上，导致植株染病。

2　晚疫病发生原因

2.1　气候条件

晚疫病发生要求高湿、凉爽的气候环境。病菌孢囊梗形成要求空气相对湿度不低于 85%，90% 以上，适温时多直接萌发，萌发及侵染均需要水滴，因此，雨水或湿度是影响其流行的关键因素[1]。威海市进入 9 月，北方冷空气开始活跃，但暖湿空气还有一定势力，所以 9 月降雨仍较多，有时出现阴雨连绵的天气，是晚疫病流行的关键期。保护地栽培避免了因降雨引起的湿度对马铃薯晚疫病的影响，有效杜绝了晚疫病的发生。

作者简介：鲁文娟(1980—)，女，农艺师，从事马铃薯栽培与育种工作。

*通信作者：丁建国，高级农艺师，从事马铃薯栽培与育种工作，e-mail：whdjg@qq.com。

2.2 生育期

马铃薯以芽期最易感病，以后抗病力逐渐加强，直到现蕾期抗病力开始下降，开花期最易感病，田间病害流行多从开花期开始[2]。威海市秋马铃薯播种时间为8月中下旬，约20 d马铃薯开始出苗，9月下旬现蕾和开花。马铃薯抗病力下降的现蕾期、开花期与9月降雨较多的气候条件吻合，有利于露地栽培秋马铃薯晚疫病流行和暴发，从而大面积患病，严重影响秋马铃薯产量和质量。

3 秋马铃薯晚疫病防控措施

马铃薯晚疫病防治要本着"预防为主，综合防治"的方针。要做到以农业防治为基础，化学防治为辅助，多种防治措施综合运用。

3.1 早期快速诊断预防

马铃薯现蕾期和开花期(一般9月中下旬)，连续48 h内湿度不低于75%、温度不低于10 ℃时，及时进行大田检查并抢晴喷施预防药剂，用75%代森锰锌100 g/667 m²进行防治。在马铃薯封垄之前，用75%代森锰锌100 g/667 m²预防病害。

3.2 种薯消毒

种薯播种前进行药剂浸泡处理，用氟吡菌胺·霜霉威盐酸盐600倍液或25%嘧菌酯2 500倍液+农用链霉素3 000倍水溶液浸种。

3.3 及时拔除中心病株

中心病株的出现是病害流行的前兆。在适宜发病的温湿条件下，中心病株出现后，经过10~14 d即可扩展至全田发病[3]。因此，一旦发现中心病株应及时拔除，带出田外深埋(深度1 m以上)。对穴窝用生石灰进行土壤消毒，并在距中心病株50 m处进行喷药防治，防止病菌传播蔓延。75%代森锰锌600倍液、氟吡菌胺·霜霉威盐酸盐600倍液、25%嘧菌酯2 500倍液防治效果较好。施药次数因天气和发病情况而定。

3.4 药剂治疗

发现晚疫病之后，立即打药，用氟吡菌胺·霜霉威盐酸盐600倍液或25%嘧菌酯2 500倍液控制病情，隔3~4 d，再交替使用氟吡菌胺·霜霉威盐酸盐或嘧菌酯进行第2遍药剂控制。喷药后4 h遇雨应及时补喷。打药时，叶片正反面都要喷到，不留死角。用烟雾机喷施药剂均匀、覆盖全面，防治效果较好。

3.5 栽培措施

(1)选择地势高，排水良好的沙壤土、腐殖土，起垄栽培，主要是滤水保肥、防积水；

(2)忌偏施氮肥，增施钾肥提高抗病性；

(3)避免重茬种植、避免与茄科作物如茄子、辣椒、西红柿等交叉倒茬；

(4)合理轮作，小麦与秋马铃薯轮作抗病增产；

(5)适当加大秋马铃薯种植垄距，一般不低于1 m；

(6)合理密植，种植密度不高于4 169株/667 m²；

(7)收获时，将烂薯、病薯、病株带出田块并统一集中销毁处理；

(8)在成熟期或接近成熟期前10~15 d割除地上茎叶；

（9）保护地栽培应做好棚膜交接处的接合工作，做到严丝合缝，不漏雨、不滴水，防止晚疫病由雨水传入。

［参 考 文 献］

[1]　洪海林,余中红,李新.咸宁市马铃薯晚疫病发生规律及防治对策 [J].植物医生,2015,28(1):13-14.

[2]　李宝芹,姜铁军,董娟.马铃薯病害的发生及防治 [J].现代农业科技,2009(3):129.

[3]　夏镕烜.马铃薯晚疫病发生与防治 [J].云南农业,2015(1):22-23.

马铃薯帚顶病毒全基因克隆与侵染性克隆构建

刘　野，方　月，刘佳慧，武晓云，程晓非*

（东北农业大学农学院，黑龙江　哈尔滨　150030）

马铃薯（*Solanum tuberosum* L.）是世界第四大粮食作物，中国是马铃薯产量最大的国家。病毒病是危害马铃薯产量与品质的主要病害之一，不仅导致马铃薯薯块丧失商品价值，也是马铃薯种薯退化的主要原因。马铃薯帚顶病毒（Potato mop-top virus，PMTV）是帚状病毒科（Virgaviridae）、马铃薯帚顶病毒属（*Pomovirus*）的代表种，被中国列为检疫性病毒，目前在中国的广东，云南，四川等地已有零星报道。PMTV 侵染可导致马铃薯块茎表皮出现暗弧和环，环包围整个块茎，块茎内部出现棕色弧形和斑点；在较冷的条件下，马铃薯下部叶片上出现黄色斑点、斑块，而上部小叶上则出现黄色或浅绿色 V 形斑点，最终导致马铃薯块茎坏死并失去其商业价值。病毒侵染性克隆在研究病毒致病性和品种抗性等方面具有重要作用。采用黑龙江省田间带病马铃薯植株，通过设计特异性引物扩增 PMTV 全基因组，再通过大肠杆菌-农杆菌-酵母菌穿梭载体和酵母同源重组构建 PMTV 侵染性克隆，最后用本氏烟验证侵染性克隆，为进一步研究 PMTV 的基因功能、致病机制以及马铃薯的抗病性奠定基础。

提取带病马铃薯植株植物总 RNA，通过 PMTV 特异性引物 PMTV－R（5'－TGGTCTTGGAT ACCCTCCAAGG－3'）和 SuperScript IV（Invitrogen）反转录获得 cDNA；以 cDNA 为模板，用 PMTV-R 和以 PMTV 5' 和 3' 两端非翻译区（Untranslated region，UTR）保守序列设计的引物 PMTVRNA1－F（5'－GTATTTTTATCAACTCTAACTAGCCAAG－3'）、PMTVRNA2－F（5'－GTAT TTTTTAAGTCTAAACAGTTTGTG－3'）或 PMTVRNA3－F（5'－GTATTTCAACTCTACCTAGCC GA－3'）进行 PCR，分别扩增 PMTV 的 RNA1、RNA2 和 RNA3 全长片段；PCR 产物经 1%琼脂糖凝胶电泳后，回收扩增片段；将扩增的 PMTV RNA1、RNA2 和 RNA3 全长片段通过 T4 DNA 连接酶插入 pEASY-Blunt 载体，经测序验证，得到含有 PMTV 黑龙江分离物 RNA1、RNA2 和 RNA3 全长序列的质粒，分别命名为 pEASY-PMTV-RNA1、pEASY-PMTV-RNA2 和 pEASY-PMTV-RNA3。将 PMTV 黑龙江分离物与已报道的 PMTV 其他株系全基因组进行核苷酸序列比对，结果表明 PMTV 黑龙江分离物的 RNA1 与 RNA2 和 PMTV 云南分离物的 RNA1 和 RNA2 同源性最高，分别为 99.8% 和 99.9%；PMTV 黑龙江分离物 RNA3 与 PMTV 分离物 Rn23 同源性最高，为 99.87%。从 GenBank 下载 PMTV *RdRp* 基因的核苷酸序列，采用 MEGA6 软件构建系统进化树，显示

作者简介：刘野（1997—），男，硕士研究生，主要从事马铃薯病毒病害检测。

基金项目：国家自然科学基金优秀青年基金（32022071）；黑龙江省自然科学基金联合引导项目（LH2019C027）。

*通信作者：程晓非，博士，教授，主要从事植物病毒病害检测、病毒致病机制以及植物抗病毒免疫，e-mail：xfcheng@ neau. edu. cn。

PMTV 黑龙江分离物与 PMTV 云南分离物进化关系最近，聚于同一分支，说明他们之间的亲缘关系很近。

以大肠杆菌-农杆菌-酵母菌穿梭载体 pCB301-2u-HDV 为模板，用引物 pGRRZ-F (5'-GGGTCGGCATGGCATCTCCACCTC-3') 与 pGR35S-R(5'-CCTCTCCAAATGAAATGAACT TCC-3')进行 PCR 扩增；PCR 反应结束后，加入 1 μL Dpn I，37 ℃处理 1 h 以消化 DNA 模板；酶切产物用 1%琼脂糖凝胶进行电泳检测，回收扩增片段，获得线性化的 pCB301-2u-HDV 载体。根据 PMTV 的 RNA1、RNA2 和 RNA3 的末端序列以及线性化的 pCB301-2u-HDV 载体的末端序列，设计与 pCB301-2u-HDV 线性化载体两端分别有 20 bp 同源臂的 RNA1、RNA2 和 RNA3 引物，以 pEASY-PMTV-RNA1、pEASY-PMTV-RNA2 和 pEASY-PMTV-RNA3 为模板进行 PCR 反应，分别扩增 PMTV RNA1、RNA2 和 RNA3 全长 DNA 片段；电泳检测并回收 PMTV RNA1、RNA2 和 RNA3 全长 DNA 片段，再分别与线性载体 pCB301-2u-HDV 以摩尔比 1：1 混合，转化酵母菌 Y2H Gold 细胞，再涂布于缺失色氨酸(-Trp)的 SD 固体培养基上，在 30 ℃培养箱培养。用全长引物对酵母单菌落进行 PCR 验证，将正确的酵母菌转移至-Trp 液体 SD 培养基中，30 ℃过夜培养，用北京酷来博科技有限公司的酵母质粒小提试剂盒提取质粒，再通过电击法将酵母质粒转化至农杆菌 GV3101 株系中。通过 PCR 筛选，获得插入有 PMTV RNA1、RNA2 和 RNA3 全长 DNA 片段的农杆菌克隆，分别命名为 pCB301-PMTVRNA1、pCB301-PMTVRNA2 和 pCB301-PMTVRNA3。用含有卡那霉素(50 mg/mL)的 LB 液体培养基，28 ℃摇床中过夜培养 pCB301-PMTVRNA1、pCB301-PMTVRNA2 和 pCB301-PMTVRNA3；室温离心收集菌体后，用浸润缓冲液悬浮后，用浸润缓冲液稀释至 $OD_{600}=0.5$，再 1：1：1 混合后用 1 mL 注射器直接接种 4 周大小的本氏烟叶片；接种 14 d，取上部未接种的系统叶，提取总 RNA，用 PMTV-R 和 SuperScript IV(Invitrogen)反转录获得 cDNA，再用特异性引物进行 PCR 检测。结果显示，系统叶片中可以检测到 PMTV 的 RNA1、RNA2、RNA3，说明 PMTV 侵染性克隆构建成功。

马铃薯帚顶病毒已在世界许多马铃薯产区造成严重危害，中国多地也有零星报道，因此必须给与足够的重视，加强对 PMTV 致病性以及马铃薯品种抗病性的研究。研究成功克隆了 PMTV 黑龙江分离物的全基因组，利用酵母同源重组技术构建了 PMTV 的侵染性克隆，为进一步研究 PMTV 致病机制和构建有效防治措施提供了基础。

关键词：马铃薯；病毒病害；马铃薯帚顶病毒；侵染性克隆

枯草芽胞杆菌抗菌肽对马铃薯早疫病菌的抑制研究

张　岱[1]，强　然[1]，杨　喆[2]，袁　伟[1]，陈明玥[1]，高学策[1]，杨志辉[1]，朱杰华[1*]

(1. 河北农业大学植物保护学院，河北　保定　071001；

2. 河北省保定市农业农村局种子工作站，河北　保定　071001)

马铃薯早疫病是由茄链格孢(*Alternaria solani*)引起的一种世界性分布的真菌病害，发病严重地块病叶率高达50%~70%，造成重大经济损失。目前，生产上主要以化学药剂防治为主，但长期大量使用化学农药，会导致病菌抗药性增强、有害生物再猖獗和农药残留等问题。近年来，生物防治因其具有与环境相容性好、对人畜和天敌安全等优点成为当今农业生产中防治植物病害的热点。

芽胞杆菌(*Bacillus* spp.)作为最重要的植物病害生物防治细菌，菌株及其次级代谢产物是目前控制植物病害最为安全有效和最具应用前景的天然生物制剂。抗菌肽作为芽胞杆菌分泌的拮抗植物病原真菌的重要次级代谢产物，通过非核糖体合成途径产生，具有广谱抗菌活性，是目前研究生防因子的热点。

在筛选得到一株对马铃薯早疫病菌具有较强拮抗作用的枯草芽胞杆菌菌株 ZD01 的基础上，利用基质辅助激光解析串联飞行时间质谱(MALDI-TOF-MS)分析手段，对芽胞杆菌分泌的抑菌物质进行成分鉴定；利用转录组技术分析了抗菌肽丰原素对茄链格孢菌的影响；通过电镜观察和荧光染色技术，在细胞水平上探究其对早疫病菌细胞的完整性、膜渗透性和孢子结构改变的作用。研究结果对新型生防菌剂的开发和利用具有指导意义。

研究结果为，(1)盆栽试验结果表明，喷施不同浓度枯草芽胞杆菌 ZD01 发酵液可显著降低发病率和病斑面积；叶片离体试验表明，叶片经枯草芽胞杆菌 ZD01 次级代谢产物处理后，茄链格孢病菌拷贝数降低 72.86%。说明枯草芽胞杆菌 ZD01 对马铃薯早疫病具有良好的生防作用。(2)植株叶片接种茄链格孢孢悬液后，喷施不同浓度菌株发酵液，绘制叶绿素荧光诱导动力学曲线(OJIP)。结果表明，处理组在 O、J(2 ms)、I(30 ms)、P 点的荧光强度与对照组均存在显著差异，且以 5×10^7 cfu/mL 浓度处理升幅最高，表明植株叶片光合结构和功能均发生变化，有利于 PS II 反应中心光化学传递。(3)芽胞杆菌脂肽类粗提物显著抑制马铃薯早疫病菌的菌丝生长，改变菌丝形态；经芽胞杆菌脂肽类粗提物处理后，孢子萌发率降低，芽管长度变短。(4)鉴定得到丰原素为枯草芽胞杆菌 ZD01 次级代谢产物抗菌肽中主效抑菌物质，可显著抑制马铃薯早疫病菌菌丝生长，导致菌丝弯曲、表面褶皱、局部膨大等畸形，细胞外分泌物明显增多。经抗菌肽丰原素处理茄链格孢菌孢

作者简介：张岱(1987—)，女，副教授，从事植物病害生物防治研究。

基金项目：河北省重点研发计划项目(21326515D)。

*通信作者：朱杰华，教授，从事植物病理学方面研究，e-mail：zhujiehua356@126.com。

子后，其萌发率仅为16.67%，孢子形成囊泡化，芽管长度变短。(5)将丰原素处理早疫病菌2和6 h后进行转录组分析，对差异表达基因(DEGs)变化情况进行统计。结果显示丰原素处理2 h显著变化的304基因中，上调差异基因为177，下调差异基因为127个；6 h显著变化的522个基因中，上调的差异基因为217个，下调的差异基因为305。将2个不同处理组的显著差异基因(|log2FC|>=1 和 $P < 0.05$ 为阈值)进行Venn分析，结果表明丰原素处理2 h vs 空白组的DEGs有235个，丰原素处理6 h vs 空白组的DEGs有453个，丰原素不同处理组的共同差异基因数量为47个。(6)将丰原素处理后早疫病菌DEGs进行GO数据库功能注释和KEGG富集。注释结果被分入41类GO中，富集到57个通路，富集通路主要为细胞壁、细胞膜、能量代谢、分子信息等。(7)丰原素处理组茄链格孢细胞壁几丁质含量为46.02%，显著高于对照组；丰原素造成茄链格孢染色质固缩，以及胞内ATP泄露，处理组胞外ATP含量为55.73 μmol/L，对照组仅为1.10 μmol/L。说明丰原素可破坏茄链格孢细胞壁的完整性，改变茄链格孢细胞膜的通透性，进而导致茄链格孢侵染力降低。

关键词：茄链格孢；枯草芽胞杆菌；次级代谢产物；脂肽；生物防治